EDITH STEIN JAHRBUCH
BAND 6   2000

D1731448

EDITH STEIN JAHRBUCH

BAND 6

DIE WELTRELIGIONEN
ERSTER TEIL

2000
ECHTER WÜRZBURG

Die Deutsche Bibliothek – CIP-Einheitsaufnahme

Edith-Stein-Jahrbuch : Jahreszeitschrift für Philosophie,
Theologie, Pädagogik, andere Wissenschaften, Literatur u. Kunst /
hrsg. im Auftrag des Teresianischen Karmel. – Würzburg : Echter. –
  ISSN 0948-3063
  Erscheint jährl. – Aufnahme nach Bd. 1. 1995

  Bd. 6. 2000

© 2000 Echter Verlag Würzburg
Gesamtherstellung: Friedrich Pustet GmbH & Co. KG, Regensburg
  ISBN 3-429-02208-8

Mitarbeiter dieses Bandes

CEMING, KATHARINA, Dr. phil., Augsburg

DESELAERS, MANFRED, Dr. theol., z.Z. Zentrum für Dialog u. Gebet, Auschwitz

ECKHOLT, MARGIT, Dr. theol., Habilitandin an der Katholisch-Theologischen Fakultät, Tübingen

EHRLICH, ERNST LUDWIG, Dr., Professor für neuere jüdische Geschichte und Literatur, Bern

FORMANEK, SUSANNE, M.A., wiss. Mitarbeiterin am Institut für Kultur und Geistesgeschichte Asiens, Wien

GRABNER, SIGRID, Dr. phil., Freie Schriftstellerin, Potsdam

GRESCHAT, HANS-JÜRGEN, Dr., Professor für Religionsgeschichte, Marburg

HAAS, RÜDIGER, Dr. phil., Lehrer an Grundschulen

HÖCK, WILHELM, Dr. phil., Freier Schriftsteller, Gröbenzell

KESSLER, DIETER, Dr., Professor für Religionswissenschaft, München

KLAUCK, HANS-JOSEF, Dr., Professor für neutestamentliche Exegese und biblische Hermeneutik, München

KHOURY, ADEL THEODOR, Dr., Professor für Religionswissenschaft, Münster

KÜHN, ROLF, Dr., Universitätsdozent, Wien

LEVINSON, NATHAN PETER, Prof. Dr., Landesrabbiner em., Jerusalem und Deiá (Mallorca)

MAIER, HANS, Dr., Professor für Christliche Weltanschauung, Religions- und Kulturtheorie, München

MAKOWSKI, STEFAN, Prof. Dr., Direktor des Internationalen Instituts für Sufi-Forschung und Sufi-Förderung, Aurach (Österreich)

MALL, ADHAR, Dr. phil., Professor für Religionswissenschaft, München

MEIER, ERHARD, Dr., Lehrbeauftragter für Religionswissenschaften, Hildesheim und Kiel

NEU, ERWIN, freier Mitarbeiter bei Funk und Fernsehen

NEYER, MARIA AMATA, Leiterin des Edith-Stein-Archivs, Köln

OGGER, THOMAS, Dr. phil., freier Autor in den Bereichen Orientalistik und vergleichende Musikwissenschaft, Berlin

SÁNCHEZ DE MURILLO, JOSÉ, Dr. Dr., Professor für Philosophie, Schriftsteller, München und Málaga

SCHILLING, DENNIS, Dr. phil., wiss. Assistent am Institut für Ostasienkunde, München

SCHIMMEL, ANNEMARIE, Dr., Professorin für Islamistik und indomuslimische Kultur in Ankara, Bonn und Cambridge

SEUBERT, HARALD, Dr. phil., Nürnberg

STAUDT, ROSE, freischaffende Philosophin, Ettlingen, Luxemburg

STURM, HANS PETER, Dr. phil. habil., Augsburg

STÜTTGEN, ALBERT, Dr., Professor für Philosophie em., Münster

SULLIVAN, JOHN, Dr. theol., Washington

THURNER, MARTIN, Dr., wiss. Assistent am Institut für Christliche Philosophie, München

TOMÁS FERNÁNDEZ, SIMEÓN, Rom

WOLZ-GOTTWALD, ECKARD, Dr. phil., Dozent für Philosophie, Münster

Inhalt

V Edith-Stein-Forschung

Vorwort

Der Überstieg – d. h. dass sein Dasein auf Höheres hinweist – gehört zum Wesen des Menschen. In diesem Sinne ist er ein Wesen der Transzendenz und des Unterwegs. So ist der letzte Grund alles Menschlichen – wie verborgen oder verstellt auch immer – ontologisch-religiöser Natur. Indem sich das Edith Stein Jahrbuch im vorliegenden und im nächsten Band den Weltreligionen widmet, berührt es den Kern des Menschseins. Das bedeutet einen weiteren Schritt auf die Erfüllung des Grundanliegens hin, Phänomene zu erhellen, die mit der Gestalt Edith Steins zusammenhängen.

Methodisch geht das Jahrbuch seinen dialogischen, Verständigung suchenden Weg weiter. Zum echten Dialog gehört wesenhaft die Mannigfaltigkeit der Positionen, die Unterschiedlichkeit der Ansätze, die Verschiedenheit der Menschen. So ist wieder gelungen, weltweit anerkannte Fachleute, Träger manchmal entgegengesetzter Überzeugungen, für das Werk zu gewinnen. Der Reichtum der Andersartigkeit wäre noch großzügiger ausgefallen, wenn andere Eingeladenen der Bitte zur Mitarbeit entsprochen hätten. Doch es zeigte sich, dass auch Wissenschaftler, die wegen ihres theoretischen Einsatzes für den Dialog mit Andersdenkenden berühmt geworden sind, in der Praxis selbst versagen. Als offenes Forum für Forschung und Dialog im Geiste des Phänomens Edith Stein bleibt das Jahrbuch jedoch jedem ernsthaft Suchenden und Fragenden – gleich welcher biologischer Herkunft, Glaubens- oder Denkweise – weiterhin offen. Bedingungen sind nur: Achtung vor fremden Auffassungen sowie die wissenschaftliche und literarische Qualität des Beitrags.

*

Nach dem fünften Band beginnt die Kritik, sich mit dem Edith Stein Jahrbuch, das nun als »wichtiges Projekt« bezeichnet wird, auseinanderzusetzen. Der anfänglichen Überraschung über ein Vorhaben, das sich wegen seines Anspruchs nach echter Offenheit, wissenschaftlichem Ernst und philosophischem Mut in der gegenwärtigen Zeitschriftenlandschaft unmissverständlich abhob und folglich Skepsis hervorrief, folgten interessierte Äußerungen und kritische Anfragen. Das Unbehagen vor dem Ungewohnten ist freilich dabei nicht zu überhören. So unterscheidet ein Kritiker die Beiträge des Jahrbuchs in »gute« und »ärgerliche«. *Gut* erscheinen dem Rezensenten jene Artikel, die er ins Spektrum seiner Überzeugungen problemlos einzuordnen vermag. Als *ärgerlich* werden dagegen jene Arbeiten eingestuft, die sie in Frage stellen. So einfältig diese Einstellung dünken mag, so bleibt sie im Rezensionsbetrieb ungeniert führend. Ein Grund für diese epochale Schwäche ist Mangel an Phänomenologie als der selbstkritischen Fähigkeit, in die Welt eines anderen hineinzugehen, die innere Logik eines fremden Gedankens zu entdecken, die Stimmigkeit des Andersartigen nachzuvollziehen. Dass das Phänomen des *Ärgerlichen* ferner in der höheren Philosophie und hierbei ganz besonders, zweitausend Jahre lang ununterbrochen, in der genuin christlichen Denktradition, die geradezu daraus hervorging, eine vorrangige Stellung einnimmt, sei in Erinnerung gerufen.

Gestellt worden ist auch die Frage nach dem Verhältnis zwischen Edith Stein und der Tiefenphänomenologie. Ein Kritiker, der offensichtlich keine von beiden kennt, hat unbekümmert die Meinung geäußert, letztere sei »im Anschluss« an die erste entwickelt worden. Nun besteht dazwischen wohl eine Beziehung, doch sie ist bedeutend tiefer und gewichtiger als bloß »ein Anschluss«. Was die historische Seite anbelangt, ist die Tiefenphänomenologie in der Zeitspanne zwischen 1977 und 1986 aus dem weiterfragenden Nachvollzug des Grundanliegens des Deutschen Idealismus, der Deutschen Romantik und der modernen Phänomenologie entstanden. Dabei griff sie bewusst auf deren verborgene Quelle zurück: das Denken des *deutschen Vorsokratikers* und somit »ersten deutschen Philosophen« (Hegel) Jakob Böhme und beansprucht darum für sich mit Recht den Titel »*Neue Vorsokratik* für das dritte Jahrtausend«. Von da herstammend und aufgrund anderer, bereits mitgeteilter einschneidender Erfahrungen ist die Tiefenphänomenologie bemüht, eine Seinsdimension offenzulegen, die in der Philosophiegeschichte – die deutsche Romantik, der die philosophischen Mitteln fehlten, um das Anliegen zu verwirklichen, eingeschlossen – niemals gedacht worden und darum nie zur Sprache gekommen ist: die weibliche. Der Sache nach – und abgesehen von der phänomenologischen Herkunft Edith Steins – besteht daher genetische und dynamische *Identität* zwischen ihrer Gestalt und der Tiefenphänomenologie. Edith Steins Werk hat sich im Ausgang von Husserls Phänomenologie und in Auseinandersetzung mit mittelalterlicher, insbesondere thomasischer Philosophie, neuzeitlichen naturphilosophischen Ansätzen und spanischer Mystik gebildet. Forschungen, die auf diesem herkömmlichen Boden ihr Denken zu vermitteln versuchen, sind notwendig und stets zu begrüßen. Sie zu fördern, ist ein Hauptanliegen dieses Jahrbuchs. Was *das Phänomen Edith Stein* jedoch – nicht nur religionsgeschichtlich, philosophisch und theologisch, – sondern weltgeschichtlich und im Hinblick auf die Weiterentwicklung des Selbstverständnisses des Menschen bedeutet, kann nur tiefenphänomenologisch aufgehen. Denn Tiefenphänomenologie besagt nichts anderes als Erhellung dessen, was das Stein-Phänomen offenbart: *Der Hervorgang des Weiblichen aus der Mitte des Seins und die Rückkehr des Denkens zu seinem dichterischen Ursprung.* Philosophiegeschichtlich gesprochen: Wie das männliche Denken – von Plato bis Heidegger – die abendländische und durch diese die Weltgeschichte bisher bestimmt hat, so beginnt nun das weibliche Denken hervorzugehen. Dabei stellt Edith Stein einen ausgezeichneten Ort des Übergangs dar. Denn ihre Werke – im Zeichen der Husserl'schen Phänomenologie angegangen und unter Rückgriff auf die aristotelisch-thomistische Denkform im Anschluss an die mystische Tradition vollendet – stehen zwar fest auf dem alten Boden. Ihre Gestalt jedoch blickt auf eine Zukunft, in der die Vernunft fühlt, das Herz denkt und die Sprache wieder singt. Das Phänomen reicht tiefer als Person und Werk. In diesem Sinne kann und muss behauptet werden: *Die Gestalt Edith Steins und die Tiefenphänomenologie,* als die zwei Seiten derselben Sache, *stellen die Grundlage für die Philosophie des dritten Millenniums dar.*

Gedankt sei Lesern und Autoren, dem Echter Verlag und vor allem dem Teresianischen Karmel in Deutschland, der das Projekt geistig unterstützt und finanziell ermöglicht. Ein besonderes Wort des Dankes sei für selbstloses und kompetentes Engagement an die Mitarbeiter der Redaktion gesagt – in erster Linie an die Redaktionskoordinatorin Renate M. Romor, die für das Zustandekommen dieses Bandes weitere Verantwortungen übernehmen musste.

Málaga/München im Januar 2000   Der Herausgeber

I
Eröffnung

Gotteshervorgang[1]

José Sánchez de Murillo

Die Wege des Ratjahama

Das Flüstern der Menge schwebte neun Tage und neun Nächte in der Luft, bis es Ratjahama berührte. Alsdann tauchte die edle Gestalt aus der Tiefe des großen Meeres empor, ging zum Berge, sprach von dessen Spitze hinab und sagte:

Zwölfter Gesang

> Mit Schmerzen gepflasterte Straßen
> seid ihr, gute Menschen,
> harte Zeiten gewandert,
> lange Nächte, heiße Tage,
> die große Frage am Herzen.
> Hinweg hat das Gewitter
> gefegt das Ungeziefer.
> Nun geht auf die Sonne.
> Seht, riecht und hört.
> Die Wege zeige ich euch,
> durch die das Leben blüht.
> Durchbruch,
> die Pflanzen wachsen grün
> und wehen zart die Winde
> und spielen mit den Kindern
> die Tiere auf der Wiese.
> Seht ihr nicht,
> wie die Wolken kämpfen
> und die Sonne scheint
> und die Welt erwacht?

Da brüllte kurz der Donner und brach aus das Gewitter, blitzte der Blitz. Und Ruhe breitete sich aus über dem Berg. Die Menschen setzten sich. Stille. Eine alte Frau erhob die Stimme und sprach:

> Geöffnet hat die Herzen
> das Gehen durch die Wälder.
> Sprich so leise und laut,
> dass Meere und Berge hören.
> Was wollt ihr?, fragt es,
> und wir antworten: Leben.

---

[1] Fortsetzung aus Gotteshervorgang. In: Edith Stein Jahrbuch 4 (1998) 21–57.

> Wer zeigt aber den Weg,
> der zu den Zielen führt?
> Der Worte waren voll
> die Welten und die Menschen.
> Bis Nacht wurde
> und Sturm kam
> und dann die Stille anhob.
> Sauber ist nun und leer
> endlich die Seele.
> Sprich leise zur Welt und laut,
> dass wir das Licht wahrnehmen,
> das unten brennt
> und oben leuchtet.
> Blindheit ist geheilt.
> Die Kinder,
> von uns allen geboren,
> sehen die Helle
> des neuen Horizonts.
> Sag nicht aus,
> sag nur ganz zart das Wort,
> das alle Worte ersetzt.
> Wo ist, Ratjahama,
> wo ist der neue Weg?

Und die alte Frau schwieg.
Die Berge sammelten sich, das Meer blieb still. Voller Güte schaute die kräftige Gestalt die Menschen an und sprach:

> Auf nur einem Weg seid ihr gekommen,
> durch einen ebenso hierher gewandert.
> Warum klagt ihr, Liebe, über Enge?
> Zahlreiche Wege führen zum Leben,
> wie unendlich und viel die Welten sind im All.

Da weinte ein Kind. Und die Menge vernahm Freude in seinem Schreien.
Ratjahama fuhr fort und sagte:

> Unendlich sind die Wege,
> die alle zum Ziel führen,
> wie unzählig groß die Sterne
> der Welten sind im All.

Wo ist das Ziel?, fragte ein Mann.
Ratjahama antwortete:

> Das Ziel bist du,
> der du jetzt bist
> und einst warst
> und nun sein wirst.

Hörst du nicht,
wie sich dein Leben öffnet
und wandelt
und wird Musik,
die tiefe und zarte Töne bringt
von fernher?
Die Töne färben hell
den Horizont
und mischen Rot und Gelb
des Himmels Blau,
die schönste Symphonie,
die alle Töne hebt
zu einem Ton.
Dann nimmt auch den Platz
dein Leiden in die Freude,
die Sätze bilden kann
und Farben mit den Tönen
ausdrücken
ganz unten auf Erden
und oben weiß
und schwarz im Firmament.
Die Augen öffnen sich,
die Ohren hören,
die Nase riecht,
und da beginnt die Hand
die Wege zu entdecken,
die zart und auch gewiss
zum Herzen führen.
Liegt da nicht das Geheimnis,
das alles Leben trägt?

Ist also das Herz das erste Ziel?, fragte ein Mann.
Ratjahama antwortete:

Nicht Ziele,
meine Lieben,
zeige ich euch,
nur Wege,
die alle führen können
zu dem Ziel.

Wo ist das Ziel?, fragte es aus der Menge.
Es folgte Stille.
Nach einer Weile antwortete Ratjahama und sagte:

Das Ziel bist du,
der du jetzt bist
und einst warst
und nun sein wirst.

Hörst du,
dass dein Herz singt?
Ganz frisch.
Dann sieht
auch das Auge neu
und findet deine Hand
den Weg zur Seele.
Und auch das Denken denkt
und geht das Gehen,
wenn aus dem Leib
vernommen hat die Lust
den tiefsten Quell.

Müssen wir also den Weg über das Herz gehen und über die Seele, auf dass
wir zum Ziel gelangen? Ist das der erste Weg?, fragte die alte Frau.
Und Ratjahama antwortete:

Gleich
sind die Wege
alle,
wenn sie
zu Wegen werden.
Zeit ist schon Ewigkeit,
wie auch das Herz
die Seele führt
in deinem Leib.

Große Stille legte sich über den Berg. Das Rauschen ging, das Meer
schwieg. Da schrie plötzlich wieder ein Kind. Und den Menschen war es
wohl. Denn sie vermochten darin die Freude zu vernehmen.

Lieb deinen Leib
so tief,
dass du darin
die Heimat findest.
Lieb deine Heimat
so zart,
dass du darin
die Erde entdeckst.
Lieb die Erde
so warm,
dass du
liebend und lebend
aufgehst im Weltall.

Dort sind die Götter eins
und spielen
Elfen,

die Feen mit den Menschen.
Die Pflanzen wachsen still
und leben froh die Tiere
und lieben zart die Engel.
Feuer und Kraft!
Der Friede ruht,
die Nacht schläft,
der Traum erwacht.
Der Tod stirbt.
Erinnerungen aus Zeiten,
die niemals hier waren,
stimmen endlich an
das große Lied.

Da hüpfte das Kind vor Freude. Und die Menschen waren alle erstaunt,
denn sie spürten Frieden in sich.
Alsdann sprach es aus der Menge:
Wer bist du, Ratjahama? Bist du ein Gott oder ein Prophet oder ein Ur-
mensch aus dem Weltall? Bist du ein neuer Mose, der das Gesetz mit dem
Leben versöhnt?
Andere aber fragten:
Bist du vielleicht Buddha oder Krishna oder Konfuzius oder Jesus?
Oder bist du vielleicht Mohammed? Denn deine Worte sind so schön und
erhaben wie seine Dichtung.
Andere erwiderten jedoch:
Nein, er ist ein neuer Sokrates. Denn er predigt keinen Gott noch kennt
er Religion. Er verkündet nur Weisheit.

Ratjahama hörte den Worten der Menschen zu und schwieg.
Dann warf er einen Blick voller Liebe und Mitleid auf sie und sprach:

Wenn du den Leib
liebst,
wirst du darin
Heimat entdecken.
Wenn du Heimat
genießt,
wirst du dadurch
die Erde schmecken.

Das ist der Geist,
ganz neu,
mit Seele und Leib.

Schau das Weltall!
Unendlich mannigfaltig
bezeugen alle doch
die Ureinheit gewaltig.

Nimm so zu dir die Erde,
da du den Himmel schmeckst.
Lieb endlich ganz den Leib,
so siehst du auch den Geist.
Willst du denn
noch immer nur wissen,
wo es so viel
zu leben gibt?

Die Zeit ist kurz,
der Weg sehr lang,
die Tage hell,
die Nächte schwarz.

Lieb also leidend das Leben,
leb ganz voll und tief die Liebe.
Das Meer ist weit,
der Berg hoch,
der Vogel singt.
Leb das Leben mit der Liebe,
die das Leben mit sich bringt.

Die Menge war entzückt von diesen Worten und flüsterte ganz leise wie
im Chor:

Ratjahama, Ratjahama, Ratjahama!

Und aus allen Ecken der Flüsse und der Meere, der Berge und der Täler
hallte es wider:

Wo ist das Ziel?
Das Ziel bist du,
der du jetzt bist
und einst warst
und nun sein wirst.

Lieb das Leben, leb die Liebe,
leb das Leben mit der Liebe,
die das Leben mit sich bringt.

Und alle – Steine, Pflanzen, Tiere, Menschen, Engel und Götter – erkannten sich wieder auf Erden und im ganzen Firmament.

Es wurde Abend und ganz ruhig.
Die Welt hatte Frieden; denn sie hatte den ersten Weg des Ratjahama verstanden. Menschen und Tiere zogen sich in ihre Dörfer und Städte zurück.

(Fortsetzung folgt)

II
Hauptthema:
DIE WELTRELIGIONEN

Textauswahl

Sprüche aus den »Ausführungen und Lehrsätzen« (Lun yü) von Konfuzius

Der Meister sprach:
Ein edler Mensch, der beim Essen nicht nach Sättigung strebt, im Wohnen nicht Bequemlichkeit sucht, der eifrig im Tun und bedacht in seinen Worten ist, der sich zu denen begibt, die den Weg innehaben, um sich selbst durch sie zu verbessern, – von einem solchen edlen Menschen kann wahrhaft gesagt werden, er liebe das Lernen.

Der Meister sprach:
Ich sorge mich nicht, daß die Menschen mich nicht kennen, ich sorge mich, daß ich die Menschen nicht kenne.
(1.16)

Der Meister sprach:
Herrschaft kraft seiner Tugend auszuüben ist wie der Polarstern: Man ruht an seinem Ort und alle Sterne richten sich nach ihm.
(2.1)

Der Meister sprach:
Es gibt keinen, der mich kennt!
Sein Schüler Tzu Kung fragte:
Was heißt, es gibt keinen der mich kennt?
Der Meister sprach:
Ich gräme mich nicht über den Himmel, ich grolle nicht den Menschen. Wer [hier] unten [auf Erden] lernt, mag oben [den Himmel] erreichen. Es ist der Himmel, der mich kennt.
(14.37)

Die Yoga-Philosophie der Upanishaden (7.–5. Jhd. v. Chr.)

[Der Lehrer soll sprechen:] »Hier in dieser Brahmanstadt [dem Leibe] ist ein Haus, eine kleine Lotosblume [das Herz]; inwendig darinnen ist ein kleiner Raum; was in dem ist, das soll man erforschen, das wahrlich soll man suchen zu erkennen.«

Dann werden die Schüler zu ihm sagen: »Wenn alles dies in dieser Brahmanstadt beschlossen ist und alle Wesen und alle Wünsche, – wenn sie nun das Alter ereilt oder die Verwesung, was bleibt dann davon übrig?«

Dann soll er sagen: »Dieses am Menschen altert mit dem Alter nicht; nicht wird es durch seine Ermordung getötet: dieses [die Seele, und nicht der Leib, wie die empirische Erkenntnis annimmt] ist die wahre Brahmanstadt, darin sind beschlossen die Wünsche; das ist das Selbst [die Seele], das sündlose, frei vom Alter, frei vom Tod und frei vom Leiden, ohne Hunger und ohne Durst; sein Wünschen ist wahrhaft, wahrhaft sein Ratschluß.

(Chandogya-Upanishad 8.1.1–6)

Das Auge erreicht es nicht, auch nicht die Sprache und auch nicht das Denken. Wir wissen es nicht und wir verstehen es nicht, wie es zu leben ist. Es ist eben anders als das Wissen, es ist aber auch über dem Nicht-Wissen. So haben wir es von den Alten gehört, die uns dies gelehrt haben.

(Kena-Upanishad, 1.3)

Wer es nicht denkt, der denkt es.
Wer es denkt, der kennt es nicht.
Es ist das Nicht-Gewußte für die Wissenden,
das Gewußte aber für die Nicht-Wissenden.
Der denkt es, wem es durch Erwachen bewußt geworden ist.

(Kena-Upanishad 2,3–4a)

Unbewegt ist das Eine, schneller als das Denken; die Götter erreichen es nicht, da es ihnen immer voraus ist. Stillstehend überholt es die anderen Laufenden.

(Isha-Upanishad, Mantra 4)

Es bewegt sich und bewegt sich nicht. Es ist in der Fern, aber auch nahe. Es ist innerhalb von diesem allen und doch ist es auch außerhalb von diesem allen.

(Isha-Upanishad, Mantra 5)

Wer aber alle Wesen so im Selbst sieht und in allen Wesen das Selbst, der scheut vor nichts zurück.

(Isha-Upanishad, Mantra 6)

Die Disziplin des Yoga (Sūtren 1–4)

1. atha yoga-anushāsanam
Nun [folgt] die Disziplin des Yoga.

2. Yogas citta-vritti-nirodhah.
Yoga ist jener innere Zustand, in dem die seelisch-geistigen Vorgänge zur Ruhe kommen.

3. Tadā drashtuh svarūpe vasthānam.
Dann ruht der Sehende in seiner Wesensidentität.

4. Vritti-sārūpyam itaratra.
Alle anderen inneren Zustände sind bestimmt durch die Identifizierung mit den seelisch-geistigen Vorgängen.

(Aus: Patañjali: Die Wurzeln des Yoga. Übers. v. P.Y. Deshpande/Betina Bäumler, Bern/ München/Wien 1976.)

Moderner Yoga

Yoga bedeutet, mit dem Göttlichen eins zu werden – ein Einswerden, das entweder im Transzendenten (über dem Universum), im Kosmischen (im Universum), im Individuum oder, wie in diesem Yoga, in allen drei Bereichen zugleich möglich ist. Yoga bedeutet das Eingehen in ein Bewußtsein, in dem man nicht mehr durch das kleine Ich, das persönliche Mental, das persönliche Vital und den persönlichen Körper beschränkt ist, sondern eins ist mit dem höchsten Selbst oder dem universalen (kosmischen) Bewußtsein oder mit einem Bewußtsein tief in unserem Innern, in dem man sich seiner eigenen Seele, seines eigenen Wesens und der wirklichen Wahrheit des Seins bewußt wird. Im Yoga-Bewußtsein nimmt man nicht nur Dinge und Ereignisse wahr, sondern Kräfte, nicht allein Kräfte, sondern auch die bewußte Wesenheit hinter den Kräften. Man wird sich dieser nicht nur in sich, sondern auch im All bewußt.

(Aus: Sri Aurobindo [1872 – 1950], Licht auf Yoga. Gladenbach 1980.)

Lege den rechten Hacken auf die Wurzel des linken Schenkels und den linken Hacken auf die Wurzel des rechten Schenkels. Kreuze (dann) die Arme hinter dem Rücken und ergreife die Zehen: die rechten mit der rechten Hand und die linken mit der linken Hand. Presse das Kinn fest gegen die Brust und blicke auf die Nasenspitze. Das ist Padmasana und behebt alle Krankheiten.

(Svatmarama: Hatha Yoga Pradipika)

Mudra

(5) Der Yogi soll sorgfältig die verschiedenen Mudras üben, um die große Göttin (Kundalini) zu wecken, die im Schlaf den Mund der Sushumnā verschließt.

(10–14) Presse den anus mit dem linken Hacken und strecke das rechte Bein aus; dabei ergreife die Zehen mit der Hand. So mache Jālandhara-Bandha und ziehe den Atem durch die Sushumnā. Dabei streckt sich die Kundalini wie eine Schlange, die mit dem Stock geschlagen wird. Die beiden Nādīs sterben dabei ab, weil das Prana sie verläßt. Dann atme aus. Langsam, niemals schnell. Die Weisen nennen das Mahāmudra. Es vernichtet den Tod und andere Leiden. Da es von den großen Siddhas gelehrt wurde, nennt man es Mahāmudra, das große Mudrā, seiner überragenden Bedeutung wegen.

(70–73) Ziehe die Kehle zusammen und presse das Kinn gegen die Brust. Das ist Jālandhara-Bandha und vernichtet Alter und Tod. Es heißt Jālandhara-Bandha, weil es die Nādīs strafft und den abwärtsführenden Strom des Nektars aufhält, der aus dem Rachenraum fließt. Dies Bandha vernichtet Schmerzen in der Kehle. Ist Jālandhara-Bandha durchgeführt und die Kehle zusammengezogen, dann kann kein Tropfen des Nektars in das

Lebensfeuer fallen und (auch) der Atem nicht den falschen Weg gehen. Ist die Kehle fest zusammengezogen, dann sind die beiden Nādīs abgestorben.

Bhagavadgita

Wer bin ich und wer möchte ich sein?

Vollkommenheit (sattva), *Leidenschaft* (rajas) und *Finsternis* (tamas), das sind die Grundeigenschaften (guna), hervorgegangen aus der *Erscheinungswelt* (prakriti). Sie binden den unvergänglichen Bewohner des Körpers an den Körper, oh Großarmiger.

Dort ist die *Vollkommenheit* (sattva) wegen ihrer Fleckenlosigkeit leuchtend und leidlos. Durch das Hängen am Glück wie auch durch das Hängen am Wissen bindet sie jedoch auch, oh Sündloser.

Die *Leidenschaft* (rajas), wisse dies, hat als Natur das Begehren als Ursprung des Durstes (nach den Dingen) und der Gebundenheit (an sie). Sie bindet den Bewohner des Körpers durch die Gebundenheit an das Handeln, oh Kuntī-Sohn.

Finsternis (tamas), wisse dies, ist aus Unwissenheit entstanden und täuscht so alle Bewohner der Körper. Sie bindet durch Nachlässigkeit, Faulheit und Schlaf, oh Bhārata.

Vollkommenheit (sattva) bindet an das Glück, *Leidenschaft* (rajas) an das Handeln, nachdem das Wissen verhüllt ist, bindet die *Finsternis* (tamas) jedoch an die Nachlässigkeit. (…)

Aufwärts gehen die, die in der *Vollkommenheit* (sattva) verankert sind, in der Mitte stehen die *Leidenschaftlichen* (rajas). Die *Finsteren* (tamas), die auf der niedrigsten Stufe der *Grundeigenschaften* (guna) stehen, gehen abwärts.

Wenn der Seher keinen anderen Handelnden als die Grundeigenschaften (guna) sieht, und weiß, (wer/was) höher als die Grundeigenschaften (guna) ist, der geht in mein Wesen ein.

… dessen Zustand in Leid und Freud gleichmütig ist, dem ein Erdklumpen, ein Stein und Gold gleich wert sind (…) der sich gleich verhält zum Freund und zur feindlichen Partei (…) der wird als über die Grundeigenschaften (guna) hinausgeschritten bezeichnet.

(Bhagavadgita 14, 5–9, 18–19, 24–25)

Ahimsa

Ahimsa (Nicht-Gewalt) ist ein umfassendes Prinzip. Wir sind hilflose Sterbliche, von der Feuersbrunst von Himsa (Gewalt) eingefangen. In der Redewendung, daß Leben von Leben lebt, steckt ein tiefer Sinn. Der Mensch kann keinen Augenblick leben, ohne äußerlich, bewußt oder unbewußt, Himsa zu begehen. Die bloße Tatsache seines Lebens – Essen,

Trinken und äußere Bewegung – schließt notwendig etwas Himsa, Zerstörung von Leben, und sei sie noch so winzig, ein. Ein Ahimsa-Bekenner bleibt daher seinem Glauben treu, wenn der Ursprung all seines Tuns Mitleid ist, wenn er, so gut er es vermag, die Zerstörung des kleinsten Lebewesens vermeidet, es zu retten sucht und sich so unablässig bemüht, von der tödlichen Verstrickung in Himsa frei zu werden. Er wird daher ständig an Selbstzucht und Mitleid zunehmen, doch völlig von äußerer Himsa frei werden kann er nie.

(Mahatma Gandhi, I,295)

Die mittlere Lehre (madhyamakavāda) des Nāgārjuna

Buddha

Der Vollendete (tathāgat) ist weder die Gruppen (skandha) (die die empirische Person darstellen), noch ist er ein anderer als die Gruppen. Die Gruppen sind nicht in ihm noch ist er in ihnen. Der Vollendete (besteht auch nicht) durch die Gruppen. Wer also ist der Vollendete?

(22,1)

Da der Buddha leer ist von Eigennatur (svabhava), ist der Gedanke, daß er nach dem Tod existiere oder nichtexistiere, unangebracht.

(22,14)

Es ist nicht zu erschließen, ob der Erhabene jenseits des Todes existiert. Es ist nicht zu erschließen, ob er nicht existiert, (oder) ob beides oder keines von beiden (zutrifft).

(25,17)

(Aus dem Madhyamakashāstra, in: Hans Wolfgang Schumann, Buddhismus. Stifter, Schulen und Systeme. München 1993, 194–212.)

Nirvāna

Nicht aufgegeben und nicht erlangt, nicht vergangen und nicht ewig, nicht vernichtet und nicht entstanden, das wird als Nirvāna bezeichnet.

(25,3)

Absetzung vom Brahmanismus

Der Buddhismus betrachtet das Hängen an äußeren Regeln und Riten (shila-vrata-paramarsha) als eine der Fesseln, welche den geistigen Fortschritt hemmen. Der Glaube, daß die Ausführung bestimmter Zeremonien transzendente Früchte zeige, wird als ein Irrglaube der Brahmanen kritisiert. So heißt es in Snip 249, 242:

Nicht fasten oder »Fischkost nur«,
Nicht wirre Flechten noch Tonsur,
Nicht Nacktgeh'n noch ein Fell als Kleid,
Nicht werkgerechte Frömmigkeit,
Gebete, Opfer, Sich-Kastein –
Die machen nicht den Menschen rein,
Der dem Begehren unterliegt,
Weil er die Triebe nicht besiegt.

(Aus: Der Pāli-Kanon: Tipitaka (Dreikorb).

Der dritte Weg

Drei Pfade

Drei Pfade gibt es, ihr Mönche. Welche drei? Den grob-sinnlichen Pfad, den qualvollen Pfad und den mittleren Pfad.

Welches aber, ihr Mönche, ist der grob-sinnliche Pfad? Da hat einer den Glauben und die Ansicht, daß nichts Böses an der Sinnlichkeit zu finden sei, und so verfällt er den Sinnenlüsten. Das nennt man den grob-sinnlichen Pfad.

Welches aber ist der qualvolle Pfad? Da ist einer ein Unbekleideter, von ungezügeltem Benehmen, ein Handablecker, folgt keinem Anruf, wartet nicht ab, nimmt keine zu ihm gebrachten Gaben an, auch keine Vergünstigung, keine Einladung. Er nimmt nichts an direkt vom Topf oder Pfanne, nichts innerhalb der Hausschwelle, noch dort wo sich Feuerholz und Mörser befinden; nimmt nichts an, wo zwei zusammen speisen, nichts von einer Schwangeren oder Säugenden, nichts von einer, die gerade vom Manne kommt, nichts auf öffentliche Ankündigung hin, nichts wo ein Hund wartet oder Fliegen umherschwärmen. Er ißt weder Fleisch noch Fisch, trinkt keinen Wein und Branntwein, keinen gegorenen Gerstenschleim. Er nimmt nur von einem einzigen Hause Almosen an, begnügt sich mit einer einzigen Handvoll Reis; er nimmt von zwei oder sieben Häusern Almosen an, begnügt sich mit zwei oder sieben Handvoll Reis. Er lebt nur von einer Darreichung, oder von zweien oder sieben. Er nimmt nur einen über den anderen Tag Nahrung zu sich oder nur nach zwei oder sieben Tagen. In solchen Zeitabständen, selbst bis zu einem halben Monat, nimmt er Nahrung zu sich.

Er lebt von Kräutern, Hirse, wildem Reis und Korn, Wasserpflanzen (und Baumsäften), Reispulver, dem Schaum von gekochtem Reis, von Ölsamenpaste, Gräsern und Kuhmist; er nährt sich von den Wurzeln und Früchten des Waldes, von abgefallenen Früchten.

Er trägt Gewänder aus Hanf oder damit gemischtem Fasergewebe, Gewänder aufgelesen vom Leichenfeld oder dem Abfallhaufen; er kleidet sich in Baumrinde, Antilopenfelle oder Streifen daraus, in Gewänder geflochten aus Gras, Baumfasern oder Rindenstreifen; er trägt einen Schurz aus Menschenhaar, Roßhaar oder aus Eulenflügeln.

(…)
Derart übt er sich in gar vielfacher Weise in solch körperlicher Kasteiung und Schmerzensaskese. Das nennt man den qualvollen Pfad.

Welches aber ist der mittlere Pfad? Da verweilt der Mönch beim Körper in Betrachtung des Körpers, eifrig, wissensklar und achtsam, nach Überwindung von Begierde und Trübsal hinsichtlich der Welt; er verweilt bei den Gefühlen in Betrachtung der Gefühle, beim Geisteszustand in der Betrachtung des Geisteszustands, bei den Geistobjekten in Betrachtung der Geistobjekte, eifrig, wissensklar und achtsam, nach Überwindung von Begierde und Trübsal hinsichtlich der Welt. Das nennt man den mittleren Pfad.

Welches aber ist der mittlere Pfad? Da erzeugt der Mönch in sich den Willen, strebt danach, setzt seine Willenskraft ein, treibt seinen Geist an und kämpft, um die unaufgestiegenen üblen, unheilsamen Dinge nicht aufsteigen zu lassen – um die aufgestiegenen üblen, unheilsamen Dinge zu überwinden – um die unaufgestiegenen heilsamen Dinge zum Entstehen zu bringen – um die aufgestiegenen heilsamen Dinge zu festigen, nicht schwinden zu lassen, sondern sie zu Wachstum und voller Entfaltung zu bringen. – Er entfaltet die in Sammlung der Absicht – in Sammlung der Willenskraft – in Sammlung des Geistes – in Sammlung der Forschungskraft bestehende, von Anstrengung und Willensentschluß begleitete Machtfährte. – Er entfaltet die Fähigkeit des Vertrauens, der Willenskraft, der Achtsamkeit, der Geistessammlung und der Weisheit. Er entfaltet die Kraft des Vertrauens, des Willens, der Achtsamkeit, der Geistessammlung und der Weisheit. – Er entfaltet die Erleuchtungsglieder: Achtsamkeit, Wirklichkeitsergründung, Willenskraft, Verzückung, Ruhe, Sammlung und Gleichmut. – Er entfaltet rechte Erkenntnis, rechte Gesinnung, rechte Rede, rechtes Tun, rechten Lebensunterhalt, rechte Anstrengung, rechte Achtsamkeit und rechte Sammlung.

Das, ihr Mönche, nennt man den mittleren Pfad.

Diese drei Pfade gibt es, ihr Mönche.

(Anguttaranikāya 3,157–163)

Die vier edlen Wahrheiten

Was aber, ihr Mönche, ist die edle Wahrheit vom Leiden? Geburt ist Leiden, Alter ist Leiden, Krankheit ist Leiden, Sterben ist Leiden; Sorge, Jammer, Schmerz, Trübsal und Verzweiflung sind Leiden; nicht erlangen, was man begehrt, ist Leiden, kurz gesagt, die fünf Gruppen des Anhaftens sind Leiden. Das nennt man die edle Wahrheit vom Leiden.

(Anguttaranikāya 3,62)

Vom Leiden (dukha):
Alles Dasein ist leidhaft, denn alles ist vergänglich.

Von der Entstehung (des Leidens) (samudaya):
Die Ursache für das Leiden ist das Begehren (trishna).

Von der Vernichtung (des Leidens) (nirodha):
Das Erlöschen des Leidens geschieht durch geistiges Loslassen.

Vom Weg zur Vernichtung des Leidens (dukhanirodhagamini pradipad):
Dies ist der zur Leidensvernichtung führende edle achtfache Pfad:

Rechte Ansicht (samyagdrishti)
Rechter Entschluß (samyaksamkalpa)
Rechte Rede (samyagvāc)
Rechte Tat (samyakkarmānta)
Rechter Lebenserwerb (samyagājiva)
Rechte Anstrengung (samyagvyāyāma)
Rechte Achtsamkeit (samyagsmriti)
Rechtes Sich-Versenken (samyaksamādhi)

Die Lehre von der Wiedergeburt (punabbhava)

1. Ort der Begebenheit: Sāvatthi.
2. Und es begab sich ein Brahmane dorthin, wo der Erhabene sich befand. Nachdem er sich dorthin begeben, begrüßte er sich mit dem Erhabenen, und nachdem er mit ihm die (üblichen) Begrüßungen und Höflichkeiten ausgetauscht, setzte er sich zur Seite nieder. Zur Seite sitzend sprach denn der Brahmane zu dem Erhabenen also:
3. »Steht es wohl so, Herr Gotama, daß der nämliche es ist, der die Handlung ausführt, und der die Folgen empfindet?« – »Behauptet man ›der nämliche ist es, der die Handlung ausführt, und der die Folgen empfindet‹, so ist das, o Brahmane, das eine Ende.«
4. »Steht es aber so, Herr Gotama, daß ein anderer es ist, der die Handlung ausführt, und ein anderer, der die Folgen empfindet?« – »Behauptet man ›ein anderer ist es, der die Handlung ausführt, und ein anderer, der die Folgen empfindet‹, so ist dies, o Brahmane, das andere Ende. Diese beiden Enden vermeidend, o Brahmane, verkündet in der Mitte der Tathāgata die wahre Lehre:
5. Aus dem Nichtwissen als Ursache entstehen die Gestaltungen; aus den Gestaltungen als Ursache entsteht das Bewußtsein usw. usw. (= 1.3) (…) Auf solche Art kommt der Ursprung der ganzen Masse des Leidens zustande. Aus dem restlosen Verschwinden aber und der Aufhebung des Nichtwissens folgt Aufhebung der Gestaltungen; aus der Aufhebung der Gestaltungen folgt Aufhebung des Bewußtseins usw. usw. (= 1.4). Auf solche Art kommt die Aufhebung der ganzen Masse des Leidens zustande.«
6. Auf diese Worte hin sprach der Brahmane zu dem Erhabenen also: »Wundervoll, Herr Gotama! Wundervoll, Herr Gotama! Usw. usw. (= 12.17.16). Darum nehme ich zu dem Herrn Gotama meine Zuflucht und zu der Lehre und zu der Gemeinde der Bhikkhus. Als Laienanhänger soll mich der Herr Gotama annehmen, der von heute an auf Lebenszeit zu ihm seine Zuflucht genommen hat.«

(Sanyuttanikaya 12,46)

Abraham: Berufung, Verheißung und Bund[1]

Und der HERR sprach zu Abram: Geh aus deinem Vaterland und von deiner Verwandtschaft und aus deines Vaters Hause in ein Land, das ich dir zeigen will. Und ich will dich zum großen Volk machen und will dich segnen, und verfluchen, die dich verfluchen; und *in dir sollen gesegnet werden alle Geschlechter auf Erden.* Da zog Abram aus, wie der HERR zu ihm gesagt hatte (…) Abram aber war fünfundsiebzig Jahre alt, als er aus Haran zog. So nahm Abram Sarai, seine Frau (…), um ins Land Kanaan zu reisen. Und sie kamen in das Land (…); es wohnten aber zu der Zeit die Kanaaniter im Lande. Da erschien der HERR dem Abram und sprach: Deinen Nachkommen will ich dies Land geben. Und er baute dort einen Altar dem HERRN (…) und rief den Namen des HERRN an. (…) (Es) sprach der HERR zu Abram: Hebe deine Augen auf und sieh von der Stätte aus , wo du wohnst, nach Norden, nach Süden, nach Osten und nach Westen. Denn all das Land, das du siehst, will ich dir und deinen Nachkommen geben für alle Zeit. Und will deine Nachkommen machen wie Staub auf Erden. Kann ein Mensch den Staub auf Erden zählen, der wird auch deine Nachkommen zählen. Darum mach dich auf und durchzieh das Land (…), denn dir will ich's geben. (…) Fürchte dich nicht, Abram! Ich bin dein Schild und dein sehr großer Lohn. Abram sprach aber: HERR, mein Gott, was willst du mir geben? Ich gehe dahin ohne Kinder, und mein Knecht Eli‚ser von Damaskus wird mein Haus besitzen. Und Abram sprach weiter: Mir hast du keine Nachkommen gegeben; und siehe, einer von meinen Knechten wird mein Erbe sein. Und siehe, der HERR sprach zu ihm: Er soll nicht dein Erbe sein, sondern der von deinem Leibe kommen wird, der soll dein Erbe sein. Und er hieß ihn hinausgehen und sprach: Sieh gen Himmel und zähle die Sterne; kannst du sie zählen? Und er sprach zu ihm: So zahlreich sollen deine Nachkommen sein! *Abram glaubte dem HERRN, und das rechnete er ihm zur Gerechtigkeit.*

Und er sprach zu ihm: Ich bin der HERR, der dich aus Ur in Chaldäa geführt hat, auf daß ich dir dies Land zu besitzen gebe. Abram aber sprach: HERR, mein Gott, woran soll ich merken, daß ich's besitzen werde? Und er sprach zu ihm: Bringe mir eine dreijährige Kuh, einen dreijährigen Widder, eine Turteltaube und eine andere Taube. Und er brachte ihm alles und zerteilte es in der Mitte und legte je einen Teil dem anderen gegenüber; aber die Vögel zerteilte er nicht. Und die Raubvögel stießen hernieder auf die Stücke, aber Abram scheuchte sie davon.

Als nun die Sonne am Untergehen war, fiel ein tiefer Schlaf auf Abram, und siehe, Schrecken und große Finsternis überfiel ihn. Da sprach der HERR zu Abram: Das sollst du wissen, daß deine Nachkommen werden Fremdlinge sein in einem Lande, das nicht das ihre ist; und da wird man

---

[1] 1. Mose (Genesis) 12 ff. Aus: Die Bibel. Nach der Übersetzung Martin Luthers, Stuttgart 1985. Weitere Texte zum Judentum und Christentum siehe Textauswahl in Edith Stein Jahrbuch 1997, 1998 u. 1999.

sie zu dienen zwingen und plagen vierhundert Jahre. Aber ich will das Volk richten, dem sie dienen müssen. Danach sollen sie ausziehen mit großem Gut. Und du sollst fahren zu deinen Vätern mit Frieden und in gutem Alter begraben werden. Sie aber sollen erst nach vier Menschenaltern wieder hierher kommen. (…)

Als nun sie Sonne untergegangen und es finster geworden war, siehe, da war ein rauchender Ofen, und eine Feuerflamme fuhr zwischen den Stücken hin. An dem Tage schloß der HERR einen Bund mit Abram und sprach: Deinen Nachkommen will ich dies Land geben, von dem Strom Ägyptens an bis an den großen Strom Euphrat. (…)

Als nun Abram neunundneunzig Jahre alt war, erschien ihm der HERR und sprach zu ihm: Ich bin der allmächtige Gott; wandle vor mir und sei fromm. Und ich will meinen Bund zwischen mir und dir schließen und will dich über alle Maßen mehren. Da fiel Abram auf sein Angesicht. Und Gott redete weiter mit ihm und sprach: Siehe, *ich* habe meinen Bund mit dir, und du sollst ein Vater vieler Völker werden. Darum sollst du nicht mehr Abram heißen, sondern Abraham soll dein Name sein; denn ich habe dich gemacht zum Vater vieler Völker. Und ich will dich fruchtbar machen und will aus dir Völker machen, und auch Könige sollen von dir kommen. Und ich will aufrichten meinen Bund zwischen mir und dir und deinen Nachkommen von Geschlecht zu Geschlecht, daß es ein ewiger Bund sei, so daß ich dein und deiner Nachkommen Gott bin. Und ich will dir und deinem Geschlecht nach dir das Land geben, darin du ein Fremdling bist, das ganze Land Kanaan, zu ewigem Besitz, und will ihr Gott sein.

Und Gott sprach zu Abraham: So haltet nun meinen Bund, du und deine Nachkommen von Geschlecht zu Geschlecht. Das aber ist mein Bund, den ihr halten sollt zwischen mir und euch und deinem Geschlecht nach dir: Alles, was männlich ist unter euch, soll beschnitten werden; eure Vorhaut sollt ihr beschneiden. Das soll das Zeichen sein des Bundes zwischen mir und euch. (…)

Das Gleichnis vom verlorenen Sohn[2]

Ein Mensch hatte zwei Söhne. Und der jüngere von ihnen sprach zum Vater: Vater, gib mir das Teil der Güter, das mir zusteht. Er aber teilte ihnen das Vermögen. Und nur wenige Tage danach sammelte der jüngere Sohn alles zusammen und reiste ab in ein fernes Land. Und dort brachte er sein Gut um mit Prassen in einem liederlichen Leben. Als er alles verzehrt hatte, kam eine große Hungersnot über jenes Land, und er begann zu darben. Und er ging hin und verdingte sich bei einem Bürger jenes Landes, und er schickte ihn auf seine Äcker, die Schweine zu hüten. Und er begehrte, sich vollzuschlagen mit Schoten, die die Schweine fraßen. Und niemand gab sie ihm. Da ging er in sich und sprach: Wieviele Tagelöhner meines Vaters haben Brot in Fülle, ich aber gehe hier vor Hunger

---

[2] Aus: Joachim Gnilka, Jesus von Nazaret. Botschaft und Geschichte. Herders theologischer Kommentar zum Neuen Testament. Supplementband III. Freiburg 1990, 104 f.

zugrunde. Ich will mich aufmachen und zu meinem Vater gehen (…) Und er machte sich auf und kam zu seinem Vater. Als er aber noch weit entfernt war, sah ihn schon sein Vater, und es erbarmte ihn. Und er lief, fiel ihm um den Hals und küßte ihn. Der Sohn aber sprach zu ihm: Vater, ich habe gesündigt vor dem Himmel und vor dir. Ich bin nicht wert, daß ich dein Sohn heiße. Der Vater aber sprach zu seinen Sklaven: Bringt schnell das beste Gewand herbei und zieht es ihm an. Und gebt ihm einen Ring an die Hand und Sandalen an die Füße. Und führt das Mastkalb her, schlachtet es, und laßt uns essen und fröhlich sein. Denn dieser mein Sohn war tot und lebt wieder, er war verloren und ist gefunden worden. Und sie begannen fröhlich zu sein.

Sein älterer Sohn aber war auf dem Acker. Und als er kam und sich dem Haus näherte, hörte er Musik und Tanz. Und er rief einen der Knechte und erkundigte sich, was das wäre. Der aber sprach zu ihm: Dein Bruder ist gekommen, und dein Vater hat das Mastkalb geschlachtet, weil er ihn gesund wieder hat. Da wurde er zornig und wollte nicht hineingehen. Sein Vater aber ging hinaus und bat ihn. Er aber antwortete und sprach zu seinem Vater: Siehe, so viele Jahre diene ich dir, und ich habe dein Gebot noch nie übertreten. Und mir hast du noch keinen Bock gegeben, daß ich mit meinen Freunden fröhliches Mahl halte. Als aber dieser dein Sohn gekommen ist, der das Vermögen mit Dirnen verpraßte, hast du ihm das Mastkalb geschlachtet. Er aber sprach zu ihm: Kind, du bist immer bei mir, und alles, was mein ist, das ist dein. Man muß feiern und fröhlich sein. Denn dieser dein Bruder war tot und lebt wieder, er war verloren und ist gefunden worden.

Koran[1]

112. Sure
Bekenntnis der Einheit

1 Sprich: Gott ist Einer,
2 Ein ewig reiner,
3 Hat nicht gezeugt und ihn gezeugt hat keiner,
4 Und nicht ihm gleich ist einer.

Aus der 40. Sure
Der Gläubige

7/7 Die tragen Gottes Thron und die so ihn umringen,
    Lobpreisen ihren Herrn und glauben
    An ihn, und flehn um Gnade

---

[1] Übersetzung von Friedrich Rückert, Hg. H. Bobzin, erkl. Anm. v. W. Fischer, Würzburg 1995. F. Rückert (1788–1866), Dichter u. Orientalist. Seine Koranübersetzung ist fragmentarisch. Sie ist die einzige, der es gelingt, mit poetischem Geschick der Sprache des Originals nahe zu kommen. Für die Muslime ist die Sprache des Korans von unnachahmlicher Schönheit, ein Wunder, das einzige des Propheten Mohammad, der hier Gottes geoffenbartes Wort vortrug.

Für die da glauben: Unser Herr!
Alles umfassest du mit Huld und Weisheit.
Also gewähre Gnade denen,
Die sich bekehren und folgen deinem Wege,
Und schirme sie vor Pein der Glut.

8/8 O unser Herr, und führe sie
Ein in die Gärten Edens,
Die du verheißen ihnen,
Und wer fromm war von ihren Vätern,
Von ihren Fraun und Sprößlingen;
Denn du bist der Allmächtige Allweise.

9/9 Und schirme sie vom Übel!
Denn wen du schirmst vom Übel jenes Tages,
Dem gabst du deine Gnade,
Das ist das Heil das große.

59/57 Die Schöpfung des Himmels und der Erde
Ist größer als die Schöpfung
Des Menschen, doch die meisten Menschen wissen nicht.

Aus der 31. Sure
Lokman[2]

26/27 Und wären all Bäum' auf Erden Schreiberohre,
Das Meer dazu die Tint', und dazu sieben Meere,
Es würden nie erschöpft die Worte Gottes,
Denn Gott ist machtvoll weise.

32/33 O Menschen, fürchtet euern Herrn,
Und scheut den Tag, wo einstehn wird
Kein Vater für sein Kind, und kein
Erzeugter steht ein für seinen Zeuger irgend.

33/— Ja wahr ist die Verheißung Gottes,
Und nicht berück' euch dieses Leben
Der Zeitlichkeit, und nicht berück'
An Gott euch der Berücker.

34/34 Bei Gott nur ist die Wissenschaft der Stunde,
Und er nur schickt herab den Regen,
Und er nur weiß, was ist im Mutterschoße.
Und keine Seele weiß, was sie wird wirken morgen;
Und keine weiß, in welchem Land sie sterben wird,
Denn Gott allein ist weis' und kundig.

---

[2] Lokman kommt schon in vorislamischer Überlieferung als einer der Langlebigen vor, der 7 Falkenleben (560 Jahre) gelebt haben soll; dann wird er ein Sinnbild der Weisheit und endlich werden ihm zahlreiche Fabeln zugeschrieben, die meist von äsopischen Fabeln entlehnt sind.

81. Sure
Die Ballung

1 Wann die Sonne sich wird ballen,
2 Die Sterne zu Boden fallen,
3 Und die Gebirge wallen,
4 Der Meere Fluten schwallen;
5 Wann Zuchtkamele sind unverwahrt,
6 Und die wilden Thiere geschaart,
7 Und die Seelen wieder gepaart;
8 Man das lebendig begrabne wird fragen,
9 Um welche Schuld es sei erschlagen;
10 Und die Bücher sind aufgeschlagen;
11 Wann der Himmel wird abgedach't,
12 Und die Hölle wird angefacht,
13 Und der Garten herangebracht;
14 Wird eine Seele wissen, was sie dargebracht.
15 Soll ich schwören bei den Planeten,
16 Den wandelnden, den unsteten?
17 Und bei der Nacht der öden?
18 Und der athmenden Morgenröthe?
19 Das Wort ists eines Boten werth,
20 Eines Boten stark, der steht beim Herrn des Throns geehrt,
21 Eines Gebieters treu bewährt.
22 Nicht euer Landsmann irrt noch thört.
23 Er sah ihn in der Höh verklärt,
24 Und will mit dem nicht geizen was er sah und hört'.
25 Das Wort nicht ist es dessen der sich hat empört.
26 Wo rennt ihr hin verstört?

97. Sure
Die Nacht der Macht

1 Wir sandten hernieder in der Nacht der Macht.
2 Weißt du, was ist die Nacht der Macht?
3 Die Nacht der Macht ist mehr als was
   In tausend Monden wird vollbracht.
4 Die Engel steigen nieder und der Geist in ihr,
   Auf ihres Herrn Geheiß, daß alles sei bedacht.
5 Heil ist sie ganz und Friede, bis der Tag erwacht.

113. Sure
Die Dämmerung

1 Sprich: Zuflucht such' ich bei dem Herrn der Dämmerung
2 Vorm Bösen dessen was er schuf,
3 Vorm Bösen der Verfinsterung,
4 Vorm Bösen nestelknüpfender Weiber,
5 Und vor dem bösen Neid der Neider.

Vom Wesen des Buddhismus

Gedanken über eine »Weltkraft«

Erhard Meier

Der Buddhismus ist eine der großen Religionen der Menschheitsgeschichte, eine *Weltreligion*. Sie gibt Antworten auf die Grundfragen des Daseins, die über die geographischen Grenzen seines Entstehungs- und Wirkungsortes hinaus im Sinne eines sich von der Tiefe her erfahrenden und verstehenden Menschentums geschichtsträchtig waren und bleiben.

Dass der Buddhismus von den räumlichen und zeitlichen Umständen, die ihn umrahmten, geprägt ist, ist selbstverständlich. Insofern sind historische, strukturale und religionsvergleichende Untersuchungen von unverzichtbarem Wert, um dieses Ereignis zu deuten. Die sich dabei ergebende *Eigenart* zu vermitteln, bleibt nach wie vor eine dringende Aufgabe. Diese höchst wichtige geschichtliche Eigenart betrifft allerdings nur die Ober-Fläche (die äußere Erscheinungsform) des Phänomens. Von ihr ausgehend und durch diese hindurch muss jedoch auch die Tiefe hervorgehoben werden, die dieses Ereignis mit allen großen Ereignissen der Menschheitsgeschichte verbindet. In der Ober-Fläche – so unsere These – erweist der Buddhismus eine unverwechselbare Prägung, die ihn einer bestimmten epochal-kulturellen Umgebung zuweist und von allen anderen religiösen Ereignissen der Menschheitsgeschichte unterscheidet. In der Tiefe jedoch kommt er mit den Grundeinsichten anderer großer Religionen (insbesondere des Christentums) überein und sagt in diesem Sinne Entscheidendes und Endgültiges über die menschliche Wirklichkeit aus. Während er also strukturell zeit- und kulturbedingt war und bleibt, überwindet er als Tiefenphänomen die Grenzen der vergänglichen Geschichte und erreicht das Wesen des Menschlichen. Dieses steht natürlich nicht fest, es befindet sich mitten im Reifungsprozess seiner Selbstgestaltung.

Die übergeschichtliche Aussage, die der historische Buddhismus als Tiefenphänomen darstellt, betrifft eine ganz bestimmte Dimension des Werdeprozesses des Menschen. Der hier unternommene Erhellungsversuch hat vorwiegend diese Dimension vor Augen. Kulturell-historische Kenntnisse und strukturale Klärungen vorausgesetzt lautet für uns demnach die leitende Frage: Was ist der Buddhismus in seinem Wesen?

Was der Buddhismus in seinem Wesen ist, kann freilich nur vom inneren Nachvollzug der ihm zugrunde liegenden Erfahrungen her gesehen werden. Mit *innerem Nachvollzug* ist hier keineswegs die so genannte »immanente Kritik« gemeint, bei der das wissenschaftliche Subjekt der Überzeugung ist, von sich selbst abstrahieren und die fremde Position – wie es heißt – korrigierend »zu sich bringen« zu können. Eine jahrtausendealte, im Laufe der Geschichte von Milliarden von Menschen angenommene und gelebte Seinsauffassung braucht nicht »wissenschaftlich« aufgeklärt oder »philosophisch« zu sich gebracht zu werden. Sie war und ist schon immer bei sich und strahlt jenes Licht aus, unter dem Philosophie und Wissenschaft in den großen, hellen Momenten ihrer Entwicklung entscheidende Einsichten gelungen sind. Hegel bemerkte, dass die Philosophie der Religion hinterherläuft, da jene nur zum Begriff bringt, was letzte im Medium der eigenen Glaubensevidenz schon längst lebt.

Werden die grundlegenden Erfahrungen des Buddhismus nachvollzogen und geht man durch seine historisch und kulturell bedingten Eigenheiten hindurch, so kann man jene menschlich-göttliche Ursubstanz erreichen, in der von der Tiefe her gesehen die großen Religionen der Menschheit übereinkommen.[1]

In der methodischen Absicht, unter Berücksichtigung des Eigenartigen und durch dieses hindurch im Hinblick auf den Ursprung und die göttliche Endbestimmung der Schöpfung das allgemein Menschliche und das religionsgeschichtlich Verbindende hervorzuheben, gliedert sich die Abhandlung wie folgt:
1. Die Grundlagen des Buddhismus
2. Welche Inhalte lassen den Buddhismus als Weltkraft erscheinen?
3. In welchem Sinne sind der Buddha und Jesus der Christus gleichermaßen wahr?

1.

Im Buddhismus geht es grundsätzlich – genauso wie im Christentum – um das Thema der Erlösung zur Erlangung eines von allen Fesseln befreiten Heils, um die Ledigwerdung von aller Welt-Verfangenheit in der Dimension der Liebe.

Nach dem christlichen Glauben tritt die Gesinnung Christi, wie es Romano Guardini ausdrückt, »von oben« her in die Welt ein. »Sie ist der Welt gegenüber reiner, neuer Beginn. Die Liebe ist in Jesus Christus in echtes menschliches Dasein übersetzt; in den Bahnen menschlicher Gedanken laufend und redend in der Sprache eines Galiläers der damaligen Zeit; durch die gesellschaftlichen, politischen, kulturellen Zustände der Zeit wie durch die Begegnung des Augenblicks bestimmt – aber so, dass der Glaube, wenn er Herz und Auge freimacht, im Menschen Jesu den reinen Ausdruck der Gesinnung des Sohnes Gottes sieht.«[2] Da der göttliche

---

[1] Besonders deutlich ist die Nähe zum Christentum, da Buddha und Jesus das Menschliche zu jener Spitze erhöhen, welche die Mitte des Göttlichen berührt. Der christliche Religionsphilosoph Romano Guardini schreibt dazu: »Einen einzigen gibt es, der den Gedanken eingeben könnte, ihn in die Nähe Jesu zu rücken: Buddha. Dieser Mann bildet ein großes Geheimnis. Er steht in einer erschreckenden, fast übermenschlichen Freiheit; zugleich hat er dabei eine Güte, mächtig wie eine Weltkraft« (Der Herr. Über Leben und Person Jesu Christi. Freiburg 1983, 360). Vgl. ferner E. Meier, Ist die Freiheit Buddhas nicht die Freiheit Christi? Überlegungen zu einer Behauptung Romano Guardinis. In: L. Hagemann/E. Pulsfort (Hg.), »Ihr alle seid Brüder«. Festschrift zu Prof. Khoury's 60. Geburtstag Würzburg/Altenberge 1990. Würzburger Forschungen zur Missions- und Religionswissenschaft. Religionswiss. Studien 14, 123–138.

[2] Romano Guardini, a.a.O., 359f.

Vater und der irdische Sohn, so die christliche Lehre, wesenhaft eins sind, tritt in Jesus die Gesinnung Gottes hervor, und zwar direkt und unvermittelt, sich hineinfügend in Zeit und Bedingtheit, Kultur, Politik usw. der damaligen Zeit, und zugleich in der Begegnung des Augenblicks, insofern auch dieser eingefügt ist in Zeit und Bedingtheit.

Wie wird nun im Buddhismus die Loslösung zur Erlangung des Heils beschrieben?

Der Buddha nennt als die vier heiligen Wahrheiten solche Schauungen über die Wirklichkeit von Leben, Leid, Tod, Befreiung, die analytisch zeigen, dass die Loslösung von Gier und Verblendung (»Hass« als drittes Wurzel-Übel) und die Ausrichtung auf heilsames Handeln sowie Ruhen des Geistes in eine uneingeschränkte Befreiung führen.

Die Grunderfahrung des Buddha war die Evidenz des die ganze Schöpfung und folglich das Dasein des Menschen durchkreuzenden Leids, das vor allem in der Gestalt von Abhängigkeiten, Sucht und Krankheiten, Altwerden, Einsamkeit und Tod äußerlich erscheint. Heil meint demnach in erster Linie geistige, innere Befreiung von diesem Grundübel.

Es seien die Grundlagen des Befreiungsprozesses kurz skizziert und im Blick philosophischen Reflektierens formuliert:
1. Die heilbringende Wahrheit lautet, der Mensch müsse, um wahrhaft heil und glückvoll leben zu können, erkennen lernen, dass alles Dasein endlich, gebrochen, unzulänglich, vor allem nicht aus sich heraus seiend (Nicht-Selbst: Pali: anatta; Sanskrit: anatman), und somit leidvoll ist.
2. Dieses Leiden ist nicht unabwendbar, sondern verursacht. Daraus folgt, dass man die Ursachen kennen und sie beseitigen kann, um so endgültige Leidfreiheit und Heil zu erlangen.
3. Der Buddha hat erkannt, so sagt er, dass die Ursachen in unheilsamen geistigen Gestimmtheiten liegen, nämlich in den Gestimmtheiten oder Haltungen der Gier (nach immer Neuem, immer mehr) und der Verblendung zu glauben, man habe sein Sein quasi als Besitz, wohingegen man verinnerlichen muss, dass man es nicht zur Verfügung hat, da es wandelbar und endlich, unverfügbar ist. Als drittes »Wurzel-Übel« kommt die Haltung des Hasses hinzu, denn Verachtung, Dünkel usw. nehmen den Geist, das Denken und die Gestimmtheit gefangen und machen sie knechtisch.
4. Der Weg, die Methode, um die drei Wurzel-Übel zu tilgen, ist eine neue Weise, das Leben zu gestalten, es neu zu strukturieren mit Hilfe dreier zu übender Bereiche, die sich in den so genannten heilbringenden, achtteiligen Pfad entfalten: Rechte Gesinnung (Glaube, Entschluss), rechtes Tun, Ethik (Handeln, Sprechen, Lebenskonzept), rechte Geistes-Schulung (ernsthaftes Streben, Meditation, Sammlung).
Buddhas Predigt zu Benares:

> Dies, ihr Mönche, ist die heilige Wahrheit vom Leiden: Geburt ist Leiden, Altern ist Leiden, Krankheit ist Leiden, Tod ist Leiden; mit Unliebem vereint sein, von Liebem getrennt sein, nicht erlangen, was man begehrt, alles dies ist Leiden.
> Dies (...) ist die heilige Wahrheit von der Entstehung des Leidens: Es ist das Begehren,

das von Wiedergeburt zu Wiedergeburt führt, samt Freude und Gier, und was hier und dort seine Freude findet.

Dies (…) ist die heilige Wahrheit von der Aufhebung des Leidens: Die Aufhebung des Begehrens durch gänzliche Vernichtung des Begehrens, es loslassen, sich seiner entäußern, ihm keine Stätte gewähren.

Dies (…) ist die heilige Wahrheit von dem Weg zur Aufhebung des Leidens: Es ist dieser heilige, achtteilige Pfad, der da heißt: rechtes Glauben, rechtes Entschließen, rechtes Wort, rechte Tat, rechtes Leben, rechtes Streben, rechtes Gedenken, rechtes Sich-Versenken.

Dies ist die heilige Wahrheit vom Leiden. Also, ihr Mönche, ging mir über diese Begriffe, von denen zuvor niemand vernommen hatte, das Auge auf, ging mir die Erkenntnis, die Kunde, das Wissen, der Blick auf. (…) Seit ich, ihr Mönche, von diesen vier heiligen Wahrheiten diese dreifach gegliederte, zwölfteilige Erkenntnis und Einsicht in voller Klarheit und Bewußtheit besitze, seitdem weiß ich, ihr Mönche, daß ich in dieser Welt samt den Götterwelten, samt Maras und Brahmas Welt, unter allen Wesen, samt Asketen und Brahmanen, samt Göttern und Menschen, die höchste Buddhaschaft erlangt habe. Und ich habe es erkannt und geschaut: Unverlierbar ist meines Geistes Erlösung; dies ist meine letzte Geburt; nicht gibt es hinfort für mich neue Geburten.[3]

Der Wahrheits-Macht dieser Rede des Buddha sollte man sich nicht entziehen. Der hier spricht, ist der Buddha, ist ein Mensch, der in der Menschheits-Geschichte nicht nur ein Weiser ist. Er ist eine Erscheinung, dessen Wirkkraft sich durch zweieinhalb Jahrtausende ungebrochen in Hunderten von verschiedenen Menschheits-Kulturen als gründend und tragend, als lichtvoll erwiesen hat. Er ist die Aufgipfelung höchster menschlicher Möglichkeiten *und* Unmöglichkeiten, denn er durchbricht den Zirkel und die Schranken des Geistes und alles Erkennens, spricht aus einer Sphäre des je und je Ganz-Anderen (Sanskrit: anyad eva, Begriff der indischen Philosophie). Was der Buddha darstellt, macht es unmöglich, ihn mit anderen ins Unendliche herausragenden Gestalten zu vergleichen. Vergleichen oder gar kritisch bewerten zu wollen ist hier gänzlich unangemessen, weil Dimensionen des Lichts eben nur Licht sind, nicht mehr und nicht weniger, d. h. unteilbar, nicht partikulär. – Was ist diese Schauung des Buddha?

2.

Einerseits ist es das Bemühen des Menschen, grundlegende geistige Fehlhaltungen zu überwinden, nämlich Gier, Hass, Verblendung in allen Unterarten. Dabei wird betont, dass dies primär durch die Schulung von zentralen, heilsamen Geisteshaltungen geschieht. Man könnte diese Tugenden nennen, wissend, dass der Begriff »Tugend« ein griechisch-römischer ist und im Grunde nicht ohne genaues Unterscheiden mit den »brahma viharas«, göttlichen Verweilzuständen, oder auch »satis«, den Schulungen, Übungen, angewandt werden kann. Es sind eher Geistes-Haltungen, geistige, zu etablierende Gestimmtheiten. Jedoch des schnelleren Verstehens wegen sei hier der Begriff Tugend erlaubt.

---

[3] Mahavagga 1,6,10 ff. zit. nach H. Oldenberg, Buddha. Sein Leben, seine Lehre, seine Gemeinde. München 1961, 122 ff.; weitere Neuauflagen.

Es sind vier zentrale Grundtugenden, die durch den im buddhistischen Sinn strebenden Menschen eingeübt und geschult werden sollen, vier gute, heilsame Geisteshaltungen:

Brahma vihara: Die vier göttlichen Verweilzustände oder Unermesslichkeiten (appamanna): Güte (metta), Mitleid (karuna), Mitfreude (mudita), Gleichmut (upekkha).[4]

> Vier Unermeßlichkeiten gibt es. Da, ihr Brüder, durchstrahlt der Mönch mit einem von Güte erfüllten Geiste erst eine Richtung, dann eine zweite, dann eine dritte, dann eine vierte, ebenso nach oben, unten, ringsherum; und überall mit allem sich verbunden fühlend durchstrahlt er die ganze Welt mit einem von Allgüte erfüllten Geist, mit weitem, erhabenem, unbeschränktem Geist, frei von Gehässigkeit und Groll. (…) mit einem von Mitleid erfüllten Geist (…) von Mitfreude (…) von Gleichmut erfülltem Geist durchstrahlt er erst eine Richtung (…) frei von Gehässigkeit und Groll.[5]

Der Gedanke, dass die Idee der göttlichen Verweilzustände allein schon eine Weltkraft ist, liegt nahe. Denn diese Idee spricht von einer tiefen, wahrhaften Motivation des Geistes und des Herzens, nämlich 1. anzustreben, dass der Mensch alle Lebewesen mit unendlicher Güte, mit unendlichem Mitgefühl, mit unendlicher Mitfreude, mit unendlicher Geduld zu umgreifen vermag. 2. diese Idee für realisierbar zu halten, ja sie – so der Buddha – als realisierbar zu *wissen*.

Es ist ein aus praktischer Lebenserfahrung wahrhaft unendlich hoch gestecktes Ziel für den Menschen, das es zu erlangen gilt, nämlich quasi wie ein unendlich gütiger Gott alle Lebewesen zu umarmen mit Güte, Mitgefühl, Mitfreude und Geduld, in unendlicher, uneingeschränkter Weise, ohne Bedingungen jedweder Art. Der europäische Mensch neigt wahrscheinlich dazu, dieses für unmöglich zu halten. Er spricht dann von einem Idealismus, dem die Torheit anhaftet, dass solch ideelles Denken niemals in die Wirklichkeit umgesetzt werden könne, dass es der Wirklichkeit gegenüber fremd sei, dass es untauglich sei zur »Bewältigung« der Wirklichkeit. Dem kann man, so scheint es, zunächst nicht viel entgegenhalten, und eine mindestens leichte Hilflosigkeit stellt sich ein bei dem Gedanken, wie unmöglich in praktischer Sicht die Erlangung solcher unendlich hohen Tugenden ist.

Dem muss entgegengehalten werden, dass auch in der Bergpredigt Jesu Christi ähnliche, scheinbar unerreichbare Tugenden angemahnt werden, z. B. die Feindesliebe. Wir kommen hiermit auf zentrale Fragen an die Religionen, nämlich was sie denn taugen und was sie nützen, da anscheinend »die Welt« so gänzlich anders sei und andere Anforderungen stelle, ja jedes Gut-Sein ausschließe, unmöglich mache, töricht sei.

Aber gerade darin liegt die Vehemenz des Geistes der Religionen, nämlich unermüdlich, in vielfältiger Weise und unverdrossen das Zeichen aufzurichten und es sichtbar, hörbar zu machen, nämlich unbeirrt zu sagen: Seid gütig!

---

[4] Auf die diakritischen Zeichen der Sanskrit- und Pali-Begriffe ist aus drucktechnischen Gründen verzichtet worden. Zur Aussprache siehe Glossar.
[5] Digha-Nikaya 33, zit. nach Nyanatiloka, Der Weg zur Erlösung. Konstanz 1956, 124.

Im Buddhismus lautet ein diesbezüglicher Text, in dem Güte unmittelbar mit Befreiung des Geistes zusammen genannt wird:
Aus einer Lehrrede des Buddha:

> Aus Haß, vom Haß überwältigt, gefesselten Geistes, führt man einen schlechten Wandel in Werken, Worten und Gedanken und kennt in Wirklichkeit weder das eigene noch des anderen Heil, noch das beiderseitige Heil. Ist aber der Haß aufgehoben, so führt man weder in Werken noch in Worten noch in Gedanken einen schlechten Wandel und erkennt in Wirklichkeit das eigene Heil, des anderen Heil und das beiderseitige Heil.
>
> Hat man, ihr Mönche, die Allgüte, die gemüterlösende, gepflegt, entfaltet, zur Triebfeder und Grundlage gemacht, gefestigt, großgezogen und zur rechten Vollendung gebracht, so hat man einen elffachen Segen zu erwarten:
>
> Man schläft friedlich, erwacht friedlich, hat keine bösen Träume, ist den Menschen lieb, ist den Geistern lieb, die Himmelswesen schützen einen; Feuer, Gift und Waffen haben einem nichts an; der verworrene Geist sammelt sich, der Gesichtsausdruck klärt sich, man hat einen ungetrübten Tod; und sollte man nicht noch zu Höherem durchdringen, so wird man in der Brahmawelt wiedergeboren.
>
> Wie aber, ihr Mönche, durchdringt der Mönch mit einem von Allgüte erfüllten Geist (alle Richtungen)? Gleichwie man da beim Anblick eines lieben, angenehmen Menschen Güte empfinden mag, so durchdringt er mit Güte alle Wesen.
>
> Auf welche fünf Weisen vollzieht sich die unbegrenzte, durchdringende Erlösung durch Güte? Mögen alle Wesen frei sein von Haß, Bedrückung und Beklemmung! Mögen sie ihr Leben glücklich verbringen! Möge alles, was atmet, alle Geschöpfe, alle Individuen, alle im persönlichen Dasein Einbegriffenen, frei sein von Haß, Bedrückung und Beklemmung. Mögen alle ihr Leben glücklich verbringen. Ach, möchten alle Wesen glücklich sein, voll Frieden, im Herzen ganz von innerem Glück erfüllt.[6]

Dies ist das Minimum der Anfragen beider Religionen, des Christentums und des Buddhismus. Für das Christentum kann man über das Gütigsein hinaus noch von einer von Gott und vom Menschen her sich gegenseitig durchschränkenden Liebe sprechen, für den Buddhismus von einer Wirklichkeit des ungeteilten, uneingeschränkten Schauens im endgültigen Erwachen, das alles und nochmals alles umgreift und in eine übergeordnete, qualitativ je andere Dimension hinüberführt, die aber Welthaftigkeit nicht negiert, sondern sie durchlichtet.

Das Spezifikum der Göttlichkeit Jesu Christi und seiner Botschaft liegt m.E. in der Gelöstheit seines Liebens aus jeder Welthaftigkeit, in der Ausrichtung seines Liebens auf das Mysterium Gottes selbst bzw. in der Herkunft seines Liebens von diesem Mysterium her – das je und je tiefer und anders ist als alles von Menschen vollziehbare Denken, und das deshalb allertiefste, allerhöchste und unteilbar-einzige Wahrheit ist, nicht verunreinigt durch jedwedes menschliche Dazutun und Dazudenken.

Im Buddhismus ist dies m.E. nicht unbedingt anders: Seine Weltkraft besteht darin, auf eingängige, plausible Weise das scheinbar Unmögliche anzufragen, nämlich die eigene Grundgestimmtheit des Lebens so zu formen – eine Mühe von mehreren Menschenleben, d.h. mehreren Wieder-

---

[6] Anguttara-Nikaya 3,55 usw.; Nyanatiloka, a.a.O., 124 f.; E. Meier, Buddhismus kurz gefaßt. Frankfurt 1998; ders., Buddha für Christen – Eine Herausforderung. Freiburg 1986; ders., Gewalt und Friede im Buddhismus. In: Edith Stein Jahrbuch (1995) 136–144.

geburten[7] –, dass darin eine unendliche, ungeteilte Güte, ferner ein Mitfühlen, ein Mitfreuen, eine geduldige Geistesruhe (Gleichmut), alle Bereiche ungeteilt und unendlich umgreift, ausgerichtet auf alle und nochmals alle Lebewesen. Es sei angemerkt, dass, indem alle Lebewesen gemeint sind, der Umgang mit den sogenannten Nutztieren in Hühner-Batterien u.ä. einen grauenvollen Kontrapunkt des Unguten darstellt. M.E. liegen hinreichend Offenbarungen vor, die es verbieten, Lebewesen wie eine Ware um des Profits willen zu behandeln, Hinweise, die entschieden klarmachen, dass den Mitgeschöpfen die ihnen vom Schöpfer her zu denkende gebührende Achtung zuteil werden muss. Ich bin überzeugt, dass Christen in einhundert Jahren über den Tierfrevel, der heute von Christen geduldet und vollzogen wird, genauso entsetzt sein werden, wie sie es heute über die Hexenverfolgungen vergangener Zeiten sind. Der Buddhismus und die christliche Offenbarung sprechen beide uni voco zu diesem Punkt.

Sollte Guardini der Meinung gewesen sein, dass diese Ausrichtung des Denkens in ihrer Aufgipfelung, wie die Buddhisten sie in der Person des Buddha glauben (im Mahayana), lediglich welthaft sei? Wahrscheinlich war er unentschlossen und fragend, wie man aus dem Textzusammenhang sieht. Er wusste nur für sich, dass die Lehre des Buddha eine Weltkraft *ist*, aber in welcher Weise, darüber schreibt er nichts Ausführliches. Nur dass Jesu Christi Liebe von gänzlich oben komme und nicht weltverhaftet sei, und dass genau dies sein »Markenzeichen«, seine Göttlichkeit ausmache, das betont Guardini als zentrales Erkennen des Geheimnisses Jesu Christi.

Niemandem wäre geholfen, wenn man aufzeigen könnte, dass auch der Gewalt der Buddha-Lehre eine solche Kraft »von oben« eigne. Vielleicht wird man das auch nie wahrhaft zeigen können, weil in dieser Dimension des Schauens sich das Sprechen und Schreiben, gar das Argumentieren verbietet, da es letztlich um das Wahrnehmen und Wahrmachen geht.
Erlaubt ist aber die Frage, ob im Buddhismus mit der endgültigen Befreiung in Nirvana, besonders im Zusammenhang für das im Mahayana vorliegende zentrale Erfahren der »Leere« (shunyata)[8], eine Wirklichkeit des »Von-Oben« oder des »Aus-dem-je-Anderen« vorliegt, die man mit jenem Je-Anderen des Christus-Geschehens vergleichen kann, ohne beides gleichzusetzen, schon gar nicht auf der Ebene des Wortes oder des Bildes.
Zwar ist in der christlichen Theologie vielfach davon die Rede, dass es das Besondere der Offenbarung im Christus-Geschehen ausmache, von einem persönlichen Gott reden und mit diesem sprechen zu dürfen. Aber

[7] Diese Zusammenhänge werden deutlich im sog. »Tibetischen Totenbuch« (bar da thos grol), siehe E. Meier, Weisungen für den Weg der Seele. Aus dem tibetischen Totenbuch. Freiburg 1987.
[8] Vgl. dazu E. Meier, Die Aufhebung der Zweiheit und die christliche Gottesvorstellung. Inkulturation in Begegnung mit dem Buddhismus. In: Hilpert/Ohlig (Hg.), Der eine Gott in vielen Kulturen. Festschrift Prof. Hasenhüttl, Zürich 1993, 201–215.

wiederum ist es genauso spezifisch für die Erfahrung Jesu Christi und zahlreicher bedeutender Glaubenslehrer, das gänzlich Unsagbare, Sich-Entziehende Gottes bekannt zu machen: Der zutiefst schmerzvolle Ausruf Jesu am Kreuz, warum ihn sein Gott *verlassen* habe; das Widerfahren des Sich-Lassens, der Abgeschiedenheit bei Meister Eckhart von Hochheim; das Nichts-Postulat hinsichtlich der Gottes-Erfahrung bei Juan de la Cruz[9] (gemeint ist ein Relations-Nichts: im Hinblick auf Gott muss alles Erfahrbare, sei es auch scheinbar noch so wertvoll oder erhaben, als Nichts angesehen werden, um so wahrhaft Gotteinung zu erfahren).

Im Buddhismus legt die Weisheit der Leere (man sollte nicht sagen: Lehre von der Leere, denn es ist keine rational-intellektuale Philosophie) nahe, dass nur in dieser Leere die »Dinge« und Tugenden der Welt wahrhaft ihr Sein haben, nur von hierher und nach dorthin. Alle »Dinge« sind dann in endgültiger und unbeschreiblicher Weise erst je und je sie selbst. *Nicht* sind sie vorher wahrhaft sie selbst, nämlich solange sie nur von den Sinnen und vom Denken her (sechs Sinnestätigkeiten: die bekannten fünf leiblichen Sinne, dazu das Denken des Gehirns sind insgesamt sechs leibliche Sinne) betrachtet werden.

Die Dinge erfahren im Blick des erwachten Menschen eine unendliche Würde, sind eingebunden und durchlichtet vom unendlichen Geheimnis der Leere, die – im Mahayana – reinste Buddha-Natur ist, d. h. reinstes Erwachen, reinste Erleuchtung-an-sich. Das reine Erwachen ist, wohlgemerkt, nicht im geringsten das Erwachen eines Individuums, das von sich sagen könnte: Ich selbst bin nun erwacht. Solch eine Eindimensionalität und Plattheit ist dem Buddhismus gänzlich fremd. Vielmehr »ist« und zugleich »ist er nicht« und zugleich »ist er weder, noch ist er nicht« erwacht und auch nicht erwacht, weil es nichts mehr gibt, das da erwachte oder auch nicht erwachte: das reine Erwachen ist sonder jeder Individualität noch auch Nicht-Individualität, niemanden gibt es da, der erwacht, und niemanden, der nicht erwacht.

Nishitani[10] hat über diese Dinge ausführlich nachgedacht, und Suzuki[11] verglich die mystischen Lehren des Meisters Eckhart von Hochheim mit diesen buddhistisch-mystischen Traditionen.

Wichtig ist, dass in diesem Zusammenhang jedwede Rede von Identität oder von Nicht-Identität, von Selbst oder Nicht-Selbst, von Ich oder Nicht-Ich, von Individuum oder Nicht-Individuum unter der Erfahrung, besser: unter der Wirklichkeit zurückbleibt, sich als gänzlich untauglich erweist, da das Denken in Antinomien oder in Verklammerungen von Antinomien knechtisch ist, nämlich das Denken des sinnlich erkennenden Gehirns, das eben nur ein leibliches Organ neben anderen ist und keine absolute Instanz darstellt.

---

[9] Zum Nichts-Postulat bei Juan de la Cruz siehe E. Meier, Struktur und Wesen der Negation in den mystischen Schriften des Johannes vom Kreuz. Altenberge 1982.
[10] K. Nishitani, Was ist Religion? Frankfurt ²1986.
[11] D.T. Suzuki, Der westliche und der östliche Weg. Frankfurt 1974.

Die Wirklichkeit des Erwachens ist *gänzlich* von eigener Art, ist Erfahrung *jenseits* von allen Arten der Erfahrung, zugleich Widerfahrnis *jenseits* aller Widerfahrnis. Erwachen ist nicht Erwachen eines Subjekts im Hinblick auf das dann zu schauende Objekt, sondern es ist Erwachen an sich, nicht mehr, nicht weniger.

Der äußerlich erkennbare wichtigste Unterschied im Sprechen über Buddhismus und Christentum ist der, dass der Buddhismus anscheinend ohne eine personale Struktur Gottes oder des Erwachens oder der Leere auskommt, dagegen das Christentum von Gott als personaler Struktur spricht, mit Gott redet und Gott seinerseits mit dem Menschen redet.

Aber wie redet Gott? Geschieht dies wie das Reden zwischen zwei Menschen? Das auch, aber in der zutiefst verinnerlichten Form ist es eine besondere Weise des Redens im Gebet, in den tausend Formen des Betens, so des gänzlich wortlosen, kontemplativen Betens, in den verschiedenen Formen der Meditation, in den tausend Formen des sich-offenbarten Gottes, durch Propheten, durch seine Weisungen, schließlich besonders durch seinen Sohn selbst – also nicht mehr durch gesprochene Worte. Gott redet, indem er sich zeigt und sich ereignet im Christus-Geschehen. Und dieses Christus-Geschehen mit Leben, Heilen, Lehren, Kreuzestod, Auferstehung, Himmelfahrt, Wiederkunft des Christus Jesus ist das *eine* Wort, gemäß dem Glauben seit früher Zeit, seit den ersten Konzilien. Und dieses *eine* Wort will Wohnung nehmen im Menschen, will den Menschen auf seine Spur, auf seinen Weg führen, der zur ungeteilten Begegnung mit Gott, dem höchsten Licht über allen Lichtern führt. Will sagen, das personale Miteinander zwischen Mensch und Gott und Gott und Mensch weist hinaus in das letztlich Unbenennbare. Dieses ist von einer Qualität, die je anders ist als das leiblich vollziehbare Denkbare: Die Himmelfahrt Jesu Christi ist genau das Hineingehen in eine gänzlich andere Beschaffenheit, eine aufgegipfelte Beschaffenheit des Miteinanders mit seinem Vater, mit Gott, und mit den Menschen zugleich – dies aber so, dass mit dem Begriff des Miteinanders viel zu wenig ausgesagt ist; es ist ein umfassendes, alle Dimensionen des Wirklichen umfassendes Erwachen des göttlichen Heils-Geschehens als Aufgipfelung alles Miteinanders und deshalb unendlich viel mehr und auf gänzlich andere Art gegenüber dem von sinnlich-leiblicher Weise aus gedachten und erfahrenen Miteinander.

Der Mystiker Juan de la Cruz schildert diesen Prozess u. a. in seinem Gedicht »Llama de amor viva« (Lebendige Liebeslohe)[12]:

> O regste Liebeslohe,
> die zärtlich mich verwundet
> bis in der Seele Kern und tiefstes Leben!
> Gesänftigte, du hohe –
> Tilg', daß mein Herz gesundet,
> dem süßen Treffen tilg' die Trennungsweben.

---

[12] Ins Deutsche übertragen von I. Behn, in: Johannes vom Kreuz. Die lebendige Flamme; Briefe; Anweisungen. Einsiedeln 1964.

O Flamme, mild umleckend!
O Wunde, lind zu dulden!
O holde Hand, o liebliches Durchdringen,
nach ewigem Leben schmeckend,
vergütend alle Schulden!
Todbringend willst du höchstes Leben bringen.

O Leuchten voll von Brünsten,
dank deren Widerscheine
des Sinns abgründige Höhlen ohne Enden –
nicht länger blind von Dünsten –
in fremder Himmelsreine
dem Liebsten beides, Licht und Wärme spenden!

Wie liebreich und verstohlen
erwachst du in Gehegen,
tief im Gemüt mir, wo du sieghaft gründest:
mit würzigem Atemholen
voll sonnenholdem Segen
wie unberührbar zart du mich entzündest!

H.U. von Balthasar kommentiert den Gedanken so:

Das Ende der Llama schildert das bestürzende Erfahren des Erwachens Christi in der Herzensmitte der Seele: »Du erwachst, o Wort-Bräutigam, im Mittelpunkt und Abgrund meiner Seele, in der reinen und intimsten Substanz ihrer selbst«, als das Du, als der »einzige Meister meines Wesens«, in einem movimiento de tanta grandeza y señoría y gloria y de tan intima suavidad, in einer Bewegung de tan gran Emperador, daß mit diesem Erwachen des Aboluten im Herzen, mit diesem absoluten Erwachen des Herzens alles, die gesamte Schöpfung mit erwachen muß. Es ist entscheidend, daß das Wort Identität hier als abstrakt und viel zu schwach unter uns zurückbleibt. Der da im Innersten der Substanz erwacht, ist der Meister, der erhabene Fürst und Kaiser, und nur als dieser der Geliebte: sein Erwachen erhebt die Seele bloß darum so unvorstellbar zur Geliebten und göttlich Geehrten, weil es sie vorgängig in die absolute Distanz des Nichts verabgründet.[13]

Ohne durch die Verabgründung in das Nichts ist das personale Denken in dieser Dimension des Erwachens Gottes nicht möglich. Es ist also unangemessen, mit dem bloßen Begriff der Person Gottes quasi auf den Markt zu gehen und auszurufen, das sei der Unterschied zwischen Christentum und Buddhismus. Zu heilig ist, zu tiefes Mysterium ist die Wahrheit, die in beiden Religionen von der Leere-Erfahrung einerseits und von der Gottesbegegnung andererseits spricht, als dass man die bloßen Begriffe des Personalen und Apersonalen gegeneinander ausspielen dürfte.

3.

Darin nochmals ist der Buddhismus eine Weltkraft, dass er entschieden die Heiligkeit und Unbenennbarkeit des tiefsten Geheimnisses betont. Dies tut auch, recht verstanden, das Christentum, jedoch mit der Nuancierung, dass das tiefste Geheimnis sich in der menschlichen Person Jesus

---

[13] Hans Urs von Balthasar, Juan de la Cruz. Das Paradox der mystischen Poesie. In: Herrlichkeit II, 2, Einsiedeln 1962, 501 f.

von Nazareth ausgesprochen hat, und zwar absolut. Bedenkt man nun aber, wie oben geschehen, das Geheimnis des Gottessohnes, so ist es allzu flach, mit dem Begriff »Person« billig zu operieren, zumal zu dem Zweck, ihn gegen die vermeintliche Apersonalität der Leere ins Feld zu führen.[14]

Man wird m.E. nicht positiv und einfachhin die Gleichheit beider Erfahrungen (Gottesbegegnung einer- und Leere-Erfahrung andererseits) behaupten dürfen. Aber man wird sagen müssen, dass beide Religionen einen sehr ähnlichen Fingerzeig auf das tiefste Mysterium geben.

Die Weltkraft des Buddhismus liegt in der Ethik und zugleich in der Wirklichkeits-Schau als Erwachen der Wirklichkeit schlechthin. Beides gehört im Buddhismus zusammen, ohne dass es sich gegenseitig begrenzt, auch nicht dass es sich summarisch ergänzt, sondern eher so, dass beides unteilbar und ungeteilt das Eine ist. Die Buddha-Natur ist, wie sie ist, ist die bloße, ein-faltige, ungeteilte So-heit (tathata), und findet ihren stärksten Ausdruck in der unendlich gedachten und dann praktizierten Güte, inklusive der ebenso unendlichen Gestimmtheiten des Mitgefühls, der Mitfreude, der Geduld. Allein der mit Hilfe der Phantasie mögliche Gedanke, es könne ein solches Lebewesen geben, lässt erschauern, weil man ahnt, dass es so sein könnte. Ein solches Lebewesen (aus buddhistischer Sicht ein Mensch, der durch tausende Wiedergeburten seine Geisteshaltung so gestimmt hat) müsste tatsächlich sinnlich nicht wahrnehmbar sein, weil es in der Leere ungeteilt »existiert«. Zugleich aber würde es sehr wohl auch als Mensch erscheinen können, weil eben ungeteilt, d.h. absolut. Und es erschiene dann als Mensch, der wie jeder Mensch aus einer menschlichen Mutter geboren würde, und es wäre ein Mensch wie jeder andere auch, und zwar ununterschieden! Und da die Leere absolut ist, wäre er ebenso ununterschieden diese Leere selbst. Ein solches Wesen – ich denke an Jesus von Nazareth – wäre Vollzug des Absoluten, wäre Geschehen des Absoluten, wäre in jeder Hinsicht höchste Aufgipfelung aller denkbaren und darüber hinaus undenkbaren Wahrheiten hinsichtlich des Absoluten, so sehr, dass es sich verböte, von einem im menschlichen Sinn prophetischen oder spirituellen Wesen zu reden, weil dieses nur Begriffe sind, die dann nicht taugten. Er wäre eine absolute Singularität, auf die zwar heilige Menschen und heilige Elemente in der Schöpfung hinwiesen; es wäre jedoch wie die Sonne in einer unendlichen qualitativen Distanz zu allen sonst bekannten Hierophanien. Alles Heilige sähe in ihm seine unendlich hohe Aufgipfelung, so unendlich entfernt, dass es keine lineare Fortführung gäbe, sondern die qualitative, je und je andere Andersheit.

M.E. besteht die Weltkraft des Buddha darin, dass er zwar zunächst von den asketisch-spirituellen Praktiken der geistigen Purifikation herkommt, aber damit auf Dimensionen hinweist, die das nur menschliche Maß des Voranschreitens und der Askese verlässt und gleichsam hinaus in das Unbekannte des höchsten Mysteriums schnellt, quasi katapultiert, sodass der

---

[14] Zum Person-Begriff umfassend z.B. bei B. Welte, Zwischen Zeit und Ewigkeit. Freiburg 1982; ders., Licht des Nichts. Düsseldorf 1980; E. Meier, Die Aufhebung der Zweiheit (Anm. 8).

Geist, besser: die Wirklichkeit absolut sie selbst nochmals wird, so wie sie nie anders war, ohne quantitativen noch qualitativen Zugewinn, ohne »Veränderung«, jedoch in einer qualitativ unendlich entfernten Weise. (Dies gilt m.E. nur für das Mahayana und Vajrayana; im Theravada scheint das Element des vom Menschen zu vollziehenden Weges der Purifikation – im weitesten Sinne – die Priorität zu haben.) Und es mag erlaubt sein, von hierher ein weiteres, erhellendes Licht auf die Gottheit Gottes und Jesu Christi zu werfen, sodass die Offenbarungen durch Bibel und Glaubenslehrer nochmals klarer und um so mehr wahrhaft geschaut werden.

Dass Jesus der Weg, die Wahrheit und das Leben ist, darf und kann nicht als »Waffe« gegen andere Religionen gelesen werden, schon gar nicht gegen den Buddhismus. Eher wird man das Geheimnis des Christus Jesus um so mehr als Weg, Wahrheit, Leben erkennen, je mehr man das Geheimnis der Wahrheit des Buddhismus schaut, ohne dass man beide gesonderte, für sich zu respektierende Traditionen harmonisieren wird. Man wird beide großen Wahrheiten und Heiligkeiten gleichermaßen respektieren, vielleicht noch eine dritte und mehrere religiöse Traditionen. In der Dimension des Absoluten verbietet es sich zu teilen, abzugrenzen, gar auszugrenzen. Und die Dimension des Absoluten, so wie sie die Bergpredigt, wie sie die Leere-Schau im Buddhismus aufzeigt, wirft ein starkes, unübersehbares Licht auf die sogenannte profane Wirklichkeit, die damit auch heilig wird, weil sie es eigentlich, wesenhaft schon je ist und war.

Beide großen Worte, die des Buddha und des Christus Jesus, gelangen zugleich zu einem Apogäum, kumulieren und zentrieren sich im Mysterium, das Liebe, Güte, Licht, Erwachen, dadurch unendliches Verstehen aller Dinge und aller Lebewesen, das unendliches Umarmen und dadurch Leben-schlechthin ist. Das Wort des Buddha ist wie das Wort Christi Jesu begnadet durch die Taufe in der Wirklichkeit des Je-Anderen, Unbenennbaren, das sich als die eigentliche und alles durchlichtende Wirklichkeit erweist, auf die alles und nochmals alles hinausweist und hinausgeht. Ist es bei beiden dieselbe Wirklichkeit? Manche sagen nein, andere ja. Man bedenke: Beide Wirklichkeiten weisen fruchtbar zurück auf die sinnliche Wirklichkeit und diskreditieren diese in keiner Weise, sondern lassen sie erst so sein, wie sie wahrhaft ist. Da gibt es keine Regression im Buddhismus einerseits noch ein davon abgehobenes Neuwerden im Christentum andererseits. Sondern: Da ist Geheimnis, nicht mehr und nicht weniger, und fruchtbares, Absolutheit versprechendes Geheimnis, das von Leben spricht, nicht von Tod, das nicht Abschied von irgendetwas ist, sondern Hingehen, Finden, Umarmen, Lieben, Gutsein, und dies als Unendlichkeit und Ungeteiltheit, somit als Wahr-Nehmen aller und nochmals aller Dinge und Geschehnisse. Und alles dies und unendlich viel mehr gilt, so mag es scheinen, von der Leere-Erfahrung des Buddhismus wie auch von dem Erwachen des absoluten »Kaisers« (so Balthasar), des Gottessohnes Jesus Christus.

Diese Überlegungen mögen Lücken der Plausibilität, Lücken in der Begründung haben. Es gibt jedoch das Bild des losgelösten, ein-fältigen,

kindhaften Spiels in und mit den Wirklichkeiten: im Chan- und Zen-
Buddhismus im Gleichnis von der Bändigung des Büffels mit den zehn
Phasen des Weges. Der »Erwachte« geht in die Welt und spielt mit den
Wirklichkeiten auf dem Markt der Welt, und dadurch wirkt er das Heil,
wortlos, ohne Predigt, allein durch seine Weise des Seins. Jesus wirkt das
Heil ebenso allein durch sein Da-Sein als unendlich Liebender, der durch
alle Phasen welthafter Existenz hindurchgegangen ist, bis in die abgründi-
gen Tiefen hinein, der die Wirklichkeiten je und je neu werden lässt, bis
alles vom unendlichen Wasser des Lebens trinkt.

Haben wir nicht heute eine Zeit, in der das Geheimnis-schlechthin
wieder deutlich zu Wort kommen soll, fallweise auch unter Absehung
rational-intellektualer Methodik?

Im beginnenden dritten Jahrtausend nach Christi Geburt muss es möglich sein, eben im Sinne des geburtlichen Neuwerdens das tiefste Mysterium wie ein Kind[15] wahr-zu-nehmen, das durch sein reines Staunen über
alle Geheimnisse mehr wahr-nimmt als ein ausschließlich reflektierender
Erwachsener. Die Reflexion ist Dienerin des Staunens, indem sie analysiert, wann das Staunen wahrhaft und fruchtbar ist, wann es aus sich,
sich entäußernd, hinausgeht, und wann es lediglich in sich verfangen
bleibt.

Es ist Zeit, Wirklichkeit nicht mehr als das zu nehmen, was sie von
sich aus zu sein scheint – was wäre das dann eigentlich? Man käme zu keinem weiterführenden Ergebnis. Es ist Zeit, Wirklichkeit von dorther zu
schauen, was sie, aus der profanen Sicht des Menschen, noch nicht ist, was
sie aber nach den Verheißungen einst sein könnte, ja was sie wahrhaft sein
wird: die Wirklichkeit, einen Traum zu haben. Das ist nämlich diejenige
Wirklichkeit, von der uns die Erfahrenen (Seher, Propheten, Mystiker)
sagen, dass sie eigentlich *schon da* ist und wirkt. Sie ist jenseits von
menschlicherseits einfangbaren und reproduzierbaren Wahrheiten, die
man benennen könnte, mit denen man handeln könnte. Gerade das zer-
schlägt die Wahrheit. Sie will liebevoll, zart, subtil angeschaut und berührt
werden. Deshalb ist es gut, dass es wenigstens einige wenige Menschen
gibt, Buddhisten wie Christen, die als Eremiten, buddhistische Yogis,
Mönche und Nonnen das erfüllte und fruchtbare Schweigen üben, aus
Demut vor dem Mysterium und aus Erkenntnis der Unzulänglichkeit der
Worte heraus.

Allein das Anschauen des Mysteriums und das daraus staunende Prei-
sen ist tauglich, so scheint es, das weltverfangene, egozentrische Denken
und Meinen zu verlassen und jene Ekstase zu erfahren, in der allein der
Mensch, indem er sich zu verlieren scheint, erst wahrhaft findet und damit
sein Leben neu findet und gründet und neu erschaffen lässt.

---

[15] Zum menschlich- und göttlich-kindhaften Spiel siehe E. Meier, Der kindhafte Gott.
Überlegungen zu Allmacht und Liebe Gottes. In: Edith Stein Jahrbuch (1999) 273–252.
Der kindhafte Gott ist sowohl aus den Offenbarungen begründbar als auch plausibel im
Hinblick auf die innere Struktur der Schöpfungs-Wirklichkeit.

Bhagavadgītā –
Von der Hindu-Bibel zur Yoga-Philosophie

Eckard Wolz-Gottwald

Die Bhagavadgītā[1] gehört heute zu den bekanntesten und gleichzeitig auch zu den bedeutendsten Texten der indischen Kultur. Sie wurde von nahezu allen großen religiösen Führern wie auch Philosophen der indischen Geschichte und Gegenwart kommentiert[2] und ist heute in nahezu alle indischen wie auch europäischen Sprachen übersetzt.[3] Wie kaum ein anderes Werk vermochte die Bhagavadgītā auf das religiöse Leben Indiens zu wirken, sodass sie sogar als die Bibel der Hindus bezeichnet wurde. Gleichzeitig zählt sie bis heute zu einer der zentralen Grundschriften der Philosophie des Yoga.

Es war gerade die Vielfalt ihrer Lehren und aufgezeigten Wege, die in Indien traditionell positiv als ein Zeichen des Reichtums der Ideen gewertet wurde. Westlicher Wissenschaft erschienen die hierdurch auftretenden Gegensätze dagegen immer wieder als Widersprüche, die Mannigfaltigkeit der Konzepte als eklektische Unklarheit des Denkens.[4] Unter östlichem und westlichem Blickwinkel vermag die gleiche Schrift in einem sehr unterschiedlichen Licht zu erscheinen.

Wenn in der folgenden Interpretation auf der einen Seite die religiösen und auf der anderen die yogisch/philosophischen Aspekte der Bhagavadgītā zu klären sind, so muss gerade der Blickwinkel, unter dem die Untersuchung erfolgt, eine besondere Rolle spielen. Traditionell indische Interpretationen sehen in der Bhagavadgītā eine Schrift göttlichen Ursprungs mit dem Anspruch unfehlbarer Offenbarung. Moderne Philologie und wissenschaftliche Textkritik blickt dagegen auf sie als ein historisch entstandenes und von Menschenhand erschaffenes Zeugnis der indischen Kultur.

Die vorliegende Interpretation möchte darüber hinaus einen dritten Weg wagen, der den Geist und den Lebensbezug des indischen Zugangs

---

[1] Der Sanskrit-Begriff Bhagavadgītā lässt sich wörtlich mit *Gesang (gītā) des Erhabenen (bhagavad)* übersetzen, womit die feierliche Unterweisung (Gesang) des Krishna (Erhabener), einer irdischen Erscheinungsform des Gottes Vishnu gemeint ist.

[2] Von den klassischen Philosophen Shankara, Rāmānuja oder Madhva liegen genauso Kommentare vor wie von den Vertretern des gegenwärtigen indischen Geisteslebens B.G. Tilak, Shrī Aurobindo, Mahātma Gandhi oder Sarvapalli Radhakrishnan.

[3] Maßgebliche Textausgabe ist die Critical Edition des Mahābhārata. Als neueste deutsche Übersetzungen seien hier erwähnt: Bhagavadgītā. Wege und Weisungen. Übers. von Peter Schreiner, Zürich 1991 sowie Bhagavadgītā. Übers. von Michael von Brück, spiritueller Kommentar von Bede Griffiths, München 1993.

[4] Siehe hier zum Beispiel die Einleitungen bei Richard Garbe, Die Bhagavadgītā. Leipzig 2. verb. Aufl. 1921; G. v. Simson, Die Einschaltung der Bhagavadgītā im Bhīshmaparvan des Mahābhārata. In: Indo-Iranian Journal (11) 1969, 159 ff.; Klaus Mylius, Die Bhagavadgītā. Wiesbaden 1980, 11–17 und insbesondere E. Sharpe, The Universal Gītā. Western Images of the Bhagavadgītā. A Bicentenary Study, London 1985.

mit der kritischen Analyse westlicher Wissenschaft zusammenbringen
will. Es geht dann einerseits um eine Interpretation aus der jeweiligen
Erfahrungs- und Lebensdimension selbst, sei es aus der Lebenswelt des
religiösen Glaubens wie auch der yogischen Erfahrung. Andererseits gilt
es, den jeweiligen lebensweltlichen Horizont mit wissenschaftlicher Ge-
nauigkeit und rationaler Begründung zu prüfen und zu analysieren. Die
Interpretation wird im Medium der Begriffe durchgeführt, die jeweilig
durch Graphiken im Medium des Bildes Unterstützung findet. Den Eng-
führungen und der Präzision der Begriffe sei die Offenheit des Bildes
gegenübergestellt. Vielleicht mag gerade in der wechselseitigen Erhellung
von Begriff und Bild jener dritte Weg zu gehen sein, für den Wissenschaft
und Geist, abstrakt-rationale Präzision und Sprechen aus der Konkretion
des Lebens keine sich ausschließenden Gegensätze mehr sind.

Um diese Aufgabe zu erfüllen, gilt es zunächst, die historischen Wurzeln zu umreißen, auf die das Denken der Bhagavadgītā gegründet ist.
Schon hier zeigt sich, dass eine breite Vielfalt von einerseits religiösen,
andererseits aber auch philosophischen und yogischen Strömungen Aufnahme gefunden hat.

1. Die Vielfalt der historischen Wurzeln

Als religiöse Schrift ist die Bhagavadgītā dem Vishnuismus zuzurechnen,
einer Hauptrichtung der hinduistischen Religionswelt. Sie hat darüber
hinaus aber im Laufe ihrer Geschichte als heiliger Text für den ganzen
Hinduismus Bedeutung erlangt.[5] Der gläubige Hindu nimmt an, dass die
Gītā, als wörtliche Offenbarung der Lehren des Gottes Krishna, zu Beginn des gegenwärtigen Zeitalters des Kali-Yuga, also ungefähr 3000
v. Chr. offenbart worden ist. Sie gilt so als einheitlicher, geschlossener
Glaubenstext, für den die Frage nach historischen Wurzeln nicht relevant
erscheint.

Wissenschaftliche Philologie und Geschichtsforschung muss dagegen
zu anderen Ergebnissen gelangen. Die Einbettung der Bhagavadgītā in die
Rahmenhandlung des indischen Nationalepos Mahābhārata gibt wichtige
historische Hinweise.[6] Das Mahābhārata ist zwischen dem fünften Jahrhundert v. Chr. und dem zweiten Jahrhundert n. Chr. entstanden. Da
die Bhagavadgītā in den jüngeren Abschnitten bereits zitiert wird, können
die Ursprünge ihrer Entstehung bis in das vierte Jahrhundert v. Chr.
zurückreichen. Sie mag in ihrer heutigen Gestalt im zweiten Jahrhundert
n. Chr. in das Mahābhārata eingefügt worden sein.

---

[5] Wenn die religiöse Literatur des Hinduismus in *Offenbarungstexte (shruti)* und *religiöse
    Lehren (smriti)* eingeteilt wird, so ist die Bhagavadgītā eigentlich der letzten Gruppe zu-
    zuordnen. Sie wurde jedoch in der Geschichte vielfach wie ein Offenbarungstext behan-
    delt. Mit den *Upanishaden* und den *Brahma-Sūtren* zählt sie auch zu den drei großen
    Texten des *Vedānta*, der traditionell/brahmanischen spirituellen Philosophie.
[6] Sie umfasst dort mit ihren in 18 Kapiteln zusammengefassten 700 Doppelversen (ślokas)
    im 6. Buch die Kapitel 25 bis 42.

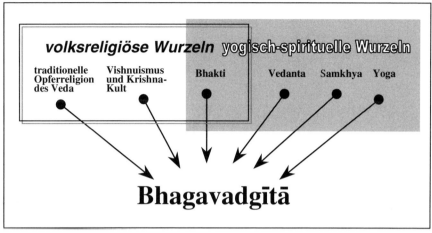

Die volksreligiösen und yogisch-spirituellen Wurzeln der Bhagavadgītā

In diesen sechs Jahrhunderten ihrer möglichen Entstehungszeit haben zahlreiche Geistesströmungen Einfluss ausgeübt. Den Bezugnahmen auf die *traditionell-brahmanische Religion des Veda* ist eher eine untergeordnete Stellung zuzusprechen. Ob sie als ursprünglich anzusehen sind oder sogar erst in einer späteren Redaktion hinzugefügt wurden, ist umstritten.[7] Man findet Opfer, Ritual und Veda-Rezitation betont.[8] Religiöse Hauptquelle bildet jedoch nicht der Veda, sondern die neu aufgekommene Bewegung der *vishnuitischen Krishna-Verehrung.* Im Veda nur selten erwähnt, steigt Vishnu zur Zeit der Entstehung der Bhagavadgītā neben Shiva zu einem der Hauptgötter der hinduistischen Religionswelt auf. Krishna, als Protagonist der Bhagavadgītā, wird als einer der göttlichen Inkarnationen (avatāra) des Vishnu geglaubt.[9]

Als wichtigste Quelle ist jedoch die *Bhakti-Bewegung* zu nennen, die einerseits als religiöse Bewegung zu verstehen ist, als *Bhakti-Yoga* jedoch auch zu einem der bedeutendsten Wege des Yoga heranreifte. Ursprünglich handelt es sich hierbei um eine gegen jeden veräußerlichten Ritualismus gerichtete spirituelle Bewegung, die auf die transformierende Hingabe an eine erwählte Gottheit (ishta-devatā) ausgerichtet ist. Diese Hingabe bezieht sich in der Bhagavadgītā auf ihren zentralen Protagonisten Krishna/Vishnu. Die Bhagavadgītā wird dann zur ersten Schrift und auch zur Hauptschrift der Bhakti-Bewegung.

Zwei weitere yogisch-spirituelle Quellen sind zu nennen, die eine eher philosophische Ausrichtung aufweisen. Wichtig wurde der *Vedānta* die

---

7 Die meisten Indologen wie R. Garbe, M. Winternitz oder F.O. Schrader gingen von einer Überarbeitung des Textes durch orthodox-brahmanische Hand aus.

8 BG 1.40 ff.; 4.13; 8.41 ff.

9 Wie in der Bhagavadgītā beschrieben, verkörpert sich Vishnu immer dann, wenn die göttlich-sittliche Weltordnung aus den Fugen zu geraten droht (BG 4.6–8). Im 11. Kapitel gibt sich Krishna Arjuna in einer Vision seiner Allgestalt als Avatāra, als Inkarnation des Gottes Vishnu zu erkennen.

Philosophie der Brahmanen[10], die sich als Weg zur Bewusstwerdung des ersten Grundes versteht, der mit den Haupttermini brahman (Absolutes) oder ātman (Selbst) benannt ist. Aber auch die in Opposition zum Brahmanismus entstandene *Sāmkhya-Philosophie* hat Aufnahme gefunden. Der klassische Ansatz des Sāmkhya ist atheistisch ausgerichtet. Ziel ist die Befreiung des Geistes (purusha) von der Gebundenheit an die Natur (prakriti).

Als letzte der yogisch-spirituellen Wurzeln sei noch der Weg des Yoga im engeren Sinn erwähnt, der traditionelle *Yoga der Versenkung*, aus dem sich dann der klassische Yoga der Sūtren des Patañjali entwickelt hat. Yoga in diesem ursprünglichen Sinn meint die Philosophie des Weges der Befreiung des gebundenen Geistes, um so zu innerer Ruhe und Bewusstheit zu gelangen. Im Mittelpunkt steht vor allem der Weg der Meditation.

Die Vielfalt der kurz umschriebenen Bezugspunkte mag erahnen lassen, welche Vielschichtigkeit des Denkens und der Strukturen dann der Text selbst aufweisen wird. Diese Vielfalt findet jedoch eine zentrale Engführung, wenn sich der ganze Text aus einer einzigen Grundfrage heraus entwickelt, und alle Wege nur in den Dienst der Beantwortung dieser einen Grundfrage gestellt werden.

2. Die eine Grundfrage der Bhagavadgītā

Der Titel des Mahābhārata lautet: *Das große (Epos vom Kampf) der Bhāratas.* Der Seher Samjaya schildert hier dem blinden König Dhritatarāshtra den Kampf der beiden miteinander verwandten Bhāratafamilien, der (guten) Pāndavas und der (bösen) Kauravas, um die Macht über das aufgeteilte Königreich, einem dem Stoff der Nibelungen nicht unähnlichen Verwandtenkonflikt. Die Bhagavadgītā ist an der Stelle im Erzählverlauf eingeschoben, als beide Parteien sich zur alles entscheidenden Schlacht rüsten und auf dem Schlachtfeld in Kampfbereitschaft gegenüberstehen.

Es ist die Situation des Kriegshelden Arjuna beschrieben, einem Führer der Pāndavas, wie er, kampfbereit, auf der gegenüberliegenden Seite des Schlachtfeldes seine gegnerischen Vettern, die Kauravas, und auch viele Freunde und Lehrer sieht, gegen die er nun in der bevorstehenden Schlacht anzutreten hat. Es kommen ihm Zweifel, ob er tatsächlich kämpfen und somit für das Recht eintreten solle. Er würde gegen ihm lieb gewordene Menschen seine Waffen richten müssen. Die Alternative zum Kampf wäre der Rückzug, was gleichzeitig jedoch Rückzug von der guten Sache bedeuten würde. Die Grundfrage der Bhagavadgītā wird aufgeworfen:

Wie soll der Mensch in auswegloser Situation richtig handeln?

---

[10] Bezugspunkte bilden hierbei insbesondere die zur vedischen Literatur zu zählende Katha- und Shvetāshvatara-Upanishad.

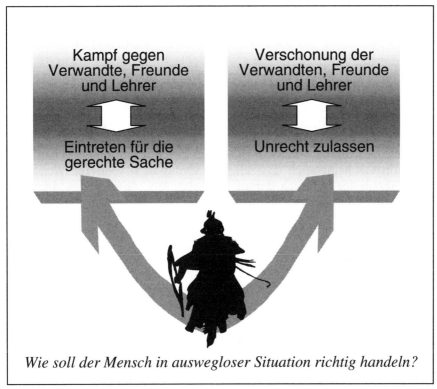

| Kampf gegen Verwandte, Freunde und Lehrer | Verschonung der Verwandten, Freunde und Lehrer |

Eintreten für die gerechte Sache — Unrecht zulassen

Wie soll der Mensch in auswegloser Situation richtig handeln?

Die Grundfrage

In seiner Not fragt Arjuna seinen Wagenlenker Krishna, die Inkarnation des Gottes Vishnu, um Rat. Die 18 Kapitel der Bhagavadgītā beinhalten Krishnas Wege zu einer Antwort. Am bekanntesten wurde die religiöse Antwort.

3. Die religiöse Antwort

Von Beginn an macht Krishna Arjuna klar, dass er zu kämpfen habe, weil ihm die göttlichen Gebote dies auferlegten.[11] Es ist die Aufgabe eines Mitglieds der Kshatriyas, der Kriegerkaste, in den Krieg zu ziehen. Da Arjuna ein Kshatriya ist, hat auch er sich dem Kampf zu stellen. Diese zunächst weltliche Pflicht eines Kriegers wird religiös überhöht zu einer Pflicht, die in den heiligen Schriften geoffenbarten Kastengesetze zu erfüllen: »Deshalb sollen dir die heiligen Schriften die Richtschnur sein für die Ent-

---

[11] Um Arjunas Bedenken zu zerstreuen bringt er nicht nur das auf dem Sāmkhya-Ansatz basierende Argument hervor, dass nur der Leib, nie jedoch die Seelen der Gegner getötet werden könnten. Die Seelen würden sich wieder neu verkörpern und vermögen so weiterzuleben (BG 2.13–30). Krishna bezieht sich auch auf die altindische Kriegerethik, nach der der Tod den Krieger direkt in den Himmel bringt (BG 2.31–37).

scheidung, was zu tun ist und was nicht zu tun ist ...«[12] Krishna forderte Arjuna auf, seine Entscheidung nach den heiligen Schriften zu richten.

Arjuna entschloss sich daraufhin, in den Kampf einzutreten. Am Ende der Bhagavadgītā wird dann die größte Schlacht beginnen, die in der epischen Literatur Indiens beschrieben ist. Die meisten Protagonisten kommen hierbei ums Leben. In dieser Weise wurde die Bhagavadgītā zu einer der zentralen, das Kastensystem Indiens legitimierenden religiösen Texte.

Dieser religiöse Bezug der Bhagavadgītā beschränkt sich allerdings nicht nur auf die so beschriebene Grundforderung, die die hinduistische Gesellschaftsordnung bis heute prägt. Im Sinne der brahmanischen Opferreligion erscheint auch das religiöse Opfer in besonderer Weise betont.[13] Gerade im Hinblick darauf wird aber eine durchaus modifizierte Haltung eingenommen. Es gibt Textstellen, die sich mit den priesterlichen Opferkulten kritisch auseinandersetzen, bis hin zur Ablehnung des Veda oder der vedischen Götterwelt.[14] Selbst wenn im Veda-Studium für Opfer und Buße Lohn verheißen werde, gehe doch der »zur Erkenntnis gelangte Yogi« weiter zum wahrhaft höchsten Ursprung.[15] Die Wege des Yoga weisen über die Religion hinaus.

4. Wege zur yogischen Antwort

Um zu der umfassenderen Antwort des Yoga zu gelangen, muss auch die Grundfrage der Bhagavadgītā neu und umfassender gestellt werden. Dies tut Arjuna mit folgenden an Krishna gerichteten Worten:

Von wem denn begeht der Mensch die Übeltat, die er doch gar nicht tun will ...?

Krishna antwortet hierauf:

Das ist die Begierde, das ist der Zorn (...) Wie der von einer Eihaut umhüllte Embryo, so ist hiervon alles umhüllt.[16]

Die Antwort auf solches Fragen kann nicht mehr durch das Befolgen von Geboten und Gesetzen der religiösen Schriften erlangt werden. Voraussetzung ist, dass der Mensch die Verdunklung seines Bewusstseins erkennt. Dabei sind es nicht nur die Emotionen, die solche Unklarheit verursachen. Es ist die Gebundenheit und Abhängigkeit des Menschen von den Dingen der Welt. Diese Gebundenheit erstreckt sich auf alle Ebenen, auf den Körper, die Sinne, das Denken und auch auf die Einsicht. Je tiefer der Mensch in sich hineinschaut, desto weniger sieht er. Der tiefste Grund des menschlichen Seins, das göttliche Selbst, ist unerkennbar. Wie die

---

[12] BG 16.24.
[13] BG 3.10 ff.
[14] Siehe z. B. BG 2.42–46; 7.21–23; 9.20–24; 17.12.
[15] BG 8.28.
[16] BG 3.36–38.

Eihaut die Sicht auf den inneren Embryo trübt oder gar verhindert, so verdunkelt auch das gebundene Denken und Fühlen das Bewusstsein für den inneren göttlichen Grund des Menschen.

Voraussetzung zur Beantwortung der Grundfrage der Bhagavadgītā im Sinne des Yoga ist ein Weg der Bewusstseinsschulung, die Übung der Loslösung von der Gebundenheit:

> Darum zügle als erstes die Sinne (...) Die Sinne bezeichnet man höher als den Körper, höher als das Denken. Aber höher als das Denken ist die Einsicht. Viel höher aber als die Einsicht ist Er. Wenn Du das, was höher als die Einsicht ist, erkannt hast, dann stabilisiere das (niedrige) Selbst durch das *Selbst* ...[17]

Ganz im Sinne der ursprünglichen Vorstellung von Yoga als Methode der Versenkung beginnt der Weg mit dem Rückzug der Sinne von der Welt, um dann, nach innen fortschreitend, eine Dimension nach der anderen zu klären und bewusst zu erfahren. Es geht um den Weg der Meditation, der Versenkung, wie er im sechsten Kapitel der Bhagavadgītā dann auch in der konkreten Praxis beschrieben wird. Dieser Transformationsprozess fördert die Aufdeckung der spirituellen Tiefen menschlicher Existenz bis zur Dimension des Göttlichen im Menschen, im personalen Gottesverständnis mit *Er* oder nach der Terminologie des Vedānta der Upanishaden mit *Selbst* bezeichnet.

Wenn die Bhagavadgītā bis hierhin der traditionellen Vorstellung von Yoga folgt, so wird dieser Weg nun in entscheidendem Maße weitergeführt. Einseitige Interpretationen des Yoga der Versenkung gingen davon aus, dass mit der yogischen Loslösung die Befreiung von der Welt schlechthin gemeint sei. Jedes Handeln, sei es gut oder auch schlecht, führe hiernach zu neuen Verstrickungen in der Welt. Ziel dürfe somit

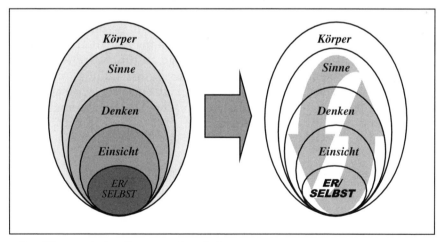

Der Weg yogischer Bewusstseinsschulung

---

[17] BG 3.41–42.

nicht die Wendung vom schlechten zum guten Handeln sein, sondern die
Aufgabe jeglichen Handelns in der Welt, sei es schlecht oder auch gut.

Dass diese weltverneinende Interpretation des Yoga zur Beantwortung
der Grundfrage nach richtigem Handeln nur wenig hilfreich ist, liegt auf
der Hand. Die Bhagavadgītā macht sich über einen Yogi lustig, der sich in
die Einsamkeit zur Meditation zurückzieht, in seinem Denken jedoch
noch auf das gerichtet ist, was er äußerlich verlassen hat.[18] Dies sei, so
heißt es, ein grundlegender Irrtum. Entsagung des Handelns ist schlechthin unmöglich, solange wir in dieser Welt leben. Der Versuch, nicht mehr
zu handeln und dadurch Befreiung zu erlangen, kann nur zu einer Form
von Selbstbetrug führen. Nicht der Welt und dem Handeln ist zu ent-
sagen, sondern der Gebundenheit an die Welt und dem unfreien Handeln
in ihr. Es gilt: »Wer aber sich um die Früchte (phala) seiner Taten nicht
kümmert, der wird ein Mann der echten Entsagung (tyāgin) genannt.«[19]
Wer sein Handeln nicht von Erfolg oder Misserfolg abhängig macht, der
ist nicht an dessen Früchte gebunden. Er vermag frei zu handeln ohne anzuhaften.[20]

Damit Yoga fruchtbar wird, muss der Weg des Yoga über die Wendung
nach innen hinaus weitergeführt werden. Die in der Meditation erfahrene
Bewusstheit ist, nach der Bhagavadgītā, mitten im Handeln der Welt zu
leben.[21] Die Dimensionen des niedrigen Selbst, vom Körper über Sinne
und Denken bis hin zur Einsicht, sind durch das göttliche *Selbst* zu stabi-
lisieren. Das *Selbst* wird zur tragenden Instanz, zum Fundament eines
freien Lebens in der Welt.

Samatvam yoga ucyate – Geistiger Gleichmut, das wird Yoga genannt.[22]

Die Entscheidungen des in geistigem Gleichmut aus dem göttlichen Selbst
lebenden Menschen sind nicht mehr gebunden an die individuellen Vor-
teile oder Nachteile, Belohnungen oder Strafen. Im *Selbst* stabil ist der
Yogi hiervon nicht mehr abhängig. Er ist fähig, ohne Anhaften bewusst zu
handeln und das für die Situation Notwendige zu tun. Wäre Arjuna die
Möglichkeit gegeben, eine yogische Bewusstseinsschulung in diesem
Sinne durchzuführen, könnte er die Fähigkeit entwickeln, unabhängig
und frei von persönlichen Vorteilen oder Nachteilen, Belohnungen oder
Strafen zu entscheiden und in geistiger Klarheit den für die Situation richtigen Weg zu wählen.

---

[18] BG 3.6.
[19] BG 18.11; »Wer nicht an der Frucht (phalam) der Handlung hängend die Tat tut, die ge-
    macht werden muss, der ist ein Entsager, der ist ein Yogi, nicht der, der kein Opferfeuer
    unterhält und auch nicht der, der nicht handelt« (BG 6.1).
[20] Die wichtigsten Sanskrittermini hierzu sind *asakta* (z.B. BG 3.7) und *sanga varjita* (z.B.
    BG 11.55).
[21] Auf diese Wendung des Yoga zum Handeln in der Welt stützen sich insbesondere die
    modernen Gītā-Interpreten Indiens, von Aurobindo über Gandhi bis zu Vivekananda.
    Siehe z.B. Swami Vivekananda, Thoughts on the Gita. Calcutta 1981, 76–80.
[22] BG 2.48.

Die traditionelle Vorstellung von Yoga wird somit in der Bhagavadgītā wesentlich weitergeführt. Ein *erstes* Moment dieser Weiterführung liegt vor, wenn Yoga als Weg nach innen nicht mehr Abwendung von der Welt bedeutet, sondern Loslösung von der inneren Gebundenheit, um so das bewusste Leben mitten in der Welt zu ermöglichen. Aber noch ein *zweites* Moment des Wandels prägt den Yoga der Bhagavadgītā, wenn die je verschiedenen Wege yogischer Bewusstseinsschulung wiederum ihre Rückbindung in der Religion finden. Gemeint ist jedoch nicht die Volksreligion, sondern Religion in ihrer besonderen Ausprägung als Bhakti-Yoga.

5. Die Rückbindung aller Yoga-Wege in Bhakti

Wenn auch der existentielle Grund des menschlichen Seins zunächst, in der Terminologie des Vedānta, mit dem Begriff *Selbst*/ātman benannt ist, so wird dieses *Selbst* doch auch mit der personalen Anrede *Er* gleichgesetzt. Der innerste Grund des Menschen ist Gott, ist Krishna/Vishnu. Selbst der *Yoga der Versenkung* erscheint nun in spezifisch religiöser Form. Der Yoga der Meditation, wie auch alle anderen Yoga-Wege in der Bhagavadgītā, finden sich gegründet in dem *Yoga der Hingabe an Gott*, in *Bhakti-Yoga*.

Die Essenz des Bhakti-Yoga (bhakti, sanskr.: Hingabe) fasst Krishna im 11. Kapitel der Bhagavadgītā zusammen:

Wer um *meinet*willen tätig ist, *mich* als Höchsten (erkennt), sich *mir* hingibt (madbhaktah), frei von Anhaften ist, wer frei von Feindseligkeit gegenüber allen Wesen ist, der gelangt zu *mir* ...[23]

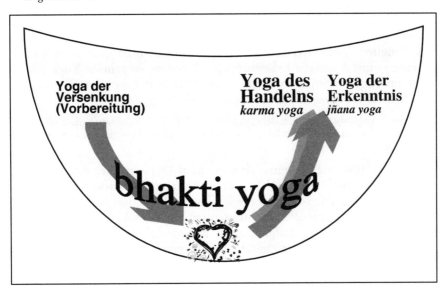

Die Rückbindung aller Yoga-Wege in Bhakti-Yoga

---

[23] BG 11.55.

Als Religionsform wendete sich die Bhakti-Bewegung gegen den veräußerlichten Ritualismus der Brahmanen. Als Yoga-Weg meint Bhakti den
Weg der religiösen Hingabe an Gott als den Übungsweg der personalen
Wandlung. Der Bhakta gibt sich Gott im Ritual und Gebet existentiell hin,
um so gerade die Loslösung vom Anhaften an die Dinge zu fördern. Es
geht um eine neue Bewusstseinshaltung, eine Haltung der Liebe, die nicht
nur Gott, sondern alle Wesen in der Welt mit einschließt. Bhakti-Yoga
meint in dieser Weise den Weg religiöser Erfahrung, die Lösung von der
Ausrichtung des Lebens nach religiösen Schriften hin zu einem unmittelbaren Leben aus Gott. Gelänge es Arjuna, diese Haltung der Hingabe zu
verwirklichen, dann würde er in liebender Hingabe die richtige Entscheidung über Kampf oder Nicht-Kampf finden können.

Bhakti meint die Hingabe an Gott und somit auch die Loslösung von
allem Anhaften an die Dinge der Welt. Diese innere Loslösung und Gelassenheit bildet dann das Fundament für zwei weitere Wege des Yoga.
Wenn das *Handeln* ohne Anhaften in den Mittelpunkt des Yoga-Weges
gerückt ist, wird von *Yoga des Handelns*, *Karma-Yoga* (karma, sanskr.:
Handeln) gesprochen. Krishna fasst die Essenz des Karma-Yoga in fol-
gendem Vers zusammen:

> Aber wer die Sinne durch den Geist stabilisiert und zu handeln beginnt (…) und ohne
> Anhaften mit den Tatorganen handelt, der ragt hinaus.[24]

Karma-Yoga meint Handeln ohne an den Früchten des Handelns anzuhaften. Voraussetzung für solches Handeln ist innere Stabilität, sei sie
durch Meditation, Gebet oder Ritual gefördert. Nicht Erfolg und Misserfolg bilden für den Karma-Yogi dann die Leitlinien seines Handelns,
sondern die Bewusstheit für das im Augenblick Notwendige.

Was Karma-Yoga für den Menschen der Tat bedeutet, dies ist der *Yoga
der Erkenntnis*, *Jñāna-Yoga* (jñāna, sanskr: Wissen, Erkenntnis), für den
Intellektuellen. Wenn Krishna davon spricht, dass man »hier kein solches
Läuterungsmittel wie die Erkenntnis …«[25] kenne, so scheint Yoga-Philosophie im engeren Sinne in der Bhagavadgītā eine besondere Wertschätzung zu erfahren. Krishna beschreibt sie wie folgt:

> Wer durch Yoga von allem Handeln losgelöst ist, der durch Erkenntnis die Zweifel zer-
> streut hat, der aus dem *Selbst* lebt, den bindet sein Handeln nicht, oh Gewinner von
> Reichtum![26]

Yoga-Philosophie meint keine Theorie, kein Denken über die Wirklichkeit, abgelöst vom tatsächlichen Lebensvollzug. Voraussetzung für das
Denken über den Yoga-Weg ist die Realisierung yogischen Handelns, ein
Handeln, losgelöst von allen Gebundenheiten. Dann kommt der Philosophie jedoch die wichtige Aufgabe zu, auch rational zu klären, was Yoga in
eigentlichem Sinne will, um zwischen Abwegen, Umwegen und dem adä-

---

[24] BG 3.7.
[25] BG 4.38.
[26] BG 4.41.

quaten Weg unterscheiden zu lernen, um Zweifel zu zerstreuen und Sicherheit über den rechten Weg zu finden.

Die so beschriebenen Wege des Yoga sind durchaus in gewisser Selbstständigkeit zu sehen. Neben dem klassischen Yoga der Versenkung und der Meditation meint Bhakti-Yoga den Yoga der Religion, Karma-Yoga den Yoga des in der Welt Handelnden und Jñāna-Yoga die Philosophie des Yoga. Aus einem umfassenderen Blickwinkel erscheinen sie jedoch alle als verschiedene Aspekte der *einen* yogischen Bewusstseinsschulung, wobei in der Bhagavadgītā der Weg des Bhakti-Yoga als das alle anderen Aspekte integrierende Fundament hervorgehoben wird. Bhakti-Yoga bildet dann jedoch nicht nur die innere Einheit aller Yoga-Wege, sondern auch die Tiefendimension der Volksreligion.

6. Yoga als Tiefendimension der Volksreligion

Die volksreligiöse Antwort auf die Grundfrage des richtigen Handelns war in der Aufforderung zu finden, die heiligen Schriften als Richtschnur für die Entscheidung zu nützen. Wenn in den heiligen Schriften Gottes Wille geoffenbart wurde, so vermag Arjuna durch das Befolgen der göttlichen Gesetze sein Handeln nach Gottes Willen auszurichten und somit religiös richtig zu entscheiden. Das Befolgen der Schriften meint einen machbaren Weg; wie gezeigt, ist hier bestimmt noch nicht die letzte Möglichkeit menschlichen Handelns ausgeschöpft.

In diesem Sinne ist an anderer Stelle zu lesen, dass die heiligen Schriften für den Brahmanen, der höchste Erkenntnis erlangt hat (vijñānan), soviel nützten, »wie ein Brunnen, wo alles überflutet ist«.[27] Ein wasserspendender Brunnen wurde gerade im tropischen Indien schon immer als Quelle des Lebens gesehen. Diese Quelle verliert jedoch ihren Wert, wenn sie überflutet ist. Wer selbst in yogischer Bewusstseinsschulung zur unmittelbar höchsten Erkenntnis vorgestoßen ist, für den erscheinen die durch Schriften vermittelten göttlichen Gesetze in einem neuen Licht. Yogische Erkenntnis schließt die heiligen Schriften nicht aus, sondern ein und geht weit über sie hinaus. Da der Yogi in der Loslösung von aller Fremdbestimmung und Gebundenheit bewusst zu handeln versteht, erscheinen ihm die Richtlinien heiliger Schriften wie das Wasser eines überfluteten Brunnens.

Was so auf der einen Seite über die heiligen Schriften gesagt ist, das gilt auch für das Ritual, für das religiöse Opfer. Die Götter mögen hierdurch den Menschen gegenüber wohlgestimmt werden. Das Opfern materieller Dinge bleibt aber nur an der Oberfläche. Opfer im yogischen Sinn zielt auf ein geistiges Opfer, die Loslösung von der Gebundenheit an die Welt. Opfer heißt yogisches Handeln ohne anzuhaften.[28] Auch hier zielt Yoga auf Erfüllung, auf den tieferen Sinn der Religion.

---

[27] BG 2.46.
[28] Diesbezügliche Gegenüberstellungen sind in BG 3.11–19 und BG 4.23–33 zu finden.

Yogische Erkenntnis und Schriftwissen – ein überfluteter Brunnen

Volksreligion als Befolgen der in den Schriften geoffenbarten göttlichen Gesetze sowie der rituellen Durchführung von Opfern erscheint aus der Sicht des Yoga gleichsam nur als äußere Hülle, als Oberflächendimension menschlichen Lebens. Die Grundfrage der Bhagavadgītā war hier schnell und eindeutig zu beantworten. Die Wege des Yoga weisen jedoch in die Tiefe. Die Grundfrage nach richtigem Handeln wird umfassender gestellt. Gefragt wird nach der Ursache, warum der Mensch nicht richtig zu handeln vermag. Um zu einer Antwort zu gelangen, die die Problematik an ihrer Wurzel packt, ist es notwendig, die Ursache der Unbewusstheit, das Anhaften an den Dingen der Welt, die Abhängigkeit von Erfolg und Misserfolg, Belohnung und Bestrafung anzugehen. Der Weg zur yogischen Antwort meint deswegen eine eher langwierige Bewusstseinsschulung, einen Bewusstheitsprozess zu eigener Erkenntnis und einem von umfassender Bewusstheit getragenen Handeln. Antworten können nur erfahren oder besser: er-lebt werden.

Die Bhagavadgītā zeigt somit ein spezifisches Verhältnis von Religion und Yoga auf, das sie einerseits zur Bibel der Hindus, andererseits aber auch zu einer Grundschrift der Philosophie des Yoga gemacht hat. Volksreligion und Yoga werden nicht als Gegensätze beurteilt. Yoga und Religion sind auch nicht eins. Yoga stößt in eine neue Dimension menschlichen Bewusstseins vor, in die innere Tiefe alles religiösen wie auch weltlichen Lebens. Dieser Durchbruch zum tieferen Sinn von Religion könnte in der Konkretion einer möglichen Verwirklichung jedoch durchaus auch Revolution bedeuten. Dies wird dann deutlich, wenn die äuße-

Volksreligion und die Wege des Yoga - eine Frage der Dimensionen

ren Gesetze der Religion und die innere Einsicht des Yogis nicht mehr übereinstimmen, wenn der Yogi zum Beispiel die Notwendigkeit der äußeren Kastengesetze nicht zwangsläufig auch als die eigene, innere Notwendigkeit erkennen würde. Diese Möglichkeit zieht die Bhagavadgītā selbst jedoch nicht in Betracht, sodass sie in der Geschichte Indiens bisher immer nur als integrierende und einende Kraft zu wirken vermochte. Die Entfaltung ihres im Yoga liegenden revolutionären Potentials wurde zwar insbesondere im modernen Yoga durchaus angemahnt[29], musste bisher jedoch noch auf seine Verwirklichung warten.

---

[29] Diese revolutionäre Komponente betont insbesondere Aurobindo, wenn er schreibt: »Here it is necessary to state the Gita's view of the fundamental opposition on which like all Indian teaching it takes its position.« Sri Aurobindo, Essays on the Gita. Pondicherry 1972, 554.

Das geistige Siegel von Konfuzius

Die Lehre des Denkers Wang Yang-ming (1472–1529)

Dennis Schilling

Der Meister sprach: »Tz'u (Tzu-kung), glaubst du, dass ich jemand bin, der vieles gelernt hat und so Wissen erlangt hat?« [Tzu-kung] antwortete: »Ja, verhält es sich nicht so?« [Der Meister] sprach: »Nein, ich [besitze] Eines, mit dem ich alles durchziehe.« (Lun-yü 15.3)

1.

Es ist nicht die Vielheit von Wissen und Kenntnissen, die in den Augen von Konfuzius (551–479) den Menschen adelt, sondern die Durchdringung des Vielen, das Ergreifen des Einen, das Vieles durchzieht. Was sich für seinen Schüler noch als eine Vielfalt an Wissen darstellt, liegt aus der Sicht des Meisters zusammengebunden in Einem. Der Spruch des Konfuzius gibt nicht nur eine heuristische Methode wieder, auch wenn er als solche verstanden wurde. Er ist ein Appell an den Menschen, sich seiner aus der Natur herausragenden geistigen Anlagen und seiner Verantwortung diesem Erbe gegenüber bewusst zu werden. Die der menschlichen Natur entsprechende Lebensform ist die der Aneignung der überlieferten Werte und Inhalte. Durch das Lernen wird diesen Werten in der Person des Lernenden eine neue Gestalt gegeben, sodass die Überlieferung nicht abbricht. Durch die Verwirklichung der Werte in der eigenen Person werden sie anderen mitgeteilt. Verwirklichung, Überlieferung und Lehre sind das, was Konfuzius zusammenfassend »Weg« (*tao*) nennt. Der Mensch, der diesen Weg zur Vollendung führt, hat seine Menschlichkeit (*jen*) zur größtmöglichen Entfaltung gebracht. In der Praxis erkennt Konfuzius einen Faden, der den Weg durchzieht. Sein Schüler Tseng-tzu umschreibt ihn mit »Hingabe« (*chung*) und »Wohlwollen« (*shu*).[1] »Chung« war zur Zeit von Konfuzius noch nicht auf seine spätere Bedeutung »Loyalität« verengt und kann mit »Bereitschaft zur Hingabe« oder »Erschöpfen sei-

---

[1] Lun-yü 4.15.

[2] Das Schriftzeichen für *chung* setzt sich aus dem Zeichen für Mitte und dem für Herz zusammen. Das etymologisierende Wörterbuch Shuo-wen chieh-tzu (Erklärung der Schrift und Auslegung ihrer Zeichen) von Hsü Shen (30–124), dessen Etymologien zwar der heutigen philologischen Forschung nicht gerecht werden können, jedoch das Verständnis der Begriffe seiner Zeit sehr gut wiedergibt, beschreibt diese Tugend mit »sich selbst erschöpfen« (*chin chi*). An dieser Passage orientieren sich sowohl D.C. Lau in seiner Übersetzung der Ausführungen und Gespräche des Konfuzius, The Analects. Hongkong 1983, xiii-xiv, sowie David Hall und Roger Ames in ihrer umfassenden Studie zum Denken von Konfuzius: Thinking Through Confucius. Albany o.J., 285. Heiner Roetz gibt in seiner Darstellung der chinesischen Ethik den Begriff je nach seiner Verwendung entweder im engen Kontext als Tugend eines Untertanen seinem Herrscher gegenüber mit »Loyalität« oder in der weiteren Bedeutung mit »Wohlwollen« wieder, letzte an

ner selbst zugunsten eines Anderen« umschrieben werden.[2] »Shu« bezeichnet in gleicher Weise die Bereitschaft, dem Anderen in seinem Urteil gerecht zu werden. Konfuzius sagt – ähnlich der Goldenen Regel – dass man »das, was man selbst nicht wünsche, dem Anderen nicht zufüge«.[3]

Eine Gesellschaft, die auf Menschlichkeit gründet, war das konfuzianische Ideal die Geschichte hindurch. Menschlichkeit ist ein umfassender Begriff, der sich in verschiedenen Formen äußert, z.B. als Liebe (*ai* oder *ch'in*), Güte (*shu*) oder Achtung (*ching*). Diesen Formen sind die Bezogenheit des Selbst auf das Andere, die Einbindung des Anderen im Selbst, die Ausweitung des Selbst auf das Andere gemeinsam. Chung und shu geben Praktiken dieser Einbindung und Zuwendung wieder. In diesem Sinn sind sie der eine Faden des konfuzianischen Weges: Zugang des Selbst zum Anderen wie Einräumen des Anderen im Selbst.

Verschiedene Formen der Subjektivität und Grade der Intensität können diesen zunächst nur grundlegenden und offenen Bereich, der mit dem Zugang und der Bezogenheit des Selbst auf das Andere gegeben ist, ausfüllen. Hegels Urteil über die chinesische Ethik, in der er nur die Sittlichkeit verwirklicht sah – er verstand sie als ein Handeln nach vorgegebenen Regeln und sprach ihr eine Moralität ab, die eine Reflexion auf das ethische Tun erfordere – ist hier zu revidieren.[4] Die chinesische Geschichte hat zahlreiche Denker hervorgebracht, die zwar die Einbindung des Menschen in einen moralisch durchdrungenen Kosmos als gegeben anerkannten, jedoch gleichzeitig die Verwirklichung des moralisch Guten im eigenen Gewissen begründet sahen. Ein Grundzug der chinesischen Moralphilosophie ist, die Verantwortung und die Freiheit, die dem Menschen gegeben ist, nicht zu trennen, sondern in einem Prozess zusammenzufassen. Paradigmatisch dafür kann Konfuzius' eigener Weg stehen, als dessen Stationen genannt werden: Er habe mit fünfzehn Jahren seinen Willen auf das Lernen gerichtet, sei mit dreißig in seinem Urteil gefestigt gewesen, habe mit fünfzig die Berufung des Himmels verstanden und habe mit siebzig den Wünschen seines Herzens frei folgen können, ohne die [vom Himmel gegebenen] Regeln zu überspringen.[5] Was am Anfang mit der Setzung des Willens begann, sich den moralischen Verpflichtungen zu unterziehen, endete in einer Einheit von Freiheit und Verantwortung.

Die subjektive Ausprägung der chinesischen Moral, die in den Schriften von Konfuzius anklingt, vollzog sich in ihrem vollen Umfang erst nach einer langen Periode der Kodifizierung und Exegese der kanonischen Schriften, im Grunde erst unter dem Einfluss des Buddhismus, der die Frage nach der Existenz des Selbst zuspitzte. Der Schritt von der Sittlich-

---

besagter Stelle der »Ausführungen und Gespräche« (Die chinesische Ethik der Achsenzeit: Eine Rekonstruktion unter dem Aspekt des Durchbruchs zu postkonventionellem Denken. Frankfurt/a.M. 1992, 166, 220, 232f.).

[3] Lun-yü 15.24.

[4] Siehe z.B. §§ 150 u. 121 in Hegels Rechtsphilosophie. Zu einem kurzen Abriss von Hegels Auffassung siehe H. Roetz, Die chinesische Ethik der Achsenzeit. Frankfurt/a.M. 1992, 72.

[5] Lun-yü 2.4.

keit zur Moralität vollzog sich also erst mit der geistigen Erneuerung des
Konfuzianismus in der Sung-Zeit (960–1279), die in westlichen Publika-
tionen mit Neo-Konfuzianismus bezeichnet wird. In der Ming-Zeit
wurden seine Positionen und ihre Begründung erneut hinterfragt. Diese
Umgestaltung der konfuzianischen Lehre fand in Wang Yang-ming
(1472–1529) ihren Meister.[6] Wie viele andere konfuzianische Gelehrte vor
ihm versuchte er, die Lehre des Konfuzius in seiner eigenen Person vollkommen zu verwirklichen und den Geist der konfuzianischen Lehre neu
zu beleben. Was Wang jedoch vor anderen Denkern auszeichnet, ist die
Radikalität, mit der er es verstand, die konfuzianische Lehre auf einen
Punkt zu konzentrieren und ihre Stufen und Unterscheidungen in einen
durchgängigen Prozess zu fassen.[7]

In Wang Yang-mings Philosophie kommt – interkulturell betrachtet –
die dem chinesischen Denken eigene organische Einheit zum Ausdruck,
die im Gegensatz zu der im Westen geschätzten logischen Systematik
steht. In der Tat kann eine systematische Konstruktion, die eine aufeinander bezogene logische Ordnung der Teile zum Ganzen bedeutet, gegenüber dem Wissen nicht bestehen, das sich in einem Akt äußert und sich
dort erst errichtet. Eine eigene selbständige Existenz in Zeit und Raum
wird den Teilen nicht zugesprochen. Eine Systematik in Wangs Philosophie lässt sich kaum aus den Gesprächen mit seinen Schülern gewinnen,
in denen er erklärt, dass bestimmte Fragen erst mit der eigenen Erfahrung
erkannt werden können und er selbst seine Lehre als Medikament betrachtet, das nur in der konkreten Situation richtig angewendet werden
kann.[8]

Die Denkform Wang Yang-mings kann besser als »Organismus« bezeichnet werden. Er vergleicht den Aufbau seiner Lehre mit einem Baum,
aus dem Zweige und Blätter hervorsprießen.[9] Um die Zugehörigkeit von

---

6   Wang Yang-mings persönlicher Name ist Shou-jen.
7   Zentralen Zugang zu Wangs Philosophie geben die »Aufzeichnungen zum Einüben der
    Überlieferung« (Ch'uan hsi lu), künftig CHL. Eine englische Gesamtübersetzung von
    Wing-tsit Chan liegt vor: Instructions for Practical Living and Other Neo-Confucian
    Writings by Wang Yang-ming. New York 1963. Der chinesische Text des CHL ist
    in Wang Wen-ch'eng kung ch'üan-shu (Gesammelte Schriften des Herzogs Wang
    Wen-ch'eng), Hefte 1 bis 3, Ausgabe Ssu-pu ts'ung-k'an, enthalten (künftig Ch'üan-shu).
    Diese Ausgabe bildet die Grundlage der in dieser Arbeit angeführten chin. Zitate. Eine
    kommentierte Ausgabe des CHL gab Wing-tsit Chan heraus: Wang Yang-ming, Ch'uan
    hsi lu hsiang-chu chi-p'ing. Taipeh 1983. Die Zählung der Abschnitte erfolgt nach der
    Übersetzung von Wing-tsit Chan. – Die meisten Anregungen zu Wang Yang-ming haben
    mir folgende Untersuchungen gegeben: Ch'en Lai, Yu wu chih ching. Wang Yang-ming
    che-hsüeh te ching-shen (Die Bereiche der Existenz und Nichtexistenz. Der Geist der
    Philosophie von Wang Yang-ming). Peking 1991; Julia Ching, To Acquire Wisdom. The
    Way of Wang Yang-ming. New York u. a. 1976; Shimada Kenji, Die neo-konfuzianische
    Philosophie. Die Schulrichtungen Chu Hsis und Wang Yang-mings. Übers. Monika
    Übelhör, Hamburg 1979; David Nivison, »Moral Decision in Wang Yang-ming: The
    Problem of Chinese ›Existentialism‹«. In: Philosophy East and West XXIII (1973)
    139–162.
8   Siehe Wing-tsit Chan, Instructions, a.a.O., 314.
9   CHL 93 (Ch'üan-shu, Heft 1, 76 oben).

Vielem in Einem zu veranschaulichen, benutzt er die Metapher von dem einen Körper.[10] Die Beziehung des einzelnen Menschen zu den Dingen verhalte sich so, als ob er der Leiter einer Provinz sei, den alle Geschehnisse betreffen und für die er sich verantwortlich zu fühlen habe. Der menschlichen Natur spricht er eine eigene, sich selbst organisierende Kraft zu, die dem Erkenntnisvermögen des Menschen und seinem Urteil von Gut und Böse gegeben ist.

Wang Yang-mings Philosophie entstand in der Auseinandersetzung mit der konfuzianischen, wie sie in der Sung-Zeit von Chu Hsi (1130–1200) geprägt worden war und über die Fremdherrschaft der Mongolen in die Ming-Dynastie (1368–1644) überliefert und gelehrt wurde. Diesen so genannten orthodoxen Strömungen des Neokonfuzianismus wirft Wang vor, die allem Leben zu Grunde liegende Einheit zu verkennen und in ihrer Praxis – der Lehre zur Selbstkultivierung der Person – den richtigen Ansatzpunkt zu verlieren. Ihn zum Ausgangspunkt zu machen hieße dagegen, das Ganze zu ergreifen, auch wenn sich dieses zunächst in einer noch wenig klaren Form zeige. Fortschreiten bedeutet ein Erhellen, ein stetes tieferes Eindringen und ein klareres Verstehen des Ganzen. Dessen unmittelbarer Realisierung liegt bei Wang das Bewusstsein einer Verbundenheit des Menschen mit dem Kosmos zu Grunde, die jener wiedergewinnen muss. Als er seine Philosophie in frühen Jahren formulierte, griff er auf die Vorstellung der Einheit von Wissen und Handeln zurück und alles, was diese Einheit verkannte, verneinte er als vorläufiges, noch nicht vollständiges Wissen. Als solches kann nur das gelten, was von einem Akt begleitet ist.[11] Dieser Vorstellung der Einheit von Wissen und Handeln blieb Wang in seiner geistigen Entwicklung treu.

In diesem Aufsatz möchte ich Wang Yang-mings philosophische Auffassung der Einheit in seinen späten Jahren darlegen, die eine Antwort auf die Frage nach der Begründung der moralischen Autonomie des Selbst in der Verwirklichung des Guten gibt. Grundlage der Betrachtung ist Wangs Werk *Fragen zur Großen Lehre* (Ta hsüeh wen). Dieser Darstellung vorangestellt ist eine Betrachtung von Wangs Konzeptionen aus früherer Zeit, die seinen Weg zu späteren Auffassungen erläutern sollen. Da Wangs Philosophie als eine stete Auseinandersetzung mit den Positionen Chu Hsis zu sehen ist, erscheint zunächst eine knappe Grenzziehung der verschiedenen Positionen von Chu Hsi und Wang Yang-ming als sinnvoll.[12]

---

[10] Vergleiche dazu u. a. folgende Stellen: CHL 89 (Ch'üan-shu, Heft 1, 75 unten); CHL 93 (Ch'üan-shu, Heft 1, 76 oben); CHL 142 (Ch'üan-shu, Heft 2, 99 unten, 100 unten); CHL 179 (Ch'üan-shu, Heft 2, 120 oben); sowie die weiter unten behandelte Stelle des Ta-hsüeh wen (Fragen zur Großen Lehre. In: Ch'üan-shu, Heft 26, 736 oben).

[11] Zu dieser berühmten These von Wang Yang-ming, dass Wissen und Handeln sich vereinen, siehe Wei-ming Tu, Neo-Confucian Thought in Action. Wang Yang-ming's Youth (1472–1509), Berkeley u. a. 1976. Darin wird dargestellt, wie Wang in seinen frühen Jahren durch persönliche Erfahrung zu dieser Vorstellung kam. Zu einer moralpsychologischen Untersuchung dieser Vorstellung siehe auch A.S. Cua, The Unity of Knowledge and Action. A Study in Wang Yang-ming's Moral Psychology. Honolulu 1982.

[12] Siehe Kapitel 6; Kapitel 3 bis 5; Kapitel 2.

2.

Die chinesische Schrift kann durch ihre Bildhaftigkeit die Bedeutung der Begriffe leider nicht vermitteln. Auch eine Identität der Bedeutung der Begriffe der chinesischen Philosophie über eine Zeit und Person hinweg trifft genauso wenig zu wie für philosophische Begriffe aus Sprachen mit einer Buchstabenschrift. Zwar lässt sich aufgrund der chinesischen Schrift für viele Begriffe eine Etymologie ihrer Schriftzeichen neben der Etymologie des Wortes verfolgen – eine Methode, die bereits in den frühen Stadien der Kommentierung der kanonischen Schriften in China Anwendung fand – doch sind ihre Ergebnisse im Hinblick auf die Bedeutungsbestimmung eines Begriffes noch unsicherer zu werten als die der Wortetymologie.

Der Konfuzianismus stand in seiner Entwicklung stets im Umfeld der Auslegung von Schriften meist ritueller und moralischer Natur. Als Überlieferung der Kultur wurde zum großen Teil die wahre Überlieferung des Sinngehaltes des konfuzianischen Schrifttums betrachtet. Ausgefeilte Techniken der philologischen Exegese entstanden bereits in frühester Zeit nach der Festsetzung bestimmter Schriften zu den für die Ausbildung der Beamten und für das Staatsritual verbindlich geltenden »Leitfäden« (*ching*). Textkritik, Intertextualität, metaphorische und allegorische Exegese sowie andere Methoden fanden bereits in den Schriften des großen Kommentators der kanonischen Schriften Cheng Hsüan (127–200) und seiner Kollegen Verwendung. Mit dem Kontakt zu der anderen großen Schriftkultur, dem Buddhismus, erfuhr die chinesische Philologie einen tiefgreifenden und substantiellen Schub, der sich besonders in dem verfeinerten Gespür der Gelehrten für Fragen der Phonologie, Bedeutungsgeschichte und Stilistik in der T'ang-Zeit (618–907) niederschlägt. Die Verwendung der Philologie in der konfuzianischen Gelehrsamkeit änderte sich grundlegend mit der Erneuerung des Konfuzianismus in der Sung-Zeit, also mit der neokonfuzianischen Bewegung. Die Philologie stellte nicht nur eine Methode dar, die die Sichtweisen der kanonischen Schriften den Erfordernissen der Zeit anzupassen helfen sollte, sondern ein Mittel dafür, das falsche Verständnis der Orthodoxie beiseite zu legen und die ursprünglichen Ideen der kanonischen Schriften – natürlich ausgehend von dem Verständnis der Zeit – offen zu legen.

Einer der Denker, der das philologische und philosophische Wissen meisterhaft in sich vereinte, war Chu Hsi (1130–1200). Auf sein Werk geht die neue Kommentierung der kanonischen Schriften zurück, die nach Wiedereinsetzung der Beamtenprüfungen im 14. Jahrhundert unter den mongolischen Herrschern verbindlich bis zur Abschaffung des konfuzianischen Beamtentums im Jahr 1905 wurde. Noch entschiedener als die neue Kommentierung änderte das konfuzianische Erbe jedoch seine Neuformung des konfuzianischen Kanons. Chu Hsi stellte dem traditionellen Kern des Kanons, den fünf kanonischen Büchern, vier Bücher als deren Einführung voran, die er dem größeren Kanon entnahm. Diese Gewichtung zeigt, dass für Chu Hsi der erste Schritt zum konfuzianischen Erbe im Erfassen seines geistigen Gehalts und in der Reflexion darüber lag. Mit den vier Büchern stellte Chu Hsi die moralische Kultivierung der Persönlichkeit, die der gemeinsame Tenor der vier Bücher ist, in den Vordergrund und schob die autoritativen Texte zu Fragen des Rituals und der Herrschaftslegitimation in die zweite Reihe. Seine Interpretation des konfuzianischen Schrifttums war so souverän, dass er es sich leisten konnte, an Stellen, die ihm wichtig erschienen, einer kongenialen Interpretation vor einer genauen Philologie den Vorzug zu geben, während er andere Passagen oder ganze Schriften in ihrem historischen Kontext erklärte und philologische Akribie walten ließ und zu neuen beachtlichen Ergebnissen gelangte. Seine philologische Leistung und die anderer Gelehrter seiner Zeit führten die Textkritik und die Exegese auf einen bis dahin nicht gekannten Stand. Wenn auch ihre Ergebnisse in den großen philologischen Arbeiten der Gelehrten der Ch'ing-Dynastie (1644–1912) oft geschmäht wurden, nahmen sie doch manches bereits vorweg.[13]

Philologische Ausbildung wurde in China unter dem Namen »Kleine Lehre« (*hsiao hsüeh*) geführt. Zu ihr gehörte vor allem die Aneignung der schriftlichen Dokumente, aber auch das Erlernen philologischen Spezialwissens. Demgegenüber stand die *Große Lehre* (*ta hsüeh*), die die moralische Erziehung im Auge hatte. *Große Lehre* ist auch der Titel eines Traktats zur Kultivierung der Person des Herrschers aus der westlichen Han-Zeit, das ursprünglich zu einem Korpus von Texten ähnlichen Inhalts gehörte und ein Kapitel der Ritenbücher darstellte. Zusammen mit dem Text *Mitte und Maß* (Chung yung) wurde die *Große Lehre* von Chu Hsi aus den Ritenbüchern herausgenommen und zu den beiden ersten der vier Bücher bestimmt.

Chu Hsis Beschäftigung mit der *Großen Lehre* zog sich bis zum Ende seines Lebens hin.[14] Erst in hohem Alter, lange nachdem er die drängenden Fragen seiner Philosophie gelöst hatte, gab er dem Text der *Großen Lehre* eine neue Fassung. Sie sollte seiner Überzeugung nach den ursprünglichen Sinn des Textes wieder aufscheinen lassen. Ausschlaggebend waren für ihn die strukturelle Evidenz der neuen Textfassung wie auch inhaltliche Überlegungen. Chu Hsi ging sogar so weit, den anonymen Text Konfuzius und seinem Schüler Tseng-tzu zuzuschreiben.

Die *Große Lehre* ist ein sehr kurzer Text. Die Sätze sind grammatikalisch einfach strukturiert. Gerade darin liegt ihre Anziehungskraft. Die Problematik des Textes liegt im Festsetzen der Begriffe. Einige Ausdrücke besaßen in der Sung-Zeit bereits archaischen Klang. Den Sinn dem Verständnis seiner Zeit zu erhellen war für die Gelehrten ein bedeutendes Unternehmen. Der Text der *Großen Lehre* setzt sich aus verschiedenen Schichten zusammen. Er beginnt mit einem einleitenden Strang von Argumenten, die in der Folge durch das Nebeneinanderstellen von Zitaten

---

[13] Eine allgemeine Darstellung der chinesischen Kommentartradition gibt John B. Henderson, Scripture, Canon and Commentary. A Comparison of Confucian and Western Exegesis. Princeton 1991.

[14] Siehe Daniel K. Gardner, Chu Hsi and the Ta-hsüeh. Neo-Confucian Reflection on the Confucian Canon. Cambridge, Mass. 1986.

aus älteren Schriften oder durch Beispiele erläutert werden. Chu Hsi
unterscheidet in der Komposition der beiden Textteile eine zeitliche
Differenz: Der erste Teil entspricht dem Vermächtnis von Konfuzius, die
Erläuterungen dagegen stammen von Tseng-tzu. Damit weist der Text für
ihn die Struktur »Kanon und Kommentar« auf. Um diese Textstruktur
konsequent durchzuführen schreibt Chu Hsi die eher zwanglosen Erläuterungen des letzten Teiles exakt den einzelnen Passagen des kanonischen
Teiles zu. Neben dieser Grobgliederung arbeitete Chu Hsi eine feinere
Systematik heraus: Unter den Passagen des kanonischen Teiles unterscheidet er drei Leitthemen und acht Stufen. Damit jede Passage ihre genaue Entsprechung im Kommentarteil besitzt, musste Chu Hsi einige
Passagen desselben umstellen. Trotzdem gelang es ihm nicht, allen Teilen
des Kanons entsprechende Kommentare zuzuordnen. Gerade für die beiden letzten Passagen der acht Stufen des Kanons, auf die Chu Hsi besonders großen Wert legte, fehlten entsprechende Erläuterungen. Chu Hsi
schloss daraus, dass der Text lückenhaft überliefert worden war und versuchte, diese Lücke durch ein Zitat eines Lehrsatzes des hochgeachteten
Meisters Ch'eng I (1033–1107) aus der nördlichen Sung-Zeit zu beheben
und dadurch dem Leser den ursprünglichen Sinn des alten Textes wieder
nahe zu bringen.

Chu Hsis Neuordnung des Textes der *Großen Lehre* mag auf den ersten
Blick willkürlich wirken. Gewissheit bezog Chu Hsi jedoch aus der
Tatsache, dass durch sein Eingreifen der Text eine abgerundete Gestalt
annahm. Da der Text an sich sehr systematisch aufgebaut war, war der
Gewinn an noch größerer Systematik nicht ohne Überzeugungskraft. Die
Passagen des erläuternden Teiles beziehen sich in der neuen Fassung in
stimmiger Weise auf die Passagen des kanonischen Teiles und brachten
Chu Hsi, wie vor ihm bereits Ch'eng I, sogar dazu, eine Konjektur des
kanonischen Teiles aufgrund der Zitate des Kommentarteiles zu unter-
nehmen. Der kanonische Teil, aufgegliedert und in der Interpretation nach
Chu Hsi, liest sich wie folgt:

> [Drei Leitfäden:] Die Große Lehre liegt (a) in der Erhellung der lichten Tugendkraft, (b)
> in der Erneuerung des Volkes und (c) im Stehenbleiben im Höchsten Guten.
> [Folgerung aus den drei Leitfäden:] Hat man den Standort erkannt, ist man fest, ist man
> fest, ist man in Ruhe, ist man in Ruhe, hat man Frieden, hat man Frieden, kann man er-
> wägen. Kann man erwägen, hat man Erfolg.
> [Eingeschobene allgemeine Argumentation:] Die Dinge haben Wurzel und Ende, die An-
> gelegenheiten Anfang und Ende. Hat man das Früher und Später erkannt, hat man Erfolg.
> [Die acht Stufen:] Daher waren diejenigen in der alten Zeit, die (1) die Welt in Harmo-
> nie bringen wollten, bemüht, zuerst (2) ihren Staat zu ordnen, und erst wenn man (3)
> seine Familie in Ausgleich gebracht hat, kann man den Staat ordnen, erst wenn man (4)
> seine Person kultiviert hat, kann man seine Familie in Ausgleich bringen, erst wenn man
> (5) sein Bewußtsein gerade gemacht hat, kann man seine Person kultivieren, erst wenn man
> seine (6) Absichten wahrhaftig gemacht hat, kann man sein Bewußtsein gerade machen,
> erst wenn man (7) sein Wissen erweitert hat, kann man seine Absichten wahrhaftig
> machen, erst wenn man (8) die Dinge erfaßt hat, kann man sein Wissen erweitern.[15]

---

[15] Die Einfügung der Zwischenüberschriften und die Nummerierung stammen von mir.
Der Übersetzung lag der Text mit dem Kommentar von Chu Hsi in der Ausgabe Ssu-shu
chang-chü chi-chu, Peking 1983, 3 zu Grunde.

Die oben erwähnte Konjektur Chu Hsis am Text des kanonischen Teiles wurde im zweiten Leitthema unternommen. Die ursprüngliche Fassung lautet »Liebe zum Volk« (*ch'in min*), was nach der Lesart Chu Hsis »Erneuerung des Volkes« (*hsin min*) heißt. In der Erhellung der lichten Tugend sah er das Ziel wie auch den Vollzug der Selbstkultivierung, der Vervollkommnung einer Person als gegeben. Diese endet mit der Rückführung der eigenen Wesensnatur in ihren ursprünglichen Zustand der absoluten Güte, der ihr mit ihrer himmlischen Wesensbestimmung bei der Geburt zuteil geworden und die dem Menschen durch seine physische Gestaltung und seine Triebe verloren gegangen war. Das erste Leitthema entspricht daher den Stufen der Übung (4–8), die auf den Menschen ausgerichtet sind. Das zweite Leitthema subsumiert die ersten drei Übungsschritte und beschreibt die Umgestaltung der Gesellschaft kraft der Tugend des Individuums. Das dritte Leitthema ist die Realisierung der kosmischen moralischen Ordnung, an der der Mensch durch seine Wesensnatur teilnimmt.

Dreh- und Angelpunkt sind für Chu Hsi die letzten beiden Glieder der Kette: »das Erweitern des Wissens« (*chih chih*) und »das Erfassen der Dinge« (*ko wu*). Sie stellen den Einstieg in die Selbstkultivierung dar. Die Interpretation des Zeichens (*ko*) in »*ko wu*« als »erfassen« steht neben anderen Interpretationen, die zu Chu Hsis Zeit diskutiert wurden, zum Beispiel als »erwehren« (im Sinn von »sich des Einflusses der äußeren Dinge erwehren«)[16] oder »messen« bzw. »Maß nehmen« (im Sinn von »die Dinge abmessen« oder »sich nach ihrem Maß ausrichten«). Unter »Erfassen der Dinge« verstand Chu Hsi, »im Erfassen der Dinge ihre innewohnenden Ordnungen zu verstehen« (*ko wu ch'iung li*). Chu Hsis Denkvorstellung kann als pantheistisch bezeichnet werden: Die himmlische Ordnung manifestiert sich in jedem Ding und kann aus diesem heraus erfasst werden. Im Erfassen der Ordnung erweitert der Mensch sein Wissen, bis er einen Punkt erreicht, in dem sein Verständnis von der himmlischen Ordnung so tief und weit gedrungen ist, dass er sie vollständig in seinem Bewusstsein realisieren kann und keine Abschweifungen durch selbstbezogene Begierden in seinen Emotionen zu finden sind. Damit hat er die ursprüngliche Güte seiner Wesensnatur vollständig verwirklicht.

3.

Chu Hsi hatte in der Neuordnung des Textes seine Lehre bestätigt gefunden. Wang dagegen sah die Wiederherstellung der ursprünglichen Fassung als notwendig an. Auf Lo Ch'in-shuns Vorwurf, er würde willkürlich die Lehre der früheren Meister missachten, erwiderte er, dass er zwar nicht mit Chu Hsi, dafür aber mit Konfuzius übereinstimme.[17]

---

[16] Z.B. Ssu-ma Kuang (1019–1086); siehe Wei-ming Tu, Neo-Confucian Thought in Action, 164.

[17] Siehe Wangs Brief an Lo Ch'in-shun, aufgenommen in CHL 173 (Ch'üan-shu, Heft 2, 117 oben).

Wang Yang-mings Abkehr von der Lehre Chu Hsis ging eine lang andauernde Zeit der Frustration und Verzweiflung über die Erfolglosigkeit seines Bemühens, Chu Hsis Lehre in die Praxis umzusetzen, voraus. Rückblickend auf diese Zeit erzählt Wang seinen Schülern von der enttäuschenden Erfahrung mit Chu Hsis Lehre: Wang hatte sich in seiner Jugend zusammen mit einem Freund der Übung des Erfassens der Dinge unterzogen. Trotz der Anstrengung all ihrer geistigen Kräfte konnten sie zu keinem Ergebnis kommen. Sie blieben weit davon entfernt, das Gute in ihrem Bewusstsein zu realisieren. Stattdessen waren ihnen völlige Erschöpfung und Krankheit beschieden.[18]

Wangs Versuch vermag der Lehre Chu Hsis nicht gerecht zu werden, doch zeigt die Anekdote, dass er den Abstand zwischen sich und dem himmlischen Guten nicht für so groß hielt, um ihn nicht in einem Akt überwinden zu können. Dieser Einschätzung mögen Wangs Leidenschaft und Selbstvertrauen zu Grunde liegen.[19] Der Prozess der schrittweisen Annäherung des Selbst an die himmlische Ordnung erfordert Zeit und Geduld. Wang forderte von Chu Hsis Lehre dagegen, dass sie in einem einzigen Experiment ihre Gültigkeit aufzeige.

Wang Yang-mings Enttäuschung über die Lehre Chu Hsis entfernte ihn zunächst von der konfuzianischen. Er widmete sich den meditativen und spirituellen Techniken der Taoisten und Buddhisten. Bei seiner Erleuchtung im Jahr 1508 kam er zu der Erkenntnis, dass alles in seinem eigenen Bewusstsein angelegt sei.[20] Der Weg zur Verwirklichung des konfuzianischen Ideals lag nicht außerhalb seiner Person. Nicht sein geistiges Unvermögen noch die Lehre des Konfuzius trugen die Schuld für sein erfolgloses Bemühen, ein wahrhafter Mensch (*sheng jen*) zu werden[21], sondern die falschen Interpretationen der konfuzianischen Lehre durch Chu Hsi und andere Gelehrte. Chu Hsis Weg, im Erfassen der Ordnung der Dinge sich die Ordnung des ganzen Kosmos zu Eigen zu machen und die eigene Wesensnatur wiederzufinden, erschien ihm falsch und geradezu in die Irre führend. Da das Gute bereits in der Natur des Menschen angelegt sei, so Wang, geht es nicht darum, das Bewusstsein auf das zu konzentrieren, was außerhalb seiner selbst liegt, sondern auf das, was innerhalb seines Bewusstseins ist. Da seine Natur das moralisch Gute bereits verwirklicht hat, diese Güte jedoch durch die Störungen der

---

[18] CHL 319 (Ch'üan-shu, Heft 3, 153 unten f.).

[19] Eine Interpretation der Philosophie Wangs unter dem Gesichtspunkt dieser Leidenschaft unternahm Julia Ching, »Wang Yang-ming (1472–1529): A Study in ›Mad Ardour‹«. In: Papers on Far Eastern History III (März 1971) 85–130.

[20] Einen biographischen Abriss gibt Wing-tsit Chan, »Wang Yang-ming: A Biography«. In: Philosophy East and West XXII (1972) 63–91.

[21] Der Ausdruck *sheng jen* bezeichnete in der frühen Zeit des Konfuzianismus die mythischen oder historischen Herrscher, deren Regierungsweise vorbildhaft für alle Zeiten war und die die Errungenschaften der Zivilisation den Menschen brachten. Der Begriff *sheng jen* wird in späterer Zeit zwar noch in erster Linie auf jene mustergültigen Herrscher angewandt, doch ihre Besonderheit wurde in ihrer moralischen Integrität und Vollkommenheit gesehen. In der Sung-Zeit und Ming-Zeit war der sheng jen das Ideal des wahrhaftigen Menschen, das jeder erreichen kann.

Emotionen nicht zum Vorschein kommen kann, richtet sich die Übung vor allem auf deren Kontrolle. Für einige Zeit praktizierte Wang die Meditation, um alle psychischen Aktivitäten zur Ruhe zu bringen. Seine Philosophie konzentrierte sich ebenfalls auf die psychischen Regungen, und er forderte, dass der Weg zu seinem wahren Selbst darin bestehe, seinen Willen wahrhaftig zu machen (*ch'eng i*). *Ch'eng i* ist wie *ko wu* eine Stufe der *Großen Lehre*. Der Begriff »*i*«, hier mit »Willen« wiedergegeben, umfasst alle psychischen Aktivitäten, die eine wache Beteiligung des Bewusstseins mit einschließen, sowie alle Willensakte, Vorstellungen, Intentionen und Absichten. *Ch'eng*, hier mit »wahrhaftig« und »Wahrhaftigkeit« bezeichnet, kann im weiten Sinn »aufrichtig« bedeuten, im Verständnis der Neokonfuzianer geht es einher mit der geistigen Durchdringung (*ming*) seiner selbst und beschreibt eine spirituell höhere Stufe des Menschen.[22] Wang Yang-mings Bestimmung von *ch'eng i* als Ansatzpunkt der *Großen Lehre* war für Schüler und Gelehrte zunächst unverständlich. Er musste immer wieder von neuem seine Interpretation des *ch'eng i* erklären und sich gegen den Vorwurf des bloßen Subjektivismus oder gar Voluntarismus verteidigen. Was Wang Yang-ming unter *ch'eng i* verstand, soll im Folgenden kurz dargelegt werden.

Wang teilt Chu Hsis Ansicht, dass der Mensch zwar am moralisch Guten teilhat, aber andererseits durch seine selbstbezogenen Emotionen seine ursprüngliche Güte verdeckt. Im Gegensatz zu Chu Hsi sieht er im menschlichen Bewusstsein Anfang und Ende der Vervollkommnung der Person. Das Bewusstsein ist seinem eigentlichen Wesen nach (*pen t'i*) absolut gut. Erst im Willen (*i*) kann man Gut und Böse unterscheiden. Die Vervollkommnung besteht nun darin, sein Selbst zu seiner ursprünglichen Güte zurückzuführen. Der Weg muss von dort ausgehen, wo Abweichungen festzustellen sind, d.i. im subjektiven Willen.

In seiner psychologischen Analyse unterscheidet sich Wang Yang-ming nicht sehr von Chu Hsi. Auch die Bestimmung des Ansatzpunktes der Vervollkommnung im Willen ist verständlich. Doch wie kann gerade der Wille, den es zu läutern gilt, Hauptakteur der Übung sein? In seiner Folgerung könnte Wang von Chu Hsi nicht weiter entfernt sein. Die Zirkularität der praktischen Lehre von Wang Yang-ming liegt offen.

Wang verneint jedoch die Gegebenheit eines solchen Zirkels. Er sei erst dann gegeben, wenn zwischen Subjekt und Objekt zu unterscheiden ist. Wang negiert die Gliederung der Stufen der *Großen Lehre* und legt alle in eins. Von daher gesehen gibt es in der Lehre keine Abstufung nach mehr oder weniger subjektiven oder objektiven Stufen. Chu Hsi begann mit der objektivsten, und ging schrittweise zu den subjektiven Einstellungen zurück, Wang Yang-ming dagegen setzte den Willen obenauf, da ihm die Freiheit des handelnden Subjekts am höchsten erschien.

Die sich aufdrängende Frage, wie man das Gute erkenne ohne zu irren, wird von Wang zunächst nicht eindeutig beantwortet. In seinen frühen

---

[22] Die Grundlage für diese Erklärung ist der Text Chung-yung (*Mitte und Maß*), der wie die *Große Lehre* zu den vier Büchern zählt.

Schriften ist der Glaube an das gute Vermögen des Menschen so dominant, dass ein Erkennen dieses Wissens genügt, um eine Sicht auf die ursprüngliche Wirklichkeit des Geistes zu geben und seinen Willen in Einklang mit seiner ursprünglichen Natur zu bringen. Zur Wahrhaftigkeit genügen allein der Wille zum Guten und seine vollkommene Realisierung.

Wahrhaftigkeit (*ch'eng*) sieht Wang erst dann gegeben, wenn der Wille vom Subjekt vollständig realisiert wurde. Seinen Willen zum Guten zu realisieren heißt, ihn in die Tat umzusetzen, konkreter gesagt, Gutes zu tun und Böses zu lassen. In diesem Sinn versteht Wang die Phrase *ko wu*. »Erfassen« (*ko*) bedeutet für ihn »berichtigen«, genauer: »das Berichtigen des nicht Rechten und seine Zurückführung zum Rechten«.[23] Gegenstand der Berichtigung ist das, worauf der Wille gerichtet ist. »Ding« (*wu*) ist daher kein unabhängig vom Willen gegebenes Etwas. *Ko wu* heißt nach Wang, den seinem Willen zu Grunde liegenden Gegenstand zum Guten hin zu führen und dadurch seinen Willen nur auf das Gute hin zu lenken, sodass die eigentliche Güte der menschlichen Natur vollständig in allen Äußerungen und Taten des Menschen verwirklicht wird. Für Wang ergibt sich nur die eine Bedingung, nicht wider sein eigentliches Wissen zu handeln, also sich nicht selbst zu täuschen.[24]

Wangs frühe Interpretation der Großen Lehre lässt sich an der ersten Version zur Edition ihrer alten Fassung erkennen.[25] Darunter versteht er den Text der *Großen Lehre* in der Form vor der editorischen Bearbeitung Chu Hsis. Wangs erste Version des Vorwortes dazu (Ta-hsüeh ku-pen hsü) ist nur durch eine Notiz Lo Ch'in-shuns (1465–1547) in seinem Werk *Aufzeichnungen mühsam erworbenen Wissens* (K'un-chih-chi) bekannt. Für Wang ist allein in der Wahrhaftigkeit des Willens Genüge geleistet:

> Das Wesentliche der »Großen Lehre« ist nichts anderes als die Wahrhaftigkeit des Willens.
> Die Ausübung der Wahrhaftigkeit des Willens ist nichts anderes als die Berichtigung der Dinge.
> Die äußerste Realisierung der Wahrhaftigkeit des Willens ist nichts anderes als das Innehalten im Höchsten Guten.[26]

In Anbetracht seiner Erleuchtung und der Festlegung seiner Lehre (1508) erfolgte die Edition relativ spät (1518). Vor der Edition hatte Wang bereits ausführlich mit anderen Gelehrten über seine neue Interpretation der *Großen Lehre* gesprochen. Lange Gespräche mit Chan Jo-shui (1466–1560) über die neue Auslegung haben schon vor der Edition stattgefun-

---

[23] Eine häufige Erklärung des *ko wu* bei Wang Yang-ming. Siehe z. B. CHL 85 (Ch'üan-shu, Heft 1, 75 unten).

[24] Die Erläuterung des *ch'eng* als »ohne Täuschung seiner selbst« entstammt dem Kommentarteil der *Großen Lehre* (siehe Chu Hsi, Ssu-shu chang-chü chi-chu, 7).

[25] Zu Wangs verschiedenen Fassungen des Vorworts siehe Ch'en Lai, Yu wu chih ching. 118–125; siehe auch Wangs eigene Bemerkungen in seinen Briefen z.B. an Huang Mien-chih und Hsüeh Shang-ch'ien. Eine Übersetzung der Briefe findet sich in Julia Ching, The philosophical letters of Wang Yang-ming. Canberra 1972, 83 und 87.

[26] K'un-chih-chi 3. Fortsetzung, 20. Eintrag, Peking 1990, 95.

den.[27] Wangs Beweggründe, die alte Fassung wieder publik zu machen, liegen sicherlich in der Begründung seiner eigenen Lehre. Nach der Aussage Hsü Ais, einer seiner frühen großen Schüler, waren alle, die seine Lehre zum ersten Mal hörten, geradezu schockiert.[28] Die Neuartigkeit von Wang Yang-mings Interpretation der Großen Lehre gegenüber der von Chu Hsi bestand jedoch nicht nur darin, dass Wang einen anderen Ansatzpunkt als Chu Hsi wählte, sondern auch darin, dass Wang die Hierarchie der Stufen der *Großen Lehre* aufhob und sie als eine Einheit begriff. Aus seiner Argumentation im Vorwort zur Veröffentlichung der alten Edition geht hervor, dass ihm die Einheit zwischen der Wahrhaftigkeit des Willens und der Berichtigung der Dinge als dringlichste Frage der Interpretation erschien. Diese Einheit wird durch die strikte stufenartige Unterteilung der acht Glieder wie auch durch die Hervorhebung der Passage »Erfassen der Dinge« (*ko wu*), die bei Chu Hsi eigens kommentiert wird, beeinträchtigt. Im Folgenden soll die Einheit zwischen den beiden Schritten genauer im Hinblick darauf betrachtet werden, inwieweit in ihnen ein Korrektiv gegen den Subjektivismus enthalten ist.

4.

Wangs Bestimmung der Wahrhaftigkeit des Willens lässt sich im Zusammenhang mit seiner Kritik an Chu Hsis Position verstehen. Die Ausdehnung des Bewusstseins auf die Dinge außerhalb seines Bewusstseins erfordert bei Chu Hsi zunächst das Verweilen des Subjekts in einer ihm entgegengesetzten Sphäre. Mit dem Erschließen der Ordnung wird diese Entgegensetzung in Eines, das Bewusstsein des Menschen, zurückgeführt. Mit dem Erkennen des Objektes geht parallel eine Erkenntnis des Selbst einher. Wie genau diese Selbsterkenntnis vollzogen werden kann, wenn das Bewusstsein äußere Dinge zum Gegenstand hat und nicht sich selbst besitzt, wird von Chu Hsi nicht im einzelnen ausgeführt. Er spricht davon, dass die Erkenntnis der Ordnung verinnerlicht werde. Diese Verinnerlichung beschreibt er als ein ästhetisches Erleben: Der Geschmack der Ordnung ist zu schmecken, die Ordnung am eigenen Körper zu erfahren. Dieses Erleben bewirkt eine Reinigung der von egoistischen Begierden verdeckten Wesensnatur des Menschen. Das subjektive Erleben der Ordnung und der Prozess der Reinigung seines Bewusstseins gehen sukzessive vor sich, solange, bis in einem Moment der plötzlichen völligen Durchdringung die absolute Reinheit des Grundes des eigenen Bewusstseins, seiner vom Himmel gegebenen Wesensnatur, erscheint.[29]

---

[27] Zu der Diskussion um *ko wu* zwischen Chan Jo-shui und Wang Yang-ming siehe Ch'en Lai, Yu wu chih ching. 135–142.

[28] Hsü Ai in seinem Nachwort zu seinen Aufzeichnungen, dem Eintrag CHL 14 nachgestellt (Ch'üan-shu, Heft 1, 64 oben).

[29] Die ästhetische Realisierung der höchsten Ordnungen, die Chu Hsi zahlreich äußert, wird in den Darstellungen zu Chu Hsi häufig vernachlässigt. Chu Hsi sah sein Verständnis des Erfassens der Dinge in den Worten von Ch'eng I vollständig ausgedrückt, siehe seine Ergänzung der kommentierenden Passage im Ta-hsüeh (Ssu-shu chang-chü chi-chu, 6 f.).

Eine Schwierigkeit in Chu Hsis Philosophie ergibt sich im Zugang zu den Dingen. Um die Ordnung der Dinge richtig zu erfassen und nicht in den Dingen ein Objekt seiner Begierde zu sehen, ist es notwendig, den Dingen mit Achtung (*ching*) gegenüberzutreten.[30] In Chu Hsis Vorstellung der Achtung als Zugang zu den Dingen klingt die Erklärung Tsengtzus an, dass das Eine, das Konfuzius' Weg durchzieht, in Hingabe und Wohlwollen liege. *Ching*, die Achtung, lässt sich als eine Brücke betrachten, die zwischen Subjekt und Objekt gespannt wird. Das wahre Erkennen des Objekts ist erst möglich, wenn das Subjekt dem Objekt gegenüber Achtung erweist und sich auf das Objekt konzentriert. *Ching* lässt sich aber auch als Abstand verstehen, der eine Verwicklung des Subjekts in die Betrachtung im größtmöglichen Maß zurücknimmt, um das Objekt ganz aus sich selbst heraus wirken zu lassen.

Da Chu Hsis Ausführungen unklar in der Frage bleiben, wie die Erkenntnis des Subjekts vor sich gehen kann, wenn sein Bewusstsein außerhalb seiner selbst liegt, stößt Wangs Kritik – er ziehe willkürlich zwischen Subjekt und Objekt eine Grenze und erschwere so unnötig die Übung – in ein Vakuum seiner Philosophie vor. Chu Hsi selbst hat *ching*, die Achtung, als Zugehen des Subjekts auf das Objekt eher gefordert als begründet. Die Entäußerung des Subjekts im Prozess des Erfassens der Dinge und die Reflexion ihrer Ordnung auf das Subjekt werden aus der Sicht Wangs als eine Trennung von Subjekt und Objekt von innen und außen beurteilt, die er in der Achtung zwar zwischenzeitlich überbrückt, aber nie ganz gelöst sieht. Da die Notwendigkeit dieser Entäußerung des Subjekts nicht anders begründet wird, als dass es die Praxis erfordere, und vor der Annahme, dass eine einzige Wirklichkeit Subjekt und Objekt durchziehe, stellt sich Chu Hsis Ansicht für Wang willkürlich und unnatürlich dar. Chu Hsis Betrachtung des Erfassens der Ordnung der Dinge führt mit Wangs Worten notwendig zu einer Abschweifung.[31]

Wangs Wahrhaftigkeit des Willens bewegt sich nicht außerhalb der Geisteshaltung, die Chu Hsi als grundlegend für die Betrachtung der Dinge gefordert hat. Es lässt sich daher sagen, dass Wangs Position eine Erläuterung dieser Geisteshaltung mit Hilfe der *Großen Lehre* ist und eine Erklärung, dass eben diese Einstellung des Bewusstseins – die Setzung des Willens – die eigentliche Aufgabe darstellt.

Chu Hsis Position, dass die Dinge erforscht werden müssen, wird von Wang grundsätzlich verneint, da eine Ordnung oder ein Urteil von Gut und Böse nicht aus den Dingen gewonnen werden kann. Gut und Böse liegen nicht in den Dingen selbst, sondern im Bewusstsein des Subjekts. Daher kann der Ausgangspunkt der Selbsterkenntnis nicht in den Dingen liegen, sondern nur im Bewusstsein, nämlich dort, wo sich Gut und Böse unterscheiden lassen. Das Tun des Bewusstseins ist der Wille. Sich jegli-

---

[30] Zu *ching* als eine notwendige Kategorie im Denken Chu Hsis siehe Thomas A. Metzger, Escape from Predicament. Neo-Confucianism and Chinas's Evolving Political Culture. New York 1977, 95–98.
[31] Siehe den Satz aus der ersten Fassung des Vorworts, K'un-chih-chi 3, 95.

cher Aktivität zu enthalten ist unmöglich, da sonst das Bewusstsein nicht leben würde. Handlung kommt dem Bewusstsein daher notwendig zu. Wang unterscheidet nun zwischen dem wahrhaftigen Willen und einem Willen, der als Beweggrund persönliche Dinge besitzt und noch nicht wahrhaftig ist. Wahrhaftigkeit zeigt sich darin, dass der Wille »der Ordnung folgt«, sich nicht am Subjekt orientiert, sondern in größtmöglichem Maß allgemein ist. Der Mensch muss daher erkennen, dass sein Wille von aller Selbstbezogenheit befreit wird, und sich auf das allgemeine, überindividuelle Gute richtet. In seinem Willen muss der Mensch sich aller subjektiven Beweggründe enthalten, d.h. sein Wille muss autonom gegenüber dem Subjekt sein. Eine zweite Forderung ergibt sich aus der Präsenz des Gegenstandes. Die Unmittelbarkeit kann als Folge der Autonomie des Willens gesehen werden. Erst mit einer spontanen Äußerung meines Willens kann ich mir sicher sein, dass keine subjektiven Beweggründe vorliegen. Die Spontaneität zeigt sich in der unmittelbaren Umsetzung meines Willens in die Tat.

Wangs Bestimmungen des *ch'eng i* und *ko wu* können als Objektivierung des Willens verstanden werden. Die Beziehung Subjekt und Objekt wird relativiert, wenn nicht gar aufgelöst, indem ich den Gegenstand meines Willens zum Guten führe und in meinem Willen »der Ordnung folge«.[32]

Da sich der Mensch nicht seines Wollens enthalten kann, jedoch alle Selbstbezogenheit aus dem Willen entfernen soll, spricht Wang davon, dass nur der Wille, der mit der Unmittelbarkeit eines psychischen Eindrucks verbunden ist, wahrhaftiger Wille sein kann. Auf der anderen Seite akzeptiert Wang, dass verschiedene Individuen sich aufgrund der Tiefe ihres Bewusstseins unterscheiden können, und es daher zu unterschiedlichen Handlungen unter den gleichen äußeren Umständen kommen kann. Ein Fortschreiten in der Übung zeigt sich dann eben darin, wie allgemein das Bewusstsein des Einzelnen ist. In einem Gespräch mit seinem Schüler Hsüeh K'an wird Wang gefragt, ob es denn rechtmäßig sei, Gräser zu beseitigen, damit die Schönheit der Blumen zur Geltung komme. Wang bejaht dies, sofern das Beseitigen nicht aus Liebe zu den Blumen geschehe, sondern allein um der Schönheit willen. Auf die Frage, weshalb Chou Mao-sheng[33] nicht die Gräser vor seinem Fenster schnitt, antwortete Wang, dass man in jedem Fall das Bewusstsein betrachten solle, das hinter dem Beseitigen der Gräser um der Schönheit der Blumen willen und der Haltung Chou Mao-shengs stehe.[34] Während sein Schüler von dem Überwuchern der Gräser betroffen sei und der Schönheit der Blumen wegen die Gräser beseitige, erkenne er nicht nur die Schönheit, die hinter den Pflanzen steckt, sondern ihren Lebenswillen. Chou Mao-sheng ist also in seinem Bewusstsein weiter vorgedrungen, und seinem Erfahren der Dinge liegt ein höherer Sinn zu Grunde.

---

[32] Eine in Wangs Schriften häufig vorkommende Formulierung, z.B. in CHL 101 (Ch'üanshu, Heft 1, 79 oben).

[33] Chou Mao-sheng, eigentlich Tun-i, lebte von 1017–1073 in der nördlichen Sung-Dynastie.

[34] CHL 101 (Ch'üan-shu, Heft 1, 80 unten).

Das Kriterium für die Beurteilung des Willens besteht für Wang darin, ob er der allgemeinen Ordnung folgt oder nicht. Das heißt, dass das Objekt des Willens dem Subjekt nur unmittelbar gegeben sein kann, da sonst ein selbstbezogenes Wollen vorliegen würde. Daher lassen sich als Kriterien a) die Unmittelbarkeit und b) die Autonomie des Willens formulieren, wobei ich unter Autonomie des Willens seine Autonomie gegenüber jeder anderen individuellen Ausprägung verstehe. Beide Voraussetzungen lassen sich zumindest im Ansatz auch in Chu Hsis Forderung nach Achtung (*ching*) im Zugang zu den Dingen, die die Konzentration auf das Ding wie die subjektive Enthaltung umfasst, erkennen. Wangs Formulierung ist jedoch wesentlich konkreter und als Ausgangspunkt der Selbsterkenntnis fundamentaler.

5.

Die heutige Version des Vorwortes zu der alten Fassung der *Großen Lehre* stellt eine Neubearbeitung der Version dar, die Lo Ch'in-shun aufgezeichnet hat. In der neuen Bearbeitung seines Vorwortes zur *Großen Lehre* fügte Wang der Einheit von Wahrhaftigkeit und Berichtigung das Erfahren des Wissens (*chih chih*) hinzu. Wie bereits bei dem Begriff »ko« weicht Wangs Auslegung von *chih* als »erreichen« oder »erfahren« von dem Verständnis Chu Hsis ab, der es als »erweitern« versteht.[35] Nach Chu Hsi wird das Wissen durch das Erfassen der Dinge tiefer und weiter, bis es zu dem Punkt kommt, an dem sich das vergrößerte und sukzessiv erworbene Wissen von der Ordnung des Kosmos in ein durchdringendes Verstehen verwandelt. Wang dagegen versteht unter *chih* keinen Prozess der Vermehrung, sondern einen qualitativen Prozess: Das gute Wissen, das angeborene Wissen wird erreicht und verwirklicht. Unter dem Wissen, das bei Chu Hsi ein Erkennen der Ordnung war, versteht Wang in erster Linie das ursprüngliche Wissen des Menschen. In seiner Funktion als moralisches Wissen kann man es auch mit »Gewissen« bezeichnen. Im Prozess der Berichtigung der Dinge geht es nun darum, sein ursprüngliches, moralisch gutes Wissen anzusprechen und zu verwirklichen. In der zweiten Version des Vorwortes fügt Wang einen Satz nach den ersten drei Sätzen ein:

> Der Maßstab für das Innehalten im Höchsten Guten ist nichts anderes als die Erfahrung des [ursprünglichen] Wissens.[36]

Anknüpfend an die oberen Ausführungen zur Einheit der Wahrhaftigkeit des Willens und der Berichtigung der Dinge lässt sich das ursprüngliche Wissen auch als eine Erfahrung des Selbst bestimmen. In dem Moment, in dem ich meinen Willen wahrhaftig mache, d. h. den Gegenstand meines Willens objektiviere, erfahre ich mein ursprüngliches Wissen (*liang chih*).

---

[35] Zum Beispiel in den *Fragen zur Großen Lehre*: Ch'üan-shu, Heft 26, 739 oben.
[36] Ch'üan-shu, Heft 7, 241 oben.

Dieses wird in der ersten Version des Vorwortes nicht eingehend genannt und das »ursprüngliche Wissen« bezeichnet dort das angeborene Vermögen des Menschen, gut zu sein. Dagegen erscheint es in der zweiten Version als Maß der Wahrhaftigkeit des Willens und der Berichtigung der Dinge.[37] Anhand des ursprünglichen Wissens kann ich erfahren, ob mein Wille tatsächlich völlig wahrhaftig ist, d. h., ob er »im Höchsten Guten zum Stehen kommt«.

Die beiden oben genannten Bestimmungen der Wahrhaftigkeit des Willens, nämlich Autonomie und Unmittelbarkeit, zeigen sich auch als Eigenschaften des ursprünglichen Wissens. Ich kann von ihm nur in seiner Verwirklichung reden; es existiert nicht unabhängig von meiner Erfahrung. Erfahren des ursprünglichen Wissens heißt, die himmlische Ordnung zu realisieren. Die Erfahrung transzendiert das Subjekt.

Mit der neuen Begründung der Wahrhaftigkeit des Willens durch das ursprüngliche Wissen kann Wang zwischen dem Anfangspunkt der Praxis, also der Betrachtung seiner Philosophie für Außenstehende, und der Realisierung der Übung, also der Betrachtung von innen, unterscheiden und somit Klarheit gewinnen. In der Praxis besteht die Wahrhaftigkeit des Willens und das Berichtigen der Dinge in der Erfahrung seines ursprünglichen Wissens. Von außen betrachtet ist der Beginn seiner Übung die Festsetzung des Willens.

6.

Etwa ein Jahr vor seinem Tod schrieb Wang seine Gedanken zu der *Großen Lehre* in den *Fragen zur Großen Lehre* (Ta-hsüeh wen) nieder. Dieses Dokument ist eines der tiefgründigsten Werke Wang Yang-mings und wurde später von Ch'ien Te-hung veröffentlicht. Ch'ien berichtet, dass es das Pfand von Wangs Philosophie sei und denjenigen, die in die Lehre Wangs eintraten.[38] Im Gegensatz zu den beiden Versionen der Vorworte fasst Wang in den *Fragen zur Großen Lehre* nicht nur das Wesentliche derselben zusammen, sondern erläutert die einzelnen Abschnitte im Detail. Während Wangs früheres Denken um die Begriffe der *Großen Lehre* der Wahrhaftigkeit des Willens und dem Berichtigen der Dinge kreiste, liegt das Gewicht dieses Textes auf den so genannten drei Leitfäden, dem »Erhellen der lichten Tugend« (*ming ming te*), der »Liebe zu den Menschen« (*ch'in min*) und dem »im Höchsten Guten Innehalten« (*chih chih shan*). Die acht Stufen dagegen werden in eins zusammengefasst. Ein zweites Charakteristikum des Textes ist, dass Wang in ihm zur Darlegung seiner Gedanken die Vorstellung, »einen Körper mit Himmel und Erde und allen Wesen bilden«, aufnimmt, der auf Ch'eng Haos

---

[37] Zu einer Interpretation des Begriffs des ursprünglichen Wissens in seiner historischen Entwicklung bei Wang Yang-ming siehe die Arbeit Iso Kerns, »Die Umwandlung und Zweideutigkeit von Wang Yang-mings Begriff des ›Ursprünglichen Wissens‹ (liang zhi)«. In: Asiatische Studien 48 (1994) 1120–1141.

[38] Ch'üan-shu, Heft 26, 740 oben.

(1032–1085, nördliche Sung-Dynastie) zurückgeht.[39] Eine genaue Betrachtung des Textes zeigt, dass Wang die Grundlagen seiner Philosophie,
die er bis dahin in dreigliedriger Konzeption »Wahrhaftigkeit des Willens,
Berichtigen der Dinge und Erfahrung des ursprünglichen Wissens« dargelegt hat, nun in die drei Leitfäden fasst.

In seiner Erläuterung zu dem Schritt »Erhellen der lichten Tugend« bestimmt Wang den großen Menschen, also denjenigen, der die Vervollkommnung seines Selbst erreicht hat, als jemanden, der

> Himmel und Erde und die zehntausend Dinge als einen einzigen Körper betrachtet. Er
> sieht die Welt, als ob sie ein Haus, das mittlere Reich, als ob es ein Mensch sei. Dagegen
> ist derjenige, der Gestalt und Körper unterscheidet und zwischen dir und mir trennt, ein
> geringer Mensch. Daß der große Mensch Himmel und Erde und die zehntausend Dinge
> als einen einzigen Körper begreifen kann, bedeutet nicht, daß er es beabsichtigt, sondern
> daß die Menschlichkeit seines Geistes an sich so ist.[40]

Die grundlegende Beschaffenheit des Menschen ist seine Menschlichkeit,
die Wang als das Vermögen betrachtet, mit allen anderen Dingen einen
Körper zu bilden. Die anderen Dinge sind mir nicht weiter entfernt als
meine eigenen Gliedmaßen. Ch'eng Hao dehnt das Bild des einen Körpers
noch weiter aus, indem er »nicht menschlich zu sein« mit körperlicher
Lähmung vergleicht.

Menschlichkeit stellt sich für Wang als die allgemeinste Kraft dar, die
alle Dinge in einen lebendigen Zusammenhang, einen Körper, fasst. Es ist
die dem Menschen zukommende, auf ihren Grundlagen reflektierte
Lebenswirklichkeit. Sie zeigt sich dem Menschen unmittelbar in seinen
Emotionen, ohne dass diese der Auslöser sind. Sie ist auch nicht beschränkt auf diejenigen Menschen, die sich der Vervollkommnung des
Selbst unterworfen haben:

> Daß man zusammen mit Himmel und Erde und den zehntausend Dingen zu Einem wer-
> den kann – wie sollte das nur für den großen Menschen gelten, selbst das Bewußtsein
> eines geringen Menschen ist nicht anders – nur hat jener es selbst verkleinert. Wenn
> daher jemand ein kleines Kind in den Brunnen fallen sieht, so stellt sich notwendiger-
> weise ein Bewußtsein der Angst und Betroffenheit in ihm ein. Dies liegt darin, daß seine
> Menschlichkeit zusammen mit dem Kind zu einem einzigen Körper geworden ist. Ein
> kleines Kind mag noch von der gleichen Art sein. Betrachtet jemand das traurige Klagen
> und das Zittern der Vögel und Tiere, so stellt sich notwendigerweise ein Bewußtsein des
> nicht Ertragen-könnens in ihm ein. Dies heißt, daß seine Menschlichkeit zusammen mit
> den Vögeln und Tieren zu einem einzigen Körper geworden ist. Noch haben Vögel und
> Tiere Erkennen und Wahrnehmen (zhi jue). Sieht jemand das Abbrechen und Ab-
> knicken von Gräsern und Bäumen, so stellt sich notwendigerweise ein Bewußtsein der

---

[39] Auch von Chang Tsai, Zeitgenosse v. Ch'eng Hao, wurde die Einheit des Menschen mit
den Dingen des ganzen Kosmos genannt. Während Changs Einheit auf der Idee einer
genetisch kosmischen Verwandtschaft aller Dinge beruht, liegt Ch'eng Haos Denken
eher das mystische Erleben der Verschmelzung aller Dinge zum Einen zu Grunde.
Ch'engs Satz findet sich in Ho-nan Ch'eng shih i-shu (Hinterlassene Schriften der
Meister Ch'eng aus Ho-nan), Heft 2, erster Teil, in: Erh Ch'eng chi (gesammelte Schriften der beiden Ch'eng). Peking 1981, 15.

[40] Ch'üan-shu, Heft 26, 736 oben; eine Übersetzung der Passage findet sich in Wing-tsit
Chan, Instructions, a.a.O., 272; Chans Übersetzung des Ta-hsüeh wen, aufgenommen in
seinem Source Book in Chinese Philosophy. Princeton 1963, 659–666.

Rührung und des Mitgefühls in ihm ein. Das heißt, daß sein Bewußtsein zusammen mit Gräsern und Bäumen zu einem einzigen Körper geworden ist. Gräser und Bäume sind noch etwas, das Leben besitzt. Nimmt jemand das Zerbrechen und Zerstören von Ziegeln und Steinen wahr, dann stellt sich notwendigerweise ein Bewußtsein der Anteilnahme und des Bedauerns in ihm ein. Das heißt, daß seine Menschlichkeit zusammen mit den Ziegeln und Steinen zu einem einzigen Körper geworden ist. Das ist die Menschlichkeit des einen einzigen Körpers. Selbst das Bewußtsein des geringen Menschen besitzt sie. Dies ist nun das, was in der Wesensnatur der himmlischen Bestimmung wurzelt und aus sich selbst heraus intelligent und leuchtend und ohne jeglichen Schatten ist. Daher heißt es »lichte Tugend«.[41]

Die lichte Tugend war für Chu Hsi die vom Himmel gegebene Wesensnatur des Menschen, deren ursprüngliche Güte verdeckt ist von den menschlichen Begierden und dem Menschen nicht mehr bewusst ist. In der Erhellung der lichten Tugend sah Chu Hsi die Aufgabe, zu seiner Wesensnatur zurückzukommen. Das Erhellen der lichten Tugend war für ihn das Programm, das es im Erfassen der Ordnung der Dinge zu verwirklichen galt. Für Wang Yang-ming umfasst das Erhellen der lichten Tugend sowohl das Programm als auch seine Realisierung. Die lichte Tugend ist nichts anderes als der Teil des Menschen, mit dem er an seiner Lebenswirklichkeit teilnimmt. Sie ist licht in dem Sinn, dass sie in einer geistigen Beziehung zu allem steht, alles berührt und durchdringen kann, wie ich in meinem ganzen Körper Bewusstsein von allen Teilen besitze. Meines Bewusstseins vom Anderen werde ich unmittelbar gewahr, ohne dass von mir eine Emotion ausgeht, etwa in der gleichen Weise, wie ich in meinem Körper Schmerz empfinden kann. Dieses Wahrnehmungsvermögen ist Leben. Durch Selbstsucht kann dieses feine Wahrnehmungsvermögen getrübt sein, sodass ich mich der eigenen Wurzeln meines Lebens beraube.

In seiner Erläuterung zur »Liebe zu den Menschen« kommt Wang noch einmal auf den einen einzigen Körper zu sprechen:

Derjenige, der seine lichte Tugend erhellt, errichtet das Potential[42] seines einen einzigen Körpers mit Himmel und Erde und den zehntausend Dingen. Derjenige, der die Menschen liebt, verwirklicht die Wirkung seines einen einzigen Körpers mit Himmel und Erde und den zehntausend Dingen. Daher liegt notwendigerweise das Erhellen der lichten Tugend in der Liebe zu den Menschen, und die Liebe zu den Menschen ist das, wodurch die lichte Tugend erhellt wird. Daher liebe ich meinen Vater und dehne meine Liebe auf den Vater eines anderen aus und schließlich auf alle Väter der Welt. Erst danach ist meine Menschlichkeit wirklich mit meinem Vater, dem Vater des anderen und mit allen Vätern der Welt zu einem einzigen Körper geworden. Erst wenn die Menschlichkeit wirklich zu einem einzigen Körper geworden ist, kann die lichte Tugend der Kindesliebe klar leuchten. Erst wenn ich meinen älteren Bruder liebe und meine Liebe auf den älteren Bruder eines anderen und schließlich auf alle älteren Brüder der Welt ausdehne, ist meine Menschlichkeit wirklich mit meinem älteren Bruder, dem älteren Bruder des anderen und den älteren Brüdern der Welt zu einem einzigen Körper geworden. Erst wenn sie wirklich zu einem einzigen Körper geworden ist, ist die lichte Tugend der Bruderliebe klar. Dies ist bei dem Herrscher und dem Untertan der Fall, es ist bei Mann und Frau der Fall, es ist zwischen Freunden der Fall, und selbst bei Bergen und Flüssen,

---

[41] Ch'üan-shu, Heft 26, 736 oben und unten; Wing-tsit Chan, Instructions, a.a.O., 272f.

[42] Potential (*t'i*) ist das gleiche chin. Zeichen wie »ein einziger Körper« (*i t'i*). Potential (*t'i*) und Manifestation (*yung*) sind in der chin. Philosophie Kategorien differenter Aspekte einer Einheit.

den Naturgeistern, Vögeln und Tieren, Gräsern und Bäumen ist es der Fall. Erst wenn es nichts gibt, das nicht wirklich meine Liebe besitzt und meine einen einzigen Körper bildende Menschlichkeit erreicht hat, ist meine lichte Tugend völlig zur Helligkeit gebracht worden und erst dann vermag ich, in echter Weise Himmel und Erde und die zehntausend Dinge als einen einzigen Körper zu begreifen.[43]

»*Ch'in min*« heißt wörtlich: »dem Volk in verwandtschaftlicher Beziehung gegenüber stehen«. Die Lesung der Konfuzianer der Sung-Dynastie unterscheidet sich wesentlich von der ursprünglichen Bedeutung des alten Ritualtextes. Chu Hsi verstand unter »Volk« (*min*) bereits alle Menschen und Wang Yang-ming versteht alle Dinge darunter. Es geht ihm um den Zugang des Selbst zu den anderen Dingen. Um die Lebenswirklichkeit des Menschen vollständig zu erfassen, geht es darum, diesen Zugang des Selbst zu den anderen Dingen von dem einzelnen Guten aus zu erweitern, bis alle Dinge in gleichem Maß unmittelbar vom Subjekt wahrgenommen werden. Die Liebe zu den Menschen geht vom direkt gegebenen Punkt der Erfahrung des Menschen aus. Die Liebe zu den Eltern ist dem Menschen der Funke, der die Erhellung des Ganzen in der Übung bewirken kann. Die Lebenswirklichkeit kann nicht unabhängig von der Wahrnehmung der lebendigen Beziehung des Menschen zu anderen Dingen bestehen.

Die Beziehung des Erhellens der lichten Tugend zur Liebe zu den Menschen verhält sich nicht anders als die Beziehung der Wahrhaftigkeit des Willens zum Berichtigen der Dinge. Dieses ist die Verwirklichung der Wahrhaftigkeit des Willens. Gleich der schrittweisen Erweiterung der Menschlichkeit hat Wang den Vorgang der Objektivierung des Gegebenen seines Willens gefordert. Die Autonomie des Willens gegenüber allem Subjektiven wurde mit dieser Objektivierung angestrebt. Anders verhält es sich jedoch mit der Enthaltung des Subjekts. Wang spricht im Erhellen der lichten Tugend zwar noch vom Entfernen der selbstbezogenen Begierden, doch die Ausweitung der Liebe zu allen Dingen stellt eine Vergrößerung des Subjekts dar. Der Prozeß der Liebe zu den Menschen und der Erhellung der lichten Tugend verläuft in zwei entgegengesetzten Richtungen. Die Balance zwischen den beiden Momenten der Übung stellt das Höchste Gute dar. Seine Funktion beschreibt Wang wie folgt:

> Das Höchste Gute ist das äußerste Maß der lichten Tugend und der Liebe zu den Menschen. Die himmlisch gegebene Wesensnatur ist in reinster Weise vollständig gut. Ihre Intelligibilität, ihr Leuchten und ihre Unbedecktheit sind Offenbarungen dieses Höchsten Guten. Daher verhält es sich so, daß sie die ursprüngliche Wirklichkeit der lichten Tugend ist, und eben das ist, was man als ursprüngliches Wissen nennt. Durch die Offenbarungen des Höchsten Guten wird bewirkt, daß Wahres als Wahres [dem Menschen] erscheint, Falsches als Falsches, [er] in bezug auf das Leichte und Schwere, das Dicke und Dünne, in Entsprechung erregt wird und in Entsprechung reagiert, daß [er stets] veränderlich handelt, ohne an einem bestimmten Ort zu ruhen, so daß [alles] aus sich heraus [seine] natürliche Mitte einnimmt.[44]

---

[43] Ch'üan-shu, Heft 26, 736 unten und 737 oben; Wing-tsit Chan, Instructions, a.a.O., 273.
[44] Ch'üan-shu, Heft 26, 737 oben; Wing-tsit Chan, a.a.O., 274.

Im Gegensatz zu seinen früheren Ausführungen bestimmt Wang das ursprüngliche Wissen nicht als Maß für das Höchste Gute, sondern als seine Realisierung. Das Maß, das Höchste Gute und das ursprüngliche Wissen fallen in eins. Das Höchste Gute offenbart sich im ursprünglichen Wissen. Intelligenz, Wahrnehmung, alle Lebensäußerungen der Dinge sind das Höchste Gute. Ihre größtmögliche Realisierung besitzen sie im ursprünglichen Wissen. Diese Einheit ist nicht nur die ontologische Aussage, dass der menschliche Geist und das Absolute eins sind. Diese Realisierung ist ein natürliches In-der-Mitte-Sein, ein Bei-sich-selbst-Sein, ist die Verwirklichung ihres Maßes, ein Zum-stehen-Kommen bei der unmittelbaren Gegenwärtigkeit. In diesem Zustand erscheinen die Dinge unmittelbar, sie sind nicht durch ein Erwägen oder ein Besprechen gegeben, sondern dem Menschen gegenwärtig. Die unmittelbare Gegenwärtigkeit des ursprünglichen Wissens zeigt sich in der unmittelbaren Gegenwärtigkeit der Dinge, einer Erfahrung, dass alle Dinge einen einzigen Körper bilden. Die Gliederung der *Großen Lehre* ist für Wang nicht eine Gliederung nach einzelnen Schritten, sondern eine Untergliederung der einen Erfahrung des ursprünglichen Wissens. Es lässt sich in den einzelnen Schritten keine zeitliche Folge unterscheiden. Auch die Objekte, die Person, das Bewusstsein, der Wille, das Wissen und das im Willen gegebene Ding sind in der Erfahrung eins.

Trotz seiner Teilhabe am Absoluten stellt sich die Lebenswirklichkeit des Menschen nicht in der vollkommenen Realisierung des Absoluten dar. Gerade die ontologische Verfasstheit des Menschen ist sein Schicksal. Es gibt nichts außer mir, das mir helfen kann, zu meiner eigenen ursprünglichen Natur zurückzukehren als eben das Bewusstsein, dass der Ausgangspunkt ich selbst bin. In diesem Sinn bin ich in zweifacher Sicht auf mich zurückgeworfen: Meine Lebenswirklichkeit, meine Erfahrung, die Grundlage all meines Handelns besteht darin, mein wahres Menschsein zu realisieren, und doch gibt es keinen anderen Lebensbereich als diesen gegenwärtigen, in dem die wahre Realisierung sich äußert.

In Konfuzius' Lehre bestand der eine Faden des Weges im Bezug des Selbst auf das Andere. Die Begründung dieser Bezüglichkeit mündet bei Wang Yang-ming in der existentiellen Verfasstheit des Menschen. Sein wahres Menschsein begreift sich in der Einheit mit allen Dingen als ein Körper, und doch gibt es für den einzelnen Menschen nichts anderes, mit dessen Hilfe er diesen einen Körper erfahren kann, als seine eigene Natur. Dass der Mensch an der Spannung zwischen seiner Freiheit und seiner Verantwortung nicht verzweifelt, liegt letztendlich an der Gegenwärtigkeit des Weges oder, wie Wang am Schluss seiner *Fragen zur Großen Lehre* mit einem Wort des Meditations-Buddhismus sagt, eben daran, dass der Mensch »das geistige Siegel von Konfuzius« (*hsin yin*) in sich trägt.

Grundzüge des Judentums

Ernst Ludwig Ehrlich

Wer über das Judentum schreibt, muss von der hebräischen Bibel ausgehen. Alles, was später kommt, ist im Grunde ein Kommentar zur biblischen Offenbarung. Wir haben es im Judentum nicht wie beim Christentum mit zwei Jahrtausenden zu tun, sondern mit mehr als drei Jahrtausenden, weil die Bibel ja nicht nur die Geschichte des jüdischen Volkes etwa bis zum zweiten vorchristlichen Jahrhundert enthält, sondern auch die Ur- und Vorgeschichte, die mit der Schöpfung in Genesis 1 beginnt.

Auf diese Weise war das Judentum stärker als das Christentum Veränderungen unterworfen, die aber nicht gewisse Grundsätze verschwinden ließen, da sich auf ihnen die weitere jüdische Religionsgeschichte aufbaute. Diese Vielzahl religiöser Auffassungen und Strömungen bilden den Reichtum des Judentums, das sich trotz vieler Widerstände aller Art bis zum heutigen Tag erhalten hat. Wenn die Kulturen der Antike in Assyrien und Babylon untergegangen sind, wenn der Hellenismus sich in andere geistige Gebilde integriert hat, so ist das Judentum als eigenständiges Phänomen noch immer vorhanden. Das hat sehr tiefe Gründe. Dazu gehört etwa die Tatsache, dass das Christentum sich nicht nur aus dem Judentum entwickelt hat, sondern ohne das Judentum schlechthin undenkbar ist. Es ist hier nicht der Ort, dies im Einzelnen aufzuzeigen, wohl aber kann man durchaus sagen: Trotz seiner bleibenden Eigenständigkeit lebt das Judentum im Christentum weiter, und dies nicht nur durch die Übernahme der hebräischen Bibel. Insofern ist das Judentum ein durchaus denkwürdiges Phänomen in der religiösen Welt, weil es aus sich Anderes entlassen hat, das dann später zu eigenen Religionen sich entwickelte, ohne aber die jüdischen Grundlagen zu verlassen oder gar zu vernichten.

Wenn man Judentum darzustellen versucht, hat man von der Vorstellung vom einen Gott auszugehen, der die Grundlage jüdischen Denkens bildet. Darüber hinaus ist zu bedenken, dass das Judentum nicht eine Religion im herkömmlichen Sinn ist, sondern mit einem Volke unlöslich verbunden ist und diese Verbundenheit durch die Jahrtausende durchgehalten hat. Insofern unterscheidet sich das Judentum deutlich von der Kirche, weil es in einer Spannung steht zwischen diesem einen Volk, das der eine einzige Gott sich zu seinem Dienste erwählt hat, und andererseits das Judentum sich allmählich in seiner Geschichte geistig entschränkt hat, indem es seine Botschaft von diesem einen Gott der Welt zu übermitteln versuchte. Die Botschaft vom Sinai, d. h. die Zehn Gebote, war für die Weltgeschichte gewiss von größter Bedeutung. Das Judentum steht also in einer Dialektik zwischen dem eigenen Erwähltsein und der Botschaft an die Welt. Es ist folglich keine Religion im eigentlichen Sinne, sondern der Wille, die durch die Offenbarung kundgetane Forderung an die Menschen zu erfüllen. In der hebräischen Bibel gibt es daher nur ein einziges Buch, das Buch Esther, das diesen Gottesnamen nicht enthält. Gott, so die jüdi-

sche Vorstellung, hat mit diesem Volke Israel einen Bund geschlossen und
das jüdische Volk steht daher in seinem Dienste. Es gibt im Übrigen nur
einen einzigen Bund, keinen alten und keinen neuen. Christen sehen ihre
Zugehörigkeit zu Gott darin, dass sie später in diesen Bund eingetreten
sind. Aber von einem anderen Bund als dem mit Israel sagt die Bibel
nichts. Bekanntlich ist Israel diesem Bund nicht immer treu gewesen; die
Bibel weiß viel darüber zu berichten. Gott selbst wird in seiner Bundes-
treue gegenüber Israel Befreier aus der Knechtschaft Ägyptens, und dieses
Ereignis wird als das Grunderlebnis des jüdischen Volkes gesehen. Das
jüdische Pessachfest erinnert jedes Jahr daran und verpflichtet die Juden,
es so zu erleben, als ob sie selbst aus Ägypten erlöst worden wären.

Wenn wir die hebräische Bibel betrachten, so haben die fünf Bücher
Mose – die Tora – einen besonderen Rang, denn sie werden im Laufe des
Jahres am Sabbat in der Synagoge verlesen. Im Unterschied zum christlichen Ritus lesen Juden aus der Tora nicht nur einige Verse, sondern
ganze Kapitel und schließen daran die Lektüre eines der Propheten an. So
wird die hebräische Bibel im Bewusstsein der Juden bis zum heutigen Tag
lebendig gehalten, wobei die Lektüre am Sabbat noch eine besondere Bedeutung besitzt. Das große Geschenk des Judentums an die Welt ist dieser Sabbat, der einerseits aus der Schöpfungsgeschichte stammt, andererseits aus dem Dekalog. Im Sabbat ist die Zäsur der Zeit erfolgt. Soweit wir
sehen, erfährt die Menschheit durch die Sabbatruhe zum ersten Male den
Begriff Zeit. Der Mensch tritt aus den Mühen seines Alltages die Herrschaft über die Zeit an. Er kann an diesem einen Tag in der Woche den
Ewigen ursprünglich erfahren, von dem es heißt, er habe an diesem sieb-
ten Tag der Woche in seinem Schöpfungswerk geruht. Die Verbindung des
Sabbats mit Gott als einem Tag der Ruhe gewinnt für den Menschen eine
besondere Bedeutung, denn er befindet sich hier in einer besonderen Beziehung zu seinem Schöpfer.

Die jüdische Ethik ist für die Entstehungsgeschichte unserer Gesellschaft grundlegend. Die weltgeschichtliche Erfahrung der Offenbarung
vom Sinai, die Zehn Gebote, ist offensichtlich. Der Dekalog richtet sich
nicht an ein Volk, sondern an den Einzelnen. Alle Zehn Gebote sind im
Singular gehalten. Die jüdische Tradition legt dies wie folgt aus: »Warum
sind die Zehn Gebote im Singular gehalten? So dass jeder Einzelne sich
sagen muss: Mir sind sie befohlen worden. Meinetwegen ist die Tora gegeben worden, damit ich sie erfülle.« Die Bibel hat stets empfunden, dass
es nicht genügt, die Ordnung der Welt durch immanente Gesetze zu
sichern. Die zehn Worte erfahren ihren tiefsten Sinn dadurch, dass sie eine
Weisung Gottes selbst sind. Die alten Worte bleiben aktuell: Morde nicht,
raube nicht, aussage nicht gegen deinen Nächsten als Lügenzeuge! Sie
treffen uns, ja zwingen uns, uns in die Erinnerung zu versenken, aber nicht
um darin zu ertrinken, sondern um zu lernen, wozu Mord, Raub und
Lüge am Ende führen: in Chaos und Untergang. Die jüdische Tradition
sieht im Mord ein besonders schreckliches Vergehen – nicht nur gegen die
Menschen, sondern vor allem auch gegen Gott selbst, weil Er den Menschen in Seinem Bilde geschaffen hat. Daher meint die rabbinische Tradi-

tion: »Wenn jemand Blut vergießt, ist es so, als ob er das göttliche Bild gemindert hätte.« Dieser Gedanke wird aus Genesis 9,6 abgeleitet.

Die Worte vom Sinai sprechen zwar anfangs von Gott, aber sie verkünden zugleich die Botschaft über den Nächsten. Darum enden sie mit diesem Worte. Wie das »Ich bin der Herr, dein Gott« der Anfang all dieser Worte ist, so ist ihr Schluss »dein Nächster«. Dreimal erklingt dieses Wort im Schlusssatz des Zehnwortes. Dein Nächster ist dir anvertraut, so wie du unter Gott stehst, deinem Herrn. Und darin mündet schließlich das andere Wort, das nicht mehr im Dekalog steht, sondern im 3. Buch Mose: »Liebe deinen Nächsten, denn er ist wie du, ich bin der Herr.«

Wir sprechen hier von dem Zehnwort als einer Offenbarung Gottes am Sinai. Das ist für den Menschen, der in der Welt der Bibel lebt, und sie für sich als Wegleitung akzeptiert, eine wichtige, ja eine notwendige Hilfe.

Aber was ist mit all den anderen, die sich von diesem Weg der Bibel – aus welchen Gründen auch immer – entfernt haben? Für sie erinnern wir an das Wort des Rabbi Mosche Löb von Sasow, der in der zweiten Hälfte des achtzehnten Jahrhunderts gelebt hat:

> Es gibt keine Eigenschaft und keine Kraft am Menschen, die umsonst geschaffen wäre. Und auch alle niederen und verworfenen Eigenschaften haben eine Erhebung zum Dienste Gottes. So etwa der Hochmut: wenn er erhoben wird, wandelt er sich zu einem hohen Mut in den Wegen Gottes. Aber wozu mag wohl die Gottesleugnung geschaffen sein? Auch sie hat ihre Erhebung in der hilfreichen Tat. Denn wenn einer zu dir kommt und von dir Hilfe fordert, dann ist es nicht an dir, ihm mit frommem Munde zu empfehlen: ›Habe Vertrauen und wirf deine Not auf Gott‹, sondern dann sollst du handeln, als wäre da kein Gott, sondern auf der ganzen Welt nur einer, der diesem Menschen helfen kann, du allein.

Das Judentum gab der Welt eine Ethik, die in das Christentum eingeflossen ist. Jesus hat sie übernommen und auf seine Weise interpretiert.

Wir erwähnten bereits, dass wir es hier im Judentum mit einem Phänomen von drei Jahrtausenden zu tun haben, und vor Abschluss der Bibel bereits haben die rabbinischen Lehrer die Bibel interpretiert und für ihre Zeit lebbar gemacht. Diese rabbinische Tradition enthält literarisch und inhaltlich unterschiedliche Gattungen. Ihr wesentlicher Charakterzug ist der Mangel an System: Gott galt als Wirklichkeit, die Offenbarung als Tatsache, die Tora als Richtschnur, die Hoffnung auf Erlösung als eine Erwartung für das Ende der Tage. So konnte die Tora entwickelt werden, ohne dass die Lehrer durch Denk- und Lehrzwänge eingeengt waren. Mit einem Gesetz aus dem fünften Jahrhundert v.Chr. konnte man im dritten Jahrhundert n.Chr. kaum noch leben. Andererseits gab es Zeiten, in denen man eine Erlösungssehnsucht stärker spürte als in einer anderen. Das hatte Folgen für die Lehren vom Messias und der Endzeit. Zwar hat das Judentum an einem Messias aus dem Geschlechte Davids immer festgehalten; die Hoffnung auf sein Erscheinen wurde jedoch zu verschiedenen Zeiten anders empfunden. Eine Naherwartung wechselte ab mit einer Hoffnung, die sich erst in Zukunft erfüllen würde. Diese Zukunft konnte nah oder auch recht fern sein. Immer hat es Bewegungen im Judentum gegeben – wozu auch die judenchristliche Urgemeinde gehörte – die in einer unmittelbaren Naherwartung standen. Hin und wieder flackerte jäh eine Hoffnung auf, deren Erfüllung der Mensch noch in seinen Tagen zu erleben meinte. Andererseits jedoch rückte man diese in die Zukunft, weil die Welt – so sah man es – fern jeder Erlösung sei.

Das Judentum kennt daher nicht eine Form innerlicher Erlöstheit, die in der Welt nicht auch sichtbar ist. Daher kann das kommende Reich Gottes nicht mit dieser unserer Welt identisch sein. Unsere Zeit, in der wir als Juden leben, hat keine Zäsur durch irgendein Ereignis, das Menschen innerlich erleben und als ein Zeichen für kommendes Heil verstehen. Dadurch unterscheidet sich in wesentlicher Weise das Judentum vom Christentum, das durch den Glauben an Christi Tod und Auferstehung ein grundsätzlich anderes Zeitbewusstsein haben muss. Der Unterschied liegt nicht eigentlich in einer Person, sondern im Zeitbewusstsein, das im Judentum durch gar nichts unterbrochen worden ist. So mag etwa die Tempelzerstörung im Jahre 70 Einfluss auf den Kult gehabt haben, nicht aber auf das Zeitverständnis.

Die Vorstellung, dass Gott allein im Tempel anwesend sei, wurde schon relativ früh verlassen. Man fand für die Anwesenheit Gottes, wo immer der Mensch Ihn anruft, den Begriff der »Schechina« (Gegenwart, Einwohnung). Von daher war es möglich, dass die jüdische Religion im Grunde nicht christozentrisch ist, sondern auf Gott bezogen; das so genannte »Glaubensbekenntnis« der Juden sagt dies deutlich aus. Es handelt sich hier um die zentrale Aussage des Judentums überhaupt: »Höre Israel, der Ewige ist unser Gott, der Ewige ist einzig« (Dt Kap. 6). Martin Buber hat einmal gesagt: »Ein wahrer Gott kann nicht ausgedrückt werden, man kann sich nur an ihn wenden.«

Es wäre oberflächlich, spräche man heute nicht auch von der Problematik, die sich daraus ergibt, dass dieser eine Gott, der »Ich bin, der ich bin«, sich nicht zeigte, als Millionen Menschen, nicht wenige von ihnen mit dem »Höre Israel«, dem Schma-Gebet auf den Lippen, durch Individuen, die nur noch zum Schein Menschen waren, ermordet wurden. Es steht hier nicht an, darüber zu entscheiden, wie andere sich dazu einzustellen haben; für Juden jedenfalls ist es ein ungeheures Problem, an den »Ich bin, der ich bin« und gleichzeitig an die Ermordeten denken zu müssen. Man könnte sogar – fast paradox – sagen, das jüdische Nachsinnen über das Geschehen in Auschwitz ist von den Menschen weg zu dem Einen, zu dem, der ist, hinübergewechselt. Hatte man sich in der ersten Zeit nach diesem schrecklichen Geschehen vor allem mit jenen Individuen beschäftigt, die diese Verbrechen begingen oder sie nicht hinderten, so geht jetzt der Gedanke eher zu dem, von dem die Bibel sagt: »Höre Israel, der Herr ist unser Gott, der Herr ist einzig.«

Eine Antwort auf die Frage, wo dieser Eine war, als sein Volk zu einem Teil unterging, kann es nicht geben. Alle Versuche, präzise Auskünfte darüber zu erteilen, sind so zum Scheitern verurteilt, wie das Bestreben, diesen Gott in einem definierbaren Namen oder gar im Bilde festzulegen.

Die Bibel hat sich im Übrigen nie daran interessiert gezeigt, wer Gott ist und was er ist, daher ja auch diese vage Formulierung des »Ich bin, der

ich bin«. Er tritt aus seinem Geheimnis heraus mit einem Anspruch an den
Menschen. Sicher kann man diese Forderung ablehnen, besonders dann,
wenn man die Legitimität dieses Einen überhaupt leugnet. Sie ist aber
nichts anderes als das, was die Bibel »Gebot« nennt, das, was wir tun sollen, obwohl es uns durchaus unbequem ist. Die knappste Formulierung
hat wohl der Prophet Micha gefunden: »Es ist dir, Mensch, gesagt, was gut
ist, und was der Herr von dir fordert: nichts anderes als das Rechte zu tun,
die Barmherzigkeit zu lieben und demütig mit deinem Gott zu gehen.«
Nun gut, man kann Gott aus diesem Satz ausklammern, und es bleiben
dann dennoch erhabene Worte übrig. Man müsste sich in diesem Falle
aber fragen, ob diese nicht ihre eigentliche Verankerung verlören, wenn
man sie aus der religiösen Fundierung herausnimmt. Die eben zitierten
Worte, »das Rechte zu tun«, also die »chesed« auszuüben und »demütig
mit Gott zu gehen«, haben eigentlich erst Sinn, wenn sie in einen außerhalb dieser Welt gehörigen Sinnzusammenhang gebracht werden. Das hat
deutlich der jüdische Philosoph Max Horkheimer gesehen. Er hatte es abgelehnt, die Sehnsucht des Menschen nach dem Ewigen, nach dem »ganz
Anderen« zu verweltlichen; Horkheimer lag sehr viel daran, den Begriff
des »ganz Anderen« zu überführen. Deswegen verlangt er nach konkreten Ausdrucksformen dieser Sehnsucht. Sie liegen gerade in den Geboten,
in der Forderung nach Gerechtigkeit, im Streben, die gebotene Liebe zu
verwirklichen, in der menschlichen Demut. Der Philosoph unserer Tage
versuchte daher zumindest Ähnliches, nämlich den Propheten der Antike
neu in unserer Zeit zum Sprechen zu bringen, das, was für die Zeiten des
Propheten Micha galt, den Menschen von heute wieder zu erschließen.
Dieses Ringen um den Ewigen oder um das Ewige zieht sich durch die
ganze jüdische Religionsgeschichte. Dabei ging es nicht um ein abstraktes
Philosophieren, sondern um den Versuch des existentiellen Aneignens
dessen, was als Botschaft und als Forderung dieses einen Gottes verstanden wurde. Was hier gemeint ist, wird in der bekannten Geschichte von
Rabbi Akiba deutlich, der, während er zu Tode durch die Römer gemar-
tert wird, das »Höre Israel«, zitiert, bis er seinen Geist aufgibt. Dabei deutet er seinen Schülern an, dass er erst jetzt, den Märtyrertod sterbend, so
ganz die Worte voll erfüllen kann, die gleich nach dem »Höre Israel«
stehen: »Und du sollst lieben den Herrn mit deinem ganzen Herzen, mit
deiner ganzen Seele und mit deiner ganzen Kraft.« Mit seinem ganzen
Einsatz bezeugt hier ein Mensch nicht nur seinen Glauben, sondern den
tiefsten Grund seiner Existenz.
Wo ist dieser Eine? Es bedurfte eines langen Weges in der Religionsgeschichte, bis die Vorstellung sich durchsetzte, dass Gott überall sei, wo
ein Mensch sich mit ihm verbindet. Es gibt in den sogenannten Sprüchen
der Väter (III,3) ein charakteristisches Wort: »Wenn zwei zusammensitzen und zwischen ihnen gibt es Worte der Tora, so weilt die Schechina bei
ihnen.« Die Schechina ist die Gegenwart Gottes, sein Wohnen bei den
Menschen. Gott wohnt nicht mehr in einem Haus, nicht mehr in einem
Tempel, er weilt auch nicht nur in einem Land. Durch den Begriff der
Schechina wurde eine deutliche Vergeistigung des Gottesbegriffs erzielt

oder, wenn man will, ein kühner Rückgriff auf die Gedanken vollzogen, die schon früher einmal von Menschen gedacht und erlebt worden waren: »Was ist sein Name? Was soll ich ihnen sagen? Da sagte Gott zu Mose: ›Ich bin, der ich bin‹« ... »Ich bin, der ich bin« weilt nun überall. Paulus (Röm 3,29 f.) hat das sehr schön so ausgesprochen: »Ist Gott allein der Juden Gott? Ist er nicht auch der Heiden Gott? Ja freilich, auch der Heiden Gott. Denn es ist der eine Gott, der gerecht spricht.«

Im Talmud wird das Wort eines Lehrers überliefert: »An dem Tage, an dem der Tempel zerstört wurde, ist eine eiserne Mauer, die zwischen Israel und Gott gewesen ist, gefallen.« Dieser Lehrer wollte sagen, Gottes Nähe sei nicht durch eine Stätte bestimmt, sondern durch den Menschen selber, der Gott nahe oder fern ist. Es ist ein kühner Gedanke, mit dem hier der Tempel überwunden wurde – das zwischen Gott und dem Menschen stehende Haus, das Materielle. Der Tempel sei also eine Mauer zwischen dem Menschen und dem einen, lebendigen Gott gewesen. Durch den Begriff der Schechina ist ein Universalismus hergestellt worden, und so konnten die Juden auch über die Tatsache hinwegkommen, kein kultisches Zentrum mehr zu besitzen: Gottes Anwesenheit war gewährleistet, dieser Gott zog mit Israel in alle seine Exile.

Die Gottesvorstellung im Judentum ist einer langen Entwicklung unterworfen gewesen. Der Gedanke der unmittelbaren Nähe Gottes hat mannigfache Ausprägungen gefunden. Man muss sich von der Vorstellung befreien, die Juden hätten etwa einem sogenannten »Rachegott vom Sinai« gehuldigt, und erst das Neue Testament habe eine gereinigte Gottesvorstellung in diese Welt gebracht. Es gibt in der Mischna, dem früheren Teil des Talmud (Jona VIII,9), eine tiefsinnige Stelle. Sie lautet: »R. Akiba sprach: Heil euch, Israel: Wer ist's, vor dem ihr euch reinigt, und wer ist's, der euch reinigt? Euer Vater im Himmel (hebr.: awichem schebaschamajim).« Gott wird also im Judentum als »Vater«, als himmlischer Vater, angesprochen. Und wenig später fährt die Mischna mit einem merkwürdigen Wort fort: »Israels Reinheitsquell ist der Herr. Wie die Quelle dem Unreinen die Reinheit wiedergibt, so reinigt der Heilige, gelobt sei Er, Israel.« In diesem Ausspruch gibt es ein interessantes Wortspiel, die eigentliche Pointe dieser Aussage: »Reinheitsquelle« heißt im Hebräischen miqweh; den gleichen Konsonantenbestand hat aber das Wort für »Hoffnung«: miqwah. Und so könnte auch übersetzt werden: »Israels Hoffnung ist der Herr.« So schließt sich der Kreis: »Ich bin, der ich bin« hat alle Mauern zwischen sich und den Menschen durchbrochen; Er wurde den Menschen zum Vater, und Er ist Israels Hoffnung.

Als man im neunzehnten Jahrhundert versuchte, das Judentum mit modernen Begriffen zu definieren, hat man dafür den Begriff des »ethischen Monotheismus« geprägt. Diese Kennzeichnung ist seither wegen der abstrakten Formulierung, und weil das nationale Element darin nicht zum Ausdruck kommt, etwas in Verruf geraten; man bedient sich ihrer nicht mehr so gern. Dennoch gibt es kaum eine präzisere Definition für wesentliche Seiten der jüdischen Religion, insbesondere in ihrer Bedeutung für die Welt. Wenn man sich vergegenwärtigt, was das Judentum für die Welt

geleistet hat und noch leisten kann, wird man auf diese beiden Grundbegriffe zurückzukommen haben. Aus ihnen folgt alles Weitere: Das Eintreten des unsichtbaren Gottes in die Welt der Vielheit und die moralische
Forderung dieses einen Gottes; denn jedes biblische Gebot gewinnt erst
seine Verankerung durch den ihm folgenden Satz: »So spricht der Herr.«
Wir wollen versuchen, diesen Gedanken näher zu erläutern. Im Midrasch
Sifra wird im Namen des Rabbi Akiba das Folgende überliefert: »

> »Und: ›Du sollst deinen Nächsten lieben wie dich selbst, ich bin der Herr‹« (Lev
> 19,18), das ist ein umfassendes Gebot in der Tora«. Ben Azzai erwiderte darauf: »Es
> heißt: ›Das ist das Buch von den Nachkommen des Menschen, am Tage, als Gott den
> Menschen schuf, machte er ihn im Bilde Gottes.‹ (Gen 5,1) Das ist ein noch umfassen-
> deres Wort.«

Beide Vorstellungen, das Liebesgebot und die Lehre von der Gottesebenbildlichkeit des Menschen, haben die gesamte menschliche Dimension auf
Erden erweitert und verändert. Das Judentum hat nicht nur gezeigt, welche Möglichkeiten im Menschen sind, wenn er sie wirklich nutzt, sondern
dass er durch sein Wirken Mitarbeiter Gottes im Schöpfungswerk werden
kann. Das formuliert der Talmud im folgenden Bilde: »Die Heilige Schrift
betrachtet jeden Richter, der ein richtiges Urteil um der Wahrheit willen
fällt, wenn auch nur eine Stunde, als einen Mitarbeiter Gottes am Schöpfungswerk« (Schabbat 10a).

In diesem Sinne gewinnt das Wort von Ben Azzai Kontur, aus der
Tatsache der Gottesebenbildlichkeit des Menschen folge eigentlich alles
Weitere. Denn die Konzeption von der absoluten Unverletzlichkeit des
Individuums ist hier begründet. Wir kennen keine Philosophie oder
naturwissenschaftliche Lehre, die in der Lage wäre, das menschliche Leben
als heilig zu erklären. Dies hat erst die Bibel geleistet, die Mord als Kardi-
nalverbrechen bezeichnet hat, eben weil der Mensch im Ebenbild Gottes
geschaffen wurde (Gen 9,6). Das Judentum hat der Welt die Vorstellung
von der Heiligkeit des menschlichen Lebens und damit die Grundlage für
jede Form des Humanismus gegeben. Einprägsamer und tiefer als die
Mischna es formuliert, könnte man es auch heute nicht ausdrücken:

> Deshalb ist nur ein einziger Mensch erschaffen worden, um dich zu lehren, dass jeder,
> der auch nur ein einziges Menschenleben vernichtet, so ist, als wenn er eine ganze Welt
> vernichtet hätte. Und jeder, der einen einzigen Menschen am Leben erhält, so ist, als ob
> er eine ganze Welt gerettet hätte (Sanhedrin IV, 5).

Diese Überzeugung liegt dem demokratischen Staatswesen zugrunde: Die
Betonung des Judentums von der absoluten Heiligkeit eines jeden, da ja
alle Nachkommen des einen Adam sind, von ihrer Gleichheit vor Gott,
ihrem Recht zu leben, ihrem Recht auf Gerechtigkeit.

Wir gingen vom Begriff des ethischen Monotheismus aus als der Gabe
des Judentums an die Welt. Dieser Monotheismus – bild- und gestaltlose
Einheit Gottes – hat das Judentum dazu geführt, kritisch die Götzenwelt
der Umwelt zu betrachten. Der Versuch, die Kritik gleichsam zu verding-
lichen, kommt in der Geschichte des Propheten Elia und seinem Kampfe
gegen die Baalspriester zum Ausdruck. Dieses zweite Gebot: Du sollst

keine anderen Götter haben, kein Bildnis von Gott machen, hat die Zertrümmerung der antiken Mythen zur Folge gehabt. Die Geschichte des sogenannten »Alten Testaments« ist weitgehend die Geschichte der Entmythologisierung überhaupt. Der Monotheismus ist die Grundlage für den kritischen Sinn der Juden geworden, und die Vorstellung von der Gottesebenbildlichkeit des Menschen hat den biblischen Humanismus begründet. Daraus haben sich der kritische Geist und der Wille zur Gerechtigkeit entwickelt. Das wäre die moderne, uns adäquate Formulierung des oben erwähnten alten Gedankens vom Mitarbeiter des einen Gottes an seinem Schöpfungswerk.

All dies musste die Juden in die Rolle der Nonkonformisten, der Anderen, der Einsamen bringen. Und sie haben – wenn auch unter mannigfachen Nöten – diese ihnen aufgegebene Funktion in der Welt durchgehalten. Aber mehr noch hat ihnen diese besondere Rolle Feindschaft eingetragen. Schon Tacitus beklagt, dass die Juden abgesondert leben, keine Mischehe eingehen, nicht mit den andern essen. Seine Identität hat dem Judentum sehr viel Feindschaft eingetragen, zuerst in der Absetzung gegenüber der Heidenwelt der Spätantike, dann gegenüber der werdenden Christengemeinde, die mit einem eigenen Anspruch auftrat und sich teilweise in diesem auf die gleichen Quellen wie die Juden berief.

Wenn es bei der Vielfalt der Götterwelt der Antike gegenüber den Juden noch so etwas wie Toleranz geben konnte, so war dies seitens der Christen viel schwerer, die mit einem eigenen Erwählungsbewusstsein auftraten und behaupteten, die biblischen Verheißungen gehörten ihnen allein; es handelt sich hier um die sogenannte Substitutionstheorie.

Andererseits waren Juden seit zwei Jahrtausenden in der Welt eine Minderheit, die, um sich zu erhalten, nach gewissen Regeln leben mussten. Das ist übrigens ein Gesetz jeder Minderheit. Protestanten in einer katholischen Umwelt unterliegen ähnlichen Mechanismen und vice versa. Erst in unseren Tagen gewinnt der gesellschaftliche Pluralismus mehr an Boden. Dass etwa die Basler Israelitische Gemeinde kein Privatverein mehr ist, sondern der evangelisch-reformierten Kirche völlig gleichgestellt wurde, wäre vor drei Jahrzehnten unvorstellbar gewesen. Ähnliches erfolgt ja auch im ökumenischen Verhältnis unter Christen. So erleben wir nun, wie ein bewusstes Anderssein nicht mehr mit einem negativen Etikett versehen werden muss.

Vergegenwärtigen wir uns noch einmal den vollen Gehalt dieser beiden Begriffe, die wir aus der Vorstellung des ethischen Monotheismus ableiteten: »Kritischer Geist und Wille zur Gerechtigkeit« als charakteristisch für das Wesen der Juden. Es war nicht nur in dem Deutschland eines halbgebildeten, großsprecherischen Hitler, dass diese beiden Begriffe zum Hass und zur totalen Ablehnung Anlass gaben. Auch in anderen Staaten, zumal in unseren Tagen, war diese Zweiheit von kritischem Geist und Willen zur Gerechtigkeit einer Funktionärsmentalität zuwider, die nur auf dem Boden eines Konformismus gedeihen konnte. Von mehr oder weniger anonymen nahen oder weiteren Gremien werden Anweisungen erlassen, die ohne Widerspruch befolgt werden müssen.

Mit dem Begriff des kritischen Geistes hängt ferner eng der von der Analyse zusammen. Wer dieses Wort hört, wird damit den Namen Sigmund Freuds verbinden, der gerade wegen seiner kritischen Forschungen auch Judenfeindschaft auf sich gezogen hat. Wir meinen hier nicht, dass Freud in allem Recht gehabt hätte oder dass ihm in vielem zuzustimmen sei. Er ist aber ein charakteristisches Beispiel dafür, wie Menschen sich gegen einen kritischen Geist aufgelehnt haben. Wer aufgrund der eigenen Einsicht eine Sache oder einen Menschen respektiert und liebt, dem kann die psychologische Erklärung seines Ideals nichts anhaben. Der uneingestandenen, unbewussten Ahnung jedoch, dass das eigene Bekenntnis auch Motive hat, zu denen man nicht stehen mag, erscheint der psychologischen Analyse als Gefahr. Man hasst den analytischen Zugriff, sofern man des eigenen Glaubens nicht so sicher ist. Je aufrichtiger das Bedürfnis nach Klarheit, desto willkommener jede Möglichkeit einer Bewusstseinserhellung. Die Ablehnung, die Freud erfuhr, erfolgte weniger wegen seiner wissenschaftlichen Einsichten, sondern vor allem, weil man sich der Zertrümmerung der modernen Mythen nicht stellen wollte.

Ähnliches gilt für jede Form von Fundamentalismus, sei dieser theologischer oder ideologischer Prägung. Wir befinden uns heute in einer Zeit der Angst und stärker als früher in der Gefahr, in falsche Sicherheiten zu fliehen. Dazu gehören nicht nur die vielen modernen Ersatzreligionen, sondern auch unkritische Formen des Fundamentalismus, der leicht in rechthaberischer Starrheit zum Ausdruck kommt. Das gilt für alle Religionen, auch die jüdische. Wir erkennen das heute etwa bei israelischen Bewegungen, die mit der Bibel in der Hand politische Grenzen ziehen wollen, gleichgültig, wer heute diese Gebiete bewohnt. Hier wird die Dimension der Geschichte und der kritischen Vernunft ausgeklammert. Dabei wird vergessen, dass gerade das Judentum in seinem täglichen Hauptgebet, der Schmone Esre, Gott dafür dankt, dass er die Menschen mit Einsicht und Vernunft (hebr. Bina we Haskel) begnadet hat. Das hätte Juden davor bewahren sollen, unkritisch am bloßen Buchstaben zu kleben. Dazu kommt, dass eines der Grundprinzipien des frühen rabbinischen Judentums, der Begriff des »Darasch« – forschen, auslegen – meint. Ohne diesen »Midrasch«, der in vielem im rabbinischen Judentum die Philosophie ersetzt, wäre die hebräische Bibel Jahrhunderte nach ihrer Entstehung gar nicht mehr lebbar gewesen; sie hätte sich in der Existenz der Juden nicht mehr widergespiegelt, weil sie aus längst vergangenen Zeiten stammte. Erst das Prinzip des »Darasch« vermochte biblische Gedanken organisch fortzuentwickeln. Darin liegt ein eminent kritisches Element und vor allem der Wille und die Fähigkeit zur Entwicklung. Nur zwei Beispiele aus der rabbinischen Tradition: Midrasch – »Aug um Aug etc.«, Mekilta – »Nicht ein Auge wirklich, sondern materielle Entschädigung« oder der Sabbat – »Der Sabbat ist für den Menschen da«.

Es ist im Übrigen ein charakteristisches Merkmal für Menschen, die kritischen Geistes sind und den Willen zur Gerechtigkeit besitzen, dass sie stets umstritten sind. Dazu gehört Freud nicht minder als Marx und schließlich ein Dichter: Heinrich Heine. Auch er ein Mann jüdischer Her-

kunft, der sich zeitlebens vehement zum Judentum bekannte, von ihm
wegging, zu ihm zurückkehrte und, wie er gelegentlich geäußert hat,
eigentlich immer dabei geblieben ist. Heinrich Heine war ein Mann
kritischen Geistes, der Typ eines jüdischen Nonkonformisten. Seine jüdische Identität hat er einmal so umschrieben:

> Ich mache keinen Hehl aus meinem Judentum, zu dem ich nicht zurückgekehrt bin, da
> ich es niemals verlassen hatte. Ich habe mich nicht taufen lassen aus Hass gegen das
> Judentum. Ich habe den Weg zum lieben Gott weder durch die Kirche noch durch die
> Synagoge genommen. Es hat mich kein Priester, es hat mich kein Rabbiner vorgestellt.
> Ich habe mich selbst bei ihm eingeführt, und er hat mich gut aufgenommen.

Dies ist exakt ein Zeugnis jüdischen Lebensgefühls.

An der Persönlichkeit Heines lässt sich auch noch etwas anderes Charakteristisches studieren: Der kritische Geist richtet sich nicht etwa nur
auf die Umwelt, sondern auch auf Menschen und Verhaltensweisen aus
dem eigenen jüdischen Bereich. Das gilt in gleicher Weise für Heine wie
auch für Freud, der in seinem Alter sogar darangegangen ist, das Mosebild
der Bibel zu zerstören, weil er meinte, dies seinem kritischen wissenschaftlichen Bewusstsein schuldig zu sein. Dennoch war es gerade Freud,
der im Jahre 1926 in einem Brief an seine jüdischen Mitbrüder das, was
wir hier mit den Begriffen kritischer Geist und Willen zur Gerechtigkeit
meinen, auf seine Weise formuliert hat:

> Weil ich Jude war, fand ich mich frei von vielen Vorurteilen, die andere im Gebrauch
> ihres Intellekts beschränkten, als Jude war ich dafür vorbereitet, in die Opposition zu
> gehen und auf das Einvernehmen mit der »kompakten Majorität« zu verzichten.

Wir sind einen langen Weg gegangen vom Begriff des »ethischen Monotheismus« bis zu Menschen jüdischer Abstammung, die durch ihr Wirken,
durch ihren kritischen Geist unsere Welt etwas gerechter gestalten wollten. Und einmal mehr müssen wir feststellen, dass wir zwar jeweils die
Vorstellungen unserer Zeit in den uns gemäßen Begriffen formulieren,
dass hinter ihnen aber im Grunde nur einige wenige Gedanken verborgen
sind, welche die Welt der Bibel und damit dem Judentum bis auf den heutigen Tag verdankt. Gemeint ist schließlich bei den Menschen kritischen
Geistes mit dem Willen zur Gerechtigkeit auch nichts anderes, als was die
rabbinische Tradition verstand, wenn sie vom gerechten Richter als einem
»Mitarbeiter am Schöpfungswerk Gottes« sprach.

Aus dem vorher Gesagten geht hervor, dass die Religion zwar Grundlage des Judentums war, dass sich daraus aber gleichzeitig Elemente des
Volkes und der Schicksalsgemeinschaft entwickelt haben. Das Anderssein,
freiwillig oder nicht, die geistige Formung durch die dem Judentum eigene
Tradition, die Minderheitensituation, haben spezifische Strukturen hervorgebracht, die für Juden kennzeichnend sind. Diese jedoch haben einen
ungemein starken jüdischen Pluralismus gefördert, der es für Nichtjuden
nicht so leicht macht, die festen Konturen des Judentums zu erkennen.
Wenn daher die Frage gestellt wird, was die Juden eint, so kann es schon
wegen der Länge einer 3000-jährigen Geschichte keine eindeutige Antwort geben. Religion, Volk und Schicksalsgemeinschaft sind die entschei-

denden Elemente jüdischer Existenz, die auf eine sehr lange Geschichte zurückgeht. Diese hat auch Assoziationen zur Folge, die Juden nicht selten von Nichtjuden unterscheiden.

Ein ganz anderes, sich aus dem jüdischen Pluralismus ergebendes Problem ist die Frage »Wer ist Jude?« Sartres Definition: »Wen die anderen dafür halten« ist zu oberflächlich. Sehr verschiedene Gruppen haben darauf verschiedene Antworten. Halacha: Abstammung von einer jüdischen Mutter oder Übertritt zum Judentum. Dann stellt sich auch noch die Frage, bei welchem Rabbiner erfolgt ein Übertritt, und wo findet er statt. Rabbiner verschiedener Richtungen haben für einen solchen Übertritt unterschiedliche Kriterien. Im Übrigen existiert in Israel das Machtmonopol des orthodoxen Rabbinats, das für sich allein Zivilstandsfragen entscheidet und Rabbiner anderer Richtungen nicht anerkennt. Fairerweise muss man feststellen, dass die Grundlagen für dieses Vorgehen seinerzeit aus der türkischen Periode stammen; dem orthodoxen Rabbinat ist natürlich nicht daran gelegen, hier etwas zu ändern.

Zusammenfassend kann man sagen, das religiöse Element war konstituierend und hat Volk und Schicksalsgemeinschaft mitgeprägt. Daher ist ein Jude auch noch der, der für sich eine rituelle Lebensform ablehnt. Wohl aber ist ihm aufgegeben, in seinem Leben das zu verwirklichen, was das jüdische Volk seit Beginn seiner Geschichte geprägt hat: den kritischen Geist und den Willen zur Gerechtigkeit.

Judentum ist also nicht nur Religion, Juden sind auch ein Volk, wenn auch ein Volk eigener Art, nicht vergleichbar mit anderen Völkern. Daher besitzen nicht wenige Juden ein Zusammengehörigkeitsgefühl, das freilich keineswegs immer zu einem solidarischen Verhalten führt. Dem steht eine äußerst pluralistische, weltanschauliche Vielfalt im Wege. Diese bezieht sich auf religiöse Richtungen, weniger aber auf die Einstellung zum Staate Israel. Hier empfinden die meisten Juden zumindest emotional eine Bindung, wenn auch nicht den Wunsch, dort zu leben. Fragen wir uns, wo in dieser Mannigfaltigkeit ein Gemeinsames, außer der Schicksalsgemeinschaft, vorhanden ist, so wird man das folgende nennen können: jüdische Erziehung, jüdisches Gemeindeleben mit seinen zahlreichen Aspekten, soziale Probleme, Verteidigung jüdischer Rechte, Sicherheit und Entwicklung des Staates Israel. Dazu kommt, zumindest in geistig und politisch fortschrittlichen Kreisen die Zusammenarbeit mit anderen Konfessionen auf vielen Gebieten, um endlich unsere Welt gemeinsam ein wenig wohnlicher zu gestalten, damit demokratische Freiheit, Wahrheit, Gerechtigkeit und Frieden gefördert werden.

Wer versucht, die von uns aufgezeigten Züge des Judentums im Rahmen seiner Möglichkeiten zu verwirklichen, wird feststellen, dass das Judentum mit einer Geschichte von mehr als 3000 Jahren modern ist, weil die hebräische Bibel und ihre Auslegung in Jahrhunderten uns immer noch den Weg zeigt, den wir zu gehen haben. Modern ist daher nicht, was plötzlich an Neuem auftaucht und von vielen konsumiert wird, sondern was wir aus jenem Buche lernen, welche das Judentum bis auf den heutigen Tag erhalten hat: die hebräische Bibel.

Hauptsätze jüdischen Bekennens

Nathan Peter Levinson

Hauptsätze jüdischen Bekennens. Dieses Thema enthält bereits eine wichtige Aussage. Kommt es denn im Judentum auf das Bekennen an? Liegt im Bekenntnis nicht eine Art von Für-wahr-Halten von Glaubenssätzen oder Dogmen, das insbesondere für das Christentum charakteristisch ist? Müssen Juden etwas bekennen? Kennzeichnet ihre Religion nicht eher die Tat, das Ausführen der Gebote Gottes, und nicht die theoretische Erörterung, die philosophische Spekulation? Die Antwort heißt ja und nein. Sicher ist das Tun im Judentum wichtiger als das Bekennen. In einer zugespitzten Aussage lassen die Rabbiner Gott ausrufen: »Ich wünschte, sie hätten mich vergessen und würden meine Gebote halten!« Doch eine solche Aussage kann falsch verstanden werden. In ihr zeigt sich mehr ein Protest gegen eine selbstzentrierte Haltung, die sich nur um das eigene Seelenheil, um eine persönliche Erlösung kümmert und dabei das Wohl und Wehe der Menschen außer Acht lässt. Sie bedeutet keinesfalls, dass Judentum keine Theologie benötigt. Am besten kann das durch ein rabbinisches Zitat erläutert werden. Die Frage wird gestellt: Was ist wichtiger, das Lernen oder das Tun? Die Antwort lautet: Das Lernen, denn es führt zum Tun. Andererseits gleicht derjenige, der lernt ohne entsprechend zu handeln, einem Handwerker ohne Werkzeug, einem Schatzmeister ohne Schlüssel, einem Pferd ohne Zügel. Er steht da wie ein Baum mit vielen Ästen, doch wenigen Wurzeln; der erste Wind fegt ihn hinweg. Von einem Mann, der die Tora lernt, ohne sie zu befolgen, wird gesagt, es wäre besser, er wäre nie geboren. Für jedes ethische Verhalten braucht der Mensch eine Basis; er muss wissen, weshalb er etwas tut. Und das fanden Juden in der Tora als göttlichem Gebot. Man hat stets versucht, einen Grund dafür zu finden, weshalb der Mensch kein Mörder, kein Dieb, kein Unhold sein soll, sondern ein moralisches Wesen. Es gibt dafür keinen guten Grund. Nicht einmal den des Selbstinteresses nach der Devise: Wie du mir, so ich dir. Die Begründung für die Ethik war und ist das göttliche »Du sollst«, »Du sollst nicht«. Die Existenz Gottes war nie eine Angelegenheit der Spekulation oder der so genannten »Gottesbeweise«. Sie war eine Tatsache. Gott als Autor der Gebote verlangt vom Menschen ihre Befolgung. Das ist jüdische Theologie: das Wissen um Gott und seine Tora. Dieses Wissen wird im Judentum so groß geschrieben, dass es zu dem Satz führt: »Der Unwissende kann nicht fromm sein.«

Gott ist also nur da Gott, wo er mit der Welt zu tun hat. Ein gewagtes Zitat der Rabbiner spricht es aus. Zu dem Jesajavers »Ihr seid meine Zeugen, dass ich Gott bin«, sagen sie: »Wenn ihr mich bezeugt, bin ich Gott; wenn ihr mich nicht bezeugt, bin ich nicht Gott.« Aber auch Jesus von Nazaret stellt, als er nach dem höchsten Gebot gefragt wird, das Gebot der Gottes- und der Nächstenliebe zusammen, indem er Kap. 6, Vers 5 im fünften Buch Mose und Kap. 19, Vers 18 im dritten Buch Mose verbindet. Deshalb beschäftigen sich die biblischen Schöpfungsberichte im Gegensatz zu den heidnischen Mythen vor allem mit der Welt: »Am Anfang schuf Gott Himmel und Erde« (1 Mose 1,1) und »Dies ist die Entstehung des Himmels und der Erde« (1 Mose 2,4). Nicht das Schicksal der Götter wird hier abgehandelt wie bei Babyloniern oder Griechen, sondern das Schicksal des Menschen, der als Krönung der Schöpfung erscheint. Und alles, die Entstehungsgeschichte von Himmel und Erde, vom Menschen, die geschichtlichen Bücher, die Erzählungen der Stammväter und -mütter, ist nur Vorbereitung für das eine gewaltige, alles überragende Ereignis der Offenbarung Gottes an den Menschen am Berge Sinai, die Übergabe der Gesetze der menschlichen Verantwortung und Nächstenliebe. Denn der Mensch steht im Mittelpunkt der biblischen Botschaft, und deshalb wird das Judentum auch oft als ethischer Monotheismus bezeichnet.

Der Gott Israels ist der eine Gott. Was bedeutet das? Es meint, dass nur ein einziges Prinzip in der Welt wirksam sein kann. Für die Heiden gab es viele Götter, Abbilder der Kräfte, die der Mensch in der Welt erfährt und die ihm schaden oder nützen können. Man sah in ihnen Götter, wie im Sturm und anderen Manifestationen der Natur. Und diese Götter bekämpften einander, hatten ihre Lieblinge unter den Menschen, mussten durch Opfer oder magische Riten besänftigt oder beeinflusst werden. Daneben gab es zahllose Dämonen, die die Menschen erschreckten und bedrohten. Auch sie galt es zu befrieden oder unschädlich zu machen. Dann meinte man, es gäbe zwei gleich mächtige, rivalisierende Kräfte: einen guten Gott des Lichts und eine Macht des Bösen oder der Finsternis. Das war auch der Glaube der Perser, und der Teufelsglaube hat hier seine Wurzeln. Bis zum heutigen Tag gibt es Überreste solcher Glaubensweisen, wie den Hexenwahn, die dem wahren Eingottglauben widersprechen. Und wie viele Menschen glauben immer noch an Dämonen und Geister!

Der Glaube, dass Gott *einer* ist, bildet das Fundament für die Überzeugtheit von einer geordneten Welt, die nicht durch widerstrebende Mächte auseinander gerissen wird. So hat Gott auch die Gesetze der Natur als Vertrauen stiftend eingerichtet. Sie sind nicht bedrohlich, sie sind kalkulierbar. Wunder – soweit sie in der Bibel berichtet werden – sind schon von Anfang der Schöpfung an geplante Ausnahmen, die die Regel bestätigen. Der Mensch kann darauf bauen, dass nicht plötzlich die Gesetze der Schwerkraft, des Wachstums, der Jahreszeiten und alle anderen auf unberechenbare Weise außer Kraft gesetzt werden.

Der Einheit Gottes und der Welt entspricht die eine Menschheit. Hass, Zerwürfnis, Krieg gehören nicht zu den Naturgesetzen. Daher spricht die Bibel vom Reich Gottes als einer Zeit des Friedens und der Harmonie. »Schwerter zu Sicheln« ist als biblisches Zitat heute jedem gegenwärtig.

Aus der Einheit Gottes entwickelte sich auch die Überzeugung der absoluten Willensfreiheit des Menschen. Wenn keine Macht der Finsternis, kein Dämon oder Teufel über ihn bestimmt, dann ist der Mensch frei. Gott plante den Menschen als verantwortliches Wesen. Diese Willensfreiheit hat das Judentum trotz philosophischer und theologischer Schwierigkeiten aufrecht erhalten. In der Vergangenheit war es der Widerspruch zwischen Gottes Allwissen und menschlicher Freiheit, der einen Determinismus zu fordern schien. Heute ist es der Begriff der die ganze Welt bestimmenden Kausalität. Wie kann der Mensch hier ausscheren? Gegenüber alldem gilt die Paradoxie des Talmud: »Alles ist vorhergesehen, aber Freiheit ist gewährleistet.« Oder: »Alles ist in Gottes Hand außer der Gottesfurcht.« Und: »Bei der Geburt des Menschen bestimmt Gott, ob er stark oder schwach, klug oder dumm, reich oder arm sein wird, aber nicht, ob gut oder böse.« Bereits die Bibel kennt die unbedingte Freiheit des Menschen: »Ich rufe heute Himmel und Erde gegen euch als Zeugen auf: Das Leben und den Tod habe ich dir vorgelegt, den Segen und den Fluch, du aber wähle das Leben.« Oder: »Warum willst du sterben, o Haus Israel? Denn nicht habe ich Wohlgefallen am Tode des Todeswürdigen, ist der Spruch Gottes, des Herrn. So wendet euch ab und lebet!«

Hand in Hand mit der menschlichen Freiheit geht die menschliche Würde. Der Mensch wird im Judentum positiv bewertet. Wir meinen, dass er trotz aller Schwächen das Gute durchsetzen kann. Wenn er von Gott sittliche Gebote bekommen hat, muss er auch fähig sein, diese auszuführen. Er kann das, weil es Gottes Wille ist und weil er als Ebenbild Gottes geschaffen wurde. Das heißt nicht, dass er aussieht wie Gott, sondern dass er Ihm, seinem Vorbild, in einer wahren imitatio dei immer näher kommen soll, so wie es im dritten Buch Mose geschrieben steht: »Ihr sollt heilig sein, denn ich, der Ewige, euer Gott, bin heilig.« Die Heiligkeit Gottes wird zur Aufgabe für den Menschen. Aber was hat es mit der Sünde auf sich? Bringt sie nicht die besten Vorsätze des Menschen zu Fall? Gewiss, aber nicht unbedingt. Der Mensch wird zwar seit seiner Jugend von der Sünde bedrängt; sie kauert an der Tür, wie es das erste Buch Mose formuliert. Der Nachsatz ist hier am wichtigsten: »Du sollst ihrer (d.h. der Sünde) Herr sein!« Sicherlich kann der Mensch das nicht ohne göttliche Hilfe; aber sie ist ihm zugesagt. Dieser Glaube an den Menschen ist keine Überheblichkeit und keine Werkgerechtigkeit, sondern die schlichte Überzeugung, dass der Mensch in dieser Welt eine Aufgabe zu erfüllen hat. Hermann Hesse hat das einmal so ausgedrückt: »Wer zu sich selber nein sagt, kann zu Gott nicht ja sagen.« Zwar hat uns unsere Geschichte genug über die menschliche Bosheit gelehrt, als dass wir noch einen naiven Fortschrittsglauben vertreten könnten. Wenn der Mensch immer und immer wieder strauchelt, bedeutet das jedoch nicht, wir müssten ihn abschreiben. Zweifellos werden wir nach wie vor enttäuscht werden, aber wir dürfen das Ziel, das Reich Gottes, nicht außer Acht lassen: »Du wirst die Arbeit zwar nicht vollenden, aber deshalb darfst du dich ihr nicht entziehen«, lesen wir in den »Sprüchen der Väter«.

Wir dürfen also nicht aufhören, an der Verbesserung der Welt zu arbeiten. Das Stichwort dafür ist die Nächstenliebe: »Und du sollst deinen Nächsten lieben wie dich selbst« aus dem dritten Buche Mose. Die bessere Übersetzung ist: »Du sollst deinen Nächsten lieben, denn er ist wie du.« Der Andere ist als Kind Gottes für uns Bruder und Schwester. Deshalb, sagt das rabbinische Schrifttum, wurden alle Menschen auf einen, auf Adam, zurückgeführt, damit der eine sich nicht besser dünke als der andere. So hat es auch der Prophet ausgedrückt: »Haben wir nicht alle einen Vater, hat nicht ein Gott uns alle erschaffen, weshalb handeln wir treulos, der eine gegenüber dem anderen?«

Gerade die Gesetze für die Witwe, die Waise, den Armen, den Fremden sind in der Bibel ganz groß geschrieben. Kein Gesetz erscheint öfter als das der Fremdenliebe: »Einen Fremden sollst du nicht kränken und ihn nicht bedrücken, denn Fremdlinge wart ihr im Lande Ägypten.« »Und du sollst den Fremden lieben.« Auch die Tierliebe soll hier nicht ausgeklammert werden, insbesondere, weil in Bezug auf das Schächten, die religiöse Tötung von Tieren, immer wieder viel Abwertendes gesagt wird. Das Tier hat seinen Platz innerhalb der Vorschriften der Tora. So gilt auch für das Tier die Sabbatruhe nach den Zehn Geboten. Von Gott wird ausgesagt, dass er »dem Tier sein Brot gibt, den jungen Raben, die da rufen«. »Mensch und Tier hilfst Du, Ewiger.« Und zu dem Bilde des Gerechten gehört es, dass er »die Seele seines Tieres kennt«. Zum Töten von Tieren ist zu sagen, dass im Garten Eden keine Tiere gegessen wurden. Das ist der Idealzustand: Erst nach der Flut wurden Tiere als Nahrung für den Menschen gestattet, als eine Art Kompromiss. Und wenn Tiere schon getötet werden, dann muss das als religiöser Akt geschehen, nur zu Nahrungszwecken. Die Jagd, die nicht dem Schutz der Menschen oder der Nahrung dient, ist verboten. Das Schlachten des Tieres muss so gehandhabt werden, dass die Hauptschlagader mit einem Schnitt durchtrennt wird, damit der Blutsturz das Tier sofort bewusstlos macht.

Man kann sagen, dass der Mensch nicht immer die Gebote Gottes erfüllt, entweder aus Schwäche oder aus Bosheit. Welche Möglichkeit hat er zur Versöhnung mit Gott? Gewiss ist Gott der Gott der Gerechtigkeit. »Der heilige Gott wird geheiligt durch Gerechtigkeit«, sagt die Schrift. Ohne die Gebote, die Er uns in seiner Liebe gegeben hat, würde die Welt in das Chaos zurücksinken. Gott selber ist bedrängt, wenn die Menschen einander bedrängen; auch das ist ein biblisches Zitat. Deshalb ist im jüdischen Festkalender der Tag der Offenbarung am Berg Sinai, das Wochenfest, an dem die Tora uns gegeben wurde, die Krönung der sieben Wochen, die seit Pessach, dem Tag des Auszugs aus Ägypten, gezählt werden. Freiheit ohne Verantwortung ist keine wirkliche Freiheit. Aber ebenso wie Gott der Gott der Gerechtigkeit und des Gerichtes ist, ist er auch der Gott der Gnade und Barmherzigkeit. Dies sind die beiden großen Eigenschaften Gottes, die auch der Mensch nachahmen soll: Gerechtigkeit und Barmherzigkeit. Beides wird in der Bibel gleich stark empfunden. Gott beurteilt nicht nur unsere Sünden, denn er denkt noch im Zorn an das Erbarmen, wie es die Heilige Schrift formuliert, oder: »Nicht nach unseren Sünden tut er uns, und nicht nach unserer Schuld vergilt er an uns.« Ein Bild der göttlichen Gnade wird uns im Buch des Propheten Hosea gezeichnet, wo der Prophet seine treulose Ehefrau wieder in Gnaden aufnimmt: Es ist das Bild der Beziehung zwischen Gott und den Menschen. Wir finden dort auch einen der schönsten Verse der gesamten Heiligen Schrift: »Ich verlobe mich dir auf ewig, ich verlobe mich dir durch Recht und Gerechtigkeit, durch Liebe und Barmherzigkeit. Ich verlobe mich dir in Treue, auf dass du Gott erkennst.« Diese Worte werden beim Anlegen der Tefillin, der Gebetsriemen, am Anfang des Morgengebets gesprochen. Im Mittelpunkt des religiösen Jahres steht der Jom Kippur, der Tag der Versöhnung, der Verzeihung. Aber die Voraussetzung und die Bedingung für die Vergebung ist die Rückkehr des Menschen zu Gott. Gott kommt uns entgegen, aber wir müssen Gott ebenfalls entgegenkommen. Die Versöhnung erfordert auch den sittlichen Entschluss des Menschen. Wenn das nicht so wäre, würde die Religion irrelevant werden. Sie würde in den Dingen der Welt nichts bewirken. Dementsprechend werden auch von den Rabbinern die verschiedenen Namen Gottes in der Bibel gedeutet, die die Bibelkritik unterschiedlichen Quellen zugeschrieben hat. Der vierbuchstabige Name Gottes, den wir Juden nicht aussprechen, ist Gott, der gnädige, der erbarmende, wie z.B. in jenem bekannten Wort »der Ewige, der Ewige, ein Gott barmherzig und gnadenvoll, langmütig und voller Huld«. Elohim ist der richtende Gott. Da die Bibel im ersten Satz des ersten Buches Mose Gott als Elohim bezeichnet, sagen die Rabbiner, Gott plante, die Welt nur nach dem Prinzip der Gerechtigkeit zu erschaffen. Als er jedoch sah, dass so die Welt nicht bestehen könne, fügte er im zweiten Schöpfungsbericht, im zweiten Kapitel, seinen zweiten Namen, den der göttlichen Gnade hinzu. So sagt auch der Psalmist: »Gerecht ist Gott in allen seinen Wegen und liebevoll in all seinem Tun.«

Gott kämpft nicht gegen den Bösen, sondern gegen das Böse. Gott ist nicht moralisch neutral. Die Bibel sagt: »Die ihr Gott liebt, hasset das Böse.« Um das Gute zu tun, muss man das Böse bekämpfen. Nur derjenige, der am Menschen verzweifelt oder für den Gut und Böse austauschbare Begriffe sind, kann hier anders argumentieren. Deshalb hat der Mensch immer die Möglichkeit, die Rückkehr zu vollziehen. Die Tore der Vergebung sind immer offen. Wenn der Mensch die Tore der Umkehr auftut, nur so weit wie eine Nadelspitze, wird Gott die Tore der Barmherzigkeit öffnen, dass ganze Wagen hindurchfahren können.

Der Mensch kann umkehren noch einen Tag vor seinem Tode. Weiß er denn, wann er sterben wird? Deshalb kehre er heute um, morgen ist es vielleicht schon zu spät. Die Bibel sagt: »Immer seien deine Kleider weiß.«

Was ist die Hoffnung des Menschen für die Zeit nach dem Tode? Die hebräische Bibel weiß noch wenig darüber zu sagen. Die Pharisäer folgerten die Auferstehung nach dem Tode aus der Tora, eine Beweisführung, die von den Sadduzäern und anderen Gruppen nicht angenommen wurde. Die Christen folgten der pharisäischen Tradition. Verschiedene Auffassungen gab es darüber, ob die Seligkeit des Einzelnen nach dem Tode oder erst am Ende der Zeit mit der Auferstehung aller Frommen erreicht wird. Auch gab es mehrere Meinungen über das Los der Seele nach dem Tode, über Himmel und Hölle und mehr philosophisch bestimmte Auffassungen der Unsterblichkeit, wie sie Maimonides vertritt, der auf die mitunter sehr phantasievollen Ausmalungen des Jenseits verzichtet. Die Sühnezeit ermöglicht es auch den Sündern, die Seligkeit zu erlangen. Hilfreich dabei ist das Kaddischgebet der Kinder, das nach dem Tode der Eltern elf Monate lang gesagt wird. Die jüdischen Mystiker glauben auch an die Seelenwanderung, die den Seelen die Möglichkeit gibt, frühere Verfehlungen in einem neuen Leben wieder gutzumachen. Ein Dibbuk ist eine solche irrende Seele, die in einen anderen Menschen gefahren ist und von kabbalistisch geschulten Rabbinern exorziert werden kann.

Neben der jenseitigen Hoffnung gibt es die Erwartung der messianischen Zeit, die aber diesseitig verstanden wird. Es ist die Verwirklichung des Reiches Gottes, eine Zeit des ewigen Völkerfriedens und der Geschwisterlichkeit zwischen den Menschen. Das Volk Israel wird dann endlich in Ruhe leben können. Dabei spielt das Land Israel eine große Rolle. Zwischen der Liebe zum eigenen Volk und zur Menschheit wird hier kein Widerspruch gesehen. Im Gegenteil: Nur wer den Frieden in der eigenen Gruppe verwirklicht, kann ihn allen Menschen weitergeben. Das Universale und das Partikulare sind kein Gegensatz. »Charity begins at home.« Das gilt auch für den Frieden. Daher ist die Liebe zum Land Israel für alle Juden ein wichtiger Glaubensinhalt. Viele Gebote beziehen sich nur auf das Land Israel und können nur dort ausgeübt werden. Einige Juden möchten auch den Opferdienst in Jerusalem wieder einführen. Sie werden dabei von christlichen fundamentalistischen Gruppen unterstützt. Nichtorthodoxe Juden erwarten keine Sühne durch Blutopfer und schließen sich der Meinung jener Propheten an, die schon in biblischen Zeiten dem Opferkult gegenüber kritisch eingestellt waren.

Judentum ist schon seinem Namen nach der Lebensweg der Juden. Fast alle Religionen leiten ihre Namen von einem Stifter ab, daher sind sie auch mehr individualistisch geprägt. Was wäre der Buddhismus ohne Buddha, der Konfuzianismus ohne Konfuzius, der Islam ohne Mohammed, das Christentum ohne Jesus? So ist auch der Ausdruck »mosaisch« für die jüdische Religion historisch falsch und theologisch irreführend.

Am Anfang der jüdischen Geschichte stand das Wort: »Ihr sollt mir sein ein Reich von Priestern und ein heiliges Volk.« Das Volk als Ganzes sollte den heiligen, den gottgewollten Weg gehen. Es schloss einen Bund mit Gott am Berge Sinai. Religion ist so für uns nicht Privatsache, keine Philosophie für den Einzelnen. Jeder Nichtjude, der es wirklich will, kann Jude werden. Er wird damit Teil des jüdischen Volkes und sollte sich einer jüdischen Gemeinde anschließen. Denn Judentum ist gelebter Glaube. Wir meinen, die Welt wird eine Welt des Unheils, der politischen Rechtlosigkeit, der Intrige sein, solange die Religion Privatsache bleibt und wir nicht sorgen, dass Gerechtigkeit und Liebe auf der Welt regieren. Ziel ist, dass die Herrschaft Gottes aufgerichtet werde, das Wissen um Gott und sein Gebot alle Völker erfülle, seine Herrlichkeit sich mehr und mehr ausbreite wie Wasser die Meere füllt.

Israels Geschichte ist der Versuch einer kleinen Gruppe von Menschen zu zeigen, was es bedeutet, von Gott berufen zu sein. Israel hat gegen seine Aufgabe die unaufgebbar ist, oft rebelliert, es hat um dieser Aufgabe willen viel gelitten. Unzählige sind dahingegangen, aber »ein Rest ist geblieben«, wie Jesaja in einer schweren Zeit zum Trost seinen Sohn nannte. Zugehörigkeit zum Judentum war nie ein Vorteil; sie bedeutete Hingabe, Opfergeist: »Ich werde dich zu einem großen Volke machen und dich segnen, und du sollst ein Segen sein, und es werden sich segnen in dir alle Geschlechter der Erde.«

Die christliche Urgemeinde

Hans-Josef Klauck

Edith Stein Jahrbuch[1]: Herr Professor Klauck, Sie sind Lehrstuhlinhaber für Neutestamentliche Exegese und biblische Hermeneutik an der Universität München.[2] Wir möchten Ihnen einige Fragen stellen zur christlichen Urgemeinde: Wann ist die Urgemeinde entstanden?

Hans-Josef Klauck: Wenn wir von »Urgemeinde« sprechen, orientieren wir uns in der Regel an der Darstellung, die Lukas in den ersten Kapiteln seiner Apostelgeschichte gibt. Nach der Auferstehung Jesu, den Erscheinungen des Auferstandenen (Apg 1,3) und seiner Himmelfahrt (Apg 1,9) versammeln sich in einem Obergemach in Jerusalem (Apg 1,13 f.) die Elf, die vom Zwölferkreis um Jesus noch übrig sind und die sich gleich anschließend durch die Zuwahl des Matthias ergänzen werden, die Frauen, die Jesus von Galiläa bis Jerusalem gefolgt sind (vgl. Lk 23,55), seine Mutter Maria und seine Brüder (vgl. Lk 8,19), von denen Jakobus später noch wichtig werden soll. Sie sind die Adressaten des Pfingstereignisses (vgl. Apg 2,1: »Als sich aber erfüllte der Tag des Fünfzigsten, waren sie alle zusammen an eben diesem Ort«). Wenn man nach einem punktuellen Datum sucht, kann man sagen, die Geistausgießung an Pfingsten sei der Geburtstag der Urgemeinde, und theologisch ist damit etwas Richtiges getroffen. Historisch allerdings übernehmen wir damit nur die Perspektive des Lukas. Wir blenden nicht nur den Prozesscharakter dieses Geschehens aus, das sich über einen längeren Zeitraum erstreckte, sondern vergessen auch, was sich unabhängig davon an anderen Orten abgespielt haben kann.

Dazu ein kleines Beispiel: In Markus 5,1–20 (par Lk 8,26–39; Mt 8,28–34) heilt Jesus den besessenen Gerasener. Am Ende der Geschichte bittet dieser, Jesus begleiten zu dürfen. Jesus lässt das nicht zu, sondern trägt ihm auf: »Gehe fort in dein Haus zu den Deinen und melde ihnen, was der *Herr* (Gott) an dir getan und wie er sich deiner erbarmt hat!« (Mk 5,19). Der Geheilte aber »ging weg und verkündete in der ganzen Dekapolis, was *Jesus* an ihm getan hatte, und alle staunten« (Mk 5,20). Die Heilung markiert den Anfang der christlichen Glaubensgeschichte in der Dekapolis und ist die Keimzelle einer »Urgemeinde«, die sich um den geheilten Glaubensboten formte.

---

[1] Das Edith Stein Jahrbuch hat Professor Klauck sieben Fragen zum Thema vorgelegt, die er dankenswerterweise schriftlich beantwortet hat. (Die Redaktion)

[2] Hans-Josef Klauck, geb. 1946 in der Nähe von Trier, gehört dem Franziskanerorden an. Er studierte Philosophie, Theologie und Bibelwissenschaft in Münster, Bonn (dort 1972 Diplomexamen), wiederum Münster (dort Priesterweihe) und München (dort 1977 Promotion und 1980 Habilitation für »Exegese des Neuen Testaments«). Danach führte ihn sein Weg als Professor an die Universitäten in Bonn (1981), Würzburg (1982) und München (seit 1997). Der Autor zahlreicher Veröffentlichungen wurde 1999 zum Honorarprofessor an der Evangelisch-Theologischen Fakultät der Universität Pretoria in Südafrika ernannt.

Die Bindung ausnahmslos aller wichtigen Entwicklungen an Jerusalem, um das noch einmal herauszustellen, ist ein besonderes Anliegen des Lukas, der die Heilige Stadt und ihren Tempel bewusst in die Mitte seines Doppelwerkes rückt und es zusätzlich damit rahmt.

Edith Stein Jahrbuch: Wie ist die Urgemeinde entstanden?

Hans-Josef Klauck: Mit der Antwort auf die Frage nach dem Wann ist auch schon einiges hinsichtlich des Wie angedeutet. Nach Apostelgeschichte 1,13 f. besteht eine personelle Kontinuität zwischen der vorösterlichen Jesusbewegung und der nachösterlichen Urgemeinde, eine Kontinuität, die allerdings auch Veränderung und Wandel einschließt. In Gang gesetzt wird die Umformung durch Jesu Tod, denn Nachfolge Jesu muss jetzt anders erfolgen als zuvor, wo man ihn noch in Person vor Augen hatte. Sie richtet sich jetzt am auferstandenen Herrn aus, der im Geist in seiner Gemeinde erfahrbar wird.

Die Kap. 2–7 der Apostelgeschichte widmen sich sodann der weiteren Entfaltung des gläubigen christlichen Lebens in Jerusalem. Zu den Jesusanhängern, die aus Galiläa gekommen und in Jerusalem nicht wirklich beheimatet waren, treten andere, ortsansässige Gruppen, darunter sogar, wenn wir Apg 6,7 folgen, jüdische Priester. Aus Apg 6,1 erfahren wir aber auch, dass es »Hellenisten« in der Urgemeinde gab, d.h. Männer und Frauen aus den Synagogengemeinschaften griechisch sprechender (vgl. Apg 6,9) Diasporajuden, die aus der Fremde kamen und sich in Jerusalem für einige Zeit oder auf Dauer niedergelassen hatten. Wahrscheinlich müssen wir uns überhaupt von der Vorstellung einer einzigen, großen Gemeinde verabschieden. Eher haben sich verschiedene kleinere Gruppierungen auf hausgemeindlicher Basis herausgebildet (vgl. Apg 12,11: Petrus geht nach seiner Befreiung in das Haus der Maria, der Mutter des Johannes Markus, »wo etliche versammelt waren«, aber nicht alle, wie aus Apg 12,17 hervorgeht).

Vom Leben der Urgemeinde hören wir, dass sie weiterhin am Tempelgottesdienst teilnahm, zumindest an den Gebetszeiten (Apg 2,46; 3,1). Ob sie sich sofort geschlossen vom Opferritual im Tempel verabschiedete, wie meist allzu selbstverständlich vorausgesetzt wird, ist so sicher nicht; auch das könnte erst Ergebnis weiterer, nicht konfliktfreier Reflexionen gewesen sein. Im Zentrum des eigenen Lebens standen gleichfalls das Gebet, die Lehre und gemeinsame Mahlzeiten mit dem Herrenmahl als Höhepunkt. Besonders hervorgehoben wird von Lukas der solidarische Umgang mit dem Eigentum (Apg 2,44f.; 4,34f.).

Edith Stein Jahrbuch: Hatte die Urgemeinde eine hierarchische Struktur?

Hans-Josef Klauck: Wenn man die Frage ganz eng fasst, muss man sie mit Nein beantworten. Was wir unter Hierarchie verstehen, das dreigeteilte kirchliche Amt mit Bischof, Presbyter und Diakon, hat sich erst im 2. Jahrhundert n.Chr. herausgebildet.

Das heißt indes nicht, dass es nicht auch schon in der Urgemeinde bestimmte, aber eben variable Strukturen gab. In der Anfangsphase spielte der Zwölferkreis mit Petrus (und Johannes, vgl. Apg 3,2–4,23; Gal 2,9) an der Spitze eine besondere Rolle. Daneben lernen wir aber schon in Apg

6,3–6 sieben Männer kennen, die wir als »Diakone« zu bezeichnen gewohnt sind, obwohl das Wort im Text nicht fällt. Tatsächlich betätigen sie sich später, wie das Beispiel des Stephanus und des Evangelisten Philippus (Apg 8,5 f.) zeigt, analog zu den Aposteln als charismatische Prediger und Wundertäter und kümmern sich keineswegs nur, wie Apg 6,2 suggeriert, um den Tischdienst. Vermutlich bildeten die Sieben das Führungsgremium jenes Teils der Urgemeinde, der aus dem Diasporajudentum stammte und griechisch sprach, während die Zwölf für die Jesusanhänger aus Galiläa und die aramäisch sprechenden Jerusalemer zuständig blieben.

Während Paulus in Jerusalem noch drei »Säulen« antrifft, nämlich Petrus, Johannes und den Herrenbruder Jakobus (Gal 2,9), übernimmt dort später mehr und mehr der Herrenbruder Jakobus die Spitzenposition (nicht zu verwechseln mit Jakobus aus dem Zwölferkreis; dieser wird nach Apg 11,2 von Herodes Agrippa Anfang der 40er Jahre hingerichtet, während der Herrenbruder Jakobus bei der Zusammenkunft von Apg 15 als einer der Wortführer auftritt, vgl. Apg 15,13–21).

Edith Stein Jahrbuch: Hatte die Urgemeinde ein »demokratisches« Bewusstsein?

Hans-Josef Klauck: In Grenzen: Ja. Schon bei der Ergänzung des Zwölferkreises durch Matthias in Apg 1,15–26 wird nicht einfach dekretiert, auch nicht nur im exklusiven Kreis der Elf gewählt, sondern das ganze Gremium einigt sich nach Diskussion auf zwei Kandidaten, zwischen denen dann das Los entscheidet, was als Fingerzeig Gottes verstanden wird.

Besonders instruktiv ist sodann das Zustandekommen der Gruppe der Sieben in Apg 6,1–6, das in mehreren Schritten vor sich geht: Zuerst verspüren die Zwölf Handlungsbedarf und schlagen vor sieben Männer auszuwählen. Die Gemeinde akzeptiert ihre Argumente und bestimmt ihrerseits die sieben Männer, die namentlich aufgezählt werden. Anschließend präsentiert sie die Sieben den Aposteln, und die legen ihnen betend die Hände auf, um den Geist, den sie für ihre Tätigkeit dringend brauchen werden, auf sie herabzuflehen. Es bleibt sogar in der Schwebe, inwieweit die Wahl der Gemeinde der expliziten Zustimmung seitens der Apostel bedurfte.

Edith Stein Jahrbuch: Was waren die wichtigsten Schritte von der Urgemeinde zur Kirche?

Hans-Josef Klauck: Halten wir, um die Dramatik der hier zu besprechenden Vorgänge zu unterstreichen, zunächst noch einmal fest: Jesus selbst hat sich zwar gelegentlich nichtjüdischen Menschen, Männern und Frauen, zugewandt und nichtjüdische Randgebiete Galiläas und Judäas betreten, aber programmatisch wusste er sich nur »zu den verlorenen Schafen des Hauses Israel« (Mt 10,6) gesandt. Auch die Urgemeinde, soweit wir ihren Weg bisher verfolgt haben, war durch und durch jüdisch geprägt. Andererseits lässt Lukas von Anfang an keinen Zweifel daran, dass weltweite Expansion angesagt ist: »Ihr werdet meine Zeugen sein in Jerusalem und ganz Judäa und Samaria bis an die Grenzen der Erde« (Apg 1,8). Dazu mussten die Grenzen des Judentums vorgeschoben werden,

Stück um Stück, um die Völkerwelt zu integrieren, bis zum Zerreißpunkt. Sie wurden schließlich, von jüdischem Selbstverständnis aus geurteilt, mehr unabsichtlich überschritten und gesprengt.

Einen wichtigen Einschnitt markiert diesbezüglich die Vertreibung der »Hellenisten« aus Jerusalem (Apg 8,1), die den Evangelisten Philippus z.B. gleich ins halbjüdische, halbheidnische Samarien führt und ihn dort erfolgreich missionieren lässt. Andere Vertriebene gelangten nach Antiochien (Apg 11,19) und verkündeten dort das Evangelium auch nichtjüdischen Griechen, in unserer Sprache »Heiden« (Apg 11,20). Nicht zufällig wird hier in Antiochien von Außenstehenden erstmals der Name »Christianer« für die neue jüdische Gruppierung geprägt (Apg 11,26).

Zuvor hatte Petrus in Apg 10 den Kornelius getauft, einen besonders frommen, sozusagen mustergültigen »Heiden«, der sich schon vorher als Gottesfürchtiger für die Botschaft des Judentums aufgeschlossen zeigte. Eine Grundsatzentscheidung, nämlich auf die Beschneidung von erwachsenen, nichtjüdischen Männern, die sich dem Christentum (genauer: der jesuanisch-messianischen innerjüdischen Erneuerungsbewegung) anschließen wollten, zu verzichten, fällt auf dem so genannten »Apostelkonzil« in Apg 15 (vgl. Gal 2,1–10).

Edith Stein Jahrbuch: Können Sie uns etwas über die Grundepochen in der Entwicklungsgeschichte der Kirche sagen?

Hans-Josef Klauck: Das ist vom Neuen Testament her keine ganz passende Frage; sie reicht eher in die Alte Kirchengeschichte hinein; was dazu zu sagen wäre, ist in die anderen Punkte integriert.

Edith Stein Jahrbuch: Zielt die Urgemeinde schon auf die Weltkirche hin?

Hans-Josef Klauck: In der Verlängerung des oben skizzierten Vorgangs taucht am fernen Horizont die Weltkirche auf, doch sollten wir mit diesem weiträumigen Terminus für die frühchristliche Zeit eher zurückhaltend umgehen. Immerhin liegt die ganze Mittelmeerwelt nun vor den urchristlichen Glaubensboten, und in Kürze wird Paulus mit seinem Team zu seinem großen Missionswerk aufbrechen, das auch Rom und Spanien, also den äußersten Westen, anvisiert, auch wenn Paulus selbst das nicht in der geplanten Form realisieren konnte (Rom sieht er nur relativ spät und als Gefangener, Spanien wohl gar nicht mehr).

Beachten wir aber auch Apg 8,26–40: Der Evangelist Philippus begegnet einem äthiopischen Kämmerer, der in Jerusalem war und sich auf der Heimreise befindet. Anknüpfend an die vorhandenen Schriftkenntnisse des Äthiopiers missioniert Philippus ihn im Kurzverfahren und tauft ihn, ehe er weiterreist. Zumindest einen Menschen, der an Jesus Christus glaubt, gibt es jetzt, zu diesem frühen Zeitpunkt, bereits in Äthiopien, der äußersten südlichen Grenze der damals bekannten Welt (die Legende hat ihn später zum Stifter des äthiopischen Christentums erklärt).

Edith Stein Jahrbuch: Kritischer Rückblick: vom Gedanken einer Weltkirche zurück zur Erfahrung kleiner Gemeinden?

Hans-Josef Klauck: Um es pointiert zu sagen: Für die ersten christlichen Generationen waren die Gemeinde im Haus und die Gemeinde vor Ort

(oft deckungsgleich) der selbstverständliche Ernstfall, die Realisierungs-
form und der unmittelbare Horizont dessen, was wir Kirche nennen (das
Wort *ekklesia* im Griechischen umschließt beide Bedeutungen, Gemeinde
und Kirche). Es fehlte nicht an Verbindungslinien zu anderen Gemeinden
und am Austausch untereinander; gemeinsam verstand man sich als Re-
präsentanten des endzeitlichen Gottesvolkes in dieser Weltzeit. Aber von
hier bis zu einem weltkirchlichen Bewusstsein ist noch ein beträchtlicher
Schritt. Am ehesten wird noch durch den Gedanken vom weltweiten Leib
mit den Glaubenden als Gliedern und Christus als Haupt im Kolosser-
und Epheserbrief eine kosmische Dimension aufgerissen, die für eine
Weltkirche-Vorstellung den Horizont abgeben kann.

Die ungeheure Erfolgsgeschichte des Christentums in der abendländischen Welt, die bis vor kurzem eine geschlossene christliche Welt war und
ein entsprechend universales Kirchenbild entwickelte, sie bedeutet zugleich auch eine Bürde und eine Hypothek, an der wir heute zu tragen
haben. Man muss nicht so weit gehen und jede kleine Gruppe gleich als
Kirche bezeichnen, wie ich es inzwischen mehrfach in Afrika erlebt habe:
Dort sehen wir uns mit buchstäblich Tausenden von teils sehr großen,
teils sehr kleinen, nur einige hundert Mitglieder umfassenden einheimischen Kirchen (»indigenous« oder »independent churches«) konfrontiert.
Aber wenn wir uns nicht von selbst wieder auf den Wert, um nicht zu
sagen den Vorzug und den Vorrang von kleinräumigen Strukturen, die es
ermöglichen, authentisches christliches Leben vor Ort zu realisieren, besinnen, werden uns die Verhältnisse demnächst mit aller Macht dazu
zwingen.

*Edith Stein Jahrbuch: Herr Professor Klauck, wir danken Ihnen für Ihre
Bereitschaft, an unserem Buch mitzuwirken!*

Christliche Weltanschauung

Ein Gespräch mit Hans Maier[1]

Sánchez de Murillo: Herr Kollege Maier, nach vielen Jahren politischer Tätigkeit als Bayerischer Staatsminister für Unterricht und Kultus sind Sie seit 1988 Lehrstuhlinhaber für »Christliche Weltanschauung, Religions- und Kulturtheorie« der Universität München. Was ist die Aufgabe dieses Lehrstuhles?[2]

Hans Maier: Dieser Lehrstuhl ist eng verbunden mit Person und Werk Romano Guardinis und seiner Nachfolger Karl Rahner und Eugen Biser. Er gehört dem Institut für Philosophie an. Wir bemühen uns um die Analyse der Gegenwart im Licht eines Glaubens, der im selbstständigen Denken bewährt ist. Besonders sind wir am Gespräch mit Nachbarfächern und Fakultäten in einer interdisziplinären Arbeit interessiert. Was mich persönlich angeht, so komme ich von der Historie und der politischen Wissenschaft her. Nach dem Krieg, in den fünfziger und sechziger Jahren, habe ich an dem mitgearbeitet, was man Rekonstruktion der Staatswissenschaften nennt, auf der Basis der praktischen Philosophie. Gemeinsam mit Wilhelm Hennis[3] habe ich damals die Reihe POLITICA herausgegeben. Das war die erste politikwissenschaftliche Reihe, die sich der Tradition zuwandte, bis zu den Griechen und den großen Klassikern des politischen Denkens zurück. Zu meinen Arbeitsgebieten hier am Lehrstuhl gehört also auch die Geschichte der Staatsphilosophie und vor allem die theoretische Analyse der modernen Totalitarismen; diesen haben wir uns gerade in den letzten Jahren gewidmet. Und in Fortführung und Erweiterung der von Guardini begründeten Traditionen bemühen wir uns um die Erhellung der christlichen Existenz unter den politischen und sozialen Bedingungen der Moderne. Verschiedentlich haben wir uns auch mit dem

---

[1] Das Gespräch am 28.4.1999 führte José Sánchez de Murillo, Protokollantin Hermine Voggenreiter, redaktionelle Bearbeitung Renate M. Romor. Alle Anm. von der Redaktion.

[2] Hans Maier wurde am 18.06.1931 in Freiburg i.Br. geboren. Studien in Freiburg, München und Paris, 1956 Staatsexamen für das höhere Lehramt, 1957 Promotion, 1962 Habilitation (als Schüler Arnold Bergstraessers), seit 1962 o. Professor für politische Wissenschaft an der Universität München, 1970–1986 Bayerischer Staatsminister für Unterricht und Kultus, 1988–99 o. Professor für Christliche Weltanschauung, Religions- und Kulturtheorie an der Universität München. – Zahlreiche Veröffentlichungen über Verfassungs- und Verwaltungsgeschichte, Staatskirchenpolitik, Geschichte der christlichen Demokratie; u.a. Revolution und Kirche. Studien zur Frühgeschichte der christlichen Demokratie. 1959, 5. Aufl. 1988 (englisch 1969, französisch 1992); Die ältere deutsche Staats- und Verwaltungslehre. 1966, 3. Aufl. 1986; Demokratie in der Kirche (zusammen mit Joseph Ratzinger). 1970 (auch englisch, französisch, spanisch, portugiesisch, italienisch); Kirche und Gesellschaft. 1972, 2. Aufl. 1979; Die christliche Zeitrechnung. 1991, 2. Aufl. 1992; Nachdenken über das Christentum. 1992; Eine Kultur oder viele? 1995; Von Orgeln, Chören und Kantoren. 1997. – Hobby: Musik (Orgel, Cembalo, Klavier), 8 Schallplatten und 5 CDs mit Orgelmusik.

[3] Wilhelm Hennis, geb. 1923 in Hildesheim, Politikwissenschaftler, 1960–62 Professor in Hannover, 1962–67 in Hamburg, anschließend in Freiburg.

christlichen Widerstand gegenüber den Gewaltregimen des 20. Jahrhunderts beschäftigt. Das ist ein Schwerpunkt dieses Lehrstuhls, ist also kirchliche Zeitgeschichte.

Sánchez de Murillo: Der Lehrstuhl trägt den Namen »Christliche Weltanschauung«. Was ist damit gemeint?

Hans Maier: Weltanschauung ist ja ein ehrwürdiger, aber zugleich auch ein problematischer Begriff. Die Ursprünge sind ehrwürdig. Er steht zum ersten Mal in der Kritik der Urteilskraft bei Kant, ist dann von Fichte und Schelling übernommen worden, interessanterweise nicht von Hegel, und im 19. Jahrhundert hat er sich dann fast wie ein Ölfleck ausgebreitet. Die Entstehung des Lehrstuhls von Guardini in Berlin hatte ja eine Vorgeschichte. Das *Zentrum* – seit 1919 an der Regierung beteiligt – stellte einen Antrag, man möge doch in allen Universitäten, wo es keine theologischen Fakultäten gebe, Lehrstühle für christliche Weltanschauung einrichten. Der damalige Kultusminister Carl Heinrich Becker hat diese Anregung aufgegriffen. Er kannte Guardini gut aus der Jugendbewegung. Becker war evangelisch, Freideutscher, Guardini war Katholik und Quickborner[4]. So hat C.H. Becker diesen Ruf an Guardini nach Berlin betrieben – gegen den Widerstand der Theologen und Philosophen; denn Berlin war damals eine rein protestantische Universität. Der Lehrstuhl hieß ursprünglich »Katholische Religionsphilosophie und Weltanschauung«. Man wollte ganz bewusst die bisher in Berlin eher ausgegrenzten Katholiken zu Wort kommen lassen, und Guardini schien da ein idealer Mittler zwischen den konfessionellen Fronten zu sein.

Sánchez de Murillo: Trotzdem verlor er später seine Position.

Hans Maier: Ja, Guardini wurde in der Nazizeit von seinem Lehrstuhl vertrieben. Er zog sich daraufhin zurück, einmal in die Schriftstellerei, zum anderen in seine private Existenz in Mooshausen bei seinem Freund Josef Weiger. Nach dem Krieg hat ihn dann Carlo Schmid als zuständiger Kultusminister in Süd-Württemberg nach Tübingen berufen. Auch da hieß der Lehrstuhl noch »Katholische Weltanschauung«. Erst als Guardini Anfang der 50er Jahre nach München ging, wurde der Lehrstuhl unter den Verhältnissen der zweiten Nachkriegszeit in »Christliche Weltanschauung« umbenannt. Es handelte sich also ursprünglich eigens um einen katholischen Lehrstuhl, der ganz bewusst der herrschenden liberal-protestantischen Mehrheit als Gegengewicht entgegengesetzt war. Guardini hat ihn von Anfang an auch so gesehen.

Sánchez de Murillo: Hat Max Scheler nicht auch dabei philosophisch eine Rolle gespielt?

Hans Maier: Philosophisch in der Tat. Die Welt mit den Augen des Glaubens anzusehen, diesen Rat hatte ihm Max Scheler gegeben. Und damit bin ich beim Thema. Auch wir versuchen heute die Welt anzuschauen mit den Augen des christlichen Glaubens.[5] Zu dieser Welt

---

[4] Quickborn: ein 1909 in Schlesien entstandener Katholischer Jugendbund. Sein Zentrum war seit 1919 Burg Rothenfels am Main.

[5] Vgl. Hans Maier, Kirche und Gesellschaft. Freiburg 1972, 2. Aufl. 1979; ders., Nachdenken über das Christentum. München 1992.

gehören natürlich auch die christlichen Konfessionen. Ein Schwerpunkt unserer Forschung besteht folglich darin, die differenten Gestalten des Christentums herauszuarbeiten, und zwar nicht nur historisch, sondern auch in der Gegenwart. Es gibt ja drei oder vier »Christentümer«, die uns in der heutigen Welt begegnen. Da sind die Altorientalen, die eigentlich die ältesten christlichen Gemeinden darstellen, z. B. Kopten, Melkiten, Maroniten. Dann die Orthodoxie derselben in der Bundesrepublik. Von diesen wissen wir viel zu wenig. Die dritte Gruppe ist die des lateinischen Christentums, des katholischen Christentums, in der ich aufgewachsen bin; von dieser Tradition her richte ich meinen Blick auf die anderen Konfessionen. Die vierte Gestalt wird von den Kirchen der Reformation gebildet, wobei freilich zwischen den großen Gruppen der Wittenberger Reformation und den anderen, von Calvin und Zwingli her kommenden Christen unterschieden werden muss. Schließlich befassen wir uns auch mit dem Phänomen der vielen, sich vor allem in Amerika ständig vermehrenden Freikirchen, die immer gewichtiger in alle Bereiche der Gesellschaft hineinwirken. Diese verschiedenen Christentümer – mit ihren unterschiedlichen Akzenten und äußeren Erscheinungsformen – zu studieren, das ist die m.E. sehr wichtige Aufgabe, die unser Lehrstuhl in Angriff genommen hat. Demnach beginnt die christliche Weltanschauung mit einem Blick auf die unterschiedlichen Formen, in denen sich das Christentum in der heutigen Welt darstellt.

Sánchez de Murillo: Ihre Erläuterungen würden m.E. manche Christen, vor allem manche Katholiken zumindest befremden. Das Christentum versteht sich als Offenbarung Gottes, die, im Alten Testament begonnen, in der Person Christi menschliche Gestalt und geschichtliche Endgültigkeit angenommen hat. Wie man es auch immer – ob offen oder verschlossen, fortschrittlich oder konservativ – interpretieren mag, geht es im Christentum stets um absolute Wahrheit, was im katholischen Verständnis – der Ausdruck sei erlaubt – am massivsten vertreten wird. Weltanschauung meint dagegen *eine bestimmte Sicht der Welt,* die ihre Begrenztheit a priori einräumt. Begrifflich gefasst würde demnach *Christliche Weltanschauung* besagen: Das Christentum hat bloß *eine* Auffassung von Welt, Mensch und Geschichte, die genauso epochen- und kulturbedingt ist wie die der Buddhisten, Juden oder Moslems. Wie geht das aber mit dem Absolutheitsanspruch des Christentums zusammen?

Hans Maier: Zunächst einmal muss man beachten, dass dieser Lehrstuhl in einer philosophischen Fakultät angesiedelt ist. Er ist also nicht ein theologischer Lehrstuhl. Guardini hat sich sein Leben lang als Religionsphilosoph, als ein Mann der kirchlichen Praxis, als Liturgie-Reformer verstanden, nicht unbedingt und ausschließlich als Theologe, obwohl er natürlich in der Theologie des 20. Jahrhunderts gewirkt hat. Also, christliche Weltanschauung, das ist zunächst einmal nicht – oder zumindest nicht im Schwerpunkt – Theologie.

Sánchez de Murillo: Was verstehen Sie unter Theologie?

Hans Maier: Theologie verstehe ich als die Begleitstimme der Vernunft, die, durch die Jahrhunderte und folglich sehr verschieden ausgeprägt, in

den einzelnen Christentümern den Glauben begleitet.[6] Verschieden ausgeprägt, weil es etwa in den altorientalischen Kirchen eine Theologie in
einem westlich-lateinischen Sinne (nach dem Leitsatz »*fides quaerens
intellectum*«[7]) erst in Ansätzen gibt. Auch in der Orthodoxie ist Theologie noch untrennbar verbunden mit Frömmigkeit. Der orthodoxe Christ
lernt das Christentum nicht so sehr aus dem Katechismus als aus dem
Glaubensvollzug im kirchlichen Gottesdienst. Das scheint mir wichtig zu
sein. Mit dem lateinischen Christentum wendet sich dann der christliche
Glaube den großen philosophischen Überlieferungen zu. Das ist vorbereitet bei den griechischen Kirchenvätern. Die frühen Dogmen der Kirche
über die Natur Christi, die Dreifaltigkeit usw. in den ersten fünf Jahrhunderten sind ja mit Hilfe des griechischen Denkens formuliert worden.
Dann kommt das römische Recht und liefert die Grundlage für das latei-
nisch geprägte Organisatorische, für den Zentralismus und für ein eigenes
Kirchenrecht, das sich ganz betont – es sei nur an Papst Gregor VII. erinnert – eine selbstständige Sphäre schafft gegenüber dem entstehenden
Staat. Dann kommen ausgeprägte Gestalten der reformatorischen Kirchen
in enger räumlicher Verbindung zum lateinischen Christentum.

Sánchez de Murillo: Diese Problematik betrifft eigentlich nur den deutschen Katholizismus.

Hans Maier: So ist es. Wir empfinden das besonders in Deutschland,
und vielleicht noch mehr in Süddeutschland als in Norddeutschland, dass
die evangelischen Landeskirchen im Ausdruck, im Gottesdienst – nicht zu
reden von dem gemeinsamen Glaubenserbe – uns doch sehr ähnlich sind.[8]
– Um auf Ihre Frage zurückzukommen: In diesem Bereich entwickelt sich
dann so etwas wie eine spezifische christliche Weltanschauung, die allerdings sehr unterschiedliche Blickrichtungen hat, je nachdem, ob ein ortho-
doxer Christ heute das Weltgeschehen beurteilt oder ein Lutheraner oder
ein Reformierter oder ein katholischer Christ, wobei bei den Katholiken
die Unterschiede noch einmal wachsen, je nachdem, ob es sich um den
amerikanischen oder deutschen Katholizismus oder um den französischen
oder den ganz anderen polnischen oder italienischen Katholizismus handelt. Man kann mit Recht die Einheit an diesen differenten Erscheinungen
hervorheben, aber ich glaube, die Einheit kommt eben durch wechselseitige Überschneidungen, durch ein Überblenden der Perspektiven zustande. Sie ist nicht von Anfang an da.

Sánchez de Murillo: Als ich auf die Einheit des christlichen Glaubens
hingewiesen habe, hatte ich freilich das offizielle Selbstverständnis vor
allem der katholischen Kirche vor Augen – keineswegs meine persönliche
Auffassung. Nach meinem Verständnis berühren die Unterschiede, die Sie
hervorheben, nicht die Substanz, mithin nicht die *substanzielle Einheit* des
christlichen Glaubens, sondern nur dessen Erscheinungsform. Bei der

---

6 Vgl. Hans Maier, Kritik der Politischen Theologie. Freiburg 1970.
7 Der Glaube sucht die Einsicht.
8 Vgl. Hans Maier, Die Deutschen und die Freiheit. Freiburg 1985, 2. Aufl. 1986; ders., Das
   Freiheitsproblem in der deutschen Geschichte. Freiburg 1992.

angesprochenen Verschiedenheit handelt es sich um die Vielfalt von *Äußerungen* des *einen* Glaubens, der immer eins und gleich bleibt – und unberührt in der Endgültigkeit seines Absolutheitsanspruchs. In der Befragung dieses Anspruches setzt die Problematik an, die ich mit dem Titel »Christliche Weltanschauung« verbinde. *Diese Problematik ist m. E. wesenhaft eine philosophische* – keine theologische und auch keine historische.

Hans Maier: Ich bin kein Philosoph. Ich bin Historiker. Aber vielleicht kann die historische Sicht auch zur Erhellung der von Ihnen gemeinten Problematik beitragen.

Sánchez de Murillo: Gewiss.

Hans Maier: Wichtig in diesem Zusammenhang scheint mir ein doppelter Grundzug zu sein, wodurch sich das Christentum – jetzt rede ich auch in der Einzahl – nach meiner Überzeugung von anderen Religionen abhebt. Einmal durch eine unglaubliche Fähigkeit, in die Geschichte hineinzugehen, ja geradezu sich in der Welt zu verlieren. Die Judenchristen im Jerusalem des ersten Jahrhunderts, die Heidenchristen der paulinischen Mission, die römischen, die antiochenischen, die alexandrinischen, die byzantinischen Christen – in dieser großen Pentarchie gibt es vielfältige Ausprägungen mit unterschiedlichen Äußerungsformen in Denkweise, Sprache, Kunst usw. Und doch hat sich das Christentum in der Einzahl aus dieser Vielheit im Lauf der Zeiten aufgebaut. Das ist der inkarnatorische Zug, der sich kulturell darin ausdrückt, dass eben der Christ dem Heiden ein Heide, dem Juden ein Jude, allen alles werden kann im paulinischen Sinn. Und der zweite Grundzug ist, dass das Christentum in hohem Maß eine organisatorisch-kulturelle Fähigkeit hat. Man spricht heute viel von Inkulturation. Nehmen Sie etwa die abrahamitisch verwandte Religion des Islam. Sie hat manche gemeinsamen Züge mit Judentum und Christentum, aber sie versteht die Welt von Anfang an als eine große Gemeinde Gottes. Sie geht nicht auf die einzelnen Kulturen in dieser Weise ein, wie das Christentum es tut. Sie hat, technisch gesprochen, nicht diese Fähigkeit der Gemeindebildung. Gemeindebildung und Inkulturation, dieses kulturschaffende Element, das scheint mir eine ganz besondere, auszeichnende Eigenschaft des Christentums zu sein.

Sánchez de Murillo: So gut Ihre Ausführung auch klingt, so zwingt sich nichtsdestoweniger die Frage von selbst auf: Geht sie nicht eher vom Schein als vom Sein aus? Verhält es sich in Wirklichkeit – um es pointiert auszudrücken – nicht geradezu umgekehrt? Das Christentum entwickelte sich nach der paulinischen Umdeutung (von Jesus zu Christus) zu einer überwältigenden Eroberungsmacht, die ganze Kulturen ausrottete. Aus diesem Trümmerfeld ist ja das christliche Abendland entstanden. Was ist z. B. aus den mittel- und südamerikanischen Urkulturen – aus den Azteken, Inkas und Mayas – geworden? Auch intern sind die Christen nicht gerade fein miteinander umgegangen. Man denke nur an die Inquisition. Heute werden anders Denkende innerhalb der christlichen Kirchen zwar nicht mehr physisch umgebracht, aber sie werden anders eliminiert: totgeschwiegen, »versetzt«, des Amtes enthoben usw.

Hans Maier: Die Vielheit war gewiss nicht immer eine friedliche. Es gab in der Tat Verfolgungen. Es gab auch Schismen schon in früher Zeit zwischen der Ost- und Westkirche. Es gibt Schismen bis heute. Und doch ist eine gemeinsame Substanz schon im Namen erhalten geblieben. Die Christen sind eben die, die Christus folgen. Und Christus ist ja nicht einfach Jesus, wie Sie mit Recht bemerken. Der Name Christus ist eine Amtsbezeichnung. Er nennt den Gesalbten. Ich erinnere mich, um etwas Anekdotisches einzuwerfen, an eine Auseinandersetzung zwischen meinem Lehrer Arnold Bergstraesser und dem Religionsphilosophen Fedor Stepun, einem Russen, der auch in München gelehrt hat. Eines Abends liefen die beiden um den Mainzer Dom herum, und Fedor Stepun rief meinem Lehrer Bergstraesser nach: »Arnold, bist du Christ oder Jesuaner?« Das ist genau der Unterschied. Jesuaner kann eigentlich auch ein Ungläubiger sein, der Jesus als eine große Figur bewundert. Für den Christen dagegen ist Jesus mehr und etwas anderes: Christus, der Messias, Gottes Sohn.

Sánchez de Murillo: Jesus wurde durch Paulus zu Christus. Dass mit letztem eine völlig neue, übergeschichtliche Gestalt geschaffen wurde, ist offensichtlich. Sie wird aber selbst innerhalb der streng wissenschaftlich vorgehenden neutestamentlichen Exegese nicht als Problem, sondern einfach als Tatsache und Ausgangspunkt für die weitere Reflexion betrachtet.

Hans Maier: Führt diese Problemstellung nicht zu einer unfruchtbaren philosophischen Spekulation? Der geschichtliche Boden, auf dem das christliche Abendland stets gestanden ist und auf dem die heutigen Christen stehen, hat sich vom Glauben an den paulinischen Christus, nicht durch die Bewunderung Jesu gebildet. Und so versuche ich die Geschichte des Christentums und der Christentümer von diesen beiden Ausgangspunkten her zu verstehen: der Inkarnation, dem Hineingehen, dem Sich-Verlieren an die Welt – und der daraus erwachsenden geschichtlichen Potenz, der schöpferischen Entwicklung von Kulturformen. Guardini hat sich sein ganzes Leben bemüht, diese schöpferische Kraft des Christentums – und dabei zugleich auch die Verschiedenheiten – zu begreifen. Persönlich habe ich ja angefangen mit der Erforschung von Aufklärung, Revolution, moderner Demokratie. Und ich bringe das heute mit dieser guardinischen Denkweise zusammen, indem ich zwischen Kirche und Welt unterscheide. Es gibt in der Geschichte des Christentums eine Dialektik von Kirche und Welt. Die kirchliche Botschaft geht in die Welt ein und formt sie um. Die Welt wirkt auf die christliche Botschaft zurück. Das nennen wir Säkularisierung. Es ist aber wichtig, die Säkularisierung nicht als Einbahnstraße zu sehen. Ich glaube, wir müssen hier von Max Weber und anderen entschieden Abschied nehmen. Wir haben bisher häufig nur die eine Seite gesehen, nämlich Rationalisierung und Säkularisierung. Wenn wir auf die heutige Welt blicken, so stehen wir am Ende des 20. Jahrhunderts eher inmitten einer neuen Renaissance des Religiösen in allen Religionen. Im Christentum ist es ein wenig komplizierter, aber selbst da würde ich, zumindest für die Dritte Welt – die im Katholizismus längst die Erste geworden ist – behaupten, dass wir eine religiöse Blüte erleben. Die Dialektik von Kirche und Welt scheint mir etwas Christentumspezifisches zu sein: dass manchmal die Welt sich von der Kirche entfernt, aber auch kirchliche Dinge bewahrt, die in der Kirche selber nicht mehr daheim sind. Nehmen Sie die Menschenrechte. Die Menschenrechte konnten nur im Christentum entstehen. Davon bin ich fest überzeugt.[9] Der unendliche Wert der Einzelseele, die Unmittelbarkeit des Individuums zu Gott – das ist etwas Christliches. Und der Gedanke der Einheit der Menschheit ist ja schon in der Patristik bei den frühen griechischen und römischen Kirchenvätern gedacht worden. Aber dann kommen die Spaltungen. Im Mittelalter greift das Christentum aus seinem europäischen Innenraum hinaus: Durch die Kreuzzüge wird das Gegenüber von christlicher abendländischer Welt und noch zu missionierender außerabendländischer Welt so stark, dass der Gedanke der gemeinsamen Menschheit zeitweise an den Rand rückt. Und erst recht geschieht das nach der großen Glaubensspaltung im 16. Jahrhundert. Da sind die Christen so sehr mit katholisch, evangelisch, orthodox beschäftigt, mit den Unterschieden innerhalb des Christentums selber, dass sie wiederum die gemeinsame Menschennatur nicht sehen. So werden die Menschenrechte von der »Welt« realisiert, in der Aufklärung, im 18. Jahrhundert – und sind doch christliches Gut.

Sánchez de Murillo: In der Tat. In unzähligen Theorien und Spezialisierungen zerstreut übersieht die heutige Wissenschaft grundsätzlich das Entscheidende. Darf ich versuchen, das bisher Gesagte zusammenzufassen und von daher einen weiteren Schritt zu versuchen?

Hans Maier: Ich bitte Sie darum.

Sánchez de Murillo: Ich möchte das Ganze auf zwei Punkte bringen: a) Christliche Weltanschauung besagt Interpretation der Welt und der Zeitgeschichte vom christlichen Glauben her, der zwar von der Person Jesu ausgeht, aber eigentlich doch auf der von Paulus gebildeten Gestalt des Gekreuzigten und Auferstandenen fußt. b) In der paulinischen Umdeutung des irdischen Jesu in den überzeitlichen und, da identisch mit Gott[10], allmächtigen Christus Pantokrator verbirgt sich ein Tiefenphänomen, das m.W. bislang verborgen geblieben ist.

Hans Maier: Der erste Punkt trifft genau den Kern unseres Gespräches. Im zweiten Punkt wird zwischen Jesus und Christus in einem Sinne unterschieden, der im Verlauf unseres Gesprächs so nicht zur Sprache gekommen ist. Ich habe die Unterscheidung in dem Sinne gemeint, wie sie seit Paulus, also von Anfang an, durch die Jahrhunderte im christlichen Bewusstsein gelebt hat. Der gekreuzigte und auferstandene Christus stellt die Grundlage des christlichen Glaubens dar. Und nur dieser Glaube, nicht die Bewunderung für den Menschen Jesus von Nazaret, begründet das historische Christentum.

Sánchez de Murillo: Bei Ihren Ausführungen haben Sie vornehmlich die historische Dimension vor Augen und gehen von daher auf die Ausge-

---

[9] Vgl. Hans Maier, Wie universal sind die Menschenrechte? Freiburg 1997.
[10] Brief an die Philipper 2, 6. Vgl. Epheser 1.

staltung des Christlichen, auf seine Wandlungen durch die Jahrhunderte
und auf seine geschichtliche, politische und soziale Wirkung in Vergangenheit und Gegenwart ein.

Hans Maier: Das ist richtig.

Sánchez de Murillo: Ich versuche meinerseits, die philosophische Problematik, die sich im geschichtlichen Gedankengang verbirgt, offen zu
legen. Wie die Philosophie ohne Geschichte nicht denken kann, so vermag
die Geschichte ohne Philosophie nicht zu gehen. Die Philosophie ist ohne
Geschichte leer, die Geschichte ohne Philosophie blind. In diesem Sinne
gehören beide Dimensionen untrennbar zusammen.

Hans Maier: So ist das Gespräch zwischen historischem, philosophischem und theologischem Denken stets zu begrüßen und heute gewiss besonders vonnöten.

Sánchez de Murillo: Der Lehrstuhl für Christliche Weltanschauung der
Universität München, in dessen Räumen wir uns gerade befinden, stellt
einen ausgezeichneten Ort für ein solches Gespräch dar.

Hans Maier: Über dessen Dringlichkeit wir uns alle hier bewusst sind.

Sánchez de Murillo: Ich komme auf den ersten Punkt zurück und versuche, dessen Inhalt im Hinblick auf den Entwicklungsstand des menschlichen Bewusstseins zu verstehen. Christliche Weltanschauung besagt
also, Interpretation der Welt und der Geschichte vom christlichen Glauben her. In dieser Erläuterung ist kein dogmatischer Anspruch enthalten,
was ich nicht als strategischen Zug, sondern ernst nehmen möchte. Demnach stellt sich die Religion, die sich zweitausend Jahre lang wie kaum eine
andere zuvor als einzige Trägerin der absoluten Wahrheit – *extra ecclesiam
nulla salus*[11] – behauptet hat, ganz bescheiden neben die anderen und verkündet zeitgemäß: Wir haben auch keine Wahrheit, sondern genauso wie
ihr nur eine Sicht der Dinge, die wir mit der Absicht anbieten, zum Frieden auf der Welt beizutragen.

Hans Maier: In diesem relativistischen Sinne verstehe ich den Titel
»Christliche Weltanschauung« natürlich nicht. Und wir würden unsere
Aufgabe nicht verantwortungsvoll erfüllen, wenn wir einfach im Chaos
heutiger Orientierungslosigkeit mitschwimmen würden. Gerade weil alles
haltlos zu werden droht, ist heute der *Ernst* der Wahrheitsforschung wie
selten zuvor gefordert.

Sánchez de Murillo: Ich bin ganz Ihrer Meinung. Die Weltlage erfordert
von uns trotz aller entgegenwirkenden Zeitmode Ernsthaftigkeit der
Wahrheitsfrage gegenüber. Doch gerade zum Zwecke einer neuen Fragestellung scheint mir notwendig, die Eigenart des herrschenden Bewusstseins zu verstehen. Im heutigen Relativismus ist vielleicht mehr Ernst –
und mehr Verzweiflung! – als es beim ersten Blick zu sein scheint.

Hans Maier: Davon bin ich überzeugt.

Sánchez de Murillo: Jetzt, da die postmoderne Modewelle abzuklingen
beginnt, können wir den Hilfeschrei deutlicher hören. Nachdem die
Menschheit über Jahrhunderte die absolute Wahrheit nicht nur gesucht,

---

[11] Außerhalb der Kirche gibt es kein Heil.

sondern auch allenthalben gefunden zu haben vermeinte und sich diese Meinung als äußerst gefährlich erwiesen hat, haben die Menschen den alten Boden (die großen Systeme) verlassen, ohne für einen neuen unter den Füßen zu sorgen. Jahrhunderte haben die Menschen im Reich der Märchen gelebt. Jetzt haben sie nichts und schwimmen im Abgrund eines relativistischen Meeres, auf dem jeder – ohne Rücksicht auf Alter, Bildung und Niveau – gleichen Anspruch auf Wahrheitssätze beansprucht. Entsetzt beobachten wir tagtäglich, wie eine solche von den Medien geförderte und ausgeschlachtete bodenlose Einstellung *alle* – nicht nur die moralischen – Werte erbarmungslos zerstört.

Hans Maier: Einer gewissen Tragik entbehrt die heutige Situation in der Tat nicht.

Sánchez de Murillo: Die postmoderne Skepsis hat freilich auch ihre Tiefe. Je mehr die Wissenschaft Religion und echte Philosophie vertreibt, umso beunruhigender werden die verdrängten Grundfragen. Je weiter die technischen Errungenschaften schreiten, umso ohnmächtiger scheint der Mensch und umso kleiner sein Wissen. Die technischen Fortschritte öffnen immer weitere kosmische Unendlichkeiten und ungeheure Abgründe des Lebens. So zwingt sich m.E. die Frage auf: Hat sich der Mensch nicht fundamental geirrt, wenn er im Wissen das Ziel des Lebens, ja des ewigen Lebens (*»visio beatifica«*) sieht? Natürlich ist das Wissen notwendig, um das Leben bewältigen zu können. Aber es müsste einem anderen, Höheren untergeordnet werden. Das Höchste ist die Liebe zum Leben. Ist das nicht die frohe Botschaft, die eine Welt des Friedens stiften könnte? In einem solchen Weltentwurf geht es keineswegs um Wahrheit, aber ebenso wenig um Relativismus und Beliebigkeit. Es geht um den Ernst einer Grundentscheidung zugunsten einer *Sage,* die Menschen und Welt das Sprechen des Sinnes ermöglicht. Die Irrwege der Vergangenheit, die Orientierungslosigkeit der Gegenwart und die Erfahrung der Ohnmacht der Wissenschaft mitten im technischen Zeitalter erzwingen die Notwendigkeit des Glaubens an einen göttlichen Mythos, der die Liebe zum Leben fördert und dadurch Sinn stiftet. Könnte man den Titel »Christliche Weltanschauung« nicht so verstehen? Wäre das nicht eine wunderbare Revolution zu Beginn des dritten Millenniums? Erlauben Sie mir bitte den Gedanken gleichsam als Traum weiterzuspinnen: Die Menschen entdecken plötzlich: In München gibt es einen Lehrstuhl, der sich christlich nennt, aber nach keiner Wahrheit sucht noch eine Lehre dogmatisch verkündet, sondern im besagten Sinne »nur« eine Weltanschauung vermittelt: die christliche, die die Liebe zum Leben verkündet.

Hans Maier: So weit möchte ich nicht gehen ...

Sánchez de Murillo: ... dass Sie den Begriff Wahrheit durch den Begriff Weltanschauung ersetzen ...

Hans Maier: Nein. Ersetzt werden kann Wahrheit durch kein anderes Wort. Vielleicht ist es richtig, dass wir der Wahrheit immer nur partiell – Karl Rahner pflegte zu sagen »asymptotisch« – nahe kommen. Wahrheit ist im Laufe der Geschichte, auch der Kirchengeschichte, immer wieder neu gedacht worden. Das ist ein Prozess. Aber ohne diesen fernen Polarstern, der unsere Bahn bestimmt, gibt es m.E. keine Philosophie, es gibt auch keine Wissenschaft. Also Wahrheit kann als Ziel, als Orientierungspunkt nicht abgelöst werden durch Weltanschauung. Nur, Sie weisen mit Recht auf den Missbrauch auch von Wahrheitsansprüchen hin. Wir Menschen – Christen und Nicht-Christen – sollten nicht meinen, wir *hätten* die Wahrheit. Und wir sollten auch nicht Wahrheiten, die wir beanspruchen, den anderen um die Ohren schlagen. Die Wahrheit ist etwas, dem wir uns schrittweise mit einer Geste der Ehrfurcht und Demut nähern können und nähern sollten. Ohne diese innere Spannung zur Wahrheit hin wäre der Mensch eben doch nur ein animalisches Wesen von Trieben und Gewohnheiten. Weltanschauung dagegen ist für mich etwas, was vor der Sphäre der Wahrheit liegt, eine Art Reich der Empirie, und da gilt es, meine ich, Augen und Ohren aufzumachen, um die unendliche Verschiedenheit des Menschenwesens in den Blick zu nehmen und daraus zu lernen. Man gerät auf diese Weise nicht in einen Relativismus hinein, sondern in das, was ich mit Max Scheler die Relationalität nennen möchte, die Einsicht, dass alle diese verschiedenen weltanschaulichen Perspektiven doch miteinander in Zusammenhang stehen. Um einen Sprung in die Gegenwart zu machen: Man kann den Kosovo-Konflikt besser begreifen, wenn man sich einmal an die Stelle der Beteiligten versetzt und sich fragt, wie sieht das ein Serbe, wie ein Albaner usw. Man muss sich in die Position der anderen hineinversetzen. Und man muss sich wirklich ernstlich fragen, ob das ausreichend geschieht. In früheren Zeiten hatten die Politiker nicht nur die Pflicht, ein Instrument zu kennen, belesen zu sein und die Mittel der Rhetorik zu beherrschen. Im englischen Unterhaus z. B. hatte man die Minima des christlichen Glaubens internalisiert und konnte sich insofern auch in religiöse Konflikte hineinversetzen. Ich glaube, das geht der heutigen Politik zunehmend verloren. Wir haben auf der einen Seite eine starke Zunahme religiöser Optionen in der Welt, auf der anderen Seite das auslaufende Säkularisierungsprodukt eines Politikertums, das meint, alles mit rationalen Mitteln oder mit einem Waffeneinsatz oder mit Diplomatie und Gespräch lösen zu können. Aber das Gespräch an sich und die Waffe an sich lösen nichts. Man muss den Problemstand kennen. Man muss sich hineinversetzen in die Wahrheit des anderen.

Sánchez de Murillo: Wenn ich richtig verstanden habe, haben Sie jetzt Wahrheit in einem doppelten Sinne verwendet: *Erstens:* Wahrheit an sich, d. h. mit Ihren Worten, als *etwas*, ohne das es keine Philosophie und keine Wissenschaft gäbe und dem wir uns zumindest, um mit Rahner zu sprechen, asymptotisch nähern können und nähern sollten. *Zweitens:* Wahrheit als Empfindungsweise und Perspektive von jeweiligen Menschen oder Gruppen, in die es sich hineinzuversetzen gilt. Die erste Form von Wahrheit ist als fester Begriff im Bereich des Philosophischen und Wissenschaftlichen angesiedelt und kann nicht durch andere Worte ersetzt werden. Für die zweite Wahrheitsform, die das Gebiet des Historischen, Sozialen und Politischen betrifft, ist die Bezeichnung »Weltanschauung« durchaus angebracht.

Hans Maier: Das ist richtig.

Sánchez de Murillo: Die Frage zwingt sich freilich auf, ob die von Ihnen angesprochene erste Wahrheitsauffassung nicht von einer dinghaften Vorstellung (Wahrheit als *etwas*) ausgeht, die sehr fraglich ist. Dies zu klären würde eine rein philosophische Problematik hervorrufen, die hier fehl am Platz wäre. Die philosophische Dimension kann aber m.E. nicht ganz ausgeschaltet werden, wenn es um Wahrheit, Geschichte, Christliche Weltanschauung usw. geht.

Hans Maier: Natürlich nicht.

Sánchez de Murillo: Erlauben Sie mir, einen Mittelweg zu versuchen, indem ich den Gedankengang von einer anderen Seite her betrachte. Ich habe die Unterscheidung zwischen *Tiefe* und *Ober-Fläche* geprägt.[12] Das damit Gemeinte wird freilich verfehlt, wenn diese Begriffe, wie manche Fachkollegen es leider tun, als Vertikalität und Horizontalität missverstanden werden. Die Unterscheidung ist tiefenphänomenologisch zu verstehen, also zwar ontologisch, aber im Sinne einer neuen Ontologie. Um sie zu verdeutlichen, habe ich den Grundgedanken mit anderen Ausdrücken belegt: Für *Tiefe* steht *das Weibliche* und *das Männliche* für *Ober-Fläche*, womit freilich weder Frau und Mann noch in erster Linie anthropologische Phänomene angesprochen sind. Gemeint sind damit Grundformen des Seinsvollzuges. Was heißt das im Hinblick auf die Wahrheitsproblematik? Sie sagten, dass im Verlauf der Geschichte – der Philosophiegeschichte, aber auch der Kirchengeschichte – immer wieder versucht worden ist, den Begriff von Wahrheit zu klären.

Hans Maier: So ist es. Es handelt sich um einen geschichtlichen Prozess …

Sánchez de Murillo: … des Suchens, in dem wir immer mittendrin stehen …

Hans Maier: … in dem wir uns ständig befinden, eine Bewegung, die wir nie verlassen.

Sánchez de Murillo: Im Sinne dieses Suchprozesses möchte ich jetzt meine These aufstellen: Der Mensch hat sich bislang von der Dimension der Ober-Fläche oder des Männlichen her verstanden, und zwar so radikal und ausschließlich, dass er die andere Dimension nicht einmal ahnen kann. Das Selbstverständnis des Menschen ist wesenhaft ein männliches – entsprechend sein Weltentwurf. Philosophie, Religion, Wissenschaft, Politik, Kunst usw. – also alles – ist vom männlichen Seinsvollzug her gestaltet, weil wir über keine andere Weltvorstellung, über keine anderen Kategorien verfügen. Alles zielt auf das Ober-Flächige (Erobern, Herrschen, Leisten, Organisieren usw.) hin, alles versteht sich von daher. Der Prozess der *geschichtsontologischen Identifizierung des Menschlichen mit dem Männlichen*, der die uns bekannte Menschheitsgeschichte kennzeichnet, geht, soweit sie ontisch fassbar ist, auf die Urzeiten zurück, da der Mensch

---

[12] Vgl. José Sánchez de Murillo, Der Geist der deutschen Romantik. Der Übergang vom logischen zum dichterischen Denken und der Hervorgang der Tiefenphänomenologie. München 1986; ders., Die erste Philosophie der großen Krisenzeit. In: prima philosophia, Bd. 3/Heft 4 (1990) 427–441.

etwa als Jäger und Höhlenbewohner das Kämpfen mit dem Wesen des
Daseins gleichzusetzen begann.

Hans Maier: Hätte der Mensch ausschließlich den männlichen Seinsvollzug erfahren, könnte er vom Weiblichen nicht einmal reden. Er hätte
keine Vorstellung davon.

Sánchez de Murillo: In der Tat. Als Antwort auf den fiktiven Einwand,
es habe niemals auf der Welt Freiheit gegeben, antwortet Kant, wenn ich
mich richtig erinnere, im letzten Teil der *Grundlegung zur Metaphysik der
Sitten*, dass wir von der Freiheit nicht reden könnten, hätten wir sie nicht
irgendwie erfahren. Ebenso ist auch seine scharfsinnige Bemerkung zu
verstehen, ohne die linke Hand könnten wir die rechte nicht als solche erkennen. Die Tiefe bzw. das Weibliche *lebt* im Sein als Sehnsucht, die in der
menschlichen Stufe des geschichtlichen Urprozesses Gestalt annehmen
will. Es ist, um mit der Ausdrucksweise des »Ersten Deutschen Philosophen« Jakob Böhme[13] zu sprechen, ein Urwille, der allerdings von Anfang
an (in illo tempore) *ontologisch* unterdrückt worden ist.[14] Der Vorgang
dieser Unterdrückung erscheint am deutlichsten und schmerzhaftesten im
Unphänomen der Verdrängung des Weiblichen durch die Frauen. Die Tragik der gemeinten Entwicklung wird in ihrem menschheitsgeschichtlichen
Gewicht deutlich, wenn gesehen wird, dass zunehmend *vor allem die
Frauen* im Männlichen ihr Daseinsideal setzen. In dieser Radikalität wird
die Dringlichkeit dieser Problematik m.W. nicht gesehen.[15]

Hans Maier: Weil sie in dieser Schärfe auch nicht stimmt. Wir kennen
nicht nur in Literatur und Kunst, sondern auch in der Wirklichkeit vollendete Gestalten des Weiblichen. Stellt es nicht etwa Teresa von Avila
ausgezeichnet dar? Frankreich verehrt eine Frau als Nationalheilige und
ein Dichter zeigt warum.[16] Stehen wir nicht staunend vor Katharina von
Siena, Hildegard von Bingen und vielen anderen? Ist Thérèse von Lisieux
nicht von ihrem tiefsten Wesen her eine weibliche Heilige, die, weltweit
von Millionen, auch Nichtchristen, liebevoll *die kleine Thérèse* genannt,
durch die wundersame Vermählung der jungfräulichen Zurückgezogenheit mit dem Feuer leidenschaftlicher Liebe in gleicher Weise Volksfrömmigkeit und große Theologen[17] inspiriert hat? Und allem voran steht
Maria, die Mutter Jesu, die die Christenheit als Mutter Gottes lobpreist.
Die Marienverehrung – die Verehrung des Weiblichen – gehört wesenhaft
zum christlichen Glauben, und die Mariologie unverzichtbar zur christlichen Theologie.

Sánchez de Murillo: Genau auf diesen Punkt wollte ich hinaus. Erst

---

[13] So Hegel. Vgl. José Sánchez de Murillo (Hg.), Das Fünklein Mensch. Ausgewählte, ge-
    schichtlich eingeleitete und philosophisch meditierte Texte Jakob Böhmes. München
    1997.

[14] Das Nachdenken über diese ontologische Unterdrückung könnte als Ausgangspunkt für
    eine neue philosophische Interpretation des Urfalls dienen.

[15] Vgl. José Sánchez de Murillo, Vom Wesen des Weiblichen. In: Edith Stein Jahrbuch 2
    (1996) 68–103.

[16] Charles Péguy, Le mystère de la charité de Jeanne d'Arc. Paris 1965.

[17] Z.B. Hans Urs von Balthasar, Schwestern im Geist. Therese v. Lisieux und Elisabeth von
    Dijon. 4. Aufl., o.O. 1990.

durch das Christentum bricht die Dimension des Weiblichen als Urprinzip des Seins in die Geschichte ein. Aber gerade im Christentum wird das Weibliche mit erstaunlicher Rücksichtslosigkeit verdrängt – programmatisch schon bei Paulus: *Mulieres in ecclesia taceant.*[18] So entsteht das wahrhaftig widersprüchliche Bild, das ausgerechnet im Bereich der Religion, die in ihren Ursprüngen das Fleischliche göttlich geheißen (»und das Wort ist Fleisch geworden«), die zeitliche Gebärerin zur Dignität der Mutter des Ewigen erkoren und die mit der Geburt des Menschen zusammenhängenden Vorgänge mit einer erhabenen Natürlichkeit in die höchste Dimension des Seins erhoben hat, sich die Menschen theoretisch und empirisch mit all dem schmerzlich herumplagen. Ein tieferer Widerspruch innerhalb einer weltenstiftenden und geschichtsführenden Tradition scheint mir kaum möglich zu sein. Doch hat dieser Widerspruch m.E. seinen menschheitsgeschichtlichen Sinn. Auf diese grundlegende Problematik einzugehen ist aber hier – auch aus zeitlichen und druckräumlichen Gründen! – leider nicht möglich.[19] – Erlauben Sie mir zum Beschluss eine zusammenfassende, mit Blick auf Gegenwart und Zukunft zurückschauende Grundfrage: Worin bestünde Ihrer Meinung nach – nun im Vergleich zu anderen Weltreligionen – *die Eigenart des Christlichen*?

Hans Maier: Ich glaube, das kann man mit zwei Sätzen beantworten, die eine bestimmte Antwortrichtung angeben. Zunächst einmal wendet sich das Christentum an alle. Das ist etwas, was geradezu leidenschaftlich durch die neutestamentlichen Schriften, vor allem durch Paulus, aber auch die Apostelgeschichte hindurchgeht. *Das Christentum ist für alle da.*

Sánchez de Murillo: Geschichts- und Weltbotschaft?

Hans Maier: Ja, nicht nur für Juden oder für Heiden oder für Ägypter oder für bestimmte Nationen, sondern für alle. Das ist ganz entscheidend.

Sánchez de Murillo: Und was gibt das Christentum allen?

Hans Maier: Lassen Sie mich noch den zweiten Satz sagen. Und ganz entscheidend ist in diesem »*für alle*« jeder Mensch gemeint, nicht nur der glanzvolle, schöne, also der olympische Sieger der griechischen Plastik, der seinen Leib der Sonne darbietet, sondern eben auch der Kranke, der Verfallene, der Epileptiker. Wie viele »vom Teufel Besessene« kommen in den Evangelien vor! An alle, sogar mit besonderer Intensität an die Dirnen, die Zöllner, an alle also richtet sich die christliche Botschaft.

Sánchez de Murillo: Das ist die weibliche, an Liebe und nicht an Macht orientierte Dimension des Christentums: das Jesuanische!

Hans Maier: Um Ihre Frage zu beantworten: Erstens geht das Christliche aus von der Einheit der Menschheit, und zweitens bezieht es auch den Kranken, den Gescheiterten ein. Man kann das wunderbar von Nietzsche her, den späten griechischen Kritiker des Christentums, nachvollziehen.

---

[18] »Frauen sollen in der Kirche schweigen«, 1 Kor 14, 34. Die genaue historische Bedeutung des Satzes ist für den obigen Gedankengang irrelevant. Der gemeinte Sinn ist in der Geschichte des Christentums bis heute durchgehend belegt.

[19] Vgl. die Entfaltung des Gedankens in José Sánchez de Murillo, Dein Name ist Liebe. Bergisch Gladbach 1998; ders., Gotteshervorgang. In: Edith Stein Jahrbuch 4 und 6 (1998 und 2000) 23–57 und 17–22.

Nietzsche wollte ja diesen christlichen Exorzismus nicht anerkennen; er hat wieder die Perspektiven umgedreht und sagte, der Urmensch, der Übermensch sei der Sinn der Geschichte – nicht die Menschheit; den Begriff der Menschheit hatte er als christlich, demokratisch und dekadent abgelehnt. Wenn man durch Nietzsche hindurch das Christentum erkennt, dann merkt man, welche Revolution es war, jedem Menschen, auch den Armen, Kranken, Besessenen nachzugehen. Da muss man jetzt gar nicht nach dem Inhalt der Botschaft fragen. Der Inhalt ist darin schon ausgedrückt, dass alle Menschen berufen sind ...

Sánchez de Murillo: Wozu berufen?

Hans Maier: ... berufen zur Erlösung. Jeder Mensch, auch der Kranke, kann heil werden.

Sánchez de Murillo: Auch Buddha geht von einer tiefen Erfahrung des Leidens aus und spricht in diesem Zusammenhang von Erlösung. Was wäre hierbei der Unterschied zwischen Buddhismus und Christentum?

Hans Maier: Die Erlösung aus dem Leiden wird im Buddhismus herbeigeführt durch Überwindung aller Aktivität, durch Rücknahme – deswegen ist ja auch die maßgebliche Figur des Buddhismus der Mönch. Man könnte sagen, der Buddhismus will die Menschen nicht zu Menschen machen, sondern zu Mönchen. Das klingt jetzt etwas überspitzt, aber Sie fragen nach dem Unterschied zum Christentum. Auch das Christliche kennt ja die mönchische Existenz und die Weltflucht. Das verbindet uns mit dem Buddhismus. Nur, im Christentum dominiert dieses Element der Weltüberwindung nicht, und selbst in Gestalt der Orden ist es nicht allein dominierend. Es gibt daneben auch das starke andere Element, die Aktivität, also Ora et Labora (bete und arbeite). Zisterzienser sind auch zugleich die ersten Forstleute Europas gewesen, die Benediktiner haben die antike Philologie aufgearbeitet usw. Beim Buddhismus – das ist jetzt eine sehr westliche Perspektive und könnte ungerecht erscheinen – beim Buddhismus also wird das Leid überwunden durch Dämpfung der Antriebskräfte des Menschen. Es ist nicht nur eine Umkehr der Antriebsrichtung wie im Christentum, sondern die Dynamik wird zurückgenommen. Das ist ehrwürdig, eine große ethische Tradition, die große Teile Asiens geprägt hat. Das Christentum ist den anderen Weg gegangen, nämlich den Menschen ganz und gar – auch in seinen Trieben und Antrieben – sein Heil finden zu lassen. Er muss natürlich an sich arbeiten. Demnach versucht das Christentum, den Menschen – biblisch gesprochen – mit all seinen Talenten sich erleben und ausleben zu lassen. Es arbeitet mit und vertraut ein wenig mehr auf den menschlichen Stoff, aus dem die Geschichte gemacht ist, während bei Buddha das tiefe Leiden eine fast unüberwindliche Mauer errichtet. Deswegen lässt sich auch vom Buddhismus her Geschichte und weltliche Aktivität, Eroberung, Kultur *schwerer* denken, ich sage nicht *nicht* denken. Natürlich hat der Buddhismus heute auch eine Botschaft an die überaktive, hektisch gewordene westliche Welt. Bei den Buddhisten läuft alles langsamer, gelassener, was sich auch z. B. in der Musik äußert. Das Christentum hat dem Menschen die Wichtigkeit der Zeit vor Augen gestellt. Der Mensch muss ein für allemal, und zwar in diesem einzigen Leben, seine Entscheidung treffen. Hier hat der Mensch nur eine Chance. Beim Buddhismus dagegen ist es nicht nur ein Leben, es gibt Revisionsmöglichkeiten. Aber ungeachtet dieser großen Bedeutung der Zeit, die dazu führt, dass man z.B. die Zeitmessung erfindet – die Jesuitenmission in China war ja noch im 17. Jahrhundert mit Uhrenhandel verbunden! – trotz dieser Wichtigkeit der Zeit müsste man im Christentum auch die Gleichnisse von den Lilien des Feldes und das »Sorget nicht ängstlich« neu entdecken. Hier hätte das westliche Christentum auch vom Osten zu lernen.

Sánchez de Murillo: Der Buddhist sieht das, was wir heute erleben, als Ergebnis einer früheren Existenz. Und was wir im jetzigen Leben machen, wird auch beeinflussen, was wir im nächsten Leben sein werden. Das bedeutet: Die Erlösung geschieht in der Geschichte, nicht im Jenseits. Der Mensch hat hier auf Erden die Möglichkeit, sich zu bessern. Und zwar werden ihm so viele Chancen gegeben, bis er den Status erreicht, in dem er ein vollkommener Mensch und als solcher identisch mit dem Einen sein wird. Diese Sicht hat die Faktizität vor Augen, was das Christentum nicht tut. Ich will sagen: Niemand hat sich selbst gemacht, niemand hat Ort und Zeit seiner Geburt gewählt, niemand bestimmt seinen Charakter usw. Die gute oder schlechte Art unserer Handlungen hängt aber wesenhaft von diesen Umständen ab. Warum soll man für etwas bestraft (oder belohnt) werden, wofür man eigentlich nicht verantwortlich ist? Damit berührt der Buddhismus einen Punkt, den die christliche Moraltheologie nachweislich deshalb bis heute grundsätzlich vermieden hat, weil er das ganze christliche Konzept des Heils in Frage stellt.[20] Der Buddhismus dagegen ist diesbezüglich realistisch und sehr menschlich. Ist das vielleicht mit ein Grund dafür, dass immer mehr Christen zum Buddhismus konvertieren?

Hans Maier: Vordergründig ist der Buddhismus freundlicher. Es ist die große Woge des Mitleids, die den Buddhismus durch Jahrhunderte gekennzeichnet hat. Manchmal erscheinen demgegenüber die Christen und die Europäer ichbezogen und grausam. Beim zweiten Blick sieht die Sache schon etwas anders aus. Die Wiederverkörperung bedeutet ja auch, dass eine statische Hierarchie des Seins existiert, in der es niedere und hohe Existenzen gibt. Es kann sich daher im Buddhismus z.B. nie so etwas entwickeln wie eine franziskanische Zuwendung zu allen Lebewesen. Und unerbittlich wird nach einer Seinshierarchie dem Menschen zugeteilt, was er im nächsten Leben ist oder was er im vorigen Leben war. Beim Christentum wiederum könnte man sagen, der heutige Mensch ist überfordert mit dieser Geschichtlichkeit. Gewiss: Wir haben uns nicht gemacht. Besteht aber nicht der Schritt zum Menschlichen darin, sich selber anzunehmen mit all seinen Schwächen und Irrtümern? Ferner: Bei der buddhistischen Konstruktion fällt der Blick auf den Anderen aus. Ich kann im Christentum, wo der Nächste eine zentrale Rolle spielt, das, was mir selbst fehlt, im Anderen erblicken. Aber nicht nur erblicken, ich kann da-

---

[20] Diese Problematik wird behandelt in José Sánchez de Murillo, Fundamentalethik. München 1986.

durch, dass ich für den Anderen da bin, für den Anderen etwas tue, auch einen Teil seines Selbst in meine Existenz herüberholen – das zumindest in einem Christentum, das so aufgefasst wird, wie es von seinem Stifter gemeint ist. Dass wir dahinter unendlich zurückbleiben, steht auf einem anderen Blatt.

Sánchez de Murillo: Ich möchte auch aus Zeitgründen die Frage nicht mehr stellen, ob der Buddhismus im oben angesprochenen Sinne *männlich* oder *weiblich* sei. Dass Buddha und Jesus wichtige Gemeinsamkeiten aufweisen, ist offensichtlich – und ausdrücklich von Romano Guardini betont worden.[21] Könnte der Dialog mit dem Buddhismus das Christentum nicht dahin führen, seinen weiblichen Ursprung (den »weiblichen« Sohn Mariens) neu – oder besser – überhaupt erst zu entdecken? Und bedeutete so die Begegnung zwischen diesen beiden großen Weltreligionen nicht vielleicht einen entscheidenden Schritt in Richtung auf jene Vermählung des Weiblichen mit dem Männlichen, woraus das Zeitalter des *Menschlichen* aufgehen könnte?

Hans Maier: Das Gespräch zwischen den großen Weltreligionen ist äußerst wichtig und darum stets zu begrüßen. Hier am Lehrstuhl für »Christliche Weltanschauung, Kultur- und Religionstheorie« wird es besonders gepflegt.

Sánchez de Murillo: Herr Kollege Maier, erlauben Sie mir, meinem Dank für dieses Gespräch eine Nachbemerkung hinzuzufügen. Als das Edith Stein Jahrbuch noch Projekt war, waren Sie so freundlich, uns einen Aufsatz zur Verfügung zu stellen, der im ersten Band erschien.[22] Sie hatten Vertrauen zu uns. Und wir dürfen Sie zu den Mitbegründern des Jahrbuches zählen.

Hans Maier: Ich muss Ihnen auch gratulieren. Die bisherigen Bände sind alle wohl gelungen.

Sánchez de Murillo: Nochmals Dank für Ihr Vertrauen damals und für dieses Gespräch!

---

[21] Vgl. Romano Guardini, Der Herr. Über Leben und Person Jesu Christi. Freiburg/Basel/ Wien 1980, 360.

[22] Hans Maier, Katholiken und Protestanten nach der Wiedervereinigung. In: Edith Stein Jahrbuch 1 (1995) 243–256.

Vom Wesen des Christentums

Tiefenphänomenologie der Menschwerdung

José Sánchez de Murillo

Einleitung

Im Folgenden soll das Christentum nicht theologisch, sondern als innerweltliches Tiefenphänomen im Hinblick auf den Entwicklungsprozess des Menschlichen abgehandelt werden. Es seien zunächst die leitenden Grundbegriffe geklärt.

1. Das Christentum kann in zwei Grunddimensionen betrachtet werden: a) Als das Insgesamt von Aussagen, die sich jeder wissenschaftlichen Prüfung entziehen, ist es nur dem Glauben zugänglich. Dessen Welt wird von den zuständigen biblischen und theologischen Fächern begründet und entfaltet. *Von dieser Dimension wird hier nicht gehandelt.* b) Als innerweltliches Phänomen stellt es eine Interpretation des Menschen für die Menschen dar. Demnach kann und muss das Christentum – wie alle anderen Weltreligionen auch – wissenschaftlich geprüft und philosophisch gedacht werden. *Von dieser Dimension ist in der vorliegenden Abhandlung die Rede.*

2. Und zwar ist davon die Rede im Hinblick auf den Prozess der Menschwerdung des Menschen. Jedes Seiende verwirklicht individuell die Idee seines Wesens. Auf der Suche danach ist der Mensch jedoch noch unterwegs. Wie die Steine ruhen, die Pflanzen wachsen und die Vögel fliegen soll der Mensch Mensch sein. Oder ist er vielleicht das Wesen des ständigen Unterwegs? Wozu aber dann sein Erscheinen und worin besteht seine Eigenart? Nach dreitausend Jahren Philosophie und erschütternden Erfahrungen im technischen Zeitalter stehen wir erneut am Nullpunkt des Suchens. Kann das Christentum zur Findung einer Antwort beitragen?

3. Tiefenphänomenologisch ist zwischen *Tiefe* und *Ober-Fläche* als ontologischen Dimensionen zu unterscheiden. *Tiefe* nennt die Wiege des Seins und die nach innen gerichtete Grundbewegung, die das Seiende zum dort verborgenen Ursinn zurückführt. *Ober-Fläche* meint den Austragungsort des Lebens und jene nach außen treibende Kraft, welche die Tiefe umhüllt. Bildlich gesprochen sind im Bereich des Menschlichen die Tiefe als *das Weibliche* und die Ober-Fläche als *das Männliche* bezeichnet worden. Wesen heißt dann die Bewegung der Wiedervereinigung beider Prinzipien, aus dem *das Menschliche* hervorgeht: *der Prozess der Menschwerdung des Menschen.*

4. Demnach lautet die These der vorliegenden Abhandlung: Das Christentum hat sich bislang ausschließlich vom Prinzip der ontologischen Ober-Fläche (des Männlichen) her gestaltet. Diese Einseitigkeit hat das Wesen von Anfang an verzerrt. Nun soll der Blick auf das Prinzip der Tiefe (des Weiblichen) gerichtet werden, die den Horizont aufreißt, auf dem die Vereinigung beider Prinzipien stattfinden kann.

5. Diese Grundbewegung lässt sich im Christentum in drei Tiefen-phänomenen erfassen: I. Jesus aus Maria (Das Weibliche), II. Christus, der Herr (Das Männliche), III. Jesus-Christus (Das Menschliche).

I.

Jesus aus Maria (Das Weibliche)

Grundgedanke: Durch das Leben Jesu offenbart sich in menschlicher Ge-stalt die weibliche Grunddimension des Seins. Da sich der Mensch bislang vom Männlichen her verstanden hatte, war die jesuanische Gestalt eine absolute Infragestellung des Bestehenden. Deshalb wurde er und somit das Weibliche getötet. Sein Tod stellt folglich ein ontologisches Ereignis dar.

Die Richtigkeit des Grundgedankens geht aus dem tiefenphänomeno-logischen Zusammenhang der Erzählung hervor.

A

Die Geburt: Die Sage erzählt, dass Jesus von der Jungfrau Maria, die zwar mit einem Mann namens Josef verlobt war, ihn aber nicht erkannt hatte, unter Einwirkung des Heiligen Geistes geboren wurde.

1. Was auf den allgemeinen Menschenverstand abnorm wirken kann, enthält einen die Lebensgrundlage erhebenden Sinn, wenn der Mythos tiefenphänomenologisch verstanden wird. Dann ergibt sich daraus:

2. Ohne das Männliche kann das Weibliche zwar als solches nicht er-scheinen. Letzterem kommt dennoch eine ontologische Priorität zu, die sich dann auch im Zeugungsvorgang offenbart. Das Männliche und das Weibliche sind demnach gleich ursprünglich und gleich-wertig, das Weib-liche ist jedoch seinsgenetisch fundamentaler.

3. Bei der biologischen Verbindung von Mann und Frau, aus welcher der Mensch entsteht, ist das Physiologische grundlegend. Der Vorgang wird aber an sich vom Geistigen geleitet. Im echt menschlichen Zeugungs-vorgang wird in der Tat das Weibliche vom Geist des Männlichen, der schöpferisch durchdringenden Liebe, befruchtet. Was daraus hervorgeht, ist deshalb stets vom Höchsten gewirkt. Der Mythos trifft daher das Phä-nomen voll: Die Frau als solche wird vom Heiligen Geist geschwängert.

4. Gewiß geschieht menschliche Zeugung faktisch selten auf dieser ur-sprünglichen Ebene. Ganz im Gegenteil entsteht menschliches Leben allzu oft aus etablierten Gründen oder bloßer Begierde. So handelt die synoptische Erzählung bereits an dieser Stelle von *der Erlösung und Erhebung des Menschen aus dem Verfall, der in der Entstellung der Ur-sprünge besteht*.

5. Der menschliche Ur-vor-Gang ereignet sich durch Vereinigung des aufnehmenden Weiblichen, das sich konkret in der Gestalt der liebenden Frau öffnet, mit der gebenden Kraft des Männlichen, das sich, vom Weib-lichen angeregt, entzündet. Dadurch geschieht unaufhörlich Schöpfung.

6. Nicht nur im damaligen Judentum, vielmehr menschheitsgeschicht-lich hatte bislang das männliche Seinsprinzip einseitig geherrscht. Folglich

wurde das Weibliche, gleichzeitig wegen seiner Tiefe gefürchtet, für die bloß biologische Rolle der Kindergebärerin gebraucht. Dagegen tritt die Sage der jungfräulichen Geburt Jesu als eine gewaltige Gegenkraft auf, welche die göttliche Dignität des Weiblichen und seinen seinsgenetischen Vorrang hervorhebt. »Früher« als der männliche Same ist die weibliche Tiefe.

7. Die geschichtliche Herabsetzung der Frau hängt mit der Urangst des Menschen vor dem sexuellen Ursprung des Lebens zusammen. In der neutestamentlichen Erzählung geschieht folglich *Befreiung* dadurch von Beginn an, dass die göttliche Bedeutung der Sexualität offenbar wird. Um die Krippe von Bethlehem feiern Himmel und Erde, Tiere und Völker das Ereignis, und die Engel verkünden den Frieden. Die Nacktheit, weshalb sich das Urpaar im Garten Eden nach dem Urfall schämte, wird jetzt als Offenbarungsort des Göttlichen sorgfältig umhüllt der Welt kundgetan. Das Natürliche soll nicht mehr gefürchtet, wohl aber geehrt werden.[1]

B

Verborgenes Familienleben: Bis zu seinem dreißigsten Lebensjahr lebte Jesus in der Verborgenheit seiner Familie. Keine Vorbereitung auf ein besonderes Leben fand statt. Auch die Tatsache, dass sich die neutestamentlichen Schriften über Lebensabschnitte wie Kindheit und Jugend ausschweigen, über welche die Mythologien so ausführlich zu berichten pflegen, und das Kind nur ein einziges Mal öffentlich, den Gelehrten überlegen, auftreten lassen, zeigt wie gezielt hier das weibliche Seinsprinzip zur Darstellung kommt.

1. Von der Kraft der Liebe befruchtet, gedeiht zunächst das Leben in der Wärme der Geborgenheit. Spielend wird dem Dasein die Welt vertraut. Langsam verwandeln sich die stummen Zeugen in lebendige Dinge, welche die Umwelt zur Heimat werden lassen. Das wachsende Leben hebt sich unmerklich auf in der Erinnerung. War einst dunkel die Wärme, die das Dasein barg, so wird sie jetzt zunehmend licht. Die Helle erst öffnet das, was sinngebend schon von Anfang an war: die Augen, die anschauen, die Stimme, die anspricht, das Wort, das ergeht. Als solches gemeint fühlt sich das Dasein eigens gewollt: Du bist nur deinetwillen geliebt! Von wem, wenn nicht vom Höchsten, das Mutter und Vater wird, auf dass Heimat sei, worin sich der Name eines jeden ereignet?

2. Zart und scharf macht den Geist die Frische des Aufgangs, da sich das Dasein gewollt ohne Einschränkung weiß. Das höchste Wollen erst öffnet der Welt den Horizont, der die Zeit anstimmt, in der die Dinge geschehen. Sonst passieren sie bloß. Jedes hat seine Zeit. Diese zu ergreifen lernt der Mensch in der Stille des Heimlichen. Alsdann verwirkt sich im Trubel des Alltags der wahre Sinn.

---

[1] Festgehalten sei die beunruhigende Frage: Wie konnte eine Religion, die aus dem geradezu ekstatischen Nachvollzug der Lebensursprünge entstanden ist, derart leibesfremd und lebensfeindlich werden? Da das Unbehagen vor dem Sexuellen jedoch alle Kulturen durchzieht, betrifft die Antwort auf diese Frage das Selbstverständnis des Menschen überhaupt.

3. Mit zwölf Jahren löst sich Jesus einmal anlässlich eines Besuches im Tempel von seinen Eltern, tritt unter den Schriftgelehrten auf und zeigt das Wissen, das, mühelos und ohne Schulung erworben, ihm aus der Reinheit seines Herzens emporsteigt. Die Großen der Welt, die das Geheimnis der Frühe längst vergessen hatten, waren über die Leichtigkeit erstaunt, mit welcher der Knabe auf die tiefsten Fragen Antwort gab. Allein Maria, die Mutter, wusste um die ferne Herkunft des Selbstverständlichen – und »bewahrte alles in ihrem Herzen«.

C

Aufbruch: Als seine Zeit kam, ging Jesus im Alter von dreißig Jahren hinaus in die Welt.

1. Wenn das Prinzip der Äußerlichkeit herrscht, wird dem Dasein der Schein zum Wesen. Die Leere füllt sich selbst immer wieder mit neuer Leere. Das Leben wird zum Treiben. Und in der Hektik des blinden Kalküls erstickt der Sinn – jedoch nicht ganz, auf dass immer Bewegung im Treiben sei.

2. Die Innerlichkeit geht umgekehrt gelassen ihren Weg. Das innere Leben entwirft freilich auch ihr Äußeres. Doch dieses ist das Außen einer Fülle, die sich, allseits beruhigend, umsonst verschenkt.

3. Der weibliche Mann geht, von der Freiheit beflügelt, heraus aus der Sammlung des Heimlichen in die Ausgesetztheit der weiten Welt. Die Reinheit hat sich mit der Kraft vermählt und in der Blütezeit des Lebens die Fähigkeit gezeugt, mit den Augen zu sehen, mit den Ohren zu hören, mit dem Kopf zu denken und mit dem Herzen zu fühlen. Das Leben lebt. So ist endlich am Werk der Sohn des Menschen, der weiblich ist im Herzen und im Wesen voll Mann.

4. Tief sieht der Blick des reinen Auges hinein in die Farben der kosmischen Landschaft. Die Pflanzen leben gern und öffnen sich, die Lilien scheinen frisch und bilden in den Feldern – umsorgt von höchster Sorge – die Schritte der Urzeiten mit Gold und Silber ab.

5. Zugleich erfreut und bang erklingt die Stimme im All. Die Frage schwingt, schwer und leicht, den ganzen Tag, die volle Nacht. Ob weiblich zwar geworden, ist er doch ganz Mann. Der Mensch hört, wie dicht das Leben ist, und aus der Enge singt es seinen Gesang. Der Ewigkeit Urtöne beleben nun die Zeit. Vögel, Esel, Füchse spielen mit das Spiel. Und alle widmen sich, der Mitte unbekümmert, sorgfältig ihrem Tun.

6. Ganz frisch hallt da und hell das Lachen wider. Die Reinheit erwacht, ganz leise und scharf durchdringt die Welt ihr Blick. Wie klingt nun der Gesang? Nichtseiend sei das Sein, gehe auf im Untergang. Die Lust unendlich pocht und macht dabei das Zeichen von langsamer Vernichtung und dem Tod.

7. Der Mann horcht, der weiblich bleibt und männlich wird. Will nicht das Sein die Fülle, und sucht das Leben nicht sein Glück? Die Leere füllt das große Loch, so die Antwort, und mit der Zeit entsteht der Tod, der alles prägt, was sich bewegt, und jedes bindet, das in sich steht. So sprach die Nacht.

8. Sein Wort hat auch der Tag. Da horcht wieder der Mann, der männlich bleibt und weiblich wird: Wenn soviel Leid ist und du willst leben, geh deinen Weg und lass die Freiheit reden. Der Anfang endet nie, der nur sich sucht und sonst nichts will.

> Wenn aus dem Ende gewonnen
> wird die Kraft des Anfangs frisch,
> ist im Leben dann bloß Leid?
> Aus der Zeit quillt Ewigkeit,
> das Vergehen steht still.
> Und der Greis wird
> je älter
> um so deutlicher zum Kind.

9. Und der Mann, der weiblich ist, spricht das Wort, das immer bleibt: »Wenn ihr nicht wie Kinder werdet, könnt ihr nicht ins Himmelreich.«

D

Die Botschaft: Umhergehend durch die Wege seiner Heimat begegnet Jesus dem unendlichen Leid der Menschen. Umgeben von Krankheiten und Armut, Engstirnigkeit und Gier, Zügellosigkeit und Tod, steigt aus seinem Herzen das große Wort empor: Finde deinen Weg! Befreie die Urkraft, durch die das Leben immer wieder ins Freie durchbricht.

1. Metanoia: Seit eh und je sind die Menschen von der Frage beunruhigt, welchen Sinn das Hiersein auf Erden habe und was danach komme. Die großen Weltreligionen bieten jeweils andere Antworten darauf. Während sich etwa der Buddhismus das ewige Leben als eine Auflösung des Individuums im Einen vorstellt, wozu es durch wiederholte Reinigungsprozesse in verschiedenen aufeinander folgenden Leben würdig gemacht wird, zählt für den Juden hauptsächlich das irdische Leben, denn danach kommt der Scheol. Das Glück besteht folglich im materiellen Reichtum, Kindersegen, Ansehen und Macht, schließlich in der Weltherrschaft, zu welcher der Messias das auserwählte Volk führen soll.

a) Jesus sprengt den Rahmen bisheriger Vorstellungen und öffnet einen ungeahnten Horizont. Weder irdischer Reichtum noch die Auflösung im Einen sind ihm des Daseins Ziel. Die Freiheit im Hier und Jetzt muss gepflegt werden; denn aus diesem Samen geht der Lebensbaum hervor. Dem Menschen soll es um das Leben gehen, das er gerade lebt. Denn nur in dieser Zeit erwächst ihm seine Ewigkeit.[2]

b) Ungefragt in eine Welt gestellt, die viele Wege aufweist, ist der Mensch zunächst verwirrt. Die Ahnung jedoch, für eine bestimmte Aufgabe da zu sein, begleitet ihn stets. Die Ahnung wächst zunehmend, verwandelt sich langsam in Evidenz. Dann kommt die schmerzliche Stunde der Ent-Scheidung – der Augenblick, in dem der Mensch aus den vielen

---

[2] Ihm wurde die trügerische Frage gestellt: Ein Mann hatte mehrere Male geheiratet, welche würde seine richtige Frau nach der Auferstehung des Fleisches sein? Würde er diese Frage verneinen, zöge er den Zorn der sie Bejahenden auf sich; würde er sie bejahen, geriete er in Widerspruch. Er aber antwortete: Dann wird alles anders sein. Das heißt: Über Jenseitiges wissen wir nichts, und das soll auch nicht unsere Sorge sein. Unsere Aufgabe ist: *Heute* mein Leben als *mein* Leben *leben*.

Möglichkeiten *seine* herausgreift. Der Fund! Die Zeit geht auf. Das ist der Anfang überhaupt.

c) Jesus nennt die Grundmomente des eigentlichen Lebensbeginns *Tod, Neugeburt, Umkehr*: Nach dem Zusammenbruch des Gewohnten erreicht das Dasein den Nullpunkt, an dem entweder der absolute Tod eintritt oder sich Neugeburt ereignet. Die Lebensrichtung wendet sich vollständig. Der Ursprung öffnet sich. Dieser nennt keine Vorgegebenheit. Er geht vielmehr im Ereignis der Umkehr als jenes Unvorhergesehene hervor, das die Vorgegebenheiten in Gestaltungsmöglichkeiten verwandelt, ihnen mithin Sinn verleiht. An diesem Beginn wird alles neu begonnen. Nur weil eigentlich erst später alles anfängt, gibt es wirklich Leben: »Wer nicht in den Mutterschoß zurückkehrt und neu geboren wird, kann nicht ins Himmelreich eintreten.«

d) Der Mutterschoß nennt den *Ungrund*, aus dem alles entsteht und der erst in der Erfahrung des absoluten *Bruches* wieder erreicht wird. Da öffnet sich das Himmelreich: Die Findung geschieht als Selbstfindung, das Leben lebt als Eigenleben und der Weg geht als Eigenweg. Doch auch die Wiedergeburt aus dem absoluten Bruch führt nicht ins Reich des Endgültigen. Sie öffnet vielmehr das Tor zum unendlichen Meer des Vorläufigen, das zu wollen und zu bejahen der Mensch aufgerufen ist. Denn das ist das Reich der Endlichkeit. Und nur daraus erwächst ihm der Himmel der Ewigkeit.

e) Weder Flucht ins Jenseits noch blindes Streben nach irdischem Reichtum ist die Antwort auf die Frage nach dem Sinn. Wolle das Leben, das du lebst, und mach daraus das Beste! Das beste Leben ist dasjenige, das stets den Anfang sucht, darin die Mitte findet und so das Ende nicht scheut. Das Fallen als Bedingung des Aufstehens, die Sünde als Ursache für Gnade, die Krankheit als Bewusstwerdung der Gesundheit, der Tod als Wiege des Lebens. Die ersten Christen wurden *Anhänger des Weges* genannt. Der Weg ist das Abenteuer einer ständigen Wiedergeburt, durch die der Mensch *vom Fall zu Fall* die Übereinstimmung mit sich selbst, in der Beschränkung die Fülle und so in der Vorläufigkeit der Zeit die unvergängliche Vollendung erreicht.

f) Der weise Skeptiker, der die Tücke des Seins kennt, fragt voller Traurigkeit: Und die so genannte Sinnlosigkeit eines von Anfang an verkrüppelten Lebens, der Ausbeutung, des Krieges und des gewaltsamen Todes? Da antwortet der skeptische Weise und sagt: In dieser Verwirrung bietet Jesus den besten Weg: Es wird *alles,* auch das Sinnlose, im Mit-Leid aufgenommen. Eine bessere Möglichkeit kennt das Leben nicht.

g) Dieses Aufspüren des Lichtes in der Finsternis ist die tiefenphänomenologische Bedeutung des Wortes: »Ich bin der Weg, die Wahrheit und das Leben.« Die Wahrheit des Weges ereignet sich, wenn im Tod die Bedingung der Möglichkeit von Leben, in der Verzweiflung das Aufkeimen der Hoffnung erblickt wird.

2. Gott des Lebens: Die Religionen hatten bislang zwischen der Zeit (dem Beweglichen) und der Ewigkeit (dem Festen) unterschieden. Und die Philosophen stellten dem Werden das Sein gegenüber. Jesus aber sagte: »Das Reich Gottes ist mitten unter euch.« Mitten im Vergehen steht also das Ewige. Da betete der Mensch, der weiblich war und männlich wurde, und sagte:

a) Ein Reich kommt, das schon da ist. Ganz neu ist das Reich, dessen Gott gerade aufgeht. Einst allmächtiger Herr der Heerscharen ist der neue Gott durch die Begegnung mit dem Weiblichen Vater für alle geworden. Der Vater aller ist keines Volkes Eigentum. So lebt Er »im Himmel«, jedem entzogen und dem Vergänglichen entrückt, um für alle als das Ewige in der Zeit da sein zu können. Der Himmel (Vater) ist dein Innerstes, das die Erde (Mutter) gebiert, damit unaufhörlich Vereinigung und so Leben sei.

b) Sorgfältig enthüllt wie nie zuvor wird den Menschen das Geheimnis des Lebens offenbart. Die Mitte, die euch trägt und mit allem verbindet, ist »unter euch«. Horch, Mensch, den Klang der Stimme, die den Sinn aus dem Trubel hervorspricht. Hörst du den Ruf? Finde die große Liebe. Die größte Liebe ist die zu deinem Leben.

c) Der himmlische Vater sorgt für die Vögel des Himmels und die Lilien der Felder. Das Leben, das sie beseelt, ist mehr als sie. Das wissen die Geschöpfe, nicht aber die Menschen. Deshalb wendet sich Jesus an diese. Im neuen Reich haben sie das Grundgesetz zu lernen: Was dich begründet und beseelt, übersteigt dich unendlich. Doch alle drei, Grund, Seele und Überstieg, bedingen einander. Sie sind dasselbe, und doch ganz verschieden. Oben ist es das Oberste, und unten das Unterste. Die Mitte ist überall. Aus dieser geboren machen das Obere und das Untere das Ganze aus.

d) Das Schöpferische bleibt eins, indem es sich vervielfältigt. Mineralien, Pflanzen, Tiere und Menschen stellen lebendige Verwirklichungsformen des selben dar. Sie sind alle Kinder derselben Urmutter und desselben Urvaters. In der Verschiedenheit offenbart sich darum derselbe Ursprung. Der Mensch ist nicht mehr als die anderen Geschöpfe, er ist der Ort, an dem die allgemeine Naturgleichheit zur Sprache kommen soll.

e) Jesus hat keine Religion begründet und keine Kirche gestiftet. Er hat vielmehr den Horizont für eine Welt geöffnet, die alle aufnehmen und bergen kann. Eine solche sammelnde Welt lebt vom weiblichen Prinzip, denn das Männliche ist auf Eroberung und Herrschaft aus: es scheidet.

f) Warum spricht er, der weibliche Mann, noch immer nur vom Vater – und nicht auch von der Mutter? Maria aber beobachtete alles und »bewahrte es in ihrem Herzen«.

3. *Sein*: Das Höchste erfahren heißt, sich selbst erfahren. In der Selbsterfahrung geht dem Einzelnen die unzerstörbare Grundsubstanz seines Lebens auf. Dadurch erst wird der Mensch zum Individuum. Individuell am Leben teilnehmen bedeutet, den allgemeinen Grund in eigene Substanz verwandeln und diesen lebendigen Prozess mit der *Färbung* des eigenen Lichtes durchleuchten.

a) Die Lebenssubstanz ist Gestaltungsdrang. Dieser wird durch die Strukturen der Ober-Fläche zwar ermöglicht, aber auch entsprechend verhindert. Denn durch sie fällt dem Individuum eine künstliche Identität zu: Es *ist* Mitglied einer Familie, Bürger eines Staates, Exponent eines Berufes, im Stand eines bestimmten Geschlechtes usw. Solange sich der

Mensch diese Strukturen wesenhaft aneignet, nimmt er den Schein für das Sein. Bricht der Schein zusammen, entdeckt er die Strukturen als solche d. h. als Verkleidungen des Wesens. In der Erfahrung des tiefenphänomenologischen *Bruches* erst erreicht der Mensch das Reich der Wahrheit.

b) Aus der Erfahrung der Grundwahrheit heraus lebt der Mensch doppelt: als die Struktur, die sein Wesen umhüllt – und als die Tiefe, die das Geheimnis offenbart. Das Wesen des Geheimnisses ist die Weise des Unterwegs: die Sehnsucht einer Freiheit, die sich nur in der Erfahrung ihrer potenziell unendlichen Weite als solche verwirklicht.

c) Derart entblößt entdeckt der neue Adam im Schmerz des unendlichen Verlustes die Größe seiner ursprünglichen Berufung: »Selig die Armen, denn ihnen gehört das Himmelreich.«

4. Unterwegs: Von seinem Ernst getragen geht der Menschensohn gelassen durch die Straßen des Lebens.

a) Das Volk ist arm, viele sind krank. Er leidet mit. Zu geben hat er nur Worte, die aus dem Herzen kommend heilen. »Steh auf und geh umher.« »Deine Sünden sind dir vergeben.« Die Liebe allein ist Licht in der Nacht.

b) Er liebt die Felder, die Blumen und die Vögel – und die Kinder und die Frauen und die Männer – und den Wein und das Brot. Er mag mit Menschen jeder Schicht bei Tisch zusammensitzen. Er steht auf und geht mit seinen Jüngerinnen und Jüngern weiter, bis er müde wird. Dann zieht er zu seinen Freunden nach Bethanien, isst und trinkt mit ihnen und schläft ein. Und er träumt: Lazarus, der Bruder seiner Freunde, war gestorben, er wurde gerufen, weinte und erweckte ihn mit den kräftigen Worten seiner Lebenslust. Daraufhin wird er selbst wach. Es ist noch Nacht. Lazarus ist da und schläft. Eines Tages, denkt er, wird er wirklich sterben, für immer, wie alle anderen. Von seinem Gedanken getroffen wacht Lazarus auf, lächelt ihm zu, während Maria und Martha das Haus besorgen.

c) Er zieht weiter durch Wüste und Felder, Berge und Täler, am Strand des großen Meeres entlang. Lebensfreude erfüllt ihn – und auch Mitleid mit den Menschen, die nicht wissen, wohin mit sich. Verwirrt auf der Suche nach Sinn werden die Menschen gefangen im dichten Netz unendlicher Vorschriften. Beute von Gier und Machtsucht. Elend überall. Das Volk leidet an Leib und Seele, die Schriftgelehrten sind starr und falsch im Geist.

Er geht weiter durch die Felder. Von vielen wird er umgeben, im Innersten ist er jedoch allein. Lieben ihn seine Jünger? Sie brauchen ihn, denn sie suchen noch immer nach Ansehen und Macht. Lieben ihn die Einfachen? Sie wollen nur sein Brot, um von der Bürde des Lebens entlastet zu werden.

Der Menschensohn geht weiter durch die Städte der Welt. Hinter den schwachen Mauern der Interessen belagert der Neid der Mächtigen das einsame Schloss seiner Freiheit.

E

Der Tod: Das Jesus-Phänomen stellte nicht nur das Wesen des jüdischen Bewusstseins, sondern das bisherige Selbstverständnis des Menschen überhaupt infrage. Entsprechend mehrdimensional wurde Jesus getötet.

1. Der historische Tod: Da er die Heuchelei und den Formalismus der Mächtigen offen legte und dadurch die Menschen aufwiegelte, wurde er von den Herrschenden gedemütigt, gefoltert und umgebracht.

2. Der theologische Tod: Als der Apostel Paulus in seinem Namen eine Theologie entwickelte, die das eigentliche Phänomen (Jesu irdisches Leben) gänzlich ignoriert und dem von ihm dargestellte Tiefenphänomen (das Weibliche) regelrecht zuwiderläuft – und als der Evangelist Johannes seine wesenhaft leiblich-irdische Botschaft in einem griechisch-intellektualistischen Licht darstellte, das sie geradezu entstellte –, wurde der Kern seiner Lehre zerstört.

3. Der geschichtliche Tod: Indem in seinem Namen eine Religion entstand und eine Kirche gegründet wurde, die Dogmen verkündet, Machtstrukturen entfaltet und also all das wiederholt, wogegen er aufstand, muss er durch sie seit zwei Jahrtausenden den Tod erleiden.

F

Das Tiefenphänomen: In der jesuanischen Gestalt offenbart sich ein Grundzug des Seins, das bislang unterdrückt worden war. Diese Offenbarung erhellt die Weise des geschichtlichen Verlaufs:

1. Aus dem Tierreich hervorgetreten hatte der Mensch, um sich auf der Welt einrichten zu können, gegen Widerstände in Natur und Zusammenleben zu kämpfen. Dies bedeutete Arbeit und Kampf, Siegeswille, Härte, Streben nach Macht.

2. Diese Grundeinstellung ist im Laufe einer millionenjährigen Geschichte so verinnerlicht worden, dass dem Menschen Kampfgeist, Siegen und Erobern zur Grundform des Bewusstseins geworden waren. Die Philosophie nahm diese männlichen Kategorien als die menschliche Sichtweise überhaupt hin und erläuterte sie nur.[3] So hatte sich geschichtlich nur das männliche Prinzip entfaltet. In der Menschenwelt hieß das Sein: Macht haben, Aussagen, Unterwerfen. Die Geschichte war folglich als Kriegsgeschichte abgelaufen.

3. Doch die Sehnsucht nach dem weiblichen Seinsprinzip gab es, obwohl verborgen, von Anfang an. Mit dem Jesus-Phänomen bricht es geschichtlich durch. War dies nicht die Bedeutung der Frohbotschaft »Frieden auf Erden den Menschen guten Willens«? Gleich wurde es jedoch wieder vom männlichen erstickt. Warum? Um die Beantwortung dieser Frage versuchen zu können, muss das Tiefenphänomen offen gelegt werden.

II.
Christus, der Herr (Das Männliche)

Grundgedanke: Die Machthaber und Gelehrten fühlten sich in ihrer Substanz bedroht und mussten das Phänomen Jesus im Keim ersticken. Die *andere Seite*, das Volk, sehnte sich zwar nach Befreiung. Da es aber ebenso

---

[3] Das Wort *Kategorie* charakterisiert treffend die Grundeinstellung des abendländischen Philosophierens. Kata agoreüein bedeutet: *von oben herab sagen* auf das Seiende überhaupt. Das Männliche ist herabblickend, besserwissend, aussagend, befehlend.

nur in Machtkategorien zu denken vermochte, strebte es insgeheim eine
Umkehrung der Verhältnisse an. Hatten bisher die Mächtigen und Reichen geherrscht, so sollten nun die Schwachen und Armen bestimmen.
Dafür war eine Begründung nötig. So wurde aus dem Dichter Jesus der
allmächtige Christus, der den Grund für eine neue Epoche der Geschichte
der Macht lieferte.

Diese Verwandlung ist hauptsächlich das Werk des Apostels Paulus, auf
den die ältesten Schriften des Neuen Testaments zurückgehen. Das Evangelium des Johannes, in dem derselbe Geist herrscht, ist später entstanden
und fußt auf der durch Paulus zugrunde gelegten theologischen Grund-
sicht.[4]

Die Uminterpretation geschieht, wie bereits angemerkt, aufgrund griechischer Denkformen und römischer Weltmachtvorstellungen. Jesus, ein
Jude, der grundsätzlich unjüdisch dachte, war idealisierungsfähig und somit
als Grundlage für ein neues Kulturprogramm von Weltrang geeignet, das
von einem Juden gegen die Juden entworfen, den jüdischen Messianismus
verwirklichen sollte. Paulus, der Jesus nicht gekannt hatte, interessierte die
historische Gestalt eigentlich nicht. Sie störte ihn sogar. Denn Jesus hatte
nur als Mensch gelebt. Und Paulus brauchte, um sein Seinsverständnis zu
begründen, einen Gott, dessen Hauptprediger er war. So wurde aus dem
Söldner Saulus der Weltapostel Paulus, der sich zwar den Letztgekomme-
nen nannte, aber sich in Wirklichkeit als den Ersten verstand.[5]

Mit der paulinischen Umdeutung erreicht das männliche Prinzip eine
Dominanz, die vorher und bis heute unübertroffen geblieben ist.[6] Es ist

---

[4] Vgl. Joachim Gnilka, Jesus von Nazaret. In: Edith Stein Jahrbuch 4 (1997) 63–80. – Spätere Formen des Drangs nach Weltherrschaft – wie jeweils anders die islamische oder die
marxistische und freilich auch die nun dominierende wissenschaftlich-technizistische –
sind vom christlich-paulinischen messianischen Entwurf ermöglicht worden. Dass das
Geschäft hauptsächlich von Männern betrieben wird, gründet in der ontologischen Verfassung. Daher wird die zunehmende Übernahme von Ämtern durch Frauen an der
Situation nichts ändern. Denn die Frauen werden nur insofern angenommen, als sie dem
männlichen Geist dienen. Das Tiefenphänomen erreicht seine Spitze, wenn der männliche Geist *am entschiedensten* von Frauen vertreten wird. Ich verweise auf die Abhandlung *Vom Wesen des Weiblichen,* die 1996 im 2. Band dieses Jahrbuchs erschienen ist.

[5] Vor Jahren, bevor mir die Sichtweise der Tiefenphänomenologie aufging, hatte ich in
einem in der römischen Zeitschrift *Teresianum* 1977 veröffentlichten Artikel traditions-
gemäß geäußert, Paulus sei die *Umkehrung* von Saulus gewesen. Der Titel des Aufsatzes
lautete: »Saulus-Paulus. Glaube als conversio«. Heute meine ich: Paulus stellt die *Radikalisierung* des von Saulus gewaltsam vertretenen männlichen Geistes dar.

[6] Nach Reimarus (1694–1768) haben sich mehrere Forscher mit der hier angesprochenen
Problematik befasst. Auf die Untersuchungen Bultmanns, die teilweise unter Einfluss
der Phänomenologie Martin Heideggers stattgefunden haben, sei hingewiesen. Unsere
These hierzu lautet: Der Sinn, der sich in den Tiefenphänomenen *Jesus* und *Christus* und
im Übergang von einem zum anderen bekundet, kann, da ontologischer Natur, anhand
der historisch-kritischen Methode nicht adäquat gesehen werden. Ebenso erweist sich
die Heidegger'sche Ontologie, da wesenhaft männlich, für die gesamte Problematik als
unzureichend. Zur methodischen Grundlage der vorliegenden Abhandlung vgl. José
Sánchez de Murillo, Der Geist der deutschen Romantik. Der Übergang vom logischen
zum dichterischen Denken und der Hervorgang der Tiefenphänomenologie. München
1986.

bis in letzte Einzelheiten, vornehmlich in der Sprache, anzutreffen. So hatte Jesus den Horizont des weiblichen Seinsvollzuges mit der dafür geeigneten Sprache, nämlich *dichterisch,* eröffnet. Die männliche Fassung des Phänomens stellte sich dagegen in theologisch-wissenschaftlichem Gewand als dogmatische Christologie dar. Deren Hauptzüge – unzeitliche Geburt, Tod auf Auferstehung hin, Erlösung, Kirche und Seinsdominanz – seien im Folgenden tiefenphänomenologisch erhellt.

A

Die männliche Uminterpretation: Es ging Paulus um die metaphysische Begründung eines Seinsverständnisses, in dessen Mitte die absolute Herrschaft durch den Menschen steht.

1. Das Sein sollte daraufhin erhellt werden, dass keine Dunkelheit mehr besteht, keine Frage unbeantwortet und keine Regung unbeherrscht bleiben. Freilich gehört zum paulinischen Entwurf fundamental *die Rede* vom Geheimnis. Aber es handelt sich um ein solches, von dem jede Einzelheit gewusst und erklärt werden muss. Da aber das Seinsleben voller Dunkelheiten, unbeantwortbaren Fragen und unbeherrschbaren Regungen ist, stellt es sich als das Gegenüber überhaupt dar, das es zu bezwingen gilt. Die paulinische Lehre ist daher in ihrem Wesen kriegerisch gestimmt. Es geht dabei wesenhaft um Kampf, Sieg und Macht, und zwar soll nicht nur die Welt, sondern das Sein überhaupt, das mit dem Urfall dem Bösen unterworfen wurde, wieder erobert werden. Die Theologie des Apostel Paulus legt den Grund für eine Metaphysik der absoluten Macht.[7]

2. Für ein solches Vorhaben war der historische Jesus nur insofern tauglich, als er den Rahmen des jüdischen Seinsverständnisses sprengte. Er war Jude, hatte aber unjüdisch gedacht und gelebt. Ohne je seine Heimat verlassen zu haben, war seine Gestalt von weltgeschichtlichem Format und so geeignet, als Grundlage für die beabsichtigte Weltordnung zu fungieren.

3. Im Kampf gegen das Sein war in erster Linie der Tod zu eliminieren. Da dieser mehrfach im Leben herrscht, musste er an seiner metaphysischen Wurzel getroffen werden. Nun setzt das Ende einen Anfang voraus. Was aber ist der Beginn, der den Tod gebiert, wenn nicht die Zeit? Folglich musste diese am Idealpunkt der Ewigkeit überwunden werden. So wurde aus dem Menschen Jesus, der faktisch in Bethlehem von einer Frau geboren wurde, in Nazaret lebte und in Jerusalem starb, idealtypisch der unzeitlich Erstgeborene der Schöpfung, der seit Ewig-

---

[7] Die kriegerische Seinsauffassung des Paulus ist wichtiger Exponent der weltgeschichtlichen Kontinuität des männlichen Seinsverständnisses, das durch Sätze wie »Der Krieg ist der Vater aller Dinge« (Heraklit), »veni, vidi, vici« (Cäsar), »ich habe den guten Kampf gekämpft, den Weg vollendet, den Glauben bewahrt« (Paulus) dokumentiert wird. Der vom Weiblichen losgelöste Geist tätigt sich vornehmlich militärisch und wird dann zum Ungeist. Der militärische Ungeist hat in dem Buch »Mein Kampf«, das die größte Katastrophe des 20. Jahrhunderts ausgelöst hat, einen schrecklichen Höhepunkt erreicht.

keit über alles herrschte, in dem alles vorgesehen und geschaffen wurde und durch den alles gerettet, geheilt und zur Vollendung geführt werden soll.[8]

4. In der Mitte des paulinischen Entwurfes steht ein Mann, der als solcher *den* verklärten Menschen und das übernatürliche Ziel von Mann und Frau darstellt. Dadurch wird das Männliche bis in die höchsten Sphären des Göttlichen erhoben. Der männliche Mensch, der vor und über der Zeit ist, den Tod nicht mehr kennt und das Weibliche um sein zu können nicht braucht, ist freilich kein irdischer Mensch, kein Mensch der Natur, sondern ein übernatürlicher Geistesmensch. Der unzeitliche Christus ist der allmächtige Geistesmensch schlechthin, der Pantokrator, weil er die Wurzel jeder Milde und Zartheit, jeder Wärme und Leidenschaft, jeder Schwäche und Kränklichkeit in sich getötet und so als das im Wesen Niedergestreckte endgültig überwunden hat. Die von Paulus entfaltete männlich-theologische Anthropologie profiliert sich durch Abhebung von der Natur und Unterwerfung des Weiblichen.[9]

B

Naturfeindlichkeit: Das Männliche tritt auf als der Gegensatz zur Natur und nennt sich Geist, der »mehr« als diese sein soll. Demnach stellt der Geist jenes Gegenüber dar, das durch Kampf und Sieg sein Höhersein beweisen muss. Auf dieser Entgegensetzung gründet das paulinische Christentum. Deren Tragweite wird deutlicher, wenn wir uns an die natürlich-weibliche Grundhaltung Jesu erinnern:

1. Im Jesus-Phänomen wird die Gesamtwirklichkeit des Menschen mit seiner Schwäche, Krankheit und Unreife mit der Zuversicht angenommen, sie zu heilen und heranreifen zu lassen. Der Grund des Menschseins ist an sich gut, doch er muss als solches ent-deckt werden. Die Ent-Deckung geschieht durch Metanoia, also durch Rückkehr ins Innere (»Das Reich Gottes ist mitten unter euch«), wo eben diese an sich gute Mitte gefunden werden kann.

2. Der Spätapostel Paulus dagegen stellt in die Mitte des Seinsverständnisses den Begriff der Ursünde. Demnach erscheint das Ganze von einer Urnegativität durchdrungen, die im physischen Tod den Abschluss erreicht.[10] Allerdings muss diese Negativität, da dem Männlichen unerträglich, eine geschichtliche, eine durch die Sünde hinzugekommene und

---

[8] Vgl. Brief an die Kolosser 1, 13-20.

[9] Der naheliegende Einwand, dass die paulinische Christologie eine Ekklesiologie einschließe, wodurch das Weibliche in sein Gesamtkonzept integriert wäre, geht am Grundgedanken vorbei. Die Kirche hat sich deshalb weltgeschichtlich als Machtorgan entwickelt, weil sie von Anfang an und von der Sache her als solches gedacht war. Dass sie auch nur von Männern geführt wurde und wird (»Die Frauen haben in der Kirche zu schweigen«), ist an sich irrelevant, aber natürlich bezeichnend. Siehe auch Anmerkung 4.

[10] Wichtig ist: Während Jesus den Tod als Tiefenphänomen (Metanoia) erfährt und darin die geistige Lebenskraft der Naturvorgänge erblickt, versteht ihn Paulus nur als leibliches Ableben, wovor sich das männliche Prinzip im Menschen fürchtet und das es folglich zu überwinden gilt.

folglich zu beseitigende sein. Das Sein ist, gemäß dem biblischen Wort, gut: »Und Gott sah, dass alles gut war.« Durch den Sieg über den leiblichen Tod kehrt also das Sein zu seinem geheilten und verklärten Ursprung zurück. Die ganze Schöpfung, heißt es im 8. Kapitel des Römerbriefes, sei durch die Sünde geprägt, dabei zugleich durch das hoffnungsvolle Verlangen nach endgültigem und endzeitlichem Heil bewegt.

3. Um ihn bewältigen zu können, muss der Dualismus von Gut und Böse personifiziert werden. Diese Zweiheit beunruhigt alle großen Religionen und Urphilosophien. *Religionsgeschichtlich* gewichtig bei Paulus ist allerdings in der Tat, dass bei ihm die Gegensätze in menschlicher Gestalt (Adam und Christus) auftreten. *Tiefenphänomenologisch* wesentlich ist es jedoch, dass sich der Kampf hauptsächlich zwischen zwei Männern entscheidet. Die Frauen (Eva-Maria), die in der ursprünglich biblischjesuanischen Idee eine zentrale Rolle spielen, werden in der paulinischen Auffassung bedeutungslos. Denn die Grundabsicht dieser theologischen Anthropologie ist zu zeigen, dass und wie das Weibliche vom Männlichen unterworfen wird.

4. Folge: Wenn das Männliche einseitig herrscht, ist das Weibliche nur da, um dem Männlichen die Hauptrolle im geschichtlichen Heilsgeschehen zu ermöglichen. Demnach ist das Verderben durch die Natur in die Geschichte eingebrochen, damit das Heil von und durch das Männliche kommen kann.

C

Männliche Heilsgeschichte: Der Natur haftet nach Paulus historisch, aber wesenhaft Sünde an. Darum ist sie ihm der Inbegriff der Negativität. Dennoch: Selbst wenn die Sünde in die Geschichte durch die Frau einbricht, so ist es doch der Mann (Adam), der fällt und ebenso ein Mann (Christus), der die Ordnung wieder herstellt. So wird die Heilsgeschichte als das Grundgeschehen der Weltgeschichte buchstäblich zur reinen Männersache.

1. Im 5. Kapitel des Römerbriefes werden Adam und Christus als Urgegensätze gegenübergestellt. Was durch den einen verloren ging, muss durch den Zweiten, der eigentlich der Erste ist, wiedergewonnen werden. Die Wiederherstellung aber ist eine wesentliche Verbesserung des Urzustandes, dergestalt, dass der neue nicht mehr ein natürlicher (niederer), sondern ein übernatürlicher (höherer) ist. Von unten kommt das Übel: das Leben des Fleisches. Die wahre Schöpfung dagegen, das Leben des Geistes, kommt von oben – und ist Gnade. Die Gnade wird der Menschheit allein durch Christus, den männlichen Menschen, vermittelt: die absolute Überhebung des Männlichen.

2. Die seit Luther das christliche Abendland beunruhigende Polemik, ob der Mensch nur durch Glaube und Gnade oder auch durch eigene Werke das Heil erlange, ist im Hinblick auf die tiefenphänomenologische Dimension unerheblich. Denn beide Positionen stehen auf dem gleichen männlichen Boden der negativen Auffassung von Natur, ob Luther wohl,

auch biographisch, tiefer und so der Sache näher als die anderen gekommen ist.[11]

3. Entscheidend ist die Verwandlung der Grunddimension: *Von Jesus zu Christus.* Waren beim Jesus-Phänomen die mythologische Darstellung der Empfängnis und der leiblichen Geburt, die Geborgenheit in der Familie, die Arbeit, die Wanderung durch die Städte als Botschafter der Freiheit und auch der Tod aus Neid und Eifersucht der Zeitgenossen erhabener Ausdruck der weiblichen Seite des Seinslebens, so tritt nun an dessen Stelle eine grundsätzliche Ablehnung des Irdischen und des fleischlichen Lebens, das, da *das Männliche an sich damit nicht zurecht kommt,* als das Negative schlechthin verteufelt und folglich als Quelle von Sünde bezeichnet wird. Demnach kann die Erlösung nur darin bestehen, dass die alte, *lediglich natürliche Verfassung* durch eine neue, *übernatürliche* ersetzt wird. Die *Ersetzung* ist entscheidend in der paulinisch-männlichen Auffassung. Denn das Übernatürliche ist nicht bloß ein Über-Bau. Die Natur wird vielmehr – da im Wesen verändert – als solche buchstäblich umgeschaffen und dadurch von Grund auf zur Übernatur, d.h. zum männlichen Geist, der aus der Zerstörung der Natur resultiert.[12]

4. Wir haben bisher diese paulinische Auffassung *Umdeutung* des Tiefenphänomens genannt. Diese Bezeichnung ist insofern richtig, als Paulus sein Verständnis als *die* einzig wahre Auffassung des Jesus-Phänomens darstellt. In Wirklichkeit hat Paulus eine andere, eben die männliche Seite des Seinslebens vor Augen. Würde sich diese auch als solche verstehen, stünde sie im Recht. Aber das Männliche ist ausschließend und maßgebend. So gibt sich *seine* Sicht als *die Interpretation* des Heilsgeschehens schlechthin aus und verfälscht von Anfang an durch seine *Einseitigkeit* das Gesamtphänomen. Der paulinische Irrtum hat das christliche Bewusstsein

---

[11] Freilich nicht ohne theoretische Widersprüche, so z. B. was die Rolle der Frau in der Gestalt Mariens beim Heilsgeschehen anbelangt. Die Einführung des Weiblichen (schon in der ontischen Gestalt der Frau Maria) hätte dem lutherischen Konzept eine fruchtbare Dynamik verliehen. Dennoch bleibt die Reformation ein wichtiges religionsphilosophisches Moment. Im Hinblick auf die Entwicklungsgeschichte des menschlichen Selbstbewusstseins genügt es daher nicht, Luther durch die katholische Kirche zu rehabilitieren und so zu versuchen, den innerchristlichen Frieden wiederherzustellen. So sehr letztes zu begrüßen ist, so kann eine solche Versöhnung oberflächlich bleiben und den Blick für das Wesentliche verdecken.

[12] Im vergangenen Jahrhundert ist selbst innertheologisch die Einseitigkeit dieser Sicht bewusst geworden. So versuchte die Schultheologie klarzumachen, dass die Natur an sich nicht schlecht, wohl aber verfallen sei. Im Rahmen dieser Bemühungen entstand in Frankreich die *Théologie des réalités terrestres,* der in Deutschland die *Theologie der Hoffnung* folgte. (Mit dieser Thematik befasste sich des Verfassers theologische Dissertation *Hacia una Teología de la Esperanza. Solución de un problema a la luz de los principios teológicos de Karl Rahner.* Roma Teresianum 1970.) Freilich bleiben diese Bemühungen, das irdische Leben anzunehmen, deshalb auf demselben Boden der Unterbewertung, weil die Würdigung des Irdischen in dieser männlichen Auffassung ohne den Blick auf die himmlische Belohnung nicht auskommt. Und schon die Tatsache, dass eine solche Theologie notwendig geworden ist zeigt, wie tief die seit Paulus und Johannes wirkende griechische Verachtung des Irdischen und Fleischlichen das christliche Bewusstsein geprägt hat. Entsprechend lautet das jahrhundertelang leitende Grundwort: *Despicere terrena et amare coelestia* (Das Irdische verachten und das Himmlische lieben).

entscheidend geprägt und ist für die Härte, die dogmatische Engstirnigkeit und die daraus resultierenden kriminellen Grausamkeiten verantwortlich, die seit zweitausend Jahren im Namen Christi begangen werden.

D

Überwindung des Todes: Das Männliche oder intellektuell Geistige hat Angst vor dem Weiblichen oder der natürlichen Natur. Diese lebt aus dem Spiel von Geburt und Tod. Jenes strebt dagegen Zeitentrückung und ewiges Überdauern an. Nachdem der leibliche Beginn durch den Mythos der unzeitlichen Geburt überwunden wurde, musste auch der Tod besiegt werden.

1. Die männliche Grundhaltung versteht den Lebenssinn vom Kampf und Sieg her. Während Jesus sich der Schwächen angenommen hat, müssen sie bei Paulus überwunden werden. Gemeint sind dabei Grundzüge des Seins, die als Zeichen der Unvollkommenheit angesehen werden. In der männlichen Auffassung ist alles unvollkommen, was vergeht. So geht es in der paulinischen Anthropologie darum, zu beweisen, dass das Vergehen den Menschen nichts anhaben kann.

2. Ein Anfang wurde dadurch überwunden, indem aus dem historischen Jesus der zeitenthobene Christus wurde, der seit Ewigkeit lebt und in dem der Vater die Erlösung und das Heil der Welt vorgesehen hat. Damit wird der vergangenen Geschichte Sinn gegeben und die künftige im voraus erhellt. Alles, was dem Denken rätselhaft erscheinen muss, wird abgefangen und im Licht dieser Auffassung klargestellt.

3. Gibt es keinen Beginn, dann auch kein Ende. Das zeitliche Leben wird zu einem Durchgang mit Zwischenstationen, das nur im Hinblick auf das ewige Leben Bedeutung erhält. Dieses wird freilich grundsätzlich nach dem Modell des Irdischen vorgestellt, aber so, dass dabei alles Zeitliche und Fleischliche vergeistigt wird.

4. Da dieses Seinsverständnis gegen Gefühl und Vernunft verstößt, muss ein Beweis erbracht werden. Der Beweis ist die Auferstehung Jesu, von der zwar in den Evangelien berichtet wird, die aber auf Paulus, der früher geschrieben hat, zurückzuführen ist. Die paulinische Auffassung von leiblicher Auferstehung passt allerdings nicht ins weibliche Konzept, das die jesuanische Gestalt prägt. Im Gegenteil: Zur Grundbewegung des weiblichen Seinsvollzugs gehört wesenhaft das Vergehen als Bedingung des zyklischen Neubeginns.

5. Die angedeutete Beweisführung wird im 15. Kapitel des ersten Briefes an die Korinther entfaltet. Jesus ist der Messias. Und der Messias ist für die Sünden der Menschen gestorben, die verantwortlich für den Tod sein sollen.

6. Das heißt: Der Tod, der offensichtlich die ganze Natur durchkreuzt, gehört in der männlichen Auffassung nicht zum Leben, sondern ist eine Folge der Sünde. Also musste diese getilgt werden, damit jener verschwinde. Sie würde es freilich nicht dadurch, dass der Messias nur als Sündenbock stirbt. Damit wäre nichts gewonnen, sondern alles endgültig

verloren. Doch der Messias stirbt, um aufzuerstehen und so den Tod endgültig zu besiegen. Die Auferstehung musste auch leiblich bewiesen
werden. So gehen die für das Konzept entscheidenden Erscheinungen des
Auferstandenen, wovon die Evangelien berichten, eigens auf Paulus
zurück, der selbst den historischen Jesus nicht gekannt hat.[13]

7. Da Jesus auferstanden ist und so den Tod überwunden hat, schluss-
folgert der paulinische Gedanke, werden auch alle diejenigen auferstehen,
die an ihn – an den paulinisch-männlichen Christus – geglaubt haben.
Andernfalls wären die Christen die unglücklichsten Menschen, denn dem
Glauben fehlte der Inhalt: »Si Christus non resurrexit vana est fides
nostra.«

E

Seinsdominanz: Die paulinisch-männliche Sehnsucht strebt nach einem
Leben, in dem all das, was auf Erden rätselhaft erscheint und die Grenzen
der Vernunft überschreitet, offen gelegt wird. Wichtig für das Konzept ist
dabei, dass nicht nur die Menschheits-, sondern auch die Naturgeschichte
auf diese Verkündigung hinzielt. Derjenige also, der so schwungvoll vom
Geheimnis schreibt, kennt offensichtlich jeden seiner Winkel.

1. Entscheidend ist die Ablösungsfolge: Die jüdische Religion löst die
natürliche, die christliche die jüdische ab. Ist das Judentum vom Gesetz
bestimmt, so stellt das Christentum die Abschaffung des Gesetzes und
den Triumph des Geistes dar. Die Zeit des Gesetzes bedeutete Herrschaft
des Äußeren, das sich in unzähligen formalistischen Bestimmungen dem
Individuum aufzwang. Dazu gehörte die Beschneidung, durch die das
Fleischliche eine allzu große Bedeutung erlangte. Der Übergang vom
äußeren zum inneren Gesetz, das im Glauben an Christus nachvollzogen
wird, und die Abschaffung der Beschneidung bedeuten Aufgang der
Herrschaft des Geistes, der sich über dem als Wurzel allen Übels erklärten Fleische emporhebt: »Ach, ich Unglücklicher! Wer wird mich von
dem Leib dieses Todes befreien? Ich danke Gott durch Jesus Christus, unsern Herrn!«[14]

2. Das Ziel des Lebens wird als ein Zustand vorgestellt, in dem der Leib
unleiblich, die Zeit unzeitlich und das Leben ohne Fleisch erfahren werden:

> Aber, wird einer sagen, wie werden denn die Toten erweckt? Mit was für einem Leibe
> kommen sie? Du Tor! Was du säest, wird nicht lebendig, wenn es nicht (zuvor) gestor-
> ben ist. Und was du säen magst, du säest nicht den Leib, der erst entstehen soll, sondern
> ein nacktes Samenkorn, zum Beispiel vom Weizen oder sonst einem (Gewächs). Gott
> aber gibt ihm einen Körper, so wie es ihm gefiel, und zwar einer jeden Samenart ihren
> besonderen Körper.[15]

3. Nachdem alles besiegt, unterworfen und verwandelt wurde, was dem
Männlichen als Hindernis für ein rein geistiges Leben erscheint, reißt
diese Vorstellung zur Freude hin

---

[13] Vgl. 1 Korintherbrief 15, 3-9.
[14] Römerbrief, 7, 24-25.
[15] 1 Korintherbrief 15, 35-38.

Wenn aber dieses Verwesliche Unverweslichkeit angezogen haben wird und wenn dieses Sterbliche Unsterblichkeit angezogen haben wird, dann wird sich das Wort erfüllen, das geschrieben steht: Verschlungen ward der Tod im Sieg. Wo ist, o Tod, dein Sieg? Wo ist, o Tod, dein Stachel? Der Stachel des Todes aber ist die Sünde, die Kraft der Sünde aber das Gesetz. Doch Gott sei Dank, der uns den Sieg verleiht durch unsern Herrn Jesus Christus.[16]

4. Während das Weibliche die Vollendung keineswegs in der Befreiung vom Fleischlichen, sondern geradezu umgekehrt in dessen Pflege und Entfaltung zur Fruchtbarkeit seine Erfüllung findet, erreicht der männliche Entwurf seine Spitze in der Unterwerfung des Leiblichen, damit das entfleischte Geistige die Herrschaft übernehmen könne.

Also gibt es jetzt keine Verurteilung für die, die in Jesus Christus sind. Denn das Gesetz des Geistes und des Lebens hat dich vom Gesetz des Todes frei gemacht. Was nämlich das Gesetz nicht vermochte, weil es wegen des Fleisches schwach war, das tat Gott. Er sandte seinen eigenen Sohn in der Gestalt des sündigen Fleisches und um der Sünde willen und verurteilte dadurch die Sünde im Fleisch, damit die Forderung des Gesetzes in uns erfüllt würde, die wir nicht nach dem Fleische wandeln, sondern nach dem Geist. – Denn die fleischlich geartet sind, trachten nach dem, was des Fleisches ist, die aber geistig geartet sind, nach dem, was des Geistes ist. Das Trachten des Fleisches ist Tod, das Trachten des Geistes aber ist Leben und Friede. Das Trachten des Fleisches ist ja Feindseligkeit gegen Gott; denn es ordnet sich nicht dem Gesetz Gottes unter, kann es gar nicht. Die im Fleische sind, können darum Gott nicht gefallen. Ihr aber seid nicht im Fleisch, sondern im Geist, wenn anders der Geist Gottes in euch wohnt. Wenn aber jemand den Geist Christi nicht hat, so gehört dieser ihm nicht an. Ist aber Christus in euch, so ist der Leib zwar um der Sünde willen tot, der Geist aber ist Leben um der Gerechtigkeit willen. Wenn aber der Geist dessen, der Jesus von den Toten auferweckt hat, in euch wohnt, so wird er, der Christus von den Toten auferweckt hat, auch eure sterblichen Leiber lebendig machen durch seinen in euch wohnenden Geist. – So sind wir also, Brüder, dem Fleisch nicht schuldig, daß wir fleischlich leben. Denn wenn ihr fleischlich lebt, werdet ihr sterben. Wenn ihr aber mit dem Geist die Werke des Fleisches tötet, werdet ihr leben.[17]

F

Das Tiefenphänomen: Die Menschheit hatte bislang selbstverständlich auf dem Boden des männlichen Seinsprinzips gelebt. Doch die Sehnsucht nach dem Weiblichen wirkte stets untergründig. Mit Jesus brach es durch. Es wurde jedoch deshalb im Keim erstickt, weil das männliche Selbstverständnis keine Reife und also keine Möglichkeit hatte, es als solches aufzunehmen. Im Gegenteil: Der Anblick des personifizierten Weiblichen verhärtete noch die männliche Grundhaltung. Aus dem Tod Jesu entstand Christus: die höchste Verkörperung, die göttliche Begründung des Männlichen. So herrschte nach kurzem Aufleuchten des anderen Seinsprinzips das Männliche erneut und bekräftigt.

1. Doch die Erinnerung an das Weibliche begleitet seitdem die geschichtliche Bewegung. Die ursprünglich verborgene Sehnsucht danach ist zu einer Unruhe geworden, die nach Einigung der beiden Prinzipien im Menschen schreit. Die Einsicht ist endgültig gewonnen: Wie das Weib-

---

[16] 1 Korintherbrief 15, 54-57.
[17] Römerbrief 8, 1-13.

liche allein zugrunde geht, so wirkt die einseitige Herrschaft des Männlichen zerstörerisch.

2. Diese Erfahrung durchkreuzt seit Erscheinen des Menschen die Geschichte und schlägt sich in deren höchsten Errungenschaften symbolisch nieder. Wie in den Religionen die höchsten Götter Machtgötter sind, das Judentum in Jahwe den Gott der Heerscharen, die Christen den Christus Pantokrator verehren, so stellt sich – in der Philosophie zunächst und später in der Wissenschaft – die Machtlust der Vernunft als Streben nach einem Wissen dar, das nach absoluter Herrschaft zielt. Diese Ablösungskette hat in der modernen Technik die bisher wichtigste Station und den höchsten Grad ihrer Gefährdung erreicht. Vielleicht auch endlich die Stunde der Erweckung in die Einsicht, dass allein die Zusammenfügung der beiden Prinzipien das volle Sein ausmacht?

3. Das Weibliche allein ist ohne Mitte, einsam und leer, der Wut des Männlichen ausgesetzt – und wird von diesem schließlich umgebracht. Das Männliche allein ist ohne Grund und Halt, orientierungslos und kalt – und bringt sich folglich selbst um. Sterben in diesem zweifachen Tod nicht die Partialitäten, damit daraus der volle Mensch aufzugehen beginnt?

*

Schluss: Aus Jesus, dem Nazoräer, wurde Christus der Herr – aus seiner Wärme und seinen dichterischen Gleichnissen Kälte und unerbittlich strenge Dogmen. Das etablierte Christentum hat so von Anfang an das genaue Gegenteil von dem gelehrt und entfaltet, was die jesuanische Gestalt zustande bringen wollte. Aus dieser Umdeutung ist eine Zivilisation entstanden, die in der modernen Wissenschaft und Technik einen Gipfel erreicht hat. Große Möglichkeiten stehen nun neben großem Elend und unvordenklicher Gefahr. Es handelt sich also um das wichtigste innergeschichtliche Ereignis, womit sich Philosophie und Wissenschaft gegenwärtig zu befassen haben. Neue Horizonte können sich öffnen, wenn es von vielen Seiten betrachtet und erhellt wird. Ist die einseitige Dominanz des Männlichen ein rein anthropologisches Phänomen, das psychologisch und sozialwissenschaftlich erklärt werden kann? Oder handelt es sich vielmehr um ein Tiefenphänomen, dessen ontologische Wurzeln es offen zu legen gilt?

In der vorliegenden Abhandlung wurde versucht, die Sicht zu eröffnen, die sich im Nachvollzug des christlichen Tiefenphänomens auftut. In diesem Sinne lautet nun die Frage: Welche Bedeutung für den Prozess der Menschwerdung des Menschen könnten die Gestalten Jesu *und* Christi haben? Geht dabei vielleicht ein Urphänomen auseinander, das erst durch dieses Auseinanderbrechen zur Wiederfindung gelangen kann?

III.

Jesus-Christus (Das Menschliche)

(Fortsetzung folgt)

Der Weg nach Hause

Annemarie Schimmel

»Wohin gehen wir? Immer nach Hause!« So sagte Novalis und in der Tat, das Wissen um einen Weg zu einem Ziel, das man am Ende nicht irgendwo außen, sondern im eigenen Herzen findet, ist wohl allen Religionen gemeinsam. Kaum eine Geschichte drückt diesen Gedanken besser aus als die orientalische Anekdote vom »Schatz unter der Brücke«: ein Mann in Bagdad träumt dreimal, ein Schatz liege unter einer Brücke in Kairo. Er macht sich dorthin auf, und während er an jener Brücke immer wieder sucht, beobachtet ihn ein Polizeibeamter. Als er die Absicht des scheinbar so törichten Fremden erfährt, lacht er ihn aus: »Wenn ich mich auf solchen Unsinn verließe, wäre ich schon längst nach Bagdad gegangen!« sagt er. »Dreimal habe ich geträumt, unter dem und dem Hause in Bagdad läge ein Schatz; aber solchen Unsinn nehme ich doch nicht ernst!« Und der Sucher erkennt, dass der andere von seinem Haus in Bagdad geträumt hat, kehrt zurück und hebt den Schatz.

Diese Geschichte ist aus mehreren Gründen faszinierend – einmal wegen des Themas: der Rückkehr zu sich selbst; zum anderen, weil beide Teilnehmer durch Träume auf den Schatz gewiesen werden.

Der Traum[1] und – noch mehr – der hier angesprochene dreifache Traum, spielt eine ganz gewaltige Rolle im Islam. Der Koran spricht von den Wahrträumen nicht nur Josephs, der ja auch im Alten Testament als Traumdeuter erscheint, sondern auch von Träumen des Propheten Muhammad, auf die der Koran mehrfach anspielt. Und die Tradition weiß, dass der Prophet jeden Morgen seine Gefährten nach ihren Träumen fragte. Traumdeutung ist einer der wichtigsten Aspekte des islamischen Geisteslebens. Noch heute kann man in Kairo nahe dem Mausoleum der Sitt Ruqaiya einen Traumdeuter treffen, der behauptet, ein Nachfahre des großen Ibn Sirin zu sein. 728 gestorben ist Ibn Sirin der am häufigsten zitierte Traumdeuter der islamischen Welt, dessen Name in oft grotesker Weise mit den Träumen von Menschen verbunden wird, die Jahrhunderte nach ihm gelebt haben. Tausende von Werken der Traumdeutung gibt es im Arabischen, Persischen und Türkischen, ebenso wie Traumtagebücher, und zahlreich sind die Methoden, Träume mit theologischen, philosophischen, literarischen Methoden auszulegen. Könige und Politiker – von den Omayyaden bis zu Tunku Abdur Rahman von Malaysia – haben sich ebenso von ihren Träumen leiten lassen wie Dichter und Mystiker; Träume wurden als Vorwände für politische und andere Entscheidungen vorgebracht, und man könnte die Islamgeschichte aus den realen oder

---

[1] Eine eingehende Behandlung des Problems der Träume und der Tradition des mystischen Weges in: Annemarie Schimmel, Die Träume des Kalifen. Traum und Traumdeutung im Islam. München 1998; dies., Attar, Vogelgespräche und andere klassische Texte. München 1999.

fiktiven Träumen rekonstruieren, die in Chroniken und Autobiographien, in Gedichten und Briefen überliefert sind. Und man muss daran denken, dass der Islam keinen Unterschied macht zwischen dieser unserer Welt des Wachseins und der Traumwelt. Beide sind gleich, ja das Jenseits ist realer als das Diesseits. So ist es die Aufgabe des Seelenführers, aus den Träumen seines Jüngers oder seiner Jüngerin den Fortschritt auf dem Pfade der Wahrheit zu erkennen.

Die islamische Literatur hat das Thema des Weges, des Heimkehrens, oft behandelt. Es durchdringt die gesamte Literatur, konnte es doch als eine Vergeistigung einer der Zentralerfahrungen des Muslims, der Pilgerfahrt, gesehen werden oder auch als persönliches Erlebnis der Himmelsreise, die der Prophet Muhammad erlebte (s. u.).

Der Dichter, dem wir die schönsten Beschreibungen dieser Art verdanken, ist der Perser Farīdaddīn ʿAṭṭār, »der Drogist«, der um 1221 in seinem Heimatort Nischabur im nordöstlichen Iran starb. Als Drogist aber gab er seinen Heilung-Suchenden nicht nur irdische Medizin, sondern zwei ganz besondere Arzneien: Schmerz und Leiden, die zur Heilung der Seele nötig sind.

Zwei von ʿAṭṭārs großen persischen Epen handeln von dem schmerzenreichen Weg der Seele: das *Manṭiq uṭ-ṭair*, »Vogelgespräche«, und das *Musībatnāma*, »Das Buch der Heimsuchung.«

Gerade in dem Letztgenannten spielt das Thema des Traumes bzw. der Vision, wie der weise Lehrer ausdeutet, eine wichtige, ja die zentrale Rolle. Doch wenden wir uns zunächst dem *Manṭiq uṭ-ṭair* zu; denn dieses Werk ist seit seiner ersten französischen Übersetzung durch Garcin de Tassy 1867 immer wieder zitiert, in englischen Versionen herausgegeben und in deutschen Bruchstücken bekannt gemacht worden. Der Titel bezieht sich auf den koranischen Ausdruck »Sprache der Vögel« (Sure 27,16), jener Seelensprache, deren Salomo, König und Prophet, kundig war. ʿAṭṭār fasst den Sinn seines Gedichtes am Ende zusammen:

> In dies mein Buch, o Wandrer, blicke nicht,
> weil schön es ist und weil es ein Gedicht!
> Betracht mein Heft des Schmerzes wegen nur,
> damit ein wenig meinen Schmerz du glaubst!
> Den Ball des Glücks trägt der bis zum Palast,
> der nur aus Schmerz ins Auge ihn gefasst,
> Verlass Asketentum und Einfachheit –
> Du brauchst nur Schmerz, nur Schmerz und Niedrigkeit!
> Wer Schmerz hat, möge niemals Heilung finden:
> Wer Medizin sucht, möge gleich verschwinden!

Im Hauptteil seines langen Gedichtes, das mit hochinteressanten theologischen Abhandlungen beginnt, erzählt ʿAṭṭār, wie die Vögel – seit altersher die typischen Seelentiere – einen Herrscher suchen und der Wiedehopf ihnen rät, mit ihm auf die Reise zum König der Vögel, dem Simurgh, zu wandern – der Wiedehopf ist ja aus dem Koran dafür bekannt, dass er zwischen Salomo und der Königin von Saba vermittelte. Mit großer psychologischer Einfühlung erzählt ʿAṭṭār, wie nun jeder Vogel einen anderen Vorwand findet, den schwierigen Pfad zum Berge Qaaf, dem Wohnsitz des Simurgh, nicht zu betreten – so, wie die Menschen, die gerufen sind, Gott ernsthaft zu suchen, unter allen möglichen Vorwänden ihr normales Leben nicht aufgeben wollen. Die Dialoge und die Geschichten, die der Wiedehopf erzählt, um die Vogel-Seelen von ihrem Egoismus abzulenken, sind meist sehr treffend, wenn auch oft traurig. Langsam bereitet er die Vögel auf das Mysterium des Simurgh vor:

> Du wisse, wenn der Simurgh aus dem Schleier,
> der Sonne gleich, die Wange lässt erglänzen,
> wirft auf den Staub Millionen Schatten er
> und blickt dann diese reinen Schatten an,
> So streut er seinen Schatten auf die Welt
> Und so viel Vögel kommen auf die Welt!
> Du Ahnungsloser, wisse: alle Vögel
> Der Welt sind nichts als Simurghs Schatten nur ...

Endlich entschließen sich viele Vögel zur Reise, und diese beginnt, nachdem der Wiedehopf die Geschichte von Scheich San'an erzählt hat, der sich – wiederum durch einen Traum – in eine schöne Christin verliebt und Rosenkranz und Gebetsteppich fortwirft, um ihre Schweine zu hüten und auf ihren Wunsch Wein zu trinken – denn wo die echte Liebe den Menschen ergreift, bleibt keine Spur der äußeren Rituale zurück. Doch endlich bringt das Gebet der Jünger den Scheich wieder auf den rechten Pfad, und seine Geliebte stirbt, nachdem sie Muslima geworden ist.

Dann beginnt der Weg – eine Wanderung durch Einsamkeiten in erschreckender Kälte, und die Schar der immer müder werdenden Vögel durchwandert die sieben Täler, die 'Aṭṭār dramatisch und mit lebendigen Dialogen beschreibt – das Konzept der sieben Stufen oder Täler ist ja in fast allen religiösen Traditionen bekannt.

Die Täler sind: das Tal des Suchens, das der Liebe, der Gotteserkenntnis, der Unbedürftigkeit, der Gotteseinheit, der Verwirrung und der Armut und des Entwerdens. Für mein Gefühl ist das großartigste Tal das vierte, das des göttlichen Nichtbedürfens, in dem die Seele lernt, dass gegenüber dem absoluten Nicht-Bedürfen Gottes alles andere winzig und unbedeutend ist – es erinnert den heutigen Leser in gewisser Weise an die unvorstellbaren Maße des heute von den Astronomen erforschten Universums und der uns nicht begreiflichen Zeitspannen. So sagt 'Aṭṭār unter anderem:

> Aus Unbedürftigkeit ein Eiseswind
> Springt auf und überfällt das ganze Land.
> Dort hältst die sieben Meere du für eines,
> die sieben Höllen sind ein Funken nur,
> acht Paradiese sind dort gänzlich tot;
> die sieben Höllen sind wie Eis gefroren ...
> Nichts Neues hat hier Wert, nichts Altes auch,
> gleich ist es, ob du's tust, ob du's nicht tust.
> Würd die geschaff'ne Welt auch ganz vernichtet,
> wär's wie im Brunn' der Fuß von lahmen Emsen,
> und wären beide Welten plötzlich nichts,
> es wäre, als ging' ein Sandkorn nur verloren,
> und bliebe keine Spur von Geistern, Menschen

> würd's einen Regentropfen nicht bewegen,
> und fielen alle Leiber in den Staub –
> wen kümmert's, ob *ein* Haar vom Tiere fehlt?
> Und wenn der Teil, das Ganze schwände, wär es
> Als schwände von der Erde ein Halm Stroh ...

Nach dem Durchqueren des letzten Tales finden sich die Vögel vor dem Gebirge und werden schließlich vorgelassen. Sie sehen nichts und glauben, ihr Weg sei umsonst gewesen, bis sie schließlich erfahren – und hier hat 'Aṭṭār das genialste Wortspiel der persischen Sprache erfunden – dass sie, die armen, leidenden dreißig Vögel, die das Ziel erreicht haben, nichts anderes sind als der *Sīmurgh*, sind sie doch *sī murgh* »Dreißig Vögel«. Sie finden ihre Einheit im absoluten Glanz des Göttlichen, nicht mehr getrennt von ihm, Spiegel und Gespiegelte zugleich. Damit ist der Weg zu Gott beendet, aber den nun folgenden Weg in Gott zu beschreiben, übersteigt die Fähigkeit des Dichters, des Mystikers:

> So lang sie wanderten, konnt' ich noch reden;
> Da sie zu Ihm gelangten, blieb nichts mehr
> Hier ist der Worte Ende nun genaht.
> Kein Wand'rer blieb, kein Führer und kein Pfad.

Im *Manṭiq uṭ-ṭair* führt der Weg aufwärts, in das strahlende blendende Licht des Göttlichen, das nur wenige erreichen können, die dann wie Schatten in ihm entwerden. Im *Musībatnāma* aber hat der Dichter den umgekehrten Weg, den in die Tiefe geschildert. Der Sucher, so lesen wir, sitzt in der bei den Sufis üblichen vierzigtägigen Klausur und sucht Gott. Jedes Wesen, das er in seinen Visionen erblickt, fragt er: »Wo ist Gott? Wo finde ich Ihn?« Seinen hochpoetischen Fragen, die viel über das Verhältnis zur Natur andeuten, antworten die Geschöpfe, wiederum in wunderbaren Bildern, dass sie ebenso wenig den Weg wissen wie der Fragende. Sie leiden wie er, und das *quaere super nos* durchtönt alle Gespräche. Der Meister legt alle Antworten aus, sodass der Meditierende langsam immer tiefer geführt wird – von den größten Engeln über Himmel und Erde, Pflanzen, Tiere und Steine bis hin zu den sieben großen Propheten, beginnend mit Adam und führend zu Jesus. Dieser weist ihn zu Muhammad, der ihn nun die letzten Schritte auf seiner Wanderung lehrt: über die Sinneswahrnehmungen, Vorstellungskraft, Gefühle, Verstand und Herz gelangt er zum Meer der Seele, in das er eintaucht, um dort den Gesuchten zu finden, ihn, der mit dem Ausdruck der christlichen Mystik der *dolce hospis animae* ist. Und die Seele redet ihn an:

> Hast hundert Welten du durcheilt, mich suchend,
> bis du an meines Meeres Strand gelangt!
> Was du verloren hast und was du suchtest,
> das liegt in dir; der Vorhang bist nur du ...

Beide Werke 'Aṭṭārs haben das gleiche Ziel: das Erreichen des Göttlichen, das entweder als strahlendes, alles ausblendendes Licht den Menschen, das arme Schattenwesen, umgreift oder aber ihm im Herzen seines Herzens erkennbar wird: der Schatz, den er in der Ferne suchte, liegt in ihm selbst.

Diese Gedanken sind natürlich nicht auf 'Aṭṭār beschränkt, sondern sind Allgemeingut der Mystiker. Die Verse seines jüngeren Zeitgenossen, des ekstatischen Sängers der Gottesliebe, Dschalaladdin Rumi (gest. 1273) sprechen besonders beredt von dieser Erfahrung. Und ob Rumi nun singt:

> Wie sollte die Seele nicht fliegen,
> wenn aus Seiner Nähe es singt
> und lieblich der Spruch Seiner Gnade
> »Erhebe dich!« vor ihr erklingt ...

oder sich an die Urheimat erinnert:

> Wir waren einstmals im Himmel,
> die Freunde der Engel wir einst.
> Dorthin führt jetzt wieder der Weg uns –
> Den Heimatort suchten wir lang ...

Dieses Thema durchdringt sein ganzes Werk, und er spricht immer wieder vom edlen Falken, der, hier bei einem alten Weibe, der Vettel »Welt«, gefangen, sich zu seinem Meister zurücksehnt; er spricht von der Flöte, die vom Schmerz der Trennung vom Röhricht singt, und preist die ständige Bewegung, die die Seele reinigt und reifen lässt, denn:

> Kein Spiegel wird zu Eisen in der Welt ...

Es gibt kein Zurück auf diesem Seelenpfad. Vielleicht das schönste Symbol der Sehnsucht und der Rückkehr in Rumis Werk ist das des Elefanten, der gefangen in der Fremde, plötzlich von seiner Heimat Indien träumt und mit aller Gewalt seine Ketten zerreißt:

> Der Elefant, der gestern im Traume Indien sah –
> Sprang aus der Fessel, wer hat, ihn festzuhalten, Macht?

Es ist also wiederum die Erweckung durch einen Wahrtraum, durch den der Mensch, der seine Seelenheimat vergessen hat, wieder erweckt und auf den Weg nach Hause geschickt wird.

Wie schon angedeutet, beruht das Motiv der Reise, so sehr es auch in allen Traditionen bekannt ist, für den Muslim auf zwei Vorbildern: Das eine ist die Pilgerfahrt nach Mekka, wo die Kaaba gewissermaßen das Zentrum der Welt ist, zu dem sich alle im Gebet wenden und wo man besonders intensiv die Nähe Gottes empfindet – selbst wenn für die Mystiker auch die Kaaba nur ein Zeichen, ein Meilenstein auf dem wahren Pfad ist. Doch in den Versen indo-muslimischer Dichter findet die Seele – die »Brautseele« – ihren göttlichen Geliebten dort, wenn die Riten vollzogen werden. Aber die Mystiker haben auch immer wieder auf die Notwendigkeit der inneren Pilgerfahrt hingewiesen, der Pilgerfahrt ins eigene Herz:

> Auf Pilgerfahrt Gegang'ne – wo seid ihr, wo seid ihr?,

ruft Rumi, um seine Hörer daran zu erinnern, dass ja das Herz das eigentliche Haus Gottes ist, nicht ein Gebäude aus Stein ...

Das zweite Vorbild für den Mystiker, der seinen Weg sucht, ist die Himmelsreise Muhammads, eine Erfahrung, die aus dem Anfang von Sure 17 entwickelt ist: »Gelobt sei, der des Nachts mit Seinem Diener reiste ...«

Diese Reise, *mi'rādsch*, die zunächst nach Jerusalem führte, wo Muhammad mit allen ihm vorangegangenen Propheten betete, ging dann weiter durch Himmel und Hölle, bis er in die Gegenwart Gottes gelangte. Sein Reisebegleiter, der Überbringer der Offenbarung, Gabriel, musste am »Lotosbaum der äußersten Grenze« (Sure 53,9) bleiben und, wie ʿAṭṭār ihn sagen lässt:

> Wenn ich um Haaresbreite näher ginge –
> Der Gottesglanz versengte meine Schwinge!

Nur der liebende Mensch kann Gottes absolute Gegenwart ertragen, nicht aber die Engel.

Es ist die Erfahrung der Himmelsreise, die den muslimischen Mystikern als Vorbild für ihre Seelenreisen diente, wie sie auch die Volksfrömmigkeit und Dichtkunst aufs schönste befruchtet hat. Doch wenn auch immer wieder auf diesen himmlischen Flug Bezug genommen wird, so schreibt die Tradition dem Propheten Muhammad ein in unserem Zusammenhang wichtiges Wort zu; er soll gesagt haben: »Zieht mich nicht meinem Bruder Jonas vor, denn meine Reise war in die Höhe, die seine in die Tiefe.« Jonas wurde ja von einem riesigen Fisch verschlungen und erfuhr dadurch seine Gottesbegegnung.

Der Schatz, den der Mensch sucht, liegt in ihm selbst, doch um ihn zu finden, bedarf es langer und schmerzvoller Wanderungen, des Zerbrechens aller Bindungen. Nur in Ruinen findet man Schätze, sagen die Sufis, und ein außerkoranisches Gotteswort, das die Muslime liebten, sagt: »Ich bin bei denen, deren Herzen um Meinetwillen zerbrochen sind.«

Zerbrechen, auf dem langen Weg durch immer neue Heimsuchungen geläutert werden ist ein Teil des »Pfades im Blut« (so Rumi), den ʿAṭṭār wie kaum ein anderer besungen hat. Aber sagt nicht ein Wort des Propheten Muhammad: »Die Menschen schlafen, und wenn sie sterben, erwachen sie«? Legt man nicht auch Träume manchmal *ex contrario* aus? Wer von Leiden träumt, wird Freude erfahren, und für die Mystiker stand am Ende ihres Weges das Erwachen im Morgenglanz der Ewigkeit, wo man die Auslegung des Lebenstraumes finden wird. Es ist am Ende des Pfades das Erwachen in dem Land, wo die Heimat der Seele liegt, nach der sie sich wissentlich oder unwissentlich ihr Leben lang gesehnt hat. Es gilt, den falschen Zauber des Albtraumes »Welt« zu brechen, vom Strahl des wahren Traumes getroffen zu werden und dann am Ende zu erkennen:

> Er ist hier
> In deines Herzens Hütte.
> Öffnest du nur die Tür,
> wirst du, wird jeder Ihn sehen!
> (Schah Abdul Karim)

Islamische Mystik und Spanien im 16. Jahrhundert

Thomas Ogger

Die Zeitspanne, die für uns den Übergang vom Mittelalter zur Neuzeit darstellt, setzt insgesamt eine gewaltige Zäsur. Im Fernen Osten öffneten die Portugiesen das hermetisch abgeriegelte Japan fast gewaltsam der übrigen Welt, während sich China kurz vorher mit der Gründung der Ming-Dynastie wieder auf sich selbst besonnen hatte. In Zentralasien errichtete Tamerlan eine Schreckensherrschaft, die sich zugleich als ein Höhepunkt der Gelehrsamkeit entpuppte. Und dem orthodox-christlichen, sich in einer späten kulturellen Hochblüte befindlichen Rhomäischen Reich, bekannt als das »Byzantinische Reich«, versetzten die osmanischen Türken den endgültigen Todesstoß, nachdem es bereits durch die Plünderungen des vierten Kreuzzuges von 1204–1261 seiner materiellen Substanz beraubt worden war und seither nur noch ein Schattendasein fristete.

Westeuropa, insbesondere das christliche Spanien, expandierte immer mehr. Und doch gab es in der westlichen Hemisphäre – etwa um 1490 – noch zwei scheinbar vom Weltgeschehen vergessene Fürstentümer, von denen sich das eine noch »Kaiserreich«, das andere »Königreich« nannte. Beide waren aber bereits mit ihren späteren Eroberern ein Vasallenverhältnis eingegangen. Bei dem einen handelt es sich um das griechisch-orthodoxe Kaiserreich Trapezunt an der Südostküste des Schwarzen Meeres, beim anderen um das Königreich Granada in seinem letzten kulturellen Aufschwung. Beide wurden fast zur selben Zeit ausgelöscht.

Der Zeiger an der Waage der Weltgeschichte weist von nun an auf die westeuropäische Zivilisation. Auf der einen Schale ist ein ausschlaggebendes Gewicht hinzugekommen: der Abschluss der »Reconquista«, der »Rückeroberung« Spaniens (aus christlicher Sicht), sowie die zur gleichen Zeit beginnende »Conquista«, die Eroberung Mittel- und Südamerikas. Die Ausplünderung dieses Kontinents, der Beinahe-Genozid seiner Bewohner und die soziale Benachteiligung der verbliebenen einheimischen Bevölkerung bilden die materielle Grundlage für den beginnenden steilen Anstieg Westeuropas in Wissenschaft, Kultur und Wirtschaft. Im abendländischen Westeuropa wird diese Epoche als »Goldenes Zeitalter«, spanisch: *Siglo de oro*, betrachtet. Damit beginnt die weltweite westeuropäische Dominanz.

Nachdem u. a. die Tributzahlungen und die Eroberung des Königreichs Granada der kastilischen Krone zu einem rasant anwachsenden Vermögen verhalfen, war sie in der Lage, auch wagemutig erscheinende Unternehmungen zu unterstützen wie z. B. die große Entdeckungsreise des Kolumbus.

Die wenige Jahre später erfolgte Auslöschung der großen Reiche der Azteken von Mexiko und der Inkas in den zentralen Anden ließen nicht nur Andalusien und seinen Haupthafen Sevilla von den sich stapelnden

Reichtümern profitieren, sondern auch die unter der habsburgischen Krone zusammengefassten Länder des aus Flandern stammenden spanischen Königs Karl I., der als Karl V. zum römisch-deutschen Kaiser gewählt wurde. Gleiches gilt für das restliche Westeuropa, da dessen Länder in ständigem Austausch miteinander standen.

Eine weitere Zäsur, die vor allem für das Abendland auch einen geistigen Aufbruch mit sich brachte, war das Erscheinen der Reformatoren und die damit verbundene Infragestellung herkömmlicher Strukturen. Aber auch in Teresa von Avila sowie Johannes vom Kreuz und dessen Poesie bündelten sich geistige Kräfte in einem für das Abendland außerordentlichen Maße. Und da ab dem ausgehenden 17. Jahrhundert die »Aufklärung« und damit der Rationalismus immer mehr Fuß fasste, mag jene Zeit sogar als ein abschließender Höhepunkt der traditionellen abendländischen Mystik gelten, die im deutschsprachigen Raum mit der zarten Poesie des Angelus Silesius (1624–1677) vielleicht ihren Abschluss fand.

Doch blieb bei all diesen Veränderungen und Einbrüchen die Mystik im Allgemeinen eher unberührt; denn mystisches Erleben wird grundsätzlich subjektiv empfunden. Handelt es sich doch um eine individuelle Suche nach Gott oder gar eine persönliche Begegnung mit ihm. Dabei beziehen sich die Mystiker in ihren Visionen auf bislang nicht in Frage gestellte Bilder der jeweiligen heiligen Schriften, sei es die Himmelsleiter des Jakobstraumes, das tausendjährige Jerusalem der Johannesoffenbarung – Bilder, die immer wieder bei den christlichen Mystikern auftauchen – oder sei es die Himmelsreise des Propheten Mohammed, die in der Vorstellung muslimischer Mystiker eine große Rolle spielt.

Das spirituelle Umfeld im Spanien des 16. Jahrhunderts ist als Ergebnis einer historischen Entwicklung zu sehen, die mit der Eroberung des Königreichs Granada ihr materiell fassbares Ende gefunden hat. Die Zivilisation Granadas gleicht dem Aufbäumen der vergangenen muslimischen Größe. Die Burg Alhambra (arab.: *Qal'at al-hamrā*, die rote Burg) mit dem dazugehörenden Sommergarten Generalife (arab.: *ǧannat al-'ārif*, Paradiesgarten des Mystikers/[Gott-]Erkennenden) verdeutlicht in verhältnismäßig später Zeit noch einmal auf monumentale Weise, was diese Kultur auch spirituell auszeichnete: eine lichte, schwerelose, sich dem Himmel entgegenreckende Weltsicht von großer geistiger Toleranz. Sie gleicht einem spirituellen Arkadien, dessen geistig-religiöse Offenheit nicht durch die politische Abhängigkeit vom christlichen Kastilien erzwungen war, sondern ins vormaurische Spanien zurückreicht.

Die Epoche nach der politischen Entmachtung der Muslime auf der Iberischen Halbinsel und vor der Machtübernahme der Katholischen Könige Ferdinand von Aragonien und Isabel von Kastilien wird wegen der arabischen bzw. »maurischen« Fremdherrschaft als »dunkles Zeitalter« bezeichnet. Dabei wird übersehen, dass die Iberische Halbinsel im Laufe ihrer Geschichte Durchgangsland für die unterschiedlichsten Völkerschaften war. Bevor die Mauren um 711 das Gebiet in ihren Besitz nahmen, hatten es bereits die Westgoten sowie zeitweise die Sueben und

Vandalen beherrscht, die aus dem Ostseeraum kamen. Zuvor war es Teil des Römischen Reiches.

Die Iberische Halbinsel wurde aufgrund ihrer verschiedenen Geistes-kulturen auch Heimat einiger bedeutender Denker: Aus dem römischen Cordoba stammt der Spätstoiker Lucius Aeneus Seneca (4 v. Chr.–65 n. Chr.), aus dem maurisch gewordenen Cordoba der für die jüdisch-christ-lich-islamische Philosophie höchst bedeutsame Maimonides (1135–1204) und der für die abendländisch-mittelalterliche Scholastik bedeutsame Denker Averroes (*Ibn Rušd*, 1126–1198).

Nach der arabischen Inbesitznahme war Cordoba politisches und kul-turelles Zentrum bis ins 11. Jahrhundert. Zugleich stand *al-Andalus*, wie dieses Land nun auf arabisch hieß, in stetem Austausch mit den übrigen Teilen des Islamischen Weltreichs, in dem sich altarabische Traditionen mit denen des alten Persiens und des ehedem byzantinischen Syriens und Ägyptens zu einer Synthese verbunden hatten. So wurde es zum leuch-tenden Bindeglied zwischen der Antike Griechenlands und Roms sowie der westeuropäischen Neuzeit. Außerdem verhalf das islamische Dogma, das den »Leuten des Buches (arab.: *ahl al-kitāb, niedergeschriebene Gottesoffenbarung*)« religiöse Unantastbarkeit gewährleistete, al-Andalus zu materiellem und geistigem Wohlstand, der selbst in Byzanz in dieser Fülle nicht mehr zu finden war, ausgenommen vielleicht noch im China der T'ang-Zeit (618–906). Das gesamte gesellschaftliche Gefüge wurde unter Zuhilfenahme eines ausgeklügelten Steuersystems auf ein Niveau angehoben, das erlaubte, ausgedehnten Welthandel mit geistigem Aus-tausch, aber auch mit relativer politischer Stabilität zu verbinden.[1]

Im Islamischen Reich kam es schon recht bald zu theologisch-politi-schen Auseinandersetzungen, vergleichbar mit den theologischen Dispu-ten im späten Römischen Reich.[2] Bis ins 9. Jahrhundert kristallisierten sich vier islamische Rechtsschulen (Ḥanafiten, Mālikiten, Šāfi'iten, Ḥanbali-ten) heraus, welche die Grundlagen der islamischen Rechtsauslegung bil-deten. Der islamischen Weltanschauung gemäß ging es um die jeweils richtige Auslegung des Korans sowie der Überlieferungen (*Ḥadīṯ*) Mo-hammeds und der ersten vier Kalifen, der sog. »rechtgeleiteten Kalifen«.

Neben diesen dogmatischen Überlegungen, die vor allem für den poli-tisch-ideologischen Bestand des Islamischen Reiches von Bedeutung waren, existierte schon sehr früh die antidogmatische Bewegung der isla-mischen Mystik, die auch *Sufismus* genannt wird. Ihre Ursprünge lassen sich ebenso wie die christliche Mystik bis zur Antike zurückverfolgen, vor allem auf die neuplatonische Philosophie. Hinzu kommen buddhisti-

---

[1] Beispielsweise wurden Muslime als »Verteidiger des Glaubens« von Kopfsteuern befreit, wohingegen die Angehörigen anderer Buch-Religionen diese Steuer zu entrichten hatten und nicht militärisch tätig sein durften. Somit entsprach es dem Interesse der Herr-schenden, wenn nicht allzu viele Nicht-Muslime zum Islam konvertierten.

[2] Bei diesen Disputen ging es vor allem um die Naturenlehre Jesu. Diese Auseinander-setzungen waren auch Mohammed bekannt. Deshalb gilt die Einnaturenlehre Gottes als islamisches Grunddogma, das sich in Gegensatz zur christlichen Dreieinigkeit stellt. »Es gibt keinen Gott außer Dem Gott« (islamisches Glaubensbekenntnis).

sche und hinduistische Elemente aus dem Osten des Reiches, wesentliche
christliche Elemente aus den ehemals byzantinischen Reichsteilen sowie
westgotisch-arianische Komponenten von der Iberischen Halbinsel.

Vor allem in *al-Andalus*, das sich frühzeitig zunächst de facto von der
Zentrale in Bagdad trennte, hatten die Emire, die sich ab 929 ebenfalls zu
Kalifen erhoben (und somit auch de jure vom Kalifat in Bagdad unabhängig wurden), frühzeitig erkannt, dass sie mit ihren Untertanen ein besonders tolerantes Verhältnis aufbauen mussten, um das Land gegen die
christlichen Fürsten im Norden sowie gegen ihre muslimischen Rivalen
in Nordafrika stabil zu halten, da die Bevölkerung Spaniens besonders
heterogen war. Neben den Christen unterschiedlicher Konfessionen aus
westgotischer Zeit gab es eine bedeutende jüdische Gemeinschaft, die materiell wie spirituell einen großen Beitrag zum Reichtum des maurischen
Spaniens leistete.

Die tolerante Haltung erfuhr jedoch Einbrüche, nachdem die christlichen Fürsten im Norden der Halbinsel die »Reconquista« eingeleitet
hatten. Die muslimischen Teilfürsten hatten nämlich gezwungenermaßen
seit dem 11. Jahrhundert die ideologisch rigoroseren marokkanischen
Almoraviden und Almohaden zur Unterstützung und Einigung nach
al-Andalus gerufen. Dies war ihnen wohl als einzige Möglichkeit erschienen, um wieder eine politische Balance zwischen dem islamischen und
dem christlichen Bereich auf der Iberischen Halbinsel herzustellen.

So blieb das geistige Klima von einer gewissen Ambivalenz gekennzeichnet, was sich zugunsten einer Toleranz auf der Halbinsel auswirkte,
die nun nicht mehr so sehr auf der Stärke der jeweiligen Geisteskultur zu
beruhen schien als auf deren Schwäche und der mangelnden Durchset-
zungskraft engstirnig-ideologischen Denkens. Doch trotz alledem lernte
man weiterhin voneinander, wobei der islamische Süden auch in seiner
zunehmenden politischen Schwäche zunächst der gebende Teil blieb,
während sich der christliche Norden weiterhin die hochstehendere islamische Kultur zum Vorbild nahm.

Als königlicher Repräsentant dieser Epoche gilt der im gesamten
Abendland berühmte und hochgeschätzte Alfons X., der Weise (Alfonso
El Sabio, 1221–1284), von Kastilien und León, in dessen Reich ein gewis-
ses Gleichgewicht zwischen Christen, Juden und Muslimen herrschte.

Nun neigte sich die Waagschale endgültig zugunsten des christlichen
Spaniens. Das Königreich Granada übernahm noch eine Art Garantie-
funktion für einen verbleibenden geistigen Austausch, bis es schließlich
unterlag und die siegreichen Katholiken mit aller Härte gegen Juden
(Sepharden), Muslime und andere christliche Konfessionen vorgingen.

Dies war die Ausgangslage für die Entfaltung der Spiritualität auf der
Iberischen Halbinsel. Die gesamtislamische Geisteskultur, die aus der
griechisch-heidnischen, neuplatonischen, jüdischen, christlichen, ja sogar
aus der indischen Antike geschöpft hatte, bündelte und entwickelte das
Vorhandene, das nun zur Grundlage und damit zum Angelpunkt für das
abendländische Denken und Handeln wurde. Das gleiche gilt für andere
wichtige Aspekte wie Literatur (Troubadoure) und bestimmte Bräuche

(Ritterspiele) des Mittelalters. Nicht zuletzt gehen auch wichtige Elemente unseres westlichen Rationalismus und der Aufklärung auf vorausgegangene philosophische und religiöse Auseinandersetzungen im Wirkungsbereich des Islam, vor allem in Persien und dem Zweistromland, zurück.

Ähnlich verhielt es sich mit der Mystik. Innerhalb des islamischen Erdkreises trafen vielfältige Strömungen aufeinander, die mit neuer Aussagekraft über Spanien bis tief ins christliche Abendland wirkten. Dabei spielen die in Spanien geborenen großen muslimischen Denker wie der bereits erwähnte Averroes oder der in Murcia geborene Ibn ʿArabī (gest. 1240 in Damaskus) eine weltweit bedeutende Rolle. Sie werden im selben Atemzug mit dem im zentralasiatischen Buchara geborenen Avicenna (Ibn Sīnā, um 975–1037) oder mit dem großen persischen Denker Alghasel (al-Ġazālī, gest. 1111) genannt, und verkörpern gleichsam als geographische Eckpfeiler der islamischen Welt auch geistig die Spannweite dieser Geisteskultur.

Die islamische Kultur brachte zahlreiche Mystikerinnen und Mystiker unterschiedlicher Prägung hervor, welche die Gottesliebe zu ihrem Lebensinhalt und die Vereinigung mit Gott, die *Unio mystica*, zu ihrem Lebensziel gemacht hatten. In dieser Haltung unterschieden sie sich nicht von ihren christlichen Brüdern und Schwestern. Da in der Mystik beider Religionen Gott das Ziel allen Strebens ist und Jesus auch im Islam eine besondere Rolle spielt, denkt man oft bei muslimischen Mystikern, es handele sich um Christen. Aber auch christliche Mystiker sind nur dann eindeutig zu erkennen, wenn sie sich auf Jesus Christus als ausschließlichen Weg zu Gott beziehen.

Das große Vorbild, dessen Einfluss bis weit ins mitteleuropäische 17. Jahrhundert bis hin zu Angelus Silesius reicht, ist Manṣūr al-Ḥallāǧ (hingerichtet 922) aus der südpersischen Provinz Fārs, dessen Ausspruch »Ich bin die göttliche Wahrheit« (arab.: *anā'l-ḥaqq*) als Manifestation einer bedingungslos vollzogenen *Unio mystica* betrachtet werden kann. Seine schönste Poesie besingt, wie Gott ein Teil von ihm und er ein Teil Gottes wird. Einem dem Dogma verhafteten Gottesgelehrten müssen solche Äußerungen als Blasphemie und politisch aufrührerisch erschienen sein. Und so war klar, dass al-Ḥallāǧ bei entsprechender Gelegenheit vor den Richter zitiert werden würde. Der verurteilte ihn zu einem grausamen Tod, dem er lachend und tanzend entgegensah:

> Tötet mich o meine Freunde,
> Denn im Tod nur ist mein Leben!
> Ja, im Leben ist mir Tod nur,
> Und im Sterben liegt mein Leben![3]

---

[3] Siehe auch Edith Stein Jahrbuch, Christentum Teil 2 (1999) 223.

So weit gingen andere Mystiker nicht, obwohl sie Ähnliches ausdrückten. Sie bedienten sich zumeist einer Sprache, die der große persische Dichter Ḥafiẓ aus dem 14. Jahrhundert, ein dichterisches Vorbild Goethes, die »verborgene Sprache« (arab.: lisan al-ġaib) nannte, was der Bedeutung *Mystik* (von griech. Mystós=verschwiegen) sehr nahe kommt. Und so ist es auch die persische mystische Poesie, die zu den Höhepunkten der mystischen Weltliteratur zählt; denn die persische Sprache eignet sich aufgrund ihrer Struktur in Bezug auf Idiomatik und häufig ambivalenter Wort[be]deutung mit oftmals mehrdeutiger arabisch-persischer Orthographie zu besonders rätselhaften und oft sehr subjektiv-emotionalen Aussprüchen.

Auch die arabische Sprache ist ein beinahe unendlicher Quell für Wortschöpfungen vielfältigster Dimensionen (vielleicht dem Griechischen und Lateinischen vergleichbar). Dies hängt mit der semitischen Art der Wortbildung zusammen, was im Arabischen – im Gegensatz zu anderen semitischen Sprachen – bevorzugt ausgeprägt ist.

Das der indoeuropäischen Ursprache entstammende Persisch war im Laufe seiner etwa 3000-jährigen Existenz weitgehend auf semitische Sprachen, vor allem auf das Aramäische ausgerichtet. Daher war es nur noch ein kleiner Schritt, bis es im Zuge der Islamisierung mit dem Arabischen eine explosive Synthese einging (im Vergleich dazu: Englisch als Synthese germanischer und romanischer Elemente). Persische Dichter wie Ḥafiẓ, vor allem aber Maulānā Ǧalāl ad-Dīn-i Rūmī (gest. 1273), der den im Westen unter dem Namen »Orden der tanzenden Derwische« bekannten Mevlevîye-/Maulawiyya-Orden zu Konya in der heutigen südwestlichen Türkei gründete, sind bester Beweis dafür.

Vor allem der im zentralasiatischen Balch (arab.: *Umm al-Mada'in*, Mutter der Städte) geborene Rumi, über dessen Werk ein bedeutender persischer Dichter des 15. Jahrhunderts schrieb, er habe damit »... den Koran in persischer Zunge« geschrieben, stieg in seinen Gedichten zu einsamer Höhe auf. Diese, nur mangelhaft in eine andere Sprache zu übertragen, nähern sich in ihrem mystischen Geist, in ihrer Schönheit und Vieldeutigkeit einer Multidimensionalität, die Gott als das unaussprechliche Geheimnis erahnen lassen.

Ein früher Zeitgenosse Rūmīs war der im islamisch-spanischen Murcia geborene und um 1240 in Damaskus verstorbene Muḥyī ad-Dīn ibn ʿArabī, der als junger Mann in die Schule bedeutender muslimischer Denker in Cordoba, Lissabon und Sevilla gegangen war. Seine Schriften waren nicht nur für die islamische Geisteswelt wegweisend, sondern auch Gegenstand der Erörterungen abendländischer Gelehrter. Er verweist darin u. a. auf die neuplatonische Emanationslehre Plotins, nach der alle Dinge aus dem göttlichen Einen hervorgehen. Bedingt durch die Überfülle Gottes ist der Kosmos stufenförmig gegliedert, und auch der Mensch nähert sich Gott auf diese Weise. Das (islamische) orthodoxe Dogma ist das Gewand, die äußere Wahrheit, während die Mystik die innere Wahrheit verkörpert. Nicht nur die Erkenntnisse christlicher und muslimischer Mystiker sind unterschiedlich, auch diejenigen der einzelnen Mystiker gleichen Glaubens. Es sind also verschiedene Wege, die zum selben Ziel führen. Wichtig ist die Sehnsucht des Menschen nach der Vereinigung mit Gott als seinem Ursprung. Damit gleicht er einem Tropfen Wasser, der wieder in den Ozean eintauchen will. Folgendes Gedicht verdeutlicht dies:

> Mein Herz ward fähig, jede Form zu tragen:
> Gazellenweide, Kloster wohlgelehrt,
> Ein Götzentempel, Kaaba eines Pilgers,
> Der Thora Tafeln, der Koran geehrt:
> Ich folg' der Religion der Liebe, wo auch
> Ihr Reittier zieht, hab ich mich hingekehrt.[4]

Ibn 'Arabīs Lehre über die innere Schau des Menschen mutet modern an: Gott wird zum Spiegel des eigenen Bewusstseins.

Diese beiden großen Mystiker, der Dichter aus Zentralasien und der Philosoph aus Spanien, stehen neben anderen wichtigen Denkern als geistige Eckpfeiler innerhalb der weitgespannten islamischen Welt der Mystik. Ihr Denken reicht tief in andere Kulturen hinein, nach Indien und ins christliche Abendland.

Nach den Texten dieser und anderer Mystiker ist nicht nur die Schöpfung ein Teil Gottes, sondern Gott ist in seiner Schöpfung. Das drückt Mohammed so aus: »Gott ist dir näher als deine Halsschlagader.«

Im Osten des Islamischen Reiches gilt der persische Dichter Bābā Ṭāhir-i 'Uryān aus Hamadan (um 1000 n. Chr.) als der Dichter des Herzens, das Tempel Gottes und Essenz des menschlichen Seins ist.[5] Bābā Ṭāhir nennt Gott »den Herzliebsten« und »das Verbrannte des Herzens« und meint damit dessen Substanz, die sich nicht weiter verbrennen lässt. Gott ist für ihn Freund und Geliebter, wie bei dem berühmten Bild muslimischer Mystiker vom Falter als Liebendem und der Kerzenflamme als Geliebter: der Liebende wird von der Geliebten angezogen und verbrennt schließlich in ihr. (Im Persischen gibt es kein Genus, und so wird zwischen »*der* Geliebte« und »*die* Geliebte« nicht unterschieden.)

Der folgende Vierzeiler des Bābā Ṭāhir-i 'Uryān erinnert an die Toleranz des Ibn 'Arabī und schließt den Kreis zwischen Ost und West:

> O glückselig diejenigen, die vom Fuß aus den Kopf nicht erkennen,
> Die inmitten der Flamme trocken und nass nicht kennen,
> Die, ob Synagoge, Ka'ba, Tempel oder Christenkloster,
> Einen vom Herzliebsten leeren Ort nicht kennen.

Aus Spanien stammt der letzte in der zitierten Reihe muslimischer Mystiker: Ibn 'Abbād ar-Rōndī (1332–1390), im südandalusischen Ronda geboren. Als Führer des Sādiliyya-Ordens verbreitete sich sein Gedankengut hauptsächlich in Nordwestafrika, dem heutigen Marokko. Dem spanischen Gelehrten Asín Palacios zufolge übte er einen besonderen Einfluss auf die Mystik des späteren christlichen Spaniens aus, vor allem auf Johannes vom Kreuz (Juan de la Cruz).

---

[4] Nachdichtung: Annemarie Schimmel.
[5] Vgl. auch 1. Korintherbrief 3,16–17.

Ibn ʿAbbād erkennt Gott – typisch für die scheinbar paradoxe Ausdrucksweise eines Mystikers – eher in der Beklemmung (arab.: *qabḍ*), der Nacht, als in ausgedehnter Freude (arab.: *basṭ*). Dem Menschen bleibt dann nichts als Gott. Dies erinnert an die »dunkle Nacht« des Johannes vom Kreuz.

Als Bindeglied zwischen dem islamischen und dem christlichen Spanien begegnet uns der aus Mallorca stammende Mystiker und Minnedichter Raimundus Lullus (Ramon Llull 1232–1316). Er war ein glühender Christusverehrer (»Christusfreund«) und nahm sich dennoch die großen muslimischen Mystiker zum Vorbild. So ist er gleichsam Angel- und Ausgangspunkt für die christlich-mystische, abendländisch-mittelalterliche Lyrik und Denkart, die sich bis zur südfranzösischen Troubadour-, zur nordfranzösischen Trouvère-Dichtung und schließlich zum deutschen Minnesang hinzieht. Dies zeigt sich vor allem in seinem dichterischen Werk, dem »Buch vom Freunde und vom Geliebten« (katalan. *Libre de Amic e Amat*).

Der scheinbare Widerspruch – christlicher Glaube, islamische Vorbilder – erklärt sich dadurch, dass sein Vater zwar aktiv mitgeholfen hatte, die maurische Herrschaft über Mallorca zu beenden, Raimundus jedoch trotz seines überzeugten Christseins zeitlebens mit dem islamischen Kulturkreis verbunden blieb, was sowohl das kulturelle Erbe seines gerade christlich gewordenen Heimatlandes anbetrifft als auch seine missionarische Auseinandersetzung mit dem Islam in Nordafrika, wo er schließlich bewusst den Märtyrertod auf sich nahm. Er setzte sich aktiv mit dem Gedankengut der muslimischen Mystiker auseinander und übernahm wichtige Bilder und Gedankengänge. So ist bei ihm wie schon bei Bābā Ṭāhir und anderen muslimischen Mystikern Gott der Geliebte, während er selbst der Liebende bzw. der Freund ist.

Raimundus Lullus unterscheidet sich von seinen muslimischen Vorbildern darin, dass für ihn der Freund der Liebende, Gott der Geliebte ist. Seine Gedichte sind meist in Dialogform verfasst, wobei in den Fragen des Liebenden die Antworten des Geliebten enthalten sind. Sie erscheinen wie Anweisungen für den stufenweisen Aufstieg des Liebenden zur himmlischen Liebe Gottes. Wie bei den islamischen Mystikern ist auch bei Raimundus Lullus die Einswerdung von Liebendem und Geliebtem, die *Unio mystica*, das höchste Ziel. Im Gegensatz zu ihnen gibt ihm dieses Streben die Kraft, Jesus in Tun und Wirken nachzufolgen. Derart fühlt sich der Mystiker zum Apostolat berufen.

Raimundus Lullus lebte in der Zeit, in der Spanien noch größtenteils von muslimischen Kleinkönigen beherrscht wurde, die »Reconquista« jedoch bereits eingesetzt hatte. Er steht stellvertretend für den Beginn einer Entwicklung, die im 16. Jahrhundert mit Teresa von Avila und Johannes vom Kreuz ihren krönenden Abschluss fand.

Ihre Schau der »inneren Burg« stellt Teresa von Avila in eine Reihe mit den muslimischen Mystikern. Schon bei Bābā Ṭāhir nimmt das Herz als Tempel (=Burg) Gottes einen zentralen Platz ein. Der Bagdader Mystiker

Abū'l-Ḥusain (gest. 907) geht noch darüber hinaus, wenn er von den sieben von Gott im Herzen angelegten Festungen spricht, die von sieben Wällen und einer Mauer umgeben sind. Und Rūmī fasst diese Vorstellung in einem Vers zusammen:

> Nun, da du ich bist, komm, o Ich, herein,
> Zwei Ich schließt dieses enge Haus nicht ein.

Für Teresa ist die »innere Burg« ein Zeichen für den Weg der Seele nach innen, Dualität von äußerem Schein und innerer Wirklichkeit des Göttlichen, wie wir sie auch bei den muslimischen Mystikern wiederfinden.

Johannes vom Kreuz, nach Raimundus Lullus der zweite große Liebesdichter des mystischen Abendlandes[6], reiht sich den großen mystischen Dichtern in Orient und Okzident ein. Seine Poesie verbindet beide Geisteskulturen und ist Wegweiser für später Geborene. Sie zeigt deutlich, wie subjektiv Mystik empfunden wird.

Einen wichtigen Teil seines Lebens verbrachte er in Andalusien. Neben seinem berühmten Gedicht und Kommentar der *Dunklen Nacht der Seele*, die deutlich an den etwa zweihundert Jahre früher lebenden Ibn 'Abbād ar-Rōndī erinnern, sind bei Johannes vom Kreuz Bilder wahrnehmbar, wie wir sie schon von früheren Mystiker-Dichtern wie al-Ḥallāǧ oder Bābā Ṭāhir her kennen:

> Wie ein Geliebter im Liebenden,
> Einer im Anderen wohnt,
> Und diese Liebe sie wieder vereint
> Und in Beiden zusammenkommt,
> So verbindet den Einen mit dem Anderen
> Auch die Gleichheit und die Gunst.

Mit den folgenden Versen, die an das Gedicht al-Ḥallāǧs an der Schwelle seines Todes erinnern, soll dieser Einblick in die Welt der Mystik im Spanien des 16. Jahrhunderts abgeschlossen werden. Sie stehen gleichsam als Quintessenz mystischen Strebens aller Religionen:

> Schon lebe ich nicht mehr in mir,
> Und ohne Gott kann ich nicht leben.
> Wenn ohne Ihn, dann auch ohne mich ich bleibe,
> Dieses Leben, was soll es dann sein?
> Es wird für mich wie tausend Tode werden,
> Denn mein eigenes Leben erwarte ich,
> Sterbend, weil ich nicht sterbe.

---

[6] Siehe dazu ein Gedicht von Johannes v. Kreuz: »Lebendige Liebeslohe« bei Erhard Meier, Vom Wesen des Buddhismus, in diesem Band, 46 f.

Islamischer Sufismus – Orthodoxie oder Mystik?

Stefan Makowski

Wer in der Flut politischer Informationen nach einer hinreichenden Unterscheidung islamischer Strömungen Ausschau hält, wird in der Regel enttäuscht werden. Man wird geläufigen Begriffen wie Islamisten, Fundamentalisten, Traditionalisten, Modernisten, Reformisten, Liberale Muslime usw. begegnen. Ihre Verwendung ist allerdings im Allgemeinen mehrdeutig und durch den islamisch-historischen Kontext stark eingefärbt.

Nach der von Dr. Khalid Durán herausgegebenen Studie »Reformideen im Islam« haben wir unter dem vagen Begriff *Traditionalisten* sowohl rational-orthodoxe wie auch mystisch-orientierte Traditionsbewahrer zu verstehen, die völlig konservativ sind. Dennoch sind sie nicht *ideologisch*, z. B. was die Frauenfrage, den religiösen Dialog und ihre Lektüre betrifft. Sie sind im Allgemeinen religiös gebildet und eher pietistisch denn politisch eingestellt. Ihre öffentlichen Predigten und Gebete sind emotional und human. Ihre Tendenz ist durchaus ökumenisch und tolerant.

Fundamentalisten, besser: Islamisten, stehen trotz ihrer begrifflichen Nähe der oben genannten Gruppierung innerhalb der Umma[1] fast diametral gegenüber. Ihre Haltung ist gleichermaßen radikal wie exklusiv und vor allem politisch. Ihr Anspruch ist auf Überlegenheit und nicht auf Toleranz gegründet. Sie sind aggressiv, ihre religiöse Aktivität ist eingebettet in Ideologie und Parteidisziplin. Gegenüber den übrigen Muslimen verhalten sie sich arrogant, und vor allem die unter ihnen am weitesten verbreitete Gruppe der Ichwan al-Muslimin (»Muslimbrüder«) ist laut Khalid Durán »terroristisch, fanatisch, zelotisch und bigott«.

Islamisten oder Fundamentalisten glauben, die allein wahren Anhänger des Islam zu sein. Da sie überwiegend nationalistisch gesinnt und potentielle theokratische Staatsbildner sind, hält der renommierte Ibn Khaldun-Preisträger für sie als äquivalenten westlichen Begriff den national-religiösen Terminus »Faschisten« bereit.

Islamische *Reformisten*, als dritte Kategorie religiöser Gruppierungen, sind Traditionalisten, die bemüht sind, ihr religiöses Verständnis an die Zeitumstände anzupassen, wodurch sie sich eine Erneuerung der islamischen Weltbewegung erhoffen. Sie sprechen vor allem die Intellektuellen in der islamischen Welt an. Sie wollen die historisch-zeitbedingten Äußerungsformen des Islam reformieren, um ihn von seinem Nimbus der Rückständigkeit zu lösen.

Reformisten wie *Modernisten* sind Traditionalisten. Allerdings untersuchen sie die überkommenen Werte daraufhin, ob diese dem modernen Leben entsprechen und bewahren nur die Traditionen, die ihnen nützlich dünken. Konkret heißt das: Sie sind geneigt, einen erheblichen Teil religiöser Verordnung einfach zu negieren.

---

[1] Gemeinschaft aller Muslime (A.d.R.).

Während Fundamentalisten religiöse Absolutisten, Utopisten und somit Apologeten eines vollkommenen Tugend- und Gerechtigkeitsstaates sind, ist bei reformerischen und modernistischen Muslimen vor allem der Typus des Relativisten zu finden, der Anpassung und auch fremde Wertschätzung sucht. Das Differenzierungsvermögen gegenüber dritten Religionen und Systemen ist bei diesen Gruppen am größten. Fundamentalisten dagegen vertreten eine ausschließlich manichäische, d.h. eine nur in gut oder schlecht einteilende Weltsicht.

Traditionalisten sind zwischen diesen Gruppen angesiedelt. Sie sind nicht militant gegenüber denen, die sie in ihren Traditionen tolerieren, können es jedoch – wie in den Anti-Kolonialkriegen – gegenüber aggressiven Feinden werden. Eine lavierte Feindseligkeit gegenüber islamischen Glaubensgenossen ist bei ihnen aber, anders als bei Fundamentalisten, nur in Ausnahmefällen zu sehen. Der Traditionalist geht Schritt für Schritt vor, im Allgemeinen behutsam und sehr höflich.

Aufschlussreich wird der Vergleich zwischen Reformisten und Modernisten, unterscheidet man sie hinsichtlich ihrer Zeitbindung. Sie sind wesentlich bemüht, ihren Platz in ihrer kulturellen Gegenwart zu finden, was sie anfällig für risikoreiche Experimente macht.

Fundamentalisten sind stark zukunftsbezogen. Dies verleitet sie leicht, die Grenzen der Gegenwart zu übersehen. Ihre Vision entbehrt nicht selten der historischen Berücksichtigung. Traditionalisten, die größte Gruppe der Muslime, sind dagegen bemüht, die Werte der Vergangenheit in ihre Gegenwart hineinzutragen, wodurch sich ihr Leben um die Diskrepanz der alten und der gegenwärtigen Kulturformation dreht. Ihnen fehlt allerdings häufig der Blick in die Zukunft, weshalb sie oft im geschichtlichen Vakuum leben.

Würden diese Gruppen nicht weiter differenziert werden, ergäbe sich ein falsches Bild islamischer Strömungen der Gegenwart. Für das Verständnis des Islam in seiner Gesamtheit fehlt eine wesentliche Diagonaleinteilung: die Unterscheidung in *orthodoxe* und *Sufi-Muslime*.

Sufi(s) werden mystisch orientierte Muslime genannt, die eine entscheidende Rolle bei der Prägung des islamischen Selbstverständnisses spielen. Das Wort Sufi besitzt in der islamischen Welt eine fast magische Bedeutung, da – so Khalid Durán – mehr als die Hälfte aller Muslime der Welt in einer oder anderer Form persönlich verbunden mit dem organisierten Sufitum ist. Von Pakistan, Ägypten, Senegal oder dem Sudan könnte man beinahe schon von ganzen Sufiländern sprechen, da in ihnen der Sufianteil der Bevölkerung[2] bis zu vier Fünfteln der Gesamtbevölkerung beträgt.

Die genaue Bestimmung des Sufismus fehlt noch, trotz zahlreicher akademischer Analysen. Tatsache aber ist: Islamischer Fundamentalismus und Sufismus stehen sich diametral gegenüber. Die verbreitete Meinung, der Fundamentalismus in der islamischen Welt nehme stark zu, verliert durch das starke Wachstum sufischer Traditionen an Bedeutung.

---

[2] Zum Beispiel bei den Männern im islamischen Teil des Sudan.

Die oft gestellte Frage, ist der Sufismus rechtgläubig oder nicht, bleibt weiterhin offen. Insbesondere drängt sich die Problematik religions- und offenbarungshistorischer Einordnung der sufischen Lehre auf. Die Wissenschaft hat diesbezüglich den aus dem Christentum entlehnten Begriff »Orthodoxie« geprägt. Als orthodox gilt jede normative Lehre, die ihrem Ursprung entspricht. Sekten sind dagegen religiöse Bewegungen ohne geschichtliche Wurzeln.

Um die Frage der Rechtgläubigkeit der Sufilehre und -praxis zu klären, sei hier eine etymologische Untersuchung des Wortes »Sufi« versucht.

Laut Fouriers »Lexikon des Islam« ist »Sufi« ein arabischer Singular, dessen Plural Sufiyan ist. Die Etymologie des Wortes *könnte* von arabisch Suf (Wolle), aber auch von Safa (Reinheit) stammen. Kommentatoren begründen im Allgemeinen die Herkunft des Wortes Sufi von »Wolle« damit, dass im achten Jahrhundert eine Gruppe muslimischer Asketen blaue Wollmäntel getragen hätten, die Sufis genannt wurden. Hudschwiri führt überdies als weitere Ableitung des Wortes Sufi eine Herleitung von Saff-i auwal, die »erste Reihe«, an. Dieser Begriff wurde für diejenigen unter den ersten Gläubigen der Botschaft des Propheten Mohammed verwendet, die mit ihm in der ersten Reihe das Gebet verrichteten. Auch Ashab-i Suffa, die »Leute der Veranda«, wurden oft zur Deutung des Begriffes »Sufi« herangezogen. Diese waren fromme Gefährten Mohammeds, die die ihm geoffenbarten Verse und seine Lebensart (as-Sunna) auf einer Veranda zusammen studierten.

Nicht-islamische Experten führen zudem den griechischen Begriff »Sophia« (Weisheit) als mögliche Herkunft des Wortes Sufi an, was islamische Gelehrte wiederum verwerfen.

Die vorgebrachten Hypothesen – so sinnreich sie auch sein mögen – sind m.E. fraglich, da der Begriff »Sufi« weit älter ist als die betrachteten Zusammenhänge. Bereits im Alten Testament wird von den Sufis berichtet: »Horch, deine Sufis erheben die Stimme, sie alle beginnen zu jubeln«, heißt es zum Beispiel in Jesaja 52,8, dem Ezechiel 33,7 entspricht: »Einst lebte ein Mann aus Rama, ein Sufi(t) vom Gebirge Efraim.«

Die Sufis oder Sufitim der Bibel werden unbegründet mit »Wächter« übersetzt. Oder etwa Ezechiel 3,17: »Du Menschensohn, ich übergebe dich dem Hause Israel als Sufi(t)« wird oft fälschlich wiedergegeben als »Menschensohn, ich gebe dich dem Haus Israel als Wächter«. »Der Wächter, der in Israel auf dem Turm stand …« (2. Könige, 9,17 ff.), war ebenfalls ein Sufi(t) oder Sufi(m), wie es im Ursprungstext heißt. David Benjamin, ein zum Islam konvertierter unitarischer Bischof, erklärt in seiner Schrift »Muhammad« dazu: Jemand, der vom Wachturm aus der Wüste ankommende Pilger oder drohende Gefahren beobachtete, wurde Sofi oder Sufi genannt.

Die biblischen Wachtürme, so führt Benjamin aus, waren frühe Minarette, aufgebaut neben heiligen Steinen (Misfas). Unter einer Misfa versteht die Bibel entweder einen Platz oder ein Gebäude, ursprünglich einen kultischen Stein. In 1 Samuel, Kap. 10 versammelt sich das Volk an einer

Misfa, um Saul zum König über Israel zu wählen. Samuel befiehlt seine Anhänger an eine Misfa, um vor dem Herrn zu schwören. Die Misfas waren die wichtigsten Kult- und Anbetungsstätten. »Ursprünglich war die Misfa nur ein einfaches Heiligtum auf einem einsamen und hoch gelegenen Platz in Gal'ead gewesen, wo der Sufi mit seiner Familie oder seinen Gefährten zu leben pflegte«, erklärt Benjamin. »Nach der (…) Besetzung des Landes Kanaan durch Israel stieg ihre Zahl, und sie entwickelten sich zu bedeutenden religiösen Zentren.« Ihnen waren Schulen und bruderschaftliche Institutionen angeschlossen und der Sufi war ihr Oberhaupt. Er leitete den Kreis der Eingeweihten. Benjamin fährt fort: »Diejenigen, die wir heute als Sufis bezeichnen, wurden damals Nbiyim oder Propheten genannt.« Was die Bibel Weissagung nennt, war der sufische Sikr.

Den Gedanken, dass Sufis Propheten genannt wurden, bestätigen die Verse 5–9 in 1 Samuel, Kap. 9:

> Als sie in das Gebiet des Sufs gekommen waren, sagte Saul zu seinem Knecht, der ihn begleitete: Komm, wir wollen umkehren, sonst macht sich mein Vater um uns noch mehr Sorgen als um die Eselinnen. Der Knecht erwiderte ihm: In dieser Stadt wohnt doch ein Gottesmann. Er ist sehr angesehen. Alles, was er sagt, trifft mit Sicherheit zu. Früher sagte man in Israel, wenn man hinging, um Gott zu befragen: Wir wollen zum Seher gehen. Denn wer heute Prophet genannt wird, hieß früher ein Seher.

Das aus dem gleichen Wortstamm wie Sufi(m) oder Sufi(t) herrührende Wort Safach in der Bedeutung »Ausschau halten, Wache halten, spähen, schauen und erwarten« kennzeichnet die Haltung eines Sufis vortrefflich. Die biblischen Sufis befanden sich genau in der Mitte, zwischen der Gesellschaft, für die sie auf ihren Posten die heiligste Verantwortung trugen, und der »Wüste« ihrer Selbsterkenntnis und Gottzugewandtheit. Verloren sie ihr soziales Verantwortungsfeld (Gefahren erkennen und melden), war ihre Funktion in Gefahr. Dann wurde ihr Turm zum Elfenbeinturm. Ihr spiritueller Egoismus entartete zum Geschwür, wie es die Bibel anschaulich macht:

> Die Wächter des Volkes sind blind, sie merken allesamt nichts. Es sind lauter stumme Hunde, sie können nicht bellen. Träumend liegen sie da und haben gern ihre Ruhe. Aber gierig sind diese Hunde, sie sind unersättlich. So sind die Hirten: Sie verstehen nicht aufzumerken. Jeder geht seinen eigenen Weg und ist ausschließlich auf seinen eigenen Vorteil bedacht.[3]

Benjamin glaubt den Beweis dafür erbringen zu können, dass der biblische Terminus Misfa von archaisch Safa oder »Stein« abgeleitet sein muss und Safa das gesuchte Urwort ist, von dem auch Sufi stammt. Die Misfa war ein Ort, an dem heilige Steine aufgestellt waren. Die Juden hätten deshalb einfache Steine als Zeichen eines Heiligtums gewählt, da diese, anders als kostbarere Altäre, kein sinnvolles Diebesgut waren. Auch sei die Einfachheit eines Steines ein sinnhafter Ausdruck der Lehre der Weisheit und Gnade gewesen, der sich die Sufis unterwarfen. Der Stein des Heiligtums blieb unbehauen.

---

[3] Jes 56,10-12.

Die drei Wurzelbuchstaben des Wortes Safa (=S, ph, i) bedeuten einerseits »fest und sicher sein«, aber auch »reinigen, beobachten und auswählen«. Ein Sufi, wie ihn die Bibel sah, war demnach ein Mensch, der seine Wahl getroffen hatte. Er konnte sich in biblischen Zeiten am Leitbild des Mussafi oder Msapphi, des »Allerauserwähltesten«, wie die Bibel ihn nennt, orientieren. Das war der Name jenes wundersamen Menschen, auf den die biblischen Propheten warteten: der Prophet al-Mus(t)afa.[4]

Zur Zeit Samuels waren die Institutionen der Misfa sehr zahlreich. Demnach blieb »der Sufismus unter den Juden unter dem Supremat des jeweiligen Propheten bis zum Tode König Salomos eine esoterische, religiöse Bruderschaft. Nachdem das Königreich zweigeteilt worden war, vollzog sich auch unter den Sufis eine bedeutende Spaltung«.[5] Von Elias wird berichtet, er wäre der einzige überlebende Prophet gewesen. Dennoch blieb die Sufi-Lehre als Ursprungsversion biblischen Monotheismus' bis zum Erscheinen Jesu erhalten. Dessen Botschaft lautete an seinen Jünger Simon bzw. Kefas (Petrus): »Anta as-Ssafa«, »Du bist der Stein«.[6]
Simon hatte den Auftrag, die Misfa oder »Kirche« zu erbauen wie ihm sein Meister befal, deren einziger Zweck das Warten auf den Allerauserwähltesten, den Gereinigtsten (arabisch al-Mustafa) war. Hier schließt sich der Kreis. Die Propheten oder Sufis sind allesamt Mohammed unterstellt. Er ist der Meister aller Meister, der alles zukünftige Sufitum in den Islam einfließen lässt.

Nach dem oben Ausgeführten lässt sich behaupten, dass allein die Sufi-Wirklichkeit Ausdruck sowohl jüdischer, als auch christlicher und islamischer Rechtgläubigkeit ist. Sufismus ist Orthodoxie. Sufismus ist Prophetentum in seiner frühen Zeit, und später die bedingungslose Nachfolge monotheistischer Propheten. Unerheblich ist dabei, ob diese Sufis Juden oder Christen oder Muslime sind.
In Sacharja 9,16 steht der bemerkenswerte Vers: »Wie edle Steine werden sie in seinem Lande glänzen«. Entsprechend den neun subtilen Bewusstseinsorganen im Menschen, die im Sufitum als »Edelsteine« bezeichnet werden, führt Hesekiel 28,13-14 neun edle Steine auf, die das Feuer einer Läuterung durchlaufen:

> Du warst ein vollendet gestaltetes Siegel, voll Weisheit und vollkommener Schönheit. Im Garten Gottes, in Eden, bist du gewesen. Du warst geschmückt mit Edelsteinen: Rubin, Topas, dazu Jaspis, Chrysolith, Karneol und Onyx, Saphir, Karfunkelstein und Smaragd. Aus Gold war alles gemacht, was dich über allem erhaben gemacht hat, all diese Zierden brachte man an, als man dich schuf. Ich hatte dich als glänzenden Cherub auf meinen heil'gen Berg gesetzt; du warst ein Gott und wandeltest inmitten der feurigen Steine.[7] Doch dann verstieß ich dich vom Berge Gottes und löschte dein Dasein (als Edelstein) aus (…) (Denn) du hast durch deine gewaltige Schuld (…) deine Heiligtümer entweiht.

---

4 Gemeint ist der islamische Prophet Mohammed al-Mustafa (geb. um 570, gest. 632).
5 David Benjamin, Muhammad in der Bibel. München 1987.
6 Gemäß ältesten (arabischen) Bibeltexten bzw. Matth. 16,18.
7 In der Übersetzung Luthers heißt dieser Vers: »Du warst ein glänzender, schimmernder Cherub, und auf den heiligen Berg hatte ich dich gesetzt; ein Gott warst du und wandeltest inmitten der feurigen Steine.«

Auch diese biblische Mythologie bestätigt Benjamin, dass der Begriff »Sufi« als orthodoxes Fundament jeglichen Glaubens vom archaischen Begriff für Edelstein oder Stein und nicht von Wolle oder Reihe abgeleitet sein muss. Sein kristallines Dasein widerspricht jeglichem Filz, auch wenn die Wolle durchaus *einen* Aspekt des Sufitums darzustellen vermag.

Dass Steine Eigenschaften und Funktionen Gottes annehmen können, wird im Islam bestätigt. Die Kaaba, das größte Heiligtum des Islam, bewahrt den schwarzen Stein, der laut Legende einst ein Engel gewesen sein soll. Die Gläubigen sind gehalten, beim Vollzug von Umra oder Hadsch, der kleinen oder großen Pilgerreise, den schwarzen Stein nach Möglichkeit zu küssen, da dieses zu den religiösen Vorschriften der Schari'ah, der islamischen Gesetzlichkeit gehört. Dieser Stein soll die Sünden der Gläubigen aufnehmen können und am jüngsten Tag bei Gott ein gutes Wort für alle, die ihn küssten, einlegen.[8] Er wird deshalb *Yamin Allah*, »Gottes rechte Hand«, genannt.

Auch die aus der Wüste ragenden Steine al-Marwa und as-Safa (in Mekka), die jeder Pilger sieben Mal umrundet, werden vom Koran unter die Zeichen Gottes gerechnet.[9] Rudi Paret geht davon aus, dass diese beiden Hügel, zwischen denen Abrahams Frau Hadschar auf der Suche nach Wasser umhergeirrt war, vor-islamische Kultstätten waren. Für jemanden, der um die Tradition des jüdischen Sufitums weiß, klingt as-Safa wie maßgeschneidert, um die Kontinuität des Sufitums auf arabischem Boden unter islamischem Banner beweisen zu können. Nur so wird verständlich, dass sich die asketischen *Diener der Kaaba* vor und zur Zeit Mohammeds ausdrücklich »Sufies« nannten. Ob Safa nun tatsächlich vom arabischen Begriff »Reinheit« oder eher vom archaischen Begriff »Stein« ableitbar ist, hat nur sekundäre Bedeutung. Wesentlicher ist, dass es eine offensichtliche Konstanz seines Auftretens gibt. Safa, Misfa und Sufi bilden jenes Dreier-Band, das die Geschichte der Religionen verknüpft. Denn auch im fernen Indien taucht der Begriff an prominenter Stelle auf. Seit dem Beginn des Christentums wird Jesus dort *Yus Asaf* genannt: »Der Lehrer der Steine (der Reinen)«.

Die deutsche Journalistin Inge Hasswani stimmt der Auffassung »voll und ganz zu, dass das Alte Testament nur so strotzt vor Beweisen für eine hochentwickelte Kultur der Mystik«. Für sie sind jene Wächter der Bibel Menschen, die Ausschau hielten nach dem Absoluten. Sie seien die Wächter der Erde gewesen, die, vollgesogen von Gott, von der Bibel auch als »Honigwaben« (Deschner übersetzt mit »Honigfluss«, hebr.: Tsuf) be-

---

8   In einem von Tirmisi, an-Nasa'i, al-Baihaki, Tabarani und Buchari berichteten Hadith heißt es dazu: »Als 'Umar (der zweite Kalif) eines Tages die Ka'ba besuchte äußerte er die Worte: ›Du kannst überhaupt nichts bewirken! Doch ich küsse dich, um dem Gesandten Gottes zu folgen.‹ Daraufhin wendete sich 'Ali mit den Worten an ihn: ›Der Prophet hat uns gesagt, am Jüngsten Tag wird der schwarze Stein Fürbitte bei Gott einlegen.‹ Woraufhin ihm 'Umar [für seine Worte] dankte.«

9   Siehe Sure 2, Vers 158.

zeichnet worden wären. Für ihre These spricht Deuteronomium 32,13, wo Moses Honig aus dem Felsen saugen lässt; ebenso sprechen die Psalmen vom Honig, der aus dem Stein zur Labsal des jüdischen Volkes hervorquillt. Beide Deutungen sind eins.

Die Forderung des Korans an die Sufis: »Seid Wächter über diese Erde«, dürfte die Bedeutung dieser Passage erklären. Das Wächtersein der Sufis liegt wesentlich in ihrer geistigen Autorität, die sich unmittelbar von Gott begründet wissen will. Denn »das Nachdenken über den inneren Gott reaktiviert den Islam, frischt seine psychologischen Reserven auf und befruchtet die Strukturen sowohl rechtlich als auch intellektuell durch eine Zufuhr neuer Energie«.[10] Sufismus ist das aktuelle Nachempfinden der prophetischen Gesandtschaft.

Trotzdem ist eine Sufi-Tarikat »genau genommen eine theoretische und vernünftige Methode der Führung«.[11] Doch während »die legalistische oder ›orthodoxe‹ Version des Islam Schutzwälle um sich errichtet, ist der Sufismus darauf bedacht, solche Wälle niederzureißen«.[12] Dieses »Niederreißen« bezieht sich auch auf die Religion, sofern sie, in Dogma und Lehre erstarrt, nur noch am Buchstaben hängt. Michael Gilsenan schreibt: Die Tarikats »wurden so vielseitig wie die Welten, deren Bestandteil sie waren. Mal militärisch, mal pietistisch; mal gelehrten und theoretischen Studien hingegeben, mal den Ekstasen und der Berauschung der Sinne; mal Gebiet der religiösen und gesellschaftlichen Elite, mal der ungebildeten und ausgebeuteten Massen. Hingegeben an die höchsten Mysterien der wenigen und die gemeinverständliche Unkompliziertheit der vielen. In manchen Fällen lieferten die Bruderschaften sogar den institutionellen Rahmen, durch den Reformen der Schari'ah durchgeführt wurden«.[13] »Die Flexibilität der Tarikat-Organisation versetzte Reformer in die Lage, ihre Ziele durch variablere Mittel als durch die klassische Folge Hidschra – Dschihad zu erreichen. Unter bestimmten Bedingungen konnte sich eine reformierte Tarikat in eine Dschihad-Bewegung umwandeln, indem sie auf der Grundlage der Tarikat-Organisation einen Staat schuf. Während Dschihad- und Mahdi-Bewegungen generell dazu neigten, radikal, utopisch und aggressiv zu sein, waren Neo-Tarikats eher ausgleichend, pragmatisch und defensiv.«[14] In ihrer Glanzzeit hätten die Orden sogar der weiblichen Hingabe und Andacht, die vom offiziellen Islam abgelehnt wurde, Ventile für ihre religiösen Leidenschaften geboten. Vor allem aber waren die Orden Quellen des Dschihads. Malise Ruthven meint hierzu, dass die Umsetzung eines geistigen in einen aktiven Dschihad dem Islam und seinen Orden »wesenseigen« sei. Prinzipiell sei die Auflösung zentraler Macht in aller Regel mit einer gleichzeitigen Zunahme des Einflusses und der

---

[10] Malise Ruthven, »Seid Wächter über diese Erde«. O.O. u. J., 254.
[11] W.M. Watt, The Faith and Practise of Al-Ghazali. London 1953, 20.
[12] Muslim Diaspora, The Sufis in Western Europe. In: Islamic Studies, Islamabad 1991.
[13] Malise Ruthven, a.a.O.
[14] Ruthven, a.a.O., 297.

Autorität der Tarikat und Sawiyya[15] einhergegangen – die quasi eine natürliche Gegenbewegung zur Staatsmacht und ihren religiösen Vehikeln, der Nomenklatura und religiösen Einrichtungen waren. Dissidenten und Individualisten durften sich in den Orden, die die Freiheit des Individuums allein aus Gründen ihres Selbstschutzes verteidigten, ohne Rechtsdruck tummeln. Zugleich aber waren die Sufi-Orden ein Auffangbecken für rückwärtsgewandte Reformer: »Vom 12. bis 19. Jahrhundert war der Sufismus in all seinen Erscheinungsformen so weit verbreitet, dass er praktisch ein Synonym für den Islam selbst darstellte. Die Orden waren sowohl Bastionen der Orthodoxie als auch Zufluchtsstätten für Dissidenten geworden. Gegen Ende des 15. Jahrhunderts saßen Sufis an entscheidenden Posten im Zentrum der staatlichen Macht.«[16]

Nicht nur Malise Ruthven in seiner ingeniösen Analyse des Sufi-Phänomens stand vor der Frage, wie sich die Posten in der Wüste zu staatlichen Beratungszentren entwickeln und die Sufi-Orden eine derart umfassende Skala an Aktivitäten hervorbringen konnten. Denn Sufi-Orden waren und sind Katalysatoren von Revolten wider die Tyrannei, von Fundamentalisten wider korrupte Gelehrte wie auch von Reformbewegungen. Besonders die Frage nach dem geistigen und sozialen »Kitt« innerhalb der sufischen Orden hat die Gemüter bewegt, gerade weil sich die Orden nicht – wie orthodoxe Gruppen – des Gruppenzusammenhangs einzelner Stammesgesellschaften bedienten, was sehr unislamisch ist. Dies macht ihren Erfolg umso erstaunlicher.

Ruthven kommt derweil zum Schluss, dass »die Bande der auf rigoroser Disziplin und absolutem Gehorsam beruhenden Solidarität zwischen einem Scheich und seinem Muriden die Loyalität der Gruppe ebenso zementieren konnte wie der Gruppenzusammenhalt ('Aßabiyya) der Stammesgesellschaft«.[17] Er führt folgerichtig aus: »Das revolutionäre Gedankengut solcher Bewegungen entstand auf der Basis psychologischer Prozesse. Die Zurückweisung des Weltlichen seitens des einzelnen Sufis ist ein notwendiges Vorspiel zu seinem Versuch, diese Welt zu verändern, während das durch das übliche Ritual genährte Gefühl von Brüderlichkeit und Kameradschaft den Mut zum Führen des Dschihads verleiht.«[18]

Zweck des Sufitums ist sich ständig zu reformieren. Deshalb fällt dem Sufismus im Islam fast von selbst die Rolle politischer Reformbewegungen zu, so auch der Kampf gegen religiösen Synkretismus. Sowohl in Westafrika wie auf dem indischen Kontinent haben die Organisationen der Sufi-Tarikats die Grundlage für den Dschihad gegen synkretistische Tendenzen der Assimilation an nicht-islamische Kulturen geliefert. Wie bereits bemerkt, verhinderte der Einfluss des Naqschibandi-Meisters Achmed Sirhindi den Prozess der Auflösung des indischen Islam in synkretische Häresien und drückte ihm den konservativen Stempel auf, den er heute noch trägt. Sirhindis geistiger Nachfolger, der gebürtige

---

[15] Ordensecken.
[16] Ruthven, a.a.O., 281.
[17] Ruthven, a.a.O., 320.
[18] Ruthven, a.a.O., 321.

Inder Schah Wali-Ullah aus Delhi (1703–62), ein weiterer Naqschi-bandi-Scheich, setzte das Werk seines Vorgängers fort und brachte den Sufismus noch strikter auf den Schari'ah-Weg. Er säuberte den Islam von hinduistischer Lehre und Praxis. Eine Parallele dazu findet sich bei 'Abd al-Wahhab, dem Gründer des Saudi-Islam. Der Großschüler Baha-Ullahs, Achmed Barelvi, entfernte sich von seiner Naqschibandi-Bindung, indem er eine eigene Tarikat (Tarikat-Muhammadiyye) gründete. Sie war die Vorläuferin ähnlicher Muhammadiyye-Bewegungen im 20. Jahrhundert und auch der Muslimbruderschaft. Sie vereinigte, wie Ruthven formuliert, Sufi-Disziplin mit den Schari'ah-Normen, indem sie den prophetischen Brauch (as-Sunna) zu einer Art von Tarikat machte. »In einem nicht-arabischen Umfeld war es dieser Schari'ah-Tarikat-Bund, mit dessen Hilfe sich die Orthodoxie gegenüber Übergriffen und Vermischungen durch-setzen und verteidigen konnte.« In seinem Buch »Allah im Westen« er-gänzt der französische Politologe Gilles Kepel dieses Kapitel politischer Gestaltung ganzer Staatsgebilde durch sufisch ausgerichtete Gruppen wie folgt: »Das islamische Lager auf dem Subkontinent organisierte sich vor allem um zwei wichtige Fixpunkte, die heute wieder unverändert in Eng-land in Erscheinung treten: die ›Deobandi‹-Bewegung, Verfechter einer strengen sunnitischen Rechtgläubigkeit, und der durch eine tiefe Erge-benheit dem Propheten gegenüber charakterisierte ›Barelvi‹-Sufismus.« Dieser mystische Weg war Ende des 19. Jahrhunderts unter dem Einfluss Achmed Riza Khans (1856–1921) entstanden, »dessen Werk und Lehre eine vehemente Verteidigung des übernatürlichen Wesens des Propheten des Islam darstellen, dem man die Fähigkeit zuschreibt, in das Reich der verborgenen Wirklichkeit einzudringen«.

In der Vergangenheit waren aus dem Sufitum die ehrenwertesten Füh-rer der islamischen Welt, die großen Märtyrer und Gotteskämpfer her-vorgegangen. So hatte Achmed al-Badawi (gest. 1199) im 12. Jahrhundert seine Anhänger dazu aufgerufen, gegen die Invasion der Kreuzzugsteil-nehmer unter Louis IX. zu kämpfen, wodurch er zu einem ägyptischen Nationalhelden wurde. Auch Safi ed-Din (gest. 1334), Ahnherr der Safa-widen-Dynastie, begann seine Laufbahn als sufischer Pir. Hunderte von Sufi-Derwischen beteiligten sich 1483 an dem Angriff auf Konstantinopel. Nur 25 Jahre später stand der letzte unabhängige Mameluken-Sultan, Qansuh al-Ghuri, den Armeen des osmanischen Eroberers Selim gegen-über, von Derwischen der Badawi-, Qadiri- und Rifa'i-Orden, die sich um ihre Scheichs und Fahnen gruppiert hatten, flankiert.[19] In China spielte der Orden der Naqschibandiyye die wichtigste Rolle. Nachdem Ma Ming Hsin, ein Scheich des Dschahriyya-Zweiges der Naqschibandiyye den Sufi-Sikr zur Stärkung muslimischen Gruppenbewusstseins eingeführt hatte, wurde diese »Neue Sekte«, wie sie sich seither nannte, zum Sam-melhort chinesischer Muslime. »Von da ab steckte die Neue Sekte beinahe hinter jeder der muslimischen Revolten, bis in unsere Zeit.« Selbst nach

---

[19] Ruthven, a.a.O., 281.

der Abschaffung des Kalifats im Jahre 1925 waren es zwei Scheichs der Naqschibandiyye, Salid und 'Abdallah, die eine von Kurden unterstützte Revolte gegen Atatürks Säkularisierungspolitik führten.[20]

Der politische Reformismus einiger Sufi-Orden mündete nicht selten in einen »reformierten Sufismus«, wie am Beispiel der Tarikat Muhammadiyye aufgezeigt. Manche dieser Sufi-Orden reformierten sich so sehr, dass sich die Grundrisse ihrer Arbeit verwischten. Im Falle Akbars spricht Ruthven zum Beispiel von einer aristokratischen Hof-Tarikat, mit dem Herrscher als Scheich. Guru Nanak (1469–1539), ein Schüler Kabirs, begründete unter dem Einfluss der Sufi-/Hindu-Philosophie seines Vorgängers im Pandschab die Bewegung der Sikhs, die das Korsett des Sufitums, den Islam, ablegte.

Wie schon angedeutet, hatten auch die Modernisten ihre ausschlaggebenden Impulse zur Reform der islamischen Welt infolge ihrer Sufi-Praxis erhalten. Der irische Autor des Buches »Seid Wächter über diese Erde« führt eine Reihe von Hinweisen an, die ich durch weitere ergänze:

– *Ibn Taimija* (1263–1328) war Mitglied des Qadiri-Ordens.
– Der wichtigste Mentor *'Abd al-Wahhabs*, der hanifitische Gelehrte Muhammed Hajat as-Sindi (gest. 1751), war ein Murid der Naqschibandiyye. Von den Naqschibanditen übernahm 'Abd al-Wahhab die absolute Unterordnung. Er machte sogar Gott selbst zum Scheich seiner Tarikat.
– *Dschamal ed-Din al-Afghani* hatte zu seinem Schüler Muhammad eine Beziehung wie zwischen einem Sufi-Pir und seinem Muriden. Nachdem er erfahren hatte, dass der Schah ihn ausweisen wollte, suchte er Zuflucht in einem Sufi-Schrein in der Nähe von Teheran.
– *Muhammad 'Abdu* (1849–1905) war am Anfang seiner Laufbahn »unter den Einfluss eines Sufi-Scheichs geraten, der ihn vom ›Gift der Unwissenheit‹ und den ›Banden des Literalismus‹ befreit hatte«.[21] Als Mufti von Ägypten widmete er sich der Anstrengung, »die geistig befreienden Aspekte des Sufismus« mit der legalistischen Hauptströmung der Religion zu vereinen.[22]
– Der Schüler 'Abdus, *Raschid Rida*, war ein syrischer Naqschibandi. Er schrieb in seinem Buch »Islam und das Problem der Zivilisation«, in ihm würde das Feuer islamischer Einheit und das des Weges Gottes (d.h. des Sufitums) brennen.[23]
– Der Nachfolger Raschid Ridas, *Hassan al-Banna*, Gründer der Muslimbruderschaft, wurde bereits mit 14 Jahren vom Sufismus angezogen. Als engagierter Jugendlicher, der schon früh politisch dachte, trat er dem Hasafiyya-Orden bei. Auf seine Initiative hin wurde die »Hasafiyya-Gesellschaft für Wohlfahrt« gegründet, deren Sekretär er wurde.

---

[20] Ruthven, a.a.O., 308.
[21] Ruthven, a.a.O., 343.
[22] Siehe Gerhard Schweizer, Abkehr vom Abendland. Hamburg 1986, 58.
[23] Siehe Waqf Ikhlas Publications No: 6, The Religion Reformers in Islam. Istanbul 1993, 182.

Diese sufisch orientierte Gesellschaft, die im ägyptischen Dorf al-Mahmudiyya die Glaubensmoral stärken sollte, muss als Modellversuch für seine spätere Gründung der Muslimbruderschaft gewertet werden.

Al-Banna trachtete danach, seine Bruderschaft als eine »Kombination aus neo-sufitischer Tarikat und politischer Partei« zu errichten. Seine obligatorische Bettlektüre in dieser Zeit war eines der sufischen Hauptwerke, die »Ihya« al-Ghasalis. Ruthven schreibt weiter: »Banna hat seine Bruderschaft einmal als ›eine Salafiyya-Botschaft, einen sunnitischen Weg, eine sufische Wahrheit, eine politische Organisation, eine Sportgruppe, eine kulturell-erzieherische Vereinigung, ein Wirtschaftsunternehmen und eine gesellschaftliche Idee‹ bezeichnet. Nach seiner eigenen Einschätzung scheint der reformistische, sufisch gefärbte Aspekt jedoch überwogen zu haben.«[24] In seiner Abschiedsbotschaft stellte er fest: »Meine Brüder! Ihr seid keine wohltätige Gesellschaft, keine politische Partei (…) Ihr seid vielmehr eine neue Seele im Herzen dieser Nation, um das Dunkel des Materialismus durch die Kenntnis Gottes zu zerstören.«[25] Die Gründer der islamischen Moderne, die Fundamentalisten fälschlicherweise als »Gegner des Sufismus« bezeichnen, hatten ihre Werte und Regeln dem Sufitum zu verdanken. »Die Synthese von Traditionalismus und Mystizismus [bei Sha Wali-Ulah] enthielt einen Liberalismus, der für die modernistischen Tendenzen im indischen Islam bahnbrechend wirkte.«[26]

Wer seinen Blick nach Persien wendet, wird dort den gleichen Phänomenen begegnen. Auch die »islamische Revolution« stammt aus dem Sufi-Fundus. Nicht nur Imam Chomeini hatte seinen Weg als Mystiker nach Sufi-Art begonnen. Auch Schariati, der philosophisch wichtigere Protagonist dieser Revolution, hat seinen »mystischen Humanismus«, und damit sein wesentliches Element den Sufi-Philosophen Avicenna und Mullah Sadr und insgesamt dem »Hoch-Sufismus« (Ruthven) zu verdanken. Für ihn ist die Vereinigung mit Gott das Ziel jeder Revolution. Nur wenn in ihrer Folge der vollkommene Mensch des Sufismus entstehe, seien Revolutionen erlaubt. Denn »immer dann, wenn soziale Belange im Koran angesprochen werden, sind Gott (Allah) und Mensch (an-Nas) buchstäblich identisch«. Ausschließlich der von Gott empfangene Mensch sei brauchbar für seine Gesellschaft. Dieser »ideale Mensch geht mitten durch die Natur hindurch und kommt zum Verständnis von Gott; er sucht nach der Menschheit und gelangt so zu Gott. Er umgeht die Natur nicht, noch kehrt er der Menschheit den Rücken. Er hat das Schwert Caesars in der Hand und das Herz Jesu in der Brust. Er denkt mit dem Gehirn von Sokrates und liebt Gott mit dem Herzen von Halladsch. Der ideale Mensch hat drei Seiten: Wahrheit, Güte und Schönheit. In anderen Worten: Wissen, Ethik und Kunst. Er ist ein gottähnliches Wesen, auf die Erde verbannt«. Sein besonderes Wesen mache ihn hochgradig attraktiv.

---

[24] Ruthven, a.a.O., 352.
[25] Richard Mitchell, The Society of Muslim Brothers. London 1969, 29.
[26] Azis Ahmed, Das Vermächtnis des Islam. O.O. u. J.

Es sei der strahlende Islam, der automatisch und ohne Zwang von einem solchen »Gottgeborenen« ausgehe, der die spezielle »Werbewirksamkeit des Islam in seiner sufitischen Ausprägung« ausmache. »Die Sufik hat zurecht statt nur die Vernunft auch das Herz, das ›Auge des Herzens‹, die intuitiv-ganzheitliche Erkenntnis, die Emotionen, die Phantasie, das Gemüt, den spontanen unreflektierten Glauben angesprochen.«[27] Das Charisma, mit dem sein Herr den Dienenden, der sein Ich um Gottes willen ausgelöscht hat, nachhaltig umhüllt, steckt auch heute Massen an. Der ehemalige Premierminister der Republik Türkei, Erbakan, war ein Exempel dieses Aspektes: ein Sufi an der Spitze eines Staates! In seiner frühen Zeit als Naqschibandi-Adept hat dieser Meister der Politik in lyrischen Versen den Sufismus besungen. Seit über 30 Jahren folgt er dem Sufi-Weg und lauscht den Instruktionen seiner geistigen Meister. Wen die Geschichte unbelehrt gelassen hat, mag dies dem Zufall zuschreiben. Dass ausgerechnet ein Sufi als Regierungschef die heilige Pflicht der Rückkehr seines Landes zum Islam mit Weitsicht und Rücksicht in die Praxis umzusetzen versuchte, ist historisch konsequent. Das Sufitum ist nach wie vor die effektive Speerspitze jenes Islam, der ohne verbrannte Erde und ohne Brücken zu zerschlagen den Islam in Position und die Muslime an die religiöse Überzeugungsfront bringt. Es ist ausschließlich dieser Islam, der sich dem globalen Wettbewerb stellt, dem Wettbewerb der besseren Konzepte. Kein Anhänger dieser Gruppen will etwas nur für sich, für seine Familie, seinen Stamm, ja nicht einmal für die Nation gewinnen, zu der er gehört. Sie alle wollen der Menschheit eine neue Option auf Geistigkeit und ein *Herz*, den Frieden und die Einheit bringen, die die Menschheit erseufzt. Einwände gegen diese Absicht wird die Geschichte verschlucken. Zu sehr ist dieses Vorhaben bereits in voller Fahrt. Alles wartet auf den »größeren Start«. Bis dahin werden die Fundamentalisten ihr Säbelrasseln nicht lassen. Oder, wie Malise Ruthven es kunstvoller sagt: »So betrachtet scheint der Islam noch lange Zeit fest auf der Tagesordnung zu bleiben, bis zu jener Zeit, da er wie andere religiöse Traditionen von einer pluralistischen internationalen Kultur der Zukunft absorbiert werden wird. Dann, so kann man vermuten, wird er wieder in die weitläufigeren und weniger strengen Bahnen des Hoch-Sufismus einfließen, dessen liturgische Disziplinen und weitreichende theosophische Anschauung ihn mit einem Universalismus ausstatten, der weniger engstirnig ist als das Judentum und weniger anthropozentrisch als das Christentum. Befreit von jener pharisäerhaften Strenge, die die zeitgenössischen islamischen Aktivitäten kulturell so sehr steril erscheinen lässt, könnte sich der Islam als äußerst angemessener Glaube für ein wissenschaftliches Zeitalter erweisen – mit einer wichtigen Botschaft.«[28]

---

[27] Zitat von Hans Küng (ohne Angaben).
[28] Ruthven, a.a.O., 413.

Die Einheit der altägyptischen Religion

Dieter Kessler

1. Einleitung

Das Faszinosum der altägyptischen Religion war seit der Lesbarkeit der Hieroglyphen ihre Affinität zur biblischen Tradition, aber auch die Komplexität und Tiefgründigkeit ihrer Aussagen. Heute, nach 150 Jahren Forschung, glauben wir, ihre im zeitlichen Wandel begriffenen Theologien zu erkennen, genauso wie die meist fast unmerklichen Verbindungen zum Alten und Neuen Testament. Die feine Linienspur, die von einem »Monotheismus« des Pharao Echnaton über die Figur des Mose zum biblischen Monotheismus gezogen wird, greifbar etwa in den phraseologischen Übereinstimmungen zwischen Psalmen und altägyptischer Sonnenhymnik, steht aktueller denn je im akademischen Diskurs. Weniger wird reflektiert, ob die bisherigen Beschreibungen der altägyptischen Theologie und Frömmigkeit auf einer ausreichenden Materialbasis gründen. Die überwiegenden Bereiche der altägyptischen Kult- und Glaubenspraxis entziehen sich wegen ihrer weitgehenden Schriftlosigkeit oder ihrer erst in der Entwicklung begriffenen Verschriftlichung einer meist allein auf die zufällig erhaltene Textüberlieferung fixierten Analyse. Wir wissen fast gar nichts über die täglichen und wöchentlichen bzw. zehntägigen Formen der Religionsausübung und ihre sozial-ökonomische Organisation. Ihr kultischer Ablauf hat aber die Gottesnähe des Niltalbewohners grundlegend bestimmt und ganz Ägypten geeint. In den einfachen Kapellen der Stadt oder des Dorfes wurden keine religiösen Standardtexte auf Papyri rezitiert. Es wurde dort sicher eine formelhafte Sprache verwendet, begleitet von einfachen Kultakten.

2. Kurze Charakteristik des aktuellen Forschungsstandes

Abhandlungen über die facettenreiche altägyptische Religion wurden am Ende des zwanzigsten Jahrhunderts in großer Zahl neu geschrieben. Mit bunten Illustrationen geschmückte »Religionsgeschichten« der Fachwissenschaftler stehen neben gehaltvollen »Grundzügen« der altägyptischen Religion.[1] Das bereits jetzt kaum überschaubar zur Verfügung stehende Text- und Bildmaterial wird künftig durch die immer exakter dokumentierende Denkmäleraufnahme noch wesentlich erweitert werden. Fast jeder Fachägyptologe, der sich meist nur einen Ausschnitt des gesamten

---

[1] Vgl. z.B. Stephen Quirke, Altägyptische Religion. Stuttgart 1996 (Übersetzung aus dem Englischen). Weiterführendes Schrifttum zur Religion findet sich auch in dem Buch von Erik Hornung, Einführung in die Ägyptologie. Stand, Methoden, Aufgaben. 4. Auflage, Darmstadt 1993.

Materials erarbeiten kann, glaubt sich heute in der Lage, eine Abhandlung über die altägyptische Religion schreiben zu können. Er wird dazu persönliche Sichtweisen und Systematiken einfließen lassen. Nur über ein »eigenes System« ist es noch dem Einzelnen möglich, den Staat Altägyptens und die Vielfalt seiner Erscheinungswelt zu verstehen und zu ordnen.

Der akademischen Ausbildung des Faches entsprechend ist der Urheber einer altägyptischen Religionsgeschichte so gut wie nie der Religionswissenschaftler, sondern fast ausschließlich der Philologe. Eine eigene religionsphänomenologische Schule hat sich in der Ägyptologie nie entwickeln können, trotz der nach 1945 modisch werdenden Abkehr von der evolutionistischen Religionsbeschreibung hin zur 3000 Jahre und mehr zusammenfassenden Gesamtdarstellung. Die dabei auftretende scheinbare Widersprüchlichkeit der theologischen Aussagen hat zu intensivem Nachdenken über die spezifischen Denkschemata der alten Ägypter geführt, sei es über die von Henry Frankfort eingeführte, angeblich typisch ägyptische mehrlösige »multiplicity of approaches«, die »prälogischen« oder »mythischen Denkstrukturen« oder die vom Basler Ägyptologen Erik Hornung aufgestellte angeblich »komplementäre« oder »mehrwertige Logik« der alten Ägypter. Die Diskussionen haben sich allerdings in den letzten Jahren verflüchtigt. Die Religionsforschung hat sich in eine selbstgewählte, manchmal bequeme Subjektivität begeben, bei der Meinungsvielfalt vorherrscht. Ein akademischer Konsens wird kaum mehr angestrebt.

Das Unbehagen an den sich widersprechenden phänomenologischen Ansätzen der Ägyptologen hat vor einigen Jahren der Hamburger Alttestamentler Klaus Koch formuliert, dabei die phänomenologische Wesensbestimmung infrage gestellt und wieder den Blick auf die zeitliche Differenzierung gefordert: »Eine konsequente ägyptische Religionsgeschichte ist bisher noch nicht vorgelegt worden.« Er hat seinem Aufruf Taten folgen lassen und eine Geschichte der altägyptischen Religion verfasst.[2] So ist in den letzten Jahren zu beobachten, wie die historische Darstellung der religiösen Erscheinungen allmählich wieder an Boden gewinnt.

In der Diskussion stehen aktuell die zahlreichen Bücher des Heidelberger Ägyptologen Jan Assmann.[3] Ihm ist es gelungen, auch außerhalb des engeren Fachgebietes neues Interesse an den altägyptischen Religionsvorstellungen zu wecken. Assmann hat, stark geprägt von Methoden der Literaturwissenschaft und ausgehend von der Sammlung der altägyptischen Hymnik einprägsam formulierte Modelle der altägyptischen Reli-

---

[2] Klaus Koch, Geschichte der ägyptischen Religion. Von den Pyramiden bis zu den Mysterien der Isis. Stuttgart 1993 sowie ders., Das Wesen altägyptischer Religion im Spiegel ägyptologischer Forschung (Berichte aus den Sitzungen der Joachim Jungius-Gesellschaft der Wissenschaften E.V. Hamburg, Jahrgang 7 [1990] Heft 1). Hamburg 1989.

[3] Vgl. von Jan Assmann: Moses der Ägypter: Entzifferung einer Gedächtnisspur. München 1998; Hymnen und Gebete. Zürich/München 1973; Ma'at, Gerechtigkeit und Unsterblichkeit im Alten Ägypten. München 1990; Theologie und Frömmigkeit einer frühen Hochkultur. Stuttgart 1984 sowie Ägypten. Eine Sinngeschichte. Darmstadt 1996.

gion entworfen. Sie werden von ihm als durchgehende Grundlagen des Niltalbewohners formuliert, sparen aber das dritte Jahrtausend v. Chr. (das Alte Reich) weitgehend aus. Trotz offensichtlicher kultischer Wandlungen propagiert Assmann eine über die Zeiten gleichbleibende persönliche Zuneigung zur Gottheit, eine Suche nach Gottesnähe. Sie äußert sich nach ihm in einer ersten, lokal-kultischen Dimension, bei der der Mensch an den Gott seiner Stadt, d. h. an den Kultvollzug am lokalen Tempel gebunden sein soll. Davon getrennt ist die kosmische Dimension der Gotteserfahrung, die der Mensch außerhalb seiner Stadt erlebt und die an wiederkehrende Naturereignisse in Raum und Zeit (Sonnenwende, Nilschwelle, Aufgang des Sirius, Mondphasen) gebunden ist. Dazu kommt als dritte Dimension die sprachlich-mythische Präsenz der Götter. Menschliche Konstellationen werden in der Götterwelt gesehen (Götterfamilie, Königsstellung der Götter). Assmann sieht den Ursprung dieser theologischen Entwicklung, die zur Frage nach der Wirkung und Rechtfertigung Gottes führt, im historischen Umbruch und den Wirren nach dem Ende des zweiten Jahrtausends vor Christus. Ab diesem Zeitpunkt soll die Suche nach der Einheit Gottes den »roten Faden ägyptischer Theologie« bilden. Höhepunkt der Entwicklung ist für Assmann der geistige Umbruch unter Pharao Echnaton (um 1350 v. Chr.) in der Amarnazeit, als plötzlich eine Transzendenzvorstellung des Einen Gottes durch die radikale Einstellung des Pharao gewaltsam durchgesetzt wurde. In jüngster Zeit hat Assmann durch die Einführung der »Gedächtnisspur« die Verbindungen zur alttestamentlichen Gottesvorstellung erneut zur Diskussion gestellt, die schon im vergangenen Jahrhundert naiv im Sinne einer zeitlichen und inhaltlichen Evolution von Echnaton über Mose hin zur biblischen Gottesvorstellung gesehen wurde. Vom *kosmotheistischen Monotheismus* des Pharao Echnaton zum *biblischen Monotheismus*, der durchaus von unterschiedlicher Art und wesentlich später formuliert wird, führt eine unmerkliche Entwicklungslinie. In Reaktion auf die Transzendenztheologie des Echnaton soll sich in der folgenden Ramessidenzeit (ab ca. 1290 v. Chr.) eine neue Theologie entwickelt haben, die den transzendenten Gott mit der alten pantheistischen Gottesvorstellung der Voramarnazeit verbunden hat und von da ab die Religion Ägyptens bis in ihre Spätphase geprägt haben soll. Ebenfalls nur über Echnaton und die Amarnazeit verständlich ist nach Assmann die eigenartige Entwicklung hin zur Sprache der so genannten *Persönlichen Frömmigkeit* unter den Ramessidenherrschern, bei der – scheinbar neu – ein kultfreies persönlich-privates Verhältnis zwischen Individuum und seiner persönlichen Gottheit auftaucht. Formal werden insbesondere Stelenmonumente, die eine Ich-Anrufung in Hymnen- und Gebetsform enthalten, als Zeugnisse *Persönlicher Frömmigkeit* eingestuft.

3. Eine oder viele altägyptische Religionen – eine Frage der Methode

Die aktuelle Forschung erstellt, meist auf den einseitigen Textsammlungen aufbauend, immer neue Synthesen zur Theologie und Frömmigkeit des Niltalbewohners, die Ägypten in einzelne Theologien und Religionen bis hin zur Trennung von Staats- und Volksreligion aufspalten. Die ägyptologisch-theologischen Systeme fragen nicht nach dem Umfang des nichtschriftlichen Kultbereiches oder der oft immensen Überlieferungslücke.

Werden die ägyptischen Götter aus dem Textcorpus isoliert untersucht, so ergeben die Göttersysteme für jeden Hochgott eigene Theologien. Die an kultische Abläufe gebundenen religiösen Formeln und Bilder werden – losgelöst von raumzeitlichem Bezug – zu theologischen Aspekten und Symbolen und führen zu nebeneinander existierenden, teilweise konkurrierenden altägyptischen Systematiken. So wurden spezielle heliopolitanische, memphitische, hermopolitanische oder thebanische Theologien (Kosmogonien und Mythologien) aufgestellt, schließlich eine spezifische Amun-, Re-, Thot- oder Aton-Theologie entwickelt. Die komparatistische Arbeit musste unausweichlich zu der Ansicht führen, die Ägypter hätten verwirrend diffuse »mehrdeutige« theologische Lösungen gefunden.

Die diversen Tempeltheologien Altägyptens mutierten rasch zu unterschiedlichen Religionen. Aus bestimmten religiösen Textgruppen, insbesondere den Zeugnissen des nichtpriesterlichen privaten Bereiches, glaubte man die persönliche menschliche Beziehung zur Gottheit ablesen zu können. So gehörte danach die hymnische Anrufung des Hochgottes Amun durch einen Privatmann zum Amunglauben; die jeweilige Person wurde zum emotionellen Verehrer des Amun und damit implizit zum Anhänger einer Amun-Ideologie. Daraus wurde im Bereich Thebens eine Amunreligion, die sich von ihrem thebanischen Tempelzentrum im ganzen Lande ausgebreitet hatte und schließlich mit einem angeblich vom Zentrum Heliopolis aus vordringenden Sonnenglauben in Konkurrenz geriet. In Ägypten soll es gleichzeitig eine Amun-, Re-, Ptah-, Isis-, Chnumreligion oder einen Osirisglauben gegeben haben, deren Kern der lokale Tempel war. Die einzelnen Anhänger der Religionen konnten danach nebeneinander existieren, alles unter der Prämisse einer weitgehenden Unabhängigkeit des einfachen Ägypters, der sich abseits des Staatstempels seinen privaten Gott selbst wählen konnte.

Von den ägyptischen Tempelwänden konnte aber kaum der gesamte Inhalt der ägyptischen Staatsreligion abgelesen werden. Tempelinschriften beziehen sich fast immer auf eine überirdische Götterebene. Der angestrebte Zielpunkt der kultischen Handlung waren dagegen die Menschengruppen vor dem Tempel, im weitesten Sinne die Menschen der umgebenden Stadt. Im Tempelhof fand, kontrolliert von der sakralen Elite, eine die Hierarchie und Ordnung des Staates sichernde Begegnung des Menschen mit der Staatsreligion statt.

Da die Tempelwände die Außenwelt verschweigen, musste man auf der Suche nach dem Glauben und der Kultbeteiligung des Ägypters auf andere Quellen zurückgreifen. Dazu wurden ganze Textgruppen mit religiösen Aussagen (Papyri, Stelen, Grab- und Kapellenwände) aus ihrem prägenden kultisch-sakralen Rahmen mit ihren zeitlich periodischen Abläufen in kosmischen und mythischen Räumen isoliert. Altägyptische Hymnen und Gebete und damit ihre Schriftträger (Stelen in den Tempel- und Kapellenhöfen oder an den Grabwänden) wurden gern als zentrale Aussage über Gott aufgefasst und als kultfreie Träger eines aktuellen *theologischen Diskurses* eingeordnet. Aus ihnen konnte dann eine zeitspezifische, sich stetig verändernde *explizite Theologie* herausgelesen werden, deren inhaltliche Diskussion das ganze Land erfasst haben soll. Dies alles wird im Gegensatz zur *impliziten Theologie* der am Tempel ohne größere Diskussion angenommenen religiösen Standard-Kulttexte gesehen. Gebets- und Hymnentexte, getrennt von ihrem Schriftträger mit seinen Bild- und Textfeldern und dem Ort ihrer Aufstellung scheinen mir zur Erfassung der Gottesnähe des Ägypters nicht auszureichen.

Auf den »privaten« religiösen Zeugnissen sind als äußere Formen ständig variierte Göttererscheinungen (naturalistische Tierformen, Pseudo-Statuenbilder, Standarten, Stäbe) zu sehen, die an den Wänden des großen Tempels weitgehend fehlen. So begann man auch noch neben die verschiedenen verschriftlichten Religionen, die man dem Begriff der Staatsreligion unterordnete, eine Sphäre der Volksreligiosität zu stellen. Das einfache Volk soll sich an populäre, bäuerlich-primitive, handgreifliche Formen des Göttlichen gehalten haben. Der verschriftlichten Staatsreligion wurde ein umfangreicher, weitgehend nicht oder erst später verschriftlichter Bereich der Volksreligion zur Seite gestellt. Die immer deutlicher ab 1500 v. Chr. zu Tage tretenden Formen der so genannten Volksreligion wurden (kaum nachweisbaren) »Tiefenschichten des Volkes« zugeschrieben.[4] Allenfalls konstatierte man einen zunehmenden Einfluss der Staatsreligion auf den Volksglauben und eine sekundäre Theologisierung ihrer Formen. In an Zahl zunehmenden Erscheinungen wie den ägyptischen Tierfriedhöfen mit ihren Millionen beigesetzten Tiermumien-Göttern, die deshalb nur einem verwirrten Glaubensverständnis des einfachen Niltalbewohners zugeschrieben werden konnten, glaubte man Belege für den primitiven Volksglauben gefunden zu haben. Das Paradoxon, dass gerade am Vorabend der Einführung des transzendenten Gottes durch Pharao Echnaton von dessen Vater die ersten ägyptischen Tierfriedhöfe eingerichtet wurden, hat dabei kaum Beachtung gefunden.

Mit der Einführung einer im Vergleich zum Gedankenflug der Tempeltheologie primitiv eingeschätzten Volksreligion und des Volksglaubens ist der irdische Bereich in einen scharfen Gegensatz zur Staatsreligion eines abgeschotteten Tempelareals gebracht worden. So soll sich das einfache Volk der Stadt, das an seine archäologisch kaum erfassten Kapellen in der Stadt gebunden war, nur bis an die Mauer des Tempels herangewagt haben, wo ihm Kultstellen als *Gegentempel* gedient haben sollen. Wie die

---

[4] So Jan Assmann, in: Theologie und Frömmigkeit einer frühen Hochkultur. Stuttgart 1984.

tägliche Kommunikation über Tempeldach und Vorhof weiter in die Stadt geleitet wurde (eventuell per Weckruf?), wissen wir nicht; wir können dort aber mit gleichartigen Kultaktionen zu übereinstimmenden Zeitpunkten rechnen. Werden aber die Kultpraxis des großen Tempels und die in den Kapellen des Dorfes und der Stadt nachvollzogenen Handlungen theologisch als äquivalent gesehen, verschwimmt der Gegensatz zwischen Staats- und Volksreligion.

3. Grundzüge der altägyptischen Götterwelt

Die altägyptische Religion und ihre Götterwelt wird gerne mit *polytheistisch* etikettiert. Es gibt in der Tat überraschend viele, noch niemals in ihrer Gesamtheit notierte altägyptische Götter. Die Ägypter haben sie selbst in Hochgötter (Götter der Großen Neunheit; die Neun steht für viele) und in *dii minores* (Götter der kleinen Neunheit) eingeteilt. Dennoch sind die ägyptischen Götter keine polytheistischen einer Naturreligion. Eine kosmische Begründung haben nur die großen Götter. Die kleinen Götter sind überwiegend handelnde Erscheinungsformen der großen Götter, theologisch ihre Sohn- und Tochtergötter. Sie können als Funktionsgötter mit speziellen Aufgaben umrissen werden, etwa als vom König initiierte Schutzgottheiten des ägyptischen Festes, des Militärs, der korporativ organisierten Gruppe. Alle ägyptischen Götter werden kultisch von beauftragten Personengruppen bedient (unscharf: »verehrt«). Sie haben irdisch sichtbare, äußere »Kultbilder« (mit getrennten Übergangsphasen bei Morgengrauen und Sonnenaufgang), aber auch Perioden der Unsichtbarkeit (am Abend bei Eintritt in den Sonnenschatten oder in der völligen Finsternis). Je nach einem spezifischen Zeitpunkt innerhalb des kultischen Ablaufs werden die Götter wiederum phasenidentisch mit anderen Göttern der Großen Neunheit. Das führt zu der variablen und wechselnden ägyptischen Götterverbindung – unzutreffend mit Synkretismus umschrieben – zu den so genannten Bindestrich-Göttern. So kommt es beispielsweise zu rätselhaft erscheinenden Formulierungen, dass etwa der Hauptgott Anubis in einer mittelägyptischen Stadt phasenidentisch mit Anubis sei, dem Herrn des Kastens, d. h. dem wichtigen Gott der im ganzen Land festlich begangenen Osiriserneuerung. Entsprechend wird auch der Ur- und Hochgott Amun, als sichtbarer Sonnen- und Himmelsgott mit dem himmlischen Re identisch, zu Amun-Re. Zusätzlich enthalten die Epitheta vieler Götter Ausschnitte der zyklisch und temporär ablaufenden »Einwohnungen«.[5] Eine Formel wie »Amun-Re, Stier seiner Mutter, Herr des Himmels, König der Götter, Herr von Karnak« beschreibt dynamisch den Urgott, den sichtbaren kosmisch begründeten Himmelsgott und den Lokalgott Amun von Karnak. Alle diese Amun-Götter gehörten theologisch verschiedenen Generationen an und

---

[5] Vgl. Erik Hornung, Der Eine und die Vielen. Altägyptische Gottesvorstellungen. Darmstadt 1971.

wurden kultisch eigenständig durch ein differenziertes Personal bedient. Die diversen Kultplätze der thebanischen Amun-Götter waren durch die Prozessionszüge inhaltlich miteinander verbunden.

Das 19. Jahrhundert, das den biblischen Gott auch in den altägyptischen Texten gesucht hat, musste erstaunt feststellen, dass jeder Hochgott Ägyptens als *Einziger Gott* beschrieben werden kann. Jeder Gott der Großen Neunheit kann der *transzendente Schöpfergott*, »der sich selbst erschafft«, vor der Kosmogonie sein. Erik Hornung hat diesen altägyptischen *Henotheismus* besonders betont, in scharfem Gegensatz zu älteren Ansätzen, die einen frühen *Monotheismus* oder *monotheistische Tendenzen* und die *Heraufkunft des transzendenten Gottes* im ägyptischen Göttersystem erkennen wollten.[6] Jeder Hochgott ist aber auch der *Allgott* und Herrscher, d. h. *König der Götter* über andere Götter in der Situation des Ersten Males nach der Schöpfung, als Götter und Menschen noch nicht getrennt waren und sich der All- und Sonnengott noch nicht von den Menschen entfernt hatte und als sichtbarer Himmelsgott über den Menschen steht. Der ägyptische Hochgott ist also auch ein *pantheistischer Gott*, was zu so komplexen Formeln wie der vom *pantheistisch-transzendenten* Weltgott in der Ramessidenzeit geführt hat, angeblich als eine Reaktion auf den vorausgehenden Monotheismus unter Pharao Echnaton.[7]

4. Neue Forschungsansätze: Der ägyptische Tempel und der König

Am Ende unseres Jahrhunderts mehren sich die Stimmen, die eine verstärkte Betrachtung der sozialen und ökonomischen Konstanten der altägyptischen Religion einfordern. So erfährt besonders der altägyptische Tempel eine Neubewertung. Er ist nicht mehr nur ein lokaler Tempelbau mit einem Stadtgott im Zentrum (und seinem kleinen »Kultbild« aus Edelmetall im Schrein), sondern in ökonomischer und politisch-religiöser Sicht eine »Zweigstelle der Staatsverwaltung«. Der große ägyptische Tempel in seiner Gesamtheit wird vom Horus-Pharao und seiner auch sakral handelnden Beamtenelite eingerichtet und dient ihrem Zweck.[8] Tempelscheunen, Tempelwerkstätten, Tempelherden und die lebensnotwendige Schiffsorganisation des Tempels, mit der das Getreide im Lande eingesammelt wurde, waren staatlich. Damit gerät unsere gewohnte Aufteilung in Privatleute (Beamte bzw. Schreiber) und Priester, d. h. die Trennung von Kirche und Staat, ins Wanken. Es gibt zwar einzelne Heiligtümer, die

---

6   Vgl. dazu Siegfried Morenz, Die Heraufkunft des transzendenten Gottes in Ägypten. Leipzig 1964 und ders., Altägyptische Religion. Stuttgart 1960.
7   Vgl. Jan Assmann, Re und Amun. Die Krise des polytheistischen Weltbilds im Ägypten der 18.-20. Dynastie. Göttingen 1983.
8   Zu den altägyptischen Tempeln siehe zusammenfassend Dieter Arnold, Die Tempel Ägyptens. Götterwohnungen, Baudenkmäler, Kultstätten. Augsburg 1996. Zum Konzept des Tempels von Efu siehe die Textsammlung von Dieter Kurth, Treffpunkt der Götter. Inschriften aus dem Tempel von Efu. Zürich 1994.

aus bescheidenen lokalen Ursprüngen entstanden sind, wie z. B. der Tempel der Göttin Satet in Elephantine bei Aswan aus einer einfachen Felsnische. Spätestens ab dem so genannten Mittleren Reich (nach 2000 v. Chr.) ist aber jeder ägyptische Tempel, umgeben von einem Netz kultisch-religiös dazugehörender Sakralbauten, generell eine königliche Institution, in der Gottheit und Horus-König eine kultische ständig wiederholte Verbindung eingehen. Sie macht den regierenden Pharao in jährlichem Ablauf zum Sohn und Erben des kosmisch begründeten Hochgottes (aber niemals der lokalen Gottheit). Immer ist dabei funktional die gesamte Gruppe der Hochgötter anwesend.

Der Schwerpunkt des ägyptischen Tempelareals liegt nicht im Inneren, sondern vor dem Tempelbau im irdischen Bereich. Dort sind sich die Sakralelite des Pharao und die Menschen der Stadt in hierarchisch-sozialer Gliederung zunehmend reglementiert begegnet. Das abgeschirmte Innere des Tempels war nur den Geheimnisträgern und ihren Gehilfen vorbehalten, die um die Vorgänge der kosmisch begründeten Phasenidentität des Königs mit den Göttern (auf dem Dach vollzogen) und die geheimen Wiedergeburts- und Erscheinungsvorgänge Bescheid wussten. Sie allein kannten die Unterschiede zwischen einem Lokalgott wie etwa dem Amun-Re, Herrn von Karnak, und dem überregionalen, kosmisch begründeten Königsgott Amun-Re oder etwa dem Ptah, Herrn von Memphis, und dem andersartigen überregionalen Königsgott Ptah mit dem Epitheton »südlich-seiner-Mauer«. Die Sichtbarkeit und damit schützende Wirksamkeit der ägyptischen Hochgötter für die Menschen war im Tempelhof gegeben. Da sich nicht alle Menschen der Stadt jeden Tag im Festhof versammeln konnten, ist der tägliche Kultakt am Tempel wahrscheinlich von sozialwirtschaftlich dazu befähigten Priester-Beamten in den zahlreichen Lehmziegelkapellen der nahen Stadt nachvollzogen worden. Der Tempelhof – die einfache Kapellenanlage der Stadt oder des Dorfes mit ihrem davor aufgestellten steinernen Kultbild, wurde zum großen Festhof, in dem die kosmische Dimension der Gotteserfahrung des Menschen kultisch erfahrbar und einsichtig wurde. Die Göttererscheinungen des Festhofes stellten eine bunte Mischung handelnd-aktiver Statuenformen dar. Königsstatuen, an die Militär- und Berufsgruppen kultisch-ökonomisch angebunden waren, standen neben thronenden und stehenden Götterstatuen und – in zunehmender Anzahl – einem Ensemble der tiergestaltigen Schutzgottheiten. Dazu kamen heilige Stäbe und Standarten, die irdische Festprozessionen begleiteten.

Die *dii minores* des Festhofes, an denen der tägliche und der jährlich-kosmische Ablauf des Festes vorbeigingen, waren Erscheinungsformen der ägyptischen Hoch-, niemals der Lokalgötter. Es sind die Pharaonen, die per »Gesetz des Pharao« als juristisch Zuständige für die irdische Festebene des Tempels die diversen Götterformen dort institutionalisieren und reglementieren. Ein Pharao wie Echnaton konnte sie auf die Bilder der Königsfamilie reduzieren. Die Ramessiden haben wieder systematisch im Lande königliche Schutzgottheiten aufstellen lassen, zweifellos aus religiösen und ökonomischen Gründen. Widder, Krokodile, Falken, Paviane und viele andere uns so seltsam anmutende, oft als Mischformen abstoßend empfundene äußere Götter-Schutzformen des ägyptischen Tempels sind aus den kosmischen Abläufen und den im ganzen Land zentralen Königsfesten zu erklären. So konnte jüngst gezeigt werden, dass bereits die unter dem Vater des Pharao Echnaton an seinen Tempeln aufgestellten tierischen Statuenformen mit kosmischen Konstellationen zu verbinden sind. Alle sichtbaren Tierformen waren aber auch Wesen, die zu vorausgehenden geheimen Vorgängen des Ersten Males der Schöpfung nach der Erschaffung der Welt gehörten. Die in der Statue sichtbare Gans als Handlungsform des Sonnengottes Amun-Re war vorher die geheimnisvolle Urgans. Für die bis heute oft propagierten volkstümlichen Ursprünge der Tierformen am ägyptischen Tempel gibt es keine Beweise.

Mit der Erkenntnis der dominanten Rolle des Pharao am Tempel beginnt eine Neubestimmung des »Königstempels«. Darunter sind Tempel unterschiedlicher Form bis hin zum Felsenheiligtum (oft in Steinbruchgebieten) zu verstehen, die juristisch dem Pharao unterstanden. Ihr Besitz einschließlich Personal konnte verändert und umgewidmet werden, im Gegensatz zu sakralen Institutionen, deren einmal gestifteter Besitz durch die als Schriften des Sonnengottes Re klassifizierten Gründungsurkunden unantastbar war. Schwerpunkt des Kultes am Königstempel war außen die schützende Königsstatue, an die insbesondere die königlichen Schreiber und das Militär des Königs gebunden waren. Beispielsweise war der wirksame Schutzgott des berühmten Felsentempels von Abu Simbel der Pharao. Der Gott, der innen Phasenidentitäten mit den Hochgöttern einging, wird außen »Ramses in der Stadt« genannt. Auch seine Gemahlin, mit einem eigenen Felsentempel versehen, hatte außen ihr Erscheinungsfest, das die Menschen der Stadt am Festtag in Form der göttlichen Statuenpräsenz erlebten. Innen wurde sie phasenidentisch mit Hathor, der Gemahlin des Sonnengottes. Mit dem königlichen »Erscheinen« war zweifellos auch eine Festversorgung und die Wiederherstellung der materiellen Basis für die dort tätigen Leute des Königs verbunden.

»Königstempel« werden auch in den Nekropolenbereichen der ägyptischen Städte angelegt. Touristische Attraktionen sind heute die großen Anlagen auf der thebanischen Westseite. In diesen unglücklicherweise bisher als »Totentempel« klassifizierten pharaonischen Bauten ist das Funeräre kaum ausgeprägt. Sie wurden mit dem Regierungsantritt des Pharao initiiert und waren kultisch notwendige Prozessions- und Wendepunkte für die Erscheinungsfeste an den Tempeln der Stadt. Die oft enormen königlichen Zuweisungen von Feldern und Personal an den Königstempel sicherten die Fortführung des Königskultes auch nach dem Tode des Pharao, letztlich im ökonomischen Interesse der davon profitierenden Anhänger wie Militärs, Beamte und Sakralelite des Pharao. Sie leisteten dort auch temporären Priesterdienst. Alle Königstempel hatten eine solare Hochanlage, mit deren Nord-Süd-Achse die kosmischen Abläufe (Ekliptik, Sonnenwende, Nilschwelle) betont wurden, ebenso eine geheime dunkle Anlage des Osirisgeschehens. Im Mittelpunkt der kultischen Aktionen am Königstempel standen die nach dem überregionalen bürgerlichen

Kalender geordneten großen Jahresfeste des Landes (Neujahrsfest, Fest des Sokar-Osiris, Fest des Amun, Thotfest usw.).

5. Der König als Initiator von Kult und Theologie

Die Ägypter achteten das exklusive Wissen des ägyptischen Eingeweihten (des *Obersten der Geheimnisse*), der allein um die geheimnisvollen Abläufe auf der Götterebene Bescheid wusste. Kein Text der Tempelwände verrät das, was in den innersten Bereichen des Tempels inhaltlich geschehen ist, schildert den Vorgang der Kosmogonie im dunklen Raum oder erklärt die geheimen Phasenidentitäten der Götter und der Königsgestalt. Erst in der Spätphase der altägyptischen Religion erlaubt ein zunehmend auf eine exklusive, abgeschottete Priesterschaft reduziertes Wissen die Anbringung geheimer Texte am Ort ihrer funktionellen Wirksamkeit.

Die Ägyptologen haben aus dem Eingeweihten oft den anonymen Priester-Theologen gemacht, der niemals näher bestimmt werden kann. So sollen meist Amunpriester die Theologie des Amuntempels entworfen haben, besonders in der Ramessidenzeit in Reaktion auf die Theologie Echnatons. Frühe Texte verraten aber, dass der Eingeweihte als Angehöriger des engsten Königskreises um das Geheimnis zwischen königlicher Person und Königsamt wusste und damit die zyklisch wiederholten Vorgänge der staatserhaltenden Erneuerung und Verjüngung, die alle Götter sowie den König zum Nutzen für die herrschende Sakralelite und damit zur Versorgung der abhängigen Menschen erfasste. Es ist zunächst der Pharao, der vom innersten Palastbereich aus den ägyptischen Tempelbau initiiert. Folglich ist auch die theologisch-inhaltliche Vorgabe eine Angelegenheit des Königs. Der König selbst wird zum literarischen Autor bestimmter Sakralschriften, vor allem der geheimen solaren Tempelhymnik, da die Wiederholung und Sicherung der kosmischen Abläufe immer einer Initiation des Königs bedurfte. Creatio continua, morgendliches Erscheinen des Allgottes und Sonnenlauf sind Themen der Sonnenhymnen, sicherlich am Tempel vorgesungen anlässlich der kosmischen Übergänge (mit ihrem Oszillieren zwischen irdischer und überirdischer Ebene bei Morgenröte, Sonnenaufgang oder Eintritt in die Abendschatten). Vorbild für die Tempelhymnik scheint mir die zufällig nicht erhaltene sakrale Palasthymnik gewesen zu sein. Sie wurde sicher zunächst ohne Standardhymnen von der sakral agierenden Hofbeamtenschaft des Königs formuliert. Die Tempeltheologie des Amun-Tempels in Theben, schließlich inhaltlich per Papyri auf andere Amuntempel des Landes übertragen und dort dem Kultbetrieb angepasst, wurde vom König bzw. den Leuten des nahen, bisher noch nicht entdeckten Königspalastes entworfen und wohl nicht von einer meist korporativ verstandenen thebanischen Priesterschaft. Den geistigen Anteil der Eingeweihten des Königspalastes im Ostdelta zur Zeit der Ramessiden kennen wir nicht, doch sollte er nicht gering geschätzt werden. Am engeren Heiligtum des Amun von Karnak war der Hohepriester (der erste Gottesdiener) kultisch lediglich für den Lo-

kalgott Amun von Karnak zuständig. Das irdische Zentrum des weitläu-
figen Tempelareals des königlichen Hochgottes Amun stand unter der
kultischen und administrativen Kontrolle des königlichen Palastes und
seiner Beauftragten (mit Haushofmeister, Stadtvorsteher und Generälen).
Erst als gegen Ende des zweite Jahrtausends die Macht des nun fern
regierenden Königs schwächer wurde, übernahm der erste Hohepriester
im Raum Theben, gestützt auf eine lokale Priester- und Beamtenschaft,
vorübergehend die politische Macht. Faktisch und religiös legitimiert
wurde er auch durch seinen Generaltitel (der General als Oberster Geheimnisträger der königlichen Feste und die Offiziere des Heeres waren
zuständig für die Machtinsignien des Staates, die Standarten und Schutzgötter; sie übernahmen an den Jahresfesten des Pharao auch die Kommunikation mit dem königlichen Hochgott). Der Vollzug des kosmischen
Ablaufs am Tempel bedurfte aber auch dann noch der Figur des Königs,
auf dessen Funktion und Namensring nicht verzichtet werden konnte.

6. Religiosität und offizieller Kult

Die für die geordnete ägyptische Gesellschaft in den Schutzstatuen des
Tempelhofes immer wieder sichtbar gemachte Strahlkraft göttlichen Wirkens war ohne die Königsfigur undenkbar. Die Gesetze des Pharao bestimmten Form, Zusammensetzung und Organisation der *dii minores*.
Die Priesterschaft der *dii minores* des Tempelhofes im Amun-Areal von
Theben setzte sich, auch wenn sie den Titel eines Priesters des Amun
(nicht des Amun von Karnak) trug, aus königlichen Schreibern, Militärs
und Leuten des Königs zusammen. Sie verrichteten meist nur temporär
Priesterfunktionen. Der Aufstellung immer neuer *dii minores* im ägyptischen Tempelhof voraus gingen königliche Felderstiftungen und Ein-
schreibungen von Kultpersonal und Menschen. Die Bindung des einfachen Menschen an einen der irdischen Schutzgötter war also keine
Angelegenheit des Glaubens, sondern der korporativen Zugehörigkeit zu
einer Berufsgruppe, zum Haushalt eines hohen Beamten (und Geheimnis-
trägers) oder zu bestimmten Militäreinheiten. Die rechtsverbindliche Ein-
schreibung einer Person und seiner Nachkommen an einen Gott bedeutete in vielen Fällen Zwang, verbunden mit Dienstleistungen für die
göttliche Institution, deren wirtschaftlicher Nutznießer ein Angehöriger
der Sakralelite sein konnte. Stiftungen des Pharao an ein sakrales Tempel-
areal wurden dann intensiviert, wenn Leute des Pharao, darunter oft viele
ausländische Militärangehörige, versorgt werden mussten. Denkmäler
von Menschen, die eine Person adorierend vor der Form eines »kleinen
Gottes« zeigen, sind nicht Zeugnisse selbst gewählter persönlicher Glaubensvorlieben, sondern Dokumente einer offiziellen, institutionalisierten
Teilnahme in der Absicht, sich dauerhaft an den Kultablauf anzuschließen.
   Je weiter die sakralen Institutionen der *dii minores* vom großen ägyptischen Tempel entfernt liegen, desto weniger vermelden die Textzeugnisse.
Dennoch ist die religiöse Beteiligung eines Dorfbewohners kaum anders

als die des Städters am Tempel zu sehen. Kapellenbauten, vom Lehmziegelbau bis hin zum bescheidenen Hausraum mit Kultstelle oder zur wieder verwendeten Grabhöhle, wurden von einem oft nur temporär agierenden Priester bedient. Er erhielt diese Position dank seiner sozialen Kompetenz, kaufte sie von der Administration oder wurde sogar zwangsweise dazu bestimmt. Bei mangelhafter staatlicher Ausstattung dürfte der Priesterposten für ihn und seine Familie oft wenig attraktiv gewesen sein. Einige Einkünfte bezog er wahrscheinlich aus seiner Petitionstätigkeit. Der Inhaber der Stelle konnte wenigstens die Riten durchführen und frei die religiösen Formeln und Hymnen an den vorgeschrieben Übergangsstellen rezitieren. Der vorbetende Dorfpriester übernahm damit die Aufgabe, die Sakralgesetze des Pharao zu vollziehen. Die Institution etwa einer steinernen Widderprotome oder einer Widdersphinx im ägyptischen Dorf (im bewussten Unterschied zur königlichen Widderfigur im Tempelhof der Metropole) erfolgte durch die pharaonische Administration. Ihre Formen standen sicherlich in Abhängigkeit von der Zuordnung der Dorffelder zur entsprechenden staatlichen Organisation, die das Getreide für die Speicher des ägyptischen Tempels einsammelte. Das Dorf nahm an den Aktionen seines Vorbeters teil, der täglich (durch Rufen?) und zehntäglich mit der im ganzen Land vorgeschriebenen nächtlichen Orakelanrufung des Gottes seine Mitmenschen an die Institution heranführte und am Festtag außen vereinte. Aus den aus ihrem Kontext gelösten und damit scheinbar »individuellen« Stelentexten der Heiligtümer ist zu Unrecht abgeleitet worden, dass es in Ägypten keine Gemeinde gegeben hätte. Die schriftlichen Texte, die wir haben, stammen in erster Linie von den Denkmälern der temporär agierenden Kultführer, d.h. der Sakralelite des Dorfes wie etwa dem diensthabenden Wab-Priester und den Pastophoren, die das kleine Kultbild begleiteten und sich am Festtag (zehntäglich) versammelten, um die Anworten eines richtenden Gottes auf eine Petitionsanfrage zu besprechen. Unterhalb der kleinen Sakralelite des Dorfes standen die gewöhnlichen Menschen (Bauern, Frauen, Dienstpersonal, Familienmitglieder jeden Alters), von deren religiösen Bindungen und Glaubensvorlieben so gut wie keine Denkmäler berichten.

Die in der Nachamarnazeit auf Stelen zunehmend schriftlich belegte Ich-Anrufung des Hochgottes möchte ich im Gegensatz zur These von der allmählich aufkommenden *Persönlichen Frömmigkeit*[9] sehen. Ich glaube nicht, dass Gebet und Hymnus auf einer privat gestifteten *Votivstele* eines einmaligen Gelübdes wegen erscheint, sondern möchte den Gebetshymnus in der Ich-Form der beginnenden Verschriftlichung einer wesentlich älteren Petitionspraxis zurechnen. Hier rief ein temporär agierender Priester in der Nacht vor dem Festtag im dunklen Raum den unsichtbaren handelnden *Rettergott* formelhaft-persönlich an, der ihn aus der nächtlichen mythischen Gefahr vor den gefährlichen, auch tiergestaltigen Wesen in der kosmischen Landschaft des Ersten Males errettete, damit dann frühmorgens auf der Ebene des Allgottes im Rat der Götter

---

[9] Von Jan Assmann sogar als Reaktion auf die Amarnazeit verstanden.

die Petition juristisch entschieden werden konnte. Die juristisch legiti-
mierte Antwort des Gottes wurde immer am Morgen des Festtages der
versammelten sakralen Elite der entsprechenden Institution mitgeteilt.
Die häufig an der Übergangstelle zwischen Außen und Innen aufgestellten *Kultstelen* der beteiligten Kultführer, der agierenden und der ehemaligen Wab-Priester, enthalten variable Bild- und Textelemente zur äußeren
kultischen Form und zum theologischen Inhalt. Bei der Petitionsanrufung
musste der anrufende Priester ein »Diener« vor dem richtenden Allgott
sein. Wegen seiner formelhaft vor dem Gott geäußerten Verfehlungen un-
terwarf er sich völlig dem Richterentscheid seines Herrn. Das Petitions-
wesen, dessen frühe schriftlose Formen unbekannt sind, wurde in ganz
Ägypten vom Königshof bis zur kleinsten Kapelle in vergleichbaren Formen durchgeführt. Es erfasste auch zunehmend die ausländische Bevölkerung Ägyptens. Mit der Funktion des nächtlich sich offenbarenden Ret-
tergottes der Petition (als körperloser, mit gefährlichen Waffen versehener
Gott niemals im äußeren Kultbild), der am Morgen als Richtergott die
Anfragen entschied, konnte die Gottesvorstellung der Ausländer problemlos vereint werden. Diese traten ansonsten den äußeren Formen der
dii minores der Ägypter, abgesehen von den Königsstatuen, mit Vorbehalten, oder wie die Griechen, mit offenem Abscheu entgegen.

Wir wissen auch, dass die religiös-sozialen Führer des Handwerker-
dorfes von Der-el-Medine, das für den König arbeitete, durchaus vor
mehreren kleinen Göttersanktuaren ihre Stelen, die die Festteilnahme
verewigten, aufstellen konnten, da sie zu den begleitenden, aktiv kultisch
handelnden Priester- und Pastophorengruppen der Festprozessionen und
der Nachtfeiern gehörten. Es wäre unsinnig, aus ihren dortigen diversen
Stelen (und Kultostraka) mit wechselnden Götterkonstellationen ihren
persönlichen Gott herauslesen zu wollen (was manchmal zu einer Vorstellung völliger religiöser Wahlfreiheit oder zur Idee von Pilgerfahrten
der kleinen Leute geführt hat). Den fest in Gemeinschaften integrierten
Ägyptern wird bewusst gewesen sein, dass allein die Aktion des vor-
betenden Wab-Priesters für sie die Kommunikation mit den Hochgöttern
hergestellt hat. Sie wussten, dass der Schutzgott, vor den sie der Priester
außen versammelt hat, nur eine Transferfunktion erfüllte, um göttliches
Wirken für sie auf der Erde wieder nutzbar zu machen. Auf der Ebene des
Ersten Males der Schöpfung war der Allgott mit der Gruppe der übrigen
Hochgötter regierend und richtend vereint. Der jeweilige kultisch evozierte Hochgott der Institution blieb immer nur ein Teil des ganzen kosmischen Geschehens, in dem alle Hochgötter ihre Funktion einnahmen.

7. Echnaton und der Kult des Königsgottes Aton

Dem Versuch einer religionshistorischen Einschätzung des *Einzigen
Gottes* in der Religion des Pharao Echnaton, der einer alttestamentlichen
Gottesvorstellung so nahe zu stehen scheint, kann sich kein Ägyptologe
entziehen. Echnaton soll im Jahr 1350 v. Chr. für etwa elf Jahre alle Göt-

ter Ägyptens und ihren Kult abgeschafft haben. Sie sollen zugunsten eines monotheistischen Einzigen Gottes, des in der morgendlichen Sonnenscheibe sichtbaren Hochgottes Aton (alte Bezeichnung für Sonnenscheibe), beseitigt worden sein. König und Königsfamilie sollen für die Menschen die einzigen Mittlerfiguren gegenüber Aton dargestellt haben. Der berühmte Sonnenhymnus mit der Schilderung der beseelten Welt, den laut formelhafter Zuschreibung Echnaton persönlich verfasst hat, ist an den Wänden der Gräber einiger Hofbeamter erhalten. Der Sonnenhymnus wurde zur kultfreien theologischen Literatur erklärt. Echnaton wurde zum Religionsstifter erhoben, zu einer mit Mose vergleichbaren Größe, die freilich im Gegensatz zu diesem mit seiner Radikalität in Ägypten scheitern musste.

Merkwürdigerweise findet sich außerhalb der Hauptstadt des Echnaton bei den Menschen dieser Zeit keine Spur einer Aton-Verehrung. Insofern bedeutete die nach manchen Forschern brutal vorangetriebene Eliminierung der Götter Ägyptens, die Menschen wären schlagartig zu Glaubenslosen und Entwurzelten geworden, losgelöst von ihren sozial-religiösen Bindungen. Eine Entwicklung, die politisch kaum beabsichtigt gewesen sein wird. Ist eine exklusive neue Theologie, die sich auf Echnaton und seinen engen Hofkreis beschränkt und die Menschen Ägyptens bewusst ausgeschlossen hat, daher wirklich eine neue Religion? Und warum werden Kosmogonie, die Voraussetzung der lichterfüllten kosmischen Szenerie, wie auch das Funeräre in der neuen Aton-Theologie nicht oder kaum angesprochen? Und kann die neue Theologie des Echnaton die Menschen Ägyptens und ihr Denken derart verändert haben, wenn sie diese inhaltlich nicht betroffen und ihnen keine Alternative angeboten hätte?

Eine Lösung der Widersprüche, die hier nur angedeutet werden kann, hat von der Definition des Königstempels auszugehen. Echnaton hat im ganzen Land juristisch legal den Kult der *dii minores* der einzelnen Sakralinstitution auf die Königsfigur beschränkt und die Institutionen der lokalen Gottheit verändert. Er hat nicht die sakralen Institutionen Ägyptens geschlossen, sondern theologisch die lokale Gottheit zugunsten der Betonung der überregionalen Festgottheit des Königs abgeschafft. Die nur den Eingeweihten bekannte und durch – erst später überlieferte – Einwohnungstheologie erklärte Differenz zwischen dem überregionalen Königsgott und dem Lokalgott eines Tempels wurde aufgehoben. Damit verschwanden auch die sprachlich erklärenden mythischen Modelle.

Im äußeren Bereich führte weiterhin die Kultaktion, jetzt von der Königsstatue mit Strahlenaton als sichtbarer Schutzgottheit ausgehend, abends über den Festweg hinein in das Sakralgebäude und am Tag des Festes zurück auf die Erde. Der agierende Priester wird – wie zuvor – die kleinen Kultfiguren von Göttern, die er als Pastophor zu Hause aufbewahrte, in seine Kapelle getragen haben. Dies zu Grunde gelegt bräuchten wir nicht wegen des Fundes von Götterstatuetten einen versteckten Kult verbotener Götter in der Hauptstadt Echnatons anzunehmen. Innen im sakralen Raum der Kapelle agierte in königlichem Auftrag als Geheimnisträger weiterhin der königliche Priester-Beamte, der die Anrufungen des

Hochgottes durchführte, die raumzeitlich gebundene formelhafte Hymnik sang und persönlich den rettenden und richtenden Hochgott für die Beantwortung der Petitionen der Mitglieder seiner Sakralinstitution evozierte. Lösen wir uns von der Vorstellung, die Aufstellung der Vorhofstatuen entstammte einem Volksglauben, so hätten die Veränderungen des Echnaton den Glauben der Menschen und ihre Bindung an den Hochgott der Kapelle nicht allzu sehr tangiert. Es gab also in den Kapellen des Landes, auch in der Hauptstadt des Echnaton weiterhin täglich die creatio continua (und vorausgehend die geheime Kosmogonie), dann das Erscheinen der kosmisch begründeten Hochgötter als Begleiter des Allgottes. Die staatlichen Institutionen der Hochgötter Ptah, Re, Thot, Hathor, Horus, Geb, Osiris usw. wurden in Ägypten nicht abgeschafft. Sie werden weiterhin genannt, selbst an den Wänden des neuen thebanischen Atontempels. Osiris begegnet uns nicht nur in Gräbern von Amarna. Die wirtschaftlichen Grundlagen Ägyptens blieben unverändert; die Schließung aller staatlichen Tempelbezirke hätte den ökonomischen Kollaps bedeutet. Radikal wurde lediglich Amun und damit seine juristische Legitimität eradiert. Der täglich durchgeführte kultische Zyklus wurde beibehalten, wahrscheinlich sogar die Festprozessionen zwischen Stadt und Nekropole. Amun wurde einfach durch den thebanischen Neubau des Aton ersetzt. Seine Baulichkeiten blieben aber als Teile des Königskultgeschehens erhalten.

Etwas anders als an den staatlichen Tempelbereichen des Landes stellt sich die Situation am neuen Palasttempel in Amarna dar. Die Eingeweihten um den König veränderten radikal den exklusiven, geheimen Königskult ohne beabsichtigte Wirkung nach außen. Abends wurde die unsichtbare Phase des Königsgottes Aton persönlich durch den König und seine Familie eingeleitet. Am Palast von Amarna, in dem der König morgens wieder leiblich als Abbild der Sonne sichtbar wurde, haben, wenn der König entrückt war, die Hofbeamten als Geheimnisträger den schon seit langem rein solar geprägten Königskult weitergeführt. Am frühen Morgen werden sie eine kultische Schöpfungshymnik rezitiert haben. Durch die Übernahme dieser Hymnik in ihr Grab wollten sie auf ewig am kultischen Gesamtablauf partizipieren. Andere wählten statt der frühmorgendlichen Schöpfungshymnik im Grab die vermutlich mit dem späteren Levée des Königs zusammenhängende eulogische Hofhymnik. Hier, im Kult des Palastbereiches, spielten die kosmisch begründeten Hochgötter keine erkennbare Rolle mehr; die Frage nach den übrigen stellte sich dort, wo der König körperlich präsent war, nicht. Vielleicht ist es richtiger, den berühmten Echnatonhymnus nicht mehr als kultfreien theologischen Traktat einzuordnen, sondern in ihm ein Stück raumzeitlich gebundener, frühmorgendlicher Kulthymnik der exklusiven Sakralinstitution Königspalast zu sehen. Der Hymnus scheint als vorbildlicher neuer Standardtext durch königliche Vorschrift auch auf andere neue Königstempel des Landes übertragen worden zu sein, wo immerhin seine bildliche Umsetzung nachweisbar ist. Damit würde das Fehlen der Kosmogonie, die weiterhin im Unsichtbaren ablief wie schon in den Zeiten zuvor, einer Überlieferungslücke zuzuschreiben sein. Für eine Gesamtbeschreibung der Religion in der Amarnazeit reichte der Hymnus des Echnaton dann allerdings nicht mehr aus.

8. Die einheitliche Religion des Niltales

Die Einheitlichkeit der Religion Altägyptens scheint durch den vom Staat und seiner sakralen Elite vorgegebenen, festlich vollzogenen kultischen Ablauf in Raum und Zeit hergestellt worden zu sein, so wie der Staat auch die Bindung des Einzelnen in einer sozial genau umrissenen Gruppe vorgeschrieben hat. Das tertium comparationis vieler religiöser Texte und Bilder Altägyptens ist eine sich nur zögernd erschließende Konstante: das exklusive Wissen der Eingeweihten um Form und Inhalt der Abläufe. Die Festliturgie der großen Jahresfeste ist uns nur unzureichend bekannt. Was bei den vielen lokalen Tempelfesten der Götter Ägyptens wirklich im Einzelnen auf der Götterebene und im Festhof geschah, bleibt fast immer im Dunkeln. Der liturgisch-kultische Tempelrahmen für den Vorgang der Kosmogonie, die geheimen Verwandlungen eines Gottes, und die meist nur in Fragmenten angedeuteten mythischen Erzählungen haben sich in zufälligen Ausschnitten erhalten. Die Tempelbibliotheken mit den Schriften des Sonnengottes Re sind lediglich in Resten nachweisbar. Hätten wir den Inhalt von Buchtiteln wie »Das Werden des Horus zu Chepri« (des Königs zum jugendlichen Sonnengott) oder »Das Buch über die heiligen Tiere«, wüssten wir mehr um Göttervorgänge auf irdischer und überirdischer Ebene. Trotzdem werden wir nie an das Wissen der Eingeweihten heranreichen. Die Tempelwände verschleiern, was sich im Raum auf Götterebene abspielte. Sie können – zusammengesetzt aus einzelnen, ständig variierten Bildelementen (Ikon) – in einer komplexen Verschränkung von Text und Bild gleichzeitig auf mehrere Phasen des zyklischen Regenerations- und äußeren Erscheinungsvorganges hinweisen: auf die Festkonstante mit ihren kosmischen, mythischen und realen Bezügen. Ägyptische Grabwände zeigen nur scheinbar einen Ausschnitt der Wirklichkeit; das einzelne Bildikon war für den Beamten als Geheimnisträger auf dem Hintergrund seiner realen Beteiligung an den Königsfesten lesbar. Auch ägyptische Götterstatuen mit ihren variierenden ikonographischen Details, an denen täglich die Kulthandlungen mit ihren wechselnden Phasenidentitäten vorübergingen, sind nicht auf eine einzige Gottheit und eine einzige Götterebene zu beschränken. Ägyptische Götter kamen niemals zur vollständigen Ruhe, sondern waren gerade wegen ihrer aktiven Rolle bei den regenerativ-kosmischen Abläufen der ägyptischen Festreligion in ständiger Transformation begriffen. Sie waren alle in das niemals endende, linear fortschreitende, in sich aber zyklisch stetig erneuerte Festgeschehen integriert.

Die Diesseits- und Jenseitserwartung des Ägypters bildete für ihn keinen Gegensatz. Der heute so bedrohlich und düster wirkende Einschnitt des Todes wurde für ihn durch die Gewissheit aufgehoben, täglich an den vom König und seiner sakralen Elite in Gang gehaltenen Verjüngungsvorgängen der Feste teilzuhaben. Einen echten Totenglauben der Ägypter hat es nicht gegeben, selbst die Feste des Osiris waren in den kultischen und kosmischen Rahmen der staatlichen Kulte in Stadt und Nekropole integriert. Der Glaube des Niltalbewohners wurde geprägt durch den Wunsch nach ständiger, täglich erneuerter Teilnahme am zyklischen Festablauf, der für die Versorgung der Familie ebenso wie für den religiösen Trost bürgte. Die Hochgötter waren Teil dieser vom Staat garantierten Erneuerung. Der Einzelne fühlte sich von ihrer Vielfalt und ständigen Wandlung nicht verunsichert. Er hätte den Hochgott, den der dazu befähigte Priester seiner religiösen Gruppe anrief, nie im Gegensatz zu dem der benachbarten Institution gesehen. Religiöser Partikularismus erscheint erst in der Schlussphase der ägyptischen Religion unter veränderten sozialen Bedingungen.

Die Welt ist ein Markt, man wird handelseins[1]

Über die Religion der Igbo in Nigeria

Hans Jürgen Greschat

Biafra

Deutsche Leser, wenn sie 40 Jahre und älter sind, werden sich noch an den Namen »Biafra« erinnern. Es ist der Name einer Sezession, die durch einen erbitterten Krieg, er dauerte von 1966 bis 1969, beendet wurde. Nigeria, seit 1960 von britischer Kolonialverwaltung unabhängig, war in vier Regionen aufgeteilt worden. In jeder Region machte ein Volk die Mehrheit der Bevölkerung aus. In der Ostregion waren es die neun Millionen zählenden Ibo. So schrieb man ihren Namen damals noch. Inzwischen ist man dazu übergegangen, ihn »Igbo« zu schreiben, was die afrikanische Aussprache genauer wiedergibt.

Der Krieg gegen die Biafraner, zu denen auch Minderheiten von rund fünf Millionen zählten wie die Annang, die Efik, die Ogoni und andere, wurde von der nigerianischen Militärregierung mit Hilfe sowjetischer Iljuschin-Bomber, Mig-Düsenjäger, britischer Panzer und Militärberater geführt. Dieser Übermacht war die biafranische Armee hoffnungslos unterlegen. Mit einer Blockade des Landes suchte man zudem den Widerstandswillen der Zivilbevölkerung zu brechen. Täglich starben mehrere tausend Biafraner. Sie sind qualvoll verhungert, von Bomben und Maschinengewehrsalven zerrissen worden. Wer den Eroberern in die Hände fiel, musste damit rechnen, gequält und umgebracht zu werden. Fünf Millionen Biafraner flohen vor der nigerianischen Armee in das immer enger werdende noch freie Gebiet.

Damals entstand die bis dato größte humanitäre Hilfsaktion, die es je gegeben hatte, die »Joint Church Aid«, gebildet von 25 kirchlichen Hilfswerken aus 17 Ländern, aus UNICEF und OXFAM. Haarsträubende Berichte und Schreckensbilder aus dem belagerten Land hatten eine Lawine der Hilfsbereitschaft ausgelöst.

Der von Nigeria unabhängige Staat Biafra war ausgerufen worden, weil die Bewohner der Ostregion, die »Easterners«, sich unter Nigerianern nicht mehr sicher fühlen konnten. Im Januar 1966 hatten Offiziere gegen die korrupte Zivilregierung geputscht, maßgeblich beteiligt waren Igbo. An einem Sonntag im Mai war in mehreren Städten der Nordregion ein erstes Massaker an »Easterners« verübt worden. Drei Tage lang wütete der Mob gegen sie. Am folgenden Sonntag ging das Morden weiter. Im Juli gelang ein zweiter Militärcoup, bei dem sich die Armee ihrer Igbo-Offiziere und -Mannschaften zu entledigen suchte. In Lagos und der Westregion

---

[1] Igbo-Sprichwort (Afia ka anyi nu uwa, onye zusia ona); Religion verstehen Igbo als Zusammenspiel von Menschen und Geistern. – Igbo-Wörter sind geschrieben wie in englischen Texten. Ch, j, w und z sollten also englisch ausgesprochen werden.

machten Soldaten Menschen auf der Straße nieder, die aus dem Osten stammten. Neue organisierte Gemetzel fanden während des Monats September in Städten im Norden statt. Zu jener Zeit lehrte ich an der University of Nigeria in Nsukka. Nsukka liegt im Norden des Igbolandes, wenige Meilen von der Grenze zur damaligen Nordregion entfernt. Wir haben bestialisch Verstümmelte gesehen, die sich bis zur rettenden Grenze hatten durchschlagen können. Man schätzte, dass den Massakern an die 300 000 Menschen zum Opfer gefallen sind, etwa zwei Millionen »Easterners« waren Hals über Kopf in den sicheren Osten geflohen.

Die Igbo waren zutiefst getroffen von dem Hass, der ihrem Volk entgegenschlug. Dass manche Minderheiten von Biafra, kleinere Völker, der Igbo-Mehrheit misstraute, vergrößerte die Kränkung noch.

Igbo

Dieses Wort bezeichnet dreierlei: die Sprache, die Menschen, die sie sprechen, und das Land, auf dem sie leben. Ihre Sprache ist uneinheitlich, es gibt Dialekte, die sich so weit unterscheiden, dass ein Igbo aus dem Süden einen Dolmetscher braucht, um mit einem Igbo aus dem Norden zu verhandeln.[2] Deswegen war den Igbo vor der Kolonialzeit nicht bewusst, wie groß ihr Volk ist. Sie lebten ihr Leben lang, und die meisten tun es noch immer, in derselben Ortschaft.

Politisch waren ihre Ansiedlungen früher voneinander unabhängig, autonome Gemeinschaften. In ihnen wohnten Menschen gleicher Abstammung. Das Land, auf dem und von dem sie leben, gehört den Vorfahren, den Gegenwärtigen und den noch nicht Geborenen. Wie hoch Kinder geschätzt werden, zeigen Namen für solche, deren Erzeugung lange auf sich warten ließ, z.B. Nwabueze, »das Kind (Nwa) ist König (Eze)«, oder Nwakaego, »das Kind ist besser als Reichtum (Ego)«.[3] Die Toten ruhen in ihrer Erde, bei oder auch in ihrem Gehöft. Töchter heiraten Männer aus anderen Abstammungslinien, ihr Eheleben verbringen sie in fremden Ortschaften. Doch nach ihrem Tod holte man sie feierlich heim und beerdigte sie auf dem Land, dem sie von Geburt zugehören. Menschen anderer Abstammung dürfen sich nur zeitweilig in einer Igbo-Ortschaft niederlassen, dürfen ihr Haus aber nicht aus Ziegeln bauen, weil das auf längeres Bleiben hindeutet.

Früher teilte sich die Bevölkerung in drei Schichten. Freigeborene besaßen alle Rechte. Manche kauften sich Sklaven, die Eigentum des Käufers wurden, die sich aber auch wieder freikaufen konnten. Die dritte Kategorie wird »Osu« genannt. Sie selbst oder ein Vorfahr hatten Asyl in einem Tempel gesucht und gefunden. Dort lebten sie vom Tempelland, heirateten andere Osu und zogen Osu-Kinder groß. Wer einmal Osu war, konnte mit all seinen Nachkommen diese Gruppe nicht mehr verlassen. Von den

---

[2] Osmund A.C. Anigbo, Commensality and Human Relationship among the Igbo. Nsukka, University of Nigeria Press, 1987, 25.
[3] Nkeonye Otakpor, »Reflections on Igbo Philosophy of Man«, Africana Marburgensia, XVIII, 2 (1985) 82.

übrigen Einwohnern wurden sie, ihrer engen Verbindung zu einer macht-
vollen Gottheit wegen, gefürchtet und zugleich, als Asylanten, verachtet.
Irgendwie erkennen Igbo einen Nachfahren von Osu noch immer. Bei
einer Konferenz katholischer Priester, so hörte ich in den sechziger Jahren, habe ein jüngerer Teilnehmer einen älteren, einen Monsignore zumal,
als Osu gedemütigt.

Igbo geben sich gern herzlich und laut. Einander begrüßen braucht
seine Zeit, was ein Sprichwort verdeutlicht: »Das Chamäleon sagt, nur
weil der Wald brennt, werde es seinen würdevollen Gang nicht ändern.«
Man hält sich an der Hand und erkundigt sich nach dem Ergehen, auch
der Verwandten. Freunde erweitern das Halten der anderen Hand zum
Halten des anderen Unterarmes. Dort freilich verläuft eine Grenze, wie
ein anderes Sprichwort verdeutlicht: »Führt ein Handschlag über den
Ellenbogen hinauf, wird er zum Angriff.« Unfreundlich sein, andere übersehen, sie nicht grüßen – das gilt als ungezogen und beleidigend.

Diese freundliche Seite ihres Wesens zeigt sich in ihrem Kommunion-
ritus. Er heißt »Kola brechen« und vereint Gäste mit ihren Gastgebern.
Besucht man Igbo zuhause, dann wird man zeremoniell willkommen geheißen. Die Hausfrau oder eine Tochter trägt die Nuss herbei und über-
gibt sie dem Ältesten unter den Gastgebern. Der reicht sie, meist auf
einem Teller, dem Nächstältesten und so fort, bis sie zuletzt der Gast erhält. Jeder hat die Nuss berührt oder auch nur den Rand des Tellers. Dann
wird sie dem Ältesten zurückgegeben. Der spricht nun Gebete an Gott, an
die Ahnen und Geister und bittet sie herbei. Dann betet er um Kinder, um
die Mittel, sie zu ernähren, um langes Leben für die Anwesenden und um
das Gedeihen des Ortes. Danach »bricht« er die Nuss, d. h., er zerschnei-
det sie in so viele Teile wie Leute anwesend sind. Er kaut das erste Stück,
um zu zeigen, dass die Nuss gesund und sicher zu essen ist. Dann reicht
der jüngste Gastgeber den Teller mit den Stücken herum und jeder isst seinen Teil. Kolanusskauen macht wach und munter. Allerdings schmeckt sie
herb bis bitter und trocknet den Mund aus. Deshalb reichen manche zur
Nuss ein Schälchen mit scharfer Pfeffersoße, die das Kauen erleichtert.

Ikenga

Das Wort ist ein zusammengezogener Satz. Ike heißt »Kraft« und
»Stärke«, aber was bedeuet nga? Dr. Francis Arinze, katholischer Erzbischof von Onitsha, z.Z. als Kardinal im Vatikan für den interreligiösen
Dialog zuständig, erweitert den Namen zu »Meine Kraft wird fortgesandt
zum Sieg« (Ike m ga aga).[4] Dr. Kunirum Osia meint, der Satz müsste lauten: »Kraft, mit der ich vorankomme« (Ike nji aga).[5] Eine originelle Vari-
ante verdanken wir einem Igbo-Ältesten. Er erklärte zunächst die Bedeutung des Wortes Ike. Dann rief er »nga!« und machte dazu eine kraftvolle

---

[4] Francis A. Arinze, Sacrifice in Igbo Religion. Ibadan 1970, 74.
[5] Kunirum Osia, »Form and Function of Igbo Religion«. Africana Marbu rgensia, XVIII,
    2 (1985) 10.

Bewegung mit dem rechten Arm, wie wenn er mit einem unsichtbaren
Haumesser etwas abhackte. Hier demonstriert die Geste, was ein ent-
schlossener Igbo mit seiner Kraft anstellen soll.[6]

»Ikenga« nennt man eine geschnitzte Holzfigur. Sie kann naturalistische Züge tragen oder abstrakt dargestellt sein. Sie kann so klein sein, dass
sie bequem in eine Hand passt, oder größer als ein ausgewachsener Mann.
Es gibt bunt bemalte und naturfarbige, selbstgemachte und von Künstlern
geschaffene. Die meisten dienen privater Frömmigkeit, einige aber der
öffentlichen Religion. In der Regel gehört die Figur einem Mann, doch
einige gehören Frauen. Gemeinhin besitzt sie ein Einzelner, manche
gehören aber auch einer Gemeinschaft. Die meisten Igbo kennen Ikenga
in dieser oder jener Gestalt; es gibt aber auch Gegenden, wo sie unbekannt
zu sein scheinen.

Drei Merkmale, angedeutet oder ausgeführt, kennzeichnen eine Ikenga-
Figur: das Haumesser in der rechten Hand, ein Symbol in der linken und
ein Hörnerpaar auf dem Kopf. Das Haumesser gilt als Verlängerung der
Hand und des Armes. Mit ihm wird der Igbo alle Hindernisse auf dem
Weg zum Erfolg beiseite schaffen. Das Messer ist eine Waffe. Aber weil es
mit der rechten Hand geführt wird, muss man in moralischer Aufrichtigkeit kämpfen. Mit der rechten Hand verrichtet der Igbo alles Wichtige,
mit ihr hält er die Hacke beim Ackern, den Ahnenstab beim Beten, die
Waffe im Kampf, mit der rechten Hand isst er, mit ihr opfert er, mit ihr begrüßt er Freunde. Die linke Hand darf das alles nicht tun. Deshalb heißt
die rechte Hand auch Aka ikenga, »Hand, die zum Erfolg führt«, es ist die
»saubere Hand«, die das Gute schafft. Wo alles zum Besten steht, sagt der
Igbo »Meine Hand ist gerade« (Aka ikenga kwuoto).

Viele Ikenga-Figuren halten in der linken Hand einen Menschenkopf
oder eine Schädelschale. Indessen, Kopfjäger waren vorzeiten nur wenige
Igbo-Gruppen, die überwiegende Mehrheit folgte diesem Brauch nicht.
Der Kopf symbolisiert vielmehr den »Kämpfer« (Odugu), der furchtlos
sein Ziel verfolgt und alles besiegt, was sich ihm in den Weg stellt, auch die
eigene Trägheit, auch die eigene Unentschlossenheit. Andere Figuren halten in der Linken, was zu ihrem Besitzer passt, worin er Erfolge sucht,
z. B. eine Yamswurzel, wenn er ein tüchtiger Bauer ist.

Auf Ike, auf Kraft, weisen schließlich auch die Hörner der Figuren. Wo
sie Widderhörnern gleichen, könnte man an die Kampfeslust dieses Tieres
gedacht haben. Doch bei vielen Figuren sind die Hörner nicht gebogen,
sondern gerade, und manches Mal sind die geraden auch gar keine Hörner, sondern Abbilder jener Adlerfedern, die Hochrangige auf dem Kopf
tragen dürfen.

Der einzelne Igbo hat seinen Ikenga. Manche besitzen mehrere, weil sie
in unterschiedlichen Betätigungen Erfolg anstreben. Stirbt der Besitzer,
dann ist sein Ikenga funktionslos. Die Hinterbliebenen behalten vielleicht
eine Figur zum Andenken, vererbt wird sie jedoch nicht. Weil Ikenga keinen unsichtbaren Geist repräsentiert, wird die Figur eines Verstorbenen

---

[6] Herbert M. Cole and Chike C. Aniakor, Igbo Arts. Los Angeles 1984, 30.

meist fortgeworfen, verbrannt oder zerhackt. Freilich, den Ikenga eines lebendigen Igbo zu zerstören, gilt als todeswürdiges Vergehen.

Ikenga haben ihren Platz auf dem Hausaltar. Deshalb hat man die Figur täglich vor Augen und kann bedenken, was man von sich selbst erwartet. Die Figur verdinglicht gleichsam Leistungswillen. Hat man sein Ziel erreicht, dann zeigt man seinem Ikenga, was man fühlt: Stolz, Freude und Dankbarkeit. In der langen Zeit zwischen Start und Ziel ruft der Anblick der Figur ihren Besitzer immer wieder auf, Bilanz zu machen, das bereits Erreichte und was noch getan werden muss zu überblicken.

Die eigene Tatkraft vermag nicht alles. Der Altar, auf dem Ikenga steht, heißt »Gesicht der Ahnen« (Irummo), hier blickt man ihnen gleichsam in die Augen. Ohne Hilfe der Ahnen gibt es keinen Erfolg. Ohne Hilfe Gottes auch nicht. Gott nennen die Igbo Chukwu. Der Name ist zusammengesetzt aus Chi und ukwu (»groß«). Als Schöpfer nennen sie ihn Chineke, zusammengesetzt aus Chi und eke (vom Verb ike = erschaffen). Frauen opfern Chi omumu, wenn sie um Fruchtbarkeit bitten. Der allgemeinste Gottesname ist jedoch Chi. Gott, der Schöpfer, gibt jedem Menschen vor seiner Geburt eine »Gottesgabe« (Ekere Chi) mit auf den Weg. Diese Gabe nennt man ebenfalls einfach Chi. »Zwei Menschen«, so lehrt ein Sprichwort, »können dieselbe Mutter haben, aber nicht denselben Chi«. Es ist also dringlich, zu entdecken, was für einen Chi man mitbekommen hat. Igbo wechseln wieder und wieder den Beruf auf der Suche nach ihrer speziellen Begabung. Manche entdecken freilich, dass sie zu den Pechvögeln zählen. »Ich bin am Chi gescheitert« oder »Chi ist unerforschbar«, das sind Einsichten, die längst zum Sprichwort wurden. Mithin unterscheiden Igbo zwischen der guten (Chioma) und der nicht so guten Gottesgabe (Chiojo). Indessen, die Gabe lässt sich auch verändern. Bei Faulen wird ein guter Chi sauer, Fleißige verwandeln ihren schlechten ins Gegenteil. Das gelingt durch Selbstbemühung und wenn man »den Tod spielt«, entschlossen ein Risiko eingeht. Dankt man seinem Chi für jeden Erfolg, dann wird es nicht der letzte gewesen sein.

Sichtbares Gelingen, das war in vorkolonialer Zeit auschließlich und ist gelegentlich noch immer der Erwerb eines traditionellen Titels. Titelerwerb heißt »Weihe an Gott« (Echichi). Dafür treten Unbescholtene einer Gesellschaft bei, die Titel für unterschiedliche Funktionen vergibt. Der Beitritt ist teuer. Arme Igbo haben ihr Land und ihren Besitz verpfändet, um die nötige Summe aufzutreiben. Mit dem Titel erwirbt man Anspruch auf einen Anteil von den Eintrittsgeldern neuer Mitglieder. Man erhält also ein regelmäßiges, wenn auch kein übermäßig hohes Einkommen, das jedoch genügend freie Zeit lässt, die man für das Wohl der Gemeinschaft einsetzt. Der Titel Ozo ist der höchstmögliche Rang für Männer, der entsprechende für Frauen heißt Ekwe. Nur wer Ozo besitzt, darf ein politisches Amt bekleiden und z.B. einen neuen religiösen Kult einführen. Kein anderer darf einen Elefantenzahn mit sich führen und auf ihm blasen, seine Kopfbedeckung mit Adlerfedern zieren oder auf einem Ziegenfell sitzen.

Chinua Achebe, der in preisgekrönten Romanen (»Things fall apart«,

1958, »No longer at ease«, 1960, »Arrow of God«, 1964, »A man of the People«, 1966) und in dem Gedichtband »Christmas in Biafra and other poems«, 1973, vom Leben seiner Landsleute erzählt, erläutert den Sinn der Titel:

> Du »nimmst« immerhin den Titel. Es war nicht die Gemeinschaft, die beschloß: »Du bist ein großer Mann, wir machen dich zum Herrn.« Du selber entscheidest, daß du genug Eigentum erworben hast und nun einer der Titelträger des Clans werden möchtest. Aber sie werden sagen: »Ja, doch es gibt einen Preis!« Dann bringst du deinen ganzen Reichtum, den du erworben hast, und gibst ihn fort für die Gemeinschaft, für Festlichkeiten und als Gebühren für die Älteren der Gesellschaft usw. Nach den Feiern bist du wieder ein wirklich armer Mann. Doch du hast deinen Titel und trägst deinen Armreif, deine rote Kappe oder was immer. Nun bist du nicht mehr reich und keine Gefahr mehr für die Gemeinschaft.[7]

Titel können nicht vererbt, sie müssen erworben werden. Ein makelloses Vorleben wird gefordert. Mit einem Titel nehmen Igbo noch speziellere Verbote auf sich, z. B. dürfen manche nicht mehr außerhalb des eigenen Gehöftes übernachten. Solche Beschränkungen gestalten das Leben schwierig. Die Historikerin Elizabeth Isichei kannte einen Titelträger, der schwer erkrankt im Hospital lag und sich standhaft weigerte, dort etwas zu essen, weil die Umstände der Mahlzeiten seinen Verpflichtungen nicht entsprachen.[8] An der Küste des US-Staates South Carolina heißt noch immer ein Platz »Igbo Landing«. Dort sind Igbo-Sklaven, allen voran Titelträger, die unmöglich nach Regeln der Sklavenhalter leben konnten, in den Atlantik hinausgewatet, um zu ertrinken. Als Chinua Achebe auf einer Werbetour für Biafra die USA bereiste, hat man ihm davon berichtet.[9]

Ndichie

»Die zu ihrem Chi (zu ihrer göttlichen Bestimmung) gelangt sind«, so heißen die Ahnen. Angeredet werden sie als »Väter« (Nna). Der Tod scheidet Ehrbare von Versagern. Taugenichtse werden nicht ordnungsgemäß beerdigt, sondern zu jenem Ort gebracht, wo man Abfälle aller Art deponiert. Damit soll verhindert werden, dass ein schandbarer Geist ins Totenland gelangt. Er wird fortan zwischen den Welten ziellos umherwandern. Ehrbare werden den Regeln entsprechend beerdigt und gelangen somit ins Totenland, das der irdischen Heimat wie ein Spiegelbild gleicht. Deshalb gibt man den Toten mit ins Grab, womit sie sich auch im Jenseits beschäftigen werden: eine Hacke zum Ackern, das Schnitzmesser, einen Krug zum Gären von Palmwein.

Wer das Totenland erreicht hat und fortan von Hinterbliebenen geehrt wird, ist ein Ahne. Ihm wird geopfert, man sagt, die Lebenden »ernähren« ihre Ahnen. Die Ahnen sind den Lebenden sehr nahe, näher als Gott und andere Geistwesen. »Ob morgens oder abends, sooft ein Igbo in Schwie-

---

[7] »The World is a Dancing Masquerade…«. A Conversation between Chinua Achebe and Ulli Beier, Bayreuth/Iwalewa Haus 1991, 6.
[8] Elizabeth Isichei, A History of the Igbo People. London and Basingstoke 1976, 22.
[9] »The World is a Dancing Masquerade…«. A.a.O., 9.

rigkeiten gerät, betet er zu den Ahnen.«[10] Dabei spricht man zu Verwandten. Ein spontanes Gebet lautete z. B. wie folgt:

> Ihr Mitbürger, die ihr uns in den Tod vorausgegangen seid, und ihr, die ihr ihnen folgt und euch zu Gott gesellt, um unser Leben zu behüten, bemalt euch mit weißer Kreide, nehmt eine Kolanuß und trinkt Palmwein! Versammelt euch, eßt und trinkt mit uns! Wo seid ihr gewesen, daß all diese Krankheiten in meinen Haushalt eindringen konnten? Schlaft ihr? Wenn ich und meine Familie immer gesund bleiben, wird Essen und Trinken stets auch für euren Gaumen bereitstehen. Duldet nicht, daß ein böser Geist oder ein böser Mensch mein Haus betritt.[11]

Kolanuss essen, sich mit weißer Kreide Zeichen auf die dunkle Haut malen und Palmwein trinken gehören zur Begrüßungszeremonie.

Von den Toten sagen die Igbo »Viele gehen, viele kehren zurück«. Der Glaube an die »Rückkehr zur Welt« (ilo uwa) ist weit verbreitet. Man hofft, dass die Guten bald wiederkommen und andere, die ihrer Familie zur Last gefallen sind, für immer fortbleiben. Die Rückkehr gilt also nicht für alle Gestorbenen gleichermaßen. Allgemein verbreitet ist die Ansicht, die Wiederkehr bleibe auf den Kreis der Großfamilie begrenzt. Manche vereinbaren noch auf dem Sterbebett Zeichen, an denen man sie wieder erkennen wird. Seine Königliche Hoheit Igwe John Orizu, ein katholischer Christ, gab zu Protokoll:

> Ich selbst, so heißt es, bin der Vater meiner Mutter (...) Er hatte vieles aufgezählt, woran man seine Wiederkunft erkennen könne, z. B. daß er nicht krank sein werde. Ich war nie krank, mein ganzes Leben lang keine Kopfschmerzen, kein Fieber.[12]

In manchen Gegenden des Igbolandes hält man für möglich, dass ein gestorbener Mann auch als Frau wiederkommen könne und umgekehrt. Anderswo gilt das als nicht möglich. In Owerri glauben manche, eine bestimmte Baumart (Oke osiri) könne als Wiedergeburtsgestalt dienen. Bei menschlicher Wiedergeburt erhält der Geist des Toten einen neuen Leib, aber auch einen anderen Chi und somit ein anderes Bewusstsein. Es ist mithin nicht immer einfach zu erkennen, wer in Gestalt eines Säuglings wiederkommt. Gibt man dem Kind einen falschen Namen, dann erkrankt es und weint beharrlich, bis ein Priester (Dibia) zu Rate gezogen wird und die wahre Identität des Säuglings aufdeckt.

Ahnen wachen über die Moral ihrer Nachfahren. Regelmäßig kehren sie unter die Lebenden zurück. Doch dann erscheinen sie nicht als individuelle Personen, sondern als Verkörperung hoher Werte. Sichtbar werden die Unsichtbaren in der Gestalt von Masken.

Es gibt unterschiedliche Masken. Kinder spielen mit Spielzeugmasken. Jugendliche dürfen sich selber eine Maske fertigen und mit ihr bei Maskenfesten auftreten, doch nur am Rande. Richtige Masken werden von Erwachsenen getragen. Sie gehören keiner Privatperson, sondern allen, der ganzen Gemeinde. Einigen hat man sogar eigene Tempel errichtet.

---

[10] Lazarus Ewenike Esomonu, Die Achtung vor dem Menschenleben im Glauben und in den Sitten der Igbo. St. Ottilien 1989, 86 f.

[11] Ebd., 87.

[12] John Iheanyichukwu Obilor, The Doctrine of the Resurrection of the Dead and the Igbo Belief in the »Reincarnation«. Frankfurt a. M. 1994, 149.

Um solch eine Maske tragen zu können, muss man in einen Maskenkult aufgenommen werden, d.h., man wird in Kontakt mit den Verstorbenen gebracht, was Todesfurcht auslöst. Unter seiner Maske verliert der Träger seine Alltagsidentität.

> Wenn ich in einer Maske bin und mit mmuo (einer speziellen »Medizin«) besprengt wurde, erkenne ich hier nicht mal mehr meinen Sohn. Man muß mich führen, denn ich bin ein Geist. Mein Körper wird brennen.[13]

Moralische Anklagen stellen die Igbo bloß. Übeltäter empfinden Scham stärker als Schuld. Man steht ab von böser Tat, um sich nicht schämen zu müssen. »Einen König blamieren ist schlimmer«, sagt ein Sprichwort der Igbo, »als ihn ermorden«. Auf Maskenfesten kann es geschehen, dass jemand von einer Maske moralisch bloßgestellt wird und sich vor Scham verkriechen möchte.

Ein Ereignis zeigt, welche politischen Folgen immer noch von einer Maske ausgelöst werden können. In einem Ort im Bezirk Nsukka erschien im Jahre 1973 auf dem Markt Emukpo eine weibliche Maske und ordnete den Boykott des Community Council an, den man der Veruntreuung verdächtigte. Damit war die Behörde lahmgelegt, denn niemand wollte mehr für sie arbeiten. District Officer war zu jener Zeit ein junger Universitätsabsolvent. Er musste dringend etwas unternehmen. Als Drohungen keinen Erfolg zeigten, suchte er Emukpo zu beschwichtigen, indem er eine beachtliche Summe für Versöhnungsriten bereitstellte. Das rettete die Behörde. Doch dann starb plötzlich ein Diener Emukpos, der zugleich Mitglied jener Behörde gewesen war und dem District Officer bei deren Reaktivierung geholfen hatte.[14]

Mbari

Chukwu wird umgeben von »Himmelswesen«, von der Sonne und von Gebietern über Blitze, Donner, Regen, der die Erde befruchtet. »Erdwesen« umgeben die Erde, »Ala« oder »Ani« genannt. Es sind Herrscher über die Flüsse, über die Wälder, über die Yamswurzel, von der die Igbo hauptsächlich leben, über das Orakel, über das Glück, den Reichtum usw. Vor allem aber gehören der Erde die Menschen, die Lebenden, die sie ernährt, die Toten, die sie in sich aufnimmt. Die Erdgöttin steht, nach ihren Ahnen, den Igbo am nächsten. Jede Großfamilie, jedes Dorf, jeder Clan besitzt sein eigenes Heiligtum, das ihr geweiht ist.

Häufen sich in einem Ort Unglücksfälle, dann liegt die Vermutung nahe, dass Ala sich vernachlässigt fühlt. Man befragt das Orakel. Bestätigt es die Vermutung, fragt man, was den Zorn der Erde besänftigen würde. Die Antwort kann lauten: »Baut ihr ein Mbari-Haus!«

Wiederum wird das Orakel befragt, wer das Haus bauen solle. Familien werden benannt, die Bauleute aus ihrer Mitte entsenden. Die ganze Zeit über hat die Familie sie zu ernähren und zu kleiden, muss aber auf ihre

---

[13] Osmond Onuora Eneke, Igbo Masks: The Oneness of Ritual and Theatre. PhD. Thesis, Columbia University, 1982, 120.
[14] Ebd., 96f. Siehe auch Anm. 1.

Arbeitskraft verzichten. Männer finden sich ein und Frauen, alte wie junge. Sie werden auf dem Bauplatz eingeschlossen, dürfen ins Dorf nicht mehr zurück, bis ihr Werk vollendet ist. Das kann zehn Monate dauern oder auch zwei Jahre. In der Einschließung leben die Bauleute friedlich zusammen. Sie teilen sich anfallende Arbeiten; Männer übernehmen ohne Murren Frauenarbeit, die sie sonst niemals tun würden.

Gebaut wird ein großes Haus aus Lehm, an einer Seite offen, in dem der ganze Kosmos der Igbo versammelt wird. Die Wände sind mit erzählenden Darstellungen und abstrakten Mustern bemalt. Im Haus sitzen, stehen oder liegen aus Lehm kunstvoll geformte Statuen, kleine, große, überlebensgroße. Im Zentrum thront die Gestalt der Erde. Ihr nackter Leib ist bemalt und geschmückt wie der einer reichen, stolzen Igbofrau. Ihre schweren Brüste symbolisieren Fruchtbarkeit. Die Erde schenkt den Menschen Kinder, sie ist die Mutter aller. In der Hand hält sie ein Messer. Damit bereitet sie ihren Kindern Essen, damit straft sie jene, die ihre Gesetze übertreten haben. Auf einer anderen Frauengestalt, es ist eine Flussgottheit, tummeln sich kleine Kinder. Viele Göttergestalten sind zu sehen, auch Geister, die den Menschen schaden oder sie zum Narren halten. Eine importierte Gottheit ist Mamy Wata, die eine Halskette mit einem Kreuz trägt und von einer Schlange umringelt wird. Auch Hunde, Leoparden, Elefanten und weitere Tiere fehlen nicht. Das Leben der Menschen wird ausführlich dargestellt: arbeitende, feiernde, tanzende, kopulierende, gebärende Menschen. Die Obrigkeit ist ebenfalls zu sehen. Während der Kolonialzeit schaute ein britischer District Officer durch eine Luke im Dach auf das Treiben im Igbo-Dorf herab. Zur Zeit der Militärregierungen war es ein reich dekorierter nigerianischer General. Die Darstellungen gehen mit der Zeit, Rundfunkreporter und Telephonierende sind dargestellt. Selbst Göttergestalten werden modisch ausstaffiert mit Sonnenbrille und bunter Krawatte zum schicken Hemd. An witzigen Anspielungen mangelt es nicht, sodass Besucher, die nach den Eröffnungszeremonien das Mbari-Haus immer wieder besichtigen, ihre helle Freude haben.

> Die Mbari-Kunsthäuser führen symbolisch, doch effektvoll vier wichtige Merkmale der Weltsicht der Igbo sowie der meisten Afrikaner vor. Die Vielfalt der Geistwesen, die Einheit der Weltsicht (es gibt keine Dichotomie von geistiger und materieller Welt), die Rangordnung der Wesen und die grundsätzliche Verbundenheit der Wesen und ihr Zusammenwirken.[15]

Omenala

»Religion« ist ein europäisches Wort. In Europa trennt man Religion von Wissenschaft, Kunst, Marktforschung usw. In Afrika tut man das nicht. Was Europäer »Religion« nennen, verbindet sich in Afrika mit Rationalität, mit Kreativität, auch mit Geschäftssinn. Hier zeigt sich ein wesentlicher Unterschied zwischen Europäern und Afrikanern. Konse-

---

[15] Emefie Ikenga Metuh, African Religions in Western Conceptual Schemes: The Problem of Interpretation (Studies in Igbo Religion). Ibadan 1985, 10.

quenterweise findet sich in afrikanischen Sprachen kein Wort, das dem abendländischen »Religion« entspräche. Bei den Igbo kommt »Omenala« (oder »Omenani«) unserem Wort am nächsten. Man übersetzt es meist mit »Brauch«, »Sitte«, »Tradition«.

Sichtbar wird Omenala in der Gesetzgebung, die in Afrika, wie gesagt, religiös begründet wird. Autor der Gesetze ist indessen nicht der »Himmelsgott« Chineke, sondern Ala (Ani), die Erde. Was Igbo am meisten fürchten ist, von der Erde im Tode abgelehnt, also nicht beerdigt, sondern wie Abfall deponiert zu werden. Zur Erde als Hüter der Moral gesellen sich die Ahnen. Sie beobachten das Tun und Lassen ihrer Nachkommen und decken deren Vergehen auf.

Die Liste der *Nso Ala*, der Vergehen gegen die Erde, variiert von Ort zu Ort in Igboland offenbar nur im Detail. Lokale Unterschiede zeigen sich z. B. in der Tierart, die als »heilig« angesehen wird. Überall aber gilt das Verbot, ein solches Tier zu töten. Weitere Greueltaten sind Inzest, Vatermord oder auch Verwandtenmord, gewollte Abtreibung eingeschlossen. Ehebruch hat die Erde verboten. Besonders erzürnt es sie, wenn der Ehebruch in Wald oder Feld, d. h. auf blanker Erde vollzogen wird. Gegen Ala versündigt sich, wer Yamswurzeln stiehlt. Das Ausplaudern von Maskengeheimnissen gilt ebenfalls als todeswürdiges Verbrechen. Der Dieb, der eine Henne von den Eiern fortstiehlt, die sie bebrütet, begeht eine Greueltat gegen die Erde, desgleichen jeder, der falsches Zeugnis gibt, andere verhext oder verzaubert. Igbo-Mütter säugen ihre Kinder in der Regel zwei Jahre lang. Wird eine Mutter in dieser Zeit erneut schwanger, so ist auch das ein Vergehen gegen Ala. Als unnatürlich galten Zwillinge, Steißgeburten und Kinder, deren erste Zähne im Ober- statt im Unterkiefer durchbrachen. Solche Wesen hat man früher an jenem Ort ausgesetzt, wo anderer Unrat abgeladen wird.

Von einem Mörder erwartete man, dass er sich erhängt. Zögerte jemand sein Ende ungebührlich lange hinaus, dann überreichte man ihm einen Strick als Zeichen der Ungeduld. »Weiblicher« Mord, unbeabsichtigte Tötung, konnte durch ein Exil gesühnt werden, das bis zu sieben Jahren dauerte. Oft wurde auch die Familie der Übeltäter in die Strafaktion einbezogen, indem man ihr Gehöft plünderte oder zerstörte.

Indessen, Zwillinge werden schon lange nicht mehr auf dem Abfallplatz ausgesetzt und auch andere »Missgeburten« lässt man leben. Vieles, was früher von Omenala geboten war, ist heute vom Staat verboten. Im Jahre 1905 hatte eine neue Zeit begonnen. Damals wurde Igboland britische Kolonie. Mit den weißen Beamten kamen weiße Missionare und weiße Agenten von Handelshäusern ins Land. Deren Einfluss breitete sich immer weiter aus, bis ihn auch das letzte der abgelegenen Dörfer zu spüren bekam.

Zum Hauptinstrument der Veränderung wurde die Schule. Anfangs lernten in ihr nur verlassene Kinder oder Kinder von Osu. Als jedoch bekannt wurde, dass Schulbesuch von der verhassten Pflicht zu öffentlichen Arbeiten befreite, kamen alle. Als man erkannte, dass Schulzeugnisse zu gut bezahlten Beschäftigungen führen konnten, kamen alle gern. Mit welcher Begeisterung gelernt wurde, zeigt sich an der englischen Sprache. Viele Igbo sprechen sie nicht nur dort, wo sie nötig ist, im Beruf oder im öffentlichen Leben, sie sprechen sie auch zuhause. Pater Anigbo berichtet ein abschreckendes Beispiel. Bei einem Hausbesuch in Enugu sagte er etwas zum Kind der Familie in der Igbo-Sprache, blieb aber ohne Antwort. Die stolze Mutter erklärte, ihr Kind könne dergleichen nicht verstehen, da man englisch spreche. Selbst bei Inthronisationsfeiern traditioneller Oberhäupter, der Hüter ihrer alten Kultur, kann man auf die englische Sprache nicht mehr verzichten.[16]

Die Schulen wurden lange Zeit von Missionaren betrieben. Christlicher Religionsunterricht war somit Pflichtfach, jeder Schüler sollte die Schule als Christ verlassen. Nicht alle konvertierten jedoch widerspruchslos. Pater Ikenga Metuh hörte von einer Missionsschule in Onitsha, die im Jahre 1911 zwei Drittel ihrer Zöglinge von der Schule verwies, weil diese eine öffentliche Verpflichtung, monogam zu leben, verweigert hatten. Der Pater erinnert sich an seine eigene Schulzeit, als man Eltern gezwungen hat, traditionelle Titel, erworben im Namen ihrer Kinder, zurückzugeben.[17]

Die alte Ordnung geriet ins Wanken. Christliche Kinder waren nicht länger die Garantie für eine ordnungsgemäße Beerdigung der Eltern. Deren »Heimkehr« zu den Ahnen war somit gefährdet. Die neue Religion war nicht immer leicht zu begreifen. Seine Königliche Hoheit Nnanyereugo Ibenye Ugbala klagt: »Das Christentum fordert von uns, einige Dinge zu glauben, die wir tatsächlich nicht glauben.«[18] Christen erhalten keinen Ersatz für die alten Mittel zur Krisenbewältigung, für die traditionelle Beerdigung, für Ala als Hüterin der Moral, für Ordale, für Riten, die Unglück abwenden, für Orakel. Deshalb lassen auch Christen von manchem religiösen Erbe nicht ab. Die Vielehe möchte man ebenfalls nicht aufgeben. Weil Polygamisten die Taufe verweigert wird, heiraten manche erst als Getaufte weitere Frauen. Deshalb wollte der katholische Bischof Ehemänner mehrerer Frauen nicht mehr beerdigen lassen. Das löste einen Aufstand aus. Igbo-Christen drohten, eine eigene Kirche zu gründen, die »Kirche des Heiligen David«, der als Polygamist ein frommer Mann gewesen war.[19]

Die Zukunft der alten Igbo-Weltsicht bleibt ungewiss. Sie hat sich drastisch verändert und sie wird sich weiterhin wandeln. Dem kommt die traditionell duldsame Einstellung dieses Volkes entgegen. Seit jeher hat man Ansichten gelten lassen, die von der eigenen abweichen. Ein altes Sprichwort mahnt auch noch die Heutigen zur Toleranz: »Lass den Adler sich niederlassen und den Milan auch. Wer zum anderen ›nein!‹ sagt, dessen Flügel mögen brechen.«

---

[16] O.A.C. Anigbo, The Igbo Elite and Western Europe. Enugu 1992, 68.
[17] Emefie Ikenga Metuh, God and Man in African Religion. A Case Study of the Igbo of Nigeria, London 1981, 169.
[18] John I. Obilor, a.a.O. (Anm. 12) 148.
[19] O. A.C. Anigbo, Commensality and Human Relationship among the Igbo. Nsukka 1987, 25.

Lasst Gott in euch leben

Gandhi und die Weltreligionen[1]

Sigrid Grabner

Gandhi (1869–1948) wünschte, dass seine Schriften mit seinem Körper verbrannt würden, denn, so sagte er: »Mein Leben ist meine Botschaft.« Auf das Beispiel dieses Lebens bezogen sich Martin Luther King ebenso wie die Mütter von der Plaza del Mayor, streikende peruanische Bergarbeiter wie Demonstranten in Peking und 1989 in Leipzig. Fünfzig Jahre nach Gandhis gewaltsamem Tod kennen zwar viele noch seinen Namen, doch nur wenige wissen mehr als ein paar Schlagworte über den Mann, der Indien in die Unabhängigkeit geführt hat. Die Bemerkung des Philosophen Bertrand Russel »Das moderne Indien hat Gandhi zu einem Heiligen erklärt und alle seine Lehren ignoriert« trifft nicht nur auf Indien zu.

Die mangelnde Aufmerksamkeit der Gegenwart hätte Gandhi nicht beunruhigt, wusste er doch und sagte es oft genug, dass er mit ahimsa, der Gewaltlosigkeit, und satyagraha, der Offenbarung Gottes als Kraft der Liebe und Wahrheit, nichts Neues erfunden habe und dass das, was er verkünde, so alt sei wie der Himalaja. Er hätte seine Lehren auch mit dem Meer vergleichen können. Es folgt dem ewigen Rhythmus von Ebbe und Flut; sein Wasser verdunstet und kehrt mit den Flüssen zurück. Kein Tropfen geht verloren, es wandelt sich nur die Erscheinung. Gedanken sterben nicht mit dem Menschen, der sie lebte.

Nicht von ungefähr gab Gandhi seiner Autobiographie den Titel *Meine Experimente mit der Wahrheit*. Er legte einen weiten und konfliktreichen Weg zurück, ehe er der wurde, als den die Welt ihn heute kennt.

Als er, noch keine neunzehn Jahre alt, im September 1888 nach London aufbrach, um Jura zu studieren und herauszufinden, welche Kenntnisse und Fähigkeiten das zahlenmäßig kleine Volk der Briten befähigten, den indischen Subkontinent zu beherrschen, hatte er sich mit der Kaste, der er angehörte, überworfen und sah sich selbst nicht als gläubigen Hindu. Aber das Vorbild seiner tief religiösen Eltern hatte schon in dem Kind die Überzeugung Wurzeln schlagen lassen, »dass Moral die Grundlage aller Dinge und dass Wahrheit die Substanz aller Moralität ist«. Das hinderte den Heranwachsenden jedoch nicht, die Religion seiner Eltern kritisch zu befragen, ihr sogar zuwiderzuhandeln.

An die Vorschriften seiner Religion wie den Vegetarismus und die eheliche Treue hielt Gandhi sich in London nicht aus Frömmigkeit, sondern weil er es seiner Mutter gelobt hatte.

In der Hauptstadt Großbritanniens freundete sich der junge Inder mit Lebensreformern an. Erst ihr Vorbild und ihre Argumente machten ihn

---

[1] Alle Zitate aus: Sigrid Grabner, Mahatma Gandhi. Politiker, Pilger und Prophet. Berlin 1992; dies., Mahatma Gandhi. Gestalt Begegnung Gebet. Freiburg i. Br. 1994.

zum überzeugten Vegetarier. In seiner Heimat hatten ihn der dogmatische Eifer und die Intoleranz der christlichen Missionare abgestoßen, nun begegneten ihm erstmals sympathische Vertreter der christlichen Religion. Auf Anraten seiner Freunde beschäftigte er sich mit der Bibel. Das Alte Testament beeindruckte ihn nicht sonderlich, das Neue Testament dagegen, vor allem die Bergpredigt, elektrisierte ihn. Während viele Christen nach wie vor meinen, die Bergpredigt könne man nicht leben, sollte sie für Gandhi eine Anleitung zum Handeln werden. Martin Luther King, der Gandhis Strategie des gewaltlosen Widerstands im Kampf für die Rechte der Schwarzen in den USA praktizierte, meinte einmal, Gandhi sei der erste Mensch gewesen, der Jesu Liebesethik über eine bloße Beziehung zwischen Einzelpersonen hinausgehoben und sie zu einer gewaltigen und wirksamen sozialen Macht in großem Maßstab gesteigert habe.

Der Hindu Gandhi befreite die Bergpredigt von dem Odium, sie gelte nur für Feiglinge. Halte etwa ein Feigling die linke Wange hin, wenn er auf die rechte geschlagen worden sei?, fragte er. Der Feigling laufe davon; und er liebe auch nicht den, der ihm böse wolle, sondern er sinne auf Rache. Nur der seelisch Starke sei zur Selbstüberwindung und zur Selbstlosigkeit fähig. Er ertrage die Wahrheit, dass bei einem Konflikt das Unrecht niemals nur auf einer Seite liegt. Und er wisse, dass Einsicht in die eigene Unvollkommenheit schon der halbe Sieg ist.

Weder in London noch später in Südafrika, wo Gandhi fast ein Vierteljahrhundert lang als Anwalt der indischen Bevölkerungsgruppe arbeitete, fehlte es an Versuchen seiner christlichen Freunde, ihn zum Christentum zu bekehren, und eine Zeit lang ging er wohl auch mit diesem Gedanken um.

Das Buch, das sein weiteres Leben entscheidend bestimmen sollte, lernte Gandhi im zweiten Jahr seines Londoner Aufenthaltes kennen: die Bhagavadgita. Es mutet wie eine Ironie an, dass Gandhi, der nach England gekommen war, die Quellen zu finden, aus denen die Engländer ihre Kraft als weltumspannende Kolonialmacht schöpften, hier auf die Bhagavadgita stieß. Zufällig war es nicht. Während die Briten in Indien alles daransetzten, die privilegierte Schicht des Landes ihrer eigenen Kultur und Religion zu entfremden, entdeckten englische Gelehrte den Reichtum des indischen Kulturgutes. Eine Reihe von hervorragenden Übersetzungen brachten interessierten Lesern die Werke der alten indischen Literatur nahe. Indische Studenten in England gewannen durch sie ein neues Selbstverständnis.

Die achtzehn Gesänge aus dem Mahabharata nannte Gandhi fortan »ein Buch par excellence für die Erkenntnis der Wahrheit«. Er verstand sie als eine Allegorie auf das Schlachtfeld der menschlichen Seele, in der Gutes und Böses beständig miteinander ringen. Viele Jahre nach der ersten Lektüre schrieb Gandhi:

> Wenn Zweifel mich quälen, wenn die Enttäuschung mir ins Gesicht sieht und ich keinen Hoffnungsstrahl am Horizont entdecken kann, greife ich zur Bhagavadgita, und dort finde ich einen Vers, der mich tröstet, und ich beginne mitten im tiefsten Leid zu lächeln.

Die Wahrheit, das lehrte Gandhi die Bhagavadgita, findet nur jener, der selbstlos seine irdischen Pflichten erfüllt, ohne nach Erfolg zu streben und Missgunst zu fürchten.

Die Bhagavadgita führte Gandhi zu den Wurzeln seiner Religion. Was er als Kind von seinen Eltern unbewusst aufgenommen, wogegen er als Heranwachsender rebelliert hatte, begriff er nun durch Erfahrung und Erkenntnis als den ihm gemäßen Weg zur Wahrheit.

Die Lektüre der Bhagavadgita regte Gandhi an, sich intensiv mit den Religionen und Philosophien Asiens zu beschäftigen. Edwin Arnolds *Light of Asia* erschloss ihm das Leben und die Lehre Buddhas, Carlyles *Das Leben Mahomets*, Washington Irvings *Das Leben des Propheten Mohammed* begeisterten ihn für den arabischen Religionsstifter. Er las mit Interesse eine englische Übersetzung des Koran. In ihm wuchs die Überzeugung:

> Für mich ist Gott Wahrheit und Liebe. Gott ist Ethik und Moralität. Gott ist Furchtlosigkeit. Gott ist die Quelle von Licht und Leben, doch er ist über all dem und jenseits all dessen. Gott ist Gewissen. Er ist sogar der Atheismus des Atheisten. (…) Er übersteigt das Wort und die Vernunft. Er ist ein persönlicher Gott für diejenigen, die seine persönliche Gegenwart brauchen. Er hat Gestalt angenommen für diejenigen, denen es not tut, ihn zu berühren. Er ist die reine Wesenheit. Er ist einfach und schlicht für jene, die glauben. Er ist allen alles. Er ist in uns und doch über uns und jenseits von uns.

Kenner des Lebens und des Werkes von Edith Stein hören in diesen Worten eine vertraute Stimme. Am 23. März 1938 schrieb die Karmelitin an eine befreundete Benediktinerin: »Es hat mir immer sehr fern gelegen zu denken, dass Gottes Barmherzigkeit sich an die Grenzen der sichtbaren Kirche binde. Gott ist die Wahrheit. Wer die Wahrheit sucht, sucht Gott, ob es ihm klar ist oder nicht.« Es wäre müßig, die Frage zu stellen, ob Edith Stein um Gandhis Schriften wusste. Seit jeher haben aufrichtige Sucher nach der Wahrheit, wann und wo auch immer auf der Welt, unabhängig voneinander zu dieser Erkenntnis gefunden. Denn das Beharren auf die ausschließliche Geltung einer Lehre, einer Institution, einer Weltanschauung erzeugt Fanatismus, und Fanatismus schließt Wahrheit und Liebe aus. Fanatismus führt – wie die Gleichgültigkeit – weg von Gott. Ein Sucher nach der Wahrheit ist weder fanatisch noch gleichgültig und deshalb auf dem Weg zu Gott. Schon immer, seit es Menschen gibt. Das meinte Gandhi, wenn er sagte, seine Wahrheit sei so alt wie der Himalaja.

Seine religiösen Studien im London der achtziger Jahre des vorigen Jahrhunderts und später in Südafrika ließen Gandhi zu dem Ergebnis gelangen, alle Religionen seien zugleich vollkommen und unvollkommen. Ihr Wesen sei gleich, nur die Formen, aus unterschiedlichen Traditionen hervorgegangen, differierten. Deshalb sah er für sich keinen Sinn mehr darin, seine Religion um einer anderen willen aufzugeben. Christentum und Islam, schrieb Gandhi einmal,

> sind für mich so wahr wie meine eigene Religion. Meine eigene aber stillt alle meine inneren Bedürfnisse. Sie bietet mir alles, wessen ich zu meiner inneren Entfaltung bedarf. Sie lehrt mich beten, andere möchten sich zur Fülle ihres Wesens in ihrer eigenen Religion entfalten, nicht aber, andere möchten glauben, was ich selber glaube. So bete ich

denn für einen Christen, dass er ein besserer Christ, für einen Mohammedaner, dass er ein besserer Mohammedaner werden möge. Ich bin überzeugt, dass Gott dereinst nach dem fragen wird, dass Gott heute schon dem fragt, was wir sind, d. h. was wir tun, nicht nach dem Namen, den wir uns beilegen. Bei ihm ist Tun alles, Glauben ohne Tun nichts. Bei ihm ist Tun Glauben und Glauben Tun.

Der Grundakkord von Gandhis Leben war angeschlagen: das Streben nach Übereinstimmung von Fühlen, Denken, Reden und Handeln. Religion bedeutete ihm mehr als eine Doktrin oder gar ein Dogma, sie war ihm Ursprung, Sinn und Ziel eines selbst verantworteten Lebens. Die Religion ist, schrieb er,

eine angeborene Eigenschaft der Seele. Sie ist das, was es uns ermöglicht, im Leben unsere Pflichten als menschliche Wesen zu erkennen und eine richtige Beziehung zu unseren Mitmenschen aufzubauen. Aber zuvor müssen wir unsere eigene wirkliche Natur erkennen. Religion ist deshalb in erster Linie das Mittel zur Selbstverwirklichung oder zur wirklichen Natur unseres Selbst.

So wie Gandhi sich bewusst für die Religion seiner Vorfahren entschied, so deutlich lehnte er zeitlebens Proselytenmacherei ab. Das lag nicht nur an seinen unguten Erfahrungen mit christlichen Missionaren in Indien, sondern gründete in der tiefen Überzeugung von der Notwendigkeit einer jeglichen Religion. Er plädierte für gegenseitige Achtung und Toleranz der Gläubigen unterschiedlicher Religionen und wandte sich gegen eine Einheitsreligion.

Jeder Versuch, die Traditionen zu ersticken, die aus dem gemeinsamen Erbe stammen und von Klima und Umwelt bedingt sind, ist nicht nur zum Scheitern verurteilt, sondern ist ein Sakrileg.

An die Adresse der Christen gerichtet, die auf der Suche nach ihrem Seelenheil im zwanzigsten Jahrhundert verstärkt nach Indien pilgerten, sagte er:

Angenommen, ein Christ käme zu mir und sagte zu mir, er sei fasziniert von der Lektüre der Bhagavadgita und möchte ein Hindu werden, würde ich ihm antworten: »Nein. Was die Bhagavadgita offenbart, offenbart auch die Bibel. Du hast es nur noch nicht entdeckt. Entdecke es und sei ein guter Christ.«

Noch vor Vollendung seines dreißigsten Lebensjahres hatte Gandhi als Anwalt der Rechtlosen in Südafrika seine Berufung gefunden. Wie er als Jurist die Gesetze studierte und sie befolgte, um aus den dabei gewonnen Erfahrungen sie dort in Frage zu stellen, wo sie dem allgemeinen Rechtsempfinden Hohn sprachen, so achtete er auch die Tradition seiner Religion und erhob seine Stimme, wo in ihrem Namen die Würde des Menschen verletzt wurde. Bekannt ist sein lebenslanger Kampf gegen die Diskriminierung der indischen Kastenlosen, die er »Harijans«, Kinder Gottes, nannte. Indem er zum Kern seiner eigenen Religion vorstieß und vor ihren negativen Auswüchsen die Augen nicht verschloss, konnte er auch den anderen Religionen Gerechtigkeit widerfahren lassen.

Gandhis Verhältnis zu den Weltreligionen war kein theoretisches; es entwickelte sich aus dem täglichen Umgang mit Andersgläubigen. Die indische Kommunität in Südafrika, für deren Rechte er mehr als zwanzig

Jahre stritt (1893–1914), setzte sich zusammen aus Hindus – sie standen als Kontraktarbeiter in Südafrika auf der untersten sozialen Stufe – und Moslems, die vor allem als Kaufleute und Rechtsanwälte ihren Lebensunterhalt verdienten. Die herrschende Schicht der Engländer und Buren bekannte sich zum Christentum. In den politischen und sozialen Auseinandersetzungen zwischen den diskriminierten Indern und der Regierung wäre Gandhi als Wortführer der Inder niemals auf den Gedanken gekommen, für seine Zwecke eine Religion gegen die andere auszuspielen.

Nicht in den unterschiedlichen Religionen, erkannte er, lag die Wurzel der Ausbeutung und Unterdrückung, sondern in der Negierung ihrer Botschaft. Die moderne Zivilisation, die auf der Ausbeutung der Ärmsten der Armen beruhe, schrieb er 1909 an einen englischen Politiker, sei »eine Negation des christlichen Glaubens«.

Gandhi nannte die Kampfform des gewaltlosen Widerstands gegen Diskriminierung und Ausbeutung satyagraha – »die Kraft der Wahrheit und der Liebe oder Gewaltlosigkeit«. Er wählte diese Bezeichnung, weil ihm die in Europa gebräuchlichen Begriffe wie »passiver Widerstand« oder »ziviler Ungehorsam« zu negativ erschienen. Satyagraha ist *mehr* als passive Verweigerung oder feindselige Herausforderung. Satyagraha wird von Menschen ausgeübt, die freiwillig, aus dem Bewusstsein ihrer inneren Stärke heraus, auf Gewalt verzichten und auf die Kraft der Wahrheit und der Liebe vertrauen.

»Gewaltlosigkeit ist reine Liebe«, sagte Gandhi. Er verwies auf die Schriften der Hindus, auf die Bibel und den Koran, die Wiedervergeltung nie vorschrieben, sondern nur gestatteten. Vorgeschrieben sei dagegen immer die Selbstüberwindung. Nicht das Schwert, sondern das Leiden sei das Kennzeichen des Menschengeschlechts. Durch das um der Wahrheit willen freiwillig auf sich genommene Leiden erkennt der Gegner, dass er nicht als Feind betrachtet wird, sondern als ein Mitsucher nach der Wahrheit. So steht am Ende eines satyagraha-Kampfes nicht die Demütigung des Kontrahenten, sondern der ehrenvolle Kompromiss als Weg zur Wahrheit. Wer satyagraha üben will, muss sich selbst beherrschen können und bereit sein, für die Wahrheit auch sein Leben zu opfern, ohne dem Gegner zu zürnen.

Nach zwanzigjährigem Aufenthalt in Südafrika kehrte Gandhi 1914 nach Indien zurück. Hier setzte er seinen gewaltlosen Kampf für die Rechte der Inder in einem ungleich größeren Maßstab als bisher fort. Die Bevölkerungsmehrheit in Indien bekennt sich zum Hinduismus, der Islam nimmt an Zahl der Gläubigen die zweite Stelle ein, aber auch Buddhisten, Parsen (die Anhänger des Zoroaster) und Christen spielen im politischen und sozialen Leben keine geringe Rolle. Die Spannungen zwischen den verschiedenen Religionsgemeinschaften aufrechtzuerhalten, hatte immer im Interesse der Kolonialmacht gelegen. Wie sonst hätten die Briten das Riesenreich mit so geringen Mitteln unterwerfen und in Besitz halten können! Sie spielten die zahlenmäßig unterlegenen Moslems als »tüchtige Geschäftsleute« gegen die »arroganten und faulen« Hindus aus, sie schürten die Vorurteile auf beiden Seiten und ermutigten die moslemischen

Nationalisten, den Indischen Nationalkongress zu verlassen und die Moslemliga zu gründen.

Gandhi stellte sich dieser Politik entgegen. Seinen Landsleuten erklärte er:

> Wir können nicht Rama erkennen, indem wir das Ramayana, oder Krishna, indem wir die Gita, oder Allah, indem wir den Koran, oder Christus, indem wir die Bibel lesen. Wir können sie nur dadurch erkennen, dass wir den eigenen Charakter veredeln und verklären. Charakter beruht auf tugendhafter Tat, tugendhafte Tat wiederum beruht auf Wahrheit. Wahrheit also ist Grund und Quelle alles Guten und Großen.

Wahrheit bestand für Gandhi auch darin, dass alle Menschen dieselbe Würde besitzen und vor Gott gleich sind, mit welchem Namen sie ihn auch verehren. Keine Religion, Wissenschaft oder gar Ideologie ist im alleinigen Besitz der Wahrheit. Sie liegt im Wesen aller Dinge, doch ist sie nur erkennbar im ständig wechselnden Spiel des Lebens. Was sich gestern als richtig erwies, muss es heute nicht mehr sein. Der abendländische Dualismus war Gandhi fremd. Das Böse hatte für ihn seinen Platz und seine Berechtigung ebenso wie das Gute:

> Gottes Hand *ist* hinter dem Guten, aber in Gottes Hand ist nicht nur das Gute. Seine Hand ist ebenso hinter dem Übel. Gut und Übel ist unsere eigene unvollkommene Sprache. Gott steht über Gut und Übel (…) Übel ist das Gute und Wahre am falschen Ort. Es hat für sich kein eigenständiges Dasein, sondern ist nur das Wahre und Gute am falschen Ort.

Unerschrocken und unter Einsatz seines Lebens stellte sich Gandhi Hindus in den Weg, wenn sie Moslems verfolgten und verteidigte sie ebenso gegen die Angriffe von Moslems und machte den Gläubigen beider Religionsgemeinschaften begreiflich, dass er nicht sie verurteilte, sondern ihre Taten, die die Wahrheit verletzten. Den Christen sagte er:

> Es ist besser, unsere Taten für unser Leben sprechen zu lassen als unsere Worte. Gott wurde nicht nur vor eintausendneunhundert Jahren ans Kreuz geschlagen, er wird es heute. Tag für Tag stirbt er und ersteht wieder auf. Es wäre eine magere Tröstung für die Welt, wenn sie auf einen historischen Gott zählen müsste, der vor zweitausend Jahren gestorben ist. Betet also nicht den geschichtlichen Gott an, sondern zeigt, wie er heute in euch lebt.

Gandhis menschliche Größe offenbarte sich nirgends deutlicher als in der Niederlage. Als Indien 1947 auf gewaltlosem Weg die staatliche Unabhängigkeit von Großbritannien erstritten hatte, entfesselten die zuvor von der Kolonialregierung mit eiserner Faust unterdrückten sozialen Gegensätze einen blutigen Bürgerkrieg zwischen Moslems und Hindus. Die Moslemliga hatte mit britischer Hilfe den Staat Pakistan von Indien abgespalten. Eine Völkerwanderung begann. Aus ihren angestammten Wohnorten in Pakistan flohen etwa sechs Millionen Hindus in die Indische Union und etwa sechs Millionen Moslems aus der Indischen Union nach Pakistan. Doch auch nach dieser beispiellosen Massenflucht lebten noch immer vierzig Millionen Moslems in der Indischen Union und machten die Nichtmoslems siebzehn Prozent der Gesamtbevölkerung des neuen Staates Pakistan aus. Der Hass gegen die jeweilige Minderheit entlud sich in mörderischen Exzessen. Gandhi, der sich bis zuletzt gegen die Teilung Indiens ausgesprochen hatte, war verzweifelt. Sein Lebenswerk, die orga-

nisierte und disziplinierte Gewaltlosigkeit der indischen Massen über
soziale Schranken und Glaubensgrenzen hinweg, versank in Blut und
Tränen.

Der Achtundsiebzigjährige stemmte sich mit der ganzen Kraft seiner
natürlichen Autorität gegen den Wahnsinn der aufgeputschten Massen.
Wo er auf seinen zahllosen Reisen durch die Indische Union Station
machte, um sein Leben für die Verfolgten einzusetzen und den Verfolgern
ins Gewissen zu reden, erreichte er erstaunliche Erfolge. Lord Mountbat-
ton, der letzte Vizekönig von Britisch-Indien, nannte ihn anerkennend
eine »Ein-Mann-Armee«, die vollbrachte, was Zehntausenden von Soldaten nicht gelang: Frieden zu schaffen. Die nationalistischen Hindus be-
schimpften Gandhi wegen seines Eintretens für die verfolgten Moslems
als »Mohammed Gandhi« und »Jinnahs (= Führer der Moslemliga)
Sklave«. Doch das focht Gandhi nicht an. »Die Leute haben mir den Titel
eines Mahatma (= große Seele) verliehen, diese Beiwörter sind auch ein
Geschenk von ihnen; sie sind mir gleichermaßen willkommen«, pflegte er
zu sagen.

Zeitlebens hatte Gandhi dem Gebet eine große Bedeutung zugemessen.
Nun wurde sein Leben selbst zum Gebet. Allabendlich hielt er eine öffentliche Andacht, während der er aus den heiligen Büchern der Hindus,
dem Koran und der Bibel zitierte und die vorgelesenen Stellen kommen-
tierte. Tausende strömten zu diesen Andachten, die während der blutigen
Kämpfe zwischen Hindus und Moslems nach der Proklamation der Unabhängigkeit Indiens auch im Radio übertragen wurden. Auf dem Weg
zum Gebet wurde Gandhi am 30. Januar 1948 von einem fanatischen
Hindu ermordet.

Kurz vor seinem gewaltsamen Tod hatte er in der Zeitschrift Harijan
vom 7. Dezember 1947 geschrieben:

> Europa hat den weisen, kühnen und tapferen Widerstand des Jesus von Nazareth als pas-
> siven Widerstand missdeutet, wie wenn es sich um die Tat eines Schwächlings handelte.
> Als ich das Neue Testament zum erstenmal las, fand ich nichts von Passivität oder
> Schwäche an Jesus in den Schilderungen, die die vier Evangelien von ihm geben.

Zu Gandhi waren Menschen vieler Nationen, aller Religionen und Weltanschauungen gepilgert. Er lehrte sie, nicht nach einem Dogma zu leben,
sondern sich selbst zu entdecken – als Christ, als Jude, als Moslem, als
Hindu, Buddhist oder Atheist. Als Vermächtnis hinterließ er ihnen die
Worte:

> In den Zeiten, die kommen werden, werden die Menschen uns nicht einschätzen nach
> dem Glauben, zu dem wir uns bekennen, oder nach der Bezeichnung, die wir tragen,
> oder nach den Losungen, die wir schreien, sondern nach unserer Arbeit, unserem Fleiß,
> unserer Opferbereitschaft, unserer Aufrichtigkeit und der Reinheit unseres Charakters.
> Sie werden wissen wollen, was wir tatsächlich für sie getan haben.

Nachsatz

Gandhis Toleranz gegenüber Andersdenkenden und Andersgläubigen, gespeist aus dem Quell einer tiefen Religiosität, hat vielen Menschen noch über seinen Tod hinaus geholfen, ihren eigenen Weg zu finden. Ich selbst mag dafür als Beispiel dienen.

Als ich zehn Jahre alt war, wies mich der Pfarrer – das II. Vatikanische Konzil lag noch in weiter Ferne – wegen vermeintlichen Ungehorsams wenige Tage vor der ersten Kommunion aus der Kirche mit den Worten, ich solle mich nie mehr blicken lassen. Ich hielt mich daran und betrat fortan kein Gotteshaus mehr. Erst als ich mich fünfundzwanzig Jahre später mit dem Leben und dem Werk Gandhis beschäftigte, wurde mir klar, dass mein Glaube in den vergangenen Jahrzehnten des Suchens und Irrens die Kränkung nicht nur überdauert hatte, sondern sogar tiefer geworden war. Noch einmal zehn Jahre später konnte ich ohne Bitterkeit in die Kirche meiner Vorfahren zurückkehren, weil der Hindu Gandhi mir die Augen geöffnet hatte für das Wesen der christlichen Botschaft, das der katholische Priester dem Kind einst vorenthalten hatte.

Krishna, Buddha, Jesus

Zur Tiefenphänomenologie des Absoluten

Rüdiger Haas

I. Methodologische Voraussetzungen

Auf die Lehre von Krishna, Buddha und Jesus stützen sich drei Weltreligionen. Zwar ist es nicht gesichert, dass Krishna eine historisch verbürgte Persönlichkeit darstellt, doch gelten seine Weisungen ebenso als göttliche Offenbarung wie die von Buddha und Jesus. Und obwohl die drei Meister in ihren Aussagen auf den ersten Blick so verschieden zu sein scheinen wie Feuer, Erde und Wasser, haben sie doch etwas gemeinsam: Alle drei werden als Erscheinungsformen des Einen, als inkarnierte Gestalten des Göttlichen betrachtet und stellen so mitten im Fluss des Vergänglichen die ewig frisch aufgehende Kraft des Absoluten dar.

Unterschiede zwischen den drei Lehren sowie deren jeweils epochale und kulturelle Prägung wurden schon zur Genüge aufgezeigt. Hier soll es darauf ankommen, aus den geschichtlichen Erfahrungen die *tiefenphänomenologische Tiefe,* d. h. die unzeitlichen Grundphänomene zu gewinnen und dann durch eine *Annäherung* der drei Gestalten dasselbe (das Selbe) der verschiedenen Offenbarungen, das Schwierige des Einfachen in den Differenzen aufgehen und hervorleuchten zu lassen.[1]

Unsere Textinterpretation geht daher tiefenphänomenologisch vor.[2]

Die von José Sánchez de Murillo begründete tiefenphänomenologische Methode der Interpretation versucht, aus den zeitbedingten Erscheinungen und durch diese hindurch jenes Unvergängliche herauszustellen, das jene ermöglicht und beseelt, ohne mit ihnen identisch zu sein. Die epochal abhängige Dimension der Phänomene ist das, was in der *Ober-Fläche* und als diese erscheint. Die *Tiefe* dagegen bleibt nicht nur unberührt von der Verschiedenheit der Zeiten, stellt nicht nur das Bleibende in den Veränderungen dar, sondern ist das Tragende des Epochalen. Sein und Werden fallen zusammen, die Urgegensätze des Lebens finden wieder ihren Quell, und dem Denken, aus der Versöhnung von Sein und Geschichte *er-neuert,* öffnet sich mit der Tiefenphänomenologie das Tor eines neuen philosophischen Zeitalters.[3]

---

[1] Angesichts der Weltlage ist es heute wichtiger denn je, sich um eine Annäherung der Kulturen zu bemühen. Denn nicht das kategorisch Trennende, sondern das wesentlich Verbindende des Seienden ist von bleibendem Wert und führt zu konstruktivem Weltaufbau. Um eine solche Annäherung der Kulturen ist z. B. Ram Adhar Mall ernsthaft bemüht. Vgl. R.A. Mall, Philosophie im Vergleich der Kulturen. Darmstadt 1995.

[2] Vgl. J. Sánchez de Murillo, Der Geist der deutschen Romantik. Der Übergang vom logischen zum dichterischen Denken und der Hervorgang der Tiefenphänomenologie. München 1986. Dazu R. Haas, Von der Phänomenologie zur Tiefenphänomenologie. In: Edith Stein Jahrbuch 4 (1998) 313–336.

[3] Dieses nun aufgehende neue Zeitalter ist »Neue Vorsokratik« genannt worden (vgl. J. Sánchez de Murillo, Dein Name ist Liebe. Bergisch Gladbach 1998), da sie vornehmlich

Philosophiegeschichtlich wurde zuerst das zeitlos Grundlegende und allgemein Verbindende in einem übersinnlichen Reich als leibloser Geist auszumachen versucht. Dem folgte, als der metaphysische Weltentwurf die Krise seiner beanspruchten absoluten Gültigkeit erfuhr, der Versuch, den Sinn des geschichtlichen Geschehens allein in der relativen Dimension seiner Vergänglichkeit nachzuvollziehen.

Dass nicht nur beide entgegengesetzten Weisen des Philosophierens an sich, sondern sogar deren absolute Wahrheit beanspruchenden Grundhaltungen ihren positiven Sinn haben, kann sich, so scheint es, der einseitig dominanten Form der bloß von sich aus begründenden und deduzierenden Vernunft nicht öffnen. Die kontemplative Einstellung jedoch vermag bis ins Herz der Ereignisse vorzudringen und dann mit der Kraft des unverbrauchten Denkens den unvergänglichen Sinn des geschichtlichen Prozesses hervorleuchten lassen.

Die tiefenphänomenologische Methode vereinigt beide: die kontemplativ-aufnehmende Grundhaltung, die sich von den Phänomenen führen und befruchten lässt, und die durchbohrende Kraft des Denkens, die zur schöpferischen Weitergabe des Empfangenen durch die neue Einsicht in den Sinn seiner Aufgabe herangereift ist. In ihr fallen also Methode und Gegenstand zusammen.

Wenn das Göttliche in menschlicher Gestalt erscheint, glänzt das Leben rein. Alle Seiten des Tiefenphänomens, die trüben und die hellen, sind unmittelbar zu vernehmen: Ewigkeit und Zeit, Milde und Gewalt, Freude und Leid, Sanftheit und Kraft.

---

aus dem Nachvollzug und der Weiterentwicklung, aus der schöpferischen Wieder-Holung der Philosophie Jakob Böhmes, des »Ersten Deutschen Philosophen« (so Hegel), hervorgegangen ist. Hierbei werden die in der griechischen Vorsokratik als Gegensätze ausgesprochenen Urgrößen (Sein und Werden, das Eine und die Vielen) als die zwei Seiten *eines* Phänomens, als Kehrseiten also des Selben gedacht. So stellt die deutsche Vorsokratik die grundsätzliche Korrektur der griechischen dar. Aus dem geschichtlich einenden Nachvollzug beider kommend öffnet die Tiefenphänomenologie den Weg zu einer völlig neuen Art des Denkens, das, auf dem Urboden der zwei großen *europäischen* Denktraditionen fußend, die Grundlage für eine *Welt*philosophie stiftet. Dass es für die philosophische Fachwelt in Deutschland so schwer ist, dieses Ereignis auch nur wahrzunehmen, rührt daher, dass sie keinen Zugang zu den eigenen großen Traditionen mehr hat. Von analytischen Ansätzen, ober-flächigen Sprachphilosophien, gewollten (aber nicht gekonnten) Vernunfttheorien und Modeethiken irregeleitet und dem Zwang des schnellen kommerziellen Erfolgs ausgesetzt, hat die Philosophie in Deutschland den Blick und die Fähigkeit für die eigentliche Aufgabe schon längst verloren. Freilich: Auch die Zeit der griechischen Philosophie ging einmal zu Ende. So könnte die positive Seite der desolaten Situation seit dem Tode Heideggers die sein, dass eine auf dem Boden der großen *europäischen* Traditionen unter Nachvollzug der orientalischen Grunderfahrungen heranwachsende Grundphilosophie mit *Welt*horizonten nun aufgehen könnte.

II. Gestalten des Göttlichen

1. Krishna

a) Legende

Die Geschichte Krishnas ist eine Geschichte aus dem Mahabharata.[4] Die beiden Epen Mahabharata und Ramayana erzählen von den Heldentaten Krishnas und Ramas. Krishna wird von den Bhaktas als die Inkarnation des höchsten Gottes Vishnu verehrt. Er kam auf die Erde, um die Menschen von Tyrannen und Dämonen zu befreien und sie die Liebe zu Gott zu lehren. Im Mahabharata wird der erwachsene Krishna, der Prinz der Yadavas und Freund der Pandava-Brüder dargestellt. In der Bhagavadgita predigt er die Liebe zu Gott durch selbstlose Pflichterfüllung.

Die frühe Lebensgeschichte ist im Bhagavata-Purana dargelegt. Nachdem sich die Erdbewohner über die Schreckensherrschaft des Tyrannen Kamsa in Matura beklagt hatten, versprach ihnen Vishnu, Menschengestalt anzunehmen, und sie von der Schreckensherrschaft zu befreien. In der Inkarnation Krishnas liegt die Erfüllung dieses Versprechens.

Kamsa hörte von einer himmlischen Stimme, dass ihn der achte Sohn Vasudevas und Devakis erschlagen solle. Er tötete jeden Sohn der beiden. Das siebte und achte Kind entkamen aber auf wunderbare Weise. Krishna wuchs im benachbarten Dorf Golula als Kuhhirte bei Nanda und seiner Frau Yasoda auf. Er war ein aufgewecktes Kind, stets zu Späßen bereit. Weil er Milch, Butter und Yoghurt liebte, entwendete er diese Nahrungsmittel listig aus den Häusern der Freunde. Doch blieb er schon als Kind aufgrund seiner übernatürlichen Macht Sieger über die geschickten Dämonen, die ihn töten sollten.

Im Alter von fünf Jahren zog Krishna mit seinen Eltern nach Brindaban. Er half seinem Vater und trieb Kälber und Kühe auf die Weide und hütete sie. Mit anderen Kuhjungen sang und tanzte er und spielte so manchen Streich mit ihnen. Jahrelang lebte er naturverbunden. Hin und wieder wurde die Idylle durch das Erscheinen von Dämonen unterbrochen, die von Krishna aber getötet wurden. Er entwickelte sich zu einem hübschen, jungen Mann, zu einem göttlichen Liebhaber, der die Flöte anmutiger als die anderen Hirten blies. Die Milchmädchen sehnten sich nach ihm und suchten seine Nähe. An einem Tag im Herbst stillte er ihr Verlangen bei einem Rundtanz, mit ihm in der Mitte. Abend für Abend wiederholte sich das Fest, die Seligkeit der Liebenden steigerte sich. Radha wurde die bevorzugte Geliebte Krishnas. Manchmal ließ er sie jedoch allein, um ihre Eifersucht hervorzurufen. Radha ist Sinnbild für die menschliche Seele. Die Liebe zwischen ihr und Krishna darf nicht auf den sinnlich-erotischen Bereich nivelliert werden.

---

[4] Zur Lebensgeschichte vgl. Krishnas Flöte. Freiburg 1979, 7–24; J. Neuner (Hg.), Hinduismus und Christentum. Freiburg 1962, 126–150; A.-M. Cocagnac, Indienreise. Freiburg 1977; H. Zimmer, Maya – der indische Mythos. Frankfurt/a. M. 1978, 321–411.

Die werbende Flöte in Krishnas Hand bedeutet die Anziehungskraft Gottes für die Seelen; ja die Flöte selbst wird oft als Seele bezeichnet, die sich von allen Weltdingen entleeren muß, bevor Gott ihr wunderbare Musik entlocken kann. Krishnas goldgelbes Gewand ist Zeichen seiner göttlichen Majestät, seine dunkelblaue Hautfarbe ist ein Symbol für die Ewigkeit. Die Pfauenfedern auf seinem Haupt sind ein Sinnbild für die Unsterblichkeit (...)
Der *Rundtanz* mit Krishna in der Mitte symbolisiert Gott als Ursprung des Lebens, von dem die Seelen (...) ringsum Kraft schöpfen.
Ihr Kreis um den göttlichen Ursprung ist das Universum selbst; ihr Tanz das große herrliche *Spiel* ..., das die Seelen, die an Gott hängen, auf dieser Welt spielen dürfen: wie unbekümmerte Kinder.[5]

Krishna schenkt allen, die ihn begehren, die Erfüllung ihrer Sehnsucht. Aber manchmal lässt er sie allein, um ihre Festigkeit zu *prüfen* und den Trennungsschmerz zu erleiden.

Eines Tages wurde Krishna von einem Boten Kamsas zu einem Waffenfest eingeladen. Nun wusste er, dass sich das Versprechen, weswegen er auf die Erde gekommen war, erfüllen werde. Am Waffenfest teilnehmend streckte er Kamsa zu Boden. Von nun an änderte sich sein Leben. Er gab sich als der königliche Sohn von Vasudeva und Devaki zu erkennen und verkündete den Milchmädchen, die auf seine Rückkehr warteten: »Verehrt mich als Gott in eurem Herzen! (...) Das ist die dunkle Nacht.«[6]

b) *Krishnas Lehre*

Die 18 Kapitel der Bhagavadgita sind im 6. Abschnitt des Mahabharata eingefügt. In ihr erscheint Krishna als höchster Gott, als Bhagavat (Erhabener), der Arjuna das Göttliche lehrt. Die Bhagavadgita repräsentiert insofern die Religion als solche. Sie lehrt weder Moral noch Handlungsnormen, sondern den Weg aus weltlicher Gebundenheit.[7] In Form eines dramatischen Kampfes zwischen Gut und Böse betont sie das Verfahren, durch das die Welt erlöst werden kann.[8]

Vishnu, die schon im Rigveda (etwa 1000 v. Chr.) beschriebene Gottheit, ist der große Durchdringer (vish = durchdringen) und innere Lenker des ganzen Alls. Krishna wird mit diesem Gott identifiziert. Weil er alle an sich zieht und in allen Verehrung erweckt, heißt er Krishna. »Krish«

---

[5] Krishnas Flöte, a.a.O., 18.
[6] Ebd., 19.
[7] Vgl. dazu den Kommentar zur Gita von S. Radhakrishnan, Baden-Baden 1958, 16–20. Radhakrishnan greift dabei auf den ältesten aller vorhandenen Kommentare, dem des Samkara (788–820 n. Chr.) zurück. Wir meinen mit Radhakrishnan, dass es für die Lehre der Bhagavadgita unwesentlich ist, ob Krishna eine historische Persönlichkeit war oder nicht, denn wesentlich ist die ewige Verkörperung des Göttlichen im Universum und im Menschen. Umfangreiches Beweismaterial, wie es in der Chandogya-Upanishad vorliegt, spricht für die Geschichtlichkeit Krishnas, der danach Schüler des Ghora Angirasa, eines Sonnenpriesters, gewesen war. Er gehörte zum Zweig der alten Vrishnis oder Satvatas aus der Familie der Yadus und stand im Gegensatz zur Opferwissenschaft der vedischen Religion (ebd., vgl. 33 f.).
[8] Vgl. dazu R. Haas, Über das Wesen des Todes. Eine tiefenphänomenologische Betrachtung konkret dargestellt am dichterischen Werk Hermann Hesses. Würzburg 1998, 150–159.

bedeutet reißen: Er entfernt alle Quellen des Übels von denen, die ihn verehren.[9] Krishna selbst betont, dass er *keine neue* Religion verkünden wolle, sondern nur *die eine uralte Lehre des Yoga wiederhole*, die das Thema des Göttlichen am Ort des Menschen betrifft.[10]

Zur Gewinnung des höchsten *Ideals absoluter Identität* gibt das indische philosophische Denken dem Menschen die Methode des Yoga (von yuj = zusammenbinden) an die Hand, mit der er aus der Sklaverei der irdischen Welt hin ins absolut Göttliche erlöst werden kann. In dunkelster Nacht wird auf dem Wege dieser Methode Krishna als das Selbst geboren, das in den Herzen aller verborgen ist.

Diese göttliche Geburt meint in erster Linie die Emporhebung des Menschen zu Gott, seine *Einswerdung* mit ihm. Dazu leitet der Lehrer (Krishna als Verwirklichter) den Schüler an. Arjuna, der Kämpfer auf dem Schlachtfeld, ist wie Radha das Urbild der ringenden Seele, die sich nach Erlösung sehnt. Er kämpft mit den Mächten der Finsternis, weiß aber nicht so recht, wie er sich beim Töten seinen eigenen Verwandten gegenüber verhalten solle.

Krishna gibt ihm das *erlösende Wissen* (Jnana). Die beste aller Wissenschaften, sagt er, ist diejenige, mit der die Weisen zur höchsten Vollendung gelangen, um mit Gott wesensgleich zu werden und dadurch nicht mehr wiedergeboren werden zu müssen. Wissen ist notwendig, um Wahrheit zu erlangen, schädlich dagegen, wenn es zum Zwecke des Machtgewinns und der Selbstsucht missbraucht wird.[11]

Krishna erklärt Arjuna, das Übel der Welt entstünde aus dem Haften an der Ober-Fläche, den drei *Erscheinungsweisen* der Natur (gunas): der Güte (sattva), der Leidenschaft (raja) und der Trägheit (tamas). Güte ist das Hängen am Glück, das Leidlosigkeit hervorruft, Leidenschaft entspringt dem Begehren und der Anhänglichkeit und führt zum Hängen am Werke, während die Trägheit aus der Unwissenheit kommt und verblendet.

Aufgabe auf dem Befreiungsweg ist es, *sich über die drei Erscheinungsweisen insgesamt zu erheben*, was nur durch unerschütterliche *Hingabe an Gott* geschehen kann.[12] Die Eigenschaften der göttlichen Natur sind folgende: Furchtlosigkeit, Reinheit des Geistes, kluge Verteilung von Wissen und Versenkung, Mildtätigkeit, Selbstbeherrschung und Opfer, Studium der Schriften, Askese, Aufrichtigkeit, Gewaltlosigkeit, Wahrheit,

---

[9] Vgl. S. Radhakrishnan, a.a.O., 32.

[10] Vgl. Bhagavadgita, IV. Gesang, Vers 1,3.

[11] Vgl. dazu H.P. Sturm, Leere im Herzen. Zur vierfachen ontologischen Unbestimmbarkeit in der antiken indischen und griechischen Philosophie. In: Horin, Vergleichende Studien zur japanischen Kultur, 6 (1999) 113f. Sturm weist hier nachdrücklich darauf hin, dass man im Okzident seit Jahrhunderten Objektwissenschaften mit Philosophie gleichgesetzt und verwechselt habe, was dazu führte, dass auch der Orient der Neuzeit versäumt hat, hinter diese leere Fassade zu blicken. In diesem Sinne unterscheidet die Tiefenphänomenologie Ober-Fläche und Tiefe. Während die Systeme der Objektwissenschaften die Ober-Fläche des Seienden erforschen, gelangt das Wissen wahrer Philosophie zur Tiefe der Welt.

[12] Vgl. Bhagavadgita, XIV, 2-26. Vgl. dazu H.P. Sturm, Weder Sein noch Nichtsein. Der Urteilsvierkant und seine Korollarien im östlichen und westlichen Denken. Würzburg

Nicht-Zürnen, Entsagung, Ruhe, Nicht-Verleumdung, Mitleid mit den Geschöpfen, Begierdelosigkeit, Milde, Bescheidenheit und Beständigkeit (Nicht-Wankelmütigkeit), Kraft, Vergebung, Stärke, Reinheit, Nicht-Böswilligkeit, Nicht-Hochmut. Die dämonische Natur unterliegt dagegen der Prahlsucht, Anmaßung, Überheblichkeit, dem Zorn der Rauheit und dem Unwissen. Die Unwissenden meinen, die Welt sei durch Chaos und Begierde verursacht. Weil sie der Begierde verfallen sind, handeln sie aus Wollust, Zorn und Gier.[13]

Die Gita lässt Arjuna fragen, ob *Handeln oder Verzicht auf Handeln* besser sei; denn das Nicht-mehr-Handeln würde keine Übel in der Welt verbreiten und so dem Sich-Erheben über die drei Erscheinungsweisen der Natur und dem Sich-Gott-Hingeben kein Hindernis entgegensetzen. Krishna belehrt Arjuna jedoch, dass es *keinen Zustand des Nicht-Handelns* gebe. Auch der Weise handelt; denn niemand kann sich dem tätigen Handeln entziehen, und sei es auch nur in Gedanken.

Es kommt daher immer darauf an, *wie* zu handeln sei. Hier gilt: Der Mensch soll von seiner dämonischen Natur Abstand gewinnen, sich ins göttliche Handeln erheben und dem handelnden Willen des Brahman ergeben. Arjuna weigert sich zunächst, am Kampfe für die göttliche Wahrheit teilzunehmen. Krishna fordert ihn auf, sich von seinem falschen Pazifismus zu befreien und gegen das Übel zu kämpfen. Arjunas Geisteshaltung beinhalte in diesem Moment ein falsches, nur vergängliches und damit illusorisches Mitleid, da er aufgrund der Verhaftung mit seiner Familie den Willen des Göttlichen nicht ausführt. Er sei verblendet und wankelmütig, seine vermeintliche Widerstandslosigkeit in Wirklichkeit höchster Widerstand gegen den Willen des Göttlichen. Arjunas ureigenste *Pflicht* sei der Kampf, wodurch er dem Brahman Verehrung entgegenbringe. Die Erhebung über die Erscheinungsweisen der Natur geschehe in *der Einstellung des Menschen zu seiner Tat.* Wenn er alle von der Begierde eingegebenen Werke aufgebe, dann sei sein Handeln richtig.[14]

Arjunas Verblendung bestand im Nicht-Wissen und darin, an seiner Familie mehr zu hängen als an Gott. Sein vermeintliches Nichthandeln war in Wahrheit verblendetes Handeln aus Begierde. Krishna sagt ihm:

> Der Verzicht auf irgendeine Pflicht, die erfüllt werden soll, ist wahrlich nicht richtig. Das aus Unwissenheit erfolgende Aufgeben derselben wird als seiner Natur nach »töricht« bezeichnet. Wer eine Pflicht aufgibt, weil sie schmerzvoll ist oder aus Furcht vor körperlichem Leiden, der vollzieht allein das »leidenschaftliche« Entsagen und gewinnt den Lohn der Entsagung nicht. Wer aber, aller Anhänglichkeit und aller Frucht entsagend, eine vorgeschriebene Pflicht ausführt, weil sie getan werden soll, dessen Entsagung wird für eine »gute« Entsagung gehalten. Der weise Mann, der entsagt, dessen Zweifel zerstreut sind, der die Natur der »Güte« besitzt, kennt keine Abneigung vor unangenehmer

---

1996. Sturm zeigt in seinem strukturtheoretisch grundlegenden Werk, dass die vierte Kante (weder Sein noch Nichtsein) des Urteilsvierkants sich von den drei anderen Kanten (Sein, Nichtsein, sowohl Sein als auch Nichtsein) so fundamental unterscheidet, dass hier nur noch absolute Urteilsenthaltung als logische Konsequenz möglich ist. Die Dimension des »Weder Sein noch Nichtsein« entspricht der absoluten Dimension der verwirklichten Hingabe an Gott.

[13] Vgl. Bhagavadgita, XVI, 1-21.
[14] Vgl. Bhagavadgita, XVIII, 45-48 bzw. 2.

Handlung und kein Anhangen an angenehmer Handlung. Es ist jedem verkörperten Wesen in der Tat unmöglich, ganz und gar auf das Handeln zu verzichten. Wer aber die Frucht des Handelns aufgibt, der wird ein Entsagender genannt. (...) Wer frei von Selbst-Sinn ist, wessen Verstand nicht befleckt wird, der, mag er auch diese Leute töten, tötet (doch) nicht und wird (durch seine Taten) nicht gebunden.[15]

Die Frage stellt sich, wann Handeln von Gott bestimmt oder wann es ein aus bloßer menschlicher Verblendung geleitetes ist. Um dies zu klären, muss der Kampf gegen das Übel stets zuerst im Menschen selbst stattfinden. Die fundamentale Aufgabe des Daseins ist nach Anweisung der Gita, sich in sich über sich selbst zu erheben[16]:

Wer alle Begierden aufgibt, ohne Verlangen handelt, ohne Selbstsucht und Egoismus ist, dieser erlangt den Frieden.[17]

In Arjunas Fall fiel das selbstlose Handeln mit dessen äußerem Kampf zusammen. Das muss nicht immer so sein und gerade in der heutigen vornehmlich politisch und kommerziell orientierten Zeit wäre diese Sachlage in den meisten Fällen verkehrt. Entscheidend ist die Erhebung des Menschen nach innerem Kampfe über die Illusion der Natur. Diesem Auftrag soll er sich bewusst stellen, um wahren Frieden zu erlangen.

c) Das Tiefenphänomen Krishna

Spiel ist Gestaltungskraft des Seins, *Ernst* Pflicht des Lebens sich selbst gegenüber. *Tanz* ist Symbol des Zusammenwirkens von Laune und Überlegung, Spontaneität und Festgelegtheit beim Lebensgeschehen.

Ziel des Lebens ist das Leben selbst, das dem Dasein die Freude des Selbstgenusses als Zweck eingeschrieben hat. Dazu ein waches Bewusstsein, dass es anders sein könnte, anders hätte werden können, aber nun eben so geworden ist. Wo Vorgegebenheiten ungefragt aufgezwungen und der Rahmen vorgeschrieben ist mit der Auflage, alles könne sich jederzeit ändern, dort ist nur Spiel möglich.

Am Anfang ist alles offen. Je weiter sich jedoch das Geschehen entfaltet, umso mehr verfestigen sich die Bedeutungen. Der Augenblick kommt, da das Dasein erkennt: Jetzt *muss so* gehandelt werden, damit Sinn weiterhin geschehen könne. Einst war es *Spiel*. Nun ist daraus *mein* Schicksal geworden.

Aus Spass wird ernst. Die Zufälle werden zu Zu-Fällen, die Gegebenheiten zu gezielten Vorgegebenheiten, die freien Auflagen zur bindenden Pflicht. Das Spiel wird zum Geschehen, in dessen Verlauf ich immer deutlicher erkenne: Es ist ein Geschenk, das mir zugedacht war, doch zugleich mein eigenes Werk.

Dementsprechend habe ich mich zu verhalten: frei, unbekümmert dem spielerischen Geschehen gegenüber, ernst und pflichtbewusst; denn es ist – und zwar in jeder seiner Phasen – stets auch *mein* Werk, dasjenige näm-

---

[15] Vgl. Bhagavadgita, XVIII, 7-17.
[16] Vgl. Bhagavadgita, VI, 5,6.
[17] Bhagavadgita, II, 71.

lich, in dem sich mein Selbst aus den Zufälligkeiten des Vergänglichen befreit und die absolute Notwendigkeit des Göttlichen erreicht.

In dieser geschichtlich gewirkten Identität von Zu-Fall und Freiheit, Gabe und Leistung, Zeit und Ewigkeit gelangt der Mensch ausgereift zum Ursprung zurück, an dem er wieder eins mit dem Einen ist.

Dass das Seinsleben das Geschehen des Ernstes eines Spiels, das aus dem Zusammenwirken von festgelegter Vorgabe und eingerahmter Freiheit (»Tanz«) im Grunde und im Wesen stets unvorhersehbar hervorgeht, ist weder die Lehre einer bestimmten Philosophie noch das Grundphänomen einer bestimmten geschichtlichen Epoche. Es ist ein überzeitlicher Grundzug des Seinslebens, *ein Tiefenphänomen, das die Menschen miteinander und mit der Natur im Selben verbindet.* In diesem Sinne stellt die Gestalt Krishnas nicht Zeitliches, sondern Ewiges, d. h. das Hervortreten des Unendlichen aus dem Endlichen dar.

2. Buddha

a) Leben

Buddha wurde um das Jahr 556 v. Chr. im Gangestal geboren.[18] Er stammte aus dem Geschlecht der Shakya. Der Legende nach versenkte ein Engel seinen Leib in Gestalt eines weißen Elefanten in die Gattin des Shakya-Fürsten Suddhodana, um die Welt aus ihrer Not zu erretten. Im Park des Fürstenhauses wurde Buddha geboren. Er erhob sich sogleich vom Lotosbett und verkündete, dass er der Wiedergeburt, dem Altern, der Krankheit und dem Sterben ein Ende bereiten wolle. Zu seinem Familiennamen Gotama bekam er den Vornamen Siddharta, was soviel heißt wie »der das Ziel erreicht hat«. Die spätere Würdebezeichnung Buddha bedeutet »der Erweckte« oder »der Erleuchtete«. In poetischen Texten begegnet auch die Bezeichnung »Shakyamuni«, d. h. »der Weise aus dem Shakyageschlecht«.

Siddharta wuchs am Hofe des Vaters auf und lernte in kürzester Zeit alle bekannten Sprachen. Er fand aber am luxuriösen Leben keinen Gefallen. Bei einer Reise nach Kapilavastu begegnete ihm die Vergänglichkeit des Lebens, als er einen ausgezehrten Greis, einen Pestkranken und einen zur Verbrennungsstätte ziehenden Leichenzug traf. Siddharta erkannte, dass Alter, Krankheit und Tod das Leben kennzeichnen. Er sah, dass *jeder Mensch der Vergänglichkeit unterworfen* war und als solcher einer bleibenden Wahrheit entbehrte, die für Siddharta das einzig Wichtige war, nach der er sich sehnte. Sie allein wollte er suchen.

Er war neunundzwanzig Jahre alt, als er Frau und Sohn verließ und sich mit geschorenem Haar auf Wanderschaft begab. Bei Einsiedlern und Asketen praktizierte er die Yogamethode, doch erkannte er bald, dass bloßes

---

[18] Vgl. Maurice Percheron, Buddha. Hamburg 1958; M. Ladner, Gotama Buddha. Zürich 1948, 32–59; Georg Grimm, Die Lehre des Buddha; Mircea Eliade, Geschichte der religiösen Ideen (Bd. 2). Freiburg 1979, 69–85.

Bezähmen der Sinne nicht zur bleibenden Wahrheit führte. Er entdeckte, dass er sie nur in sich selbst finden könne. Sechs Jahre lang versuchte er am Ufer eines Flusses durch Askese seinen Geist zu befreien. Den Schlüssel zur Erkenntnis des Ewigen fand er dabei aber nicht. Erst in ein mittleres, d. h. weder einseitig asketisches noch einseitig luxuriöses Leben zurückgekehrt, überkam ihn nach lang anhaltender Übung die Erleuchtungserfahrung und mit ihr ein himmlischer Frieden, der ihn von nun an nicht mehr verließ. Buddha wurde von dämonischen Mächten versucht, die seinen Frieden stören und ihn an die Sinne zurückbinden sollten. Er wachte drei Nächte. In der ersten Nacht durchlebte er mehrere frühere Existenzen, in der zweiten den Zustand der gegenwärtigen Welt, und in der dritten ging ihm die Erkenntnis auf: *Die Welt ist leidvoll, weil alles Geborene sterben muss, um stets wieder geboren zu werden und wieder zu sterben, ohne Ende.* Buddha erkannte auch, dass die *Ursache dieses Leids der Durst nach Wiedergeburt* sei. Er sah, dass die Kette der Wiedergeburt beendet werden könnte, wenn der Durst danach aufgegeben würde. Nach einer dritten Versuchung durch die Dämonen, wusste er, dass er nunmehr ins Nirvana eingehen könne. Buddha entschied sich, für andere noch da zu sein und nicht den seligen Frieden der Wahrheit allein genießen zu wollen. Er zog aus, den Menschen den Weg zur Leidbefreiung zu verkünden, damit diese den ewigen Frieden erlangten. In der Hauptstadt seiner Heimat Kapilavastu lehrte er die *vier edlen Wahrheiten:* vom *Leiden,* von der *Entstehung des Leidens,* von der *Aufhebung des Leidens* und vom *Pfad,* der *zur Aufhebung dieses Leidens* führt. Vierzig Jahre zog er umherwandernd viele Mönche an und wies sowohl Königen als auch einfachen Menschen den Weg. Mit achtzig Jahren war Buddha immer noch frisch und rüstig. Als die Zeit seines körperlichen Endes nahte und er bei einem Besuch in Nordwestindien erkrankte, schärfte er während seiner letzten Predigt Ananda, einem seiner Jünger, noch einmal die Tiefe der Wahrheit des irdischen Lebens ein:

> Lasse dich nicht täuschen, Ananda. Das Leben ist ein langer Todeskampf, es ist nichts als Leid. Das ist die erste Wahrheit. Die zweite Wahrheit ist, daß Leid aus der Begierde entsteht. Der Mensch hängt sich an Schatten, stützt sich auf ein falsches Ich und richtet sich in einer eingebildeten Welt ein. Die dritte Wahrheit ist, daß es ein Ende des Leids gibt. Du wirst es finden, wenn du alle Wünsche und Leidenschaften aus deinem Herzen verjagst. Nun höre die vierte Wahrheit vom achtfachen Pfad zum Heil: Achte auf das Karman, von dem die künftige Existenz abhängt, sorge dafür, daß du nur gute Gefühle pflegst und den Zorn überwindest, achte darauf, daß nichts Unreines über deine Lippen kommt, richte deine Handlungen so ein, daß das Übel bekämpft und das Gute gefördert wird. Wenn du so den Egoismus, den falschen Glauben, Haß und Verblendung ausgerottet hast, durchlaufe die restlichen vier Stufen des achtfachen Pfades: rechtes Leben, rechtes Denken, rechtes Streben, rechte Versenkung. So wirst du ganz von selbst den Wunsch und den Hochmut überwinden, den Himmel gewinnen zu wollen und dich am Weg zum Heil zu wissen. Auf diese Weise aber kommst du dem Nirvana nahe.[19]

Als Buddha seinen Tod herankommen fühlte, legte er sich auf die Seite, versank in tiefe Meditation und ging ins ewige Schweigen des Nirvana

---

[19] Vgl. M. Percheron, a.a.O., 30 ff.

über. Die Legende berichtet, dass der Scheiterhaufen von selbst zu brennen begann, während herrliche Düfte die Luft erfüllten.

b) Wegweisung

Buddhas Reden sind im *Pali-Kanon* aufgezeichnet.[20] Sie verkörpern nicht die Ausformulierung einer in Gedanken entworfenen Theorie, die die Eitelkeit der Persona des Menschen unterstützt, sondern verstehen sich – im Gegensatz dazu – als Ausdruck derjenigen Seinserfahrung, die den Menschen letztlich zur Leidüberwindung, zur Quelle von Geburt, Tod und Wiedergeburt führt. Die Reden sind eine Anweisung, durch Erhebung über die bloß relativen, d. h. vergänglichen Dinge, zum Absoluten, dem Nirvana zu gelangen.[21] Nirvana ist das Ziel, das es zu erreichen gilt. Es meint kein leeres Nichts, sondern die höchste Dimension der Erkenntnis der Nicht-Bindung an das Vergängliche. Diese Erkenntnis beinhaltet eine bleibende Glückseligkeit und den dauerhaften Frieden einer nicht-dualistischen Welt. Nirvana ist also keine absolute, sondern eine mit bleibender Wahrheit gefüllte Leere.

Wie geschieht die Erhebung ins Nirvana? Buddha spricht von verschiedenen Entwicklungsabschnitten auf dem Weg dorthin.

Wer die bleibende Wahrheit, die für alle erreichbar ist, finden will, muss sich auf den Weg zur Meditation (dhyana) begeben.[22] Vorbereitende Übungen dazu sind tugendhafte Handlungen. Der Wahrheitsliebende tötet nicht, hegt zu allen lebenden Wesen Liebe und Mitleid, lügt nicht, verwendet nur Worte, die zum Herzen dringen, spricht mit reichem Inhalt in Gleichnissen, hält sich von Kauf und Verkauf fern und verwirft dadurch Freud und Leid. Die Pflege dieser Tugenden als vorbereitende Übung hilft dem Wahrheitssuchenden, sich aus der Bindung an das vergängliche Seiende schrittweise zu lösen, worüber er *inneres Glück* empfindet. Er muss sodann die Tore der Sinne bewachen, denn diejenigen, die unbewachten Sinnes verweilen, werden von Begierde, Missmut und schlechten Gedanken befallen. Über diese Zügelung der Sinne findet der Wahrheitssuchende zu *ungetrübtem Glück*. Beim nächsten Schritt muss er zu klarem Bewusstsein gelangen. Alle seine Handlungen, auch Essen, Trinken und Schlafen, vollzieht er bewusst. So findet er *Zufriedenheit in sich selbst*, auch wenn er nichts besitzt.

Erst dann ist er reif für den Beginn der *Meditation*, die eine Läuterung

---

[20] Zur Einführung in den Inhalt des Pali-Kanons vgl. M. Ladner, a.a.O., 23–31.

[21] *Hinayana* bedeutet das »kleine Fahrzeug« zum Nirvana, auf dem nur wenige Platz haben. Es betont die Leidhaftigkeit der Existenz und den von Buddha gewiesenen mühevollen Weg zur Leidüberwindung. Dagegen betont das *Mahayana*, das möglichst vielen ein »großes Fahrzeug« zum Heil sein will, dass der Mensch in der Regel nicht fähig ist, aus sich selbst die Befreiung zu erlangen. Buddhist sein heißt für das Mahayana, bei der göttlichen Gnade des Buddha Zuflucht zu suchen, sich seiner Barmherzigkeit anzuvertrauen (vgl. dazu Maurice Percheron, a.a.O., 86 ff., Edward Conze, Eine kurze Geschichte des Buddhismus. Frankfurt/a. M. 1984, 49–67 und Gustav Mensching, Die Weltreligionen. Darmstadt o. J., 40 ff.).

[22] Vgl. im Folgenden K.E. Neumann, Die Reden des Buddha. Längere Sammlung. Stammbach 1996, 44–56.

der Gedanken vorsieht. Dazu sucht er sich einen abgelegenen Ruheplatz, setzt sich mit verschränkten Beinen nieder, richtet den Körper gerade auf und pflegt der Einsicht. Er weist weltliche Begierden und Müdigkeit von sich, läutert sein Herz von Gehässigkeit, Unmut, Stolz, Schwanken, Ungewissheit und Zweifel. Er befreit sich von den fünf Hemmungen (Schulden, Krankheit, Kerker, Knechtschaft und öde lange Straßen), wodurch er feurig bewegt wird. Mit heiterem Herzen und beschwichtigtem Körper fühlt er sich wohl. Sein Geist wird einig. In ruhegeborener seliger Heiterkeit gelangt er zur *Weihe der ersten Schauung.* Bei weiterer innerer Betrachtung kommt er zu einer in der Einigung geborenen seligen Heiterkeit, *die Weihe der zweiten Schauung.* Dabei durchdringt und durchtränkt er seinen Leib mit dem Geist, sodass auch nicht der kleinste Körperteil von dieser seligen Heiterkeit ungesättigt bleibt. Der Wahrheitssuchende verweilt nun gleichmütig, einsichtig, klar, bewusst und Glück empfindend im Körper, wodurch er zur *Weihe der dritten Schauung* gelangt. Weiter erwirkt er die leid- und freudlose, gleichmütig einsichtige vollkommene Reine, *die Weihe der vierten Schauung.* Nun lenkt der Wahrheitssuchende das Gemüt auf die Wissensklarheit. Er erkennt, dass sein aus den vier Elementen entstandener Körper dem Vergehen, der Auflösung und Zerstörung verfällt, während er selbst an sein Bewusstsein gebunden ist. Jetzt richtet er sein Gemüt auf die *himmlische Hörkraft.* Mit geläutertem, über menschliche Grenzen hinausreichendem Gehör vernimmt er die zwei Arten der Töne, die himmlischen und die irdischen. Von da aus lenkt er das Gemüt auf die *Erkenntnis des Herzens.* Er kann damit allen Wesen ins Herz schauen und ihren Gemütszustand erkennen. So sieht er das begehrliche und das begehrlose, das gehässige und das hasslose, das irrende und nichtirrende, das gesammelte und das zerstreute, das edle und das gemeine, das ruhelose und das beruhigte, das gefesselte und das erlöste Herz. Von hier aus gelangt der Wahrheitssuchende auf dem weiteren Pfade der Meditation zurück zur erinnernden *Erkenntnis früherer Daseinsformen.* Er entsinnt sich an ein Leben, dann an mehrere, bis zu den Zeiten mancher Weltentstehungen und -vergehungen. Jetzt erkennt der Wahrheitssuchende, wie die Wesen dahinschwinden und wieder erscheinen und wie sie je nach ihren Taten wiederkehren. Schließlich richtet er das Gemüt auf die Erkenntnis der endgültigen Auflösung der Illusion.

»Das ist Leiden« erkennt er der Wahrheit gemäß. »Das ist die Leidensentwicklung« erkennt er der Wahrheit gemäß. »Das ist die Leidensauflösung« erkennt er der Wahrheit gemäß. »Das ist der zur Leidensauflösung führende Pfad« erkennt er der Wahrheit gemäß. »Das ist der Wahn« erkennt er der Wahrheit gemäß. »Das ist die Wahnentwicklung« erkennt er der Wahrheit gemäß. »Das ist die Wahnauflösung« erkennt er der Wahrheit gemäß. »Das ist der zur Wahnauflösung führende Pfad« erkennt er der Wahrheit gemäß. In solcher Kunde, solchem Anblicke löst sich ihm das Herz vom Wunscheswahn ab, und löst sich vom Daseinswahn ab, und löst sich vom Nichtwissenswahn ab. »Im Erlösten ist die Erlösung«, diese Erkenntnis geht auf. Versiegt ist die Geburt, vollendet das Asketentum, gewirkt das Werk, nicht mehr ist diese Welt, versteht er da.[23]

---

[23] K.E. Neumann, a.a.O., 56.

Dies ist gleichzeitig das Ende des Weges der Erhebung. Der Wahrheitssuchende hat die Illusion der vergänglichen Welt zurückgelassen. Er wird vom Leid der Wiedergeburt erlöst, da ihn nun die mit bleibender Wahrheit gefüllte Leere berührt. Es gibt nach Buddha kein höheres Glück, keinen größeren Lohn, den der Wahrheitsuchende erringen kann.

Was ist auf diesem Wege geschehen? Buddha geht von einer Grunderkenntnis aus: Da das irdische Leben unumstößlich vergänglich ist, wir in diese Vergänglichkeit geworfen sind und am vergänglichen Seienden hängen, verursacht es notwendig Leid; denn solange wir daran hängen, müssen wir früher oder später den Trennungsschmerz über den Verlust dieses dann vergangenen Seienden erleiden. Daher ist das irdische Leben immer leidvoll, wenn es der Mensch nur aus seinem ontischen Horizont heraus versteht. Insofern alles vergänglich ist, also das Seiende keine bleibende Wahrheit besitzt, sind alle ontischen Dinge letztlich nur Illusion. Buddha erkannte weiter, dass deren Ursache einer *Fundamentalillusion* entspringt, nämlich der Meinung des Menschen, er besitze ein von anderen Ichs kategorisch geschiedenes Ich. Da dieses Ich aber ebenfalls vergänglich ist, ist es, gemessen am Maßstab einer bleibenden und damit überhaupt an einer Wahrheit, bloße leidvolle Fiktion. Diese unbefriedigende Grunderkenntnis trieb Buddha an, einen Ausweg aus dem fundamentalen Leid-Zustand des irdischen Menschseins zu suchen. Seine Forschungsmethode hieß *Meditation*, d. h. die Erforschung einer erweiterten Dimension von Welt. Auf derem Übungspfade erkannte er, dass die Ursache des Leids der Durst nach der Aufrechterhaltung des vergänglich-illusorischen Ichs ist, an dem der Mensch hängt, ohne es zu wissen. Gibt er dieses auf, das heißt, lässt er es in eine ihm übergeordnete spirituelle Identität fallen, verwandelt sich sein Bewusstsein aus dem Zustand des irdischen Leids in große geistige Freude, weil sich dem Menschen, der mehr ist als dieses kleine Ich, im Fallenlassen die erweiterte Dimension von Welt öffnet. Die Öffnung geschieht durch ein Verwandlungserlebnis, den *mystischen Tod*.[24]

Begibt sich der Mensch auf den Weg der Leidüberwindung, soll er tugendhaft sein. Diese ethische Empfehlung Buddhas ist kein Selbstzweck, sondern immer nur Mittel zur endgültigen Leidbefreiung; denn Tugenden dienen nur dazu, das Hängen am eigenen Ich aufzugeben.

Auf diesem *ontoethischen* Wege[25] fortschreitend empfängt der Mensch zunächst inneres, dann ungetrübtes Glück, Zufriedenheit in sich selbst, eine in der Einigung geborene selige Heiterkeit, gleichmütiges Körperglück, gleichmütig einsichtige vollkommene Ruhe, Wissensklarheit, himmlische Hörkraft, Erkenntnis des Herzens und schließlich die Erkenntnis früherer Daseinsformen.[26] All diese Bewusstseinszustände, bei

---

[24] Vgl. dazu M. Shimizu, Das »Selbst« im Mahayana-Buddhismus in japanischer Sicht und die »Person« im Christentum im Licht des Neuen Testaments. Bonn 1979.

[25] Vgl. dazu R. Haas, Über das Wesen des Todes – Eine tiefenphänomenologische Betrachtung, konkret dargestellt am dichterischen Werk Hermann Hesses. Würzburg 1998.

[26] Der Glaube an die Präexistenz der Seele ist nicht nur orientalisches Weisheitsgut. Eine Parallele dazu liegt auch bei Plato vor: »... sondern es gibt in der Tat ein Wiederaufleben und ein Werden der Lebenden aus den Toten und ein Sein der Seelen der Gestorbenen«

denen im übrigen die Bewusstmachung des Leibes vorausgesetzt ist, sind aber nur Vorstufen zum Ziel des Nirvana, Vorstufen zur endgültigen *Aufgabe des Hängens am Ich*. Im *Großen Tod* erfährt der Mensch einen Bruch zwischen seinem Ich und derjenigen höheren Identität, von der er nicht leidvoll, sondern in Liebe getragen wird. In der Erleuchtungserfahrung des Großen Todes erfährt der Mensch die Erfahrung der Distanz zwischen seinem kleinen, leidvollen Ich und einer plötzlich aufleuchtenden tieferen Identität. Er ist dann nicht mehr mit seinem Ich identifiziert, sondern betrachtet es gelassen aus der *Distanz einer höheren Selbst-Dimension*. So muss er am Ende allen geistigen Glücks auf dem Wege der Leidüberwindung erkennen, dass es die Fundamentalillusion seiner Individualität ist, die ihn immer wieder zum Leid zurückführt, dass es sein falsches Ich ist, mit dem er ständig Wünsche und damit neues Leid produziert. Der letzte und wesentliche Schritt richtet sich deshalb auf die Auflösung dieser Fundamentalillusion, auf die *Auflösung seiner Wünsche*. Wenn sie gelingt, lässt sich der dann mit dem Absoluten (Nirvana) geeinte Mensch nur noch von der Tiefe des Geistes führen. Er ist völlig unpersönlich geworden. Obwohl er sich nach wie vor in der Welt, also am Ort des Leides befindet, hat er den Bewusstseinszustand absoluter Leidfreiheit erreicht.[27] Folglich muss er nicht mehr wieder geboren werden.

Buddha wurde von dieser Kraft des Absoluten gänzlich erfüllt. Als eine göttliche Gestalt ging er in die Geschichte ein.

c) Das Tiefenphänomen Buddha

Leid entspringt der Erkenntnis, dass alles vergeht. *Vergänglichkeit* ist jene unfassliche Urmacht, durch die alles Seiende sich unaufhörlich verbraucht und dann zu Nichts wird. Der Aufgang dieses Leids erkennt ein absolutes Moment: Es ist kein relatives, das neben den Freuden des Lebens existiert, sondern bezieht sich auf die Ahnung, dass alle Freude und aller Schmerz einmal enden müssen. Im Angesicht des Endes zu leben ist ein unbedingt leidvoller Zustand. Krankheit, Altwerden und Tod sind Ausdruck der beengenden Vergänglichkeit des Lebens. Diese Verengung ängstigt den Menschen, der dadurch verwirrt meist noch weiter in die Haltlosigkeit des Seienden flieht.

Wir sind aber mehr als die leidvolle Dimension des vergänglichen Le-

---

(Plato, Phaidon, 72d-e). Die Wiedererinnerungslehre Platos ist dann konsequenterweise nur die Folge dessen, dass der Mensch bereits eine Vorgeschichte hat und sich in seiner gegenwärtigen Existenz an das in dieser Präexistenz schon Gelernte wiedererinnert (vgl. Plato, Phaidon, 72e-75c).

[27] Zu den tiefgründigsten Philosophen der Neuzeit gehört Sri Ramana Maharshi, der in der ersten Hälfte dieses Jahrhunderts in Indien die Methode der Selbstergründung lehrte. Obwohl er dogmenfrei selbstverwirklicht lebte, wird er oftmals als Buddhist betrachtet, weil er wie Buddha den Menschen eindringlich vor Augen führte, dass alle Gedanken vom unwirklichen Ich herrühren. Geht der Mensch diesem Ich auf den Grund, wird er erkennen, dass es wie ein Phantom verschwindet und das »wahre Selbst« zurückbleibt, dessen Wesen die Wahrheit der Liebe ist. Vgl. David Godman (Hg.), Sei, was du bist! Ramana Maharshis Unterweisung über das Wesen der Wirklichkeit und den Pfad der Selbstergründung. München 1998.

bens. Es gibt eine Möglichkeit, vom absoluten Leid *erlöst* zu werden. Wenn wir, anstatt uns in die Inhalte des endlich Seienden zu verstricken, uns aus diesen herausnehmen, öffnet sich der Aufgang einer anderen Dimension von Welt, die mit innerem Glück verbunden ist. Sich aus der ontischen Welt herausnehmen heißt, die vergänglichen Dinge zu lassen.

Der Mensch wird so lange in die vergänglichen Dinge hineingezwungen, als er in den Inhalten des Seienden verstrickt bleibt. Hat er sich aber daraus befreit, wird er vom absoluten Leid, das heißt vom Leiden der Wiedergeburt, erlöst. *Wieder geboren werden* bedeutet, dem absoluten Leid erneut ausgeliefert zu sein. Nur die Erlösung davon bringt Rettung.

Um Erlösung zu erlangen, bedarf es des rechten Wissens um die Befreiung vom Leid. Das rechte Wissen führt den Menschen zur *Gelassenheit*. Sie ist die Distanz des Menschen zu sich selbst und damit das Finden echter Selbst-Kraft in sich.

Erlösung gipfelt im Nirvana, einem Zustand vollständiger Distanz zum vergänglich Seienden. Das *Tiefenphänomen des Nirvana* meint den Prozess der vollständigen Einswerdung des Menschen mit seiner höheren Identität, seinem höheren Selbst. Alles Ich ist hier nur noch Instrument des Absoluten. Gleichzeitig *meint Nirvana den Zustand, der die Menschen miteinander und mit der Natur im Selben verbindet.* Sowohl der Schmerz des sich verbrauchenden Vergehens als auch die Sehnsucht nach absoluter Entlastung und ewiger Ruhe sind Urerfahrungen, die dem Nachvollzug einer bestimmten Dimension des Seinsgeschehens entsprechen. Somit sind sie überzeitlich, im Wesen von kulturellen Bedingungen unabhängig. Insofern ist Nirvana ein Ausdruck des ruhenden Ewigen, das aus dem agierenden Endlichen unaufhörlich hervortritt.

3. Jesus

Was wir Ursprüngliches über Jesus wissen, erfahren wir aus den Evangelien, die etwa um 70 n. Chr. geschrieben wurden.[28] Ihr Stoff entstammt einem alten Bericht über das Leben und einer Sammlung von Sprüchen Jesu. Beide in der urchristlichen Jerusalemer Gemeinde entstandenen und später ins Griechische übersetzten Quellen haben Matthäus, Markus und Lukas verwendet. Die Erlösung durch den gekreuzigten und auferstandenen Christus ist erst später in den christlich-hellenistischen Gemeinden gepredigt worden. In den paulinischen Briefen werden Leben und Predigt Jesu kaum berücksichtigt. Die in nicht-kanonischen Evangelien überlieferten Jesus-Worte heißen Agrapha. Außerbiblische Zeugnisse über das Leben Jesu liegen bei Tacitus und Sueton vor.[29]

a) Leben

Matthäus und Lukas sprechen davon, dass Jesus vom Heiligen Geist gezeugt und von Maria geboren wurde (Mt 1,20; Lk 1,36). Er kam in Bethle-

---

[28] Vgl. dazu David Flusser, Jesus. Reinbeck 1968, 7–13.
[29] Vgl. Ein Gespräch mit Joachim Gnilka. In: Edith Stein Jahrbuch 4 (1998) 65 bzw. 63.

hem zur Welt. Zwölfjährig saß er im Tempel, hörte den Priestern zu, stellte Fragen und erregte bei ihnen Staunen durch seine Antworten. Unter der Regierung des Kaisers Tiberius wirkte Johannes der Täufer in der Gegend am Jordan, taufte die Menschen und forderte sie zur Umkehr auf, damit ihre Sünden vergeben werden (Lk 3,3 und 3,8). Mit dem Volk ließ sich auch Jesus taufen. Während der Zeremonie öffnete sich der Himmel, der heilige Geist kam in Form einer Taube vom Himmel herab und eine Stimme sprach: »Du bist mein geliebter Sohn, an dir habe ich Gefallen gefunden« (Lk 3,22). Über die Zeit zwischen seinem zwölften und dreißigsten Lebensjahr wird in den Evangelien nichts berichtet. Mit dreißig Jahren begann Jesus öffentlich zu wirken. Er begab sich vierzig Tage in die Wüste, widerstand einer Versuchung des Teufels, der Jesus alle Macht auf Erden geben wollte, wenn dieser ihn anbetete. Doch Jesus gab der Versuchung nicht nach. Er lehrte in Synagogen, heilte Besessene und Kranke, sprach in Gleichnissen, warnte vor der Verführung, mahnte zur Umkehr und Nachfolge und verkündete das Evangelium vom Reiche Gottes (Lk 4,43). Es ging von ihm eine starke Kraft aus, die die Menschen heilte (Lk 6,19). Die Schriftgelehrten und Hohenpriester, die das Volk fürchteten, versuchten, Jesus zu beseitigen (Lk 22,2). Nachdem er von seinem Apostel Judas verraten und von dessen Begleitern festgenommen worden war, wurde er Pilatus übergeben und von den Hohenpriestern, den Mitgliedern des Hohen Rats und Vertretern des Volks wegen Volksaufwiegelung angeklagt. Pilatus und Herodes befanden Jesus für nichtschuldig, denn nach ihrer Meinung habe er nichts getan, wofür er den Tod verdiente. In der Versammlung schrie das Volk jedoch: »Kreuzige ihn, kreuzige ihn!« Pilatus gab der Forderung am Ende nach. Jesus wurde am Kreuz hingerichtet. Als er starb, überzog eine Finsternis das ganze Land. Jesu Leichnam wurde in Leinen gewickelt und in ein Grab gelegt. Am nächsten Morgen fanden die Frauen aus Galiläa nur noch das leere Grab vor. Drei Tage nach seinem Tod erschien Jesus zweien seiner Jünger auf dem Weg nach Emmaus und später in Jerusalem den zwölf Jüngern, die darüber erschraken und meinten, einen Geist gesehen zu haben. Jesus sprach noch einmal zu ihnen: »So steht es geschrieben: der Messias wird leiden und am dritten Tage von den Toten auferstehen, und in seinem Namen wird man allen Völkern, angefangen in Jerusalem, die Bekehrung predigen, damit ihre Sünden vergeben werden. Ihr seid Zeugen dafür« (Lk 24,46-47).

b) Lehre

Jesus entwickelte keine systematische Lehre, sondern sprach zu den Menschen in bestimmten Lebenssituationen in Gleichnissen. Wir wollen drei wesentliche Punkte seiner Aussprüche betrachten: *die Forderung der Nachfolge, die Umkehr oder Metanoia und die Seligkeit der Armen.* Alle drei stehen im engen Zusammenhang mit dem höchsten Ziel, der Gottes- und Nächstenliebe, zu dem sie hinführen (Mt 4, 10, Mt 22, 37-40).

Nachfolge: Jesus ist mit Gott, dem Vater im Himmel, der im Verborgenen ist (Mt 6,6), eins. Er lässt den Willen des Vaters durch sich wirken und möchte den Menschen den Weg zur Einheit mit Gott zeigen. Einheit mit Gott bedeutet die Einung menschlichen Willens mit dem Willen Gottes. Auf der logischen Ebene entspricht dies der Einigung des menschlichen Anteils mit der Ganzheit des Alls. Die Menschwerdung Gottes im Sohne ist Hinweis und Zeugnis dafür, dass jeder Mensch so werden muss wie der Sohn, das heißt eins mit Gott.[30] Da Gott aber gleichzeitig die absolute Liebe darstellt, die jenseits von Gut und Böse steht, muss auch der Mensch sich in dieser Liebe einen, zu dieser Liebe werden. Daher fordert Jesus, der das Prinzip der höchsten Gottes- und Nächstenliebe verkörpert, den Menschen zur unbedingten Nachfolge auf (Lk 18,22). Was bedeutet diese Nachfolge? *Der Mensch soll an nichts mehr hängen, nur an Gott*, er muss sein Kreuz selbst tragen (Lk 14, 26-27). Das Kreuz meint die Geworfenheit des Menschen in die Sünde, in der er lebt. Das Problem des In-Sünde-Lebens ist ein ontologisches, kein moralisches: In-Sünde-sein bedeutet, nicht in Einheit mit Gott, sondern in Gottesferne in der Vielfalt des Seienden ohne Einheit zu leben.[31]

Metanoia: Der Mensch muss also aus der Sünde, d.h. aus der Zerstreutheit in der Vielheit des bloß akzidentiellen Lebens umkehren in die Einheit Gottes. So hängt das Gebot der Nachfolge mit dem *Auftrag zur Umkehr* (Lk 13, 1-9) zusammen. Jesus weist klar darauf hin, dass jeder Mensch innerhalb seines Lebens immer die Möglichkeit des Neubeginns hat (Lk 13, 8-9). Lässt er diese Möglichkeit aus, bleibt er in Gottesferne. Nimmt er die Möglichkeit aber wahr, so geschieht in ihm die Erhebung zu und in Gott. Umkehr aus der Sünde meint also eine unerschütterliche göttliche Reue, die ihn im Kummer und Leid des akzidentiellen Lebens von diesem ab- und der Einheit des Göttlichen zuwenden lässt. Umkehr bedeutet daher das Lassen des eigenen egozentrierten, begrenzten Willens. Lässt der Mensch diesen los, so auch sich selbst. Er wird selbst-los und rückt in Gottesnähe. Die Umkehr zu Gott ist eine geistige: Indem der Mensch *seine Einstellung dem Leben gegenüber ändert*, ändert sich für ihn alles. Indem er den Willen Gottes, auch wenn er scheinbar furchtbar ist, bejaht und hinnimmt, taucht er in die Einheit Gottes ein und beginnt, die Früchte göttlichen Lebens zu tragen. In der Umkehr kehrt der Mensch aus der Verstiegenheit seines kleinen, endlichen Egos um in die glückselige Gelassenheit der Tiefe des Geistes. Dadurch geschieht eine ontologische, d.h. geistige Revolution, die das ganze Leben des Menschen verändert, was äußerlich nicht immer sichtbar sein muss. Am ehesten trifft hier *das Phänomen der Beobachtung der Veränderung eines Menschen* zu, bei der der Beobachter nicht so recht weiß, was sich am Veränderten konkret verändert hat. Aus dessen Gesamtverhalten vernimmt er nur vage, *dass* jener plötzlich anders ist, ohne den tieferen Grund dafür zu kennen. Der schon Veränderte, wie Jesus, weiß jedoch, welche Art der Umkehr sich beim

---

[30] Die in Kirchenkreisen umstrittene Interpretation der Einheit Gottes mit dem Menschen finden wir bei vielen Mystikern, insbesondere bei Meister Eckhart und Jakob Böhme. Vgl. dazu: R. Haas, Über das Wesen des Todes, a.a.O., 108–123.

[31] Zur Rolle der Sünde vgl. Katharina Ceming, Mystik und Ethik bei Meister Eckhart und Johann Gottlieb Fichte. Frankfurt/a.M. 1999, 235 ff.

Veränderten vollzogen hat. Er weiß, dass eine ontologische, göttliche, keine bloß ontisch-menschliche Änderung geschehen ist. Das Phänomen der Umkehr darf deshalb nicht auf den ontischen Bereich nivelliert werden, wie es von der Betrachtungsebene des Noch-nicht-Umgekehrten her zumeist geschieht und geschehen muss. Es geht hier nicht um eine psychologische Änderung, nicht um eine bloße menschliche Willensänderung in einer bestimmten Verhaltenssituation zur Verbesserung einer äußerlich-weltlich orientierten Lebensweise, sondern, wie gezeigt, um eine Haltungs- und Einstellungsänderung zu dieser bestimmten Verhaltenssituation: um das *Fallenlassen des eigenen Willens in den Willen des Ganzen*, in Gott. Insofern ist diese von Jesus geforderte Metanoia, die das eigentliche Kennzeichen der christlichen Gemeinde darstellt, die Bedingung dafür, dass neues, geistiges Leben entsteht[32], der Ursprung aller Paradigmenwechsel schlechthin.[33] Ihr müssen wir uns stellen, sie sollen wir bewusst vollziehen, um zum Reich Gottes zu gelangen. Ohne diese wahre geistige Umkehr kann kein echtes spirituelles Leben geschehen.

Armut: Kehrt der Mensch aus der Sünde wahrhaft um und beginnt sein Leben neu, vollzieht sich bei ihm eine geistige Veränderung. Die Umkehr bedingt *den Bruch am weltlichen Hängen*. Der Mensch hängt im neuen Leben nicht mehr am ontisch Seienden, sondern wendet sich der Tiefe des Ganzen zu.[34] Die Zuwendung erfolgt über die Entledigung des Menschen von allem Seienden. Am Berg der Seligpreisungen predigte Jesus: »Wohl denen, die vor Gott arm sind, denn ihnen gehört das Himmelreich« (Mt 5, 3). Das Gebot der Armut bezieht sich auf die geistige Armut, die Armut vor Gott. Arm-sein bedeutet tiefenphänomenologisch, *nicht am ontisch Seienden zu hängen, sondern davon frei zu sein*, um den Reichtum des Reiches Gottes empfangen zu können. Entscheidend für die geistige Armut ist das *Motiv des geistigen Strebens*. So lange der Mensch nach weltlichem Besitz strebt, bleibt ihm das Reich Gottes verschlossen. Zu weltlichem Besitz zählen nicht nur materielle Dinge, die den Menschen umgeben, sondern auch die intellektuellen, emotionalen oder persönlichen. Auch das Hängen am Stolz des intellektuellen Wissens, an bestimmten Gefühlen oder an der Gefälligkeit des eigenen Ich ist weltliches Besitztum und verhindert die Armut vor Gott. Jesus fordert uns dazu auf, *alles* Hängen am Weltlichen aufzugeben, um in der Welt frei von ihr vom Reichtum einer anderen Welt erfüllt werden zu können. Dabei *kommt es nicht darauf an, ohne materiellen Besitz, sondern frei vom Streben nach ihm zu sein*. Es kommt nicht darauf an, kein intellektuelles Wissen zu besitzen – die intellektuelle Reflexion ist wichtig und notwendig! –, sondern frei

---

[32] Vgl. dazu J. Sánchez de Murillo, Die existentielle Freiheitserfahrung und die christliche Gotteserfahrung. Würzburg 1975, 279 ff.

[33] Vgl. dazu Jesus von Nazaret, Ein Gespräch mit Joachim Gnilka. In: Edith Stein Jahrbuch 4 (1998) 73 ff. Mit Nachdruck sei an dieser Stelle auf Gnilkas Hinweis verwiesen, dass es zur Botschaft Jesu gehöre, *alle existentiellen Ängste zu überwinden und die Endlichkeit des Daseins anzunehmen*, was eine Infragestellung des bisher Grundsätzlichen erfordere. »Nach Jesus ist der Mensch von innen heraus ein zu Verwandelnder.«

[34] Vgl. dazu J. Sánchez de Murillo, Fundamentalethik. München 1988, 81–88.

vom ich-bezogenen Streben nach ihm zu sein. Es kommt nicht darauf an, mit seiner Persönlichkeit im Mittelpunkt zu stehen, sondern frei von Mittelpunktstreben zu sein. Armut vor Gott bedeutet Freiheit von weltlicher Macht, innerer Abwendung von den Dingen der Welt bei gleichzeitiger Hingabe an diese unter Zuwendung zum Reiche Gottes, der Liebe des Ganzen. Nur *der innerlich gelöste Mensch* erfüllt diese Auf-Gabe.

Jesus wandelte innerlich gelöst von den Dingen weltlicher Macht, der Liebe und dem Willen Gottes hingegeben, in Galiläa umher. Als Gottmensch verkündete er im Gleichnis den Menschen den Weg zum Reiche Gottes. Er musste diese Verkündigung mit dem materiellen Leben, dem Tod, bezahlen. Das neue Leben aber, das aus der Metanoia dieses Todes hervorgeht, ist der Lohn dieses Preises.

c) Das Tiefenphänomen Jesus

Beim Phänomen der *Umkehr* geht es um *die* philosophische Grundhandlung schlechthin. Dem Menschen bricht die gewohnte Welt zusammen, er wendet sich zu sich und einem neuen, in der Ganzheit stattfindenden Leben zu. So wird der Weg zum Eigenweg.

Metanoia bedeutet Immer-am-Anfang-sein. Dieses ständige Leben im Aufgang erfährt im Endlichen den unendlichen Seinsvollzug. Es ist nicht mehr individuelles, sondern uni-verselles Leben im Dienst des Ganzen. Der Einzelne existiert im Zeichen des Absoluten. Die leidvolle Gegenwart wird von der hoffenden Zukunft geheilt und erhellt. So wird die Vergänglichkeit zum Geburtsort des Ewigen, die Faktizität zum Zu-Fall der Eigenheit. Derart erhoben kann die Realität vollständig angenommen werden. Dadurch, dass der Mensch nun in diesem Aufgang lebt, öffnet sich ihm das absolut befreiende Ungründige: *das Reich Gottes.*

Sich für ein Leben im Aufgang[35] zu entscheiden, heißt, sich für *die Freiheit* zu entscheiden. Der arme Mensch ist der freie Mensch, weil er sich von den Dingen befreit hat, die ihn bislang daran hinderten, im Aufgang zu leben. Das Phänomen der gelebten *Armut* verkörpert das Zurückgelassenhaben der bindenden und beengenden Endlichkeit. Da es mit der Freiheit in Wechselbeziehung steht, beinhaltet es tiefenphänomenologisch seine geöffnete Kehrseite: den Reichtum, der dem armen Menschen die gelassene Glückseligkeit offenbart.

Jesus lehrte die Menschen beten: *Vater unser,* der du bist im Himmel. Das Gebet verweist auf die Universalität Gottes, auf das Ganze, das für alle gilt, nicht nur für ein auserwähltes Volk. Der Ruf zur Nachfolge gilt für alle Menschen. Über die Unterschiede hinaus und durch diese hindurch werden alle Menschen zur ursprünglichen Einheit zurückgerufen. Diese Rückkehr zum Ursprung bedeutet nicht Auflösung im Einen, sondern *persönlichste* Begegnung mit dem Gott (Vater-Mutter) *aller.* So öffnet sich im Jesus-Phänomen die tiefste Dimension des Seins: diejenige, auf

---

[35] Vgl. dazu J. Sánchez de Murillo, Fundamentalethik, a.a.O., 82 und J. Sánchez de Murillo, Leben im Aufgang. München 1994.

die der Einzelne, ohne aufzuhören er selbst zu sein, mit allen überein-
kommt. Das einzelne Leben wird zum einzigen Leben, identisch mit allen
anderen und doch verschieden. Die Erfahrung der Uni-versalität und die
Erfahrung danach ist weder epochal noch kulturbedingt. Darin spricht
sich das Urphänomen des Seins aus, das alles verbinden und jedes zu sich
werden und sein lassen will. Die Gestalt Jesu stellt das überzeitliche Tiefenphänomen der ontologischen Universalität dar.

4. Annäherung

Wir haben Leben und Wirken dreier göttlicher Gestalten nachvollzogen
und wollen zum Schluss einen Blick auf mögliche Gemeinsamkeiten werfen. Dabei sind wir uns bewusst, dass diese Annäherung die Unterschiede
der drei Persönlichkeiten nicht verdecken darf.[36] Sie soll auch nicht als
Identitätszwang unter Vernachlässigung der Differenzen verstanden werden. Bei genauer Betrachtung kristallisieren sich jedoch drei große Gemeinsamkeiten heraus: 1. die *Erhebung zum Absoluten*, 2. die *Befreiung
vom Hängen an der ontischen Welt* und 3. der *innerlich gelöste Mensch* als
existentieller Ausdruck der Erhebung und Befreiung.

a) Erhebung zum Absoluten

Wir sind uns der theologischen Problematik der Differenzen zwischen
dem unpersönlichen Gott der Buddhisten und dem persönlichen der
Christen bewusst. Diese Problematik kann philosophisch jedoch durch
das logische *Prinzip der Identität* überbrückt werden wie bei vielen
mystischen Lehren.[37] Gott wird danach als die absolute Einheit gefasst,
die eine Zweiheit erst begründen kann. Gott an sich als Absolutheit ist
ohne jegliche Zweiheit und insofern weder persönlich noch unpersönlich,
da absolut. Wir vertreten die Meinung, dass sowohl Krishna als auch
Buddha und Jesus Gott als diese Absolutheit erkannt haben. So war es für
Krishna wichtig, dass der Mensch das Ideal höchster Identität gewinne,
also mit Gott wesensgleich werde, was nur durch eine unerschütterliche
Hingabe an Gott geschehen kann. Krishna forderte daher, sich ins göttliche Handeln zu erheben. Buddha betonte die Erhebung über die relativen Dinge zur Einigung des Menschen mit dem Absoluten, dem Nirvana.
Für Buddha ist die Dimension absoluter Identität, die ja keine absolute,
sondern eine mit bleibender Glückseligkeit gefüllte Leere darstellt, das,
was er Nirvana nennt. Der Mensch soll sich dieser Dimension von Welt
öffnen. Jesus nennt die absolute Identität die Einheit mit Gott, und fordert aufgrund des höchsten Ziels der Gottesliebe zur Nachfolge auf: Der

---

[36] Ein großer Unterschied bei den Religionen liegt in der Antwort auf die *Frage nach der
Reinkarnation.* Der Christ erhält nur »Chancen« zur Metanoia, der Buddhist mehrere
Leben. Auf die Problematik der sich daraus ergebenden religionswissenschaftlichen Fragen, deren wir uns bewusst sind, kann hier nicht eingegangen werden.
[37] Vgl. dazu Martin Heidegger, Identität und Differenz. Pfullingen 1957.

Mensch soll so werden wie der Sohn, also gottgleich. Er soll an nichts anderem hängen als an Gott. Diese absolute Forderung der drei Menschheitslehrer muss, will man wahrhaft religiös sein, radikal ernst genommen werden; denn ohne Beachtung dieser Forderung wird Religion naiv betrachtet.

b) Befreiung vom Hängen an der ontischen Welt

Um zu dieser absoluten Identität zu gelangen, ist es *notwendig, sich vom Hängen an den ontischen Dingen zu befreien.* Für Krishna ist das Übel das Hängen an der Natur der gunas (Güte, Leidenschaft, Trägheit), das überwunden werden muss. Der Mensch muss sich dabei über sich selbst, d. h. über die Natur seiner Begierde erheben, muss die Begierden aufgeben, um sich dadurch von der Illusion dieser Natur zu befreien. Buddha führt den Menschen analog auf den Weg zur Leidüberwindung, der zur Aufgabe der Illusion des Wunschwahns führt. Es geschieht dabei die Verwandlung des irdischen Ichs des Menschen in geistige Freude. Jesus spricht von der Abkehr von der ontologisch gefassten Sünde als Abkehr von der Zerstreutheit in die bloße Vielheit. Die Befreiung am Hängen geschieht über das *Phänomen der Verwandlung* des Menschen. Philosophisch sprechen wir hier vom *mystischen Tod.*[38] Bei Krishna vollzieht sich ein radikaler Gesinnungswandel, die Einstellung des Menschen gegenüber seiner Tat ändert sich dadurch vollkommen, er gibt in seinen Werken die Begierde auf und lässt sich vom göttlichen Willen leiten. Buddha spricht von der Verwandlung durch das Erleuchtungserlebnis des mystischen Todes, durch das dem Menschen die Dimension einer anderen Welt geöffnet wird. Jesus fordert zur Umkehr auf, was das Fallenlassen des eigenen egozentrierten Willens impliziert und eine Änderung der Einstellung gegenüber dem Leben bewirkt. So wird die vollzogene Metanoia zum eigentlichen Kennzeichen der christlichen Gemeinde. Bei allen drei Lehrern finden wir die Forderung vom Fallenlassen des eigenen Ich in die Gelassenheit des Geistes. Die ontische Welt muss zurückgelassen werden, indem sich der Mensch vollständig vom Hängen an ihr befreit. Dadurch kann die Erhebung zur absoluten Identität erfolgen.

c) Der innerlich gelöste Mensch

Um Befreiung zu erreichen bedarf es bei Krishna eines Weges aus der weltlichen Gebundenheit. Es kann der Weg des Bhakti, des Jnana, des Karma oder des Raja (dhyana) sein, immer geht es dabei um *geistige Entsagung,* d. h. Verzicht auf Anhänglichkeit und Frucht. Der Mensch soll ungebunden in der Welt den Willen Krishnas erfüllen. Auch Buddha fordert die Nicht-Bindung an das vergängliche Seiende. Er erkennt, dass die Ursache des Leids der Durst nach Aufrechterhaltung des vergänglich-illusorischen Ichs ist. Folglich verlangt er, das Hängen an diesem Ich aufzugeben und völlig unpersönlich zu werden. Jesus spricht analog vom Arm-Sein, was ebenfalls die Aufgabe des Hängens am Ontischen meint.

---

[38] Vgl. dazu Katharina Ceming, a.a.O., 87–92.

Geistiges Streben ist die Freiheit vom Streben nach materiellem Besitz und weltlicher Macht. Krishna, Buddha und Jesus fordern *den innerlich gelösten Menschen*, der wahrhaft frei in der Welt wirken kann. Erst dann erfolgt die Erhebung zu Gott, erst dann wird Religion ihrem ursprünglichen Wesen gerecht.

5. Schluss: Tiefenphänomenologie der Endlichkeit

Die *Endlichkeit* des Prozesses im Menschen geschieht als *Vergänglichkeit*.[39] Seiendes vermag daher nur in der Bewegung des Sichentgleitens zu ruhen. So ist es dazu da, um zu vergehen. Das Vergehen ist die Urbewegung des Seins. Aber es verweist gleichzeitig auf ein Bleibendes, das als Nichts erscheint. Das veränderliche Nichts als Bleibendes oder Ruhendes macht die Urspannung aus, die das Leben ermöglicht. *Ruhe und Bewegung gehören in dieser Spannung untrennbar zusammen.*

Wegen des ontologischen Grundes der Vergänglichkeit ist der Mensch sterblich. Das Sterbliche ist durch das Vergängliche beengt. Es ängstigt sich vor der Leere des Gewesenen. Der Mensch ist daher – philosophisch – der Ort der Angst, was – psychologisch – auf die Existenzangst verweist. Weil die menschliche Welt von einer *kosmischen Angst* durchdrungen ist, wird das Leben leidvoll. Vor diesem Leiden, das sich durch die Vergänglichkeit offenbart, flieht der Mensch. Er flüchtet vor der Ruhe in die treibende Nichtigkeit des Seienden. Vollzieht er aber mutig die Vergänglichkeit, die als Wunde in ihm schwärt, öffnet sich ihm die Tiefe des Seins und damit die Ruhe des Vergehenden. Er wird von der Angst vor der kosmischen Angst *befreit*. So findet er im Nichts der Freiheit *den einen* Ruhepunkt. Die Offenheit wird zum Ort seiner Wanderschaft.

So wird das Unendliche zum Sinn des Endlichen. Deshalb kann es sich nur im Endlichen entfalten. Das Unendliche geht aus dem Endlichen als das jeweilige Es-Selbst hervor. Dies geschieht meistens unmerklich, nicht immer nur in den »Gestalten des Göttlichen«. *Das Absolute ist nicht das Zeitliche.* Aber es ist das, was aus diesem als Freiheit hervortritt, wenn es rein geschieht.

Der Prozess dieser *Freiheit* meint nicht das Eintreten für eine heile Welt, sondern genau das Gegenteil: Indem der Mensch mit der Qual der Welt zu leben beginnt, sie akzeptiert und sein lässt wie sie ist, wird er von dieser Qual geheilt. Krishna, Buddha und Jesus ging es darum, diese Art der Heilung als Botschaft zu vermitteln. Die tiefenphänomenologische Bedeutung von Heilung ist Akzeptation. Erst im geheilten Menschen wird das Absolute durch das Vergängliche zum Ab-soluten[40]. Dieses allein hat uns Menschen etwas wahrhaft Wichtiges zu sagen.

---

[39] Vgl. José Sánchez de Murillo, Der Geist der Deutschen Romantik, a.a.O., 14f. und 24f.; ders., Fundamentalethik, a.a.O., 82–88.
[40] Lat. ab = weg, los, ab; solvere = lösen, befreien.

III

PHILOSOPHISCHE UND
THEOLOGISCHE STUDIEN

Hören auf den allen gemeinsamen Logos

Heraklit als Denker des menschlichen Grundvollzuges

Martin Thurner

Das Hören: Ein religiöses Grundphänomen als vergessene Wesenswahrheit der Vernunft

Betrachtet man das religiöse Bewusstsein unter dem Gesichtspunkt der ihm entsprechenden menschlichen Verhaltensart, so offenbart sich im Verlauf seiner geschichtlichen Entwicklung in zunehmend intensiveren Formen das *Hören* als der Grundvollzug von Religion schlechthin: Wie die Etymologie ihrer Benennung anzeigt, ist bereits für die Frühphase des Mythos das *Hörensagen* als die Vermittlungsgestalt numinoser Ursprungserfahrungen bestimmend. In den großen Offenbarungsreligionen wird die hörbare Mitteilungsform religiöser Botschaften als das vom Menschen in den Heiligen Schriften empfangene Wort Gottes selbst begriffen. Die Bestimmung des Hörens zum religiösen Grundakt an sich findet ihre tiefste Begründung schließlich in der in Jesus Christus ergangenen Selbstoffenbarung Gottes als das fleischgewordene Wort.[1]

In Anbetracht dieses Befundes ist es auffällig, dass die grundlegende Bedeutung des Hörens für das religiöse Selbstverständnis – etwa leitet Benedikt von Nursia seine Mönchsregel mit den Worten »Asculta, fili« ein[2] – in der Tradition philosophischer Selbstvergewisserung des Menschen nicht entsprechend reflektiert ist. Seit Platon und bis Lévinas wird die Vergegenwärtigung des letzten Grundes aller Wirklichkeit in der Beschränkung auf Worte aus dem Phänomenbereich des Optischen beschrieben, der in der religiösen Sprache noch demjenigen des Akustischen komplementär ist. Die platonische Bezeichnung der intelligiblen Prinzipien von Sein und Erkennen als *Ideen* verweist bereits in ihrer Etymologie auf den Vollzug des Sehens, in des Cusanus Schrift *De visione dei* vermittelt sich die *Schau* als die dem mittelalterlichen Denken eigene Weise der Wahrnehmung des Absoluten, in Schellings *intellektueller Anschauung* erweist sich die In-tuition der absoluten Wahrheit als die Entmöglichungsbedingung der transzendental verfassten Subjektivität und selbst das *dia-logische* Denken der Gegenwart stellt sich bei Lévinas in der Metapher des *Ge-sichtes* (visage) dar.[3] Lediglich in religionsphilosophischen

---

[1] Vgl. hierzu die dokumentarische Quellentextsammlung von Gustav Mensching unter dem Titel *Das lebendige Wort* (Darmstadt u. a. 1952).

[2] Dazu: A.E. van Hooff, Der Mensch als Hörender. Überlegungen zur Religiosität anhand der Regula Benedicti. In: Erbe und Auftrag 65 (1989) 429–443. [Für diesen Literaturhinweis sei P. Johannes Schaber OSB herzlich gedankt.]

[3] Ein Blick auf die Philosophiegeschichte bestätigt somit, was Goethe in Wilhelm Meisters Wanderjahren (II 8; Hamburger Ausg., VIII 251,15 f.) zum Verhältnis von Hören und Sehen allgemein bemerkt: »Das Auge bevorteilt gar leicht das Ohr und lockt den Geist von innen nach außen.«

Werken – wie etwa Karl Rahners *Hörer des Wortes*[4] oder Peter Knauers *Der Glaube kommt vom Hören* – wird der Primat des Sehens gegenüber dem Hören fallweise zurückgenommen.

Dieses Ergebnis lässt den Eindruck zurück, dass dem Hören im philosophischen Denken des Menschen nicht jene grundlegende Bedeutung zukommt, die es für seinen religiösen Selbstvollzug hat.[5] Andererseits könnte in seiner religiösen Selbstauslegung noch eine ursprüngliche Vertrautheit mit dem Hören als jenem menschlichen Grundakt gegeben sein, der in all seinen Vollzügen im einzelnen und somit auch im philosophischen Denken vorausgesetzt ist, von letztem aber in dieser seiner fundamentalen Bedeutung vergessen wurde. Ein Hinweis auf die Bestimmung des Hörens als vergessene Wesenswahrheit der Vernunft ist die etymologische Herkunft ihrer Bezeichnung aus dem Wortfeld des *Vernehmens*, also einer ursprünglich auf den Phänomenbereich des Akustischen bezogenen menschlichen Tätigkeit. Damit stellt sich die Frage, ob die Annahme des Hörens als Grundvollzug des Denkens nicht zumindest durch den Aufweis einer dahin zurückführenden Spur bestätigt werden kann. Wenn das Hören der vergessene Ursprung der Philosophie ist, so finden sich dessen Spuren am ehesten am Anfang der Denkgeschichte. Und in der Tat erweist sich der Grund-Gedanke desjenigen Denkers, bei dem auch das Wort *Philosophie*[6] erstmals bezeugt ist, als ein derartiges Zeugnis. Das Denken Heraklits gestaltet sich als eine in der Geschichte der Philosophie einzigartige Reflexion auf das Hören als menschlichen Grundvollzug.[7]

Wenn Heraklit dem Hören eine derartige Bedeutung zu-erkennt, so zeigt sich darin nicht etwa jener bereits von Aristoteles[8] den ersten Philosophen zugeschriebene vermeintliche Mangel an Fähigkeit zur Differenzierung zwischen sinnlichen und geistigen Sachverhalten, von dem Heraklits Denken als eine primitive Frühform von Philosophie charakterisiert wäre. Vielmehr äußert sich hierin das von keiner philosophiegeschichtlichen Entwicklung überholbare Vermögen, die Phänomene der konkreten Lebenswirklichkeit des Menschen als Ausdrucksgestalt einer sich in ihrem oberflächlichen Anschein unscheinbar verbergenden Bedeutung zu verstehen. Ihrer Methode nach ist in Heraklits Reflexion auf das Hören die von José Sánchez de Murillo in ausdrücklicher Wiederaufnahme vorsokratischen Denkens begründete Tiefenphänomenologie vorweggenom-

---

[4] Auf diese Schrift bezieht sich J.B. Lotz im Titel seines allerdings nicht primär auf den Themenbereich des Hörens konzentrierten Heraklit-Aufsatzes: Hörer des Logos. Der Mensch bei Heraklit von Ephesos. In: Scholastik 28 (1953) 543–570.

[5] Dies scheint sich nicht zuletzt darin zu bestätigen, dass in den repräsentativen Wörterbüchern zur Philosophie (z.B. Historisches Wörterbuch der Philosophie, Lexikon zur Philosophie und Wissenschaftstheorie, Handbuch philosophischer Grundbegriffe) weder *Hören* noch *Ohr* als Lemmata aufgenommen sind.

[6] Adjektivisch; vgl. Fragment B35. (Dem Aufsatz liegen Heraklits Fragmente B1–B126 zugrunde. *Kursivsetzungen* identifizieren in der Regel wörtliche Zitate.)

[7] Verwunderlicherweise erwähnt H.-G. Gadamer in seinem Beitrag *Über das Hören* (in: Th. Vogel [Hg.], Über das Hören. Tübingen 1996, 197–205) Heraklit nicht.

[8] Vgl. De an. 427a17–b1.

men, denn Heraklit entdeckt das Hören als ein Tiefenphänomen, das den Menschen auf die Spur des Ursprungs seines Selbstvollzugs bringt, wenn er sich in dessen Bedeutungsschichten vertieft. In den folgenden Überlegungen soll Heraklits Denkweg als eine derartige Tiefenphänomenologie des Hörens nachgezeichnet werden.[9]

1. Hören auf das Selbst

Vorausgehend zur hier intendierten Interpretation der Aussagen Heraklits ist die Angemessenheit eines derartigen Zugangs zu erweisen. Dieser scheint insbesondere im Hinblick auf die seit Aristoteles gängige Klassifizierung der frühgriechischen Denker als Naturphilosophen fragwürdig. Die folgenden Überlegungen möchten zeigen, dass die aristotelisch beeinflusste Heraklit-Deutung insofern unzulänglich ist, als sie die Aussagen Heraklits über die natürliche Weltwirklichkeit aus ihrem ursprünglichen Fragehorizont heraus isoliert. Wie lautet aber Heraklits Anfangsfrage?

Was die Suchbewegung seines Denkens not-wendig machte, benennt er selbst im Fragment B101:

edizesamen emeouton – ich suchte mich selbst.[10]

Die Bestimmung dieses Philosophierens als Tiefenphänomenologie des Hörens findet bereits in diesem Spruch (gewiss Auslegungsschlüssel seines Denkens) darin eine Bestätigung, dass die Angabe des *eigenen Selbst* als das dem Denken ursprünglich zugrunde liegende Problem in ihrem Aussagegehalt erst dann erschlossen werden kann, wenn sie von einem in ihm verborgenen Hinweis auf die erste Bedeutungsschicht des Hörens her verstanden wird. Die ursprüngliche Bedeutung des Hörens für sein Denken deutet Heraklit im zitierten Spruch insofern an, als er durch das Wort, mit dem er die auf das eigene Selbst hin ausgerichtete Suchbewegung beschreibt, zugleich dessen Fragwürdigkeit zum Ausdruck bringt. Im frühgriechischen Sprachgebrauch ist *dizemai* die Bezeichnung für die Enträtselung eines Orakelspruches.[11]

Heraklits Aussage, er habe das eigene Selbst als Orakel gehört, erweist sich bereits dann als ein Hinweis auf den Ausgang seiner Denkbewegung, wenn man sie zunächst in dem Sinne versteht, dass er seine Erkenntnisse

---

[9] Vgl. Heraklit, Fragmente B54, 93, 123. Dazu: J. Sánchez de Murillo, Der Geist der deutschen Romantik. Der Übergang vom logischen zum dichterischen Denken und der Hervorgang der Tiefenphänomenologie. München 1986.

[10] Die Überlieferungen Heraklits werden wie üblich zitiert nach der Zählung bei H. Diels/W. Kranz (Hg.), Die Fragmente der Vorsokratiker. Berlin ^{8}1956. – In den folgenden Überlegungen muss aus Platzgründen auf eine Auseinandersetzung mit der Forschungsliteratur weitgehend verzichtet werden. Für eine diesbezügliche Begründung des hier zugrunde gelegten Heraklit-Verständnisses sei verwiesen auf: M. Thurner, Phänomenologie des Nicht-Erscheinenden. Zum Ursprung des Denkens bei Heraklit. Diss. München 1997.

[11] Vgl. z. B. Herodot VII 142.

nicht vermittelt von anderen übernommen, sondern unmittelbar aus der
Selbsterfahrung geschöpft hat. Indem Heraklit das Selbst einem Orakel
gleichsetzt, deutet er an, wie die tiefsten Einsichten nicht der Ausschau in
fremde Regionen, sondern dem Aushorchen der Tiefen des eigenen Selbst
entspringen.[12] Schließlich lassen sich aus der orakularen Bestimmung des
Selbst auch Rückschlüsse auf die Heraklits Denken als Erkenntnisquelle
zugrunde liegende Selbsterfahrung ziehen. Er muss das eigene Selbst in
Dimensionen erlebt haben, die denjenigen eines Orakels entsprechen. Die
Konfrontation mit sich selbst muss für ihn von einer gleichartigen Rätselhaftigkeit bestimmt gewesen sein, wie der Empfang eines Orakelspruches.
Im Zusammenhang damit erschließt sich auch der Sinn des Paradoxen der
Selbstsuche: Gleich einem Orakel hat man das Selbst und hat es zugleich
nicht, weil man seine Bedeutung nicht versteht. An den Analogien aus
dem Phänomenbereich des Orakels kann nun auch erklärt werden, wieso
das Selbst für Heraklit Ausgangsfrage und Erkenntnisquelle zugleich sein
kann. Die zunächst seine Rätselhaftigkeit ausmachende Doppeldeutigkeit
eines Orakelspruches wird dann zum Medium seiner Offenbarung, wenn
sie als die Ausdrucksgestalt seiner verschiedenen Bedeutungsebenen verstanden wird und so zur Einsicht in verborgene Zusammenhänge führt.

Die inhaltliche Identifikation der Heraklits Selbsterleben be-stimmen-
den, ihm in einer situativen Ge-stimmtheit gleich einer Stimme ihre rät-
selhafte Offenbarung zu-sprechenden und daher gleich einem Orakelspruch zu hörenden Doppeldeutigkeit gelingt im Rückschluss von ihren
Wirkungen.[13] Wenn sie den Menschen zur denkenden Selbstsuche bewegt, vermag sie die Selbstverständlichkeit des bedenkenlosen Lebens-
laufs radikal in Frage zu stellen. In ihrer den Menschen auf sich selbst
zurückwerfenden und somit im wörtlichen Sinne kata-strophalen Be-
stimmtheit zwingt sie den Menschen zur Auseinandersetzung[14] mit sich
selbst. Die das Denken ursprünglich auf seinen Weg bringende Grunderfahrung lässt sich so mit jener Ver-zweiflung identifizieren, in die der
Mensch durch negative Widerfahrnisse in seinem Leben versetzt wird. In
ihrer Eigenschaft, das Leben infrage zu stellen, erweisen sich die negativen
Erfahrungen des Menschen mit sich selbst als verschiedene Intensitäts-
grade einer Gegebenheit, die sich als die Negation des Lebens selbst
definiert: der Tod. Heraklit beginnt zu denken, weil er das eigene Selbst

---

[12] Vgl. Fragment B45.

[13] Für den Aufweis der Fragestellung, die dem heraklitischen Denken ursprünglich zugrunde liegt, war die Entdeckung Heideggers wegweisend, dass sich das Denken in vom
Menschen vorgängig dazu erfahrenen *Stimmungen* zu seiner Wirklichkeit durchsetzt
(vgl. Was ist das – die Philosophie. Pfullingen 1956, 21 ff.; 32 ff.). In diesem Gedanken
vertieft Heidegger das in der Existenzialanalyse von *Sein und Zeit* (§ 29 ff.) untersuchte
Phänomen der situativen Gestimmtheit des (menschlichen) Daseins durch die Einsicht,
dass in derartigen Stimmungen die Stimme des Seins selbst sich dem Menschen zu-
spricht und dadurch das Denken in die Entsprechung zu sich be-stimmt.

[14] *Aus-einander-Setzung* ist Heideggers Übersetzung (vgl. Vorträge und Aufsätze. Pfullingen 1954, 277) für Heraklits *polemos* (der »Krieg«), der nach Fragment B53 alles hervor-
bringt und beherrscht. Dieses Grund-Wort be-zeichnet den (Über-)Lebens-Kampf, aus
dem bei Heraklit das Denken hervorgeht.

als die rückwendige Ineinanderfügung der in Lebendigkeit und Tödlichkeit auseinanderstrebenden Zustände er-lebt und in dieser seiner Doppeldeutigkeit als Rätsel-Frage hört.[15]

2. Hören auf die Sprache

Die zweite Bedeutungsschicht des Hörens entdeckt Heraklit in einer Vertiefung der ersten. Wenn er das eigene Selbst als Orakelspruch hört, vermag Heraklit auch eine darin verborgen vor-gegebene Wegweisung zur Lösung seiner Rätselhaftigkeit zu vernehmen. Wie die Botschaft eines Orakels im genauen Hinhören auf die in seiner Sprachgestalt vermittelten doppeldeutigen Sinnmöglichkeiten aufgeschlossen werden kann, erkennt der Mensch sich selbst, indem er die eigene Sprache auf diejenigen in ihrer *offenbaren* Erscheinung *unscheinbar* verborgenen Zusammenhänge hin analysiert, die in ihr nach der Art eines delphischen Spruches weder direkt *ausgesprochen*, noch gänzlich *verschwiegen*, sondern *zeichenhaft angedeutet* sind. Da der Mensch in dem Sinne seine Sprache *ist*, als er sich im Sprechen vollzieht und verwirklicht, konkretisiert sich Heraklits Schlüsselwort: *Ich suchte mich selbst* in der Bedeutung: *Ich hörte auf meine Sprache*.[16]

Heraklits Fähigkeit, die ungesagten Botschaften der Sprache zu Gehör zu bringen, vermittelt sich in der Sprachgestalt seines philosophischen Diskurses. In dem von seinem Denkweg her geforderten »Sprachgebrauch« ent-spricht Heraklit den aus der Sprache unter der Oberfläche ihrer direkten Verlautbarungen herausgehörten Be-Deutungen. Um die Sprache als Bedeutungsträger von in ihr unausgesprochen mitgeteilten Offenbarungen zu vernehmen, ist sie zunächst aus der Selbstverständlichkeit ihrer unreflektierten alltäglichen Verfügbarkeit als Wirklichkeit eigener Art zu Bewusstsein zu bringen. Dies gelingt Heraklit dadurch, dass er sein eigenes Sprachwerk als parataktische Aneinanderreihung von syntaktisch mehrdeutig aufeinander beziehbaren Einheiten gestaltet, die sich in chiastischer Verkettung, lautlichen Assonanzen und rhythmischer Gliederung gegenseitig reflektieren. Indem Heraklit damit die sprachlichen Ausdrucksmittel in einer ihrer unausgesprochenen Bestimmungen bewussten Weise zum Einsatz bringt, lässt er zugleich die rückwendige Fügung[17] als das verborgene Strukturprinzip der Sprache hörbar werden. Heraklits Sprachanalyse verwirklicht sich in einer Kehrtwendung der Sprache. Die Sprache muss sich selbst als Metapher gebrauchen, sich als Übertragung verborgener Bedeutung hörbar machen, wenn sie nicht mehr – wie ge-

---

15 Vgl. B51; auch H.-D. Voigtländer, Sprachphilosophie bei Heraklit. In: Hermes 123 (1995) 139–155. 143: »In diesem Suchen nach sich selbst, dem In-sich-Hineinhören als der Voraussetzung des Verstehens des Logos liegt der Ursprung von Heraklits Philosophie, und das ist ganz neu; vielleicht ist erst mit Heraklit eigentlich die Philosophie ins Leben getreten.«

16 Vgl. B54 bzw. B93 bzw. B101.

17 B51: palintropos harmoniē.

wöhnlich – mit ihr selbst nicht identische Inhalte, sondern ihre eigene We-
senswirklichkeit zum Ausdruck bringt. Weil sich Heraklits Grund-Worte
als die Wesensbestimmungen der Sprache erschließen, wie sie im Sprach-
gefüge seines Diskurses zu Gehör kommen, sagt in ihnen die Sprache, was
sie selbst ist: All-Einheit, Zusammenfassungen (syllabe = Silbe), prächtiges
Ordnungsgefüge (Kosmos), Maß, Fluss (Rhythmus), Immerlebendigkeit.
Im Hören auf die in der Sprache unausdrücklich zum Ausdruck gebrachten Be-Deutungen verwirklicht sich Heraklits Denken als der Selbstbewusstwerdungsprozess der Sprache, denn in seinem Werk vermitteln
sich sprachliche Darstellungsform und gedanklicher Aussagegehalt gegenseitig.[18]

Die Grund-Intention von Heraklits Hören auf die Sprache konzentriert sich in seiner Aneignung des Wortes *Logos*. An ihrer eigenen Bezeichnung vermag Heraklit die Sprache zum Bewusstsein ihrer selbst zu
bringen, indem er deren Bedeutungskonnotationen im alltäglichen frühgriechischen Sprachgebrauch in einer Weise zu hören versteht, die ihre
unter den oberflächlichen Differenzen unscheinbar verborgene Einheit
vernimmt: Seiner Wortwurzel nach entspricht das griechische Wort *legein*
dem deutschen *legen* und bedeutet so ursprünglich (und beispielsweise
noch bei Homer) das Zusammenbringen dessen, was seiner natürlichen
Beschaffenheit nach immer schon zusammengehört.[19] Als Ausdruck für
die in dieser Tätigkeit vorausgesetzte Ordnungsstruktur wird Logos zur
Bezeichnung für das in der Verhältnishaftigkeit der Wirklichkeit vor-
gegebene *Maß*. In seinen Bedeutungen von *zählen* und *rechnen* (ratio)
beschreibt *legein* die von der menschlichen Denkfähigkeit zu leistende
Wiedergabe eines vorliegenden Zusammenhanges, die *aus allem eins und
aus einem alles* macht. Vergleichbar mit dem deutschen *Er-Zählen* wird
Logos so zum Ausdruck für eine der Reihenfolge ihres Zusammenhanges
folgende sprachliche Darstellung von Sachverhalten. Von daher eignet sich
das Wort schließlich als Titel für Berichte und Abhandlungen mit wissenschaftlichem Anspruch. Der aus dem Wort Logos von einem auf die verborgene Einheit seiner offenbaren Be-Deutungen achtenden Hören zu
vernehmende Zusammenhang der Sinnebenen von Sprache, Denken und
Ordnungsgefüge der Wirklichkeit kann im Deutschen annähernd durch
die etymologisch fundierte Übersetzung *Darlegung* wiedergegeben werden.[20]

Wie Heraklit seine philosophische Einsicht hervorgehen lässt, indem er
die im alltäglichen Sprachgebrauch offenkundigen Verwendungsweisen des
Wortes Logos als Bedeutungsschichten einer tieferen Sinneinheit hört, ist
insbesondere in jenem Fragment B1 dokumentiert, das von Heraklit selbst
unmissverständlich als programmatische Exposition seines Gedankens
ausgewiesen wurde. Es lautet in einer die griechische Syntax, in der sich
sein gedanklicher Aussagegehalt vermittelt, beibehaltenden Übersetzung:

---

[18] Vgl. B50, 10, 30, 31, 12 bzw. B93.
[19] Ilias, 24,793; vgl. Fragmente B10 und 51.
[20] Vgl. B31 (Maß); Homer, Odyssee, 4,450 (zählen); B10; vgl. B1, 108.

Der Darlegung (Logos) dieser seienden immer unverständig werden die Menschen sowohl bevor gehört zu haben als auch gehört habend zuerst. Entstehender nämlich aller gemäß dieser Darlegung (Logos) Unerfahrenen gleichen sie erfahrend sowohl der Worte als auch der Werke derartiger was für welche ich auseinanderlege gemäß dem Daher-Wesen (Physis) zer-gliedernd ein jedes und ausdeutend wie es sich verhält. Was die anderen Menschen betrifft ist verborgen was aufgeweckt sie tun wie was Schlafende vergessen.

Die Interpretation dieses Fragmentes hat davon auszugehen, wie dessen Text von den damit angesprochenen Zeitgenossen Heraklits gehört wurde. Die demonstrative Benennung des Logos am Anfang lässt sich als des Autors Vorverweis auf seine eigene Schrift verstehen. Doch bereits mit den folgenden Worten durchbricht Heraklit den von parallelen Verwendungen[21] her bestimmten Erwartungshorizont seiner Hörer. Die Suche nach einem Weg aus der dadurch entstehenden Aporie, dass mit dem *Immer-Sein* eine im homerischen Epos, z.B. in der Ilias I,290 allein den Göttern vorbehaltene Eigenschaft von einer zunächst auf Heraklits Diskurs bezogenen Bezeichnung ausgesagt wird, macht ein genaues Hinhören auf die sprachliche Struktur der ersten Satzeinheit des Fragmentes notwendig. Die Paradoxie klärt sich mit der Entdeckung einer in der griechischen Syntax verborgenen zweiten möglichen Hörart auf, in der sich eine unter der Oberfläche der Referenz auf die eigene Abhandlung mitgenannte Bedeutungsschicht von Logos offenbart. Attribuiert man die Partikel *immer* dem folgenden Verbum, so ist die Partizipialform *seiend* nicht mehr kopulativ, sondern prädikativ zu konstruieren und wird dadurch als Träger eines bestimmten Bedeutungsgehaltes vernehmbar. Dieser erschließt sich, wenn man aus der auch bei anderen Autoren, z.B. Herodot I 95, vorgenommenen Prädikation eines Logos als *seiend* die von der indogermanischen Verbwurzel *es- herkünftige veridikative Bedeutung des Wortes *sein* heraushört. Weil mit *sein* ausgesagt ist, dass etwas so ist, der Fall ist und deshalb wirklich ist, bedeutet die Prädikation eines Logos als *seiend*, dass er einen Sachverhalt so darlegt, wie er tatsächlich ist, sein Inhalt also der Wirklichkeit ent-spricht und er somit *wahr* ist.

Die verborgenste Bedeutungsschicht der Rede vom *seienden* Logos offenbart sich Heraklit, indem er noch tiefer in diese Formulierung hineinhört. Wenn damit gesagt ist, dass die Wahrheit einer Aussage darauf beruht, dass das in ihr zur Sprache kommende wirklich *ist*, so wird das, was *ist*, darin auf einer tieferen Ebene zugleich als dasjenige vernehmbar, was die *Wahrheit* einer Aussage begründet. In dieser seiner ursprünglichen Bedeutung für den menschlichen Selbstvollzug in der Sprache ist der seiende Logos die Be-Zeichnung für die Darlegung, welche die Wirklichkeit selbst im Hinblick darauf ist, dass sie sich in der Sprache darlegen lässt. In der Rede vom immerseienden Logos führt die Sprache den auf ihre unausdrücklichen Be-Deutungen Hörenden schließlich *über sich hinaus*, indem sie ihn tiefer in sich hineinweist bis zur in ihr immer schon voraus-gesetzten Erschlossenheit der Wirklichkeit als ihrem verborgenen Quellgrund.[22]

---

[21] Vgl. z.B. Hekataios, Fragment 1.
[22] Vgl. B115.

Die von Heraklit im tiefenphänomenologischen Durchdringen der verschiedenen Sinnschichten aus dem Wort herausgehörte Grund-Bedeutung des Logos als im *Selbstbewusstwerdungsprozess* der *Sprache* als deren *Ursprung* erkannte *Wirklichkeit* wird nun im weiteren Gedankengang des Fragmentes vertiefend expliziert. Weil der immerseiende Logos in jedem gesprochenen Wort als dessen Wahrheitsgrund ungesagt zur Sprache kommt, ist es prinzipiell möglich, diesen zu vernehmen, *bevor* Heraklit ihn im Diskurs seines Logos ausdrücklich zu *Gehör* bringt, und daher das Unverständnis, das Heraklit *nach* dessen Äußerung bei den *Menschen* konstatiert, auch vorher schon gegeben und damit *immer*. Dass die Unfähigkeit, den Logos in seiner Grund-Bedeutung zu hören, einer Bewusstlosigkeit für die ursprünglichen Voraussetzungen des eigenen Selbstvollzugs gleichkommt, in der die Menschen sich als *Wache* wie *Schlafende* verhalten, gibt Heraklit zu verstehen, indem er die im Logos zur Sprache kommende Wirklichkeit als dasjenige bestimmt, nach dessen Maß alles *entsteht*. Das in dieser Aussage von Heraklit im Hinhören auf seine verborgenen Be-Deutungen gewählte Wort *ginomen<u>on</u>* ist zugleich als ein Hinweis darauf zu vernehmen, dass das Immer-Sein des Logos nicht statisch, sondern im Sinne einer dynamischen Immerlebendigkeit zu verstehen ist, die sich gleicher*maßen* im beständigen Entstehen *und* Absterben verwirklicht. In ihrem Strukturprinzip der rückwendigen Ineinanderfügung von Lebendigkeit und Tödlichkeit erschließt sich die Wirklichkeit als Logos, weil sie sich demgemäß in einer rationalen Verhältnishaftigkeit darlegt, die vom Menschen als sinnvoll vernommen und so ihrerseits in der Sprache zur Darlegung gebracht werden kann.

Das die *scheinbare* Erfahrungslosigkeit der Menschen überwindende Hören auf das im Grunde der Sprache sich mitteilende Strukturgefüge der Wirklichkeit beschreibt Heraklit in den abschließenden Aussagen des Fragmentes als seine philosophische Methode. Im Gegensatz zu den *anderen* Menschen setzt sich Heraklit (*ego!*) mit den menschlichen Worten und Werken auseinander, indem er deren jegliches gemäß seiner *physis* zer-gliedert und ausdeutet, wie es sich verhält. Der Denker vermag die Erlebensmomente als Tiefenphänomene zu hören, unter deren Oberfläche sich eine verborgene Bedeutung offenbart, die aus ihnen gleich einem Orakel[23] als die *physis* zu vernehmen ist. Heraklits Aneignung des Wortes *physis* ist ein hervorragendes Ergebnis seines Vermögens, in den differenten Sinnkonnotationen von dessen Gebrauch in der alltäglichen Sprache einen ungesagten Zusammenhang zu hören. Homer[24] bezeichnet die Beschreibung eines aus der Erde gezogenen Krautes von dessen Wurzel bis zur Blüte als der Physis gemäß, meint damit also die *natürliche* Beschaffenheit eines Dinges. Noch Aristoteles[25] versteht das Wort auf dem Hintergrund seiner etymologischen Ableitung von *phyesthai* im Sinne

---

[23] Das bei Heraklit die Ausdeutung der menschlichen Worte und Werke be-zeichnende Verbum *phrazein* ist im zeitgenössischen frühgriech. Sprachgebrauch ein für den Vorgang d. Enträtselung eines Orakelspruches geläufiger Ausdruck (vgl. z. B. Herodot V 92).

[24] Odyssee, 10,302 ff.

[25] Met. 1014b16.

von *lebendigem Hervorkommen*. Heraklit hört beide Verwendungen als Bedeutungsschichten einer tieferen Sinneinheit und denkt sie in der Einsicht zusammen, dass sich die natürliche Beschaffenheit eines jeden aus dessen lebendigem Hervorkommen bestimmt. Wie sich letztes gleich einer Wurzel dem oberflächlichen Aufscheinen entzieht, bleibt auch das, was eigentlich ist, versteckt:

> Das Daher-Wesen (Physis) beliebt, sich zu verbergen (B123).

Da das in der Lebendigkeit verborgene Hervorkommen dasjenige ist, von woher ein jegliches ins Leben tritt, erweist sich schließlich der Tod als die versteckte (Herkunfts-)Bestimmung der Lebendigkeit eines jeden Wesens. Etwas gemäß seinem Daher-Wesen zu zer-gliedern, bedeutet daher, das im lebendigen Aufscheinen verborgene Verhältnis zum Tod zu vernehmen und so auf das immerlebendige Leben-Tod-Gefüge zu hören, als das die Wirklichkeit sich darlegt.[26]

Das Ergebnis von Heraklits *Hören auf die Sprache* vermittelt sich in seinen einander reflektierenden Aussagen, dass das, demgemäß alles *entsteht*, der Logos ist, und das, demgemäß alles *zergliedert* wird, die Physis ist, mit denen Heraklit zugleich seinen Grund-Gedanken der Entsprechung von Logos und Physis und damit der Verschränkung von Sprache

---

[26] Heraklits Ausdeutung eines jeglichen nach dem verborgenen Daher-Wesen (*physis*) seiner Lebendigkeit liegt ein ähnliches Wirklichkeitsverständnis zugrunde wie demjenigen der Tiefenphänomenologie von José Sánchez de Murillo, der – inspiriert von Jakob Böhme – die »Dinge als geronnene Lebensprozesse« bezeichnet (in: ders., Jakob Böhme, Das Fünklein Mensch. München 1997, 50): Wenn man die Oberfläche der Dinge als Ausdruck einer Lebensgeschichte vernimmt, offenbart sich diese in ihrer auf die verborgene Gebürtigkeit eines jeden verweisenden Be-Deutung. Da es die darin sich vermittelnde Sinnstruktur der Wirklichkeit ist, die in jedem gesprochenen Wort ungesagt zur Sprache kommt, ist es keine primitive Allegorisierung, wenn Heraklit die Wirklichkeitsmomente aufgrund ihrer Bedeutung als Logos bezeichnet, sondern der Ausdruck dessen, dass er das Lebendigkeitsgefüge der Wirklichkeit aus der Sprache als deren ursprüngliche Tiefendimension herauszuhören vermochte. Im Vermögen, die Dinge als Träger einer der Sprache ursprünglich zugrunde liegenden Bedeutung zu hören, die sie aufgrund ihrer Einfügung in einen auch die tödlichen Momente in sich sinnvoll aufhebenden Lebenszusammenhang haben, ist Heraklit vielleicht nur Jakob Böhme kongenial. Auf die in einer näheren Untersuchung herauszuarbeitende Übereinstimmung zwischen beider Weisheit, die sich nicht durch wirkungsgeschichtliche Abhängigkeiten, sondern nur durch eine vergleichbare Tiefe der mystischen Intuition erklären lässt, wurde der Verfasser dieses Beitrages durch die Bekanntschaft mit der im Ausgang von Jakob Böhme entwickelten Tiefenphänomenologie aufmerksam, in der auch das Grundanliegen Heraklits aus einem neuen philosophischen Horizont heraus wiederbelebt ist. In seinem bereits dem Titel nach an Heraklit erinnernden Werk »Von der Geburt und Bezeichnung aller Wesen« bestimmt Böhme die in jedem gesprochenen Wort ursprünglich zur Sprache kommende Bedeutung der Dinge als die *Signatur*, in der die in der Tiefe des Inneren verborgene Herkunft ihres Wesens hörbar wird: »Das Innere offenbaret sich im Halle des Wortes (...) denn die Natur hat jedem Dinge seine Sprache nach seiner Essenz und Gestaltnis gegeben; denn aus der Essenz urständet die Sprache oder der Hall. Und derselben Essenz Fiat [es werde!] formet die Essenz Qualität in dem ausgehenden Hall oder Kraft (...) Ein jedes Ding hat seinen Mund zur Offenbarung. Und das ist die Natursprache, daraus jedes Ding aus seiner Eigenschaft redet und sich immer selber offenbaret« (De signatura rerum 1, 15).

und Wirklichkeit hörbar werden lässt: Die immerlebendige Fügung der
Wirklichkeit geschieht deshalb dem Logos entsprechend, weil die Sprache
der in der Physis vorliegenden Darlegung ent-spricht.

3. Hören auf das allen Gemeinsame

Die Bestimmungen des in seinen Bedeutungsschichten von der Abhandlung Heraklits bis zum verborgenen Daher-Wesen der Sprache zu hörenden Logos bringt Heraklit in seiner Reflexion auf den Phänomenbereich
des *Gemeinsamen* (*xynon*) zu Bewusstsein. Dieses wird zunächst als eine
Eigenschaft des Logos eingeführt:

> Obwohl die Darlegung (Logos) gemeinsam ist, leben die Vielen, als ob sie private Ein-
> sicht hätten. (B2)

In der hier indirekt formulierten Feststellung, dass die Einsicht des Menschen niemals sein »Privatbesitz« ist, deutet Heraklit an, wie jedes vernünftige Wort von der verborgenen Gegebenheit der sich dem Menschen
als Logos zu-sprechenden rationalen Verhältnisstruktur der Wirklichkeit
her ermöglicht ist. Zugleich gibt er damit zu verstehen, dass die Gemeinsamkeit des Logos in dessen Bestimmung als ursprünglicher Voraussetzung des menschlichen Selbstvollzugs in der Sprache gründet.
　　In Fragment B114 expliziert Heraklit die Grund-Bedeutung des Gemeinsamen, indem er auf deren Entfaltungsschichten hört, in denen der
Logos sich darlegt:

> Den mit Vernunft Redenden (xyn noō legontas) sich zu stärken ist es nötig mit dem allen
> Gemeinsamen (to xynō), wie mit dem Gesetz die Stadt und viel stärker: genährt werden
> nämlich alle die menschlichen Gesetze vom einen dem göttlichen: es herrscht nämlich so
> weit wie es will und genügt allen und reicht noch darüber hinaus.

Gemäß Heraklits Entdeckung der Sprache als orakelartiger Offenbarung
gewinnt auch seine Tiefenphänomenologie des Gemeinsamen im Aushorchen des griechischen Wortes *xynon* auf die sich in ihm unausdrücklich
mitteilenden Zusammenhänge Gestalt. Dabei setzt er beim alltäglichen
Sprachgebrauch an, denn die erste Sinnebene der das Fragment eröffnen-
den Aussage ergibt sich aus deren wörtlichem Verständnis. Wenn Heraklit das allen Gemeinsame als dasjenige einführt, an dem sich die mit Vernunft Redenden zu stärken haben, so folgt daraus, dass er mit dem
Gemeinsamen zunächst die für alle verstehbaren Ausdrucksmittel der
Sprache bezeichnet. Doch den auch ihre verborgenen Botschaften Hörenden führt die Sprache über sich hinaus: Durch die lautliche Assonanz der
Wendungen *mit Vernunft* (*xyn noō*) und *durch das Gemeinsame* (*to xynō*)
deutet Heraklit eine darin sich zuspielende zweite Bedeutungskonnota-
tion des Gemeinsamen an: Ermöglichungsbedingung für das gegenseitige
Verständnis in der Sprache ist die allen Menschen gemeinsame *Vernunft*.
Den in ihrer Bezeichnung geoffenbarten Zusammenhang zwischen dem
Gemeinsamen und der vernünftigen Rede hört Heraklit nun als einen

Wink[27] in das verborgene Daher-Wesen der Vernunft selbst: Das von Heraklit im Sinne von *verstehen* verwendete Verbum *xynienai*[28] be-deutet seiner Wortwurzel nach *zusammenkommen* bzw. *zusammenbringen* in freundlicher wie feindlicher Beziehung und beschreibt beispielsweise bei Homer in der Odyssee 10,515, das Zusammenrauschen zweier reißender Flüsse. In ihrer Bestimmung als das Vermögen des Zusammenbringens von Differentem führt sich die Vernunft schließlich auf jene ursprünglichste Bedeutungsebene des Gemeinsamen zurück, welche die alle ausei-nander strebenden Er-Lebensmomente zu einer rückwendigen Einheit fügende rationale Verhältnisstruktur der Wirklichkeit selbst ist.

Der folgende Vergleich der Stärkung der mit Vernunft Redenden am Gemeinsamen mit derjenigen der Polis am Gesetz erschließt sich als Hin-weis auf eine weitere Sinnebene des allen Gemeinsamen, wenn gehört wird, dass Heraklit damit einen in der thesenhaft an den Anfang des Frag-ments gestellten Aussage bereits unthematisch vorenthaltenen Sachverhalt explizit zur Sprache bringt. Da die vernünftige Rede nur im Dia-log zu-stande kommen kann, ist in der Bestimmung des in der Selbstverwirk-lichung des Menschen vorausgesetzten Gemeinsamen als der Sprache die politische Wirklichkeit unausdrücklich mitgenannt. Die den primären Erfahrungsbereich des Gemeinsamen darstellende soziale Dimension[29] er-weist Heraklit im Polisvergleich als eine Wirklichkeit, die ihrerseits der Gründung in einer dem Gemeinsamen entsprechenden Größe bedarf. Das staatliche Gemeinwesen kommt durch einen vernünftig begründeten ge-meinschaftsstiftenden Beschluss zum Zusammenwirken zustande, der in der politischen Zusammenlebensregel des Gesetzes Sprachgestalt gewinnt.

Die Verkündigung des Gesetzes vermag Heraklit nun als einen Hinweis auf dessen *unscheinbar bestimmenden*[30] Grund zu hören. Indem er in der Fortsetzung des Polisvergleichs den *unerschöpflichen Nährgrund aller menschlichen Gesetze* mit dem *Göttlichen Einen* identifiziert, führt er das politische Ordnungsgefüge zugleich zurück auf die alle Erlebensmomente zu einer rückwendigen Einheit fügenden immerlebendigen Verhältnis-struktur der Wirklichkeit. Das *Hören auf das allen Gemeinsame* entspricht im Grunde dem *Hören auf den Logos*, denn es besteht im Ge-horsam gegenüber dem politischen Gesetz, in dem der Logos zur Sprache kommt.

4. Hören auf den Logos

Im Hören auf das sich gleich einem Orakel zu Wort meldende Selbst, im Vernehmen der in der Sprache ungesagt gegebenen Winke und im ver-nünftigen Gehorsam dem allen Gemeinsamen gegenüber kommt Heraklit der ursprünglichen Bedeutung des Hörens für die menschliche Selbst-

---

[27] *Winke geben* ist Heideggers Übersetzung für das *sēmainein* in Fragment B93 (vgl. z.B. Einführung in die Metaphysik. In: Gesamt-Ausgabe, Bd. 40, 179).
[28] Vgl. B1, 34, 51.
[29] Vgl. z.B. Hesiod, Fragment 1,6–7.
[30] Vgl. B54.

verwirklichung auf die Spur. Mit den abschließend zu interpretierenden
Fragmenten erweisen sich die einzelnen Momente des heraklitischen Gedankens als *Annäherungen*[31] an eine Tiefenphänomenologie des Hörens,
in der sich seine Denkbewegung vollendet.

Heraklits Intention entsprechend, seinen Hörer auf die verborgene Bedeutung des Hörens aufmerksam zu machen, setzt er zu deren Vergegenwärtigung mit einem Fragment an, in dem das Hören nach der Art eines
Orakelspruches weder *verschwiegen*, noch *ausgesagt*, wohl aber *angedeutet* ist:

> Schlechte Zeugen sind den Menschen Augen und Ohren, wenn sie Barbarenseelen haben
> (B107).

Wenn Heraklit hier das Scheitern des menschlichen Selbstvollzugs im *Er-
fahrungs*wissen auf eine als barbarisch bezeichnete Verfasstheit der Seelen
zurückführt, so gibt er mit der auf das fehlende Vermögen zur Beherr-
schung der griechischen Sprache bezogenen Bedeutung dieses Wortes
einen Wink in den Zusammenhang zwischen der Möglichkeit von Erkenntnis und der Fähigkeit zum verständigen Hören auf die Sprache. Der
Spruch offenbart seine erste Aussageebene bereits dann, wenn man letztes
im geläufigen Sinn als das Vernehmen der lautlichen Ausdrucksgestalt
menschlicher Vernunftvollzüge versteht. Dieses ist insofern Bedingung
für das Zustandekommen von Erfahrungswissen, weil Heraklits Reflexion
auf die Voraussetzungen des menschlichen Selbstvollzugs im vernünftigen
Reden, von der her allein jede Erkenntnis als gut oder schlecht beurteilt
werden kann, in einem Hören auf die in der Sprache verborgen sich offenbarenden Winke besteht. Die zweite Bedeutungsschicht der Fähigkeit
zum Hören auf die Sprache hört Heraklit in der Bezeichnung ihres Man-
gels als *barbarisch* angedeutet. Weil das Unvermögen zum Verständnis der
Sprache einen Menschen zugleich als einen Fremden ausweist, kommt
darin der unscheinbare Zusammenhang zwischen dem Selbstvollzug des
Menschen in der vernünftigen Rede und seiner Eingebundenheit in die
politische Gemeinschaft zur Sprache. Die tiefste Sinnebene des in Fragment B107 indirekt angesprochenen Hörens auf den Logos erschließt sich
mit der Erkenntnis, dass der für das Gemeinsame (*xynon*) der Sprache
Verständnislose (*a-xynetos*) sich auch von der in dieser zur Sprache kommenden rückwendig zusammengefügten Verhältnisstruktur der Wirklichkeit entfremdet.

Auf seiner Bedeutungsebene, nach der Barbarenseelen deshalb die von
Augen und Ohren bezeugten Wirklichkeitsmomente nicht vernehmen
können, weil sich deren Zusammenhang in der Struktur der Sprache
offenbart, gibt Fragment B107 zugleich einen Wink in den verborgensten
Grund des Hörens. In der Aussage des Spruches bringt Heraklit schließlich zum Ausdruck, dass dasjenige, was in der Sprache vernommen wird,
die Bedeutung ist, welche die Wirklichkeit für das vernünftige Reden hat,
weil sie sich in einem strukturierten Verhältnisgefüge darlegt und so vernehmbar ist. Letztlich gilt die Verständnislosigkeit der Barbarenseelen

---

[31] B112.

jenem sich weder aussprechenden noch verschweigenden, sondern gleich einer Orakeloffenbarung als *Bedeutung*[32] darlegenden Logos, der die Wirklichkeit ist, sofern sie der Sprache als Ursprung zugrunde liegt, weil ihre *auseinander* strebenden Momente einander *ent-sprechen*.[33] Heraklit entdeckt die in der gesprochenen Sprache zu Wort kommende Bedeutung der Wirklichkeit als den tiefsten Bezugspunkt des Hörens.

Als Wink in einen tieferen Sinn ist auch Heraklits Beobachtung eines weiteren Phänomens aus dem Bereich des auf die gesprochene Sprache bezogenen Hörens zu verstehen:

> Die Unverständigen (a-xynetoi), obwohl sie gehört haben, gleichen Tauben: Der Spruch bezeugt es ihnen: Anwesend sind sie abwesend (B34).

Der Übergang von der offenkundigen zur verborgenen Bedeutung dieser Aussage ergibt sich, wenn man auf der Spur des griechischen Wortes *a-xynetos* den Vergleich der zum verständigen Hören Unfähigen mit den Tauben als Anspielung auf das Unvermögen zur Teilhabe am allen Gemeinsamen (xynon) versteht. Mit der Isolation im Privaten[34] fehlt den Menschen nicht nur die Befähigung zur sozialen Kommunikation, sondern auch das Bewusstsein für die Verwiesenheit auf die allen gemeinsame Wirklichkeit. In der Beschreibung dieses selbstwidersprüchlichen Zustandes deutet Heraklit an, dass die Verwirklichung der dem Menschen eigenen Bestimmung von der Vorbedingung des verständigen Hörens her ermöglicht wird.

Das verständige Hören erweist sich bereits dann als ursprüngliche Voraussetzung des menschlichen Selbstvollzugs, wenn man es auf die ausdrücklichen Mitteilungen der gesprochenen Sprache bezieht, denn in deren Verständnis besteht die für den Menschen wesensnotwendige politische Gemeinsamkeit. Auf einer tieferen Sinnebene bedeutet das verständige Hören das Vernehmen der in der Sprache unausgesprochen geoffenbarten Zusammenhänge, wie Heraklit sie in seiner Logos-Abhandlung zu Gehör bringt. Demjenigen, der das in ihr weder Gesagte noch aber Verschwiegene, sondern unscheinbar Angedeutete zu hören vermag, wird seine eigene Sprache zur Metapher. Sie trägt ihn über sich hinaus auf die in ihr zur Sprache kommende Verhältnisstruktur der Wirklichkeit, die aufgrund ihrer Sinnhaftigkeit für den Selbstvollzug des Menschen in der vernünftigen Rede ursprüngliche *Bedeutung* hat und im Hinblick darauf Logos ist. Mit der Einsicht in die Verwiesenheit der Sprache auf ein sich (in) ihr ursprünglich offenbarendes Bedeutungsganzes erschließt sich die verborgenste Bedeutungsebene des *Hörens* von Fragment B34: Weil die Sprache sich im Vernehmen eines sich ihr darlegenden Sinngefüges verwirklicht, be-zeichnet das verständige Hören den Ursprungsakt des Selbstvollzugs des Menschen in der vernünftigen Rede. Im Hinblick auf den in ihm ständig vorausgesetzten Rückbezug auf einen vorliegenden

---

[32] Vgl. B93: semainei.
[33] Vgl. B51: diapheromenon – homo-logeei.
[34] Vgl. B2.

Bedeutungszusammenhang ist Sprechen im Grunde Hören. Auf diesem Hintergrund besagt Fragment B34, dass die Verständnislosigkeit in der Unfähigkeit besteht, die Darlegung (Logos), als die sich die rückwendig zusammengefügte Verhältnisstruktur der Wirklichkeit dem Menschen erschließt, wahr-zunehmen und verweist so indirekt auf die Bestimmung des jene weder ausgesprochene noch verschwiegene Grund-Bedeutung der Wirklichkeit zu vernehmen fähigen Hörens als Ursprung eines jeden gesprochenen Wortes.

Das offenkundige Erscheinen des Hörens vermittelt Heraklit auch in einem weiteren Spruch andeutungsweise als Ausdruck einer darin verborgenen Grund-Bedeutung:

> Die zu hören nicht Verstehenden noch zu sprechen (B19).

Dieses Fragment erschließt sich als Ausdruck der Reflexion des Menschen auf seinen Grundvollzug, wenn die vorgegebene Aufeinanderfolge von Hören und Sprechen im Sinne eines Ursache-Wirkung-Zusammenhangs verstanden wird. Als Voraussetzung des menschlichen Selbstvollzugs in der *vernünftigen Rede*[35] be-zeichnet das Hören das dem Aussprechen eines jeden Wortes ursprünglich zugrunde liegende Vernehmen des in seiner rationalen Verhältnishaftigkeit sprachlich darlegbaren Bedeutungszusammenhangs der Wirklichkeit.

Die in den zuletzt interpretierten Fragmenten indirekt angedeutete Rückgründung des menschlichen Selbstvollzugs der vernünftigen Rede in dem den Bedeutungszusammenhang der Wirklichkeit vernehmenden Hören bringt Heraklit in jenem Spruch ausdrücklich zur Sprache, in dem es ihm wie in keinem anderen gelingt, die einzelnen Momente des Denkweges seiner Tiefenphänomenologie des Hörens in der Konzentration auf die Einheit ihres Grundgedankens zu vermitteln:

> Nicht auf mich, sondern auf die Darlegung (Logos) gehört habend, ist es weise, zu entsprechen (homo-logein): eines alles (B50).

In diesem Fragment erschließt sich die Denkbewegung Heraklits insofern in ihrer Vollendung, als er hier die einzelnen Wegmarken seiner Reflexion auf den menschlichen Grundvollzug von ihrem Anfang beim Selbst bis zu ihrem Abschluss bei der All-Einheit in ihrer Bezogenheit auf die den Spruch syntaktisch tragende Wendung *es ist weise* aneinanderfügt, in der er inhaltlich die Antwort auf die ihn ursprünglich zum Denken bewegende Selbstinfragestellung findet.

Das in seiner *Philo-Sophie* als Ziel angestrebte *Weise-Sein*[36] konzipiert Heraklit, indem er die im zeitgenössischen Sprachgebrauch damit verbundenen Bedeutungsmomente im Zusammenhang des eigenen Denkens versteht. Im ursprünglichsten und zugleich konkretesten Sinn bezeichnet das Wort eine handwerklich-technische Fertigkeit.[37] Mit der Verselbstständigung der darin implizierten Sinnkonnotation des Sich-Verstehens auf

---

[35] Vgl. B114.
[36] Vgl. B32, 41, 108: sophon.
[37] Vgl. z. B. Homer, Ilias, 15,411 f.

schwierig durchschaubare Zusammenhänge wurde seine ursprünglich praktische Bedeutung auf die Lebensführung insgesamt ausgeweitet. Als Ausdruck für die Kunst des (Über-)Lebens inmitten der Bedingtheiten der Welt durch die Ein-Sicht in deren Verhältnisse erhielt die *sophie* ihre Bestimmung einer nicht auf Einzelgegenstände, sondern auf Gesamtzusammenhänge bezogenen Erkenntnis.

Die Bestimmungsmomente des eigenen Verständnisses des Weisen und damit seine Über-Lebens-Einsichten lässt Heraklit nun nicht dem Wort in der Art einer Definition folgen, sondern setzt sie ihm in einer Anordnung voran, in der zugleich der Weg zur Verwirklichung des Weisen und darin zur Bewältigung des Lebens zur Darstellung kommt. Indem Heraklit den Beginn des Spruches als von einem Partizip im Aorist abhängige Konstruktion formuliert, bringt er bereits auf der Ebene der sprachlichen Vermittlungsgestalt zum Ausdruck, dass das Weise-Sein und damit der Lebensvollzug des Menschen von einer tragenden Vorbedingung her ermöglicht ist. Diese benennt er als ein *Hören*, das seine Bestimmung aus dem ihm seinerseits – wiederum im Aufbau des Fragmentes wie der Sache nach – voraus-gesetzten Quellgrund erhält. Wie das von ihm in seiner Ursprünglichkeit für das Leben entdeckte Hören im Hinblick auf seinen eigenen Ursprung über das nach der geläufigen Vorstellung diesbezüglich Begegnende hinausgeht, macht Heraklit zunächst dadurch deutlich, dass er die gewöhnlich geltende Identifikation des letzten Bezugspunktes des Hörens mit der lautlich artikulierten Rede eines bestimmten Menschen verneint. Die von Heraklit intendierte Umorientierung der oberflächlichen Ausrichtung des Hörens auf seinen verborgenen Quellgrund gewinnt ihre Radikalität nun darin, dass er die Forderung, nicht auf die Verlautbarungen irgendeines Menschen zu hören, nicht etwa in ihrer allgemeinen Form, sondern mit ausdrücklichem Bezug *auf sich selbst* zur Sprache bringt. Die Fragment B50 eröffnende Wendung *nicht auf mich* offenbart ihre Bedeutung im Gesamtzusammenhang des heraklitischen Denkens, wenn man sie als die auf dem Weg zum Weise-Sein entdeckte abschließende Entsprechung zum anfanghaft zu Grunde liegenden *ich suchte mich selbst* von Fragment B101 versteht. Denn diese beiden Aussagen stellen die Spannungsmomente dar, zwischen denen sich Heraklits Denkweg erstreckt. Seine Selbstsuche gelangt deshalb mit der Abweisung vom eigenen Selbst ans Ziel, weil darin die Einsicht zum Ausdruck kommt, dass der Mensch in seinem Selbstvollzug auf die vorgängige Erschlossenheit seines ihm selbst nicht verfügbaren Grundes verwiesen ist, in dem er mit seinem Ursprung auch sich selbst findet. In den Worten *nicht auf mich* deutet Heraklit die seinem Denken eigene Einsicht an, dass die in der *vernünftigen Rede* zur Sprache kommende Einsicht niemals eine private ist, sondern sich im Grunde stets dem *allen* gemeinsamen Logos verdankt, den Heraklit im Folgenden als dasjenige bewusst macht, auf das es anstelle seiner Person auf dem Weg zum Weise-Sein zu hören gilt.[38]

---

[38] Vernünftige Rede: B114; vgl. B2.

In der Rede vom *Hören auf den Logos* vermitteln sich die Grund-Worte des heraklitischen Denkens aus der Einheit ihrer den verschiedenen Stationen einer Tiefenphänomenologie des Hörens entsprechenden Bedeutungsebenen. Wenn als deren erste wie bei den Fragmenten B1 und B34 das Vernehmen von Heraklits Diskurs zu bestimmen ist, so ist im vorausgesetzten *nicht auf mich* angedeutet, dass darin nicht irgendeine *Privateinsicht* (B2) zu Wort kommt. Diese Ebene konnte Heraklit in seinem Denken übersteigen, indem er sich gemäß der zweiten Bedeutungskonnotation des Hörens auf den Logos in einem Aushorchen der eigenen Sprache auf die in ihr verborgen gegebenen Winke über sich hinausführen ließ. Die Sprache verweist den ihr auf den Grund Gehenden auf die tiefste Sinnebene des dem Logos geltenden Hörens: Schließlich be-zeichnet es das Vernehmen des in jedem gesprochenen Wort ungesagt zur Sprache kommenden Bedeutungszusammenhangs der Wirklichkeit.

Im Hinblick auf seine Rückgründung im Hören auf den Logos bringt Heraklit den menschlichen Selbstvollzug in Fragment B50 durch das Wort *homologein* (ent-sprechen) zur Sprache, das es in der Einheit seiner verschiedenen Sinnebenen zu hören gilt. Zunächst bezeichnet das Wort das Ein-Vernehmen mit dem von Heraklit in seinem Diskurs Dargelegten. Da letztes aber nicht die Privateinsicht Heraklits ist, gilt die diesem entgegengebrachte An-Erkennung der darin zur Sprache gebrachten allen gemeinsamen Einsicht. Als Ausdruck für die verständige Aufnahme von Heraklits Darlegung be-zeichnet das *homologein* also zugleich das Ein-Verständnis der Einsichtigen im *allen* gemeinsamen Logos. Hört man aus dem Wort die auf die Sprache bezogene Sinnkonnotation von Logos heraus, so verweist es auf die Herkunft der von Heraklit in seinem Diskurs dargelegten Einsicht aus dem Aushorchen der Sprache auf die in ihr andeutungsweise gegebenen Winke in unscheinbare Zusammenhänge. Mit der Entdeckung des in der Sprache ungesagt zu Wort kommenden Bedeutungszusammenhangs der Wirklichkeit offenbart sich zugleich der verborgenste Sinngrund des *homologein*: Da das verhältnishaft strukturierte Wirklichkeitsgefüge in seiner Bestimmung als Ermöglichungsbedingung des menschlichen Selbstvollzugs in der vernünftigen Rede Logos ist, be-zeichnet das *homologein* schließlich den in jedem Sprechakt voraussetzungshaft gegebenen Rückbezug auf den verborgenen Quellgrund der Sprache. Im *homologein* bestimmt sich die Sprache aus dem Bewusstsein ihrer Verwiesenheit auf die vorgängige Erschlossenheit ihres Ursprungs.

Unter Berücksichtigung der im *homologein* vermittelten Bedeutungsvielfalt kann nun die syntaktisch davon abhängige Schlussformel von Fragment B50 interpretiert werden: Versteht man das *homologein* im Sinne des Ein-Verständnisses der Einsichtigen mit Heraklits Darlegung, so beschreibt das *eines alles* die Einsicht, in der dieses begründet ist. Da Heraklit die All-Einheit in einem Hören auf die Sprache als deren verborgenes Strukturprinzip entdeckt, ist darin die diesbezügliche Sinnkonnotation des *homologein* mit angesprochen. Infolge seiner Identifikation mit dem Bestimmungsgrund der Sprache bezeichnet das *eines alles* schließlich den in jedem Wort ungesagt mit ausgesprochenen Bedeutungszusammenhang der Wirklichkeit. Dass dieser der in der dritten Sinnkonnotation des *homologein* implizierte Bezugsgrund ist, deutet Heraklit an, indem er in der Beschreibung von dessen Struktur in Fragment B51 dasselbe Wort aufgreift (diapheromenon – homologeei) und dadurch auf die Bestimmung der in ihrer Verhältnishaftigkeit sprachlich darlegbaren Wirklichkeitsstruktur als den vom Menschen im *homologein* als seinem Selbstvollzug ursprünglich gehörten Logos anspielt. Fragment B51 ist für das Verständnis der in B50 als Ermöglichungsgrund des *homologein* entdeckten All-Einheit auch deshalb relevant, weil diese hier mit der *rückwendigen Fügung* wie von Bogen und Leier identifiziert wird. Darin ist angedeutet, was sich in der rückwendigen Verhältnisstruktur der Wirklichkeit ineinanderfügt: Bogen und Leier be-zeichnen als Attribute des Gottes Apoll Leben und Tod. Da in Anbetracht dieser Bestimmung des *eines alles* das *homologein* schließlich die Einfügung des Menschen in das immerlebendige Leben-Tod-Gefüge der Wirklichkeit be-deutet, ist damit der im *Weise-Sein* aufgegriffene Bezug auf die Lebensbewältigung durch Heraklits Denken vermittelt: Heraklits Weisheit besteht in der mittels der Selbstreflexion des Menschen gewonnenen Ein-Sicht in seine ursprüngliche Verwiesenheit auf die rückwendige Ineinanderfügung von Leben und Tod, der ge-horsam zu ent-sprechen dem Menschen in seinem Leben als *Bestimmung* (Ethos) aufgegeben ist.[39]

Die Annahme der Leben-Tod-Fügung der Wirklichkeit als desjenigen, auf das es im zum Weise-Sein führenden *homologein* zu hören gilt, findet darin eine Bestätigung, dass in Fragment B112 – wenn auch in zweifelhafter Textgestalt, so doch dem Gedanken nach genuin heraklitisch – die *Weisheit* ausdrücklich als der im *Hinhören auf die Physis* gegründete menschliche Selbstvollzug in Reden und Handeln bestimmt wird. Die bereits in B1 angedeutete Ent-Sprechung zwischen Logos und Physis ergibt sich schließlich aus dem Zusammenhang der Fragmente B123 und B93, der im gemeinsamen Wort *verbergen* angedeutet ist: Die sich zu verbergen liebende Physis von B123 wird in B93 mit der weder ausgesprochenen (oute legei), noch verborgenen (oute kryptei), sondern sich vielmehr zeichenhaft mit-teilenden Be-Deutung (alla semainei) identifiziert, die in der vernünftigen Rede des Menschen voraussetzungshaft gehört wird. Heraklits Tiefenphänomenologie des Hörens findet ihren Zielgrund in einer Logik mit Sigetik vermittelnden Semantik.[40]

---

[39] Vgl. B119: ethos; zu den ethischen Implikationen des Hörens auf den Logos nach Heraklit: Verf., Physis und Ethos bei Heraklit. Zum antiken Ursprung der thomasischen Lehre vom natürlichen Gesetz. In: H.G. Gruber u.a. (Hg.), Das Wagnis der Freiheit. Theologische Ethik im interdisziplinären Gespräch (Festschrift für J. Gründel). Würzburg 1999.

[40] »Sigetik« (Erschweigung) benennt nach Heidegger (Beiträge zur Philosophie [Vom Ereignis]. In: Gesamt-Ausgabe Bd. 65, 78 ff.) jenes der Logik ursprünglichere Wissen, das die winkend-anklingende Verborgenheit des Seyns als den wesenden Ursprung der Sprache denkt.

Schlussgedanke: Die tiefere Bedeutung des Hörens

Mit dem Ergebnis von Heraklits Tiefenphänomenologie des Hörens lassen sich nun die Grundzüge des Hörens insbesondere im Hinblick darauf zu Bewusstsein bringen, wie sie sich von denjenigen des Sehens unterscheiden. Dies soll hier in Anlehnung an Heideggers Heraklit-Interpretationen geschehen, deren in der gegenwärtigen Forschung nicht seiner Tragweite entsprechend rezipiertes Verdienst es ist, Heraklits Philosophie als eine Tiefenphänomenologie des Hörens erkannt und als Bezugspunkt eines (andersanfänglichen) Denkens verlebendigt zu haben, das den Primat des Sehens zugunsten der ursprünglichen Bedeutung des Hörens verwindet.[41] Die Bestimmung des Hörens auf den allen gemeinsamen Logos als Grundvollzug des Menschen hat Heidegger in seiner Interpretation von Fragment B50 besonders eindringlich vermittelt[42]: Heraklits Weisung, nicht auf ihn, sondern auf den Logos zu hören, entnimmt Heidegger, dass der Logos »etwas Hörbares, eine Art Rede und Stimme, aber offenbar nicht die Stimme eines Menschen, der durch Laute in der Verlautbarung redet«, ist. Das auf eine »lautlose Stimme« bezogene Hören bestimmt er als ein »Hinhören auf etwas«, von dem die Sprache sagt, dass wir dabei »›ganz Ohr‹ seien, weil wir jetzt ›das Ohr‹ und die Ohren vergessen haben – und nur hinhören, wobei wiederum nicht mehr das bloße Vernehmen wesentlich ist, sondern dies, dass das Vernehmliche uns mit – und an sich nimmt«. Dieses erst dort, »wo noch gar nichts verlautet«, rein gegebene Hinhören nennt Heidegger das »Horchen«. Die damit bezeichnete gesteigerte Aufmerksamkeit gilt »solchem, dem wir schon gehören in einer Hörigkeit, die nichts von Knechtschaft hat, weil diese ursprüngliche Hörigkeit, das Offensein für das Offene, die Freiheit selbst ist«. Im »Horchen als horchsamem Achten und als Gehorsam« bestimmt Heraklit den Menschen aus der Einsicht in die »ursprüngliche Hörigkeit seines Wesens. Der Erkenntnis, dass das menschliche Sprechen im Grunde ein »folgsames Nachsagen« ist, das »im horchsamen Hören auf den Logos entspringt«, entspricht die Bestimmung des Logos als desjenigen, was »die horchsame Zugehörigkeit des Menschen zum Sein in sich verwahrt«.[43] Die Erkenntnis, dass »das Selbst-Sein des Menschen das Angesprochensein von dem Logos« ist[44], vertieft Heidegger schließlich in seiner an Einfühlsamkeit unübertroffenen Deutung des Logos als »Zuspruch des Seins«, dem der Mensch in seinem Sprechen »ent-spricht« (*homologein*). In Heraklits »Philo-Sophie« erkennt Heidegger die »Ant-Wort« des mit dem An-Spruch des Seins übereinstimmenden (*homologein*) Menschen auf die »Stimme des Zuspruchs«.[45]

---

[41] Eine vergleichbare Intention verfolgt im Kontext der hermeneutischen Theorie und teilweise auch im Rückgriff auf Heraklit Manfred Riedel mit seiner »Akroamatik«; vgl. dazu: M. Riedel, Hören auf die Sprache. Die akroamatische Dimension der Hermeneutik. Frankfurt 1990.

[42] M. Heidegger, Heraklit. Logik. Heraklits Lehre vom Logos (Vorlesung SS 1944). In: Gesamt-Ausgabe, Bd. 55, 244 ff.

[43] M. Heidegger, Heraklit. Logik, 266 ff.

[44] Ebd., 358.

[45] Vgl. B35; M. Heidegger, Was ist das – die Philosophie. Pfullingen 1956. 21 ff; 32 ff.

Heideggers Exegese von Fragment 50 ist – insbesondere in ihrer zuletzt referierten, spätesten Ausprägung – für das Verständnis von Heraklits Grund-Gedanken deshalb aufschlussreich, weil darin die tiefste Einsicht von Heraklits Tiefenphänomenologie des Hörens zum Ausdruck kommt: In dessen Auslegung als Wechselspiel von Zuspruch und diesem ent-sprechender Ant-Wort wird deutlich, dass das Verhältnis zwischen dem ursprünglichen Logos und dem horchsamen Entsprechen des Menschen im Grunde auf der Beziehung von Geben und dankbarem Empfangen (*nicht auf mich!*) beruht. Dies entdeckt Heidegger, indem er letztere aus dem *Lieben* der von ihm mit Freundschaft für das Zu-Denkende[46] übersetzten heraklitischen Wortprägung philo-sophos heraushört und diese aus ihrem Zusammenhang mit jenem Spruch versteht, in dem Heraklit das *Lieben* von jener Wirklichkeit aussagt, auf die das horchsame Entsprechen des Menschen ursprünglich verwiesen ist: Die Physis liebt, sich zu verbergen. In seiner von der Übersetzung »Das Aufgehen dem Sichverbergen schenkt's die Gunst« ausgehenden Deutung dieses Spruches[47] stellt Heidegger das von dessen meisten anderen Interpreten nicht wörtlich genommene *Lieben* in den Mittelpunkt, um von diesem her den Grund-Gedanken des Fragmentes aufzuschließen: Weil wie der Zuspruch des Seins als der horchsamen Zugehör empfangener in jedem menschlichen (Ent-)Sprechen ursprünglich ge-geben ist, wird er von einem Gönnen und Gewähren durchwaltet. Als diese freie Mitteilungsbewegung hat er die Wesensart des in sich kehrigen Gegenschwunges[48] von Aufscheinen und Sichentziehen:

> Das Aufgehen gönnt dem Sichverschließen, dass es wese, weil das Sichverbergen selbst aus seinem »Wesen« dem Aufgehen dasjenige vergönnt, was dieses ist (...) Eines gönnt sich dem anderen und vergönnt so dem anderen die Freiheit seines eigenen Wesens, die in nichts anderem beruht, als in diesem das Verbergen und Entbergen durchwaltenden Gönnen.

Auf der Spur von Heideggers Interpretationen über diese hinausgehend lassen sich schließlich folgende Unterschiede zwischen der Bestimmung des Hörens zum menschlichen Grundvollzug bei Heraklit und derjenigen des Sehens in der späteren philosophischen Tradition aufweisen: Während das Sehen desto vollkommener sich verwirklichen kann, je statisch-bewegungsloser das von ihm Gesichtete ist, bleibt das Hören wesenhaft auf eine Wirklichkeit bezogen, die sich in lebendiger Dynamik auf es zu bewegt.[49] Von daher ist dem Sehen die Tendenz auf einen jeder Veränder-

---

[46] M. Heidegger, Heraklit. Der Anfang des abendländischen Denkens (Vorlesung SS 1943). In: Gesamt-Ausgabe, Bd. 55., 129.

[47] B123; M. Heidegger, Heraklit. Der Anfang des abendländischen Denkens 109 ff.

[48] Vgl. B51: rückwendige Fügung, ebenso M. Heidegger, Beiträge zur Philosophie (Vom Ereignis). In: Gesamt-Ausgabe, Bd. 65, 251 u.ö.

[49] Dahingehend auch: H.U. v. Balthasar, Sehen, Hören und Lesen im Raum der Kirche. In: Ders., Sponsa Verbi. Skizzen zur Theologie II. Einsiedeln 1961, 484–501, 485 ff.: »Das Auge ist das Organ des Besitzens und Beherrschens der Welt, die unmittelbare Widerspiegelung im sinnlichen Raum des begreifenden und vernünftigen Geistes. (...) Die andere Seite dieser Sachlichkeit bedeutet: Abstand, Distanz. Alle übrigen Sinne berühren in

lichkeit enthobenen meta-physischen Bereich eigen, wohingegen das Hören den aus der *Tiefe* des Offenbaren als die verborgene Physis sich zusprechenden Logos[50] vernimmt. Das Hören ist die Erkenntnisquelle eines bathy-physischen Denkens. Wird das Hören als der menschliche Grundvollzug begriffen, so erweist sich die höchste Aktivität des Menschen im Grunde als ein den Menschen in An-Spruch nehmendes passives Empfangen von etwas frei Sich-Mitteilendem. Der Bezug des Menschen zu seinem Grund offenbart sich so als ein gegenseitiges *Lieben*[51] das ereignishafte Geschehen von Zu-Spruch und Ant-Wort, in dem sich beide einander zueignen.

---

irgendeiner Weise ihren Gegenstand unmittelbar, sie haben zum mindesten einen Trieb, ihm möglichst nahe zu rücken. (…) Hören ist eine in allem verschiedene, fast entgegengesetzte Offenbarungsweise der Wirklichkeit. Es fehlt das Grundmerkmal der Sachlichkeit. Wir hören – im Dunkeln, wenn das Sehen verhindert ist – nicht Gegenstände, sondern deren Äußerungen und Mitteilungen. Darum sind nicht wir es, die das Gehörte von uns aus bestimmen und gegenständlich vor uns hinstellen, um uns ihm zuzuwenden, sondern das Gehörte fällt uns an, ohne dass wir im voraus verständigt werden, es nimmt uns ungefragt in Beschlag. Wir können uns nicht vorsehen und distanzieren. (…) Die Grundbeziehung zwischen Hörendem und Gehörtem ist also diejenige der Wehrlosigkeit einerseits, der Mitteilung andererseits. (…) In allem Lebendigen aber wird die Stimme zum großen Mittel der Selbstmitteilung. Nur sie erschließt das innere Geheimnis des Lebendigen, und die schwingende, gegenwartsvolle und unsichtbare Daseinsweise des Tones ist selbst der geeignetste, sinnbildlich vorbestimmte Träger dieser Offenbarung. (…) Auch in einem Gespräch zwischen Ebenbürtigen ist der jeweils Hörende in der untergeordneten Stellung demütigen Aufnehmens. *Der Hörer ist hörig und ge-horsam.*« – Zur Phänomenologie des Hörens vgl. auch folgende Textsammlung: R. Kühn/B. Kreutz, Das Buch vom Hören. Freiburg u. a. 1991.

[50] Vgl. B45: bathys logos.

[51] Vgl. B123, 35.

Leerheit gleich Gelassenheit

Zu einem Wesenszug radikaler Mystik

Hans P. Sturm

»Mystik, der wollüstige *Genuss* der ewigen Leere.«[1] Mit diesen Worten ist genau das ausgesprochen, was die Mystiker vom Schlage eines Meister Eckhart gelehrt zu haben scheinen. Mehr. Der philosophische Schriftsteller, der diese Einsicht festhielt, erkannte zudem, dass es sich derart nicht nur mit der abendländischen Mystik verhält, sondern dass auch die morgenländische, d.h. in diesem Falle die indische, derselben Leidenschaft frönt. »*Nichts* (oder Gott – das Verlangen nach einer unio mystica mit Gott ist das Verlangen des Buddhisten in's Nichts, Nirvāna – und nicht mehr!)«[2] Und an anderer Stelle nennt er dies »eine gesammt-indische Auffassung (…) ebenso brahmanisch als buddhistisch.«[3] Leider ist sowohl Friedrich Nietzsche, dessen Tiefsinnigkeiten wir hier wiedergaben, als auch ihren zahlreichen Nachbetern entgangen, dass die Vertreter der radikalen Mystik mit solchen und ähnlichen Formulierungen einen ganz anderen Sinn verknüpf(t)en als sie selbst. Das zu demonstrieren ist der Zweck meiner kleinen Studie. Am Beispiel je eines herausragenden Vertreters der buddhistischen sowie der christlichen und hinduistischen »Mystik« wird nachgewiesen, dass es sich bei deren Lehren nicht um eine »Gesammt-Hypnotisirung«[4], eine Weltflucht auf der Basis eines theoretischen Nihilismus handelt. Sie weist als Pervertierung zurück und deckt als Projektion auf, was der Messias des unersättlichen Willens zur Macht den wahrhaft Heiligen aller Himmelsrichtungen unterstellte:

> Was bedeuten asketische Ideale? (…) bei Heiligen endlich einen Vorwand zum Winterschlaf, ihre novissima gloriae cupido [letzte Ruhmsucht], ihre Ruhe im Nichts (»Gott«), ihre Form des Irrsinns. *Dass* aber überhaupt das asketische Ideal dem Menschen so viel bedeutet hat, darin drückt sich die Grundthatsache des menschlichen Willens aus, sein horror vacui: *er braucht ein Ziel*, – und eher will er noch *das Nichts* wollen, als *nicht* wollen.[5]

Der Vorwurf des Nihilismus gegen Lehren, die entweder als Resultat dialektischer Widerlegung, Intuition oder Übernahmen traditioneller Lehrgehalte das Wesen der Wirklichkeit, des Seins, als unbestimmt und unbestimmbar, d.h. »leer« bestimmten und aufgrund dessen forderten, dass der Mensch sich dieser Wahrheit angleiche, indem er in sich die psychischmentalen Funktionen stillestellt, darauf fußend das Bestimmen und »Anfüllen« der an sich bloßen und unbestimmten Realität geschieht, ist keine Besonderheit des Westens. Auch in Indien gehört die Strategie, unlieb-

---

[1] F. Nietzsche, Kritische Studienausgabe (15 Bde.). Hg. G. Colli/M. Montinari, München/Berlin/NewYork ²1988 (künftig KSA), 10.660.14 {24[26]}; vgl. KSA 11.14.32–15.4 {25[13]}.

[2] KSA 5.266.3–4.

[3] KSA 5.380.24–25; vgl. KSA 5.377.10–382.7; KSA 11.202.5–12 {26[199–200]}.

[4] KSA 5.380.12–13.

[5] KSA 5.339.9, 21–27. Zum Willen zur Macht vgl. Martin Heidegger, Nietzsche (2 Bde.). Pfullingen ⁴1961, 2.65.

same ideologische Gegner mehr durch Diffamierung denn durch Argumentation aus dem Felde zu schlagen, zum Geschäft philosophischer Polemik. Der historisch folgenreichste Fall ist hier sicherlich die Nihilismus-Anschuldigung des größten Hindu-Denkers Śaṅkara gegen den bedeutendsten buddhistischen Dialektiker Ārya Nāgārjuna und die von ihm gestiftete Lehre von der Leerheit (Śūnyavāda).[6] Dieser muss, wie Meister Eckhart, dessen diesbezügliche Gedanken wir darauffolgend vorstellen werden, die Missverständnisse vorausgesehen haben, die sein schonungsloses Philosophieren hervorrufen würde. So ist die Vermeidung und Abwehr eines absurden Nihilismus und die Warnung davor in der Lehre beider schon formuliert, und ich kann mich der Kürze halber auf die Zusammen- und Vorstellung der entsprechenden Originalpassagen beschränken. Natürlich geben sie jeweils nur einen Ausschnitt aus den hier diskutierten Gesamtlehren wieder. Da es sich dabei aber um Maximalbereiche des Sagbaren, den Übergang von der Theorie im modernen Sinne abstrakten Denkens zur Theoria als Schau, Einswerdung und Einssein mit dem Weisheitsziel handelt, von denen aus ein Gedankengebäude gemessen werden sollte und müsste, hält die hier präsentierte Selektion strengsten Kriterien der Interpretation stand, ohne zu vergessen, dass in ihr sowie in der Übersetzung und Kompilation ein nicht unbedeutendes Quantum der Deutung steckt.

»Die falsch wahrgenommene Leerheit (śūnyatā) vernichtet einen Dummkopf wie eine falsch angefasste Schlange oder ein schlecht gemeistertes Zauberwort/Wissen.«[7] So die Warnung Nāgārjuna's an diejenigen, die seine tiefgründige Philosophie zu oberflächlich bedenken. Doch worin besteht diese falsche Wahrnehmung der Leere? »Der Einwand aber, den du in bezug auf die Leerheit vorbringst, ist eine fehlerhafte Folgerung; bei unserem ›Leeren‹ trifft diese nicht zu.«[8] Sie beruht folglich auf einem falschen Schluss, einer Scheinwiderlegung. Diese Verkehrtheit wird in der unvergleichlichen Prägnanz Meister Nāgārjuna's entschieden abgewiesen:

---

[6] Darstellung mit Text- und Belegstellen der Primär- und Sekundärliteratur in Hans P. Sturm, Weder Sein noch Nichtsein. Der Urteilsvierkant (catuṣkoṭi) und seine Korollarien im östlichen und westlichen Denken. Würzburg 1996, 211–217, 238–241, 263–264. Ein weiteres Beispiel ist die Nihilismus-Unterstellung Śrī Aurobindo's hinsichtlich des Advaita Vedānta und Madhyamaka, vgl. op.cit. 228–230.

[7] Nāgārjuna, Mūlamadhyamakakārikā 24.11, Hg. Louis de la Vallée Poussin, Mūlamadhyamakakārikās de Nāgārjuna [künftig MMK] avec la Prasannapadā Commentaire de Candrakīrti [künftig MMKV]. Osnabrück 1970 (Neudruck der Ausg. 1903–1913): vināśayati durdṛṣṭā śūnyatā mandamedhasaṃ | sarpo yathā durgṛhīto vidyā vā duṣprasādhitā ||. Vgl. Candrakīrti's Kommentar MMKV 495.1–498.2. Eine Diskussion, wie man dazu kommen kann, der Mittelwegschule einen rohen Nihilismus vorzuhalten, und wie deren Vertreter selbst den Nihilismus für schlimmer denn den Ontologismus hielten, findet sich in meinem Buch H.P. Sturm, Weder Sein noch Nichtsein, 152–153, 190–191 (mit Belegstellen aus dem Schrifttum des Madhyamaka).

[8] MMK 24.13: śūnyatāyām-adhilayaṃ yaṃ punaḥ kurute bhavān | doṣa-prasaṅgo nāsmākaṃ sa śūnye na-upapadyate ||. Vgl. MMK 24.12–15 mit Candrakīrti's Kommentar MMKV 498.3–502.5; Nāgārjuna, Ratnāvalī 2.18–24 (118–124), Jeffrey Hopkins/Lati Rimpoche/Anne Klein (Übers.), The Precious Garland and The Song of the Four Mindfulnesses. Delhi et al. ¹1975.

»Wenn irgend etwas Nichtleeres wäre, wäre irgend etwas ›leer‹ Genanntes möglich; nicht ist [gibt es] jedoch irgend etwas Nichtleeres, um wieviel weniger wird [dann] Leeres sein.«[9] Das nihilistische Missverständnis hinsichtlich der Vacuität besteht also in dem, was in Abwandlung der Whitehead'schen »Fallacy of misplaced concreteness«[10] Trugschluss der unangebrachten Absolutheit genannt werden könnte. Leere und Nicht-leere sind, wie alles, was irgend etwas ist, qua sich gegenseitig definieren-der Gegensätze (dvandvau) bezüglich und selbst leer, nichts und nichtig. Und somit geht es ihnen wie den Antonymen Sein und Nichts. »Wenn Ist-heit ist, dann Nicht-Istheit, so wie wenn Langes [auch] Kurzes ist, und da Istheit ist, wo Nicht-Istheit ist, daher ist beides nicht.«[11] In letzter Hin-sicht mögen diese zwei samt Kombinationen deshalb auch nicht ausgesagt werden (na vaktavyam (…) bhavet); zum Zwecke des Begreifens, des Fin-gerzeigs auf das Wahre aber werden sie ausgesprochen (prajñapty-artham tu kathyate). Derart ist »Leerheit« (śūnyatā) nichts anderes als ein Begriff (prajñapti), der sich auf das bedingte Entstehen (pratītya-samutpādaḥ), Wesen der Wandelwelt, bezieht (upādāya).[12]

Hat das begriffliche, diskursive, vorstellende Denken seinen Dienst getan, die Bezüglichkeit von allem und jedem einsichtig zu machen, das Wesen (svabhāva) des Seienden/Gewordenen (bhāva) bloßzulegen, indem seine Wesenlosigkeit (niḥsvabhāvatā/śūnyatā) aufgedeckt wird[13], dann wird es entlassen. »Durch die Siegreichen wurde die Leerheit (śūnyatā) als das Ablassen/Abgehen (niḥsaraṇam) von allen Anschauungen verkündet; diejenigen, denen aber die Anschauung von der Leerheit (śūnyatā-dṛṣṭis-) [eigen] ist, sind unheilbar genannt worden.«[14] Dieses Lassen soll jedoch

---

[9] MMK 13.7: yadyaśūnyam bhavetkim citsyācchūnyamiti kim cana | na kim cidastyaśūnyam ca kutaḥ śūnyam bhaviṣyati||.

[10] Vgl. Alfred North Whitehead, Science and the Modern World. Cambridge 1953 ([1]1926) 64, 70; ders., Process and Reality. An Essay in Cosmology. Hg. David Ray Griffin/ Donald W. Sherburne, New York/London 1978 (corrected edition) ([1]1929), 7, 18.

[11] Nāgārjuna, Acintya-Stava 13: astitve sati nāstitvam dīrghe hrasvam tathā sati | nāstitve sati cāstitvam yat tasmād ubhayam na sat||. Die Stotra's oder Stava's (Hymnen) Nāgārju-na's und sein Werk Yuktiṣaṣṭikā werden zitiert nach Fernando Tola/Carmen Dragonetti (Hg./Übers.), On Voidness. A Study on Buddhist Nihilism. Delhi 1995; vgl. Nāgārjuna, Śūnyatāsaptati. 19–20, Christian Lindtner (Hg./Übers.), Nāgārjuniana. Delhi et al. 1987 (1st Ind. ed.; [1]1982). Die epistemologische Zurechtweisung falscher Einwände gegen die Doktrin von der Leerheit (śūnyatā) findet sich vor allem in der zweitwichtigsten Schrift des Ārya: Nāgārjuna, Vigrahavyāvartanī (skr./engl.). E.H. Johnston/Arnold Kunst (Hg.), Kamaleswar Bhattacharya (Übers.), The Dialectical Method of Nāgārjuna. Delhi et al. [2]1986 ([1]1978).

[12] Vgl. MMK 22.11 bzw. MMK 24.18.

[13] Vgl. Christian Lindtner, Madhyamaka Causality. In: Hōrin. Vergleichende Studien zur japanischen Kultur 6 (1999) 37–77; 46, 50.

[14] MMK 13.8: śūnyatā sarvadṛṣṭīnām proktā niḥsaraṇam jinaiḥ | yeṣām tu śūnyatādṛṣṭistānasādhyān babhāṣire||. Vgl. MMK 27.30, den Schlussvers der »Kārikā«, in dem Buddha gepriesen wird, aus Mitleid/Erbarmen (anukampām) die gute/wahre Lehre (sad-dharmam) vom Aufgeben aller/Ablassen von allen Anschauungen (sarva-dṛṣṭi-prahāṇāya) verkündet zu haben (adeśayat); ders., Yuktiṣaṣṭikā 42; 50; ders., Ratnāvalī 1.75–76 (75–76). MMKV, 247–249, mit dem Gleichnis vom Abführmittel (Kathartikon), das sich selbst mit abführen muss.

nicht die oberflächliche Proteus-Mentalität des Halbherzigen, Wankel-
mütigen, Zauderers und von nichts überzeugten Zweiflers charakterisieren, sondern stellt eine entschiedene Generalepoché dar, die alle
Geist- und Gemütsregungen in tiefste Ruhe und Stille versetzt. »Die
ambrosische Lehre von der Leerheit ist die Destruktion aller Vorstellungen [Vorsätze/Konzepte]; wer aber daran festhält, der [wurde] von Dir
ein Verlorener [genannt].«[15]

Nachgefragt: Nachdem sich herausgestellt hat, dass es in Wahrheit und
Wirklichkeit gar nichts zu begreifen gab, weil alles nichtig und leer ist,
wie sollte es da einen Sinn ergeben, davon abzulassen? Es wäre für den
Konsequenzialismus (Prāsaṅgika) – der Name leitet sich von prasaṅga-
āpādana, Konsequenzenziehen, reductio ad absurdum ab und bezeichnet
eine der beiden Schulrichtungen des von Nāgārjuna gestifteten Mittel-
wegbuddhismus (Madhyamaka) – es wäre für die Aporetik des Madhyamaka schon ein Mangel an Folgerichtigkeit, diesen Einwand nicht bereits
im voraus berücksichtigt zu haben und auch noch die Lehre von der Leerheit und Gelassenheit gelassen zu haben. »Nicht wurden die Beruhigung
(upaśamaḥ) allen Er-/Begreifens (upalambha), die Beruhigung (upaśamaḥ)
der Vorstellungsentfaltung (prapañca), die Seligkeit vom Buddha irgendwo irgendwem als irgendeine Lehre/Sache dargelegt.«[16]

Diese Zusammenschau der transformativen Bedeutung des Leerheits-
gedankens innerhalb der Grundlehre des Mahāyāna sollte zeigen, dass
sowohl die Unterstellung des Nihilismus als auch einer dualistisch-trans-
zendentistischen Hinterwelttheorie jeglicher Basis entbehrt. Weder wird
von ihr die Leerheit als Nichts im absurden Sinne verstanden – auch wenn
der Terminus śūnyatā in Zentral- und Ostasien von Buddhisten selbst mit
Nicht(s) (chin. wu) übersetzt wurde – noch wird überhaupt eine metaphysische Letztbestimmung des Seins beansprucht, die nach der Heideggerschen Einschätzung der Metaphysik als Nihilismus allein schon den
Vorwurf des Nihilismus rechtfertigte.[17] Weiter soll nun aufgewiesen werden, dass auch Meister Eckhart, die von ihm vertretene Mystik und damit
indirekt die Platonik, d. h. eine Hauptrichtung abendländischer Philosophie derartigen Widersinnigkeiten fernsteht.[18] Wegen des beschränkten
Platzes kann dies hier nicht entlang der relevanten Topoi zur universalen

---

15 Nāgārjuna, Lokātīta-Stava 23: sarva-saṃkalpa-nāśāya śūnyatā-amṛta-deśanā | yasya
    tasyām api grāhas tvayā-asāv avasāditaḥ ||. Zur Beruhigung und Stilllegung der pluralen
    Vorstellungsgehalte (prapañca-upaśama/draṣṭavya-upaśama) vgl. MMK 5.8; 22.15; 18.9;
    Dedikationsvers (MMKV, 11.13–16) und MMKV, 538.5–9. Nāgārjuna, Ratnāvalī 1.42
    (42), wo Nirvāṇa als Verschwinden/Destruktion des Festhaltens/Be-Greifens/Vorstel-
    lens von Seiendem und Nichtseiendem (bhāva-abhāva-parāmarśa-kṣaya) definiert ist
    (Sanskrit-Text aus C. Lindtner, Nāgārjuniana, 164).
16 MMK 25.24: sarvopalambhopaśamaḥ prapañcopaśamaḥ śivaḥ | na kva citkasya
    citkaściddharmo buddhena deśitaḥ ||.
17 Vgl. M. Heidegger, Nietzsche, 2.49–55; 2.343–377.
18 Vgl. Karl Albert, Über Platons Begriff der Philosophie. Sankt Augustin ¹1989, 65: »Was
    z. B. Heidegger gegen die Metaphysik vorbringt, trifft nur für die Metaphysik im Sinne
    des Aristoteles zu, nicht aber für Plotin, Augustinus, Pseudo-Dionysius, Meister Eck-
    hart, Böhme, Lavelle und viele andere.«

Ununterschiedenheit (indistinctio/âne underscheit)[19] und Nichtheit geschehen, die im Gesamtwerk des Magisters aus Hochheim mit der Thematik von Gelassenheit, Abgeschiedenheit und Passionslosigkeit in Verbindung stehen. Es soll demgegenüber eine ausgewählte Stelle aus der
Predigt »Intravit Iesus in quoddam castellum« analysiert werden, welche
die häufig missverstandene Zentralidee des dominikanischen Seelenführers von der Abgeschiedenheit in den für unsere Fragestellung relevanten
Aspekten von Leere und Lassen auf eine derart hintersinnige Weise birgt
und verbirgt, dass auf ihren möglichen Doppelsinn bisher niemand aufmerksam wurde.

In dieser Predigt stellt der mittelalterliche Lese- und Lebemeister die
Frage, um die es uns hier zu tun ist, die Frage nach der Möglichkeit, »von
allen Namen frei und von allen Ideen bloß, ledig und frei«[20] zu sein, sogar
selbst.

> Seht, nun konnte man fragen, wie ein Mensch, der geboren ist und fortgediehen bis in
> vernunftfähiges Leben, wie der so ledig sein könne von allen Bildern, wie da er noch
> nicht war, und dabei weiß er doch vieles, das sind alles Bilder; wie kann er dann ledig
> sein?[21]

Folgendes gibt er anschließend zur Antwort:

> Wäre ich derart vernünftig, dass alle Bilder, die alle Menschen je empfingen und die in
> Gott selber sind, auf vernünftige Weise in mir stünden, hätte ich sie inne ohne Eigen-
> schaft [Eigentümlichkeit/Eigentum/Eigenheit/Eigensinn] (âne eigenschaft), so dass ich
> keines mit Eigenschaft [Eigentümlichkeit/Eigentum/Eigenheit/Eigensinn] (mit eigen-
> schaft) be-/ergriffen (begriffen) hätte, im Tun oder Lassen, mit Vor oder mit Nach, mehr:
> dass ich in diesem gegenwärtigen Nu frei und ledig stünde (…) in der Wahrheit, so wäre
> ich Jungfrau ohne Hindernis aller Bilder, so wahr als ich war, da ich nicht war.[22]

---

[19] Eine von K. Ceming zusammen- und mir zur Verfügung gestellte Liste von Zitaten zur
äußerst wichtigen Doktrin von der Ununterschiedenheit, wie sie hinsichtlich des Göttlichen auf der einen, des Kreatürlichen auf der anderen Seite und des beidseitigen Bezugs
im lateinischen und deutschen Werk thematisiert ist, umfasst ca. zwei Dutzend Ein-
tragungen.

[20] ‹Meister› Eckhart, Die deutschen Werke (Bde. 1–3 u. 5). Josef Quint (Hg./Übers.), Stuttgart 1958–1976 (künftig DW) 1.40.1–2: »von allen namen vrî und von allen formen blôz,
ledic und vrî«.

[21] DW 1.25.2–5: »Sehet, nû möhte man vrâgen, wie der mensche, der geborn ist und vor gegangen ist in vernünftic leben, wie er alsô ledic müge sîn aller bilde, als dô er niht enwas,
und er weiz doch vil, daz sint allez bilde; wie mac er denne ledic sîn?« Übersetzung von
DW 1.434.

[22] DW 1.25.6–26.3 mit Auslassung: »Wære ich alsô vernünftic, daz alliu bilde vernünf-
ticlîche in mir stüenden, diu alle menschen ie enpfiengen und diu in gote selber sint, wære
ich der âne eigenschaft, daz ich enkeinez mit eigenschaft hæte begriffen in tuonne noch
in lâzenne, mit vor noch mit nâch, mêr: daz ich in disem gegenwertigen nû vrî und ledic
stüende (…) in der wârheit sô wære ich juncvrouwe âne hindernisse aller bilde als ge-
wærliche, als ich was, dô ich niht enwas.« Eigene Übersetzung in Anlehnung an Bernhard Welte, Meister Eckhart. Gedanken zu seinen Gedanken. Freiburg/Basel/Wien 1992
(durchges. Neuausg.) 33³. Parallel zu lesen DW 1.8.9–14.4. Rulman Merswin (1307–1382),
in: Auguste Jundt, Histoire du panthéisme populaire au moyen âge et au seizième siècle.
Frankfurt/M. 1964 (Nachdruck der Ausg. Paris 1875), 219: »Hätte ich all die Bilder in
meiner bildlichen/vorstellenden, sinnlichen Vernunft, die alle vernünftigen Menschen je
empfingen, und wäre es so, dass ich der Bilder ledig stünde, ohne Eigenschaft [Eigen-
tümlichkeit/Eigentum/Eigenheit/Eigensinn], sowohl im Tun wie im Lassen, wenn ich in

Der entscheidende mittelhochdeutsche Terminus dieses Passus lautet »eigenschaft«. »Das Wort schillert (...) zwischen lat. *proprietas* und *qualitas*, zwischen nhd. ›Eigentum‹, ›Eigenheit‹, ›Eigenschaft‹, ›Eigentümlichkeit‹, ...«[23] Hierin stellt es eine Fortschreibung des antiken Begriffs ἴδιον oder ἰδίωμα dar, das in die römische Philosophie als »proprium« Eingang fand, und distinktes und distinguierendes Charakteristikum, (Unterscheidungs-) Merkmal bedeutet. Man kann annehmen, dass Eckhart in seinen weisheitlichen Unterweisungen diese Doppelsinnigkeit ausgespielt hat. Beide Bedeutungen sind für die Doktrin der Ledigkeit, Bloßheit und Leerheit gleichermaßen wichtig. Grammatikalisch kann das »ohne Eigenschaft« sowohl adjektivisch als Bestimmung der Ideen, einschließlich der Idee des Ich, wie auch im Sinne eines Präpositionalausdrucks mit adverbieller Bedeutung verstanden werden, als die Art und Weise des Bezugs der Ideen zum Ich bzw. des Ich zu den Ideen. Danach wiese die Nichtvorhandenheit von »Eigenschaft« und »Eigentümlichkeit« auf der adjektivischen Bedeutungsebene darauf hin, dass die Worte, Bilder, Ideen, Vorstellungen und das »Ich« selbst als leer, unbestimmt, unspezifisch, ohne eigentümlichen Gehalt, Eigensein und ein eigenes Merkmal, d. h. gehalt-, wesen- und merkmallos aufgefasst werden können.[24] Diese zugegebenermaßen

---

diesem gegenwärtigen Nu frei und ledig wäre, so stünde ich ohne Hindernisse durch alle Bilder, so wahr als ich es damals war, als nicht war.« (Hette ich alle die bilde in miner bildelichen sinnelichen vernunft die alle vernünftige menschen ie empfingent, und were es das ich der bilder ledig stúnde one eigenschaft beide mit tuonde und mit lossende, ehte ich in diseme gegenwertigen nuo fri und lidig were, [...] so stunde ich sunder hindernisse aller bilde alse gewerliche alse do ich nút enwas.) Vgl. ‹Meister› Eckhart, in: Franz Jostes, Meister Eckhart und seine Jünger. Freiburg/Schweiz 1895, 92.23–25, Nr. 82 (meine Text-Emendation): »Dessen seid sicher: solange sich der Mensch in der Tugend mit Eigenschaft seiner selbst erhält, [so] soll er nimmermehr die Frucht der Tugend kosten und besitzen, die nichts anderes ist als den Gott der Götter in Zion zu schauen.« (Dor um sen seit sicher: als lang als der mensch sich mit eigenschaft sein selbs behelter in der tugent, so en sol er nimmer mer gesmaken noch besitzen di fruoht der tugent, di niht anders ist denn got der goter schawen in Syon.)

[23] J. Quint (Hg./Übers.), DW 1.434¹.

[24] Vgl. ebd., 5.486, wo »eigenschaft« (DW 5.41.20) ohne weiteres mit »Eigenschaft« übersetzt wird. Zudem kann vorgebracht werden, dass gegen Ende unserer Predigt das mhd. Wort »eigenschaft« eindeutig im modernen Wortsinne gebraucht wird, vgl. DW 1.43.3–44.2: »Got selber luoget dâ [in das eine und einfältige Bürglein oberhalb aller Weise und aller Kräfte] niemer în einen ougenblik und geluogete noch nie dar în, als verre als er sich habende ist nâch wîse und ûf eigenschaft sîner persônen. Diz ist guot ze merkenne, wan diz einic ein ist sunder wîse und sunder eigenschaft. Und dar umbe: sol got iemer dar în geluogen, ez muoz in kosten alle sîne götlîche namen und sîne persônlîche eigenschaft; daz muoz er alzemâle hie vor lâzen, sol er iemer mê dar în geluogen. Sunder als er ist einvaltic ein, âne alle wîse und eigenschaft: dâ enist er vater noch sun noch heiliger geist in disem sinne und ist doch ein waz, daz enist noch diz noch daz.« Obwohl sich der Herausgeber und Übersetzer der Gesamtausgabe große Mühe gibt, seine eindeutige und somit einseitige Übersetzung von »eigenschaft« in Richtung Eigentumsanspruch durchzuhalten, kann er doch nicht umhin, in der angegebenen Passage das 1. Mal mit »Eigenschaft« (Anführungszeichen im Text) und des weiteren jedesmal mit Eigenheit zu übersetzen, vgl. J. Quint (Hg./Übers.), DW 1.437. Als Vergleichsstellen zur Lehre, dass die Ideen nichtseiend bzw. nicht ansichseiend sind, vgl. ‹Meister› Eckhart, Die lateinischen Werke (Bde. 1–5 u. 1.2). Konrad Weiss et al. (Hg./Übers.), Stuttgart 1956–1992 (künftig LW) 5.44.6, 43.13–44.6, 52.1–11; DW 1.269.1–7.

kühne, bisher nicht in Erwägung gezogene Lesart, wird gestützt durch die auf Anaxagoras resp. Aristoteles zurückgehende Lehre von den nicht-seienden Ideen und dem Geist als leerer Tafel (tabula rasa)[25], die Eckhart schon in seinen *Pariser Quaestionen* entwickelt hat[26], worüber ein moderner Forscher festhielt: »... die kognitive Form ist ein pures Verhältnis zum Seienden. (...) Wenn Seiendes ist und das ist, was es ist, dann ist die kognitive Form (...) Nichtseiendes.«[27]

Stellt man aber auf die adverbielle Konnotation der Wendung ab, so bezeichnet die Eigenschaftslosigkeit den Verzicht auf »Leibeigenschaft«, »Eigentum« und »Besitz« hinsichtlich der Sprache, Ideen oder Bilder und seiner selbst, d.h. das Aufgeben des sie und sich Habenwollens, des »Eigen-Sinns« ganz allgemein: Selbstlosigkeit, Seinlassen, Gelassenheit, geistliche Armut oder einfach ἐποχή.[28] Von diesem Blickwinkel aus erscheint die recht freie Übersetzung der kritischen Gesamtausgabe konsequent: »Wäre ich von so umfassender Vernunft, daß alle Bilder (...) in meiner Vernunft stünden, doch so, daß ich so frei von Ich-Bindung an sie wäre, daß ich ihrer keines im Tun noch Lassen, mit Vor noch mit Nach als mir zu eigen ergriffen hätte ...«[29] Wie sollte das aber geschehen können, wenn die Begriffe, Bilder und Formen an sich, essentiell, unser Wesen substantiell bestimmend, und nicht vielmehr selbst leer und ohne eigentüm-

---

[25] Vgl. Hermann Diels/Walther Kranz, Die Fragmente der Vorsokratiker (3 Bde., gr./dt.). Zürich/Hildesheim ⁶1972–1985 (Nachdruck) 2.37–39, Anaxagoras, Fragment B 12. Aristoteles, De anima Γ.4.429ᵇ31–430ᵃ2, Horst Seidl (Übers.), Wilhelm Biehl/Otto Apelt (Hg.), Über die Seele. Hamburg 1995.

[26] Vgl. LW 5.47.15–48.2, 50.1–5, 53.16–18. Stellenverzeichnis für dieses Theorem, das sich durch das gesamte Werk Eckharts zieht, bei J. Quint (Hg./Übers.), DW 5.80⁸⁹.

[27] John D. Caputo, The Nothingness of the Intellect in Meister Eckhart's »Parisian Questions«. In: The Thomist 39 (1975). Washington/DC 85–115; 109.

[28] Hierher gehört auch die Unterscheidung zweier Gattungen von Gottgefälligen bei Jan van Ruusbroec, Opera omnia, Bd. 10 (mnl./engl./lat.), G. de Baere/Th. Mertens/H. Noë (Hg.), A. Lefevere/L. Surius (Übers.), Corpus Christianorum Continuatio Mediaeualis CX. Turnhout 1991, 135.388–398 (Vanden blinkenden steen): a) die heimlichen Freunde und b) die verborgenen Söhne Gottes. Erstere besäßen ihre Innerlichkeit (inwindicheit) »met eyghenscap«, »mit Eigenschaft«, »in selbstbewusster Weise«, wie die anschließend zitierten Autoren formulieren, und fänden in der Einung immer Unterschied und Andersheit zwischen sich und Gott. Paul Mommaers/Jan van Braht, Mysticism Buddhist and Christian. Encounters with Jan van Ruusbroec. New York 1995, 67: »... *met eyghenscap*. Diese mittelniederländischen Wörter lassen sich nicht leicht ins moderne Englisch übersetzen, sie implizieren im Allgemeinen aber so etwas wie den Sinn: ›Selbstbesitz‹ (own-ownership), ›Eigentümertum‹ (proprietary-property). Sie sagen: ›Dies ist mein‹.« Wie Ruusbroec die verborgenen Söhne Gottes charakterisiert, wird in meinem Buch *Epoché, Yoga und die Reduktion der Phänomenologie*, das demnächst in Druck gehen wird, durch Zitation und Übersetzung des Originaltexts aufgewiesen.

[29] Vgl. DW 1.434. Diese gängige Lesart wird u.a. bekräftigt durch eine Originalpassage in F. Jostes, Meister Eckhart und seine Jünger, 93.12–14, Nr. 82: »Ich will nicht sagen, dass dieses Sein/Wesen der Seele so zunichte werde wie es war, ehe es geschaffen wurde, vielmehr soll man diese Vernicht(ig)ung gemäß dem [Ablassen vom] Behalten und Besitzen verstehen.« (Niht enwil ich sprechen, daz dizz wesen der sele also zu niht werd, alz ez waz, ee ez geschaffen wuord, mer dis vernihtigung di sol man verstan noch der behaltuong und der besitzung.) Zur Zuschreibung des Texts und dem Sinn der Noch-nicht-Geschaffenheit vgl. Katharina Ceming, Mystik und Ethik bei Meister Eckhart und Johann Gottlieb Fichte. Frankfurt/M. et al. 1999, 61¹⁸⁴.

liches Charakteristikum, »ohne Eigenschaft« wären, was wiederum nicht sein könnte, wäre nicht das Wahrgenommene, das Seiende selbst eitel (im alten Wortsinne) und nichtig?[30]

Ein drittes und letztes Mal wollen wir den Weg zwischen der Leerheit als ontologisch-noologischer Kategorie und der Gelassenheit als ihrem ethisch-praxiologischen bzw. soteriologischen Pendant durchgehen, dieses Mal allerdings in Gegenrichtung, von dieser zu jener. Das hat seinen Grund in der Lehre, entlang der wir vorwärts schreiten, dem Yoga des Patañjali. Er stellt nicht nur die vorwiegend exerzitienspezifische (meditationstechnische) Seite des ansonsten prinzipientheoretischen Sāṃkhya innerhalb der sechs paarweise zusammengehörigen orthodoxen Weltanschauungen oder Philosophiesysteme (ṣaḍ-darśana) der Hindus dar[31], vielmehr wurde seine systematische psycho-physische Übungsmethodik sehr bald schon Kanon und Grundlage aller indischen, ja asiatischen Heilslehren. Unter Berücksichtigung dieser praktischen Ausrichtung können wir beim Yoga von einer Heilspragmatik sprechen, deren Ziel die Abgeschiedenheit oder Absolutheit (kaivalya) des anfanglosen Selbst, inneren Menschen oder Ursubjekts (ātman/puruṣa) von den Verstrickungen dieses in die Bande der aus drei Urqualitäten (tri-guṇāḥ) bestehenden, immerwährenden Natur (prakṛti) darstellt. Dieser Zustand geht mit einer vollständigen Gleichmütigkeit, Indifferenz, Leidenschaftslosigkeit oder Gelassenheit einher. Um dieses Zentrum kreisen auch die Spekulationen des Pātañjala-Yoga als »Metaphysik«. Deshalb sind sie im Gegensatz zu den beiden Lehren, die oben dargestellt wurden und die (in unterschiedlichen Weisen und Graden) im Zuge einer abstrakten Analyse von Welt und Mensch mittels (reflexions-)logischen Schlusses zu einem Postulat von praktischer Tragweite gelangen, der Erlangung von Gelassenheit, eher phänomenologischen Charakters. Es ist nun wirklich interessant nachzuzeichnen, wie sich in den Betrachtungen des Yoga-Sūtra, wohl nicht so sehr aus Gründen rationaler Konsistenz, sondern eher kraft Intuition, trotz des und gegen den darin vertretenen realistisch-ontologischen Dualismus – der allerdings von einem Monotheismus (Seśvara-Sāṃkhya) überwölbt ist – der damit einhergehende gnoseologische Monismus, der erst die Ganzwerdung sichert, seine scheinbar nihilistische Geltung verschafft.[32] Wieder soll vorwiegend der Originaltext selbst sprechen.

---

[30] Das Theorem von Nichtigkeit, Wesenlosigkeit, Bedingtheit und Eigenschaftslosigkeit des Kreatürlichen, Seienden, zieht sich durch das gesamte Werk des Predigers, besonders durch das deutschsprachige. Eine zentrale Stelle, die die Nichtheit von Kreatürlichem und Gottheitlichem in dialektischem Widerspiel vorführt, die, positiv gewendet, dem duplex esse, dem doppelten Sein (LW 1.63, 238.1, 239.16–240.2, 242.1–2, 674.4, 676.7) entspricht, findet sich in DW 3.211.5–212.2, 222.11–231.5.

[31] Vgl. Chandradhar Sharma, A Critical Survey of Indian Philosophy. Delhi et al. 1991 (repr. from ¹1960) 169: »Für alle praktischen Zwecke können Sāṅkhya und Yoga als die theoretische und praktische Seite desselben Systems behandelt werden.« Auf die metaphysischen Unterschiede kann hier nicht eingegangen werden.

[32] Zum monistischen »Nihilismus« des Vedānta und seiner Ähnlichkeit zum buddhistischen vgl. Louis de la Vallée Poussin, Nihilism (Buddhist). In: James Hastings (Hg.), Encyclopaedia of Religion and Ethics Vol. 9. Edinburgh/New York 1971 (¹1917) 372–373; 372.

Durch die Verwirklichung von Wohlwollen/(Nächsten-)Liebe, Mitleid/Mitempfinden, Güte [Sanftmut/Heiterkeit/Mitfreude] und Gleichmut [Gelassenheit/Gleichgültigkeit] (upekṣā) gegenüber Freud' und Leid, Verdienst und Schuld [wird] ein heiteres Gemüt [Geistesklarheit/Gemütsruhe] (citta-prasādanam) [erlangt].[33]

Mit dieser Feststellung, die als ethische Anweisung und Zielbeschreibung ihrer Beachtung zufolge zu verstehen ist, sind wir nicht nur mit einer Lehrweise von Philosophie konfrontiert, die im Abendland seit der Aufklärung anscheinend vergessen wurde, der Weisheitsliebe als Lebensform[34], wir hätten die uns selbst gestellte Aufgabe – nachzuweisen, dass im »Yoga-Sūtra«, dem »Leitfaden des Yoga«, Leerheit als Gelassenheit verstanden wird – eigentlich schon gelöst, indem wir aufzeigten, dass das Weisheitsziel dort mit dem Begriff citta-prasādana: heiteres, reines, abgeklärtes, durchsichtiges, pures, besänftigtes Bewusstsein oder Gemüt, Geistesklarheit und Gemütsruhe beschrieben wird. Jedoch, so einfach wollen wir es uns nicht machen, schließlich könnte man einwenden, dass es jenseits der Transparenz von Gemüt und Geist des Yogis selbst auch noch die Dinge, die Welt als ganze gäbe, die dieser Ausgeräumtheit und Freiheit von allen Gehalten augenscheinlich nicht entsprächen. Wie verhielte es sich außerdem mit den Bewusstseinsinhalten und Ideen im Allgemeinen? Was taugten diese, wenn sie jene nicht repräsentierten und zu bestimmen in der Lage wären, wie das bei einer vollkommenen Inhaltsleere zuträfe?

Patañjali beantwortet diese Fragen in seiner Phänomenologie des Bewusstseins auf seine Weise. Sie hebt dramatisch mit der Definition von »Yoga« an. Alles Weitere besteht eigentlich in einer Auslegung des darin Implizierten. »Yoga [Vereinigung, Einung, Verbindung, Anschirren, Anjochen, Unterjochung] ist das Ruhigstellen der Funktionen des Geistes/Gemüts.«[35] Ist dieses An- und Zurückhalten, Inhibieren, Stillstellen, Stilllegen, Unterbinden, diese ἐποχή (nirodha) aller Verwirbelungen, Modifikationen, Funktionen, Bewegungen, Vorgänge, Abläufe und Zustände (vṛtti) des Geistes oder Gemüts (citta) vollzogen, »dann (tadā) weilt ('vasthānam) der Seher (draṣṭuḥ) im Selbstsein [Ansich/Eigenwesen] (svarūpe)«.[36] Dieserart ist der Seher (draṣṭā) Nur-Sehen (dṛśi-mātraḥ); obwohl rein/lauter (śuddho-), ist (wird?) er ein Mitanschauer von Vorstel-

---

[33] Patañjali, Yoga-Sūtra (künftig YS) 1.33; I.K. Taimni (Hg./Übers.), The Science of Yoga. The Yoga-Sūtras of Patañjali in Sanskrit with Transliteration in Roman, Translation and Commentary in English, Adyar, Madras/Wheaton, IL/London 1986 (Repr. d. Ausg. [1]1961): maitrī-karuṇā-muditā-upekṣāṇāṃ sukha-duḥkha-puṇya-apuṇya-viṣayāṇāṃ bhāvanātaś-citta-prasādanam l.

[34] Zur Philosophie als Weisheitsweg vgl. Pierre Hadot, Philosophie als Lebensform. Geistige Übungen in der Antike. Berlin 1991; Ram Adhar Mall, Philosophie als Denk- und Lebensweg. In: Elenor Jain/Reinhard Margreiter (Hg.), Probleme philosophischer Mystik. Festschrift für Karl Albert zum siebzigsten Geburtstag. Sankt Augustin 1991, 49–58.

[35] YS 1.2: yogaś-citta-vṛtti-nirodhaḥ l. Vgl. Śaṅkara, Trevor Leggett (Übers.), The Complete Commentary by Śaṅkara on the Yoga Sūtra-s. A Full Translation of the Newly Discovered Text, London/New York 1990, 60–64 (Kommentar zu 1.2). Etymologisch betrachtet sind yoga (von skr. √ yuj), gr. ζεῦγμα, ζεῦγος, ζυγόν, lat. iugum, engl. yoke und dt. Joch ein und dasselbe Wort.

[36] YS 1.3.

lungen (pratyaya-anupaśyaḥ).[37] Wie ist das aber möglich ohne eine reale
Trübung der Lauterkeit des Bloß-Sehens und ohne Beeinträchtigung der
Abgeschiedenheit/Absolutheit (kaivalya)[38], die auf diese Weise in Form
von Unwissenheit (avidyā) eintreten müsste?[39] »Abgeschiedenheit ist das
Wieder-zu(m)-Grunde-Gehen der für den Sinn/Zweck des inneren Men-
schen/Ursubjekts leeren (śūnyānāṃ) Urqualitäten (guṇānāṃ) oder das
Ruhen der Geisteskraft im Selbstsein.«[40] In der vollendeten Theoria des
Yogis müssen also die Absolut- oder Abgeschiedenheit (kaivalya) als
Sehen und Selbstsein bloß, das Gesehene, die Urqualitäten (guṇānāṃ) leer
(śūnyānāṃ) und die damit einhergehenden mitangeschauten Vorstellungen »zu(m) Grunde gegangen« (pratiprasavaḥ), d.h. zu ihrer Quelle,
ihrem Ausgangspunkt, Urzustand und Ursprung zurückgekehrt, in ihm
aufgegangen oder untergegangen sein. Man kann sich vorstellen, dass die
Auslegung des Sāṃkhya-Yoga durch die Advaita Vedāntin's ungefähr
unseren Bahnen folgen musste, um mit ihrer non-dualistischen Weltsicht,
die in der doppelten Unbestimmbarkeit von Absolutem/Brahman (neti-
neti/nirguṇa/nirvikalpa) und Relativem/saṃsāra (anirvacanīya/māyā) insgesamt kompatibel zu sein und Bestandteil dieser sein, werden oder bleiben zu können.[41] Nur durch die beidseitige Lauterkeit ist der Blick des
Allsehers, der ja alles sieht und (mit-)anschaut, ungetrübt und er aus seiner Warte der Einspitzigkeit (ekāgratā)[42] des Geistes ein wahrer Epopt
und Syn-optiker. »Hinüberführend/errettend, alle Gegenstände aller Zeiten [umfassend] und nicht diskursiv/prozesshaft – so ist die aus Unterscheidung geborene Erkenntnis/Gnosis.«[43]

Der Mehrfachleere von Schauer, Schauen und Geschautem begegneten
wir schon in Meister Eckharts Auffassen der Ideen ohne Eigenschaft
und Eigensinn.[44] Eine Anspielung darauf, dass die zweifache Eigenform
als zweifache Leerform verstanden werden kann, könnte zusätzlich in
Patañjali's Bestimmung des Zustandes innigster Interiorisation vorliegen,
der tiefsten und letzten Versenkungsstufe (samādhi) des achtgliedrigen
Yogapfades, in welche die Kontemplation (dhyāna) übergeht. »Dieselbe«,
sc. die Kontemplation (dhyāna), »qua Aufleuchten/Erscheinen des
[Kontemplations-] Gegenstands allein, gleichsam leer des Selbstseins/der
Eigenform (svarūpa-śūnyam-iva), ist Versenkung (samādhi).«[45] Wie bei

---

[37] Vgl. YS 2.20; 2.22; 2.25.
[38] Vgl. YS 3.51; 3.56; 4.26; 4.34.
[39] Vgl. YS 2.20–26.
[40] YS 4.34: puruṣa-artha-śūnyānāṃ guṇānāṃ pratiprasavaḥ kaivalyaṃ svarūpa-pratiṣṭhā vā
     citi-śakter-iti |.
[41] Interessante Lösungsvorschläge zum Problem des Verhältnisses von Sāṃkhya und
     Vedānta macht Joseph Dahlmann, Die Sâṃkhya-Philosophie als Naturlehre und Er-
     lösungslehre. Nach dem Mahâbhârata, Berlin 1902.
[42] Vgl. YS 2.41; 3.11–12.
[43] YS 3.55: tārakaṃ sarva-viṣayaṃ sarvathā-viṣayam-akramaṃ ca-iti viveka-jaṃ jñānam |.
[44] Zur Triplizität des (weltimmanenten) Erkenntnisvorgangs, zum Koinzidieren/Zusam-
     menfallen (samāpatti) der drei Komponenten und ihrem Enden (paryavasāna) im Merk-
     mal- oder Kennzeichenlosen (alinga) [!] vgl. YS 1.41–47. Die vier Grade, Stadien oder
     Phasen (parvāṇi) der Grundkomponenten (guṇa) zählt YS 2.19 auf.
[45] YS 3.3: tad-eva-artha-mātra-nirbhāsaṃ svarūpa-śūnyam-iva samādhiḥ |. Vgl. YS 1.43.

Meister Eckharts Eigenschaftslosigkeit dürfte der Tief- und Hintersinn dieser Definition in der Äquivokation der Aussage liegen. Die grammatikalische Konstruktion des zitierten Verses ist nämlich nicht mit Eindeutigkeit aufzulösen. So kann sich der Einschub »gleichsam (iva) leer (śūnyam) des Selbstseins/Eigenwesens (svarūpa-)« auf das Objekt bzw. sein Leuchten und/oder das Subjekt, den Geist, d. h. die Versenkung beziehen.[46] Dass Patañjali analog zu unserem mittelalterlichen Seelenführer argumentiert, wird schlussendlich überdeutlich, wenn er mit Blick auf den in der Schau Aufgegangenen konstatiert: »Für den Sehenden des Unterschieds [zwischen aller Orientierung in Richtung Objektives (prakṛti) und reiner Subjektpol (puruṣa)] hört das Seiendmachen/Imaginieren des Selbstseins [Eigenseins/Eigensinns] (ātma-bhāva) vollständig auf.«[47] Ruht die Geisteskraft demnach im Selbstsein oder der »Klarheit/Heiterkeit des Überselbst« ('dhy-ātma-prasādaḥ)[48], so ist alle Selbstsetzung eingestellt: das große Selbst (ātman) hat das kleine Selbst oder Ich (im Yoga-Sūtra asmitā genannt, in der indischen Tradition auch mit ahaṃkāra, mamatā, mamakāra bezeichnet) überformt. Welche Gehalte, welche Bestimmungen sollte nun ein Ansich, ein Selbst noch haben, welche sollten von ihm ausgehen, wenn es absolut einfach, ja einsam geworden und der Disjunktionen enthoben ist? »Das Karma eines Yogis ist nicht weiß, nicht schwarz; [das] der anderen ist dreifach [weiß, schwarz und beides].«[49]

Sowohl die mit Hilfe universaler ἐποχή herbeigeführte Bloßheit des Geistes als auch die Hohlheit der Urqualitäten, die eintritt, indem letztere für die Interessen des Geistes zwecklos werden, haben aufseiten des Gemüts ihr genaues Gegenstück in der Haltung, die sich damit einhergehend angesichts beider einstellt. Es geht bereits aus dem Begriff hervor, dass der Abgeschiedene in seiner Losgelöstheit weder ein Inter-esse haben noch mit den Dingen irgendwelche Zwecke verbinden kann. In dem für Patañjali charakteristischen Lakonismus ist auch dieser profunde Gedanke auf nur zwei zusammenhängend zu lesende Verse komprimiert.

> Der Bewusstseins-/Geisteszustand [, der] durch den Akt der Beherrschung/Unterdrückung bei jemandem [eintritt], dessen Durst/Verlangen nach sichtbaren und hörbaren Dingen gelöscht ist, ist die Leidenschaftslosigkeit (vairāgyam). Diese als ultimative ist Begierdelosigkeit (vaitṛṣṇyam) gegenüber den Urqualitäten (guṇa-) durch Selbsterkenntnis.[50]

---

[46] Zu den Interpretationsvarianten – Leere auf der Seite des Objekts und/oder des Subjekts – vgl. Helmuth Maldoner, Patañjali: Yoga-Sūtra (skr./dt.). Hamburg ¹1987, 103, Erläuterung zu Vers 3.3 mit Belegstellen aus der indologischen Fachliteratur.

[47] YS 4.25: viśeṣa-darśina ātma-bhāva-bhāvanā-vinivṛttiḥ |.

[48] YS 1.47.

[49] YS 4.7: karma-aśukla-akṛṣṇaṃ yoginas-trividham-itareṣām |. Vgl. Bhagavad-Gītā 18.12, Swāmī Gambhīrānanda (Hg./Übers.), Bhagavad-Gītā. With Commentary of Śaṅkarācārya (Gītā-Text: skr./engl.; Kommentar-Text: engl.). Calcutta ¹1984; Śvetāśvatara-Upaniṣad 4.5, Sarvepalli Radhakrishnan (Hg./Übers.), The Principal Upaniṣads (skr./engl.), with introduction and notes, Atlantic Highlands/NJ 1993 (2nd. pbk. printing of 1st. publ. London 1953).

[50] YS 1.15–16: dṛṣṭa-anuśravika-viṣaya-vitṛṣṇasyā vaśīkāra-saṃjñā vairāgyam | tat paraṃ puruṣa-khyāter-guṇa-vaitṛṣṇyam |.

In Leerheit und Lassen des Ich und der Urqualitäten, d. h. der die Realität (prakṛti/pradhāna) konstituierenden drei Grundeigenschaften – darin besteht die Gnosis dessen, der den Yoga gemeistert hat. Fassen wir unser Forschungsergebnis mit den Worten eines modernen Protagonisten der zeitlosen Yoga-Technik zusammen:

Patañjali definiert in seinen *Yoga Sutras* Yoga als die Auflösung der Szintillationen *vrittis* (abwechselnde Gedanken-, Begehrens-, Gefühlsfunken) im *chitta* oder Ur-Empfinden (das Gesamt des individualisierten Bewusstseins), das aus den Neigungen und Abneigungen entsteht, welche durch den Kontakt des Geistes mit den Sinnen hervorgerufen werden. Yoga wurde in den Schriften ebenso definiert als das Ablassen von allen begehrlichen Gedanken und als die Erlangung eines Zustands von »Gedankenlosigkeit«. (…) Er ist kein geistiges Koma (in welchem der Geist gegenüber äußeren Empfindungen und inneren Wahrnehmungen unbewusst ist), sondern ein Zustand göttlichen Gleichgewichts. Sein Erreichen beweist, dass der Yogi in das schwingungslose Sein eingetreten ist – die ewig selige, ununterbrochen bewusste göttliche Leere jenseits der erscheinungshaften Schöpfung. Niemand kann ein Yogi sein, der einen Zustand geistigen Gleichgewichts aufrechterhält, frei von der inneren Verstrickung in absichtsvolle, wunscherfüllte Tätigkeiten, wenn er nicht die Identifikation mit seinem Ich und dessen unersättlicher Lust nach den Früchten des Handelns aufgegeben hat.[51]

Nach dieser Demonstration müsste auch Friedrich Nietzsche, den wir eingangs seine anti-mystischen Invektiven vortragen ließen, eine andere Meinung von der Mystik haben – wenn er sie nicht sowieso schon hatte, als er die mystische Intuition und Einheitsschau als Ursprung der Philosophie ausgab[52] und sogar feststellte, dass »Eigentlicher Zweck alles Philosophirens die intuitio mystica«[53] ist.

---

[51] Yogananda Paramahansa (Übers./Komment.), God Talks With Arjuna. The Bhagavad Gita (skr./engl.). Royal Science of God-Realization (2 Vols. mit durchlaufender Paginierung), Los Angeles 1995, 2.592–593.
[52] So hinsichtlich Thales, Anaximandros und Xenophanes in KSA 1.813, 817, 821, 840–841, 844–845.
[53] KSA 11.232.21 {26[308]}.

Grundrichtungen der Weltmystik

Gezeigt am Beispiel Meister Eckharts
und Johannes' vom Kreuz

Katharina Ceming

Die abendländische Auseinandersetzung mit dem Phänomen Mystik ist zum Teil immer noch bestimmt von der Vorstellung, Mystik sei kulturell geprägt. So wäre die östliche Mystik quietistisch-kontemplativ, die abendländische aktiv. Besonders deutlich vertrat Albert Schweitzer diese Ansicht. Dagegen argumentierten unter anderem S. Radhakrishna und A.K. Commaraswamy. Auch K. Albert vertritt einen Ansatz, der nicht von kulturellen Prägungen, sondern von strukturellen Gleich- oder Ungleichheiten ausgeht. Was die Vorstellungen des einzelnen Mystikers bzw. der einzelnen Mystikerin weit mehr bestimmte als der religiös-kulturelle Hintergrund, war die Eigenart für einen bestimmten Weg zu Gott. Der intellektuelle Mensch beschritt eher den Erkenntnisweg, während der emotionale den Liebesweg ging – auch wenn unbestritten ist, dass in den so genannten abrahamitischen Religionen der »Liebesweg« der vorherrschende war. Wir finden in Indien z.B. neben den strengen Advaita Vedantins, die einen absoluten Monismus vertreten, Bhakti-Yogins mit einer personalistischen Gottesvorstellung; in der islamischen Mystik stehen Einheitsmystiker wie Bāyazīd, al-Hallāǧ oder Ibn 'Arabī, die die Beseitigung jeglichen Unterschieds zwischen Gott und Geschöpf fordern, neben Mystikern wie Ǧunaid oder 'Aṭṭār, die die völlige Einswerdung von Gott und Geschöpf verwerfen, um die Einheit Gottes nicht zu gefährden. Ebenso verhält es sich in der christlichen Mystik. Ein Monist wie Meister Eckhart, der jede Trennung zwischen Schöpfer und Geschöpf einzureißen versuchte, steht neben dem Liebesmystiker Johannes vom Kreuz, für den der Graben zwischen Gott und Mensch nie ganz zu überwinden war.

Wir möchten nun zum einen exemplarisch innerhalb der christlichen Kultur anhand der Lehre Meister Eckharts und Johannes' vom Kreuz zeigen, wo die Ähnlichkeiten und Differenzen dieser beiden Geisteshaltungen liegen, zum anderen durch Verweise auf die islamische Mystik verdeutlichen, dass die Ähnlichkeiten und Differenzen dieser Grunderfahrungen nicht kulturell bestimmt sind.[1] Der Grund der Differenz ist vielmehr metaphysischer Art. Während das Ziel der Vertreter des Er-

---

[1] Hierzu etwa Georges Vallin, Voie gnose et voie d'amour. Sisteron 1980, 11: »Einerseits, das was wir religiöse ›Erfahrung‹ des Transzendenten nennen, entspricht den Beziehungen des Menschen mit dem ›persönlichen‹ Absoluten (Schöpfergott im jüdisch-christlichen Monotheismus, Ishvara im Hinduismus) so wie sie sich z.B. im Liebesweg (bhakti-mārga) des Hinduismus ausdrücken, oder in der Mystik von Johannes vom Kreuz. Andererseits, beruht die ›Erfahrung‹ oder die ›metaphysische Verwirklichung‹ der Transzendenz auf den Beziehungen des Menschen zum transpersonellen Absoluten so wie sie im ›Erkenntnisweg‹ (jñāna-mārga) des Hinduismus oder bei Meister Eckhart im Christentum gedacht und gelebt werden.« (Übers. aus d. Franz. v.d. Autorin)

kenntniswegs die Einswerdung mit einem transpersonalen Absoluten ist, wird eine vollkommene Einswerdung auf dem Liebesweg und durch ihn selten angestrebt. Der Mensch kann sich der Gottheit annähern wie der Liebende dem Geliebten. Aber fast immer bleibt der Liebende vom Geliebten ein Stück getrennt.[2] Er kann das Gefühl von Einheit verspüren, aber er ist niemals wirklich mit ihr eins. Um nicht die Absolutheit des Absoluten durch etwas Endliches zu beschränken, erscheint es notwendig, einen unüberwindbaren Abgrund zwischen Mensch und Gott zu setzen. Was konzipiert wurde, um die absolute Reinheit und Unvermischtheit Gottes zu wahren, wendet sich ins Gegenteil, denn mit der ewigen Zweiheit von Geschöpf und Gott manifestiert sich – wenn auch ungewollt – ein absoluter, die Allmächtigkeit Gottes beschränkender Dualismus von nichtiger Kreatur und »absolutem« Gott. Man könnte mit G. Vallin diese Haltung der nicht vollständigen Ichvernichtung als Egolatrie bezeichnen. Denn was als Demut des Menschen vor dem Göttlichen erscheint – die Anerkennung von dessen Größe bei gleichzeitiger Erkenntnis der eigenen Nichtigkeit, ohne diese jedoch radikal vernichten zu wollen – bedeutete, dass dem nichtigen Ich ein absoluter Stellenwert eingeräumt würde. Freilich würden sich die Vertreter dieser Haltung gegen diesen Vorwurf wehren. Heißt die Forderung nach absoluter Ichvernichtung für sie nicht, das Göttliche in den Bereich des Menschlichen hinabzuziehen? Dem liegt jedoch eine substantialistische und realistische Sichtweise zugrunde. Dass die Vernichtung des empirischen Ich nur den Raum für das Eine freigibt, diesem nichts hinzufügt und in nichts beschränkt, wird nicht gesehen.[3]

1. Der Weg der Reinigung

Der Weg der Reinigung, der die notwendige Voraussetzung für die Schau oder Einheit mit dem Höchsten ist, wird von beiden Richtungen vollzogen. Die einzige Ausnahme stellt der Bereich der Liebe, und damit der des Willens dar. Weil für die eine Richtung das Göttliche die absolute Liebe ist, darum muss der Mensch durch Abscheidung alles Kreatürlichen diese Liebe in sich erwecken. Dies wäre an und für sich kein Problem, denn auch in den monistischen Strömungen wird das Letztprinzip oftmals mit Begriffen wie Liebe oder Glückseligkeit umschrieben. Das eigentliche Problem besteht vielmehr darin, dass diese Liebe nicht hyperbolisch verstanden wird, sondern Gott damit begrifflich fixiert wird.

1.1 Freiwerden von allem Kreatürlichen

Solange in der Seele noch irgend etwas vorhanden ist, kann die Einswerdung mit Gott nicht stattfinden. Sie muss sich dazu von allem entäußern.

---

[2] Dass dies nicht immer so ist, zeigt die frühislamische Mystik, insbesondere Hallāǧ, der Märtyrer der Liebe, der wie kaum ein anderer den Liebesweg beschritt, und doch die völlige Vereinigung, ja Einheit von Liebendem und Geliebten vertrat.

[3] Vgl. G. Vallin, Voie gnose et voie d'amour. A.a.O., 16.

Dies alles ist notwendig, um zur vollkommenen Vereinigung mit Gott zu gelangen; denn dazu wird gefordert, daß die Seele durch freie, reine und absolute Entäußerung auf jede Wahrnehmung, Neigung, Freude an den Geschöpfen verzichtet, bis sie jene Reinheit und Nacktheit erreicht, in der sie sich bei ihrer Erschaffung durch Gott befand (…) Und diese Nacktheit ist nichts anderes als das Lassen aller Dinge, die durch die Sinne und Vermögen in das Innere des Menschen eintreten …[4]

Der Weg zu Gott führt über die totale Entäußerung und Abscheidung aller Sinnestätigkeit. »Durch blindheit, taubheit, stummheit«[5] kommt man zu Gott. Alles, was für das menschliche Dasein notwendig ist, muss weg. Dabei spielen die Sinne die entscheidende Rolle, denn durch sie dringt die Außenwelt ins Innere des Menschen. Das Problem besteht in der Identifikation der Seele mit den Sinnen, die sie aus ihrer Ruhe und Ungeschiedenheit werfen.[6] Denn diese Identifikation schafft Unruhe und Verwirrung, die die Seele umhertaumeln lässt.

> Dieses Werk der Entäußerung muß in erster Linie bei den äußeren Sinnen seinen Anfang nehmen. Es muß große Selbstüberwindung und Selbstverleugnung zu Tage treten, wobei die Sinne aller Genüsse ledig und bar werden müssen, die ihrer Tätigkeit entsprechen.[7]

Die Bilder, die die Sinne in die Seele hineintragen, bleiben in ihr aufgrund ihrer Verschmelzung mit der Sinnlichkeit haften. Durch diese gelangt das unterscheidende Erkennen in die Seele. Es verhindert, Gott in seiner Ununterschiedenheit zu erkennen. Denn er ist ja gerade nicht durch Diskursivität zu begreifen. Vielheit zerstreut die Seele. Um wieder zur ursprünglichen Einheit zu gelangen, müssen die Bilder aus der Seele vertrieben werden. Sie muss aller Vorstellungen und Formen nackt und entblößt sein.[8] Den Grund für die notwendige Radikalität dieser Entleerung führt Johannes an:

> Selbst wenn er auch nur noch eine Neigung hat oder wenn der Geist noch an einer Einzelheit festhält, gleichgültig, ob momentan oder gewohnheitsmäßig, so reicht dies schon, damit das zarte Liebkosen und das tiefinnerliche Verkosten des Geistes der Liebe, der auf ganz hervorragende Weise alles Verkosten in sich enthält, weder verspüren noch schmecken noch sich mit ihm austauschen kann.[9]

Bei Meister Eckhart finden wir dieselbe Begründung für die notwendige Entleerung der Seele von allem »Kreatürlichen«.

---

[4] Johannes vom Kreuz, Sämtliche Werke in fünf Bänden. Übers. v. P. Aloysius ab Immac. Conceptione/P. Ambrosius A.S. Theresia, München 1924–29, künftig SW; SW 5, 336. Bei dem hier zitierten Werk »kurze Abhandlung«, künftig K.A., handelt es sich vermutl. um eine unechte Schrift, die aber in der span. krit. Gesamtausg. von 1912–1914 (Obras del Místico Doctor San Juan de la Cruz. Edición crítica. 3 Bde., Hg. Gerardo de San Juan de la Cruz, Toledo 1912–1914) enthalten ist. Wir verwenden sie trotzdem, da die Intention eindeutig juanitisch ist. Vgl. SW 1, 14.

[5] Hellmut Ritter, Die Aussprüche des Bāyezīd Bisṭāmī. In: Fritz Meier, Westöstliche Abhandlungen. Wiesbaden 1954, 231–243, 240.

[6] Vgl. SW 5, 285; bei dem hier zitierten Werk »Zwiegespräch zwischen Christus, dem Bräutigam, und der bräutlichen Seele«, künftig ZG, handelt es sich vermutlich um eine unechte Schrift. Wir verwenden sie trotzdem, da die Intention eindeutig juanitisch ist.

[7] SW 5, 337 (K.A.); vgl. SW 5, 114.

[8] Vgl. SW 5, 341 (K.A.).

[9] Johannes vom Kreuz, die Dunkle Nacht. Ulrich Dobhan/Elisabeth Hense/Elisabeth Peeters (Hg./Übers.), Freiburg/Basel/Wien 1995, 123–124; künftig Dunkle Nacht.

Wo die Kreatur endet, da beginnt Gott zu sein. Nun begehrt Gott nichts mehr von dir, als daß du aus dir selbst ausgehst deiner kreatürlichen Seinsweise nach und Gott Gott in dir sein läßt. Das geringste kreatürliche Bild, das sich je in dich einbildet, das ist so groß, wie Gott groß ist. Warum? Weil es dich an einem *ganzen* Gott hindert. Eben da, wo dieses Bild in dich eingeht, da muß Gott weichen und seine ganze Gottheit. Wo aber dieses Bild ausgeht, da geht Gott ein.[10]

Wenn nun jemand den spanischen »mystischen Doktor«, fragen sollte, »welches ist die Grundursache, warum der Glaube eine solche Selbstvernichtung verlangt«?, so lautete die Antwort: weil er »die vollkommenste Vereinigung und Umgestaltung der Seele in Gott« vollbringt.[11] Nur durch den Prozess der Reinigung und Abscheidung von allem Sinnlichen kann die Seele in den Stand der Vereinigung eintreten.

Damit der Mensch nun zu diesen großen Dingen voranschreiten kann, ist es sehr angebracht und notwendig, daß diese dunkle Nacht der Kontemplation ihn zuerst in seiner Unzulänglichkeit gänzlich zunichte macht, indem sie ihn in Dunkelheit, Trockenheit, Bedrängnis und Leere versetzt.[12]

Wo der göttliche Lichtstrahl die Seele trifft, vernichtet er alle Begierden und Anhaftungen in der Seele durch seine Dunkelheit.[13] Dass diese Vernichtung und Leerwerdung kein Verlust ist, macht Juan deutlich.

Wenn die Seele zur vollkommenen Vereinigung mit Gott in diesem neuen Leben (…) gelangt ist, dann werden all ihre Begehrungen und Kräfte mit allen Neigungen und Tätigkeiten, die aus sich nur die Ertötung und Beraubung des geistigen Lebens verursachen, in göttliche umgewandelt.[14]

1.2 Überwindung des Verstandes

Die Aufgabe der Verstandestätigkeit ist notwendig, um zur geforderten Leerheit der Seele zu gelangen. Durch den Verstand erschließt sich der Mensch Weltwirklichkeit. Er gewinnt immer größere und tiefere Erkenntnisse über die Welt und sein Dasein. Doch beim Nachdenken über das Göttliche gerät der Verstand ins Taumeln, da sein Wissen nicht hinreicht, dieses zu erfassen. So heißt es bei Meister Eckhart in Anlehnung an Dionysius Areopagita:

---

[10] Meister Eckhart, Die deutschen Werke (Bde. I-III,V). Josef Quint (Hg./Übers.), Stuttgart 1958–1976, künftig DW (soweit nicht anders vermerkt, sind d. Übers. dieser Ausgabe entn.); DW I, 92,7–93,3; vgl. Meister Eckhart, Franz Pfeiffer (Hg.), Deutsche Mystiker des 14. Jahrhunderts. Bd. 2: Meister Eckhart, 1. (einzige) Abteilung: Predigten, Traktate. Leipzig 1857, im Folgenden zitiert: Pfeiffer (soweit nicht anders vermerkt, handelt es sich um Eigenübersetzungen); Pfeiffer, 12,9–10: »Soll Gott eingehen, so muß zugleich die Kreatur hinausgehen.« Übersetzung: Meister Eckhart. Deutsche Predigten und Traktate. Josef Quint (Hg./Übers.), Zürich 1979 (Ausg. d. Neuedition 1963), im Folgenden zitiert: J. Quint, Meister Eckehart. Deutsche Predigten und Traktate, 426.
[11] SW 5, 361 (K.A.).
[12] Dunkle Nacht, 124.
[13] Vgl. Dunkle Nacht, 121.
[14] SW 3, 61.

Sankt Dionysius sagt: Alles, was wir erkennen, was wir zerteilen oder dem wir Unterschiedenheit beilegen können, das ist nicht Gott, denn in Gott ist weder »dies« noch »das«, was wir abzuziehen oder durch Unterscheidung zu erfassen vermögen.[15]

Deswegen darf am Geist nichts haften. »Er ist ein Einwohnen in seiner eigenen lauteren Wesenheit, in der es nichts Anhaftendes gibt. Was ›Zu-Fall‹ hat, das muss hinweg.«[16] Wo der Verstand sein Unvermögen einsieht, gerät er in den unendlichen göttlichen Abgrund und verliert sich in ihm; dadurch kann die Seele zu Gott durchdringen und ihn schauen.[17]

In dem Moment, in dem alle Eindrücke und Vorstellungen aus dem Verstand vertrieben sind, wird die menschliche in die allumfassende göttliche Vernunft verwandelt, die frei von allen Leidenschaften ist.

> Denn da meine Seelenvermögen und Leidenschaften, meine Bestrebungen und Neigungen (…) nun endgültig zunichte geworden und beruhigt waren, trat ich aus meinem Umgang und Wirken nach menschlicher Art heraus, hin zu einem Wirken und Umgang nach der Art Gottes. Das bedeutet: Mein Erkenntnisvermögen trat aus sich heraus und wurde aus einem menschlich-natürlichen zu einem göttlichen; denn da es sich Gott durch diesen Läuterungsprozeß einte, versteht es nun nicht mehr dank der eigenen Lebenskraft und des eigenen natürlichen Lichtes, sondern dank der göttlichen Weisheit, mit der es geeint wurde.[18]

Meister Eckhart geht in der Forderung nach Aufgabe der Verstandestätigkeit so weit, dass er verlangt, der Mensch müsse sogar des Wissens ledig werden, damit Gott in ihm wirkt. Mehr noch: »Er muß vielmehr so ledig sein alles Wissens, daß er nicht wisse noch erkenne, daß Gott in ihm wirkt.«[19] Diese Radikalität ist für Johannes unvorstellbar, bleibt ihm Gott doch ewiglich ein Gegenüber:

> Dieses Vergessen heißt auch ein »An Nichtsdenken«, das will sagen bezüglich der Geschöpfe, nicht aber bezüglich des Schöpfers, da ich ja [Christus] der Gegenstand und das beseligende Ziel deines Verstandes und Willens bin.[20]

Nicht durch das Erkennen Gottes wird nach Eckhart die höchste Seligkeit erlangt, sondern durch die Aufgabe aller Erkenntnis, die den Weg freimacht zur unmittelbaren Schau des Göttlichen.

> Nun hat es etliche Leute bedünkt, und es scheint auch ganz glaubhaft, daß Blume und Kern der Seligkeit in jener Erkenntnis liegen, bei der der Geist erkennt, daß er Gott erkennt; denn, wenn ich alle Wonne hätte und wüßte nicht darum, was hülfe mir das und was für eine Wonne wäre mir das? Doch sage ich mit Bestimmtheit, daß dem nicht so ist. Ist es gleich wahr, daß die Seele ohne dies nicht selig wäre, so ist doch die Seligkeit nicht darin gelegen; denn das erste, worin die Seligkeit besteht, ist dies, daß die Seele Gott unverhüllt schaut.[21]

---

[15] DW III, 265,1–3.
[16] DW I, 56,5–7; vgl. DW II, 266,3; DW II, 381,4–6.
[17] Vgl. SW 5,318 (K.A.); SW 5,332 (K.A.).
[18] Dunkle Nacht 102.
[19] DW II, 494,8–495,1; vgl. Die Predigten Taulers. Hg. Ferdinand Vetter, Berlin 1910, im Folgenden zitiert: Tauler (soweit nicht anders vermerkt, handelt es sich um Eigenübersetzungen); Tauler, 117,33–34: »und in diesem Abgrund verliert sich der Geist selbst und weiß weder von Gott noch von sich selbst …«
[20] SW 5, 258 (ZG).
[21] DW V, 116,23–29.

Aus der Einsicht der Unmöglichkeit, etwas über Gott zu wissen, gelangt der Mensch zur Einsicht des Nichtwissens:

> *Aus* dem Wissen muß man in ein Unwissen gelangen. Dann werden wir wissend werden mit dem göttlichen Wissen und dann wird unser Unwissen mit dem übernatürlichen Wissen geadelt und geziert werden.[22]

Ähnlich heißt es bei 'Aṭṭār: »Dein schmerz kommt zuerst aus dem nachdenken, er endet in ratlosem staunen. Das wissen ist nötig, um zu wissen, dass sein ende unwissenheit ist.«[23] Auch Johannes meint, dass die Seele, sobald sie im unendlichen Abgrund versunken ist, erkennt, dass alles irdische Wissen nur ein Nichtwissen ist.

> Da nun die Seele sich im Lichte dieser alles überwältigenden Erkenntnis befindet, so kommt sie zur Einsicht, daß alle Kenntnisse, die sich nicht um jenes höchste Wissen drehen, diesen Namen nicht verdienen, vielmehr ein Nichtwissen sind ...[24]

1.3 Aufgabe des kreatürlichen Willens

Auch wenn nach Juan de la Cruz die Vereinigung mit Gott durch den Willen geschieht, so muss doch der Eigenwille des Menschen aufgegeben werden, denn dieser ist der größte Feind des Göttlichen. Durch das Insistieren auf seinen Willen kann der Mensch niemals erfahren, was Gottes Willen ist. Erst wo der menschliche Wille im Göttlichen aufgeht, kann es zur Vereinigung kommen.

> ... so muß dieses Vermögen in all seinen Zuneigungen und Gefühlen zuerst geläutert und zunichte gemacht werden.[25]

Für Meister Eckhart ist der Eigenwille verantwortlich für alle Unruhen, die in der Seele entstehen. Ohne den Eigenwillen würde die Seele in untrüglicher Gelassenheit verweilen.

> Es ist der Eigenwille, wenn zwar du's auch nicht weißt oder es dich auch nicht so dünkt: niemals steht ein Unfriede in dir auf, der nicht aus dem Eigenwillen kommt ...[26]

Nur wer bereit ist, sich seines Eigenwillens zu entledigen, verdient den Titel Mensch, denn nur dieser lässt sich nicht mehr vom selbstischen Streben leiten. Solange der Mensch noch nach seinem eigenen Willen handelt, so lange handelt er gegen seine wahre Bestimmung.[27] Derjenige, der nicht mehr aus Eigenwillen, sondern aus dem göttlichen Willen heraus handelt, tut dies jedoch nicht aus Zwang, sondern aus der absoluten Freiheit, die ihm aus dem Einssein mit Gott erwächst.

> Gott [aber] *zwingt* den Willen nicht, er setzt ihn [vielmehr] so in Freiheit, daß er nichts anderes will, als was Gott selber ist und was die Freiheit selbst ist. Und der Geist [hin-

---

[22] Pfeiffer, 15,5–10; Übersetzung: J. Quint, Meister Eckehart, Deutsche Predigten und Traktate, 430; vgl. Pfeiffer, 25,34–36.
[23] H. Ritter, Das Meer der Seele, 83.
[24] SW 4, 209.
[25] Dunkle Nacht 125; vgl. SW 5, 353 sowie SW 5,135 und SW 5,119 (K.A.).
[26] DW V, 192,3–5.
[27] Vgl. DW V, 226,4–9.

wiederum] vermag nichts anderes zu wollen, als was Gott will; dies aber ist nicht seine *Unfreiheit*, es ist seine ureigene Freiheit.[28]

Wie radikal Eckhart mit der Entledigung des Wollens, Denkens und Fühlens Ernst macht, zeigt der folgende Satz aus der Predigt »Beati pauperes spiritu«:

> Ich habe vorhin gesagt, *das* sei ein armer Mensch, der nicht [einmal] den Willen Gottes erfüllen *will*, der vielmehr so lebe, daß er seines eigenen Willens *und* des Willens Gottes so ledig sei, wie er's war, als er [noch] nicht war.[29]

Sogar des göttlichen Willens muss der Mensch ledig sein, um in der Einigung mit Gott zu weilen. Den Grund dafür gibt Eckhart dann auch an.

> In dem Durchbrechen aber, wo ich ledig stehe meines eigenen Willens und des Willens Gottes und aller seiner Werke und Gottes selber, da bin ich über allen Kreaturen und bin weder »Gott« noch Kreatur, bin vielmehr, was ich war und was ich bleiben werde jetzt und immerfort.[30]

Im Vergleich dazu klingt Johannes Aussage, dass der Mensch nur noch das wollen darf, was Gott will, sehr moderat.

> Deshalb sagen wir, daß der Wille sich jeder besonderen Liebe zu irgend einem Gute, sei es natürlich oder übernatürlich, entschlagen muß und nur den allgemeinen Willensakt setzen darf, zu wollen, was Gott will. In dieser Gleichförmigkeit unseres Willens mit dem göttlichen besteht einerseits die wahre Entblößung und Armut des Geistes und andererseits die höchste Vollkommenheit. Je größer die Gleichförmigkeit, desto inniger die Vereinigung, die ja darin besteht, daß es zwischen beiden Willen nur ein Wollen und Nichtwollen gibt.[31]

1.4 Sich selbst sterben

Sobald die Seele von allem Sinnlichen eben auch von Vernunft und Willen ledig ist, kennt sie sich nicht einmal mehr selbst. Dies mag nicht verwundern, ist sie doch in ihrem Haften am Kreatürlichen ein Teil desselben. Gelingt es ihr, das Kreatürliche zu vergessen, dann vergisst sie sich selbst. Alles, außer Gott, ist ihr zum reinen Nichts geworden.

> Außerdem läßt die Vergöttlichung und Erhebung des Geistes zu Gott, durch welche die Seele entrückt und in Liebe versenkt Gott wird durch Teilnahme, keine Erinnerung an irdische Dinge zu; sie ist nicht nur allen geschöpflichen Dingen, sondern auch sich selbst entfremdet.[32]

Das Sich-selbst-Sterben ist auch in der islamischen Mystik Grundbedingung für die Vereinigung mit dem Absoluten.[33] Wer alles aus sich gewor-

---

[28] DW II, 78,2–5.
[29] DW II, 499,1–3.
[30] DW II, 504,6–505,1.
[31] SW 5, 354 (K.A.).
[32] SW 4, 210–211.
[33] Vgl. H. Ritter, Das Meer der Seele, 583: »Wenn du stirbst vor dem leiblichen tode, wirst du in jenem einen augenblick die ganze welt erlangen.« Eine Stellensammlung zur Selbstvernichtungsproblematik/Entwerdung (fanā) bei ʿAṭṭār vgl. H. Ritter, a.a.O., 575–595; vgl. Annemarie Schimmel, Al-Halladsch »O Leute rettet mich vor Gott«, Freiburg/Basel/Wien, 105: »Tötet mich, o meine Freunde! Denn im Tod nur ist mein Leben«. Vgl.

fen hat, der muss auch sich selbst hinauswerfen. Denn nur dann ist Platz für das Göttliche im Menschen. Durch sein Streben und Verhaftetsein am Ich macht sich der Mensch für sein Ziel unfrei. Aus dieser Einsicht heraus sagt der Mann am Straßenrand, den der König fragt: »Möchtest du ich sein? (…) Ich möchte gerade nicht ich sein.«[34] Ist die Seele sich selbst und allen Dingen entfremdet, hat sie die wahre Ruhe der beseligenden Schauung erlangt.

> Nachdem der Geist sich von der Seele getrennt hat, indem er mit dem Schwerte der Selbstverleugnung und Abtötung die Regungen und Tätigkeit der Fassungsvermögen aufgehoben und sich mittels des Glaubens und der Liebe zur Erkenntnis Gottes erhoben hat, steht er still und ruht aus in dem Ruhepunkt und verweilt ganz in Ruhe in einer ganz ruhigen, friedvollen Beschauung.[35]

Zum wahren Leben führt der Weg durch den Tod. »Wer allem abzusterben weiß, findet Leben in allem.«[36] Eine Einsicht, die auch für die Eckhart'sche Lehre von höchster Bedeutung ist.

> Dadurch wird die Seele allein vollkommen selig, daß sie sich in die wüste Gottheit wirft, wo weder Werk noch Bild ist, damit sie sich dort verlöre (…) So ist sie in sich selbst tot und lebt in Gott, und was da tot ist, das wird zunichte. Genau so wird die Seele zunichte, die in der Gottheit begraben wird.[37]

Ist so der Mensch von allen Bindungen frei geworden, dann hat Gott keine andere Wahl mehr, als sich in diese Seele einzugießen.

> Ebenso sage ich von dem Menschen, der sich selbst zunichte gemacht hat in sich selbst, in Gott und in allen Kreaturen: Dieser Mensch hat die unterste Stätte bezogen, und in diesen Menschen muß sich Gott ganz und gar ergießen, oder – er ist nicht Gott.[38]

Für Johannes vom Kreuz ist dies eine undenkbare Vorstellung. Es obliegt der göttlichen Allmacht, sich mit der Seele zu vereinigen. Der Vorgang der Leerwerdung bezieht sich nur auf die Seele, nicht aber auf Gott selbst. Eckhart hingegen sieht in der Aufgabe aller Vorstellungen, eben auch die der Gottesvorstellungen, die Grundbedingung der Einswerdung. Damit ist Gott als ein *stehendes* Objekt, als ein Vorstellungsgehalt genauso vernichtet wie alle anderen Bilder.[39] Dass dieses Leersein und Ledigsein nicht durch eine äußere Abgeschiedenheit erreicht werden kann, sondern nur

---

D. Rumi, Traumbild des Herzens. Übers. Johann Bürgel, Zürich 1992, 56: »Was soll ich tun?« – rief ich – »Nenn mir die Pflicht!« | Er sagte: »Stirb!« || »Wenn meiner Lampe es an Öl gebricht?« | Er sagte: »Stirb!« || »Laß mich der Falter Deiner Kerze sein! | – so drängte ich || »Du, dessen Antlitz gleicht der Kerze Licht!« | Er sagte: »Stirb!« ||

[34] H. Ritter, Das Meer der Seele, 579.

[35] SW 5, 347 (K.A.); vgl. SW 5, 258 (ZG); SW 5, 114; SW 5, 116.

[36] SW 5, 118.

[37] Pfeiffer, 242,1–7; vgl. DW V, 294,7–8; vgl. Meister Eckhart, Die lateinischen Werke (Bde. I-II, IV-V), Hg./Übers. Konrad Weiss et al., Stuttgart 1956–1992, künftig LW (soweit nicht anders vermerkt, sind die Übersetzungen dieser Ausgabe entnommen); LW IV, 448,3–8.

[38] DW II, 415,1–3; vgl. DW III, 275,6–7.

[39] Vgl. DW I, 25,6–26,3; dazu Katharina Ceming, Mystik und Ethik bei Meister Eckhart und Johann Gottlieb Fichte. Frankfurt 1999, 129[500]; sowie die Übersetzung und Interpretation dieser Stelle bei Hans P. Sturm, Leerheit gleich Gelassenheit. In: Edith Stein Jahrbuch 6 (2000) 247 (246).

durch das Aufgeben seiner selbst, darauf weist Eckhart noch einmal eindringlich hin. Dies ist auch der Grund, weswegen Eckhart[40] im Gegensatz zu Juan[41] der passiven Beschaulichkeit gegenüber der Tätigkeit keinen Vorzug einräumt. Das Fliehen in die Einöde nützt nichts, da sich der Mensch, egal wohin er geht, immer selbst mitnimmt. Er muss in sich eine geistige Einöde schaffen.

> Darum fang zuerst bei dir selbst an und *laß dich!* Wahrhaftig, fliehst du nicht zuerst dich selbst, wohin du sonst fliehen magst, da wirst du Hindernis und Unfrieden finden, wo immer es auch sei.[42]

2. Unfassbarkeit Gottes

Wo es um die Beschreibung Gottes geht, muss der Mensch schweigen; denn Gott überschreitet sein Fassungsvermögen. Dennoch will der Mensch wissen, wer Gott ist. Bei dieser Suche gerät er jedoch in einen sich immer schneller drehenden Strudel, der ihn in den Abgrund der Unaussprechlichkeit reißt, wo alles Fragen aufhört.

> Was ist Gott? Er ist mehr als ein Sein, mehr als eine Substanz, mehr als Güte, mehr als Weisheit und mehr als alles, was wir erkennen können. Was ist also Gott? Und während sie [die Seele] nun sucht, was er ist, findet sie nichts, was Gott gleichkommt, und so schaut sie ihn als etwas so Unfaßbares, Unaussprechliches und Unverständliches, daß sie sich in einen Abgrund versenkt sieht, wo sie jeden Halt verliert und in volle Ohnmacht versinkt; und nun wird der Wille entflammt und entzündet. Die Liebe spannt ihre Segel aus, nachdem der Verstand sie eingezogen, und die Seele liebt, was sie nicht durch eine deutliche Einzelerkenntnis erkennt.[43]

Bei Eckhart heißt es in Anlehnung an einen »Meister«: »Gott ist überseiend und über alles Lob und unbegreifbar und unerkennbar.«[44] Und von dem islamischen Mystiker al-Hallāǧ ist folgender Ausspruch überliefert: »Wer Ihn kennt, beschreibt Ihn nicht, und wer Ihn beschreibt, kennt Ihn nicht.«[45]

Es stellt sich nun aber die Frage, was liebt die Liebe bei Johannes, da ja jedes Erkenntnisobjekt vernichtet ist, wie er selbst sagt. Wohin geht der Wille, wenn die Seele in Ohnmacht versunken ist? Warum kann die Seele nicht im Zustand der Selbstvergessenheit verweilen, schaut sie doch durch diese Unerkennbarkeit Gottes die göttliche Finsternis, in die sie sich ganz verloren hat.

---

[40] Vgl. DW III, 481–492; vgl. K. Ceming, Mystik und Ethik bei Meister Eckhart und Johann Gottlieb Fichte. Kap. B.III.1.a.

[41] Vgl. SW 5, 280 (ZG): »Zweitens sage ich dir (...) daß die Übungen des beschaulichen Lebens besser seien als die des tätigen ...«; vgl. SW 5, 260 (ZG); SW 5, 267–268 (ZG).

[42] DW V, 193,3–5.

[43] SW 5, 319 (K.A.); vgl. SW 1, 15.

[44] DW III, 382,6–7; vgl. LW IV, 112,6–9; Pfeiffer, 497,34–37.

[45] A. Schimmel, Al-Halladsch »O Leute rettet mich vor Gott«, 50; vgl. H. Ritter, Die Aussprüche des Bāyezīd Bistāmī, 241: »Jeder, der Gott kennt, weiß nichts von Gott, und jeder, der von Gott weiß, der kennt ihn nicht.«

Denn dann sieht sie es um so klarer ein, daß Gott unsere Fassungskraft übersteigt. Die Seele versinkt in Unkenntnis und gerät in jene obengenannte göttliche Finsternis, ebenso wie einer, der der Sonne sich nähern will, um so eher zur Einsicht kommt, daß der Anblick der Sonne seine Sehkraft übersteigt …[46]

Es scheint uns, dass die Liebe bei Johannes nicht wie bei Meister Eckhart als *eine* Möglichkeit des hyperbolischen Ausdrucks für das Göttliche gebraucht wird, sondern dass Gott wirklich einzig und allein die absolute Liebe ist, die der Liebende ersehnt und auf die er sich zubewegt. Dass das Unsagbare und Unfassbare in und durch die Liebe erfasst werden kann, ist aber logisch schwer nachzuvollziehen.

Eckhart schließt aus der Unfassbarkeit Gottes die totale Negation aller Begriffe und Zuschreibungen an Gott, was dazu führt, dass die Seele sogar »Gott« hinter sich lassen muss, um zum wesenlosen Einen vorzudringen. In diesem Zusammenhang steht sein berühmter Ausspruch: »Darum bitten wir Gott, dass wir ›Gottes‹ ledig werden.«[47]

3. Einheit

Wenn es trotz aller Vernichtung des Kreatürlichen nicht zu einer totalen Einswerdung von Seele und Absolutem kommt, hängt dies mit einer substantialistischen Denkweise zusammen. Denn: Was bleibt, wenn der Mensch in »seiner Nacktheit und in seinem Nichts«[48] steht? Wir würden wohl sagen: »Nichts«. Und warum kann sich nach Johannes nur die Seele in Gott verlieren und nicht Gott in der Seele?

Bevor sich die Seele mit Gott vereinigt, sind sie beide von einander verschieden, die Seele von Gott und Gott von der Seele; soll aber eine Vereinigung stattfinden, dann muß eines das Sein verlieren und in das andere verwandelt werden. Nun aber ist es klar, daß Gott, der Unendliche und Unwandelbare, nicht in die Seele verwandelt werden kann, sondern die Seele wird in Gott verwandelt.[49]

Die Seele versinkt zwar in Gott, aber sie wird nicht Gott. Auch bei ʿAṭṭār finden wir diese Denkweise.

Jeder, der Er wird, ist ein versinkender (mustaġiq); das sei ferne, daß du sagst, er sei Gott! Wenn du zu dem geworden bist, was wir gesagt haben, so bist du nicht Gott, sondern du bist beständig in Gott versunken. Wie könnte ein versunkener Mann ein ḥulūlī sein![50]

Die Seele ist in Gott aufgelöst wie der Tropfen im Meer. Dennoch geht sie nicht in der Weise in ihm auf, dass man sagen dürfte, sie wäre Gott. So konstatiert auch Hellmut Ritter:

Führt nun das entwerden in Gott bei ʿAṭṭār zu einem zu-Gott-werden des mystikers (…) wie es sich in aussprüchen wie Hallac's »Ich bin die gottheit« (ana l-Ḥaqq) oder

---

[46] SW 5, 322 (K.A.).
[47] DW II, 493,7–8.
[48] SW 5, 357 (K.A.).
[49] SW 5, 362 (K.A.).
[50] H. Ritter, Das Meer der Seele, 590); ḥulūlī bedeutet die Einwohnung Gottes in der Seele entsprechend dem griechischen Wort ἐνοίκησις, das aus der christlich nestorianischen Tradition stammt.

Bāyazīd's »Erhaben bin ich« (subhani) zu entladen scheint? (…) In den hier behandelten epen unseres dichters ist dies nicht der fall.[51]

Dies ist um so bedeutungsvoller, da ʿAṭṭār entschieden die Vernichtung des Kreatürlichen fordert. Weil nur das Eine ist, kann kein Zweites sein.

> Die sklavenschaft ist dahin, und die freiheit ist auch nicht geblieben, von kummer und freude ist nichts mehr im herzen geblieben. Ich bin nun ohne eigenschaften und bin doch nicht ohne eigenschaft. Ich bin ein gottkundiger und habe doch keine kunde. Ich weiß nicht, ob Du ich bist oder ich Du bin. Ich bin in Dir aufgegangen, und die zweiheit ist verschwunden.[52]

Die Seele ist in Gott untergegangen wie der Tropfen im Meer.[53] Dennoch geht sie nicht so in ihm auf, dass man sagen dürfte, sie wäre Gott. Der Flug der dreißig Vögel aus den »Vogelgesprächen« endet mit der Einsicht beim Anblick des Sīmurgh, dass sie selbst der Sīmurgh (= dreißig Vögel) sind, ohne jedoch der Sīmurgh zu sein.

> Diese konigsgegenwart ist wie ein sonnenklarer spiegel. Wer immer herkommt, der sieht sich selbst darin (…) Wie könnte je irgend jemandes auge zu Uns [dem Sīmurgh] gelangen.[54]

Wenn die Seele völlig in Gott aufgelöst ist, dann hat nun einmal Bāyazīds Ausruf: »Ich bin Gott, es gibt keinen Gott außer mir«[55] absolute Gültigkeit, bezieht er sich ja nicht auf den empirischen Menschen, sondern auf den in Gott verwandelten.

Wenn jedoch das Göttliche wahrhaft unbegrenzt und unbestimmt ist, dann muss der Prozess der Einswerdung von »Seele« und »Gott« ein doppelter sein, wie Meister Eckhart sagt: »Er gebiert mich als sich und sich als mich und mich als sein Sein und als seine Natur.«[56] Bezüglich der *dunklen Nacht* des Johannes vom Kreuz, in der die Seele die Vereinigung mit Gott sucht, gilt wohl das abschließende Zitat:

> Darüber hinaus hat diese ›Nacht‹ nicht wirklich diese Leere hergestellt, d. h. die wesenhafte Irrealität der Kreatur und die überwesenhafte Realität des Prinzips erreicht: Sie ist nichts anderes als eine sentimentale und methodologische Maske, die keineswegs in der Fülle des Nichts-Seins der metaphysischen Perspektive mündet, das sie übrigens gar nicht sucht …[57]

---

[51] H. Ritter, Das Meer der Seele, a.a.O., 589–590.

[52] Ebd., 167; vgl. a.a.O., 632: »Da gingen sie [die dreißig Vögel] in Ihm [dem Sīmurgh] unter für immer, der schatten verschwand in der sonne …«

[53] Ebd., 591–595.

[54] Ebd., 631.

[55] H. Ritter, Die Aussprüche des Bāyezīd Bisṭāmī, 238; vgl. 241: »Ich streifte mein Ich ab (…) dann sah ich mein wesen an und es zeigte sich, daß ich Er war.« Vgl. 241: »Ich suchte Gott sechzig jahre lang, da sah ich, daß ich Er war.« Vgl. 242: »Erhaben bin ich, erhaben bin ich! Wie gewaltig bin ich! Ich habe genug an mir selbst. Nichts ist in meiner kutte außer Gott.« Vgl. 243: »›Ich bin die bewahrte tafel.‹ ›Ich bin der Wein und der Schenke.‹«

[56] DW I, 109,9–10.

[57] Georges Vallin, Lumière du Non-dualisme. Nancy 1987, 108 (Übers. von der Verf.). Ob man unbedingt von einer sentimentalen und methodologischen Maske sprechen muss, sei dahingestellt.

3.1 Die »Einheit« in der Liebe und im Willen

Nachdem die Seele alle Bilder und Eindrücke aus sich geworfen hat, eingeschlossen die Erinnerung an sich selbst, steht sie völlig leer, um sich mit dem Absoluten zu vereinigen. Doch im Gegensatz zur Seele ist das Göttliche bei Juan nun nicht, entgegen anderen Äußerungen, unsagbar, sondern es wird als absolute Liebe aufgefasst. Die Vereinigung mit dem Göttlichen findet als Liebesvereinigung statt.

> Damit der Mensch in seinen Seelenvermögen für die gottgewirkte Liebeseinung geistlich vorbereitet und eingestimmt wird, muß er zuerst mit all diesen Kräften in dieses göttliche und dunkle geistliche Licht der Kontemplation eingesaugt und so von allen Neigungen zu den Geschöpfen und deren Wahrnehmung weggezogen werden ...[58]

Dass diese Liebe nichts mehr für sich will, wird niemand in Frage stellen, und dennoch entsteht das Problem der Fixierung des Göttlichen als *etwas*, wenn es mit der Liebe identifiziert wird.

Da Gott nun die absolute Liebe ist und diese durch einen Willensakt erfahren werden kann, ist es verständlich, dass die Einswerdung mit dem Göttlichen eine willensmäßige Vereinigung darstellt.

> Die Vereinigung, von der wir sprechen und in der Ziel und Abschluß des Einigungsweges besteht, ist die Vereinigung Gottes mit dem Willen. Er vereinigt sich mit ihm als mit einem tätigen Objekt (...) insofern er Synterese oder höchste Spitze des Willens ist, die auf die einfache Erkenntnis oder übernatürliche Beschauung folgt.[59]

Dies bedeutet also, dass der unverständliche und unaussprechliche Gott nun doch gefasst werden kann, nämlich im und durch den Willen, den Gott in der Liebe anregt, und dies, weil Gott die Liebe selbst ist.

> Und da der Verstand nichts im Einzelnen erkennt, so entsinkt er sich selber und wird in den Abgrund der Gottheit versenkt, während der Wille das Feld behauptet, indem er Gott liebt und genießt in innigster Liebe und übergroßer reiner Wonne.[60]

Das deutlichste Zeichen, ob es tatsächlich zu einer Vereinigung im Willen gekommen ist, ist die Ungestörtheit der Seele.

> Wenn einer ganz und gar gewillt ist, sich durch nichts verwirren und beunruhigen zu lassen, wenn er alles in ungestörtem Frieden und Ruhe von der Hand Gottes annimmt und auf ihn zurückführt, so ist das ein Zeichen, daß sein Wille mit dem göttlichen eins ist ...[61]

Hadert der Mensch noch mit seinem Schicksal, erhofft er das eine, das andere aber nicht, dann hat er noch nicht die geforderte Seelenruhe erlangt.

3.2 Dauernde Einheit und zeitliche Einheit

Im Verständnis der Radikalität der Einheit liegt die wesentliche Differenz zwischen Eckhart und Johannes. Für letzten ist eine ununterbrochene

---

[58] Dunkle Nacht, 119–120; vgl. SW 5, 357 (K.A.).
[59] SW 5, 372 (K.A.); vgl. SW 5, 323 (K.A.): »Bei jeder dieser beiden Vollkommenheiten ist zu beachten, dass die höhere Vollkommenheit in einem heftigen Affekt der Liebe besteht, den der Herr im Willen erregt.«
[60] SW 5, 334 (K.A.).
[61] SW 5, 355–356 (K.A.).

Einheit mit Gott in diesem Leben für die Seele gar nicht erreichbar »da sie ja schon durch den leichten Schimmer seiner Herrlichkeit ohnmächtig wird«. Für Eckhart hingegen gilt: Ist die Seele völlig abgeschieden und leer, dann kann Gott gar nicht anders als sich in diese zu versenken. Dieser Zustand ist jenseits aller Zeitlichkeit. Daher muss sich der Mensch bei Johannes immer wieder mit der Menschheit Christi befassen, denn nur so weiß er richtig zu leben. Der Zustand fortwährender Vereinigung ist ihm in diesem Leben noch verwehrt, »bis er sich der reinen Beschauung, solange sie währt, hingeben kann; wird sie aber ihm entzogen – und dies wird oft gewaltsam geschehen, da ja das beständige Verbleiben im Gebete und in der Beschauung noch keinem Heiligen beschieden war –, so wird es ihm nicht schaden, wenn er wieder der Menschheit Christi sich zuwendet.«[62] Die völlige Einheit der Liebe, die im »lumbre de gloria« stattfindet, ist dem Menschen erst im Paradies vergönnt. Auf Erden steigt er zwar im Glauben immer höher, doch das absolute Ziel erreicht er hier noch nicht. »Je mehr der Glaube von diesem Licht durchdrungen wird, umso höher ist der Grad der Kontemplation, zu dem er aufgestiegen ist (…) Aber er bleibt auch dort noch mit einem feinen Schleier bedeckt, der das göttliche Antlitz verhüllt.«[63]

Das Gottes- und Menschenverständnis Eckharts ist dagegen ein völlig anderes. Weil der Mensch wesensmäßig immer das Göttliche in sich trägt, also niemals wirklich vom Absoluten unterschieden ist[64], kann er – indem er von seiner irrtümlichen Weltsicht abgeht – sich den ursprünglichen Zustand der Einheit bewusst machen und ihn somit wieder herstellen.

> Gottes Bild (…) sei in der Seele Grund wie ein lebendiger Brunnen. Wenn aber jemand Erde, das ist das irdische Begehren, darauf wirft, so hindert und verdeckt es ihn, so daß man nichts von ihm erkennt oder gewahr wird; gleichviel bleibt er in sich lebendig, und wenn man die Erde, die von außen darauf geworfen ist, wegnimmt, so kommt er wieder zum Vorschein und wird man ihn gewahr (…) Die Sonne scheint ohne Unterlaß; jedoch, wenn eine Wolke oder Nebel zwischen uns und der Sonne ist, so nehmen wir den Schein nicht wahr.[65]

Wir können den Strahl der ewigen Wahrheit zwar verdunkeln, aber niemals völlig zerstören.

> Da Gott selbst diesen Samen eingesät und eingedrückt und eingeboren hat, so kann er wohl bedeckt und verborgen und doch niemals vertilgt noch in sich ausgelöscht werden; er glüht und glänzt, leuchtet und brennt und neigt sich ohne Unterlaß zu Gott hin.[66]

Um zur völligen Einheit mit Gott zu gelangen, bedarf es nicht einer jenseitigen Welt, sondern eines Haltungswechsels des Menschen.

---

[62] SW 4, 87; SW 5, 343 (K.A.); vgl. SW 1, 87; 5, 374 (K.A.).
[63] G. Della Croce, Johannes vom Kreuz und die deutsch-niederländische Mystik. 63.
[64] Das Gefühl der Unterschiedenheit entsteht durch die falsche Erkenntnis einer eigenständigen Seinshaftigkeit, die in Wahrheit nur die absolute Nichtigkeit ist.
[65] DW V, 113,5–16.
[66] DW V, 111,18–21.

Licht und Stein:
Die Utopie der Kathedrale

Wilhelm Höck

Aufklärung, die methodisch und berechnend alles klären, alles ans Licht bringen wollte, brachte das Gerücht auf, das Mittelalter sei finster gewesen: ein Zeitalter von Dumpfheit, Unmündigkeit und Aberglaube. Daran mag etwas – aber nur eben etwas – richtig sein. Doch auch Aufklärung erwies sich, wie man inzwischen sieht, als finster. *Sie* blendete das Heilige aus, das Geheimnis, aus dem Welt hervorgeht und kaprizierte sich auf Exaktheit. Licht beispielsweise sei berechenbare und messbare Wellenbewegung, wie es Isaac Newton sah.

Dabei bemerkte Aufklärung die besondere Helligkeit des Mittelalters nicht: ihr Licht, in dem Natürliches und Übernatürliches sich treffen. Exemplarisch wurde das in der Erfindung des 12. Jahrhunderts, die sich bis in die Anfänge der Neuzeit hinein voll entfaltete: in der gotischen Kathedrale, dem, wenn man so will, Gesamtkunstwerk einer Epoche, in dem Kunst und Theologie gemeinsam die Welt deuteten. Die Kathedrale hat übrigens ihren Namen von der »Cathedra«, dem Bischofslehrsitz, dem bischöflichen Katheder.

In unserem Jahrhundert, dem der entfalteten Wissenschaft, sagte ein bedeutender Physiker – es war wohl der Nobelpreisträger Werner Heisenberg –, Kathedralen in altem Sinn könnten nicht mehr gebaut werden. Die Kathedralen unserer Zeit, die Weltdeutungen unserer Zeit seien die großen naturwissenschaftlichen Theorien. Eine davon, fast die erste, war die Relativitätstheorie Albert Einsteins, die nächste war die Quantentheorie – die eine aufs Große spezialisiert, die andere aufs elementar Kleine. Und noch bemüht man sich vergebens, die Theorien des Großen und die des Kleinen auf einen Nenner zu bringen, sie zu einer großen einheitlichen Theorie zu vereinigen. Das populäre Wort dafür ist »Weltformel« – aus purer Mathematik und ohne sonderliches Interesse an Theologie.

Vorausgegangen war dem die Weltformel der Evolutionstheorie seit Charles Darwin und an der wird diffizil mit viel genetischem Sachverstand weitergearbeitet – freilich, ohne dass man das Phänomen Leben dem Geheimnis entreißen könnte. En vogue ist heute dazu die Systemtheorie, die Evolutionsbiologie und Sozialphänomene zu verknüpfen sucht mit der Mutmaßung, alles sei durch Autopoiesis, durch Selbstorganisation, also irgendwie von selber zu Stande gekommen.

Diese Theorien haben eines gemeinsam, das sie von den Kathedralen unterscheidet: Jede ist vorläufig und muss preisgegeben werden, wenn sich eine stichhaltigere findet. Diese Theorien sind, ihrem Wesen nach, überholbar. Jede Kathedrale ist – wie viele Jahrhunderte auch an ihr mitgewirkt haben mochten – unverwechselbar, unüberholbar sie selber: nicht Möglichkeit, sondern Zeugnis. Und zudem hat theoriebildende Wissenschaft vergessen, was »Theoria« eigentlich bedeutet: nämlich Schau, Zusammenschau, Bild, das sich einer aus seinen Erfahrungen macht und nach dem er sein Leben einrichtet. Ein solches verbindliches Bild ist die Kathedrale, die Zusammenfassung dessen, was man später »Gotik« nannte.

Als Abt Suger vom Kloster St. Denis vor Paris die gotische Kathedrale um die Mitte des 12. Jahrhunderts regelrecht erfand, kam etwas radikal Neues in die mittelalterliche Kirchenbaukunst. Zwar kannte man von normannischen und englischen Kirchen schon die technische Neuerung des Kreuzrippengewölbes, das den Abschluss des Kirchenraums nach oben auflockerte, aber eines war der Kirchenbau noch immer: Gehäuse, fest umschlossenes Gehäuse für die Frömmigkeit. Gehäuse war die Kirche gewesen, seit die Christen aus der Verborgenheit der römischen Katakomben hervorkamen und die Idee etwa des Mithras-Kults beibehielten, da das Mysterium im Geheimen zu feiern sei – abgeschlossen gegen die fragwürdige Welt. Die Kirche war so etwas wie Schutzraum gewesen.

Und diese Idee gab das 12. Jahrhundert preis. Die festen Wände wurden durch Säulen und Pfeiler ersetzt, an denen das Licht nicht abprallte, die vielmehr vom Licht umspielt wurden. Dazu kamen die großen Fenster, durch die das Draußen hereinleuchten konnte und zusätzlich wurden die Wände durch Arkadengänge auf halber Höhe aufgelockert. Was Wand gewesen war, fester Stein, wurde zu einem Element des Spiels unter einem Gewölbe, das, von unten her getragen, einen Anschein von Himmel, von Offenheit nach oben bekam. Ein Ansatz von Illusion – und Illusion hängt mit »Ludus« für »Spiel« zusammen – ein Ansatz von Illusion hielt Einzug im Kirchengebäude. Welche bautechnischen Probleme damit zusammenhingen, wäre eine Frage für Architekturhistoriker.

Jener Abt Suger von St. Denis, ein maßgeblicher Mann in der französischen Königspolitik, dachte, als er seine Kirche ersann, an die »Gloire«, den Glanz, den Ruhm, die Pracht. Wie dem Staat Gloire gebührte, so auch Gott und der Bau zu dessen Ehre sollte ein prunkvolles Spiel sein: mit Gold und Farben, mit einer Architektur, die einen Tanz vollführte. Der aus Sugers Zeit erhaltene Chorumgang macht das sichtbar. Suger hatte einen Gegenspieler: den asketischen Heiligen Bernhard von Clairvaux, der auf der Idee einer armen Kirche beharrte und die Gefahr witterte, die Kirche könnte den Sinnesreizen und dem Luxus der Welt erliegen.

Doch Sugers Gotik, die Kathedrale, setzte sich durch, nicht nur im Zentrum Frankreichs, sondern abgewandelt allenthalben in Europa. In der Kathedrale zog das Zeitalter, ehe eine Neuzeit begann, eine Summe – und es ist wohl kein Zufall, dass die großen »Summen« der Theologen die methodischen Zusammenfassungen des christlichen Denkens zu »Lehrgebäuden« in eben jener Zeit entstanden. Die »Summa« des Hugo von St. Victor wurde geschrieben, als die Pläne für St. Denis heranreiften und die großen Summen des Thomas von Aquin, der von 1225 bis 1274 lebte, entstanden zu einer Zeit, als die gotische Kathedrale ausgereift war.

Und die Kathedrale war eben auch eine »Summa Theologica«, nicht einfach eine raffinierte Architektur, sondern ein Versuch, Antwort auf den Anspruch Gottes zu geben – und zwar eines Gottes, den man – seit altersher – als Inbegriff von Licht verstand. Man hatte das aus der spätantiken Neuplatonik, für die sich der Geist, das Pneuma des Menschen, fürs göttliche Pneuma öffnet, für »Lux coelestis«, das Himmelslicht. Für Plotin war das göttlich Eine »Licht vor allem Licht« und das war fürs Christentum sehr selbstverständlich. Zu einem Zentralgedanken des Kirchenbaus wurde dieses Theologumenon, als jener Abt Suger von St. Denis auf die Schriften eines zum Kirchenlehrer erklärten namenlosen Syrers aus der Zeit um 500 stieß, der als Dionysius Areopagita in die Geschichte einging. Man hielt ihn zunächst für jenen Dionysius, dem Paulus auf dem athenischen Areopag begegnete – doch der war es nicht, von dem die Lichttheologie stammte, sondern eben jener Syrer, der deshalb später Dionysius Pseudo-Areopagita genannt wurde. Mit ihm verband sich noch eine französische Reminiszenz: Der Heilige Frankreichs ist St. Denis – Dionysius –, ein Märtyrer, der im 3. Jahrhundert auf dem Montmartre enthauptet wurde und von dem man erzählte, er habe seinen Kopf unter den Arm genommen und sei erst an jener Stelle zusammengebrochen, an der St. Denis erbaut werden sollte.

Dionysius war für Suger mehr als ein politisches Faszinosum: Er war eine entscheidende theologische Orientierung. Zwar bezeichnete Dionysius Pseudo-Areopagita das höchstwesentliche Eine als ewiges Dunkel und ewiges Schweigen, doch wo Welt ins Spiel kommt, kommt Gott auch als Licht ins Spiel: als »das höchstwesentliche Licht« und die »unsichtbare Sonne«. Gottvater ist der »Vater der Lichter«, Christus dessen »erstes Strahlen« und aus dem Licht des Anfangs gehen die materiellen Dinge hervor, die »materielle Lichter« sind und so das »wahre Licht« Gottes spiegeln. Der unbekannte Syrer schrieb:

> Jede Kreatur, sei sie sichtbar oder unsichtbar, ist ein Licht, vom Vater aller Lichter ins Dasein gerufen (...) Dieses Stück Stein oder jenes Holzstück ist ein Licht für mich (...) denn ich nehme wahr, dass es gut und schön ist; dass es nach seinen richtigen Proportionsgesetzen existiert; dass es sich in Art und Gattung von anderen Arten und Gattungen unterscheidet; dass es durch seine Anzahl definiert ist, dank derer es »ein« Ding ist; dass es seine Ordnung nicht verletzt; dass es seinen Platz gemäß seiner besonderen Schwerkraft sucht. Wenn ich solche und ähnliche Dinge in diesem Stein wahrnehme, werden sie Lichter für mich, das will sagen, sie erleuchten mich ...

Das kannte Abt Suger und er sog es in sich so sehr auf, dass er seine Architektur als Licht begriff, als Lichtspiel aus Gott und für Gott. Er sprach von einer »Lux nova«, einem »neuen Licht«. Er dichtete:

> Sobald der neue hintere Teil mit dem vorderen vereint sein wird,
> Erglänzt die Kirche mit leuchtendem Mittelteil.
> Denn es leuchtet hell, was mit Lichten gepaart wird,
> Und den das neue Licht durchdringt, der edle Bau, ist
> Leuchtend ...

Das materielle Leuchten des Baus – so Suger – will durch geistliche Illumination »erleuchten«, zum »wahren Licht« Christi hinführen, von dem es doch stammt. Der Stein der Kathedrale ist materielles Licht – und so ist es nur natürlich, dass er sich ein Stück weit zurückverwandelt in das Urlicht seiner Herkunft: Man lässt das Licht der Sonne so mit ihm spielen, dass er selber etwas von diesem Sonnenlicht in sich einsaugt: dass das Bauwerk materiell und immateriell zugleich ist. Und die Fenster, durch die das Licht kommt, wurden farbig – ein Gemisch aus Glasmaterie und materielosem Glanz von droben. Und mit den Fenstern, durch die Fenster wurde das Spiel aus Stein und Licht zum Raum, der Farbe ist. In Chartres, wo die alten Fenster noch fast völlig erhalten sind, kann man von morgens bis abends den Wandel der Farbigkeit miterleben. Und vielleicht noch intensiver in der Pariser Sainte-Chapelle aus dem mittleren 13. Jahrhundert, die aus fast nichts als farbigen Fenstern besteht: ein Paradies der Farben.

Um zu ermessen, was dieses Zusammenwirken von Materie und immateriellem Licht bedeutet, muss man sich wohl kurz daran erinnern, dass dies auch noch die Zeit der Katharer in Südfrankreich war, jener gnostisch-manichäischen Sekte, die sich völlig der Reinheit verschrieben hatte und deshalb alles Materiell-Leibliche als verführerisch beargwöhnte oder als Werk des Bösen verabscheute. Im frühen 13. Jahrhundert, als die Kathedralen mit ihren Farben schon standen oder gebaut wurden, wurden die Katharer so gut wie ausgerottet: Die Kathedralen verkörpern den Triumph über die Welt- und Leibfeindlichkeit jener Katharer, der »Katharoi« oder »Reinen«. Sie feiern das Gemisch, die Vereinigung aus Überwelt und Welt.

Die Religionsgeschichte kennt das Bild von der Heiligen Hochzeit, des »Hierosgamos«, der Vereinigung von Himmel und Erde. Nach der griechischen Mythologie des Hesiod entstand alles aus der Vereinigung der Erde Gaia mit ihrem Sohn Uranos, dem Himmel. Andere Kulturen kennen Ähnliches. Die Kathedrale greift es auf: Das Licht des Himmels vereinigt sich mit dem Stein der Erde. So entsteht Welt – Welt als Paradies, als Ort Gottes mit dem Menschen, der von göttlicher Herkunft ist.

Am Nordportal von Chartres ist eine Doppelfigur zu sehen: Gott bringt Adam aus einem Denken hervor und die beiden sind ähnlich wie Vater und Sohn. Adam, das ist nach jüdischer Tradition Adam Kadmon, der ursprüngliche Mensch in voller Gottähnlichkeit. Andere Religionen kennen den Urmenschen, den eigentlich gemeinten Menschen auch – doch für Judentum wie Christentum wurde die Ähnlichkeit durch den Sündenfall zu Schanden, doch in Christus wird für Paulus der Urmensch wiederhergestellt: der neue Adam.

Doch da kommt die Heilige Hochzeit wieder ins Spiel: In Maria verbindet sich Gott auf neue Weise mit dem Menschen, mit seiner Schöpfung, sodass der ursprüngliche Mensch wiederkehren kann. Das ist der eigentliche »neue Bund«: die paradoxe und doch selbstverständliche Einheit des Schöpfers mit der Schöpfung. Die Analogie dazu ist die Kathedrale, in der göttliches Licht und materieller Stein einen Bund eingehen. Der Raum, der offen sein will, bildet sich aus Überweltlichem und Weltlichem. Kirche überhaupt ist ein Bund in diesem Sinn. Und was unsereiner leichthin Welt nennt, ist etwas, in dem Überweltliches – meist verborgen – präsent ist. Von einer »coincidentia oppositorum«[1], einer Zusammenkunft des

---

[1] Zusammenfall der Gegensätze (Zentralgedanke des Nikolaus von Cues).

Gegensätzlichen, sprach die Theologie ein paar Jahrhunderte später in anderem – und doch nicht ganz anderem – Zusammenhang. Die Kathedrale gibt zu erkennen, wie Gott in Maria, die den eigentlichen Menschen empfängt und austrägt, die Schöpfung richtig stellt. Insofern ist die Kathedrale ihrem inneren Wesen nach eine marianische Erscheinung. Und sie nimmt etwas von dem vorweg, was wenig später die Mystik die »Gottesgeburt im Menschen« nennen sollte.

Es war die Zeit, in der sich die christliche Marienverehrung in der westlichen Kirche voll entfaltete. Natürlich hatte seit den Anfängen des Christentums die Gestalt der Maria eine wesentliche Rolle gespielt; doch als das Mittelalter sich seinem gotischen Höhepunkt näherte, rückte die Frau als Frau in ein Zentrum des frommen Denkens – aber das in durchaus ambivalenter Form. Es war Tradition seit der Antike gewesen, die Frau als eine Vorform des endgültigen Menschen, des Mannes, zu sehen. Sie sei ein misslungenes Männliches, hatte Aristoteles behauptet; Platon hatte sie in die Nähe der tierischen Lebewesen gerückt und schon das frühe Christentum erinnerte sich daran, dass der Versucher im Paradies zuerst Eva zu Fall gebracht hatte. Sie, die Frau, so hieß es, sei die Pforte der Hölle auf Erden. Sie wurde mit dem Natürlich-Weltlichen identifiziert und Natur bedrohte das Geistige, das sich vornehmlich im Mann verkörperte.

Das war auch den Reinen, den Katharsi, den Katharern geläufig, die sich reinzuhalten versuchten vom Weltlichen, Natürlichen, Leiblichen. So entwickelte sich in Südfrankreich, dem Gebiet der Katharer, das Minnewesen, in dem die Frau als unberührbar-unnahbares Wesen die zentrale Rolle spielte: Gegenstand einer poetischen Verehrung, die nicht an die sinnlich-erotische Erfüllung der Liebe dachte. Die Frau wurde zum Inbegriff besonderer Reinheit – zum Nachbild nicht der verführten Eva, sondern der dem Sinnlichen entrückten Maria.

Doch ganz wurde sie das nicht. Um diese Zeit entfaltete sich auch der Hexenwahn, nachdem die Kirche vorher noch gelehrt hatte, der Glaube an die Existenz von Hexen sei Irrglaube. Diese Meinung verschwand, die Hexen, die Gefährtinnen und Buhlerinnen des Bösen, nahmen im Denken der Männer überhand; und dazu gab es ein theologisches Argument aus der Zeit des Aristoteles: Thomas von Aquin, *der* »Gotiker« unter den Theologen, erklärte die Frau zum »animal imperfectum«, zum unvollständigen Lebewesen; später, zur Zeit des Hexenhammers gegen Ende des 15. Jahrhunderts, hieß es, sie sei »fleischlicher gesinnt« als der Mann und daher auf besondere Weise anfällig für den Zugriff des Bösen – das glaubte auch noch die Neuzeit, als Aufklärung schon längst begonnen hatte.

So kam es im Mittelalter der beginnenden Gotik zu einem Doppelbild der Frau: Der Hexe, der Verderberin, stand die reine Frau des Minnedienstes gegenüber und deren vollkommenes, übersteigertes Sinnbild war eben Maria, die ganz andere Frau, die unbefleckt Empfangene, nicht in den Bannkreis der Erbsünde Geratene. Sie wurde, als der Hexenwahn allmählich ausbrach, zum Inbegriff des erlösten Menschen und dadurch zu der Heiligen, die auf besondere Weise die Erlösung derer befördern konnte, die sich noch unerlöst fühlten, die das Gericht fürchteten. Maria, das war das »Ja« des Menschen auf die Anrede Gottes, sie war dadurch im Stande, den Urmenschen, den Adam Kadmon, als Christus neu zu gebären. In ihr verkörperte sich auf besondere Weise die Erlösbarkeit, ja die Erlöstheit des Menschen. So konnte der Marienkult entstehen, der seine Gestalt in der Kathedrale fand. Nicht nur die klassische Ausprägung der Kathedrale – Notre Dame in Paris – ist eine Marienkirche, ein Marienbild – jede Kathedrale nach der ersten von St. Denis ist eine Notre Dame.

Im Tympanon, der plastisch gestalteten Fläche über dem Hauptportal der vorgotischen Kirchen, hatte zumeist das Jüngste Gericht seinen Platz und ihm galt das besondere künstlerische Augenmerk. Oder es fand sich hier in der Mandorla, dem mandelförmigen Rahmen, Christus als Weltenherrscher oder Weltenlehrer, umgeben von den vier Evangelistensymbolen; unter dem Gericht hindurch, unter der Herrschaft hindurch betrat man die Kirche – Erlösung war ebenso möglich wie Verdammnis. Auch als Suger von St. Denis seine erste Kathedrale baute, ließ er um 1140 im Tympanon über dem Hauptportal den Weltenrichter anbringen und der Weltenrichter nimmt diese Stelle auch im Mittelportal der Kathedrale von Chartres ein, das um 1150 entstand. Im Tympanon des rechten Nebenportals freilich finden sich Marienszenen.

Als 20 Jahre später die Kathedrale von Senlis errichtet wurde, änderte sich die Anordnung: Über dem Hauptportal sieht man eine Marienkrönung, die Erhöhung des reinen Menschen in den himmlischen Stand. Eine Gerichtsszene krönt zwar noch etwa um dieselbe Zeit das Hauptportal von Notre Dame in Paris und die Marienkrönung ist aufs linke Portal verwiesen, doch in der Mitte des Haupteingangs, unter dem Gericht, steht am Portalpfeiler Maria als »neue Eva« vor dem Baum der Erkenntnis. An Maria vorbei betritt man Notre Dame.

Die Kathedrale von Reims, der architektonische Höhepunkt des 13. Jahrhunderts, brachte die endgültige Erhöhung Mariens. Dort, wo über dem Portal früher Gericht oder auch Marienverkündung gewesen waren, findet sich jetzt eine Rose aus Stein und farbigem Glas und die Marienkrönung ist triumphal über das Portal erhoben, sie reicht bis zur großen Fensterrose in der Westfassade. Ist der Eingang zur Kathedrale ein Zugang zu einem irdisch-vorläufigen Paradies, so steht er im Zeichen Marias, des gekrönten Menschen, wie er eigentlich gemeint ist. Der Eingang zum Himmel, der endgültigen Kirche, geschieht unter dem Bild Mariens, des Menschen, wie er gedacht ist. Und der Eingang zur Kathedrale ist eine porta coelis, eine Himmelspforte mit dem gekrönten Menschen als Höhepunkt. Das Innere ist Paradies, umschlossener Garten, hortus conclusus, eingefasster Garten, wie es in der lauretanischen Litanei von Maria heißt. Paradies und Maria sind fast dasselbe – die Kathedrale zeigt es den Sinnen.

Man hat vom Portal der gotischen Kathedrale gesagt, sie sei eine »porta coelis«, eine Himmelspforte und damit dies sichtbar werden konnte, musste sich der Eingang zum Kircheninneren wesentlich ändern. Er wurde zum Ort der großen Skulptur. Waren in früheren Zeiten vor allem die Säulenkapitelle mit hoher Kunst plastisch ausgeschmückt und betrat man die Kirche unter dem Tympanon mit Gericht oder Weltenherrscher, so kamen jetzt die Skulpturen fast auf Augenhöhe herab.

In St. Denis war es schon so gewesen, doch die Revolution hat die Figuren vernichtet, aber man sieht es an den Portalen von Chartres, von Notre Dame, von Reims. Der Besucher geht an Heiligen- und Königsgestalten, an Engeln vorbei zur Pforte, die ihn in die Kirche einlässt. Das erst, die Herabkunft der heiligen Gestalten fast bis zur Erde, macht das Portal zur »porta coelis«: Von seinesgleichen flankiert tritt der Besucher der Kirche an den Ort der Seligkeit, der für ihn vorgesehen ist. Und hier – von Chartres bis Reims, aber auch in Straßburg und dann in Deutschland, etwa in Bamberg – entfaltete sich die gotische Bildhauerei zu ihrer höchsten Blüte. Chartres und Reims – mit den Portalskulpturen dort konnte es das westliche Abendland endgültig mit der großen Bildhauerei der Antike aufnehmen, freilich mit einem gewichtigen Unterschied: Die Skulpturen blieben fest an die Architektur, an das irdische Paradies Kirche, gebunden – die erste Freiplastik entstand erst zweihundert Jahre später mit dem David des Donatello in Florenz: Der Einzelne emanzipierte sich von seinem Gebäude, trat ins Freie.

Er trat ins Freie – und in die Verwirrung. Doch auch sie war bereits in die Kathedrale eingelassen. In Chartres wie in Amiens findet man in den Fußböden des Langhauses Labyrinthe und sie werden gedeutet als Symbole der Weltverworrenheit, die einer durchschreiten muss, um ins Zentrum, ins Jerusalem der Erlösung, zu gelangen. Wer das Labyrinth abschritt, legte ein Stück Heilsweg zurück. Schon ältere christliche Kirchen hatten das Symbol des Labyrinths in sich aufgenommen, doch im Mittelalter deutete man es nicht nur als Gefängnis für das Böse wie in der griechischen Mythologie, sondern als Heilsweg in besonderem Sinn: Das verschlungene Muster war eine Tanzvorlage. An Ostern schritt in manchen Kirchen der Klerus tänzerisch das Labyrinth ab und man warf sich dabei einen Ball zu – Zeichen der siegreichen Sonne aus germanischem Brauch, aber auch Zeichen des Christus, der seit römischen Zeiten als »sol invictus«, als unbesiegte Sonne, galt. Im Paradies der Kathedrale wurde gespielt.

Und nicht nur mit dem Sonnenball wurde gespielt, sondern mit dem Sonnenlicht. Wie gesagt, die Kathedrale war ein Spiel aus himmlischem Licht und irdischem Stein, Heilige Hochzeit von Himmel und Erde in einem vorläufigen, irdischen Paradies hinter der »porta coelis«, der Himmelspforte. Doch das Spiel aus Licht und Stein, aus Immateriellem und Materiellem, war ein *Farben*spiel. Durch die Fenster und ihre Glasmalerei dringt das reine Licht bunt gebrochen in den Raum und verändert seine Farbigkeit von Stunde zu Stunde. Die Heilige Hochzeit zwischen Himmel und Erde: Sie erzeugt Farben, erzeugt eine Welt aus Farbigkeit, »farbigen Abglanz« dessen, was jenseits reiner Glanz, reines Licht ist. Wo sich Himmel und Erde vereinigen, geschieht die Vermischung im Bunten, das seine Buntheit beständig wechselt. Manchmal im Spiel farbiger Flecken auf Säulen und Fußböden. Man mag an Goethes Farbenlehre denken, wo es heißt, die Farben seien »Taten des Lichts, Taten *und Leiden*« des Lichts. Die Kathedralen mit ihren gemalten Fenstern bezeugen es: Welt, die allemal farbig ist, ist auch ein Leiden Gottes, eingelassen ins Spiel Gottes mit seiner Schöpfung. Auf Erden zeigt sich das Heilige allemal nicht rein, sondern farbig-bunt. Die Kathedrale ist nur ein vorläufiges Paradies aus marianischem Geist.

Und ist das Heilige einfachhin das Licht? Jener Dionysius Pseudo-Areopagita, auf den sich die Erfinder der Kathedrale beriefen, hatte Gott, das »höchstwesentlich Eine«, auch als »ewiges Dunkel« bezeichnet und daran mag man in den Abendstunden im Inneren von Chartres denken, wenn die Fensterrose in der Westfassade als ein rahmenloser Kranz von bunten Lichtfiguren, gleichsam im Tanz um das farbige Mittellicht des Weltenrichters, nicht aus dem Mauerwerk, sondern aus dem Dunkel hervorleuchtet – aus einer unauslotbaren Tiefe.

Die Farbenspiele der Kathedrale sind wie eine Form der Vielstimmigkeit: Die Farben der Fenster und Rosen spielen untereinander, auf dem Stein der Säulen und Pfeiler miteinander, gegeneinander. Und so hat es einen guten Sinn, als zu der Zeit, als die Kirchen farbig wurden, auch die Kirchenmusik sozusagen farbig wurde. Im 12. Jahrhundert, als St. Denis und Chartres erbaut wurden, fand auch die mehrstimmige Musik – gewissermaßen die bunt gewordene Musik – Eingang in die Kirchen. Durchkomponierte Mehrstimmigkeit ist seit etwa 1200 in Notre Dame bezeugt. Eine Mehrstimmigkeit, die nur der abendländische Westen kennt – wie nur er die Form der Kathedrale als Hochzeit zwischen Licht und Materie kennt.

Diese Heilige Hochzeit der Kathedrale ist, wie gesagt, ein Mariensinnbild und auch zugleich ein Christus-Sinnbild – ein Sinnbild des endgültigen Adam nach dem gescheiterten Adam, dem Ur-Adam. So ist die Kathedrale auch ein Sinnbild des geglückten Menschen, des eigentlich gemeinten Urmenschen. Der jüdisch-christliche Philosoph Philon von Alexandrien nannte diesen Urmenschen den »himmlischen Adam«, ein Wesen, das so schön war, dass sich auch die Engel vor ihm verweigerten und er beschrieb ihn als eine Gestalt, die von der Erde bis zum Himmel reichte.

Freilich, von der Erde bis zum Himmel reichen sollte auch der Turm zu Babel – und der war, als Menschengebilde, Zeugnis menschlicher Hybris. Der Mensch, so darf man das verstehen, ist ein Wesen, das zu hoch hinaus will, das sein Maß überschreitet. Und auch das zeigt die gotische Kathedrale. In Beauvais, nördlich von Paris, wollte man mit einem Bau alles Bisherige an Höhe übertrumpfen. 1284 stürzten die Gewölbe über der Vierung von Langhaus und Querschiffen ein, dreihundert Jahre später brach der Turm über der Vierung zusammen – auch er sollte der höchste des Abendlands sein. Heute steht eine Ruine, die den angestrebten Himmel doch nicht erreicht und deren Chor von außen einer skurrilen Plastik gleicht und etwas von Götterdämmerung, von Menschheitsdämmerung an sich hat. War es ein Zufall, dass diese Kathedrale nicht als Mariengotteshaus gedacht war, sondern als Peterskirche, eher an den Papst erinnernd als an die »Himmelskönigin«?

Alles in allem war die gotische Kathedrale – vor allem in ihrer französischen Gestalt – *das* Gesamtkunstwerk ihrer Epoche und darin gebaute

Theologie – Theologie für die Sinne und übers Sinnenhafte hinaus. Sie
hatte in ihrer Farbigkeit und ihrer Offenheit etwas vom Himmel auf
Erden an sich, zeigte die Erde als mögliches Paradies – vorsichtiger: Sie
zeigte die paradiesischen Möglichkeiten des Irdischen. Die Möglichkeiten
– das, was noch nicht war, noch keinen Ort hatte. Was aber keinen Ort
hat, heißt u-topos, ist Utopie. Ein Noch-nicht, doch ein Vorschein auf
eine ausstehende Wirklichkeit. So ergibt es einen guten Sinn, dass der
Denker der Utopie, Ernst Bloch, in seinem frühen Buch »Geist der Utopie« der Kathedrale ein Kapitel widmet. Darin kann man lesen:

> … der Mensch in seiner allertiefsten Inwendigkeit, als Christus, wurde hier das alchymi-
> sche Maß aller Baudinge. Blickt man nur lange genug hinein, in dieses Blühen und sei-
> nen Lauf, so sieht man seine innerste Seele selber darin fließen und sie wandelt darin,
> wandelt sich zu sich hin. Hier herrscht jene schöne Wärme, in der die lebendige Seele
> nicht erstickt, die Wärme der Geliebten und das Licht, das von der Blume, von aller
> Mägde Luzerne ausgeht, die schöne Wärme, in der die lebendige Seele durch Demut und
> Andacht besiegt und gleich dem Jesuskind selber von der gotischen Maria in die Arme
> genommen wird. Der gotische Wille, den Chor, ja den gesamten Innenraum immer ver-
> klärter zu gestalten, die gotische Hochtendenz in ihrer Fülle entmaterialisiert alle Masse:
> Nun haben die süchtigen Bildtafeln in ihr Raum; Netz- und Schlingwerk unerhörter
> Steinmetzkunst wuchert in Krabben und Kapitälen, durchsetzt mit Maßwerk und Rose
> die glühenden Fenster, Wölbung entsteht, nicht Gewölbe und dynamisches Pathos, in
> allen Teilen nach oben drängend, im Hauptschiff dazu noch in die Tiefe des Chors;
> Sünde und Buße, gleißende Teufelsschönheit und Reich der linden, der gebogenen, der
> gelassenen Seele begegnen sich in diesen ungeheuren Figurendomen zuallernächst,
> machen sie zum versteinerten Zug des christlichen Abenteuers. Aber es jagt auch und
> wuchert und brennt Licht in diesen Steinen, dieser Bildsäule, diesem Haus des mensch-
> lichen Herzens; nirgends werden wir verleugnet, nirgends wird der einschließenden
> Kraft des Materials ein mehr als reflexiver Tribut gegeben, die Mauer ist geschlagen, die
> bunten Fenster führen in ungemessene Landschaft, wir stehen mitten in der Liebe, von
> den Heerscharen umstellt, ja die Gewänder und Mienen der Heiligen nehmen selber alle
> raumschließende Kraft an sich, es ist ein steinernes Schiff, eine zweite Arche Noah, die
> Gott entgegenfliegt.

So lässt sich von Kathedralen sprechen, aber nicht von naturwissenschaftlichen Theorien, die die Kathedralen des 20. Jahrhunderts sein sollen: mathematische Modelle, die es zu überholen, durch bessere zu ersetzen gilt.
Vielleicht sind diese Theorien (der Evolution, der Relativität, der Quan-
ten, der Systeme, der Kommunikation) intelligenter als die Kathedralen
des späten Mittelalters. Doch in ihrer Unsinnlichkeit sind sie ärmer.

Doch wie endgültig ist der Verlust? Der Dichter Marcel Proust, berührt
vom Bild der Kathedralen, nannte die Erinnerung eine Kathedrale – die
Erinnerung, die jeder haben kann. In ihr ist das Vergangene gegenwärtig
und sie ist eine gute Theoria: eine Schau, eine Zusammenschau. Es kommt
nur darauf an, sie lebendig zu erhalten.
    Und eine Erinnerung, eine gegenwärtige, sind die drei Glasfenster, die
1974 der Maler Marc Chagall für den Apsisabschluss der Kathedrale von
Reims geschaffen hat: farbige Weltheilsgeschichte in der Vereinigung des
Lichts mit dem Erdenmaterial Glas. Keine imitierte Gotik, sondern Bilder
aus dem Geist dieser unserer Zeit, in der freilich alte Zeiten erinnert wiederkehren. Alte Zeiten und Anfänglichkeiten vor aller Zeit.

Willst du mit mir gehen?

Schritte beglückender Sinnerfahrung

Albert Stüttgen

> *Freund, so du etwas bist, so bleib' doch ja nicht stehen!*
> *Man muss von einem Licht fort in das andere gehen.*
> (*Angelus Silesius*)

Kein ausgetretener Weg oder gar eine Straße – nur erste Ausblicke, die zum Gehen ermutigen und Spuren, die in eine Richtung weisen. Ist es nicht schon viel, etwas vor Augen zu haben, das zum Gehen, zu neuem Aufbruch reizt und ermutigt?

Richtungslosigkeit, wohin ich schaue, ein Taumeln von einer Ecke in die andere, ein Dahintreiben von Angebot zu Angebot. Hier und dort Verheißung des großen Glücks, immer wieder am Nullpunkt stehen, Enttäuschung und schließlich so etwas wie Hoffnungslosigkeit.

Wie und wo eine Richtung finden, die aus der Sackgasse herausführt? Die Kirchen bieten sich als richtunggebende Instanzen an. Sie reden von dem, was in aller Wirrnis unverrückbar feststeht und als feststehende Wahrheit Orientierung gibt. Viele greifen zu diesem Angebot und übernehmen die von einer kirchlichen Instanz formulierte Wahrheit. Diese Übernahme einer fertigen Wahrheit gilt dann als Glaube. Solcher Glaube besteht aus dem Fürwahrhalten von Glaubenssätzen.

Kann ein nur auf Sätzen gegründeter Glaube auf Dauer der Anforderung genügen, mein Leben auf Kurs zu halten? Das Verständnis von Sätzen ist an Vorstellungen gebunden. Wenn überkommene Vorstellungen nicht mehr nachvollziehbar sind, verliert eine Satzaussage ihre Überzeugungskraft. Die Anerkennung übernommener Wahrheit ist noch kein *lebendiger* Glaube. Leben beruht auf ständiger Erneuerung: Was für biologische Vorgänge gilt, gilt auch für geistiges Leben und seine Ausrichtung. Was sich nicht erneuert, stirbt ab und verdorrt. Was mich in unerwarteter Bedrängnis auf Kurs halten soll, muss aus meiner Einsicht erwachsen.

Ich kann nur zu einer Wahrheit stehen und aus ihr leben, deren Sinn mir im Leben aufgegangen ist. So genannte Glaubenswahrheiten warten darauf, ihren Sinn in einer bestimmten Lebenssituation angesichts eigener Erfahrung zu enthüllen. Dann erst kann ich sie als meinen Glauben bezeichnen. Dann aber handelt es sich um mehr als ein Fürwahrhalten, nämlich um meine persönliche Überzeugung.

Ich will nur noch meinem Erfahrungsweg folgen, dem Weg, den das Leben mit mir geht und auf dem es mir sein Geheimnis kundtut. Diesem Geheimnis geöffnet weiß ich mich in der Nähe Gottes, an dessen Dasein ich früher nur, angelehnt an eine kirchliche Tradition, »geglaubt« hatte. Jetzt handelt es sich um lebendige Wirklichkeit. Du magst einen anderen Weg gehen, deinen Weg, und womöglich von einem anderen Glauben dei-

nen Ausgang nehmen. Aber je tiefer du dich einlässt auf das Geheimnis
deines Weges und deines Glaubens, umso mehr werden wir uns einander
annähern. Wirkliche Nähe und Verbundenheit miteinander ereignet sich
in der gemeinsamen Teilhabe am Geheimnis einer lebendigen Wirklichkeit, die uns auf Schritt und Tritt begegnet, wenn wir ihr geöffnet sind.

Aber wie geschieht diese Öffnung? Sie geschieht *mit* uns in einem
doppelten Sinne. Einmal, dass sie sich außerhalb aller Machbarkeit in meinem Leben ereignet. Ich kann sie nicht willentlich herbeiführen, sozusagen herbeizwingen. Es geschieht etwas *mit* mir, nicht durch mich. Andererseits bin ich indirekt daran beteiligt, insofern es an mir liegt,
Gelegenheit dafür zu geben, dass sich in mir eine Öffnung vollzieht. Ich
tue das in der Meditation, der ich am Beginn und am Ende jeden Tages
Raum gebe. Hier lasse ich alles, was von mir kommt, hinter mir zurück:
meine Überlegungen, Planungen, Ambitionen und Machenschaften. Auf
diese Weise werde ich gleichsam frei von mir selber, und nur so kann eine
größere, mich umgreifende Wirklichkeit, eine jenseits meines kleinen beschränkten Ich, mir aufgehen.

Damit ist noch nicht gesagt, dass diese umfassende Wirklichkeit von
nun an in meinem Bewusstsein bestimmend ist und mein Fühlen, Denken
und Handeln leitet. Allzu leicht stellen sich im Getriebe des Tages die
alten Denk- und Verhaltensmuster wieder ein. Dennoch meine ich, dass
das, was in der Meditation geschieht, in meinem Leben nicht folgenlos
bleibt. Wenn ich bemerke, dass ich allmählich weniger hektisch, bedächti-
ger und angstfreier werde, wenn die Enge meiner Vorstellungen, Wertun-
gen und Erwartungen schwindet, dann führe ich das auf etwas zurück, das
in den täglichen Meditationszeiten anfangen und von dorther in mein
Leben eindringen konnte; denn ich bin nach wie vor außer Stande, diese
andere Weise zu leben, mir gleichsam verordnen und wirksam herbeiführen zu können. Nichts gegen gute Vorsätze, aber in Verhaltensfragen
richten sie wenig aus. Grundlegende Wandlungen geschehen langsam und
unmerklich in uns. Sie kommen nicht aus unserem Willen und Bewusstsein. Sie verweisen auf tiefere Zusammenhänge, denen wir angehören.

Dieser tiefere Zusammenhang ist es, der in allen Religionen als die eigentliche Wirklichkeit angesprochen wird. Er trägt dort unterschiedliche
Namen und erscheint in unterschiedlichen Symbolen. In der Meditation
geben wir uns ihm anheim.

Wenn ich am Tagesbeginn in die Meditation eintauche, überlasse ich
mich einer über mein Bewusstsein hinausreichenden Wirklichkeit. Diese
frühe Stunde hat den Vorzug, dass sie sich anschließt an die »Nachtruhe«,
die Zeit des Schlafes, in der ich, meinem Bewusstsein entzogen, neue Kraft
gewann in unmittelbarer Verbindung mit einer mich aufnehmenden Wirklichkeit, die mich »regenerierte«, neu hervorbrachte. Was sich im Schlaf
biologisch vollzogen hat, setze ich fort in meditativer Vertiefung, bei der
ich meines Wurzelgrundes inne werde und mich der spirituellen Kraft
überlasse, die mir von dort zufließt. Auch jetzt lasse ich, wie vor dem Ein-
schlafen, mein Denken und Wollen zurück und bin gewiss, dass ich dieser
meinem Begreifen und Verfügen entzogenen Kraft, die wir Gott nennen,

alles anheim geben kann: mein Leben, das Leben derer, um die ich besorgt bin und alles Weltgeschehen, das mich beunruhigt. Von diesem tiefen Grund her, aus dem alles lebt, wird der Lauf der Dinge und auch unser Leben seiner Bestimmung und Erfüllung zugeführt.

In diesem Bewusstsein gehe ich an mein Tagewerk. Wenn ich sage »mein Tagewerk«, dann geht es nicht um ein beliebiges Arbeitspensum, das an sich selbst eine »absolute« Wirklichkeit darstellt, die, »losgelöst« von meinem Leben, ihren Sinn in sich selbst hat. Es geht vielmehr um mein Tätigsein, in dem sich dieses mein Leben zu einer Seite hin erfüllt. Die Arbeit könnte mir jemand abnehmen, aber nicht jenes neu entstehende Stück Wirklichkeit, in dem sich mein gegenwärtiges Leben abspielt und Gestalt annimmt und so einen Teil meines Lebensweges ausmacht.

Die entstehende und bestehende Welt als Verkörperung gelebter persönlicher Lebenswege ist die eigentliche Wirklichkeit. »Persönliche« Lebenswege aber sind von einem den Menschen und sein Tun bestimmenden, über ihn hinausweisenden, ihn »durchtönenden« (personare = durchtönen) Geist inspirierte Ausgestaltungen. In dieser Gewissheit verliert mein tägliches Tun seine Beliebigkeit. Was letztlich dabei herauskommt, ist nicht meine Sache, sondern Sache dessen, der mein Leben hinausführt über alle vorläufigen Ergebnisse. Ich vertraue mich seinem Wirken an.

Damit gestehe ich mir ein, dass ich den Gang der Dinge nicht bestimmen kann. Gleichwohl gewinnt auf diese Weise alles, was geschieht, eine Dimension, die dem vordergründigen, am bloßen Auf und Ab der Ereignisse orientierten Blick entzogen ist. Dieser sieht nur, was *ich* mache und was die *anderen* Menschen machen. Er erschöpft sich im bloßen Registrieren menschlicher Machenschaften und gelangt zu seinem Überblick in der Tageszeitung. Aber diese scheinbare Orientierung ist nichts als ein Verhaftetbleiben in lauter Vordergründigem, und sie führt zu nichts als zur Befriedigung meiner Neugierde, bestenfalls zum Versuch, Politik betreibend, das eigene Handeln gegen das der anderen durchzusetzen und diese Durchsetzung gegebenenfalls als Erfolg anzusehen. So hat jede politische Partei ihre wechselnden Erfolge und Misserfolge. Es handelt sich um das endlose Auf und Ab menschlicher Machtverhältnisse.

Aber in diesem scheinbar sinnlosen Weltlauf kann sich auf anderer tieferer Ebene im Leben der einzelnen Menschen Lebenserfüllung ereignen; dann nämlich, wenn nicht mehr der jeweils sichtbare Erfolg und Misserfolg zum Maßstab gemacht wird, vielmehr das Unscheinbare täglichen Tuns und Erleidens einem alles übergreifenden tieferen Geschehen zugeordnet und als sein Walten erfahren wird. Dann bedarf es keiner sichtbaren Erfolge mehr, weil auf Schritt und Tritt Sinn aufleuchtet. Dieser Sinn liegt nicht in einer feststehenden Glaubenswahrheit, sondern ist im Lebensvollzug zu erfahren. Er lässt sich nur als Lebenszeugnis an andere weitervermitteln. Durch Worte kann er nur indirekt weitergegeben werden, insoweit diese unmittelbarer Ausdruck eigenen Lebens und Erlebens sind. Daher meide ich Gottesdienste, in denen Texte gelesen und Handlungen vollzogen werden, ohne dass dabei etwas durchscheint vom inne-

ren Mitvollzug derer, die hier sprechen und tätig sind. Dagegen können
Menschen, die sich nicht ausdrücklich als »Gläubige« verstehen, in ihrem
Verhalten das zum Ausdruck bringen, worauf religiöse Texte verweisen.

Wenn ich hier eigene Erfahrungen zur Sprache bringe, so geschieht
das im Bewusstsein, nur so dem entsprechen zu können, was so genannte Offenbarungstexte mir nahelegen. Es genügt nicht, nur an sie zu
glauben. Das wird spätestens dann erfahren, wenn es darum geht, ein
schweres Schicksal anzunehmen und auch darin sinnerfüllt zu leben.

Gott, der nach biblischer Lehre *allgegenwärtig* ist, kann für mich nur
eine Erfahrung sein, die ich überall, in jeder Lebenssituation mache. Solange das nicht der Fall ist, bin ich zurückhaltend mit solcher Glaubenswahrheit. Es genügt mir von gelegentlicher Erfahrung in unterschiedlichs-
ter Situation zu sprechen. Andere mögen dies banal finden. Es geht
ohnehin nicht darum, andere darauf festzulegen. Jeder wird nur auf eigene
Weise ähnliche Erfahrungen machen können.

Was meinem Leben Tiefe und Fülle gibt, ist lebendige Erfahrung, nicht
eine noch so erhebende Wahrheit, an die ich glaube. Was mich wirklich
»erhebt«, trägt und hinausführt über Trübsinn und Traurigkeit, über ein-
schnürende Enge und lähmende Alltäglichkeit, sind unmittelbare *Wahrnehmungen*, etwas das über meine Sinne vermittelt wird, Sinnbilder –
nicht ein allgemeiner Lebenssinn, der in formulierten Wahrheiten »festgehalten« und als solcher geglaubt wird. Alles Sichtbare, Hörbare, Fühlbare
kann in dieser Weise Sinnbild sein, sofern ich dafür offen bin.

Sinnbilder, wir nennen sie auch Symbole, sind allgemein bekannt. Man
glaubt sie zu kennen, wenn man Begriffe, z.B. den Gottesbegriff, mit
einem Bild zusammenbringt, dem Bild eines Malers etwa, oder mit bild-
lichen Zeichen, die die Religionen verwenden. Aber damit ist noch kein
lebendiger Sinn aufgegangen, hat sich noch keine tiefe Erfahrung ereignet.
Es ist nicht damit getan, sich mit religiösen Symbolen zu umgeben, um in
ihnen etwa den Begriff Gottes, den man im Kopf hat, bildhaft zur Verfügung zu haben. Viele leben mit einer Vielzahl von Symbolen, die in
Büchern erläutert sind und kommen damit doch nicht weiter in der Gotteserfahrung. Solche Symbole sind höchst verfänglich, weil man in ihnen
etwas zu haben glaubt, was so nicht zu haben ist.

Wenn ich von Sinnbildern spreche, dann meine ich sinnfällige Erfahrungen, die mich zutiefst berühren, ohne schon zu wissen, was sie bedeuten. Ich werde von solchen Erfahrungen sprechen, die sich zu Hause in
meinem unmittelbaren Umkreis ereignen. Aber im Augenblick, wo ich
Zeit finde für diese Aufzeichnungen, befinde ich mich in den Schweizer
Bergen Graubündens nahe den Alpenpässen Splügen und San Bernardino
und möchte daher zunächst von der gegenwärtigen Erfahrung sprechen.

Der allmorgendliche Aufstieg aus dem Hinterrheintal oder von der
Passstraße aus in die zu dieser Jahreszeit oft schon weiß aufleuchtenden
Berge hat eine Intensität, die nichts mit sportlichem Ehrgeiz oder Erkun-
dungsdrang zu tun hat. Wir folgen einem nur an der Markierung erkenn-
baren, kaum sichtbaren Saumpfad, steigen über Felsbrocken und lockeres
Gestein in noch unbekannte Höhen, kaum achtend der Anstrengungen

des Aufstiegs. Große, weit geöffnete silberfarbene Blüten der Bergdisteln liegen nah am Boden zwischen anderem Steingewächs, das über die Hälfte des Jahres unter einer Schneedecke weiterlebt. Über leuchtendes buntes Gestein zu Tal fallendes glasklares Wasser, das wir Stein für Stein überqueren. Nahe dem Pass hochmoorartige Vegetation. In der von Wollgras umsäumten dunklen Wasserfläche spiegeln sich Bergspitzen, Wolken und Himmelsblau. Auf einem Felsvorsprung kurze Rast mit Blick auf die in das Tal abfallenden Steilhänge. Von einem unbeschreiblichen Licht wie geblendet, überlassen wir uns dieser Höhe und Weite, fühlen uns zugehörig der uns übersteigenden Bergwelt.

Wer möchte in Worte fassen, was uns hier bewegt, uns durchflutet? Jeder Versuch würde das, was uns hier aufgeht und zugleich in sich hineinnimmt, ins Menschliche verkleinern. Das ist es, was ich meine mit einer Sinnerfahrung, in der die Natur zum Sinnbild eines Sinnes wird, der auf keine andere Weise erfahrbar ist, eines Sinnes, den man nicht besitzt, sondern der gegenwärtig ist.

Man mag theologische Gedanken hier anschließen und vom Schöpfer dieser Wunder sprechen, aber man würde dem nicht näher kommen, der in der Erfahrung dieser Bergwanderung nahe ist. Mit dem Namen Gottes kann ich diese Sinntiefe, von der ich sprach, benennen; aber es erscheint mir unwesentlich, ob ein Mensch, der bewusst in dieser Erfahrung lebt, das Geheimnis seiner Erfahrungen mit diesem Namen belegt und sich als Gläubigen bezeichnet. Dagegen erscheint es mir bedenklich, wenn andere aufgrund ihres Glaubensbekenntnisses und ihrer kirchlichen Aktivitäten meinen, auf Gott bezogen zu leben, ohne dabei eigene Erfahrungen ins Spiel zu bringen. Was besagt schon das Bekenntnis, dass die Welt von Gott geschaffen ist, wenn ich damit nur eine gedankliche Klärung ihres Ursprungs bereithalte und mich aufgrund dessen als Theisten bezeichne, wenn ich mich mit anderen streite, die darauf bestehen, dass Gott nicht getrennt von der Welt gedacht werden kann und einen Pantheismus proklamieren? Was besagt schon die Rede von Gott als dem Schöpfer aller Dinge, wenn sich mit dem Namen Gottes keine Erfahrung verbindet?

Genügt es aber, solche Erfahrung in wenigen herausgehobenen Erlebnissen zu haben, wie sie oben in Verbindung mit einer Bergwanderung umschrieben wurden? Dann hätte man zwar eine gewisse Lebensnähe zu einem unaussprechlichen Geheimnis; aber mein übriges Leben, mein Leben insgesamt, würde dann doch weit von solcher gelegentlichen Erfahrung stattfinden. Meister Eckhart sagt, dass nur der das Geheimnis Gottes erfährt, der es in allen Dingen und Situationen erfahren kann. In diesem Sinne möchte ich mich nun alltäglichen Gegebenheiten in meinem Leben zuwenden, ohne damit behaupten zu wollen, tatsächlich schon in jeder Situation diese Erfahrung gegenwärtig zu haben. Ich kann, um es vorweg zu sagen, nur von mir behaupten, dass ich dahin unterwegs bin.

Das Alltägliche ist, von außen gesehen, das sich täglich Wiederholende, allem voran Essen und Schlafen. Vordergründig erscheint es als das Unbedeutende und Banale, von dem man nicht weiter spricht, weil es nicht wert ist, auch nur erwähnt zu werden. So gesehen, hat es mit wirklichem Leben nur insoweit zu tun, als es sich dabei um unabänderliche äußere Notwendigkeiten handelt, ohne die man nicht existieren kann.

Wer das Alltägliche so auffasst, braucht ständige »Abwechslung«, und das heißt »Ablenkung«, die ihn einer sonst lähmenden, geisttötenden Monotonie entreißt. Wer so empfindet, ist auf das »Außergewöhnliche« aus, oder sagen wir es mit einer gängigen Vokabel: auf das »Sensationelle«. Gefühle und Lebensgeister (lat. sensus) erwachen dann nur noch angesichts des weit Hergeholten und Schockierenden. »Fern sehen« sagt es schon: Was ich da sehe, ist nicht das Nahe, Nächstliegende sondern das Entfernte, von weither Bezogene. Und so verbindet es mit »dem Leben«, das ich in meiner unmittelbaren Nähe nicht wahrzunehmen vermag.

Es ist geradezu paradox: Das von meinem unmittelbaren alltäglichen Leben Abgehobene erscheint mir als das eigentliche Leben. Das ist nicht erst so, seit es das Fernsehen gibt. Manche, die davon in abschätziger Weise reden, frönen dem Abgehobenen auf andere Weise. Schon viel früher gab es die »Gebildeten«, die bereits den Geist weit ab von ihrem unmittelbaren Leben suchten, hoch oben über dem Alltag und in weit zurückliegenden Kulturen. Andere suchen es in verstiegener Theologie, wieder andere in exquisiten sportlichen Aktivitäten.

Zurück zum Alltäglichen! Ich beginne mit dem Essen. Elementare Freude, wenn wir uns am Morgen an den Tisch setzen. Ein Blick nach draußen: Im Frühlicht eine andere Welt als die, die wir gestern vor dem Schlafengehen zurückließen, als wir die Tür zum Garten hinter uns schlossen. Spüren, wie ein neuer Tag anbricht, der es verdient einen Augenblick zu verweilen und hinauszuschauen: der noch verschleierte Himmel, der eine unbeschreibliche Atmosphäre schafft, das besondere Licht dieses Morgens. Später der erste Glanz einer aufgehenden Sonne in den Baumzweigen. An anderen Tagen der noch undurchdringliche Nebel oder das leise Rauschen strömenden Regens. Wir schauen uns an; vor uns der gedeckte Tisch, das bunte Obst auf dem Teller, dunkle Brotscheiben in der Keramikschale, die darauf warten, dass wir nach ihnen greifen und den Aufstrich auswählen. Ein Gebet, das uns verbindet mit allem, was uns umgibt. Dankbarkeit, Freude, Erwartung. Und das immer neu, ganz neu an jedem Tag.

Wir hörten, als wir unsere Ferien begannen, in der Abtei Münsterschwarzach von »heilenden Ritualen«. Das Frühstück ist eines der Rituale, mit denen wir unseren Tag, den uns geschenkten Tag beginnen.

Ein anderes Ritual: Die morgendlichen Übungen nach dem Aufstehen. Nach der Auflösung aller leiblich-seelischen Empfindungen im Schlaf wieder den eigenen Leib spüren, die einzelnen Körperglieder und ihre Regungen und sich so seiner leiblichen Kraft bewusst werden, in der die Seele zu neuem Leben erwacht. Gefühl der Frische und Ausgewogenheit im Strecken und Schwingen der Arme und Beine, im Dehnen und Entspannen des ganzen Körpers, spürbares Leben bis in die Zehenspitzen. Austausch mit dem Kosmos im gleichmäßigen Rhythmus des Atmens, aus dem uns das Leben kommt. Freude, Zuversicht und Dankbarkeit vereinen sich in dieser Bewegung, kommen in ihr zum Ausdruck und gehen wieder in sie ein. Tiefe Erfahrung des Einsseins, in der der neue Tag beginnt. Wird sie allen Belastungen standhalten? Diese Frage mag sich später einstellen. Jetzt gilt es, im Rhythmus der Bewegungen ganz gegenwärtig zu sein. Auch später bei der Arbeit und im Umgang mit denen, die mir begegnen, geht es entscheidend darum, gegenwärtig zu sein in den Empfindungen unseres leiblich-seelischen Lebens und der inneren Beziehung zu denen, mit denen wir Umgang haben. Aber wie soll sich das später ereignen, wenn wir uns am frühen Morgen nicht darauf besinnen und damit anfangen?

Irgendwann am Tage nehme ich diese Körperübung und die in ihr gemachte Erfahrung in anderer Form wieder auf, wenn ich für eine begrenzte Zeit hinauslaufe in freies Feld oder im Sommer regelmäßig ein paar Bahnen im Freibad ziehe. Nirgendwo gelingt das belebende Durchatmen mehr als beim Schwimmen. Hinzu kommt der enge Kontakt mit dem Wasser, der mir mehr als die Bewegungen in frischer Luft das Gefühl gibt, in dieser mich umgebenden wunderbaren Natur kein isoliertes Dasein zu führen, sondern eingebunden zu sein in die Elemente. Nirgendwo ist die Bewegung belebender, erzeugt sie ein solches Glücksgefühl wie hier. Wenn ich aus dem Wasser steige, ist auch die Luft am ganzen Körper spürbar, weshalb ich es nicht versäume, wenn die Temperatur es noch erlaubt, mich im Freien abzutrocknen und umzuziehen.

Was hat das alles mit Sinnerfahrung und, wenn man so will, mit Gotteserfahrung zu tun? Früher war ich daran gewöhnt worden, das eine vom anderen zu trennen: hier kirchlich-religiöses Leben, dort bloßer Körperkult. Jetzt sehe ich das anders. Während der morgendlichen Gymnastik bei offener Tür, beim Lauf nach draußen und im Wasser mich bewegend frage ich nicht mehr nach Sinn, brauche ich nicht nach Sinn zu fragen; denn es ist dann ganz gegenwärtig, woraus und woraufhin ich lebe. Ich kann nur wünschen, dass so etwas auch in allen anderen Lebenssituationen geschieht. Aber soweit bin ich noch nicht, wenn es auch immer mehr Situationen in meinem Leben gibt, die dem nahekommen.

Bevor ich auf solche anderen Situationen eingehe, nicht zuletzt den Berufsalltag mit seinen Anforderungen, möchte ich noch etwas zu dem Rahmen sagen, innerhalb dessen sich mein Tag abspielt, der sich wie im Einzelnen so auch im Ganzen als eine Art Ritual entfaltet, das nicht von Anfang an feststand, sondern sich erst allmählich herausgebildet hat.

Da entspricht dem morgendlichen Anfang das Ende eines jeden Tages. Es handelt sich nun umgekehrt um den Übergang eines ausgefüllten Tages in den alles beschließenden Schlaf. Wie ich am Tagesbeginn das Bewusstsein Leben spendender innerer Energie erwarte, so steht am Abend die Übung und das Bewusstsein sich zurücknehmender Aktivität. Wenn es darum geht, seine äußere und innere Aktivität zurückzunehmen, kommt auch dem Essen, das am Morgen besonderen Raum einnahm, keine Bedeutung mehr zu. Ein Kraft spendender wie Kraft verbrauchender Stoffwechsel würde nicht in den Verlauf abklingender Aktivität passen.

Der Gang nach draußen ist nun mehr einem im Auspendeln sich wiederherstellenden inneren Gleichgewicht zugeordnet als dem Sichbewegen. Der innere Gleichklang wird zurückgewonnen im Sicheinstimmen auf die sich wieder einfaltende Natur, mit der wir uns am Morgen wieder neu entfalten werden. Wer möchte bezweifeln, dass dem ein tiefer Sinn innewohnt, den der erfasst, der das alles einfach an sich geschehen lässt?

Es gibt auch noch Übungen, die weniger unsere Kraft beanspruchen und sich in ausladender Bewegung vollziehen, vielmehr in sparsamen und langsamen Gesten, die jeweils auf einen ruhigen Atemrhythmus abgestimmt sind. Im Chi-gong wird eine andere Kraft aktiviert, die es ermöglicht, ganz bei sich selbst und auf diese Weise mit Oben und Unten, Himmel und Erde in Einklang zu sein.

So vorbereitet kann sich, wiederum umgekehrt wie am Morgen, die Meditation vollziehen, nun im Übergang vom Tätigsein zum Schlafen. Der Schlaf als Auflösung aller Spannungen wird hier sozusagen auf Bewusstseinsebene vorweggenommen.

Soviel dürfte bisher klar geworden sein: Sinnerfahrung hat mit Besinnung zu tun. Besinnung bedeutet bewusstes Leben im Unterschied zum Sichtreibenlassen und Getriebenwerden. Gemeint ist, dass ich bei allem, was in meinem Leben geschieht, etwas von mir dazugebe, nämlich mein eigenes Wahrnehmen und Empfinden ins Spiel bringe und noch etwas mehr: die ständige Bereitschaft, in allem Tun und Lassen immer wieder innezuhalten, zu lauschen und auszuschauen nach etwas, das sich in allen vordergründigen Vorgängen verbirgt. Auf diese Weise trete ich in Verbindung mit einer aller Verfügbarkeit entzogenen Lebensdimension. Sie wahrzunehmen bedarf keiner außergewöhnlichen Lebenssituation, noch beschränkt sich solche Erfahrung – wie die zuletzt genannten Beispiele nahelegen könnten – auf den Lebensbereich, den wir der Entspannung zuordnen. Auch wo ich »angespannt« bin, eingespannt in die Notwendigkeiten des Berufs, kann mir eine alle vordergründigen Zwänge überschreitende Lebensdimension aufleuchten, vorausgesetzt, ich halte mich dafür bereit.

Solche Bereitschaft bekundet sich in der Weise, wie wir unseren Beruf ausüben. Viele gehen ganz in ihrem Beruf auf, ihr eigenes Leben erscheint ausgeklammert aus dem, was sie tun, sie funktionieren restlos in einem vorgegebenen Betriebsrahmen. Andere führen mehr oder weniger teilnahmslos aus, was ihnen aufgetragen ist und sind auf ein von ihrer beruflichen Tätigkeit abgetrenntes Dasein ausgerichtet. Im einen wie im anderen Falle kommt es in der beruflichen Arbeit nicht zur Berührung mit einer über das Vordergründige hinausreichenden Dimension. Nur wo der Beruf ernst genommen, zugleich aber auch die Möglichkeit wahrgenommen wird, innerhalb dieses abgesteckten Tätigkeitsfeldes zu sich selbst zu kommen, kann von einer Bereitschaft die Rede sein, für tiefere Lebenszusammenhänge durchlässig zu werden.

Für mich war der Beruf nie nur Broterwerb, aber ich war auch nicht in der Gefahr, mich mit den institutionell gegebenen Maßstäben zu identifizieren. Einerseits nahm ich dankbar die mir zugewiesene Arbeit auf mich; denn durch sie stand ich im Dienst eines größeren Ganzen. Andererseits wusste ich, dass dieses Ganze sich nicht im Funktionskreis der gesellschaftlichen Institutionen erschöpfte. Ich spürte, dass die Sache, um die es ging, der »Lehrstoff«, mehr war als eine Bestandsaufnahme wissenschaftlicher Untersuchungen, und die Menschen, die damit in Berührung kamen, sollten mehr als nur Auszubildende, nämlich eigenständige Personen sein, die jeweils ihr eigenes Verhältnis zu dem gewinnen sollten, womit sie umgehen. Dieses Bewusstsein war die Quelle meines Engagements und der Freude, die sich damit verband. Meine Berufsvorbereitung erschöpfte sich nicht im Erwerb und der Weitergabe von Kenntnissen. Immer ging es auch um die stets neu zu beantwortende Frage, wie die Fakten und Ergebnisse, zu denen man gelangte, aufgrund persönlicher Stellungnahme einzuschätzen waren.

Mein Beruf gab mir, soweit ich mich selber mit einbrachte, das Gefühl, dass ich in und an der Wirklichkeit arbeitend mich zugleich in ihr verwirklichte. So verstandene Selbstverwirklichung ist an sich immer jener Seinstiefe geöffnet, in der wir auf das alles verbindende Gottesgeheimnis stoßen und weiß sich von daher in Dienst genommen, auch ohne sich noch einmal ausdrücklich religiös zu begründen.

Was ich hier angedeutet habe lässt sich, wie ich meine, auch auf andere Tätigkeitsbereiche anwenden. Niemals geht es nur um pure Sachen, sondern immer auch darum, wie ich mich dazu verhalte. Nicht die Sachen, mit denen ich zu tun habe, machen mein Leben aus, sondern mein Verhältnis zu ihnen ist entscheidend.

In allen bisher genannten Tätigkeiten und Verhaltensweisen war Sinnerfahrung gegenwärtig. Es bedurfte keiner vorweg gestellten und beantworteten Sinnfrage und keines vorgegebenen Glaubensbekenntnisses, aus dem diese Tätigkeiten und Verhaltensweisen hergeleitet wurden.

Aber nicht alles, was im Leben auf mich zukommt, schließt Sinnerfahrung ein, nicht in jeder Situation weiß ich mich von einem tiefen Daseinssinn getragen. Oft gibt es Zeiten weit ab von Lebenszuversicht und Freude, in denen ich mich ausgeliefert fühle, ausgeliefert unabwendbaren Zeitereignissen oder schwer erträglicher eigener Krankheit. Da ist zunächst alle andere Erfahrung, alles was mir Sinn und erfülltes Leben bedeutete, wie ausgelöscht, und ich sehe nur noch zerstörerische Kräfte wirken, die das Leben in mir und um mich herum bedrohen. Aller noch so gut gemeinte Zuspruch von außen kann mir wenig helfen, aller vermeintliche Glaube, durch den ich mich anderen überlegen wähnte, verblasst vor dem Naheliegenden, die Glaubenswahrheit hält einer zudringlichen Wirklichkeit nicht Stand. So überlasse ich mich dem Unabwendbaren, dem Leiden an der Welt, wie sie in diesem Augenblick für mich da ist.

Es ist nicht mehr so, wie es einmal war, als ich in eine Art Verzweiflung geriet, wenn die Welt und der eigene Zustand sich anders darboten, als es meiner Vorstellung von einem sinnerfüllten Leben entsprach, als ich das, was sinnvoll und nicht sinnvoll ist, festgemacht hatte an eigenen Vorstellungen: Als ich mein Leben und den Lauf der Dinge nur bedauern und die Weltereignisse nur verwünschen konnte, wenn sie mir nicht entsprachen. Gleichsam unbemerkt habe ich gelernt, das jeweils Gegebene einfach anzunehmen, so wie ich auch das andere annehme: den erfüllten Augenblick, in dem ich nicht nach Sinn oder Nicht-Sinn frage, sondern es belasse bei dem, was als Unaussprechliches aufgeht, als tiefer, unbeschreibbarer Lebenssinn. Mit anderen Worten: Eine Art Ergebenheit in den leidvollen Zustand entspricht dem je Gegenwärtigsein im erfüllten Augenblick. Ich mache auch das Leiden nicht fest an einem – in diesem Falle durchkreuzten – Lebenssinn. Er kümmert mich so wenig wie die eigene konkrete Vorstellung von dem, wie es hier und jetzt zu sein hätte.

Auf diese Weise verliert der Schmerz seine Zudringlichkeit. Ein lösendes, erlösendes Entspanntsein kann sich ausbreiten und eine Erfahrung vorbereiten, die vorher ausgeschlossen schien, nämlich dass auch im Leiden Sinn aufgeht: eine Art inneres Wachstum, ein Bereiter-Werden für den Glauben an tiefere Zusammenhänge, die sich meiner Vorstellung und Wahrnehmung entziehen. Unversehens wachse ich über jenes »Ich« hinaus, das den Anspruch stellt, alle Zusammenhänge überschauen zu können und beurteilen zu müssen. Dieses Ich hinter mir lassend rücke ich ein in eine meine Vorstellungen übersteigende Wirklichkeit, in der nicht ich zu sagen und zu urteilen habe, sondern eine mich übersteigende und umfassende Wirklichkeit mir meinen Ort im Ganzen zuweist und mich so aus meiner eingeengt erscheinenden Situation befreit. So falle ich angesichts leidvollen Schicksals Verbitterung oder Trübsinn nicht anheim.

Nachwort

Es ist möglich, vielleicht wahrscheinlich, dass alles, was ich hier aufgeschrieben habe, seine Herkunft hat in meinem in früher Jugend angenommenen Glauben. Aber während ich früher diesem Glauben als vorgegebener theologischer Wahrheit in meinem Leben zu entsprechen versuchte, ist es nun ganz anders gekommen: Ich sehe heute umgekehrt, wie diese Glaubensvorstellungen, diese als Theologie sich präsentierenden Wahrheiten auf etwas hinauslaufen, was ich in einer ursprünglichen und in keiner Weise glaubensmäßig festgelegten Weise erfahre.

Ich möchte keinem mehr zumuten, auch mir selbst nicht, von solchem festgemachten Glauben abhängig zu werden. Ich fürchte vielmehr, dass dabei manche ursprüngliche Erfahrung leicht auf der Strecke bleiben würde. Ich gehe demgegenüber davon aus, dass alle biblische Wahrheit ihrerseits einmal auf ursprünglicher menschlicher Erfahrung beruhte, dass es Erfahrungen sind, die uns hier als Glauben begegnen. Wie könnte es anders sein, wo doch mein menschliches Erfahren sich auf wunderbare Weise mit jener aufgeschriebenen »biblischen« (Biblos = Buch) Erfahrung berührt. Dazu ließe sich im Einzelnen noch manches sagen.[1]

---

[1]   Weitere Ausführungen in meinem Buch: Lass los, damit du leben kannst. München 1999.

Offenbares Geheimnis und Apokalypse

Das religionsphilosophische Erbe des Hans Urs von Balthasar

Harald Seubert

In den *Fünf großen Oden* von Paul Claudel, die Hans Urs von Balthasar kongenial ins Deutsche übertrug, heißt es: »Mir auch wurden alle Formen der Natur anvertraut, damit ich sie alle im Geiste sammle, mich einer jeden zur Einsicht aller andern bedienend.«[1] Kaum ein anderes Wort spiegelt das denkerische Grundanliegen des phänomenologischen Morphologen und Pneumatikers Balthasar besser. Dieser vorgezeichneten Spur will ich in vier Gängen folgen.

Von der biographischen Außenseite (I) her, der Grunderfahrung der Einsamkeit in der Kirche, nähere ich mich zunächst dem Anfang des Denkwegs, der *Apokalypse der deutschen Seele*, die es als Deutung der geistigen Situation der Zwischenkriegszeit zu verstehen gilt (II). Dann komme ich auf Balthasars vollendete Theologie, die symphonische Entfaltung der einen Wahrheit in der *Trilogie der Liebe*, zu sprechen (III), die zeitparallel zum zweiten Vatikanischen Konzil, doch fern von dessen Öffentlichkeit entstand. Am Ende versuche ich den *Sach- und Zeit-Ort* dieser Theologie zu bestimmen (IV): zur Forderung, dass theologisches und philosophisches Denken nicht bloß Reflexion und schon gar nicht bloß Narration sein kann, sondern in allem ernsten Wissen um seine Endlichkeit dem Engelsgesang nahekommen muss.

I. Einsamkeit in der Kirche: der schmerzliche Leitakkord der Biographie

1974 publizierte Balthasar einen Aufsatz mit dem Titel *Einsamkeit in der Kirche*, in dem es heißt: »Es kann sein, dass der Einzelne heute die kirchliche Einsamkeit in einer ihm unheimlichen Weise, die er nicht für möglich gehalten hätte, zu spüren bekommt.«[2] Zweifelsohne: diese Einsamkeit hat Balthasar während seiner Lebenszeit in höchst unterschiedlicher Weise erfahren. Am bittersten vielleicht nach dem Austritt aus dem Jesuitenorden in den Fünfzigerjahren, zu Beginn der Gründungsphase seiner Johannesbruderschaft. »Ich weiß nicht, wohin«[3], so bringt er seinerzeit Desorientierung und geistliche Heimatlosigkeit zur Sprache. Einsamkeitsweckendes Unverständnis prägt indes noch jene zahlreichen Nachrufe auf

---

[1] Paul Claudel, Fünf Große Oden. Übertr. v. H.U. von Balthasar. Einsiedeln 1964, 110.
[2] Sonderdruck, Einsiedeln 1973.
[3] Vgl. dazu Thomas Krenski, Hans Urs von Balthasar. Das Gottesdrama. Mainz 1995, 138 ff. Vgl. dazu den Abschiedsbrief an die Gesellschaft Jesu, nachgedruckt in: Elio Guerriero, Hans Urs von Balthasar. Eine Monographie. Freiburg 1993, 402 ff.

Balthasar, welche die Symbiose mit Adrienne von Speyr, ohne die die *Gestalt* des zutiefst morphologischen Denkers Balthasar doch nicht denkbar wäre, auslöschen möchten. Und Einsamkeit hatte der zu gewärtigen, der mehr als zwanzig Jahre vor dem Konzil aufbrach und zur »Schleifung der Bastionen« rief: hin zu einer Welthaftigkeit der Kirche, die nicht länger im machtgeschützten Garten ihren Ort haben dürfe, sondern der Welt strahlen und von ihr verzehrt werden sollte. Dieses *In-der-Welt-sein* der Kirche bedeutet zugleich die (Selbst-)Unterscheidung des Gottesvolks von der Welt. Mithin ist seine »Schleifung der Bastionen« keinesfalls mit einem billigen »aggiornamento« zu verwechseln.[4] Aus solchen Gründen darf es nicht wundernehmen, dass Balthasar unter umgekehrten Vorzeichen auch in Konzilszeiten einsam blieb: Kein Konzilsvater und als Konservativer gebrandmarkt, schuf er in einer durch Krankheit und Schwäche überschatteten Wüstenzeit eine Theologie, die weit ins Morgen führt. Vor allem in der sowohl seelsorgerlichen wie zurechtweisenden Insistenz seiner »Klarstellungen«[5] hat Balthasar nachdrücklich auf den transzendenten, der Ewigkeit in der Zeit verpflichteten Rang der Kirche aufmerksam gemacht. Immer hielt Balthasar daran fest, dass die Einheit der Katholischen Kirche eine Einheit ihrer pneumatischen Wahrheit, ihres Wesenscharakters als »Mysterium Salutis« und ihrer körperschaftlich institutionellen Form zugleich sein müsse. Tödlich für die Katholizität sei es, diesen Zusammenhang aufzulösen, notiert er in einer »Durchsicht« durch sein Werk 1975.[6]

Für Balthasar nun expliziert sich das skizzierte ekklesiologische Ideal in einem spezifizierten Grundverhältnis: Dem reinen Urbild einer *marianischen Kirche* einerseits, die – wie Maria und an ihrer statt – unter dem Kreuz steht und pneumatisch auf Christus verweist, korrespondiert eine *petrinische Kirche* andrerseits, die in aufopferndem Dienst die pneumatische Identität zu wahren hat.

Wir nähern uns dem Kern dieser kirchlichen Doppelgestalt und Balthasars Ort innerhalb ihrer, wenn wir einer letzten Einsamkeit nachgehen: jener, die seine Abschiedsbriefe durchstimmt, geschrieben, nachdem er von seiner Ernennung zu Kardinalswürden erfuhr. So sehr er selbst der petrinischen Kirche zu dienen suchte, wollte und konnte er doch deren Purpurwürde nicht tragen. Der Papst aus Polen hatte allerdings auch gute Gründe gehabt, sie Balthasar Ende der Achtzigerjahre bereits zum zweiten Mal anzutragen: Er verstand dessen Anliegen nur allzu genau, er löste ihn aus seiner langjährigen Isolation und machte unter anderem den

---

[4] Vgl. Balthasar, Cordula oder der Ernstfall. Einsiedeln 1967; dazu Joseph Kardinal Ratzingers Homilie bei der Aussegnung H.U. von Balthasars, in: Karl Lehmann/Walter Kasper (Hg.), Hans Urs von Balthasar. Gestalt und Werk. Köln 1989, 349 ff.

[5] Vgl. Klarstellungen. Zur Prüfung der Geister. Einsiedeln 1978. Ferner: Neue Klarstellungen. Einsiedeln 1979.

[6] Vgl. Balthasar, Wer ist ein Christ? Einsiedeln 1965 u. ders., Cordula oder der Ernstfall. A.a.O., 20 ff. S. auch: Wer ist die Kirche? In: Sponsa Verbi. Skizzen zur Theologie. Bd. II, Einsiedeln 1961, 148 ff. Vgl. Balthasar, Mein Werk. Durchblicke. Einsiedeln 1990, 86.

Balthasar'schen Gedanken vom »Schmerz Gottes angesichts der Welt« sich zu eigen. Balthasar durfte ihm die Regeln der Johannesbruderschaft vorlegen, was er als Höhepunkt seiner geistlichen Existenz verstand. Ein Kongress zu Leben und Werk Adriennes, der unter päpstlicher Schirmherrschaft 1985 in Rom stattfand, kam hinzu.

Bei der für Balthasar nur umso schmerzhafteren Koinzidenz zweier in existentiellem Sinne gleichermaßen berechtigter Positionen wird man seinen Kirchenbegriff ganz zur Kenntlichkeit kommen sehen: Balthasar unternahm seinem Selbstverständnis nach nichts anderes als das Band zwischen den Polen der petrinischen und der marianischen Dimension der endlichen Kirche Christi zu schlingen. Dieses einigende Band zur Geltung zu bringen ist Sache einer *johanneisch-paulinischen* Kirche, wobei Balthasar das visiologisch johanneische Moment immer eher Adrienne von Speyr und das paulinische Moment sich selbst zugewiesen hatte.[7] Was bedeutet dieser scheinbar dritte Kirchenbegriff? Zuinnerst paulinisch ist die Spannung zwischen »Gesetz« und »Evangelium«. Johanneisch *und* paulinisch ist der Gestus einer Nachtwache im Zeichen des Kreuzes. Balthasar brachte diese biblische Explikation auf den Gedanken, dass das Band nur im Verschwinden dessen, der es bindet, zu winden sei. Der Nachfolger von Paulus und Johannes nimmt stellvertretend für Petrus unter dem Kreuz das Erbe der marianischen Kirche entgegen. Manches spricht gerade wegen dieser demütigen hermeneutischen Fassung dafür, diesen dritten Kirchenbegriff als lebendige *prophetische Gestalt* zu verstehen, gleichsam als Prototypon für die Kirche des 3. Jahrtausends.[8]

Schließlich: Balthasars gläubiges Ertragen der Einsamkeit *in* der Kirche ist auch im Zusammenhang des Wissens um die »Gottesfinsternis« und die Krisis der Theodizee angesichts der totalitären Erfahrung des 20. Jahrhunderts zu verstehen, – ohne dass diese Theologie doch je zeitgemäß geworden wäre. Balthasars Denken nimmt nicht den Weg einer Nötigung in den Atheismus, wie er sich in den späten Notaten von Dietrich Bonhoeffer andeutet. Für ihn bleiben vielmehr Negation und der Versuch, sie zu ertragen, in eine schwer errungene Balance gefügt: Vorgestalt einer Theologie der Wüstenzeit.

Hier mag es fällig sein, diese Grunderfahrungen an einigen biographischen Eckpunkten zu fixieren. Der im August 1905 geborene Balthasar stammte aus einem alten Luzerner Patriziergeschlecht. Eine musikalische und literarische Begabung und ausgreifende ästhetische Neigungen bestimmten seinen Studienweg. Das unbewusste Sich-Vorbereiten einer eigentlich christlichen Orientierung in säkularen Geistes- und Textwelten war ihm früh ein bestimmendes Thema. Die germanistische Dissertation

---

[7] So Balthasar, Mein Werk, a.a.O., 75 ff.
[8] E. Corecco, Quando viene l'alba. In: Il giornale del popolo. Lugano 29.6.1988; dazu auch: Guerriero, H.U. von Balthasar, a.a.O., 395 ff. Zu dieser Frage finden sich anregende Bemerkungen bei Joseph Kardinal Ratzinger, Salz der Erde. Christentum und katholische Kirche an der Jahrtausendwende. Ein Gespräch mit Peter Seewald. Stuttgart 1996.

»Geschichte des eschatologischen Problems in der deutschen Literatur« geht aus solchen Überlegungen hervor (1928). Sie sollte symbolische Bedeutung für den eigenen Weg gewinnen.

Den Exzerzitien durch den Jesuiten Friedrich Kronseder folgte dann eine Berufungserfahrung, die Balthasar so umschrieben hat: »Es war weder die Theologie noch das Priestertum, was damals blitzartig vor meinen Geist trat; es war einzig und allein dies: Du hast nichts zu wählen, du bist gerufen; du wirst nicht dienen, man wird dich in Dienst nehmen.«[9] Die anschließenden theologischen Studien führen bereits nachhaltig vor Augen, wie auf die Begeisterung der Berufung Dürreperioden folgen können. Pullach, der Ort des philosophischen Studiums, brachte ihn allerdings in die Nähe von Erich Przywara, einem Mentor, der Balthasars Zeugnis zufolge alles verstand – auch ohne Worte. Das theologische Kolleg in Lyon (Fourvière) brachte den Kontakt mit Henri de Lubac. Sprechend scheint die Anekdote, dass Balthasar in der Pullacher Zeit nächtens verbissen die *Apokalypse der deutschen Seele* schrieb, während er in Lyon mit zugestopften Ohren die Väter las. Er wurde auf eigenen Wegen ein großer theologischer Neuerer – außerhalb der universitären Scholastik, namentlich als Studentenseelsorger in Basel.

Die entscheidende Zäsur setzt, man weiß es, die Begegnung mit Adrienne von Speyr, in zweiter Ehe mit dem Baseler Historiker Werner Kaegi verheiratet. Die Begegnung führte zu einer Symbiose, die so weit ging, dass Balthasar sein Werk nur aus dem Geist der Visionen, Stigmata, Leiden und pneumatischen Gaben Adriennes verstanden wissen wollte. Einer jeden »Privatoffenbarung« haftet selbstredend immer etwas hoch Problematisches an. Treffender aber als in dem symbiotischen Sinnbild drückt sich die Wirklichkeit dieser Beziehung vielleicht in Balthasars schönem Sinnbild von den beiden Hälften des Mondes aus – entspricht es doch der marianischen und johanneischen Doppelgestalt der Balthasar'schen Ekklesiologie. Im Sinn dieses Bildes wäre Adriennes visiologisches Erbe ohne Balthasars kongeniale Mitwirkung nicht oder doch nicht in der Gestalt denkbar, in der es auf uns gekommen ist: Er wusste das Geschaute zu denken, ohne es doch kritisch zu unterhöhlen. Auch muss man Christoph Schönborns Hinweis Rechnung tragen, dass Balthasar Theologie und Spiritualität auf so einzigartige Weise zu verbinden gesucht habe gerade dank seines theologischen Gesprächs mit großen Frauengestalten – von Therese von Lisieux bis hin zu Adrienne.[10]

Das Leben mit Adrienne bedeutete späterhin Mühsal. Balthasar kopierte tausende von Seiten ihrer Diktate und nach 1950, als die Schau versiegte, blieb die Sorge um eine zunehmend Hinfällige. Ihrer Erblindung folgte ein quälendes Krebsleiden. Daneben ist es schlechterdings nicht

---

[9] Balthasar, Por qué me hice Sacerdote. In: J. u. R.M. Sans Vila (Hg.), Por qué me hice Sacerdote. Salamanca 1959, 31, hier zit. nach Henrici, Erster Blick. In: Lehmann/Kasper (Hg.), Hans Urs von Balthasar, a.a.O., 23. Dieser Aufsatz ist für Balthasars Lebensgeschichte grundlegend.

[10] Christoph Schönborn, Hans Urs von Balthasars Beitrag zur Ökumene. In: Lehmann/ Kasper (Hg.), Hans Urs von Balthasar, a.a.O., 334 ff.

verständlich, wie das eigene Werk entstehen konnte: die Johannesbruderschaft, der Johannesverlag, die Zeitschrift »Communio«, ferner 85 Buchtitel, mehr als 500 Aufsätze und Abhandlungen, gut 100 Übersetzungen.

II. Anfänge: Der Doppelakkord – Apokalyptik der eigenen Zeit und ewige Väterweisheit

1. Apokalyptik und geistige Situation der Zeit

1. In ihren rechten Proportionen lässt sich Balthasars Gedankenlandschaft erst erkennen, wenn wir auf seine philosophischen und theologischen Anfänge zurückgehen. Sie sind durch ein doppeltes Initium gekennzeichnet: die *Apokalypse der deutschen Seele* und die Patristik-Studien. Es ist unangemessen, dass der »Apokalypse« in Zeiten, in denen eine ernsthafte denkerische Beschäftigung mit Balthasar wieder einsetzt, eine so marginale Rolle zuerkannt wird. Die Lebenszäsur, die er selbst im Rückblick markiert hatte, gibt dafür jedenfalls keinen wirklichen Anhalt. Sie suggeriert lediglich, es sei um 1960 – noch vor dem Konzil – »zu eine(m) Innehalten, eine(r) Besinnung« gekommen, die erstmals die Frage aufgebracht habe, was »denn diese katholische Altstadt der Welt noch an wahrhaft Anziehendem, ja Lebensnotwendigem zu bieten« hätte.[11] Da Balthasar die *Schleifung der Bastionen* ausdrücklich *vor* diesem Einschnitt datiert, wird man ihn auch nicht überbewerten dürfen. Er bezeichnet wohl eher eine Akzentverlagerung denn eine Umpolung.

Es bleibt aber die Schwierigkeit, dass Balthasar in späten Jahren nur sehr sporadisch auf das gewichtige Frühwerk zu sprechen kam. Es habe die Sinnlinien deutschen Geistes bis zu dem Punkt verfolgt, an dem sie auf den christlichen Weg stießen und mit ihm divergierten, heißt es da. Der Kenner von Balthasars Denkweg wird aus solchen und ähnlichen Hinweisen unschwer ein gewichtiges Motiv herausspüren können: die Frage nach der Apokatastasis, die sich in der Theo-Dramatik und der *Theologie der drei Tage* in dem großen Denkbild begründete, dass das Kreuz recht eigentlich am Ausgang der Hölle aufgerichtet worden sein müsse, da das Heilshandeln doch darin gipfle, dass Christus in die Hölle hinabgestiegen sei.

Man muss sich zudem inne sein, dass das Apokalypsenbuch bereits von den Zeugen seines erstmaligen Erscheinens mit sehr ambivalenten Urteilen zur Kenntnis genommen wurde. Ein so scharfsichtiger, in seinem Sprachverständnis deutlich von Karl Kraus geprägter Geist wie Theodor Haecker scheiterte ganz und gar an ihm, was sich in einer eleganten und grundsätzlichen Polemik in den *Tag- und Nachtbüchern* manifestiert: »Der Vergleich Georges mit Isaias, jawohl Isaias, ist eine schauerliche Blasphemie; nein *wäre* es, wenn der Mann dieses Niveau erreichte; aber er tut es nicht. So ist es Gewäsch. Es ist nicht einmal ›Literatur‹, die ein Gefühl für Qualität voraussetzt. Aber das gerade fehlt ihm. Er kann keinen

---

[11] So Balthasars Dankrede b. d. Verleihung des Mozart-Preises, hier zit. nach Guerriero, 421.

›Satz‹ schreiben.«[12] Der junge Existenzphilosoph Otto Friedrich Bollnow war daher einer der wenigen, die 1937/38 das Karat der Arbeit erkannten. Der Sache nach rückte er Balthasars Unterfangen in die Nähe der Methode *katholischer Weltanschauung* im Sinne Guardinis, die bei Balthasar freilich eine spezifisch ignatianische Dimension entfaltete. Bollnow hält seinerzeit fest: »Es handelt sich um eine groß angelegte und mit eindringlichen Interpretationen bis ins Einzelne durchgeführte Auseinandersetzung des katholischen Standpunkts mit der gesamten Geschichte des Immanenzgedankens, das heißt den Bestrebungen, die Welt und das Leben unter Vermeidung transzendenter Setzungen rein aus sich selbst zu verstehen.« Und schließlich kursierten Abschriften des Buches in katholischen Studentengemeinden der frühen DDR – in Leipzig ist die Bedeutung der durch Werner Becker vermittelten Rezeption im Kreis junger Bloch-Schüler besonders nachhaltig bezeugt.[13]

Indes, die *Apokalypse der deutschen Seele* führt ungleich weiter, als die späten Selbstzeugnisse zu verstehen geben. Derjenige, der dieses monumentalische Werk Ende der Dreißigerjahre schreibt und 1947 stark gestrafft neu herausgibt, verständigt sich darüber, dass er über ein zum Ende kommendes Geistes-Äon nachsinnt und er weiß ebenso darum, dass sein Nachdenken dieser Vergangenheitsgestalt ganz und gar verpflichtet bleibt, also keinesfalls zu neuen Ufern aufzubrechen imstande ist. »Apokalypsis« – »revelatio«, das Offenbarwerden methodisch einzuholen, bedeutet eine Spurensuche, den Versuch, vorfindlichen Geistesgestalten letzte Haltungen abzulesen.[14]
Auch die rein geistesgeschichtliche Blickrichtung auf Gegenwartsphänomene wirkt zeitverhaftet; sie ist dem George-Kreis tief verpflichtet. Entscheidender scheint, dass schon im Erstling eine morphologische Denkart Gestalt gewann, die Formen und Figuren zu lesen versuchte, sich dabei aber immer inne war, dass diese im Fluss begriffen seien und dass der Denkende selbst im gleichen Strom treibe. Deshalb ist dem Wort von der »Apokalypse« bei Balthasar ein Doppelsinn eigen. Es ist nicht nur Deutungs-, es ist auch Existenzkategorie:

> (Die lebende Seele) kann die Gestalt, die vor ihr steht, zurücktauchen in den schöpferischen Vorgang, der sie emporhob, die starren Bildchen magisch in lebendigen Ablauf verwandeln, sie kann auch an diese mythischen Formungen ihrer eigenen Apokalypse das Leben zurückgeben, das sie gebar. Das ist dann kein ästhetisches Beschauen von Gefügen, sondern selber erneute, wiederholte und vertiefte Apokalypse der Seele.[15]

---

[12] Vgl. Theodor Haecker, Tag- und Nachtbücher. Frankfurt/Main 1975, 240.
[13] Diesen Hinweis verdanke ich Manfred Riedel.
[14] Vgl. Krenski, Hans Urs von Balthasar. A.a.O., 166 ff.; ferner M. Greiner, Die Johannesgemeinschaft. Ein Gespräch mit Cornelia Capol und Martha Gisi. In: Lehmann/Kasper (Hg.), Hans Urs von Balthasar, a.a.O., 133 ff.; ferner W. Gut, Zum Gedenken. In: Hans Urs von Balthasar. Gedenkschrift der Akademischen Arbeitsgemeinschaft der römisch-katholischen Kirche. Basel 1989, 33 ff.
[15] Hans Urs von Balthasar, Prometheus. Studien zur Geschichte des deutschen Idealismus. Heidelberg 1947, 17. Diese Prolegomena gelten ursprünglich für das Gesamtwerk der *Apokalypse der deutschen Seele*. Erstausgabe Salzburg/Leipzig 1939.

Jener Vorwurf, der seit dem Ende des Ersten Weltkriegs die Krise von Husserls eidetischer Phänomenologie augenfällig werden ließ, dass nur »aisthetisch«, in zeitenthobenen, starren Gestalten gesehen würde, da es doch gelte, im Sinne einer »Phänomenologie und Hermeneutik« des Lebens als Da-Sein der Zeitlichkeit Rechnung zu tragen, scheint Balthasar sehr bewusst zu sein und er bewegt sich doch zugleich jenseits derartiger Frontstellungen. In diesem Sinn möchten wir es verstehen, dass Balthasars »Apokalypse« eine Fülle von Einsichten enthält, die für die Zeit der Niederschrift ans Visionäre grenzen. Man erinnere sich daran, dass er Schelers, Heideggers und Rilkes Umkreisungen der Endlichkeit nebeneinander rückte, lange ehe Heidegger in einer tiefen Krise seines eigenen Denkens – 1946 – dem unbelebten Numinosen von Puppe, Kind und Engel aus Rilkes *Duineser Elegien* eminente seinserschließende Kraft ablas. Man denke auch an die höchst sprechende Barth-Deutung, die Barth in einen überraschenden Interpretationshorizont rückte. So verstand Balthasar Barths seinerzeit noch ganz im Flusse befindliche Dogmatik als »Dionysos-Theologie«: als Auflösung des Idealismus im Namen einer »zweigliedrigen Dialektik«, »welche in der Unmöglichkeit, die höhere Synthesis zu erreichen, die ausgezeichnet kreatürliche Bewegung des endlichen Denkens sein sollte«.[16]

Im nämlichen Sinn bemerkt er beim Studium bereits der ersten Fassung des Barth'schen Römerbrief-Kommentars: »So gibt es gleichsam nur ein Herüber- und Hinüberzucken des Offenbarungsgeschehens, wie zwischen Teil und Gegenteil. Der Mensch als *ganzer* ist in diesem Geschehen nur die ›Antithesis‹.«[17] Und deshalb projizierte er Barth auf Schelling. Zwei Dialektiken, eine existentiale, die sich überschreitet und eine ideale, die gleichfalls über sich hinausweist, stehen sich gegenüber. Warum? Da Barth das »Futurum resurrectionis« nicht als zeitlich ausstehend denke, sondern, wie Balthasars eindringende Interpretation zeigt, in wahrem Sinne ur-geschichtlich. Man mag auch die in der Philosophiegeschichtsschreibung bis heute nicht eingeholte, von Heidegger aber ähnlich akzentuierte Gewichtung Schelers hervorheben. Die »Phänomenologie« ist Balthasar nicht zuerst von Husserl, sondern von Schelers tragisch zerspaltenem Denken einer »Zwischenzone« her bedeutsam, das sich zum einen in der Spannung zwischen Subjekt und Objekt hält, die im Scheler'schen Gedanken des »An-sich-für-mich« kulminiert, und zum anderen im vitalen Eros, der bei Scheler nahe an die sakramentale reine Gottesliebe heranrückt.

2. Zu derart klaren Blickeröffnungen kann es nur kommen, da Balthasar eine starke interpretative Klammer in seine Methodenlehre eingezeichnet

---

[16] Balthasar, Apokalypse der deutschen Seele Bd. III, Die Vergöttlichung des Todes. A.a.O., 346 f. Das ingeniöse Frühwerk von Balthasar hat bislang noch nicht die Würdigung gefunden, die ihm gebührte. Vgl. die Studie A.M. Haas, Hans Urs von Balthasars »Apokalypse der deutschen Seele«. Im Spannungsbereich von Germanistik, Philosophie und Theologie. In: Lehmann/Kasper (Hg.), Hans Urs von Balthasar, a.a.O., 62 ff.
[17] Balthasar, Apokalypse, Bd. III, 347 u. f.

hat. Sie ist nach außen durch die Trias »Mythus« – »Utopie« – »Kairos«
zu umschreiben.

Der »Kairos« ist allerdings der exklusive Schlüssel in das Innere des Ge-
füges. Ist doch der Kairos für Balthasar die Mitte, »in der sich absteigende
Geschichte Gottes und aufsteigende Geschichte des Menschen, Offenbarung und Utopie begegnen«.[18] Kairoshaft ereignet sich mithin die apokalyptische Enthüllung, die Balthasar scharf gegen jede zeitgemäße Rede
von »christlicher Weltanschauung« oder »katholischer Philosophie« ab-
setzt. Mit Scheler und Heidegger weiß er darum, dass keine Philosophie
christlich sein kann, da philosophische Reflexion immer auf das Wesen
endlichen Seins bezogen ist. Er artikuliert von hier her aber auch umgekehrt, dass jede Philosophie christlich sein müsse, insofern sie auf die
Exzentrizität der Endlichkeit treffe – und eben damit auf den Kairos.
Dass die denkerische Endlichkeitseinsicht kreuzesförmig verfasst ist, dies
bedeutet dann untrennbar beides: zetematische Denkerfahrung *und* aske-
tische »Imitatio Christi«. Ersteres spricht er mit einem Bonaventura-
Zitat aus: »Denn wenn im Kreise der Mittelpunkt verloren ist, so kann er
anders nicht wiedergefunden werden als durch zwei sich rechtwinklig
schneidende Linien.« Als Verweis auf letzteres hat man das daneben
gerückte Wort aus dem Epheserbrief und aus Origenes' Epheser-Kom-
mentar zu verstehen: »Dass ihr erstarket, um mit allen Heiligen zu fassen,
welches die Breite und die Länge ist, die Höhe und die Tiefe.« »Wer Christo mitgekreuzigt ist und mit Ihm mitausgespannt, der ist es, der die Breite
und die Länge, die Höhe und die Tiefe begreift.«[19]

Balthasar macht nun im einzelnen zwei Gestaltreihen durchsichtig: Die
erste, die Grundgestalt des Idealismus, steht unter dem Zeichen des »ge-
fesselten Prometheus«, die zweite unter dem des Dionysos. Der prome-
theische Weg führt nur negativ in die Apokalyptik, insofern promethe-
isches Ideendenken eine Mitte zu gewinnen sucht, die nicht welthaft ist,
»sondern absolute höhere Mitte zwischen Gott und Welt«.[20] Prometheisch
im eminenten Sinn sind die Versuche, das Systemdenken des Idealismus
zu transzendieren, ausgehend von Schelling, besiegelt in der frühen Romantik und bei Hölderlin im dichterischen Gedanken der ekzentrischen
Lebensbahn des Menschen entfaltet. In dieses Feld gehört auch Balthasars
bemerkenswerte Schiller-Deutung, welche die »Nänie« ins Zentrum rückt.
Deren Grundton kann Balthasar allerdings auch in Schillers späten Dramen
durchgehend wiederfinden, das Tragisch-Werden des Guten und Schönen,
das sterben muss, den Blendwerkcharakter der Freiheit, die Tragödie der
Idee. Das Panorama mündet dann in einen Blick auf die »Götterdämmerung« des Prometheischen in Hebbels Pan-Tragismus, den man mit
Nietzsche wohl als seine halb-philosophische, drastische Gestalt des Tra-
gischen begreifen kann und – vor allem in Wagners Musikdramen.

---

[18] Ebd., 394.
[19] Mit Nachweisen bei Balthasar aufgeführt ebd.
[20] So Balthasar, Apokalypse, Bd. III, 435. Vgl. auch die Auseinandersetzung mit Scheler,
ebd., 84 ff.

Die grundlegende Differenz der prometheischen Orientierung zur dionysischen Gegen-Welt, deren bestimmende Gestalt Balthasar in Nietzsche erkennt und die er den Denkweg der zweiten Hälfte des 19. und der ersten Hälfte des 20. Jahrhunderts bestimmen sieht, ist in einer dichten Gedankenführung erkennbar, die dem gestalthaften Phänomen in der Folge Goethes unmittelbar ihren Sinn abzulesen weiß. Balthasar unternimmt es, dem Verhältnis von Dionysos und dem Gekreuzigten, dessen Problem Nietzsches letzte Wahnsinnszettel unverhüllt aufwerfen, nachzudenken. Und er versteht es als jenes

> unheimliche »mysterium iniquitatis« (...) Denn es geht um die Begegnung von Dionysos (dem immanenten Gott) und Christus (als Erscheinung des Transzendenten). Aber Dionysos selbst ist nichts als die wahre Immanenz des transzendenten Gottes in der Welt. Die *wahre*: denn hier eben liegt das »Geheimnis der Bosheit« verborgen, daß diese Immanenz mißdeutet werden kann.[21]

Dies schließt die für eine christliche Auffassung ungeheuere Provokation in sich, dass Dionysos selbst als Gekreuzigter gedacht werden muss, anders gesagt: dass er in sich selbst seine Weltlichkeit, Zeitlichkeit, Endlichkeit zur Darstellung bringt und sie nicht – wie Prometheus – nur übersteigt.[22] Indem Balthasar bis in jene Verständigungssphäre vordringt, wird er Nietzsche in tiefem Sinne gerecht und übt doch zugleich eine tiefdringende und radikale Nietzsche-Kritik. Gegen die vordergründigen, zeitgemäßen und umso wirkmächtigeren Missdeutungen (zum Beispiel bei Bertram und Baeumler) sieht er den *Zusammenhang* der beiden Grundlehren Nietzsches, des Gedankens der »ewigen Wiederkehr des Gleichen« und der Lehre des »Willens zur Macht«. Und er begreift Nietzsches Denken als tragisches Spiel, nicht als bloßen Heroismus: »In seinen reinsten Ausgestaltungen begriff der (sc. dionysische Denker) seine letzte Aufgabe: auch noch, wie Nietzsche sagte, den Helden in sich zu überwinden, den Krampf einer absoluten Tragik zu lösen in den ›Über-Helden‹ und in das ›Kind‹.«[23] In dieser vollendeten Gestalt, die sich aus Nietzsches Denken mitteilt, ist Dionysos in Christus gespiegelt, ist die Dionysos-Erfahrung nicht von der Christus-Erfahrung zu trennen – und gerade so kann die volle seinshafte Differenz zwischen beiden erhellt werden. Balthasar versucht zudem ein »Geistergespräch« zwischen Nietzsche und Dostojevskij, um die christliche Gegenstimme *als Position* an diesem äußersten Entscheidungspunkt zu markieren. Doch eben das ist sie, wie die großen tektonischen Selbstbesinnungen des »Apokalypsen«-Buches zeigen, nicht. Sie weist alle Positionen in ihren Grund und auf ihre Grenze. Der christ-

---

[21] Ebd., 422f. Dass Balthasar hier den Hinweisen auf Nietzsches Wahnsinnszettel, die in Hölderlins großen Hymnen präfiguriert sind, nachgeht u. Dionysos und Christus zusammenzudenken sucht, lässt sich anhand seiner großen Nietzsche-Deutung erkennen, besonders im Abschnitt »Gericht über Nietzsche und Erfassung der Notwendigkeit«. In: Apokalypse, Bd. II, Im Zeichen Nietzsches, a.a.O., 349ff. bzw. 387ff.

[22] Die radikale Versenkung in immanente Denkweisen wäre mit Paul Tillichs Dämonologie zu vergleichen, die allerdings viel stärker an politischen Oberflächenphänomenen haften blieb.

[23] Balthasar, Apokalypse, Bd. III, 435.

liche Blick kann deshalb in strengem Betracht nicht mehr Auffassung sein.

3. Es bleiben die beiden anderen großen Klammern *Mythus* und *Utopie* zu bedenken. Mythus ist bei Balthasar, in Anlehnung an Ernst Bertram, ein Methodenbegriff für die Morphologie im Streit liegender Weltanschauungen, denen der Rang von Epochensignaturen zukommt. Der *Mythus* ist die Vertiefung des Kairos in der langen Dauer der Zeit. Dieser Mythos-Begriff hat durchaus einen platonischen Rechtsgrund in sich.

Gleichwohl bleibt einem heutigen Verständnis die spätromantische Vorstellung des Entwurfs einer positiven Mythologie notwendig fremd. Derlei scheint allzu nahe an Bertrams fehlgehender und Balthasars Ergebnissen diametral entgegengesetzter Nietzsche-Deutung oder gar an Rosenbergs atheistischem »Mythus des 20. Jahrhunderts« gebaut zu sein. Dass der Geschichtsphilosoph zugleich Mythologe sein solle, dies wird nach den schmerzlichen Ernüchterungen des 20. Jahrhunderts niemand mehr wünschen wollen. Wohl dagegen mag man erwarten, dass Geschichtsphilosophie gegen ihre idealistischen Varianten in eminentem Sinn Endlichkeits-Denken sei. Und dass in sie das Bild von Klees »Angelus novus« eingehe, der nach vorne weggerissen wird, da er doch Andenken üben müsste.

Und wie kommt die Utopie in diese Gedankenkonstellation? Sie erschließt sich bei Balthasar von ihrer, in utopischen Entwürfen grundsätzlich nicht bedachten Mitte her: Dies ist der eschatologisch apokalyptische Augenblick einer großen, universalisierbaren Selbstbegegnung; so wie der junge Ernst Bloch der ersten Fassung von *Geist der Utopie* sie formulierte, mit dem Balthasar hier ein tiefdringendes Denkgespräch führt. In der Selbstbegegnung steht der unerträgliche Augenblick in seiner schlechten Unmittelbarkeit im Widerstreit »mit der Vollendung der Welt, der Geburt Gottes«, der, wie Balthasar in seiner Bloch-Deutung sagt, »wir selbst als unser Ziel sind«.[24]

Dass Bloch in einer originär und authentisch jüdischen Denkerfahrung, im Wissen um die Unvordenklichkeit des »Bereschith«, des Anfangs der Selbstkundgabe Gottes, Utopie und Apokalyptik zusammenführt, macht ihn zu einem wesentlichen zeitgenössischen Gesprächspartner für Balthasar. Nicht um sittliche Selbstgewissheit nämlich geht es in Blochs Frühwerk, der ersten Fassung von *Geist der Utopie*, sondern um den »der Verzweiflung abgerungenen Glaubensakt, der sich gegen den Alptraum ewiger Vernichtung lediglich an das Bekenntnis hält, dass die Hoffnung ›uns nicht zuschanden werden lässt‹«.[25] Und noch mehr: Bloch weiß im Grunde, wie Balthasar früh sieht und wie als Korrektur seiner späteren, im Zuge sozialistischer Realitäten unternommenen Denkgänge zu erinnern bleibt, dass das Utopische seine Wahrheit nur in einem »schwachen

---

[24] Ebd.
[25] Ebd. und 213 ff.

Denken« hat. Denn, »was zur Zeit des Idealismus noch nicht utopisch schien, die Verklärung der Materie, was selbst Hegel noch Ziel war: Entwicklung der Geschichte ins Übergeschichtliche, ist hier endgültig zerrissen in die Zentnerschwere einer allzu irdischen Erde und eines allzu unduldsamen Geistes, der an seinen Kerkerwänden sich zertobt«.[26] Dies ist notwendiger- und schrecklicherweise der Fall: Weil er um den kairoshaften Ursinn der »Utopie« weiß, ist der endliche Geist allzu unduldsam und sucht das Reich *zu erzwingen*. Man bemerkt spätestens an dieser Stelle, dass Balthasar in Auseinandersetzung mit Bloch die Hoffnung aus der jüdischen Diasporasituation denkt, für die er, der katholische Theologe, ein außergewöhnliches Verständnis bewahren sollte. Für den späteren Balthasar erhält sich diese Einsicht in einer Topologie der Hoffnung, die dem Wissen, einer spezifischen »docta ignorantia«, Ausdruck verleiht, dass die Hoffnung – im Zusammenhang eines gläubigen Ringens mit den eigenen Arkana – für den Christen am Ende des gläubigen Durchlebens der *Theologie der drei Tage* von Karfreitag bis Ostern wirklich wird, doch nie Angelpunkt eines theoretischen Nachsinnens über die Erlösung aus der drohenden Allvernichtung und -verwerfung sein darf. Auch im Sinn dieser Schwebe ist Balthasars spätes, heiter und doch keineswegs leichthin ausgesprochenes Wort zu verstehen, vielleicht sei die Hölle leer, nachdem das Kreuz an ihrem Ausgang errichtet sei.

Ein Utopiebegriff, der sich nicht zuletzt der Zwiesprache mit Bloch verdankt, stößt auf ein weiteres Problem: Es ist nicht nur die »Augenblickshaftigkeit« des Utopischen zu akzentuieren, sondern auch dessen Genesis aus neuzeitlich sozialistischen Hoffnungen – in Abstoßung und Affinität. Neben der *Unduldsamkeit* des Geistes der Utopie ist mithin auch seine Nüchternheit, seine Teilhabe an den Verhaltenslehren der Kälten, dem Stoizismus, der im Weltbürgerkrieg einen Schritt beiseite tat und sich dem Streit der Meinungen entzog, zu erwägen. Bloch formuliert dies in einem von Balthasar zitierten Wort so: »Wir gehen auf der Schneide, wir leben im Abstand, gerade, eben merklich, überhaupt noch über dem völligen Fall gehalten.«[27] Der Sozialismus, von dem der *Geist der Utopie* handelt, ist damit Volksbewegung, nicht anarchische Verschwöreallianz Einzelner, die bedingungslose und totale Opfer fordern würde. Dieser Sozialismus hat Zusätze des schwäbischen Pietismus und der Pilgerväterbewegung, messianischen Überschuss aus den Bauernkriegen und die Offenheit für die Ideen von 1789 aus dem deutschen Südwesten in sich aufgenommen – und er ist zugleich eine Communio der Erinnerung, in der das Andenken der Toten und Gescheiterten bewahrt wird. Deshalb bleibt er gegenüber der Geschichte, erst recht gegenüber der eigenen Zeit unterschwellige Ketzerbewegung, unsichtbare Kirche. Fragt man nach seinen Manifestationen, so wird man im Weltalter des Totalitären allenfalls auf einen »Sozialismus der Einzelnen« stoßen. Es ist nur folgerichtig,

---

[26] Ebd., 415.
[27] Balthasar, Apokalpyse, Bd. III, 413.

wenn Balthasar diesen Sozialismus mit der sichtbaren universalen Kirche
ins Gespräch bringt – an einem Entscheidungspunkt, an dem beide sich
ganz als sie selbst erweisen *müssen*.

4. Damit sind wir an einem Punkt unserer Verständigung angelangt, an
dem diese Erinnerung an Balthasars großartige frühe Apokalypse auf ihre
Entsprechung zu seiner späteren entfalteten Theologie hin befragt werden
kann. Man kann dieses Buch als Urszene zu Balthasars reifer Trilogie denken. Der Zusammenhang ist freilich alles andere als selbstverständlich: So
sehr die morphologische Methode von Anfang an erkennbar ist, so fehlt
doch noch der *eine* erschließende Logos. Und er *muss* fehlen. Allen Vor-
würfen mangelnder Konsequenz, die man gegen Balthasar erheben kann,
hat er sich selbst am nachhaltigsten ausgesetzt und auf die Unvollkommenheit seines Unterfangens fast überdeutlich hingewiesen: »Auch diese
Perspektiven«, hält er fest, »sind der behandelten Epoche – vom Krieg bis
etwa 1930 – entnommen, sie (…) wollen auch nicht an die Gegenwart her-
anführen«.[28]
Damit aber geht einher, dass die Zentralstellung des Kreuzes einerseits
nur via negationis aufgewiesen wird und dass andrerseits die Ausschließlichkeit, in der sie als Signum der Endlichkeitserfahrung zur Geltung gebracht wird, in *theologischem* Betracht nicht vollends überzeugen wird.
Offensichtlich muss Balthasar den frühen Text hinter sich lassen, um die
Christologie in ihrer trinitarischen Urgestalt aufzuweisen. Aufleuchtende
Momente einer Herrlichkeit, die zu schön ist für das Endliche, können
daher erst später in eine entfaltete *Theologie der Herrlichkeit* vertieft werden, die Nietzsche'sche Einsicht in das dionysische Welt-Spiel kann zum
Anstoß tiefsten christlichen Nachsinnens über das Theo-Drama werden,
ohne dass sie, wie in dem frühen Opus magnum, mit dem barocken Welt-
theater und seiner Nachahmung durch Hofmannsthal vermischt zu werden brauchte. Dies Vergessen bedeutet zugleich eine Beruhigung, wobei
aber im Goethe'schen Sinne Gestaltung und bewegte Umgestaltung weiter den Takt von Balthasars Methode angeben. Deutlicher als in den
Anfängen wird dann Goethe als Leitstern dieser morphologischen Kunst
erkennbar. Balthasars Abschied von den eigenen Anfängen hat mithin eine
gute Berechtigung und ihm haftet ein tiefer Sinn an, wenn auch unbefrie-
digend bleibt, dass er von Balthasar selbst nie ins Einzelne gehend thematisiert wurde. Seine *Selbstbeschreibungen* können den Eindruck erwecken,
man habe es bei seinem Erstling mit einem Traktat zu tun, wie es seinesgleichen viele in der katholischen Schriftstellerei der Zeit gab.
In diesem Zusammenhang gehört aber auch, dass die Leittitel der Theologie Balthasars, das *Wahre, Gute, Schöne*, die bei ihm derart viel zu denken geben und die ganz aus der Lebenswelt des Bürgertums geschöpft zu
sein scheinen, von einem Denker erinnert werden, dessen Anfänge durch
ein insistentes Nachdenken über das Zerbrechen dieser bürgerlichen
Weltorientierung markiert sind.

---

[28] Ebd., 393.

Wenn man das Verhältnis der *Apokalypse* zu Balthasars späteren Arbeiten befragt, wird man eine tiefreichende Ambivalenz bemerken: Nicht alles hätte sich so entwickeln müssen. Wäre der Anfang nicht vergessen worden, so wäre die *Theologie der drei Tage* vielleicht in eine theologische Martyriologie, in die Ausmessung der ekstatischen Leere geistlicher Existenz, nicht in eine *Theo-Logik*, sondern in eine ausgreifende *negative Theologie* gemündet. Balthasar ist diesen Weg nicht gegangen, weil er die eigene Zeiterfahrung auf die ewige Wirklichkeit des christlichen Äons hin durchsichtig zu machen suchte. Dies wäre allerdings kaum möglich gewesen, wenn nicht gleichanfänglich mit der *Apokalypse* die Zuwendung zu den Kirchenvätern stattgehabt hätte.

2. Die Väter

Aus den Zeitläuften und zugleich gegen sie ist Balthasars frühe Hinwendung zur Patristik zu verstehen. Sie war ein aus den Schützengräben geborenes Unterfangen, in dem junge französische und junge deutsche katholische Theologie miteinander übereinkamen. Balthasar selbst wäre als Interpret der Patristik nicht denkbar ohne das Gespräch mit dem zeitlebens verehrten Freund und Lehrer Henri de Lubac.

Man wird vor allem Balthasars Zuwendung zu zweien der Väter hervorheben müssen: zu Origenes, dem er eine Anthologie mit dem Titel *Geist und Feuer* gewidmet hat und an Irenäus. Von Irenäus war die Methode einer Theologie der Demut zu erlernen, der sich Balthasars eigenes Nachdenken künftig verpflichtet wissen sollte und die erklärt, dass er sich so dezidiert als Nicht-Dialektiker verstehen konnte. Denn gegen die Gnosis weiß Irenäus darum, dass die Kundgabe christlichen Glaubens nicht spekulativ zu vervollkommnen ist, sondern dass das Denken im Dienste der Offenbarungsmitteilung zu stehen hat. Dabei weist er zuallererst darauf hin, dass das Offenbarungsgeheimnis sich nicht in einem Denken mitteilt, das seinerseits als Geheimlehre verfasst ist, sondern dass es das *Hinsehen* ist, dem sich die offenbaren Geheimnisse erschließen: »Für uns bedeutet also Sehen einfachhin Offenbarung des Vaters im Sohn durch den Geist.« Dieses Sehen muss beharrlich sein. Es bleibt nicht im Augenblick gefangen, sondern lebt von der Rekapitulation, der Zusammenschau, die den Blick immer auf die Mitte geheimer Offenbarung, auf Christus, richtet. Was erschließt sich in dieser eminenten Hinsicht? Ein Kultus, der seine Physiognomie ausschließlich der Trinität verdankt und der deshalb zugleich bis in kosmische Dimensionen hineinreicht: Der Kult Gottes setzt sich nach Irenäus fort im Himmelskult und im Kult der Menschen.[29] Man wird erkennen, wie Bruch und Kontinuität bei Irenäus vorgeprägt sind in einem Heilsgeschehen, in welchem dem »Ordo Mortis« Raum ab-

---

[29] Vgl. Balthasar, Irenäus. Geduld des Reifens. Die christliche Antwort auf den gnostischen Mythos des 2. Jahrhunderts. Basel 1943. Die Neuausgabe: Irenäus, Gott in Fleisch und Blut. Durchblick in Texten. Einsiedeln 1982. Ferner die Deutung in: ders., Herrlichkeit, Bd. 2, Fächer der Stile. Einsiedeln 1962, 33–100.

gewonnen wird für den »Ordo Resurrectionis«. In der Demütigung liegt eine Großartigkeit, die »all die leidlosen Schemen der Gnostiker« überstrahlt.[30] Und Irenäus öffnet sich diesem Grundanliegen noch in einer zweiten Hinsicht, indem er einen Leitgedanken aus dem *Timaios* aufnimmt und Gott als Schöpfer eines zeithaften Kunstwerks nach ewigem Abbild begreift: der Welt. Dieses Verständnis von Schöpfung und Heilshandeln Gottes schließt die soteriologische Dimension ein:

> Die Sünde würde seine Kunst nur dann widerlegen, wenn Gott nicht machtvoll genug wäre, das Gefallene wieder aufzuheben und die Zeiten seines Verbanntseins zu erfüllen (adimplere).[31]

Es ist dieser nämliche Impuls, der Balthasar zu Maximus dem Bekenner weiterführt, dem Meister kosmischer Liturgie und der ihn nötigt, Dionysios Areopagita im Lichte der streng chalcedonensischen Auslegung von Maximus zu interpretieren. Gott bleibt für Dionysios welttranszendent, er bleibt »überlichtes Dunkel«, seine Mysterien bleiben in Schweigen gehüllt. Auch aller Teilhabe und Teilgabe an seinem Sein ist er transzendent. Von hier her bildet sich das Dasein des Gläubigen als »liturgischer Akt« und »entrückter Tanz« aus.[32] Diese ek-statische Grundhaltung wird bei Maximus zum Goldgrund einer eher nüchternen Theologie, die nicht ekstatisch exzentrisch perspektiviert ist, sondern ganz aus ihrer Mitte lebt. Ein Adverb, *asynchytos – unvermischt*, bezeichnet diese Mitte, die in dem reinen Einklang der zwei Naturen Jesu Christi zur Erscheinung kommt. Von dieser zentralen Einsicht her wurde Maximus mehr noch als Irenäus, weil in explizitem Anschluss an die aristotelische *Physik*, zum Verteidiger der ersten Natur und ihrer Phänomenvielfalt. Und er verlängert die christologische Erfahrung sturm- und schmerzstillenden Friedens auch nach innen: in der Richtung auf eine *geistliche Asketik*, die die Seele zur Ruhe ruft, sodass sie zum Ort der Parusie Gottes werden kann.

Indes, verborgener Zentralpunkt von Balthasars Patristik-Studien ist Origenes. Bei ihm und in seiner Folge in Gregors von Nyssa Bestimmung von Gott als der »unverhofften Schönheit« sieht er die eigenste Grunderfahrung vorgezeichnet, wonach die Schau der »herrlichen Gestalt« Ausgangspunkt aller Gotteserfahrung und alles Gottesdenkens sein müsse. Es ist das Grundmotiv einer »ascensio in corde«, eines theologischen Eros. Dieser Eros verweist in Nachbildung des philosophischen Eros im platonischen *Symposion* auf Erfüllung und Bedürftigkeit des strebenden Menschen.

Es ist unstrittig, dass sich die patristischen Quellen bei Balthasar zu einem eigenen theologischen Profil formen. Und nicht minder augenfällig

---

[30] Balthasar, Fächer der Stile, a.a.O., 68.
[31] Ebd., 71.
[32] Vgl. Hans Urs von Balthasar, Kosmische Liturgie. Das Weltbild Maximus' des Bekenners. Einsiedeln 1961, 51. Dazu Jutta Konda, Das Verhältnis von Theologie und Heiligkeit im Werk Hans Urs von Balthasars. Köln 1990.

ist, dass sich dieser eigene Gedankenzug zu zweierlei Grundformen ausprägt: zu einer kosmisch-liturgischen und einer asketischen Strömung.

Es gibt noch ein Drittes: die mystische Glaubenstendenz. Sie weist im Sinne Balthasars wohl am direktesten in die Gegenwart. In der mystischen Versenkung nämlich wird das jähe, krisishafte Aufleuchten des Gottesantlitzes evident. Was bei Adrienne von Speyr unmittelbar zu erfahren war, teilt sich in literarischen Zeugnissen als eine Heiligkeit mit, die bis zur panischen Angst reicht: Unter den Zeitgenossen waren es insbesondere Bernanos oder Péguy, von denen man dies erfahren konnte. Und beide wurden für Balthasar zur Herausforderung. Péguys späte Dichtung nähert sich dem hebräischen *kabod*, der Einsicht in die Herrlichkeit Gottes, die sich nur via negationis – im »dunklen Lichte« der Einsamkeit und des Schmerzes Gottes – mitteilt, die nicht der Schöpfung zugewandt ist, sondern dem Verlust des Sohnes. Dadurch tritt, wie Péguy zu verstehen gibt, »Gott selbst in die Abhängigkeit dessen, den er gewinnen will«.[33]

Wie in einem Brennglas schließlich teilt sich diese mystische Dimension über die Zeiten hinweg mit. Man denke an das Johannes vom Kreuz gewidmete Kapitel der *Fächer der Stile*:

> … es ist nicht mehr ein kluges Zusammenbauen der via negativa mit der via positiva zu einer via eminentiae, sondern (wie in der ursprünglichen Rhythmik des Areopagiten, aber diesmal noch konsequenter, unerbittlicher) ein Allesgewinnen im Alles-Verlassen, ein Landen im Scheitern, ein Sprung auf festen Grund im Zerbrechen aller Leitersprossen.[34]

Grundiert ist dieses Denk- und Glaubenswagnis von einer ganz eigentümlichen Wissensform:

Que bien sé yo la fonte	Wohl weiß ich den Quell,
que mana y corre	der entspringt und hinfließt
Aunque es de noche	Obgleich es Nacht ist.[35]

3. Theologie der Geschichte?

Zeitnähe und Zeitzentrierung, die beide Balthasars frühen Denkweg bestimmen, nötigen zu einer folgenreichen Marginalie: der Frage nach der theologischen Erschließbarkeit eines Sinns der Geschichte.

Die Arbeit am Frühwerk, dem »Apokalypsen«-Buch, war durch die Stiefeltritte der vorbeimarschierenden SA- und SS-Verbände gestört worden. Störung bedeutet hier eine grundlegende Irritation, einen Zweifel an der Möglichkeit eigenen Denkens.

Balthasar sah sich deshalb in diesem Feld seines Nachdenkens später zu einer Selbstkorrektur genötigt: Die reife Fassung seiner Geschichtstheologie ist eben nicht »Geschichtstheologie« überschrieben, wie der erste, skizzenhafte Grundriss aus dem Jahr 1950. Sie heißt *Das Ganze im Fragment* (1963). Diese folgenreiche Modifikation hat vor allem anderen eine

---

[33] So ein zentrales Zitat in: Fächer der Stile, a.a.O., 810.
[34] Balthasar, Fächer der Stile, a.a.O., 476.
[35] Zit. nach ebd., 477. Siehe auch die Juan de la Cruz-Auslegung ebd., pass.

christologische Bedeutung. Es lässt sich nicht sagen, dass die Wesens-
gesetze oder auch die Sinnleere der Geschichte in der Einmaligkeit des
Christusgeschehens außer Kraft gesetzt werden. Die Verlaufsformen ge-
schehender Geschichte sind jedoch sehr wohl der »christologischen Einmaligkeit eingeordnet und unterstellt und durch sie geregelt und ge-
formt«.[36] Doch muss man gerade im Blick auf die Geschichte, wie in allem
Analogiedenken, die »größere Unähnlichkeit« festhalten. Zum Grund-
problem von Balthasars Geschichtstheologie wird daher ganz im augus-
tinischen Sinn dies: das »Ewige in der Zeit« namhaft zu machen. Augus-
tinus verdankt sich auch der Gedanke der Selbstmitteilung der Liebe
inmitten der Zerstreuung in die Zeit, der »distentio« als der menschlichen
Ursprungsvergessenheit. Dennoch berechtigt dieser Gedanke nicht zu der
großartigen Analogie, die zeitparallel von Przywara gelehrt wurde und in
der Dichtung der Gertrud von Le Fort nachschwingt: dass eine Sinndeu-
tung der Geschichte dadurch möglich sei, dass verschiedene Weltepochen
in den Horizont der Heilsgeschichte projiziert würden.

Umso mehr richtet sich Balthasars Interesse auf Kreuzungspunkte zwischen Heilszeit und historischer Zeit und umso mehr fragt er, wie Christi
Gegenwart sich als »erwirkte Ewigkeit aus der Zeit«[37] manifestieren kann.
Im Sinn der *Theologie der drei Tage* kann dies nicht anders als tragisch
geschehen. Mit Augustin hieße dies, die Kirche als Vorgestalt des himmlischen Jerusalems zu verstehen, in der die Pilgerschaft zur Ewigkeit sich
ereignen kann. Balthasar fügt dem analogischen Klang indes noch einen
anderen hinzu: die Bestimmung der Zeit der Kirche nicht als einer Zeit der
Offenbarung, sondern als Zeit, »in der sich die unüberholbar vollendete
Fülle« zeigt, in der die menschlichen Worte auf den göttlichen Logos hin
gesprochen werden können. Der Akzent ist dabei deutlich genug auf das
Können gelegt. Denn obgleich der Theologe Balthasar Geschichte immer
auf ihre Vollendbarkeit in Gott hin denken muss, verbietet es sich für ihn,
ein Geschichtsmodell zu entwerfen, sei es linear-utopisch oder zyklisch.

(Fortsetzung im nächsten Band)

---

[36] Balthasar, Theologie der Geschichte. Ein Grundriß. Einsiedeln ⁵1979, 16.
[37] Balthasar, Das Ganze im Fragment. Aspekte der Geschichtstheologie. Freiburg ²1990, 36.

Radikalisierung des Denkens

Zur Lebensphänomenologie Michel Henrys

Rolf Kühn

Mit Radikalität meint Husserl die Selbstbesinnung der phänomenologischen Methode auf einen absolut-gewissen Anfang der Erkenntnis, der von keiner unausgewiesenen Voraussetzung mehr abhängig sein soll. Was er im immanenten Bewusstseinsleben des transzendentalen Ego als einen solchen Ursprung zu finden glaubte, wurde von der nachfolgenden Phänomenologie auf unterschiedliche Weise in Frage gestellt. So versuchte Heidegger, das Seinsverständnis des Ego als sich-sorgendes »Dasein« zu klären, während Merleau-Ponty in der Verflechtung von Leib und Welt eine nicht weiter reduzierbare transzendente Vorgegebenheit sah. Und wies Lévinas die ganz andere Art der ethischen Intentionalität in der uns »geiselhaft« in Verantwortung nehmenden Andersheit des Anderen auf, so lehnte Derrida durch seine prinzipielle Metaphysikkritik der »Präsenz« den Anspruch eines irgendwie gegebenen reinen »Ursprungs« überhaupt ab. Durch diese Entwicklung wurde immer deutlicher, dass der eigentliche »Gegenstand« der Phänomenologie letztlich nicht die im Einzelnen zu beschreibenden Phänomene sind, als vielmehr die »Wahrheit« der originären Phänomenalisierungen als solcher. Wahrheit bedeutet hier, dass unsere Zugänglichkeit zur Phänomenalität dieser Phänomenalisierung aufzuklären bleibt, das heißt, entweder in der Zeitlichkeit, im In-der-Welt-sein (Ek-sistenz), im Sinnaufschub (Differänz) oder in der reinen Passivität unseres sinnlichen Betroffenseins besteht. Dabei sollen alle rationalen Totalisierungsversuche des »Seins« vermieden werden, damit das reine Sich-Geben des Erscheinens in seinem ungetrübten Geschehen-Lassen in den Mittelpunkt der philosophischen Betrachtung rücken kann.

1. Das reine Selbsterscheinen als Affektivität und kulturelle Praxis

Michel Henry, der 1922 in Haiphong (Vietnam) geboren wurde, bis 1987 den Lehrstuhl für Philosophie an der Universität Montpellier innehatte, nachdem er 1945 die Agrégation in Paris erwarb und sich danach dem französischen Widerstand gegen die deutsche Besetzung Frankreichs anschloss, griff seinerseits diese radikale »Rückfrage« nach dem phänomenologisch-ontologischen Wesen des Erscheinens auf, wie sein frühes und umfangreiches Hauptwerk von 1963 in zwei Bänden *L'Essence de la manifestation* zeigt. Dabei ging er in der Radikalisierung weiter als die übrigen Phänomenologen, insofern er die mit dem *Seinsbegriff* als solchem verbundenen Vorentscheidungen seit dem griechischen Denken bis Heidegger und darüber hinaus hinterfragte. Seine kritische Aufklärung innerhalb der klassischen Metaphysik- und Erkenntnistradition zusammen mit der innerphänomenologischen Auseinandersetzung führte nicht einfach zu

einer Substitution des Seins durch das *absolut-phänomenologische Leben*
als eines neuen philosophischen Paradigmas, sondern zu einer notwendi-
gen Differenzierung im Wahrheitsbereich der Phänomenalisierung selbst:
Vor jeder transzendent-intentionalen Welteröffnung durch Ego oder
Dasein hat immer schon das sich-selbst-affizierende Leben als konkrete
Subjektivität sein Werk getan, um diese Bewegung der Ekstasis und
Seinsentbergung zu ermöglichen, ohne jedoch seinerseits in irgendeiner
phänomenal erschlossenen »Welt« zu erscheinen. Damit bezieht sich die
Radikalisierung bei Henry auf die strenge Analyse eines immemorial-
unsichtbaren Lebens, dessen Wahrheit allein sein phänomenologisches
Sich-selbst-Offenbaren sein kann, das alles Erscheinen als unser Erfah-
ren-Können bestimmt.

Die von Henry seit *L'Essence de la manifestation*[1] erarbeitete »Materiale
Phänomenologie«[2] mündet auf diese Weise in eine alle Erscheinungsberei-
che umfassende »Radikale Lebensphänomenologie«[3] ein. Der Ausgang von
den klassischen Konzepten der Phänomenologie von Descartes bis Heidegger dient also hauptsächlich dazu, nach deren originärer Ermöglichung
zu fragen: *Ego-cogito*, Bewusstsein, Intentionalität, Horizont oder Ekstasis können in ihrem Transzendenzverweis nur als relatives Apriori für den
Aufweis einer konkret-phänomenologischen »Substantialität« gelten, die
als »selbstaffektiv-pathische Materialität« das eigentliche Apriori aller
Phänomenalisierung umfasst.[4] Der schon genannte phänomenologisch-
ontologische Phänomenalisierungsunterschied von Leben/Welt ist anders
gesagt eine Differenz der jeweiligen Phänomenalitätsart als »Licht« (Idee,
Theorie, Schau usw.) und »Dunkelheit« (Nacht, Vergessen, Unsichtbarkeit, reines Empfinden usw.). Dadurch wendet sich Henry aber nicht nur
erkenntnis- wie metaphysikkritisch gegen einen »ontologischen Monismus« seit dem griechischen Denken bis in die heutige Philosophie hinein,
sondern vor allem auch gegen ein »Wissenschaftswissen«, das sich
szientistisch-positivistisch als alleiniger Wahrheitszugang im Sinne der
»Objektivität« sieht.[5] Gewisse Ausnahmen bilden in dieser gesamten Tra-
ditionskette der Descartes der *II. Meditation*[6], Meister Eckhart[7], Maine

---

[1] Michel Henry, L'Essence de la manifestation (2 Bde.). Paris 1963 (Neuaufl. 1990).
[2] Michel Henry, Phénoménologie matérielle. Paris 1990.
[3] Michel Henry, Phénoménologie matérielle: dt. Teilübers. Radikale Lebensphänomenologie. Ausgewählte Studien zur Phänomenologie. Freiburg/München 1992.
[4] Michel Henry, Quatre principes de la phénoménologie. In: Revue de Métaphysique et de
Morale 1 (1991) 3–26.
[5] Michel Henry, L'Essence de la manifestation. A.a.O., 59ff.; ders., C'est Moi la Vérité.
Pour une philosophie du christianisme. Paris 1996, 21ff.; dt. Ich bin die Wahrheit. Für
eine Philosophie des Christentums. Freiburg/München 1997, 24ff.
[6] Michel Henry, La généalogie de la psychanalyse. Paris 1985, 1ff.
[7] Michel Henry, Théodicée dans la perspective d'une phénoménologie radicale. In: Archivio di Filosofia 1–3 (1988) 383–393; ders., Acheminement vers la question de Dieu:
Preuve de l'Etre ou épreuve de la Vie? In: Archivio di Filosofia 1–3 (1990) 521–530;
Radikale Lebensphänomenologie. A.a.O., 251ff.

de Biran[8], Schopenhauer, Nietzsche[9], Marx[10], Kandinsky[11] sowie neuerdings das radikal-phänomenologisch verstandene Christentum als stringente, aber noch nicht mit aller Konsequenz genutzte Phänomenologie des unaufkündbaren »Selbstoffenbarungsprozesses des absoluten Lebens« (Gott) und dessen »transzendentalen Ur-Sohnes« (Christus als Logos) im »Selbstbezug« jeder lebendigen Subjektivität.[12]

Der Begriff des »Zugangs zum Leben« impliziert insbesondere eine Kritik der *phänomenologischen Methode* seit Husserl, sofern diese in einer Wesensschau »zu sehen geben« will, was als Urimpression nicht »exhibiert« werden kann, da diese als *Pathos* nur dem rein immanenten Selbstempfinden unterliegt.[13] Ist solches Sich-Fühlen die eigentliche *ratio* als »Gebung« im Sinne einer rein affektiv-materialen Verwirklichung ohne »etwas«, dann muss die Reduktion alles »natürliche Licht« (Descartes) – das heißt letztlich den Horizont aller Seienden sowie das Sein selbst als »lichtend-verbergendes Ereignis« (Heidegger) – eben radikal aufheben, um allein jene absolute Subjektivität aufzuklären, die als »Ursprungsleben« keiner Epoché mehr unterliegen kann.[14] In der anfänglichen Phänomenologie Descartes' übernimmt das *videre videor*[15] als reine *cogitatio* des Traumes, des Schmerzes, der Bewegung usw. diese Einklammerung aller Vorstellung und Welthaftigkeit, sodass Henry auch genauer von einer *Gegen-Reduktion*[16] spricht, weil es keinen e-vident überprüfbaren, das heißt »sichtbaren« Rückgang von der Welttranszendenz in die Lebensimmanenz hinein geben kann. Jede Epoché nimmt zu ihrer Ausübung die Lebensselbstaffektion als »Kraft« oder »Potentialität« bereits in Anspruch, anders gesagt die *passio* eines »Willens«, der keinem intentionalen »Zweifel an« bzw. keiner selbstsetzenden Vorstellung vom »Ich« mehr unterliegt, da jede Idee eines »Menschseins« mit der Reduktion des Sichtbarkeitsraumes als solchem (*videre*) dahingefallen ist. Das transzendentale Ego bricht daher erst in jenem Augenblick hervor, wo es weder Welt, Zeit noch Vor-Stellung mehr gibt und jeder ursprüngliche Raum als Horizont der Erscheinung zugunsten der »reinen Impressionabilität« (*videor*) zurücktritt, die als absolut-phänomenologische Materialität keine »Objektivität« im Sinne Kants oder Husserls mehr sein kann, sondern nur das autarke Leben als Affektivität, Sinnlichkeit, Trieb, Wille, Energie usw.[17] Letztlich ist allerdings selbst diese *pathische Egologie* nicht mehr der äußerste Grund des Selbsterscheinens des Erscheinens in seinem

---

[8]   Michel Henry, Philosophie et phénoménologie du corps. Essai sur l'ontologie biranienne. Paris 1965.
[9]   Michel Henry, La généalogie de la psychanalyse. A.a.O., 159 ff.
[10] Michel Henry, Marx (2 Bde.). I: Une philosophie de la réalité; II: Une philosophie de l'économie. Paris 1973 (Neuaufl. 1991).
[11] Michel Henry, Voir l'invisible. Sur Kandinsky. Paris 1988.
[12] Michel Henry, C'est Moi la Vérité. A.a.O., Paris 1996, 71 ff.; dt. 79 ff.
[13] Michel Henry, Phénoménologie matérielle. A.a.O., 61–135; dt. 63–186.
[14] Michel Henry, La généalogie de la psychanalyse. A.a.O., 34 ff.
[15] René Descartes, Med. II, AT 7, 24.
[16] Michel Henry, Phénoménologie matérielle. A.a.O., dt. 279 f.
[17] Michel Henry, La généalogie de la psychanalyse. A.a.O., 88 ff.

lebendigen »Wie«, sofern das Ego aus der Sicht eines phänomenologisch-(christlich)-göttlichen Lebensselbstoffenbarungsprozesses endgültiger in der Transzendentalität eines rein »passiven Mich« gegründet wird.[18]

Die Konzeption einer »transzendentalen Geburt« als »Sohn des Lebens«[19] impliziert nämlich das Verlassen des *ego-cogito* als traditionellerweise apodiktisch angenommenen Anfang der Phänomenologie.[20] Jedoch bedeutet dies gerade den Gewinn einer *Ipseitätslehre*, die besagt, dass das Ego sich selbst nur auf dem Grund einer älteren Ipseität als es selbst gegeben wurde. In dieser »Selbstgebung« an sich selbst ist das Ego im Akkusativ als »Mich« ohne jede Initiative; es erleidet vielmehr diese »Lebensselbstumschlingung« in sich wie eine »Gewalt« vor jeder Freiheit. Aber nur dank des a-temporal vorausgehenden »Sich des Lebens« – als »Logos« oder »Ur-Sohn« – kann das »Ich« selbst zu einem »Sich« (*soi*) in dieser ersten Lebensipseität (*le Soi*) werden. Insoweit diese jüngere Sichtweise M. Henrys unter anderem kritisch gegen die ontologisch-ethische Univozität der Heideggerschen »Daseins-Geworfenheit« als »Seinshüterschaft« entworfen wird, die ihre »Subjektkritik« am rein vorstelligen *cogito me cogitare* ausrichtet[21], muss auch Henrys *Humanitas*-Begriff ein fundamental anderer sein. Das »Ich-kann«, das jede transzendental-lebendige Subjektivität ständig ausübt, verdankt sich weder der existenzial-geschichtlichen »Bewegtheit« in ihrer »Entschlossenheit zum Tode« (Heidegger) noch einer monadologisch-unendlichen Ego-Teleologie (Husserl), sondern vielmehr der genannten »Lebensipseität« als immanenter »Selbsterprobung« (*épreuve de soi*). Letztere vollzieht das Leben vor aller Zeit als seine nie aufhörende und ureigenste »Selbstoffenbarung«, um jedem Lebendigen darin wesenhaft-affiziert den Zugang zum Leben zu geben. Durch seine »transzendentale Geburt« wird dem Ego als »Aktzentrum« (Husserl) folglich diese »Ur-Mächtigkeit« als »Potentialität« des Lebens selbst vermittelt. Damit ist nicht nur die Rückbindung an die in sich bewegte Selbstoffenbarung »Gottes« als »Kraft« (*dynamis* im NT) gegeben. Vielmehr kann jetzt auch das schon früher – über eine originelle Marxlektüre – erarbeitete Konzept der »immanent-subjektiven Praxis«[22] in den Gesamtentwurf einer phänomenologischen Krisentheorie gegenwärtiger Zivilisation und Gesellschaft[23] bzw. ihres ästhetischen, ethischen und religiösen Gegenbildes eingehen.[24]

Affektiv-geistige Lebensselbststeigerung als »subjektive Praxis« besagt neben ihrem ökonomischen Aspekt der Produktion und Konsumtion (der

---

[18] Michel Henry, C'est Moi la Vérité. A.a.O., 168 ff.; dt. 186 ff.
[19] Ebd. 120 ff.; dt. 133 ff.
[20] Michel Henry, L'Essence de la manifestation, A.a.O., 1 ff.
[21] Michel Henry, La généalogie de la psychanalyse. A.a.O., 87 ff.
[22] Michel Henry, Marx I: Une philosophie de la réalité. 314 ff; dt. 1992, 293 ff.
[23] Michel Henry, La Barbarie. Paris 1987; ders., Du communisme au capitalisme. Théorie d'une catastrophe. Paris 1990.
[24] Michel Henry, Voir l'invisible. Sur Kandinsky. Paris 1988; ders., L'invisible et la révélation. In: La curiosité (Série Morale 12). Paris 1993, 79–97; C'est Moi la Vérité. A.a.O.

allerdings für Henry unverzichtbare Bedeutung für unser leibgegründetes »Im-Griff-Halten« und »Hervorbringen« der gemeinschaftlichen Welt als solcher hat[25]) auch *ästhetische Praxis*, um *das Unsichtbare zu sehen*, wie der Titel seines Kandinsky-Buches lautet.[26] Jede Ausübung künstlerischen Schaffens entstammt jener Ursprungsdimension, wo die Elemente des Kosmos, letztlich Farbe und Form, sich in der »Nacht der impressionalen Sinnlichkeit« selbst ergreifen, bevor sie sich perzeptiv im Kunstwerk entfalten.[27] Von einer Linie etwa sind so viele Variationen möglich, wie es innere »Schwingungen« dazu gibt, denn die Kraft der Ur-Leiblichkeit, die sich in Bewegung und Richtung einer Komposition mitteilt, entspricht der immanent-pathischen Lebensaffektion in deren ständig modalen Übergängen als *Gewissheiten des Gefühls*. Die »Verfeinerung« und »Entwicklung«, die sich aus solch ästhetischer Praxis wie Kontemplation für die Formung unserer »Bedürfnisse« an ihrer phänomenologischen »Ursprungsstätte« selbst ergibt, folgt damit ebenfalls einem der pathischen Grundgesetze des Lebens: Der Affekt als Kraft, Trieb oder Begehren strebt zu einem »Mehr«, das zum unausschöpfbaren Wesen des Lebens selbst gehört, seine »Potentialitäten« – und zwar in kompossibler Verbindung untereinander – zur Vollendung zu bringen. Insofern ist die Lebensphänomenologie eine »Ontologie der Fülle«, die sich gegen die dialektischen oder psychologisierenden »Sein und Nichts«-Philosophien von Hegel bis Sartre und darüber hinaus wendet, wie auch die »affektive Zeitlichkeit« immer eine »volle Historialität« ist, in der sich das Leben niemals von sich selbst abwendet – im Unterschied zur zeitlichen Weltekstasis, wo Projekt und Ausführung stets auseinanderklaffen.[28] Jeder Blick gehorcht einem »Interesse des Lebens«, sodass bereits unsere transzendentale Einbildungskraft als lebensweltlich-ästhetische Welteröffnung *vor* aller intentionalen Ausrichtung konkret-affektiv bestimmt ist. Die Sinne, die kinästhetisch in sich geeint mich auf die Welt hin entwerfen, werden von demselben inneren pathischen Sich-Fühlen bewohnt (*sentimus nos videre*, sagte Descartes), sodass dieses Pathos darüber entscheidet, was wir ertasten, sehen usw.[29] In seiner reinen Immanenz folgt jeder Weltentwurf, ohne zunächst hetero-affektiv beeinflusst zu sein, den ästhetischen Gesetzen der transzendentalen Affektivität, die im ontologisch wie phänomenologisch fundamentalen Sinne ein selbstaffektives »Erleiden/Erfreuen« der passiven »Selbsterprobung des Lebens« in sich selbst ist.[30] Erwähnt sei an dieser Stelle auch, dass Henry Autor von bisher vier Romanen ist, die eine »Meta-Genealogie des Lebens« in imaginär erzählender Form bieten, deren Intrigen das »Pathos des Lebens« als eine

[25] Michel Henry, Marx II: Une philosophie de l'économie. A.a.O., 138 ff.
[26] Michel Henry, Voir l'invisible. A.a.O., dt. 274 ff.
[27] Michel Henry, Dessiner la musique. Théorie pour l'art de Briesen. In: Le Nouveau Commerce 61 (1985) 49–106.
[28] Entretien avec M. Henry (Interview). In: Agone 2–3 (Marseille 1991) 50 f.
[29] Michel Henry, La Barbarie. A.a.O., 43 ff.; dt. 116 ff.
[30] G. Dufour-Kowalska, L'art et la sensibilité. De Kant à M. Henry. Paris 1996.

fiktive »Narration« für jedes mögliche individuelle Leben mit dessen gemeinschaftlichen Bezügen darstellen.[31]

Die Grundstimmungen oder Tonalitäten der ästhetisch-praktischen
Sinnlichkeit als je konkrete Bestimmung unseres »Bewusstseins« in allem
Tun, Denken und Fühlen bilden des Weiteren umfassend die lebenseideti-
sche Eigenschaft der *Kultur*, die sich bis zur Moderne jeweils in Korrela-
tion von Arbeit, Wirtschaft, Religion, Kunst, Ethik, Epistéme und alltäg-
lichem Lebenswissen entfaltet hat. Nachdem das »Galileische Projekt«
in die technisch-szientistische Wahrheitsauffassung als alleinige »objektive Realität« eingemündet ist, wie wir schon erwähnten, leben wir in
einer bisher nie dagewesenen »Barbarei«.[32] Es herrscht aus einer metho-
dologisch-prinzipiellen Entscheidung heraus eine Zivilisation, die erstmals die »Kultur« als Leben systemimmanent verbannt. Galilei schied in
der Tat die sinnlichen Qualitäten der Subjektivität als *animalitas* aus der
geometrisch-physikalischen Welterkenntnis aus, um zu einer durch Experiment und Messung gesicherten Erkenntnis des materiellen Universums
zu gelangen, was heute durch die Algebraisierung seit Descartes, Newton
etc. bis in die Humanwissenschaften wie Biologie und Psychologie hinein
angewandt wird.[33] Jene zunächst rein methodologische Notwendigkeit
wird im Positivismus der Gegenwart zu Ideologie und Religionsersatz,
denn die »Wissenschaft« als Methode impliziert an sich keine allge-
mein-ontologische Realitätsaussage. Durch die technisch-ökonomische
Finalisierung der Wissenschaften gewinnt die prinzipielle Ausscheidung
der Subjektivität als »täuschendem« Wahrheitszugang noch eine zusätz-
liche Zuspitzung in kapitalistischen wie sozialistischen Systemen, die ein
»Doppelgesicht des Todes« darstellen.[34] Als »lebendige Arbeit« (Produktion) und »Lebensregenerierung« (Verzehr) verschwinden die Individuen
tendenziell aus dem Wirtschaftskreislauf[35], um einer sich selbstregulieren-
den *Technik* Platz zu machen, deren Autotelie nur ihre eigene Weiterführung ohne jedes inhärent »ethische Denken« als »Interesse am Leben«
kennt. Für diese »alchimistische Umwandlung« der Erde, die selbst in
allem als »Natur« zu Technik werden soll, ist seit jüngster Zeit die Infor-
matik als mediale Errichtung einer neuen »virtuellen Realität« einzubezie-
hen, bei der die subjektive Sinneserfahrung keine eindeutigen Kriterien
von »wahr« und »falsch« mehr abgibt und daher simulierbar wie manipu-
lierbar wird.[36] Wie schon Nietzsche erkannte, verfällt jedoch ein kulturelles Leben, für dessen pathische Grundmodalitäten wie Freude, Schmerz,
Leidenschaften usw. keine individuellen und gemeinschaftlichen »Aus-
tauschmöglichkeiten« mehr bestehen, der »Krankheit des Lebens«. Die
letzte Stufe derselben ist die *Selbstzerstörung des Lebens* unter ihren viel-

---

[31] Michel Henry, Narrer le pathos. In: Revue des Sciences Humaines 1 (1991) 49–65.
[32] Michel Henry, La Barbarie. A.a.O., 7 ff.; dt. 87 ff.
[33] Michel Henry, C'est Moi la Vérité. A.a.O., 46 ff; dt. 51 ff.
[34] Ders., Du communisme au capitalisme. Théorie d'une catastrophe. Paris 1990.
[35] Rolf Kühn, Leben als Bedürfen. Eine lebensphänomenologische Analyse zu Kultur und
   Wirtschaft. Heidelberg 1996.
[36] Michel Henry, C'est Moi la Vérité. A.a.O., 325 ff.; dt. 361 ff.

fältigen Formen von Selbstabdankung, Mediensucht, Fundamentalismen oder Gewalt, weil sich das Leben als seine eigene, absolut-subjektive »Last«, die es unter dem »Gewicht« der reinen Selbsterprobung bildet, selbst unerträglich wird. Es erblickt keine noch nachzuvollziehenden Verwandlungswege seines »Sich-Erleidens« in sein »Sich-Erfreuen« mehr, wie sie bisher die affektiv-kulturelle Historialität der Generationenabfolge zur passiv-synthetischen wie schöpferischen »Nachahmung« hinterlassen hatte.[37]

2. Phänomenologie des Christentums als Zukunftsperspektive

Greifen wir hier noch einmal die Frage des Christentums als phänomenologisches Modell in theoretischer wie praktischer Hinsicht auf, um M. Henrys Gegenentwurf zu seiner Zivilisationskritik in seiner möglichen epochalen Bedeutung genauer zu würdigen. Zunächst: Welcher Zugang zur Wahrheit des Christentums ist überhaupt noch möglich, wenn die dogmatischen Formulierungen seines Gehaltes sich als geschichtlich abhängige Aussagen und spekulativ überladene Reflexionen erweisen, die heute kaum mehr eine Aussagekraft zu besitzen scheinen? Die Antwort bei M. Henry ist ebenso klar wie direkt, denn wie wir schon anzeigten, ist die Wahrheit des Christentums das *Leben Gottes selbst* in dessen ganzer Fülle, und die Offenbarung Gottes an die Menschen besteht in seiner sich ohne jeden Rückhalt gebenden *Selbstoffenbarung* durch seinen Sohn als den »Erst-Lebendigen«. Wenn das Christentum, wie die Schriften des Neuen Testamentes erkennen lassen, von vornherein – und damit prinzipiell – die Wirklichkeit solcher Offenbarung mit dem Leben verknüpft und nicht mit bloßen Sätzen, Symbolen oder Bildern, dann ist dieses Leben zugleich das unsrige. Ohne Leben existierten wir nicht, würden wir nichts wahrnehmen noch erkennen und wären unfähig, auch nur die einfachste Handlung zu vollziehen, die jeweils durch unsere lebendige Leiblichkeit bedingt ist. Seit dem Begründer der Phänomenologie, E. Husserl, wird daher das Leben mit Recht als der Ursprung allen Erscheinens angesehen, aber M. Henry radikalisiert diesen Ansatz noch – wie wir schon erkannten – indem er aufweist, dass das absolut-phänomenologische Leben wesenhaft *unsichtbar* ist und von keiner Intuition oder Erkenntnis angemessen in den Blick zu bringen ist. In der Tat setzen wir für jeden Akt, den wir bewusst oder unbewusst vollziehen, das Leben als gewährte Bedingung immer schon voraus, und diese ebenso notwendige wie in sich gewisse Bedingung ist nichts anderes als die *Selbstaffektion*, wie Kapitel 3 von »Ich bin die Wahrheit. Für eine Philosophie des Christentums« nochmals herausstellt.

Ist diese Weise des uns affizierenden Lebens im phänomenologischen Sinne der absolute Ursprung unserer selbst, ohne dass wir einen reflexiven Zugang dazu hätten (da dieser immer schon später als dieses Leben selbst

---

[37] Michel Henry, La Barbarie. A.a.O., 101 ff; dt. 189 ff.

wäre), dann liegt auf der Hand, dass Gottes Leben und unser Leben unmittelbar verknüpft sind. Dieses Band – *religio* – zwischen Gott und uns ist Christus als jener »Erst-Lebendige«, den M. Henry in seinem zentralen 5. Kapitel zur »Phänomenologie Christi« im zitierten Buch auch den *Ur-Sohn* nennt. Die göttliche Sohnschaft im Prozess der ewig-lebendigen Selbstzeugung Gottes ist das entscheidende Offenbarungsmoment als die konkrete Selbstbestimmung dieses innergöttlichen Prozesses als solchem: Der »Vater« ergreift sich als das Leben selbst, und diese Selbstergreifung ist zugleich sein »Wort« (Logos), in dem sich dieses uranfängliche Leben als immer lebendiges aussagt und sich in solcher Selbstergriffenheit an seinen Ursprung zurückgibt, ohne dass irgendein Abstand zwischen Vater und Sohn entstünde. Dieser sich absolut-selbstgenügende innergöttliche Lebensprozess schließt mit ein, dass das Ausgesagte und die liebende Zurückwendung *in identischer Reziprozität* in allem das Leben und nichts als das Leben sind. Dadurch jedoch, dass die Lebensselbstmitteilung als Sichergreifen in Gott zugleich ihre eigene Rezeptivität bedeutet, in der sie sich aussagt, besitzt sie eine einmalige »Ipseität« oder »Selbstheit« (*ipséité*), die als der »Ur-Sohn« das Prinzip allen individuierten Lebens überhaupt ist. Das heißt, den zuvor schon erwähnten Zugang zum Leben bzw. eine »transzendentale Geburt« in diesem gibt es nur dank der ur-christologischen Konkretion des göttlichen Lebens, oder wie das Johannesevangelium sagt: Christus als der ewige Logos, der »im Anfang beim Vater war«, ist die Wahrheit und der Weg *als* Leben für jeden Lebendigen. Insofern unser eigener Selbstbezug im »Ich« sowie unser Fremdbezug zu »Anderen« nur als lebendige Relation möglich ist, heißt dies, dass die ur-christologische Ipseität als Leben auch diesen Relationen zugrunde liegt. Wir können mithin keinen Schritt auf den Anderen oder auf uns selbst zu machen, ohne in unserem lebendig-phänomenologischen »Fleisch« nicht mit Christus in Berührung zu kommen. Wir sind daher nicht nur »Söhne Gottes«, sondern genauer – wie Paulus sagt – »Söhne im Sohn«, das heißt: Lebendige durch das göttliche Leben des Einen, des »Erstgeborenen Sohnes«, wie es Kapitel 6 und 7 analysieren.

Auf diese Weise gelingt es M. Henry, die Wahrheit des Christentums als eine bisher »beispiellose und ungenutzte Phänomenologie« zu erweisen, die grundsätzlich das Wesen des Menschen nicht an die Ratio oder an das Sein bindet, sondern an das Leben, das immer einmalig und konkret individuell ist. Deshalb könnte das Christentum gerade heute eine gewaltige Leuchtkraft für die Zukunft besitzen, insofern das Leben durch die oben skizzierten verschiedenartigsten nihilistischen Theorien und wirtschaftlich-technischen Manipulationen in seinem Prinzip selber bedroht ist. Die absolute Bindung des Christentums an das rein phänomenologische Wesen des Lebens schlechthin, das Gott selber ist, könnte der Menschheit nämlich insgesamt sowie jedem Einzelnen – und zwar unabhängig von allen äußeren Faktoren wie Rasse, Geschlecht, Stand, Bildung usw. – eine Würde zurückgeben, die nicht erst abstrakt-allgemein zu belegen wäre, sondern direkt durch die bloße Faktizität seiner lebendigen Existenz als solcher gestiftet wird. In den Kapiteln 10 und 13 greift M. Henry diese Konsequenzen aus der göttlich-menschlichen Lebenspriorität daher für die Ethik als solcher auf. Denn aus der genauen Analyse des Verhältnisses des Christentums zur Welt ergibt sich, dass der christliche Glaube gar keine »Weltflucht« bedeuten kann, wie ihm schon Hegel und der Marxismus vorwarfen, weil das Gebot der Nächstenliebe auf eine unverzichtbare *Praxis* verweist, die als die *regeneratio* des Lebens sowohl in allen materiellen wie geistigen Bedürfnissen selbst angesprochen werden kann. Mit anderen Worten stellt die christliche Ethik keinen Imperativ dar, der dem Leben von außen als eine ihm fremde Norm auferlegt würde, ohne nicht auch unmittelbar die Motivation wie die Kraft zum entsprechenden Handeln dafür bereitzustellen, wie dies in allen anderen Morallehren als wesentlicher Mangel der Fall ist. M. Henry zeigt dies exemplarisch an den »Werken der Barmherzigkeit« wie auch an der neutestamentlichen Auseinandersetzung zwischen »Altem« und »Neuem Gesetz«. Aber maßgeblich bleibt vor allem, dass die Ethik des Christentums ganz der phänomenologischen Ontologie des Lebens als solcher entspricht, welche die Wahrheit des Christentums begründet – nämlich dank einer »zweiten Geburt« den Ursprung in Gott als Leben zu erneuern, sofern dieses egohaft vergessen wurde, wie Kapitel 9 hervorhebt.

Nach der antiken und mittelalterlichen Bestimmung als »vernunftbegabtem Wesen« und »endlichem Geschöpf« hat die neuzeitliche Philosophie von Descartes bis Heidegger und noch danach vor allem das *Subjektsein* oder den *Sorgecharakter* des Daseins als das Wesensmerkmal des Menschen unterstrichen, aber ohne zu bedenken, dass aller ichhaften Aktzentrierung eine originär-phänomenalisierende Passivität vorausliegt, die als absolute Lebensselbstübereignung all unsere Potentialitäten in geistiger wie praktischer Hinsicht schon in sich birgt. Kann also eine radikalisierte Phänomenologie wie die M. Henrys das »Mich« im Akkusativ – wie auch E. Lévinas sagte – als unsere eigentliche selbstaffektive Geburt im Leben erweisen, dann ist damit zugleich der Vorwurf überwunden, der *Subjektivitätsbegriff* gehöre insgesamt einem überkommenen onto-theologischen Substanzdenken der Metaphysik an. Vielmehr sind die bisherigen und neueren differentiellen oder alterologischen Konzepte der Philosophie – bzw. der Humanwissenschaften überhaupt – ihrerseits auf ihre *Überdeterminiertheit* hin zu befragen, sofern sie den Lebensbegriff, wie etwa bei Merleau-Ponty oder Derrida, nur im Sinne von »Opazität« und »Schweigen« benutzen, ohne diese *Dunkelheit* als immanent-notwendige Erscheinensweise des Lebens in seinem subjektiv-affektiven Pathos selbst aufzuklären. Im Übrigen unterstreicht M. Henry mit Recht, dass zum Beispiel Jesu Ich-Reden von einer »Egozentrik« getragen werden, die maßloser nicht sein könnte und sich daher nur aus seinem unmittelbaren »Wissen« um die Einmaligkeit seiner Sohnschaft in Gott heraus verstehen lassen. Dieses Ich-Sein Jesu schließt den »Gehorsam« gerade nicht aus, da dieser innerhalb der lebendigen Reziprozität des göttlichen Lebensgeschehens genau dem Wesen des Sohnes entspricht, das lebendige Wort der Selbstoffenbarung Gottes selbst zu sein, in dem sich der Vater ganz aus-sagt. Dies ist nur ein, aber ein sehr gewichtiges Beispiel, um zu zeigen, inwieweit in der Tat die innere Realität des Lebens Gottes in den Modalisierungsweisen des phänomenologischen Lebens als solchem ihre Affinität besitzt.

Henrys Analyse in seinem Buch *Ich bin die Wahrheit* scheint daher methodologisch und inhaltlich einen der wichtigsten Vorstöße für das phänomenologisch-radikale wie religiös-christliche Denken in der Gegenwart sowie für die Zukunft überhaupt darzustellen, denn es geht um einen *epistemologischen Paradigmawechsel* innerhalb der Wahrheitsdiskussion als solcher mit ihren Folgen, die beide entweder noch vom geschichtlich-hermeneutischen bzw. vom sprachanalytischen Erbe geprägt sind. *Geschichte* wie *Sprache* können aber weder die eine noch die andere letztlich transzendentale »Wahrheit« material-phänomenologisch bezeugen, sofern die intentionale Verweisstruktur notwendigerweise immer idealisierend – und damit irrealisierend – ist, wie dies schon Husserl in seiner wichtigen Auseinandersetzung mit Psychologismus und Szientismus bahnbrechend gezeigt hat. Ist Wahrheit jedoch transzendental in ihrem Selbsterscheinen konkret an eine lebendig-materiale Ermöglichung gebunden, dann kann auch nur das Leben selbst als ein solcher selbstaffektiver oder pathischer »Grund« für sich als Wahrheit zeugen. Ur-christologisch bedeutet dies vor allen theologischen oder philosophischen Diskursen *über* Christus, dass die ewige Sohnschaft Christi immer schon in unserer absoluten Lebensaffektion grundgelegt ist, *bevor* wir sie als »Wort Gottes« in der Heiligen Schrift wiedererkennen. Damit soll nicht behauptet sein, dass für das Verhältnis von Leben/Historie im Zusammenhang mit dem ekklesial bezeugten »Jesus von Nazareth« als »Sohn Gottes« durch M. Henry alle Kontroversen ausgeräumt seien, aber zumindest zeigen Kapitel 2 wie 12 über den Wahrheits- und Schriftbegriff, dass eine rein exegetisch-historische Methode nicht den erhofften Wahrheitszugang im Sinne lebendiger Realität und Unmittelbarkeit vermitteln kann, was für jedes Glaubensverständnis – insbesondere auch für das kommende – jedoch maßgeblich sein dürfte.

Wenn Christus tatsächlich »Jener« ist, »der lebendig macht«, wie das Neue Testament sagt, dann muss diese radikale, ontologische Verlebendigung als unser Eintreten in die ebenso lebendige Selbstoffenbarung Gottes eben eine Realität besitzen, die von irgendeiner bloßen Satzaussage niemals ausgeschöpft werden kann, weil letztere stets auf Horizonte dieser Welt und auf deren Sprache bezogen bleibt. Die Eucharistie ist ein deutlicher Hinweis auf das hier notwendige Umdenken, das zentral die neu zu gewinnende Zukunftsperspektive betrifft: »*Tut* dies zu meinem Gedächtnis!« Das *Vollziehen* verleiht nämlich erst dem Wort seine Verwandlungsfähigkeit, womit phänomenologisch aufs Deutlichste unterstrichen wird, dass die stringente Analyse des Lebens einschließlich seiner konkret-leiblichen Vollzugsweisen dem Verstehen des Christentums einen geistig-denkerischen Rahmen gibt, der dem Wesen wie weiterhin notwendigen Wirken des christlichen Glaubens in seiner Natur selbst entgegenkommt. Mit M. Henrys phänomenologischem Ansatz zum Verste-

hen des Christentums scheint daher das Anknüpfen an ein fundierendes
Denken gegeben zu sein, dessen Ergebnisse eben nicht nur in Auseinandersetzung mit wichtigen Teilen der abendländischen Tradition erarbeitet
wurden, sondern auch eine Zukunftsmotivation antizipieren, deren
Dringlichkeit nicht länger zur Debatte steht.

3. Anfragen an die Henry'sche Lebensphänomenologie

Dass sich unser Leben trotz dieses Grundes absoluter Fülle und dessen
Glück selbst zur Last werden kann, ist sein größtes Paradox, was jedoch
ebenso von der abyssalen Affektwirklichkeit allein her einsichtig zu
machen ist, wie das nicht-erinnerbare »Selbst-Vergessen« des Lebens als
unsere eigentliche Geburt zu fassen bleibt. Damit ist die transzendentale
Bedingung der konkret-lebendigen Möglichkeit der Erfahrung als solche
stets angefragt und Kontroversen wie Rezeption hinsichtlich der Lebensphänomenologie laufen entscheidend auf die Problematik hinaus, ob eine
Phänomenologie des Unsichtbaren überhaupt ein Widerspruch in sich
sei oder nicht.[38] Die gegenwärtige philosophische Situation dieser Fragestellung trifft mit einer zunehmenden Heideggerkritik wie Husserl-
renaissance und mit postmodernen Differenz- oder Andersheitdiskursen
(Lévinas, Derrida, Deleuze zum Beispiel) zusammen. M. Henrys Denken
muss sich einerseits in seiner Stellungnahme gegen die fast gesamte philosophische Tradition – und zwar mit seinem Postulat einer originär-onto-
logischen Affektivität als Erkenntnisgrund – noch behaupten, andererseits
fehlt heute der Bezug auf die Lebensphänomenologie weder explizit noch
zumindest zitathaft in keiner phänomenologischen Kernauseinander-
setzung mehr. Greifbarer Beweis dafür sind neben den zahlreichen
Übersetzungen seiner Hauptwerke ins Japanische, Englische, Deutsche,
Italienische, Portugiesische und Türkische die ihm gewidmeten Sonder-
nummern von Zeitschriften ab 1987 bzw. die internationalen Tagungen
wie »Epreuve de la Vie«[39] und »Michel Henry à Beyrouth«[40], nachdem
zuvor schon die ersten Gesamtmonographien von Dufour-Kowalska[41],
Kühn[42] oder Detailuntersuchungen von Cantin[43], Terestchenko[44],
Forthomme[45] wie Jain[46] die Breite und die Systematik dieser Phänomeno-
logie aufgewiesen hatten.
Die Frage nach dem Erfahrbarkeitsapriori eines »phänomenologisch

---

[38] D. Janicaud, Le tournant théologique de la phénoménologie française. Paris 1991, 57–73.
[39] Epreuve de la Vie. Akten der M. Henry-Tagung Cerisy-la-Salle 1996, hg. von J. Greisch/A., David, Paris 1998 (im Druck).
[40] Annales de Philosophie 18 (1997): M. Henry à Beyrouth.
[41] G. Dufour-Kowalska, M. Henry, un philosophe de la vie et la praxis. Paris 1980.
[42] Rolf Kühn, Leiblichkeit als Lebendigkeit. M. Henrys Lebensphänomenologie absoluter Subjektivität als Affektivität. Freiburg/München 1992.
[43] S. Cantin, Le philosophe et le déni du politique. Marx, Henry, Platon. Laval/Sainte-Foy 1992.
[44] M. Terestchenko, Enjeux de philosophie politique moderne. Paris 1992.
[45] F. Forthomme, Manifestation et Affectivité suivant M. Henry. Beirut/Paris 1995.
[46] E. Jain, Hermeneutik des Sehens. Frankfurt/M 1995, 147 ff.

Unsichtbaren« ist auf diesem Hintergrund mit der nicht mehr ab-
weisbaren Problematik einer *anderen Phänomenologie* als der bisher
intentional-hermeneutischen verbunden[47], einschließlich ihrer ethischen,
sprachanalytischen oder »differe(ä)ntiellen« Modifikationen und kogniti-
vistischen Analogien. Außer der Tatsache, dass dabei auch M. Henrys
Umgang mit seinen Quellen untersucht werden muss – und zwar über
Meister Eckhart[48], Descartes[49], Marx[50], Freud[51] und Heidegger[52] hinaus
vor allem hinsichtlich Spinoza, Deutschem Idealismus von Kant bis
Hegel, Maine de Biran und Husserl – zeichnen sich jedoch innerhalb der
gegenwärtigen Phänomenologie deutlich »Arbeitsfelder« ab, die für eine
verstärkte Berücksichtigung der radikalen Lebensphänomenologie sprechen. Es sind zugleich Thematiken, die Letztgenannte selbst noch zu
vertiefen hat, da sie entweder die ständige Grundauseinandersetzung der
Phänomenalitätsweisen betreffen oder bisher nur in Umrissen erarbeitet
wurden, nämlich hauptsächlich das Verhältnis von Transzendenz/Imma-
nenz, die Fremderfahrung sowie die Sprache mit ihrer jeweiligen Bedeutung für Anthropologie, Ethik usw.

Dem Missverständnis der materialen, selbstaffektiven oder pathischen
Immanenz als einer »inneren Welt«[53] im Unterschied etwa zur unmittelbaren Leib/Welt-Verschlungenheit auf der Ebene einer »empirisch
ernüchterten Phänomenologie«[54] bzw. in Fortsetzung des ich-anonymen
Ansatzes von Merleau-Ponty[55] ist auf zweifache Weise zu antworten: Zum
einen gibt es ohne transzendentale Aufklärung des originären »Wie« der
Phänomenalisierungsmodi wohl kaum eine ernst zu nehmende Phänomenologie[56] und zum anderen bedeutet die Immanenz keinerlei »Weltflucht«, da durch die Sinnlichkeit als affektiver Kraft jeder Weltbezug im
apriorischen, perzeptiv-intentionalen wie logischen Sinne von vornherein
ein praktischer ist. Jeder »Weltgehalt« bildet, anders gesagt, eine »Objektivierung des Lebens«, während die Re-Präsentation eben nur eine sekundäre »Wiederholung« der ersten pathischen »Präsentation« durch die Vorstellung zu sein vermag.[57] Der Grund (*Fond*) des Lebens enthält daher die

---

[47] J. Greisch, Descartes selon l'ordre de la raison herméneutique. M. Henry, M. Heidegger
et P. Ricoeur. In: Revue des Sciences philosophiques et théologiques 4 (1989) 529–548.
[48] G. Dufour-Kowalska, M. Henry lecteur de Maître Eckhart. In: Archives de Philosophie
36 (1973) 603–624.
[49] J.-L. Marion, Générosité et phénoménologie. Remarques sur l'interprétation du *Cogito*
cartésien par M. Henry. In: Les Etudes Philosophiques 1 (1988) 51–72.
[50] P. Ricoeur, Le »Marx« de M. Henry. In: Esprit (1979) 124–139; T. Rockmore, M. Henry,
Marx I-II. In: Man and World 11 (1978) 429–442.
[51] G. Vachon, L'affect est-il toujours conscient? In: Dialogue 3 (1987) 513–522.
[52] M. Haar, M. Henry entre phénoménologie et métaphysique. In: Philosophie 15 (1987)
30–54.
[53] B. Waldenfels, Phänomenologie in Frankreich. Frankfurt/M 1983, 349–355.
[54] Schmitz 1995.
[55] R. Barbaras, Le corps chez M. Henry et M. Merleau-Ponty. In: J. C. Goddard/M. Labrune (Hg.), Le corps. Paris 1992, 245–255.
[56] Michel Henry, Phénoménologie matérielle A.a.O., 5 ff.
[57] Michel Henry, Radikale Lebensphänomenologie. A.a.O., 87 ff.; C'est Moi la Vérité.
A.a.O., 292 ff; dt. 326 ff.

konkrete Möglichkeit der Transzendenz selbst als »Welt«, ohne allerdings die Immanenz als deren Träger in der so rein pathisch oder passiv ermöglichten »Natur« selbst sichtbar werden zu lassen.[58] Die Immanenz ist keine Substanz im klassischen Sinne, sondern Prinzip und Modus der »Parusie« als Selbstoffenbarung des Sich-Erscheinens, sodass keine Begriffsphilosophie an sie heranreicht, sofern diese bereits schon wieder Sinnhorizonte voraussetzt.[59]

Für die *Fremderfahrung* ergibt sich eine notwendige Analyse der »primordialen Eigenheit« im Sinne einer tatsächlichen »Triebvergemeinschaftung«, die Husserl in seinen Spätschriften anspricht[60], sodass wir vor jeder »analogisierenden Apperzeption« eines *alter ego* stets schon in einer vor-intentionalen, rein affektiven Lebensgemeinschaftlichkeit von Liebe, Hass, »Übertragung« usw. stehen. Die Diskussion mit der *Psychoanalyse* und *Psychologie* ist daher eine direkte Konsequenz dieser Ersten Philosophie als Pathos, denn wenn nach Freud die Angst den »notwendigen Durchgang« all unserer Affekte bildet, dann muss ich deren immanente Pathoserfahrung bereits in mir tragen, um überhaupt zum »Bewusstsein« der affektiven Verhältnisse gelangen zu können.[61] Und bildet die transzendentale Affektwirklichkeit als nicht hintergehbares, unmittelbares »Lebenswissen« jeder Subjektivität den »Logos« des Lebens selbst, dann kann auch weder eine phänomenologische noch analytische, pragmatische oder linguistische *Sprachphilosophie* das letzte Verständnis unseres Sprechens als »Wort« (*parole*) und »Ausdruck« liefern. Die Sprache als originäres Sich-sagen-Wollen ist nur möglich, weil sie ständig dem transzendentalen Leben jenes »Wissen« entleiht, das sie ihrerseits als Bedeutungs- und Sinntranszendenz selbst zu bilden scheint. In Bezug auf die ontologische Referenz als Wirklichkeit ist die Sprache eine Irrealität, denn nur indem ich selbstaffektiv weiß, was Wollen, Begehren, Kommunizieren, Abstrahieren, Handeln usw. »sagen« wollen, kann ich mir diese Modalitäten auch als ideale Wesen oder »Bedeutungen« vorstellen und sie sprachlich formulieren.[62] Sieht man schließlich eine künftige *Ethik* an die Tatsache gebunden, dass bisher nur ein begrenzter Sektor des »Erscheinens« von der Phänomenologie berücksichtigt wurde, nämlich die Welttranszendenz, dann wird die ethische Frage als Krise der »Weltglobalisierung« darin bestehen, das »überall am Werk« seiende »unsichtbare Leben« in Anschlag zu bringen – oder verleugnend preiszugeben.[63] Die Phänomenologie ist nicht deshalb unverzichtbar, weil sie in der Vergangenheit glanzvolle Ergebnisse hervorgebracht hat, indem sie unsere Kenntnis der Bewusstseinsarten unendlich erweiterte, sondern weil im Gegenteil »die

---

58 Rolf Kühn, Leiblichkeit als Lebendigkeit. M. Henrys Lebensphänomenologie absoluter Subjektivität als Affektivität. Freiburg/München 1992, 51 ff.; ders., Studien zum Lebens- und Phänomenbegriff. Cuxhaven/Dartford 1994, 393 ff.

59 C. Macann, Deux concepts de transcendance. In: Revue de Métaphysique et de Morale 1 (1986) 24–46.

60 Michel Henry, Phénoménologie matérielle. A.a.O., 187 ff; dt. 1992, 213 ff.

61 Ebd. dt. 1992, 187 ff.

62 Michel Henry, C'est Moi la Vérité. A.a.O., 272 ff; dt. 303 ff.

63 Michel Henry, La Barbarie. A.a.O., 164 ff; dt 270 ff.

fundamentalen Fragen« noch auf sie warten: »Jede Sphäre der Wirklichkeit muss Gegenstand einer neuen Analyse werden, die darin bis zu ihrer
unsichtbaren Dimension zurückgeht.«[64]

4. Bibliographie

a) *Philosophische Werke:* L'Essence de la manifestation (2 Bde.). Paris 1963
(Neuaufl. 1990). – Philosophie et phénoménologie du corps. Essai sur
l'ontologie biranienne. Paris 1965 (Neuaufl. 1988). – Marx, 2 Bde. I: Une
philosophie de la réalité. II: Une philosophie de l'économie. Paris 1973
(Neuaufl. 1991). – La généalogie de la psychanalyse. Paris 1985. – La Barbarie. Paris 1987; dt. Die Barbarei. Eine phänomenologische Kultur-
analyse. Freiburg/München 1994. – Voir l'invisible. Sur Kandinsky. Paris
1988. – Phénoménologie matérielle. Paris 1990; dt. Teilübers. Radikale
Lebensphänomenologie. Ausgewählte Studien zur Phänomenologie. Frei-
burg/München 1992. – Du communisme au capitalisme. Théorie d'une
catastrophe. Paris 1990. – C'est Moi la Vérité. Pour une philosophie du
christianisme. Paris 1996; dt. Ich bin die Wahrheit. Für eine Philosophie
des Christentums. Freiburg/München 1997. – Vie et Révélation. Beirut/
Paris 1996 (Artikelsammlung). – *Romane*: Le jeune Officier. Paris 1954. –
L'amour les yeux fermés. Paris 1976. – Le Fils du Roi. Paris 1981. – Le
cadavre indiscret. Paris 1996.

b) *Artikel und Beiträge (Auswahl)*: Le bonheur chez Spinoza. In: Revue
d'histoire de la Philosophie 39–41 (1944–46) 187–225 (Gesamtveröffent-
lichung Beirut 1997). – Le concept d'âme a-t-il un sens? Revue philosophique de Louvain 64 (1966) 5–33. – Phénoménologie de la conscience et
phénoménologie de la vie. In: G. B. Madison (Hg.), En hommage à Paul
Ricoeur. Paris 1975, 128–151. – Dessiner la musique. Théorie pour l'art de
Briesen. In: Le Nouveau Commerce 61 (1985) 49–106. – Théodicée dans
la perspective d'une phénoménologie radicale. In: Archivio di Filosofia
1–3 (1988) 383–393. – La peinture abstraite et le Cosmos (Kandinsky). In:
Le Nouveau Commerce (1989) 37–52; dt. in: Radikale Lebensphäno-
nologie, 274–292. – Acheminement vers la question de Dieu: Preuve de
l'Etre ou épreuve de la Vie? In: Archivio di Filosofia 1–3 (1990) 521–530;
dt. in: Radikale Lebensphänomenologie, 251–273. – Phénoménologie et
psychanalyse. In: P. Fédida/J. Schotte (Hg.), Psychiatrie et Existence. Gre-
noble 1991; dt. in: Radikale Lebensphänomenologie, 187–212. – Narrer le
pathos. In: Revue des Sciences Humaines 1 (1991) 49–65. – Entretien avec
M. Henry. In: Agone 2–3 (Marseille 1991) 47–69. – Quatre principes de la
phénoménologie. In: Revue de Métaphysique et de Morale 1 (1991) 3–26. –
L'invisible et la révélation. In: La curiosité (Série Morale 12). Paris 1993,
79–97. – Pathos und Sprache. In: E. Blattmann/S. Granzer/S. Hauke/
R. Kühn (Hg.), Sprache und Pathos. Zur Affektwirklichkeit als Grund des
Wortes. Wien 1998 (im Erscheinen).

---

[64] Michel Henry, Phénoménologie matérielle. A.a.O., 11 f.

c) *Sekundärliteratur*

1. Monographien: S. Cantin, Le philosophe et le déni du politique. Marx, Henry, Platon. Laval/Sainte-Foy 1992. – G. Dufour-Kowalska, M. Henry, un philosophe de la vie et la praxis. Paris 1980; L'art et la sensibilité. De Kant à M. Henry. Paris 1996. – F. Forthomme, Manifestation et Affectivité suivant M. Henry. Beirut-Paris 1995. – Ders. und J. Hatem, Affectivité et altérité selon Lévinas et M. Henry. Paris 1996. – E. Jain, Hermeneutik des Sehens. Frankfurt/M 1995, 147 ff. – D. Janicaud, Le tournant théologique de la phénoménologie française. Paris 1991, 57–73. – R. Kühn, Leiblichkeit als Lebendigkeit. M. Henrys Lebensphänomenologie absoluter Subjektivität als Affektivität. Freiburg/München 1992; Studien zum Lebens- und Phänomenbegriff. Cuxhaven/Dartford 1994; Leben als Bedürfen. Eine lebensphänomenologische Analyse zu Kultur und Wirtschaft. Heidelberg 1996. – M. Terestchenko, Enjeux de philosophie politique moderne. Paris 1992, 193–244. – B. Waldenfels, Phänomenologie in Frankreich. Frankfurt/M 1983, 349–355.

2. Zeitschriften und Lexika: Annales de Philosophie 16 (1995); 18 (1997): M. Henry à Beyrouth. – Encyclopédie Philosophique Universelle, Bd. III/2: Oeuvres, Hg. J.-F. Mattéi, Paris 1992, 3393–3346. – Les Etudes Philosophiques 1 (1988): M. Henry. Recherches. – Philosophie 15 (1987): M. Henry. – Stanford Literature Review 2 (1989): M. Henry. Philosophy and Psychanalysis.

3. Artikel und Beiträge (Auswahl): R. Barbaras, Le corps chez M. Henry et M. Merleau-Ponty. In: J. C. Goddard/M. Labrune (Hg.), Le corps. Paris 1992, 245–255. – G. Dufour-Kowalska, M. Henry lecteur de Maître Eckhart. In: Archives de Philosophie 36 (1973) 603–624. – Epreuve de la Vie. Akten der M. Henry-Tagung Cerisy-la-Salle 1996. Hg. J. Greisch/ A. David, Paris 1998 (im Druck). – J. Greisch, Descartes selon l'ordre de la raison herméneutique. M. Henry, M. Heidegger et P. Ricoeur. In: Revue des Sciences philosophiques et théologiques 4 (1989) 529–548. – M. Haar, M. Henry entre phénoménologie et métaphysique. In: Philosophie 15 (1987) 30–54. – C. Macann, Deux concepts de transcendance. In: Revue de Métaphysique et de Morale 1 (1986) 24–46. – J.-L. Marion, Générosité et phénoménologie. Remarques sur l'interprétation du *Cogito* cartésien par M. Henry. In: Les Etudes Philosophiques 1 (1988) 51–72. – P. Ricoeur, Le »Marx« de M. Henry. In: Esprit (1979) 124–139. – T. Rockmore, M. Henry, Marx I-II, in: Man and World 11 (1978) 429–442. – G. Vachon, L'affect est-il toujours conscient? In: Dialogue 3 (1987) 513–522.

Bisher vollständigste Bibliographie in: M. Henry, Die Barbarei (1994), 377–389. Seitdem ergänzt durch »Bulletin du Centre d'Etudes Michel Henry« (Beirut/Namur). In: Annales de philosophie 18 (1997) ff. (c/o Bureau de l'Université St. Joseph Beyrouth, Département de Philosophie, 42 rue de Grenelle, F-75 343 Paris Cedex O7 bzw. J.-M. Longneaux, Faculté de Philosophie et Lettres, 61 Rue de Bruxelles, B-5000 Namur).

IV
ZEITSPIEGEL

Friede zwischen den großen Religionen

Gemeinschaft zwischen Christen und Muslimen

Adel Theodor Khoury

Wenn Gruppen bzw. Religionsgemeinschaften in ein und derselben Gesellschaft bzw. in ein und demselben Land leben, so heißt es nicht, dass sie
nun eine *Gemeinschaft* bilden. Die Spannungen und Probleme, die in der
gemeinsamen Geschichte dieser Religionen entstanden sind, belasten oft
auch in der Gegenwart ihre Beziehungen zueinander. Dieser Geschichte
müssen sich die Anhänger der Religionen stellen, die von einer Gemeinschaft mit den Anhängern anderer Religionen träumen und sprechen mit
der Bemühung, sie auch Realität werden zu lassen. Die Beziehungen zwischen Christen und Muslimen bilden hier keine Ausnahme.

Belastete Beziehungen

1. Erbe der Geschichte

1.1 Last der Geschichte

Die Beziehungen zwischen Islam und Christentum, zwischen islamischer
Welt und der Welt der Christenheit, standen bis in die jüngste Vergangenheit unter dem Zeichen der gegenseitigen religiösen Polemik, der militäri-
schen Auseinandersetzung und der politischen Spannung. Die Christen
haben den Islam als eine Irrlehre diagnostiziert, die Christenheit hat das
islamische Reich als einen politischen Gegner und einen militärisch aggressiven Staat erlebt. Die Muslime ihrerseits haben im Christentum eine
überholte Religion gesehen, die sich von der ursprünglichen Botschaft
Jesu Christi eigenmächtig entfernt hat. Sie haben die Christenheit als einen
Gegner erlebt, der Kreuzzüge gegen den Islam führte. Sie betrachten den
in der christlichen Tradition verankerten Westen heute vor allem als Kolonialmacht und als einen bedrohlichen, nach Herrschaft über die Welt
und nach Ausbeutung der übrigen Länder strebenden Imperialismus.

Es gab jedoch auch Zeiten, in denen weitsichtige Denker den religiösen
und kulturellen Austausch zwischen der christlichen und der islamischen
Welt suchten. Sie sind wohl als Vorreiter des religiösen Dialogs zu bezeichnen. Aber die Tendenz zu harter Polemik, zur religiösen Verurteilung der jeweils anderen Religion und zur Zurückweisung ihrer Anhänger
herrschte durchweg vor. Es sollen hier als Beispiel die Vorstellungen und
Argumente der christlichen Polemiker in Bezug auf den Islam wiedergegeben werden.

1.1.1 Polemische Haltung in der Vergangenheit

Die Frage, die sich die früheren christlichen Theologen im arabischspra-
chigen Raum, in Byzanz und im lateinischen Westen gestellt haben um

den Islam zu beurteilen, lautet: Wie kann der Islam als falsche Religion entlarvt werden? Es stand nämlich für sie von vornherein fest, dass der Islam keine wahre Religion ist und keine Heilsrelevanz besitzt. Bei diesem polemischen Unterfangen wurde das apologetische System herangezogen, das die christlichen Theologen bislang entwickelt hatten, um die Einwände der Gegner des Christentums zurückzuweisen und die Wahrheit der christlichen Lehre zu beweisen. Wenn der Islam den Kriterien dieses apologetischen Systems nicht genügt – und ein einfacher Vergleich scheint dies mühelos zu bestätigen – dann lässt sich der Islam als Ganzes, d.h. im Hinblick auf seinen Verkünder, auf seine Heilige Schrift und auf seine Lehre und Lebensordnung nur als falsche Religion bezeichnen. Die byzantinischen Theologen z.B. machen deutlich, dass der Islam im Vergleich mit dem Christentum so große Unterschiede in der Lehre, der Moral und der Frömmigkeit aufweist, dass man ihn als falsche Religion betrachten muss. Auch Muhammad kann in keiner Weise den Vergleich mit Jesus Christus bestehen, sodass er als falscher Prophet zu werten ist. Endlich widerspricht der Koran derartig der wahren Schrift, die Gott Mose und den Propheten, den Aposteln und den Evangelisten offenbart hat, dass man von ihm als von einer falschen Schrift sprechen muss.[1] Ähnliches kann man in der islamischen Polemik-Literatur finden.[2]

1.1.2 Entstehung einer »Gegeneinander-Identität«

Der Islam hat in der Vergangenheit ein Toleranz-System entwickelt, das Minderheiten von Anhängern der Buchreligionen staatliche Toleranz zusicherte und sie gegen die Willkür der islamischen Mehrheit und die Übergriffe der Eiferer schützte. Diese Toleranz gründete auf der Achtung der Religionsfreiheit (Koran 2,256) und den gemeinsamen religiösen Elementen, die der Islam z.B. im Christentum wahrnehmen konnte. Die großen Religionen enthalten nämlich Aussagen, die die Menschen verschiedener Herkunft und Kultur über die Grenzen ihrer jeweiligen eigenen Religionsgemeinschaft hinweg miteinander verbinden. Denn sie befassen sich mit den Grundfragen des Lebens, mit denen alle Menschen konfrontiert sind, und suchen die geeigneten Antworten auf diese Fragen bereitzustellen, als Sinngebung und Hilfe zur Lebensorientierung, als Mittel zur Integrierung der Vergangenheit, zur Bewältigung der Gegenwart und zur Planung der Zukunft.

---

[1] Siehe meine Untersuchung: A. Th. Khoury, Polémique byzantine contre l'Islam. Leiden 1972; G.C. Anawati, Zur Geschichte der Begegnung von Christentum und Islam. In: A. Besteh (Hg.), Der Gott des Christentums und des Islam (Beiträge zur Religionstheologie 2). Mödling 1978 (Nachdruck 1992), 11–35; Ludwig Hagemann, Christentum und Islam zwischen Konfrontation und Begegnung (Religionswissenschaftliche Studien 4). Würzburg/Altenberge ³1994; ders., Christentum und Islam: Die Hypothek der Geschichte – Ein Überblick. In: A. Th. Khoury/L. Hagemann/P. Heine, Islam-Lexikon. Geschichte – Ideen – Gestalten (Herder/Spektrum 4036). Bd. I, Freiburg ²1999, 146–160.

[2] S.d. Untersuchung v. Paul Khoury, Matériaux pour servir à l'étude de la controverse théologique islamo-chrétienne de langue arabe du VIIIᵉ au XIIᵉ siècle. Bd. 1–3 (Religionswissenschaftliche Studien 11/1–5), Würzburg/Altenberge 1989, 1991, 1997, 1999.

Das Verbindende wurde leider in der Geschichte weniger beachtet als das Trennende des spezifisch eigenen Charakters der jeweiligen Religion, hier des Christentums und des Islam. Denn die erste Sorge der Religionsgemeinschaften bestand darin, die Identität der eigenen Religion bzw. Richtung gegenüber anderen Religionen bzw. Richtungen und Bewegungen abzugrenzen. Dies lässt sich in der Geschichte des Christentums und des Islam feststellen.

Im *Christentum* wurden lange Zeit, bis ins zwanzigste Jahrhundert hinein, die nichtchristlichen Religionen undifferenziert verurteilt als Heidentum, schuldhafte Irrwege und falsche Religionen; ihre Lehren, Normen und Verhaltensmuster wurden pauschal abgelehnt. Damit ging die Bekräftigung des Anspruchs auf den ausschließlichen Besitz der Wahrheit und des Heils, des Absolutheitsanspruchs der christlichen Kirche, einher.

Das Wort Jesu Christi im Evangelium nach Matthäus (23,8): »Ihr alle aber seid Brüder« wurde nicht extensiv verstanden. Die Angeredeten wurden als die Mitglieder der christlichen Gemeinschaft identifiziert. Es bestand somit ein geschwisterliches Verhältnis der Christen zueinander. Die Nichtchristen wurden nur insofern berücksichtigt, als auch sie berufen seien, Mitglieder der Christengemeinschaft zu werden und somit an der geübten Brüderlichkeit der Christen teilzuhaben. Zusammengehörigkeit und Brüderlichkeit wurden damit vor allem den Christen zugesprochen. Die anderen wurden nicht ausgeschlossen, dafür sind die Texte des Neuen Testaments allzu klar: Mein Nächster ist jeder Mensch; auch die Heiden sind zum Reich Gottes berufen usw.[3] Aber sie konnten – und dies wurde eine Zeit lang immer strenger formuliert – das Heil nur innerhalb der Christengemeinschaft erlangen, und sie konnten eine geschwisterliche Behandlung nur dann erwarten, wenn sie Mitglieder der Gemeinschaft geworden waren.

Eine solche Identität in Ausgrenzung der Polytheisten und in Abgrenzung von Juden und Christen ist auch im *Islam* bekannt. In den Jahren 622–624 hatte Muhammad – bereits mit der Gemeinde von Mekka nach Medina ausgewandert – versucht, die Leute des Buches, vor allem aber die Juden für eine Allianz mit ihm gegen die polytheistischen Mekkaner zu gewinnen. Die Hinweise auf die grundlegende Zusammengehörigkeit zwischen Muslimen, Juden und Christen fruchteten nicht. Da vollzog Muhammad zwei entscheidende Schritte, die ihm und dem Islam die Selbstständigkeit sichern sollten. Zum Ersten berief er sich gegen die Ansprüche von Juden und Christen, jeweils die einzig heilbringende Religion zu besitzen, auf die Religion Abrahams, des Vaters aller Gläubigen (Koran 2,135). Diese Religion habe doch vor dem Judentum und vor dem Christentum bestanden (3,65.67). Somit hatte Muhammad den biblischen Charakter seiner Botschaft bekräftigt, ohne sich jedoch an das Judentum oder das Christentum zu binden. Der zweite Schritt zur Bestimmung der Identität des Islam war religiöser und politischer Natur zugleich. Der arabi-

---

[3] Vgl. das Gleichnis vom barmherzigen Samariter: Evangelium nach Lukas 10,25–37 bzw. die Vision des Petrus in Joppe: Apostelgeschichte 10,9–23a.

sche Charakter der koranischen Offenbarung sollte nun hervorgehoben und gleichzeitig ihre direkte Verbindung mit Abraham verdeutlicht werden. So stellte der Koran fest, dass das Hauptheiligtum Altarabiens, die Ka'ba zu Mekka, auf die Tätigkeit Abrahams mit seinem Sohn Ismael zurückgehe.[4] Zugleich wurde die Gebetsrichtung geändert, von Jerusalem nach Mekka. Damit wurde die Identität des Islam gegenüber dem Judentum und dem Christentum endgültig bekräftigt, und die Ka'ba zum Versammlungsort aller arabischen Stämme und zum Symbol der religiösen Einheit aller Muslime erhoben.

Die Muslime werden nunmehr aufgrund ihres gemeinsamen Glaubens Brüder, Männer und Frauen untereinander Freunde.[5]

Brüder und Schwestern sind nur Muslime untereinander; die anderen können dazu gehören, wenn sie dem Aufruf zur Annahme des Islam folgen: »Wenn sie umkehren, das Gebet verrichten und die Abgabe entrichten, dann sind sie eure Brüder in der Religion.«

Die weitere Entwicklung brachte im Islam wie im Christentum eine Verschärfung der Bestimmung der eigenen Identität: Diese wurde nunmehr definiert gegen die anderen.

Im islamischen Rechtssystem sowie in den späteren Kommentaren des Korans werden die Unterschiede zwischen Polytheisten und Leuten des Buches (Juden und Christen) verwischt. Immer wieder werden Begriffe wie *mushrik* (Polytheist) auch auf die Juden und die Christen ausgedehnt. Die Unterschiede zwischen Muslimen auf der einen und Juden und Christen auf der anderen Seite, auch wenn man den letzten ein Dauerwohnrecht im islamischen Staat in der Rechtsstellung von Schutzbürgern einräumte, wurden als Zeichen ihrer Demütigung verschärft.[6]

Ein ähnliches Verhalten findet man auch in der christlichen Geschichte.[7] Dies besagt, dass die allgemeine Tendenz im Christentum und im Islam in Bezug auf ihre gegenseitigen Beziehungen eine Bewegung aufwies von der Toleranz zur Intoleranz, von der Suche nach Verstehen und Verständigung zur Verurteilung, vom Gemeinsamen[8] zum Trennenden.

---

[4] Vgl. Koran 2,124–134.

[5] Koran 49,10 bzw. 9,71, Zitat im folgenden Absatz 9,11.

[6] Vgl. Koran 9,29 sowie dazu mein Buch: A. Th. Khoury, Toleranz im Islam. Mainz 1980 (Neudruck: Religionswissenschaftliche Studien 8, Altenberge 1986), 141, Anm. 8.

[7] Vgl. einige Angaben in meinem Buch: Toleranz im Islam, 181–182. Es wird Bezug genommen auf die Arbeit von Georges C. Corm, Contribution à l'étude des sociétés multiconfessionnelles. Paris 1971, 115–122. Dort weiterführende Literatur.

[8] Die Nähe des Islam zum Christentum gründet auf ihrer gemeinsamen Verankerung in der monotheistischen biblischen Tradition. Wie der Islam Gott beschreibt, erinnert stark an die Beschreibung Gottes im Alten und im Neuen Testament. Ein anderer Bereich, der die Nähe zwischen dem Islam auf der einen und dem Judentum und dem Christentum auf der anderen Seite deutlich macht, ist der der sittlichen Werte und der ethischen Normen. Denn die zehn Gebote Gottes (der Dekalog: Glaube an Gott, Respekt vor dem Leben, dem Eigentum, der Sexualität, der Familie, Respekt vor der Wahrheit als Grundlage gesellschaftlichen Lebens) sind auch im Koran nachzulesen: Koran 17,22–39. Zwar gibt es unterschiedliche Vorschriften zur Anwendung der ethischen Normen, aber die Übereinstimmung in den sittlichen Werten ist unverkennbar.

1.2 Wende in der neuen Zeit

1.2.1 Im Christentum

Im 20. Jahrhundert hat sich in der katholischen Theologie eine Wende in der Würdigung der nichtchristlichen Religionen vollzogen. Vorausgegangen waren Bemühungen von Religionswissenschaftlern, Orientalisten aller Fachrichtungen, Islamologen, Missionaren. Die Berücksichtigung des zunehmenden Zusammenrückens der Menschen, der Einfluss der neuen Erkenntnisse der Religionswissenschaft, die Beachtung der großen Bedeutung der Religionen im Leben der Völker, das erweiterte Bewusstwerden der unbegrenzten Dimensionen des universalen Heilswillens Gottes und der unbegrenzten Dimensionen und Spuren Gottes in der Welt – all das führte zu einer neuen Wahrnehmung der religiösen Traditionen anderer Völker. Das Zweite Vatikanische Konzil hat in seinen Dokumenten, vor allem in der »Erklärung über das Verhältnis der Kirche zu den nichtchristlichen Religionen« (*Nostra aetate*), diese Wende deutlich zum Ausdruck gebracht und damit die vorausgegangenen Bemühungen sanktioniert.

So suchen die christlichen Kirchen bei den nichtchristlichen Religionen nunmehr über das Trennende hinaus das hervorzuheben, was den Menschen und den Religionen gemeinsam ist.[9]

Die Grundhaltung der Christen in der Begegnung mit den anderen Menschen ist von der Bemühung inspiriert, sie und ihre jeweilige Religion ernst zu nehmen, sie näher kennen zu lernen und ihnen mit Hochachtung zu begegnen. Die nichtchristlichen Religionen sind die Quelle, bei der die Menschen die Antwort auf die richtigen und wichtigen Fragen des Lebens suchen. Und wer die Begegnung mit dem Anderen sucht, muss sich bemühen, Einblick zu gewinnen in dessen Erbe, Sprache und Brauchtum, vor allem aber in die sittliche Ordnung, die seine Religion vermittelt, in die religiösen Vorschriften und Vorstellungen, die sein Leben inspirieren und prägen.[10]

Die Christen sollen nichts von dem ablehnen, was sie in den nichtchristlichen Religionen an Wahrem und Gutem entdecken. Das Zweite Vatikanische Konzil sieht in diesen Elementen »einen Strahl jener Wahrheit«, die die Wahrheit Gottes und seines menschgewordenen Sohnes ist und eine Wirkung der Fügung Gottes. So gilt es, eine positive Haltung gegenüber diesen Religionen einzunehmen; es gilt, das, was sie an Wahrem und Gutem enthalten, anzuerkennen, zu wahren und zu fördern.[11]

Was dem christlichen Erbe und den nichtchristlichen Religionen gemeinsam ist, bildet eine ausreichende Grundlage für einen offenen Dialog und eine entschlossene Zusammenarbeit.[12]

---

[9] Vgl. Zweites Vatikanisches Konzil: Nostra aetate 1.
[10] Vgl. Nostra aetate 1 bzw. Dekret über die Missionstätigkeit der Kirche 26.
[11] Vgl. Nostra aetate 2 bzw. Dekret über die Priesterausbildung 16.
[12] Zu weiteren Ausführungen siehe meinen Beitrag: A. Th. Khoury, Auf dem Weg zu einer Ökumene der Religionen – die Etappe des II. Vatikanum. In: Klemens Richter (Hg.), Das

1.2.2 Im Islam

Auch im Islam hört man Stimmen, die sich für den Dialog und die Zusammenarbeit mit den Christen ohne grundsätzliche Vorbehalte aussprechen. Die Erweckungsbewegung, die die islamische Welt heute wachrüttelt, scheint den Muslimen ein ausreichendes Selbstbewusstsein zu verleihen, damit sie sich die wissenschaftlichen Methoden der religiösen Forschung aneignen und eine solide Basis für die erstrebte Zusammenarbeit vor allem mit den Christen aufdecken, eine Zusammenarbeit, deren Ziel es ist, für den Glauben an Gott Zeugnis abzulegen und einen gemeinsamen Beitrag zur Lösung der Probleme unserer Zeit zu leisten.

2. Last der Gegenwart

Die erstrebte Gemeinschaft von Juden, Christen und Muslimen in Deutschland und überall in der Welt leidet heute nicht nur unter der Last der Vergangenheit, sondern auch unter der Last mancher Züge der gegenwärtigen Situation in der Welt.
- Angesichts der Unsicherheiten der Politik und der weltwirtschaftlichen Organisationen im Hinblick auf die Probleme und Unwägbarkeiten der unumkehrbaren Bewegung zur umfassenden Globalisierung[13] tritt der christlich-islamische Dialog in eine sehr sensible Phase und spürt selbst diese Unsicherheit. Dies verschärft sich dadurch, dass immer mehr Versuche gestartet werden, sich im Westen ein Feindbild vom Islam und in der islamischen Welt ein Feindbild vom Westen – den viele Muslime undifferenziert mit der christlichen Welt identifizieren – zurechtzumachen.
- Darüber hinaus trägt die zunehmende Politisierung des Islam in einigen Ländern der islamischen Welt und damit einhergehend die Ideologisierung des Glaubens dazu bei, dass ein Fundamentalismus aufkommt, der bereit ist, die Religion zum Instrument politischer Ziele zu missbrauchen, was zunehmend wahrgenommen wird als Gefährdung des Friedens in der Welt. Man könnte schon von der Gefahr eines Weltbrandes sprechen, der durch den Zusammenstoß der Fundamentalisten und der militanten Extremisten aller Couleur und aller Religionszugehörigkeit ausgelöst werden könnte.
- Zwischen Christen und Juden in Deutschland ist die Last der jüngsten Vergangenheit noch nicht ganz ausgeräumt und der Weg der völligen Versöhnung, der zurückgelegt werden muss, noch ziemlich lang.
- Wenn man dazu die langjährigen und noch aktuellen Auseinandersetzungen zwischen Juden und Muslimen in der Palästinafrage berücksichtigt, kann man ermessen, welche Last heute auf den Beziehungen zwischen Juden, Christen und Muslimen liegt.

Konzil war erst der Anfang. Die Bedeutung des II. Vatikanum für Theologie und Kirche. Mainz 1991, 106–118 (dort weiterführende Literatur); ders., Der Islam in der Sicht christlicher Theologie. In: Andreas Bsteh (Hg.), Christlicher Glaube in der Begegnung mit dem Islam (Studien zur Religionstheologie 2). Mödling 1996, 265–286.

[13] Vgl. die noch zu veröffentlichenden Akten der Zweiten Internationalen Christlich-Islamischen Konferenz (Wien, Mai 1997), deren Thema lautete: *Eine Welt für alle*. Hg. Andreas Bsteh (Beiträge zur Religionstheologie 9), Mödling 1999.

Und was in der Welt draußen geschieht, das hat auf verschiedene betroffene Gemeinschaften nicht zu übersehende Auswirkungen.

3. Hindernisse aus dem weltweiten Umfeld

In vielfacher Hinsicht gibt es heute, vor allem in der islamischen Welt, nur wenige Länder, in denen die kulturelle und gesellschaftliche Lage dem Dialog mit den Anhängern anderer Religionen förderlich erscheint.

3.1 In der islamischen Welt

Die meisten Länder und Gesellschaften in der islamischen Welt leben heute immer noch im Bewusstsein einer einheitlichen Gesellschaft, deren Grundlage der islamische Glaube ist, sodass ein gewisser Triumphalismus die Bereitschaft zum Dialog lähmt und die Vision einer pluralistischen Gesellschaft, deren Mitglieder, unabhängig von ihrer Religionszugehörigkeit, die gleichen Grundrechte und Grundpflichten besitzen, als abwegig erscheinen lässt.

Auch hat die islamische Welt im Großen und Ganzen keine Freiheitsgeschichte erlebt, die dazu hätte führen können, die Menschenrechte ohne gravierende Vorbehalte zu bejahen und eine für beide Seiten gefährliche Verquickung von Religion und Staat langsam abzustreifen.

Endlich kann man nur zaghafte »Gehversuche« der Hermeneutiker gegenüber den Traditionalisten und Fundamentalisten erkennen.[14] Somit entsteht der Eindruck, dass die Militanten immer mehr an Terrain gewinnen, womit der Hang zum Totalitarismus und zur Ideologisierung der Religion erklärbar ist.

3.2 Im Christentum

Schwierigkeiten bereitet, dass Muslime, die in den westlichen Ländern leben, zunehmend als Gefahr für die dortige Zivilisation und als Feinde der christlich geprägten Kultur gesehen werden.

Darüber hinaus ist der Anspruch des Westens, den die Muslime oft mit dem Christentum in eins setzen, nicht leiser geworden, der Anspruch, die Mitte der Welt zu sein, die universal gültige Kulturachse, um die sich die Weltkultur zu drehen hat. In dieser Atmosphäre läuft die Bemühung um eine Gemeinschaft zwischen den verschiedenen Religionen Gefahr, als verkappte Gewaltanwendung zu gelten und als Alibi für die Herrschaftsgelüste der westlichen Länder zu dienen.

---

[14] Vgl. den aufschlussreichen Beitrag von Rotraud Wieland, Wurzeln der Schwierigkeit innerislamischen Gesprächs über neue hermeneutische Zugänge zum Korantext. In: Stefan Wild (Hg.), The Qur'an as Text (Islamic Philosophy, Theology and Science, Texts and Studies 27). Leiden 1996, 257–282.

Erstrebtes Ziel: Gemeinschaft

1. Zum Miteinander

Not tut der Übergang vom geschichtlich bedingten Gegeneinander über das durch Toleranz ermöglichte Nebeneinander zum fruchtbaren Miteinander. Dies beinhaltet die Überwindung der Gegnerschaft, das Üben einer positiven Toleranz als Konsequenz des Selbstverständnisses in einer offenen Identität. D. h. erkennen, dass die Wahrheit an sich tolerant ist, und zwar im Hinblick auf Gott, den sie aussagen will, denn Gott ist immer *Deus major*, und im Hinblick auf den Menschen, der sie erkennt und der immer unterwegs ist zu einer umfassenderen und tieferen Erkenntnis der je größeren Wahrheit Gottes. Denn, wie muslimische Mystiker es formulierten, der Weg zu Gott ist unendlich und der Weg in Gott hinein noch unendlicher …

Das Miteinander bedeutet auch die Erkenntnis, dass der gesellschaftliche Pluralismus kein Unglück, sondern Bereicherung ist. Dies weckt die Bereitschaft, ein fruchtbares politisches Zusammenwirken zu planen und durchzuführen. Dann kann eine ehrliche und fruchtbare Partnerschaft Wirklichkeit werden.

2. Frieden schaffen

Frieden schaffen beinhaltet drei Schritte:
- Seinen *Frieden* machen mit den Anderen: jeder Gewalt abschwören, Kriege verabscheuen und eine wirksame Strategie der Konfliktlösung entwickeln und anwenden.
- Frieden *mit* den Anderen machen: friedliches, gedeihliches Zusammenleben, also *Gemeinschaft* anstreben.
- Frieden *mit den Anderen*: zusammen mit ihnen denken und handeln.

3. Ziele

- Gemeinsame Bemühungen um eine gerechtere Sozialordnung.
- Gemeinsame Bemühung um die Schaffung einer humaneren und gerechteren Welt. Vorerst Option für die Armen und Schwachen, nach der Forderung der Propheten, des Evangeliums und des Korans.
- Anerkennung und Durchsetzung der allgemeinen Menschenrechte für alle … Über entsprechende Menschenpflichten im Rahmen der Bejahung der Menschenrechte gemeinsam nachdenken …
- Universale Solidarität aller mit allen, in Deutschland, in Europa, in aller Welt.

Mittel und Wege

1. Neuorientierung

Wichtig ist eine Neuorientierung an Werten des Christentums und des Islam, die ihnen beiden gemeinsam sind: der Grundglaube an Gott sowie die sittlichen Werte und ethischen Normen wie sie ihren Ausdruck in den zehn Geboten Gottes gefunden haben.

Gefordert ist eine humane Gesellschaftsordnung, die auf der unantastbaren Würde des Menschen gründet und die, wenn sie auch in die Praxis umgesetzt wird, folgende Früchte zeitigen soll:
- brüderliche Gerechtigkeit,
- barmherzige Handhabung von Rechten und Pflichten,
- Einräumen von Priorität für die Rechte der Schwachen, Option für die Armen und Entrechteten,
- Bereitschaft zur Versöhnung,
- ein positives Angebot der Versöhnung an die jeweils andere Religionsgemeinschaft,
- statt gewaltbereiten Strebens nach Herrschaft Pflege des Friedens.

2. Die Gemeinschaft wollen

Hier soll nicht die ganze Breite der Problematik des Zusammenlebens von Muslimen und andersgläubigen Bürgern in Deutschland und in Europa aufgerollt werden. Es sollen nur einige Fragen an die Adresse der Betroffenen – der Gesamtgesellschaft in Deutschland und der verschiedenen, hier angesprochenen Religionsgemeinschaften – formuliert werden. Dabei geht es vornehmlich um die Muslime, vor allem um die, die aus fremden Ländern nach Deutschland kommen.

2.1 Fragen an die Gesellschaft

2.1.1 Klärungsbedarf

Es gibt einen Klärungsbedarf zur Frage, ob die deutsche Gesellschaft den ernsten Willen hat, Muslime aufzunehmen und sie zu integrieren. Dieser Klärungsbedarf betrifft die diesbezügliche Entscheidung der Politiker und der relevanten Institutionen in der Gesellschaft.

Und wenn man diese Integration will, wie versteht man sie?

Endlich, welche Mittel sind dazu geeignet?

Bislang scheint ziemliche Ratlosigkeit in dieser Frage zu herrschen. Weder die Gesellschaft noch die Muslime aus fremden Ländern sind auf diese ernste Frage ausreichend vorbereitet bzw. vorbereitet worden. Es geht ja um eine äußerst komplexe Angelegenheit, bedenkt man aus welchen – in ihrer Kultur und Zivilisation, in ihrer Mentalität und Struktur – grundverschiedenen Ländern diese Muslime nach Deutschland gekommen sind und weiterhin kommen.

Klarheit muss auch darüber gewonnen werden, wie kompliziert, langwierig und teuer das ganze Unternehmen sein wird.

2.1.2 Grundsatzfragen

Außerdem müssen folgende Grundsatzfragen eine Antwort finden:
- Wieviel Verschiedenheit innerhalb ein und derselben Gesellschaft kann eine Gesellschaft verkraften?
- Wieviel Gemeinsamkeit (die hier zu erarbeiten wäre) ist nötig, damit zuerst ein Nebeneinander unterschiedlicher Systeme möglich ist?
- Wieviel Gemeinsamkeit ist möglich und auch erreichbar, damit aus dem Nebeneinander ein Miteinander wird?

2.2 Fragen an die Muslime

2.2.1 Klärungsbedarf

Bei den Muslimen herrscht ein Klärungsbedarf zu folgenden Fragen:

Der Muslim, der in Europa lebt, ist darauf bedacht, seine »islamische Identität« zu wahren, damit er nicht ständig mit schlechtem Gewissen leben muss. Aber wie wird »islamische Identität« bestimmt? Es gibt bekanntlich eine maximale bzw. optimale Identität der Muslime, die erreicht werden kann, wenn sie in einem Land leben, dessen Bevölkerung mehrheitlich islamisch ist und dessen Gesetze den Vorgaben der islamischen Scharia entsprechen. Es gibt jedoch auch eine Grundidentität, die erreicht wird, wenn Muslime in einem Land leben, das zwar kein islamisches Land ist, das ihnen aber Rechtssicherheit garantiert für ihr Leben, ihr Eigentum und ihre Religionsfreiheit – was der Fall ist in Deutschland und in den übrigen Ländern Europas.

Sind die »fremden« Muslime bereit, sich zu integrieren? Sind sie auch integrationsfähig? Sind Bemühungen im Gang, die ältere Generation der Emigranten und die neue Generation der hier geborenen Kinder auf diesen Integrationsprozess vorzubereiten und sie für das demokratische System Europas zu erziehen?

Sind die Muslime bereit, am Entwurf eines tragfähigen Modells für dieses gedeihliche Zusammenleben positiv mitzuarbeiten?

Sorgen sie dafür, dass in ihren Reihen kompetente Leute als Gesprächspartner ausgebildet werden?

2.2.2 Zur Frage eines »deutschen« Islam

Man kann nicht einfach von einem »deutschen« bzw. »europäischen« Islam reden, nur weil de facto viele Muslime in Deutschland bzw. in Europa leben. Zu einem »deutschen« bzw. »europäischen« Islam gehört die Klärung folgender Fragen:

Die Muslime sind aufgefordert, ihre Haltung so verbindlich wie möglich zu wichtigen Aspekten des Lebens in Deutschland bzw. in Europa zu definieren: Demokratie, Religionsfreiheit, Menschenrechte, Familienordnung (und damit die rechtliche Stellung der Frau), Strafrecht.

Die Muslime müssen Stellung beziehen zum säkularen Staat, d. h. zur Trennung von Religion und Staat, und dies nicht nur vorläufig, sondern auf Dauer.

Der Staat und die gesellschaftlichen Institutionen benötigen einen berechenbaren Gesprächspartner: Sind die Muslime bereit stabile Strukturen zu errichten, damit der Staat und seine Organe nicht mit zahlreichen Vereinen und Organisationen konfrontiert sind, die alle für sich beanspruchen die Interessen der Muslime wahrzunehmen?

3. Einige Grundsätze

Folgende Grundsätze sollten bei der Suche nach Grundlage, Gestalt und Aktivierung einer Gemeinschaft zwischen Christen und Muslimen beachtet werden:

Eine andere Religion ist nicht deswegen falsch, weil sie anders ist als die eigene.

Eine Religion ist kein einfaches Ganzes. Sie enthält sehr viele verschiedene Elemente. Einige von ihnen mögen als falsch betrachtet werden, ohne dass dadurch die Religion als falsch abgetan werden muss.

Andersartigkeit ist nur Andersartigkeit, nicht unbedingt Gegensatz zum eigenen Glauben und zum eigenen Moralkodex. Andersartige Elemente können in einem größeren und breiteren Zusammenhang mit dem eigenen Glauben vereinbar sein.

Der Andersdenkende ist nicht a priori irrsinnig, irrational, töricht oder böswillig. Obenan sollte bei jedem das Bemühen stehen, das Denken u. Handeln anderer zu verstehen.

Schluss

Es wäre für die Zukunft von Juden, Christen und Muslimen in Deutschland sowie in der ganzen Welt ein schwerwiegendes Unrecht, wenn sich diese Religionsgemeinschaften weiterhin
– gegenseitig missverstehen und ablehnen,
– gegenseitig zurückweisen und ausgrenzen,
– gegenseitig die geschuldete Solidarität verweigern.
Umgekehrt wäre es für sie selbst und für die Menschheit ein unschätzbarer Gewinn, wenn es gelänge, mehr Verständigung, Vertrauen, Solidarität, Zusammenarbeit zustande zu bringen.

Es wäre für die Gegenwart und für die Zukunft der westlichen und östlichen Welt, sowie für die Zukunft der islamischen Welt selbst ein unermesslicher Verlust, sollte die Verschiedenheit ihrer Systeme zur Konfrontation führen, wenn sie es nicht schafften, nebeneinander zu leben und sich gegenseitig anzuerkennen. Es wäre ein entscheidender Schritt in eine gelungene Zukunft, wenn die westliche und die islamische Welt, wenn Juden, Christen und Muslime – nicht nur in Deutschland – es fertig brächten, eines Tages miteinander gedeihlich zusammenzuleben.

Ein Weg zum neuen Denken:
Die moderne Physik und die *eine* Transzendenz

Erwin Neu

Prolog

Im Juli 1969 gelang es den Menschen, zum ersten Male auf dem Mond zu landen. Es war ein Ereignis, das lange Zeit die Öffentlichkeit beschäftigte. Naturwissenschaftler und Techniker wurden wegen dieser Leistung, dieser präzisen Arbeit bewundert. Immerhin ist der Mond 380 000 Kilometer von der Erde entfernt. Trotzdem war es möglich, auf die Minute oder sogar Sekunde genau vorauszusagen, wann das Raumschiff dort ankommen und an welcher Stelle es landen würde.

Inzwischen wurde mit der gleichen Präzision eine Sonde zum Mars geschickt, die uns über seine Beschaffenheit informieren und nach Spuren von Leben suchen sollte. Die Erforschung des Weltalls überrascht uns immer wieder, ebenso die Fähigkeit des Menschen, die Erkenntnisse der Physik in der Technik anzuwenden.

Diese Erfahrungen haben dazu beigetragen, dass wir das gesamte Universum wie eine Maschine betrachten. Wir kennen die Gesetze, die auf unserer Erde wie auch im Universum gelten. Mit ihrer Hilfe können wir verlässliche Berechnungen anstellen. Ist das Universum etwa wie eine Uhr, die – einmal aufgedreht – läuft, bis sie eines Tages »abgelaufen« ist? Viele Jahrzehnte wurde das so gesehen. Grund dafür sind die Erkenntnisse der klassischen Physik, die auf die erstaunlichen Leistungen von Newton (1643–1727) zurückgehen. Es entstand ein mechanistisches Weltbild.[1]

Die moderne Physik hat dieses Weltbild ergänzt und auch korrigiert. Sie vermittelt uns das Bild eines dynamischen Universums. Der Wandel vom mechanistischen zum dynamischen Weltbild steht im Mittelpunkt dieser Arbeit. Sie versucht eine ganzheitliche Weltsicht aufzuzeigen und stellt die Frage nach der Transzendenz: Welcher Zusammenhang besteht zwischen der *einen* Transzendenz (dem *einen* Gott) und den vielen Religionen?

I. Teil: Der Weg zum neuen Denken in der Physik

1. Das mechanistische Weltbild

Das Weltbild der klassischen Physik beruht auf dem mechanischen Modell des Universums, das auf Newton zurückgeht. Fast drei Jahrhunderte war es die Grundlage wissenschaftlichen Arbeitens. Grundlage der klassischen Physik waren die »Masseteilchen« aus denen sich alle Materie zu-

---

[1] Nach der neuzeitlichen naturwissenschaftlichen Entwicklung geht diese Problematik auf Newton zurück. Philosophisch gesehen könnte Demokrit der Urheber dieses Gedankenganges sein.

sammensetzt. Die Gegenstände der Natur sind an sich nichts anderes als Gegenstände. Sie werden durch die Schwerkraft bzw. Anziehungskraft zusammengehalten und haben objektive Eigenschaften: Ausdehnung, Undurchdringlichkeit, Festigkeit, vielleicht Masse. Diese ausgedehnten Körper sind teilbar. Sie bestehen aus kleinsten Teilen, den Atomen, die ihrerseits nicht weiter teilbar sind.

Die Teilchen und die zwischen ihnen wirkenden Kräfte sind von Gott geschaffen und werden daher als von Gott gegeben hingenommen und nicht in Frage gestellt. In seinen *Optics* schreibt Newton:

> Ich halte es für wahrscheinlich, daß Gott am Anfang die Materie als feste, harte, massive, undurchdringliche, bewegliche Partikel schuf, in der Größe und Gestalt und mit solchen Eigenschaften und in solchem Verhältnis zum Raum, wie sie dem Zweck am dienlichsten waren, für den er sie erschaffen hatte. (...) Keine gewöhnliche Kraft vermag zu trennen, was Gott selbst am ersten Schöpfungstag erschuf.[2]

Um die Wirkung dieser Kraft zu beschreiben, hat Newton neue Begriffe und mathematische Formeln eingeführt. Dazu gehört die Differentialrechnung, die wohl seine größte intellektuelle Leistung ist.

In zahlreichen Teilgebieten der Physik wurden diese Überlegungen übernommen: Newton selbst wandte sie auf die Bewegung der Planeten an und erklärte so die Grundzüge des Sonnensystems. Die Bewegung flüssiger und elastischer Körper konnten ebenso gedeutet werden wie auch Fragen der Wärmelehre.

Folgerungen dieser Newton'schen Mechanik: Alles, was geschieht, hat eine Ursache und Wirkung. Das ganze Universum ist eine kolossale Maschine, gelenkt von unveränderlichen Gesetzen. Die Zukunft eines jeden Teils dieser Maschine kann vorausgesagt werden. Wie Laplace (1799–1825) meint, müsse es einem »Weltgeist« möglich sein, die Bewegungen aller Himmelskörper in Vergangenheit und Zukunft zu berechnen – vorausgesetzt, man kenne ihren augenblicklichen Bewegungszustand. Weniger als 100 Jahre später wird eine physikalische Realität entdeckt, die mit der Newton'schen Physik nicht mehr zu vereinbaren ist: der Elektromagnetismus.

Es sind Clerk Maxwell (1831–1879) und Michael Faraday (1791–1867), die nun den Begriff der Kraft durch den eines Kraftfeldes ersetzen, um diese neuentdeckten Phänomene des Elektromagnetismus zu erklären. Newtons Mechanik und Maxwells Elektrodynamik sind zu Beginn des zwanzigsten Jahrhunderts die Grundlagen der modernen Physik.

2. Die moderne Physik

Einsteins (1879–1955) Relativitätstheorie und Max Plancks Quantentheorie in der Atomphysik revolutionieren in den ersten drei Jahrzehnten unseres Jahrhunderts das physikalische Weltbild. Sie bilden den Grundstein für die moderne Physik. Hier interessiert uns vor allem die Atomphysik, die zu den Anfängen des Universums zurückführt und die Frage aufwirft:

---

[2] Zitiert nach Fritjof Capra, Der kosmische Reigen. Bern/München/Wien 1978, 54.

2.1 Wie begann das Universum?

Diese Frage steht in einem Prospekt, der von CERN[3] herausgegeben wurde. CERN ist das europäische Laboratorium für Teilchenphysik, das 1957 in der Nähe von Genf gegründet wurde. Neunzehn europäische Mitgliedstaaten sind die Begründer und Träger dieser Anlage. Es ist eines der größten naturwissenschaftlichen Laboratorien der Welt. Ein 27 km langer, elliptischer Tunnel führt unter der französisch-schweizerischen Grenze hindurch in einer Tiefe von 50 bis 170 Metern. In diesen Teilchen-Beschleunigern wird eine ungeheure Energie erzeugt, mit der Protonen bis nahe an die Lichtgeschwindigkeit beschleunigt werden. Beim Zusammenstoß mit anderen Protonen oder Neutronen entstehen neue Teilchen, die nur extrem kurze Zeit leben und dann zerfallen. Es ist beeindruckend, wie zum Studium dieser unendlich kleinen Teilchen Maschinen von einer Größe erforderlich sind, wie sie beim CERN zu sehen sind. Mit Hilfe dieser »Supermikroskope unserer Zeit« will man die allerkleinsten Bausteine der Materie erforschen, um herauszufinden, nach welchen Gesetzen unsere Welt und das ganze Universum funktionieren.

Das gleiche Ziel verfolgt in Deutschland das Forschungslaboratorium DESY[4] in Hamburg. Es ist im Vergleich zum CERN eine Speicherringanlage von »nur« 6,7 km Länge. Zu dieser Anlage gehören der Ringtunnel in 20 bis 30 m Tiefe unter dem Stadtteil Bahrenfeld sowie vier unterirdische, sieben Stockwerke tiefe Experimentierhallen.

Die kurze Beschreibung dieser Laboratorien zeigt, wie sehr sich zahlreiche Staaten für die Frage nach dem Aufbau der Materie und dem Anfang des Universums interessieren und entsprechende Finanzen zur Verfügung stellen. Der Jahreshaushalt von CERN betrug allein im Jahre 1995 918,7 Millionen Schweizer Franken! Für die Naturwissenschaften ist die Erforschung des Anfangs sicherlich eine interessante und lohnenswerte Aufgabe. Doch – werden sie eine endgültige Antwort geben können? Werden sie uns sagen können, was am Anfang wirklich war? Oder müssen sie bei ihrer Arbeit an unüberwindliche Grenzen stoßen?

Hans-Peter Dürr[5] beantwortet diese Frage in seinem Buch *Das Netz des Physikers*. Hierin erzählt er uns folgende Geschichte: Ein Fischer – ein Ichthyologe – beschäftigt sich wissenschaftlich mit Fischen. Er sitzt am Meer, wirft sein Netz aus, das eine Maschenweite von fünf Zentimetern hat, zieht es nach einiger Zeit wieder an Land und untersucht seinen Fang. Er wiederholt das immer wieder. Nach einiger Zeit stellt er fest: 1. Alle Fische sind größer als fünf Zentimeter, 2. alle Fische haben Kiemen. Jedes Mal hat er diese Erfahrung gemacht. Deshalb geht er davon aus, dass es auch in Zukunft so sein wird. Seine Beobachtungen haben daher grundsätzliche Bedeutung: Alles, was fünf Zentimeter groß ist und Kiemen hat, ist für ihn ein Fisch.

---

[3] Die Abkürzung geht auf die ursprüngliche französische Bezeichnung »Conseil européen pour la recherche nucléaire« zurück.
[4] Die Abkürzung bedeutet: Deutsches Elektronen-Synchrotron.
[5] Kernphysiker, Max Planck Institut München.

Eines Tages kommt ein Wanderer vorbei, ein Philosoph, und beobachtet den Fischer bei seiner Arbeit. Sie kommen miteinander ins Gespräch. Der Fischer teilt ihm stolz seine beiden Beobachtungen mit. Der Gesprächspartner ist damit nicht einverstanden. Dass alle Fische Kiemen haben, das ist für ihn verständlich. Dass aber alle Fische größer als fünf Zentimeter sind, das kann er nicht verstehen. Schließlich hat er auch kleinere Fische im Meer beobachtet. Der Fischer bleibt bei seiner Behauptung: »Was ich nicht fangen kann, ist kein Fisch!«[6]

Hans-Peter Dürr vergleicht nun das Netz des Fischers mit den Instrumenten, die die Naturwissenschaftler für ihre Arbeit und für ihre Forschungen brauchen. Der Fang ist das Ergebnis ihrer Arbeit.

Dieses Gleichnis vom Fischer macht deutlich, worum es hier geht: Jede Naturwissenschaft hat ihre eigene Methode, die Welt zu betrachten. Ihre Ergebnisse sind kontrollierbar. Sie sind in zahlreichen Handbüchern nachzulesen. Darüber hinaus zeigt dieses Beispiel, dass die Naturwissenschaftler bei ihrer Forschung stets auf Apparate angewiesen sind. Diese haben ihre Grenzen wie auch das Netz des Physikers. Man kann die Maschenweite verkleinern, stößt dabei aber auf grundsätzliche Grenzen. Manches wird durch das Netz hindurchschlüpfen. So kann auch die Naturwissenschaft grundsätzlich die volle Wirklichkeit nicht erfassen. Und – sie kann uns auch keine Antwort geben auf unsere Frage nach dem Anfang.

2.2 Die Hochenergiephysik

In den ersten drei Jahrzehnten dieses Jahrhunderts revolutionierte ein Team von Physikern die klassische Physik. Ein wichtiges Ergebnis ihrer Arbeiten ist die Erkenntnis: Das Universum ist eine Einheit, die von einer organischen und dynamischen Struktur geprägt ist.

Drei Erkenntnisse, die für unsere Überlegungen wichtig sind, sollen nun genannt und kurz erläutert werden.

1. Erkenntnis: Auf Einstein geht die bekannte Formel zurück: $E = m \times c^2$. Darin wird ein Zusammenhang zwischen Masse (m) und Energie (E) hergestellt. Die Energie, die in einem Teilchen vorhanden ist, entspricht der Masse (m) des Teilchens und dem Quadrat der Lichtgeschwindigkeit (c).

Masse ist eine Form der Energie. Sie ist daher eine dynamische Größe. Die Teilchen besitzen eine dynamische Struktur und enthalten eine bestimmte Energie, die uns als ihre Masse erscheint. Diese ist nicht unzerstörbar, wie man bisher geglaubt hatte. Sie kann in andere Energieformen umgewandelt werden. Das geschieht zum Beispiel in der Speicherring-Anlage des CERN. Materie kann in Energie verwandelt werden und umgekehrt auch Energie in Materie. Materie ist ein »Energiebündel«.

---

[6] Hans-Peter Dürr, Das Netz des Physikers. München 1988, 30.

Diese dynamischen Strukturen oder Energiebündel bilden die stabilen nuklearen, atomaren und molekularen Strukturen, die die Materie aufbauen und ihr den Anschein
geben, als bestünde sie aus einer festen materiellen Substanz. Auf der makroskopischen
Ebene ist dieser Substanzbegriff eine brauchbare Annäherung, auf der atomaren Ebene
wird sie hinfällig.[7]

2. Erkenntnis: Rutherford (1871–1937) beschäftigte sich mit dem Aufbau
der Atome. Seine Forschungsergebnisse führten zu dem »Planeten-
modell« des Atoms. Das bedeutet: Der Kern des Atoms wird – je nach
dem chemischen Element – von einem oder mehreren Elektronen umgeben, die von elektrischen Kräften auf ihrer Bahn gehalten werden.

Ein Vergleich: Vergrößert man ein Atom – das in Wirklichkeit einen
Durchmesser von etwa einem hundertmillionsten Teil eines Zentimeters
besitzt – auf die Größe eines Zimmers, wäre sein Kern mit bloßem Auge
nicht wahrzunehmen.

… wir (müßten) das Atom auf die Größe des größten Domes der Welt, des Petersdomes
in Rom, bringen. Dann hätte der Kern die Größe eines Salzkörnchens! Ein Salzkörnchen
in der Mitte des Petersdomes und Staubkörnchen, die durch den weiteren Raum des
Domes wirbeln – so können wir Kern und Elektronen eines Atoms darstellen.[8]

Doch diese Vorstellung ist zu einfach, wie es die Physiker Niels Bohr
(1885–1962, Dänemark), Louis de Broglie (1821–1901, Frankreich), Erwin Schrödinger (1887–1961, Österreich), Wolfgang Pauli (1900–1958,
Österreich), Werner Heisenberg (1901–1976, Deutschland), Paul Dirac
(1902–1984, England) und Max Planck (1858–1947, Deutschland) heraus-
fanden. Das Atom ist kein Festkörper, es ist auch kein leerer Raum, in
dem sich kleinste Teilchen, die Elektronen, um einen Kern bewegen. Sub-
atomare Teilchen zeigen die Doppelnatur von Welle und Teilchen. Elektronen bewegen sich nicht auf festen Bahnen um die Kerne. Ihr augen-
blicklicher Standort ist nicht berechenbar wie man lange Zeit dachte.
Elektronen sind »Wahrscheinlichkeits-Wellen«, auf verschiedenen Bahnen
um einen Kern angeordnet. Ort und Geschwindigkeit können nicht exakt
bestimmt werden. Heisenberg spricht von der »Unschärfe-Relation«.

Nach diesen Erkenntnissen ist auch das Universum ein dynamisches,
unteilbares Ganzes. Je tiefer man in die Materie eindringt, bis hinunter in
den Bereich der subatomaren Teilchen, um so mehr erkennt man diese
kosmische Einheit: Die kleinsten Bestandteile der Materie hängen zusammen. Sie stehen miteinander in Beziehung und sind voneinander abhängig.
Das Universum ist somit keine Ansammlung physikalischer Objekte. Es
ist ein kompliziertes Gewebe von Beziehungen zwischen den verschiedenen Teilen des Ganzen, hervorgerufen durch deren Wechselwirkungen.

Was wir in der Newton'schen Physik als Kraft bezeichnen, ist im subatomaren Bereich eine Wechselwirkung zwischen den einzelnen Teilen, die
durch Felder, d.h. durch andere Teilchen, hervorgerufen wird.
Werner Heisenberg sieht es so:

---

[7] Fritjof Capra, Der kosmische Reigen. Bern/München/Wien 1978, 202.
[8] Ebd., 65.

Die Welt erscheint in dieser Weise als ein kompliziertes Gewebe von Vorgängen, in dem sehr verschiedenartige Verknüpfungen sich abwechseln, sich überschneiden und zusammenwirken und in dieser Weise (...) die Struktur des ganzen Gewebes bestimmen.[9]

3. Erkenntnis: Die Gravitation, die elektromagnetischen Wechselwirkungen und die Kräfte, die im Bereich der Atome gelten, sorgen dafür, dass das *gesamte Universum* ein dynamisches, vernetztes Ganzes bildet. Das würde passieren, wenn all diese Kräfte eines Tages nicht mehr wirkten: Die Galaxien brächen auseinander. Die Sterne der Milchstraße entschwebten in alle Richtungen. Die Spiralarme der Milchstraße verschwänden, wenn ihre Sterne auf chaotischen Wegen in den intergalaktischen Raum drifteten. Die einzelnen Sterne zerfielen, weil ihre Atome die Anziehung verlören und nach allen Seiten abwanderten. Kein Druck wäre mehr da, um die Atomkerne zusammenzupressen, alle Kernfusionen kämen zum Erliegen. Die Sterne verlöschten. Auch die Erde bräche auseinander; alle mineralischen und chemischen Verbindungen lösten sich auf. Berge verdampften wie dicke schwarze Wolken unter der Mittagssonne. Kein Leben könnte entstehen und wir Menschen nicht existieren.[10]

Die moderne Physik zeigt, dass materielle Objekte auch im makroskopischen Bereich keine selbstständigen Einheiten sind. Sie sind untrennbar mit ihrer Umgebung verkettet. Die Einheit des Kosmos manifestiert sich daher nicht nur in der Welt des ganz Kleinen, sondern auch in der Welt des sehr Großen. Dies wird in der modernen Astrophysik und Kosmologie immer mehr anerkannt. Der Astronom Fred Hoyle bestätigt:

Heutige Entwicklungen in der Kosmologie weisen beharrlich darauf hin, daß die jetzigen Zustände nicht fortbestehen könnten, gäbe es nicht die fernen Teile des Universums, daß alle unsere Vorstellungen von Raum und Geometrie restlos ungültig würden, wenn die fernen Teile des Universums verschwinden würden. Unsere tägliche Erfahrung, bis in die kleinsten Einzelheiten, scheint so fest in das große Universum integriert zu sein, daß es so gut wie unmöglich ist, beide getrennt zu betrachten.[11]

3. Die moderne Physik und die östliche Mystik (Philosophie)

Die Erkenntnisse der modernen Physik entsprechen im Wesentlichen den Grundgedanken der östlichen Philosophien. Auch sie betonen die Einheit und gegenseitige Beziehung aller Dinge. Alle Teile des kosmischen Ganzen sind voneinander abhängig und untrennbar. Sie sind verschiedene Manifestationen der gleichen letzten Wirklichkeit.

Im Buddhismus spielt der Gedanke des kosmischen Gewebes eine große Rolle. Die Welt ist ein perfektes Netzwerk von gegenseitigen Beziehungen. Alle Ereignisse wirken auf geheimnisvolle und komplizierte Weise zusammen. Für Buddhisten sind alle Objekte Vorgänge eines universalen Flusses. Sie verneinen die Existenz einer materiellen Substanz. Zu dieser kosmischen Verwobenheit gehört auch der Mensch und sein Bewusstsein.

---

[9] Werner Heisenberg, Physik und Philosophie. Berlin 1973, 85.
[10] Nach Brian Swimme, Das Universum ist ein grüner Drache. München 1994, 44.
[11] Fred Hoyle, Frontiers of Astronomy, London 1970, 304; zitiert nach Fr. Capra, Der kosmische Reigen. Bern/München/Wien 1978, 207.

Wir Menschen sind wie alle anderen Lebensformen Teile eines unteilbaren organischen Ganzen. Unsere Intelligenz lässt auf die Intelligenz des Ganzen schließen. Wir sind ein Beweis für die kosmische Intelligenz.

> Es gibt ein Ding, das ist unterschiedslos vollendet.
> Ehe Himmel und Erde waren, ist es schon da,
> So still, so einsam,
> Allein steht es und ändert sich nicht.
> Man kann es nennen die Mutter der Welt.
> Ich weiß nicht seinen Namen.
> Ich bezeichne es als Tao.
>
> Lao Tse, Tao Te King, Spruch 25

Die Parallelität zwischen dem östlichen Denken und der modernen Physik ist nicht zu übersehen. Gerade die modernen Physiker beschäftigen sich sehr mit Gedanken der östlichen Philosophien. So hat z. B. Niels Bohr das »Yin – Yang« Symbol in sein Wappen aufgenommen.

Zusammenfassung

Wir haben zwei verschiedene Weltbilder: das mechanistische, das auf Newton zurückgeht und das dynamische, organische, das von zahlreichen Naturwissenschaftlern dieses Jahrhunderts entwickelt wurde. Beide haben ihre besondere Bedeutung. Das mechanistische Weltbild ist vor allem für unsere Technik wichtig. Das moderne Weltbild, das in die tieferen Schichten der Materie vorstößt, entdeckt eine andere Wirklichkeit, die den östlichen Religionen ähnlich ist. Und doch darf der Unterschied zwischen Wissenschaft und Mystik nicht verwischt werden. Die Wissenschaft erkennt die Welt aufgrund ihrer Experimente rational, die Mystik durch Meditation intuitiv. Beide Erkenntnisformen sind verschieden und doch notwendig. Sie ergänzen sich zu einem vollständigen Begreifen der Welt.

Das neue naturwissenschaftliche Weltbild stellt uns vor die Tatsache, dass unser Wissen grundsätzlich an Grenzen stößt. Es gibt – wie Hans-Peter Dürr sagt – ein »Wissen um prinzipielles Unwissen«.[12] Das bedeutet: Glaube und Wissen, Religion und Wissenschaft, rationales Erkennen und Mystik rücken näher zusammen. Sie sind komplementäre, sich ergänzende Sichtweisen ein und derselben Wirklichkeit.

Wissenschaft und Glaube suchen letztlich nach der Wahrheit. Der Wissenschaftler fragt nach dem physikalischen Anfang des Universums und den Grundlagen, die Leben und Geist in ihrer Entstehung und Entfaltung ermöglichten. Er versucht mit seinen eigenen Mitteln die Wirklichkeit rational zu erfassen.

Anders der gläubige Mensch. Er nähert sich dieser Wirklichkeit in kontemplativer Haltung, erlebt sie in der Öffnung zum Ganzen. Die Denkweise des Wissenschaftlers und des Gläubigen sind verschieden und doch

---

[12] Vgl. das Beispiel vom »Netz des Physikers«. Weiterführende Gedanken auch in: Hans-Peter Dürr, Naturwissenschaftliche Erkenntnis und Wirklichkeitserfahrung. Vortrag auf dem 2. Wiener Kulturkongress vom 28.-30. November 1996.

suchen sie Antworten auf letztlich dieselbe Frage. Sie spiegeln in gewisser Weise nur unsere doppelte Beziehung zur Wirklichkeit. Das die Welt betrachtende Ich-Bewusstsein einerseits und das mystische Erlebnis andererseits charakterisieren komplementäre Erfahrungsweisen des Menschen. Die eine führt zu einer kritisch-rationalen Erfassung der Welt. Die andere erschließt sich ihm in einer mystischen Grundhaltung, in der er durch Hingabe und Meditation unmittelbar zum eigentlichen Wesen der Wirklichkeit vorzudringen versucht.

II. Teil: Die vielen Religionen und die »eine« Transzendenz

Vorüberlegung

Die moderne Physik und die östlichen Religionen fragen beide nach den Anfängen des Universums. Für die östlichen Religionen ist es das »Absolute«, das am Anfang steht und alles Gewordene zusammenhält. Die moderne Physik stellt fest: Am Anfang war nicht die Materie, sondern etwas Immaterielles, das sie nicht näher beschreiben kann. Einige Naturwissenschaftler scheuen sich nicht, von »Transzendenz« oder sogar vom »Geist« zu sprechen. Andere sehen als Anfang Beziehungen, Verbindungen, Vernetzungen.

Für den Physiker und Nobelpreisträger Erwin Schrödinger gibt es nur *ein* Bewusstsein, an dem wir alle teilhaben. Der islamisch-persische Mystiker Aziz-i Nasafi (13. Jahrhundert) drückt es so aus:

> Beim Tod jedes Lebewesens
> kehrt der Geist in die Geisterwelt
> und der Körper in die Körperwelt zurück.
> Dabei verändern sich aber immer nur die Körper.
> Die Geisterwelt ist ein einziger Geist,
> der wie ein Licht hinter der Körperwelt steht
> und durch jedes entstehende Einzelwesen
> wie durch ein Fenster hindurchscheint.
> Je nach der Art und Größe des Fensters
> dringt weniger oder mehr Licht in die Welt.
> Das Licht aber bleibt unverändert.[13]

Ähnliche Überlegungen finden wir auch bei dem Naturwissenschaftler und Theologen Teilhard de Chardin. Er betrachtet den gesamten Evolutionsprozess vom »augenblicklichen Endergebnis« her: vom Menschen mit seinem Selbstbewusstsein, seinem Geist und seiner Freiheit. Teilhard folgert daraus: Geist und Freiheit wohnen von Anfang an als gestaltende Dynamik dem Entwicklungsgeschehen inne. Sie begleiten ihn bis hin zu uns Menschen. Der Geist ist somit von den ersten Anfängen an Motor und Antriebskraft der Evolution. Das, was am Anfang war, hat in allem Gestalt angenommen, was seit dem Beginn unseres Universums in 15 bis 17 Milliarden Jahren geworden ist.

---

[13] Erwin Schrödinger, Das arithmetische Paradoxon – Die Einheit des Bewusstseins. In: Hans-Peter Dürr, Physik und Transzendenz. Bern/München/Wien 1995, 160.

Deshalb ist auch unsere Frage berechtigt: Was bedeutet die *eine Transzendenz* im Hinblick auf die vielen Religionen? Müssen wir nicht umdenken und nach dem *einen gemeinsamen tragenden Grund aller Religionen* fragen? Das geschah bereits vor mehr als einhundert Jahren.

1. Das Weltparlament der Religionen in Chicago 1893

Am 11. September 1893 wurde in Chicago das erste Weltparlament der Religionen eröffnet. Siebentausend Personen hatten sich eingefunden. Unter ihnen waren katholische und protestantische Christen, Juden und Muslime, Hindus und Jainas, Buddhisten, Konfuzianer und Shintoisten. Sie alle wurden von liberalen amerikanischen Christen eingeladen in der Hoffnung, ja, in der Überzeugung, dass mit der Jahrhundertwende ein neues Zeitalter anbrechen werde, das Frieden und Versöhnung zwischen den Religionen bringe.

Diese erste derartige Versammlung wurde unerwartet von einem indischen Wandermönch beeinflusst und geprägt. Es war Swami Vivekananda aus Bengalen, ein Schüler des großen indischen Heiligen Ramakrishna. Ihm war es gelungen, trotz mancher Widerstände ins Parlament der Weltreligionen zu gelangen. Sein Name und seine Botschaft, die er überzeugend vortrug, sollten in die Geschichte dieses Parlaments eingehen. Seine Botschaft lässt sich in wenigen Sätzen zusammenfassen:

– Es gibt nur eine Wahrheit, aber sie hat verschiedene Namen.
– Jede Religion hat Anteil an dieser einen und einzigen Wahrheit.
– Jede Religion verdient deshalb Respekt.
– Keine Religion kann von sich behaupten, sie allein sei im Besitz der vollen Wahrheit.

2. Die letzte Wirklichkeit ist reiner Geist

Der religiöse Hintergrund dieser Botschaft war die dreitausend Jahre alte Lehre der Vedanta, das Grundgerüst des Hinduismus. Sie besagt: Die letzte Wirklichkeit ist reiner Geist. Dieser Geist offenbart sich in der Welt in zahlreichen Formen, die wie alle Religionen einen Teilaspekt des göttlichen Geheimnisses umfassen. In einem alten indischen Lied heißt es:

So wie verschiedene Ströme ihre Quellen an verschiedenen Orten haben und ihr Wasser doch in einem Meer zusammenfließt, so, oh Herr, nehmen die Pfade der Menschen zwar verschiedene Richtungen, führen aber schließlich alle zu dir.[14]

Das Problem, vor dem die Weltreligionen stehen, versuchte Vivekananda in der Geschichte vom Frosch im Brunnen zu erläutern:

Ein Frosch lebte seit langer Zeit in seinem Brunnen. Er war in diesem Brunnen geboren und aufgezogen worden. Er blieb hier, fraß Würmer und Ungeziefer und wurde langsam rund und dick. Eines Tages fiel ein Frosch, der im Meer lebte, in diesen Brunnen. »Wo kommst du her?«, fragte der Brunnenfrosch. »Vom Meer«, sagte der andere. »Das Meer? Wie groß ist das? So groß wie mein Brunnen?« »Mein Freund«, sagte der Meeresfrosch,

---

[14] Dieser Text und einige Überlegungen zu diesem Thema stammen von Lorenz Marti zum Thema: Gott ist der »ganz Andere« – die vielen Religionen und die eine Wahrheit. Im Schweizer Radio DRS-2, Besinnung am Sonntag vom 12. und 17.9.1993.

»wie kannst du nur das Meer mit deinem kleinen Brunnen vergleichen?« Der Brunnenfrosch hüpfte von der einen Seite des Brunnens zur andern: »So groß ist das Meer?« »Was für ein Unsinn«, sagte der andere, »deinen Brunnen mit dem Meer zu vergleichen«. Da sagte der Brunnenfrosch: »Nun gut, aber es gibt ja gar nichts, was größer ist als mein Brunnen. Und wer so etwas behauptet, ist ein Lügner – raus mit dir!«

Genau das ist unsere Schwierigkeit. Ich bin ein Hindu. Ich sitze in meinem eigenen kleinen Brunnen und meine, daß dieser Brunnen die ganze Welt ausmacht. Die Christen sitzen in ihrem Brunnen und halten diesen für die ganze Welt. Die Muslime halten ihren Brunnen für die ganze Welt.

Wie lassen sich diese Denkstrukturen der Religionen aufbrechen?

3. Alle Religionen nehmen teil an der einen universalen Wahrheit

Alle Religionen versuchen, sich von dem einen alles umfassenden Gott eine Vorstellung zu machen. Es ist dasselbe Licht, das durch die verschiedenen Religionen wie durch Fensterscheiben hindurchscheint und in verschiedenen Farben erkennbar wird. Wir müssen lernen, dass die Wahrheit auf hunderttausendfache Arten ausgedrückt werden kann und dass jede dieser Arten auf ihrem Gebiet wahr ist.

Dass es so sein kann, lehrt uns auch die Naturwissenschaft, wenn sie die Fragen stellt: Was ist Licht? Und: Wie gelangt Sonnenlicht zur Erde? Im 19. Jahrhundert entdeckten Faraday und Maxwell, dass Licht aus elektromagnetischen Wellen besteht, die sich mit großer Geschwindigkeit durch den Raum bewegen. Wenn wir von Wellen reden, denken wir automatisch an Wasser- oder Schallwellen. Beide benötigen ein Medium, in dem sie sich ausbreiten können: Wasserwellen brauchen Wasser und Schallwellen Luft. Vakuum leitet die Schallwellen nicht weiter. Somit ergab sich die Frage: Was ist das Medium, in dem sich die Lichtwellen ausbreiten können? Es gab keine Antwort darauf. Als Notlösung (er)fand man den Äther, ohne zu wissen, was er eigentlich ist. Schließlich kam Albert Einstein auf eine Lösung dieses Problems. Er stellte fest: Licht ist ein ureigenes Phänomen, das zur Ausbreitung keines Mediums bedarf. Es ist zwar eine Welle, aber auch ein Teilchen, das die Quantentheorie mit Licht»quant« bezeichnete. Es gab eine lange Diskussion unter den Wissenschaftlern, die zu dem Ergebnis führte: Licht ist Welle und Teilchen zugleich. Dadurch ist es möglich, Licht unter verschiedenen Gesichtspunkten zu betrachten und zu erklären. Beide sind real und doch gibt jedes von ihnen nur einen Teilaspekt der vollen Wirklichkeit wieder. So sind auch die vielen Religionen »Teilaspekte« der *einen* Wirklichkeit, die wir Gott nennen. Vivekananda überlegt so:

Angenommen, wir gehen mit Gefäßen in den Händen zu einem See, um Wasser zu holen. Der eine hat einen Becher, der andere einen Krug, wieder ein anderer einen Eimer, und wir alle füllen unsere Gefäße. Der, welcher einen Becher mitnahm, hat das Wasser in der Form eines Bechers, der mit dem Krug hat das Wasser in Form eines Kruges und so weiter. Aber in jedem Fall ist Wasser und nur Wasser in dem Gefäß. So ist es auch mit der Religion. Unsere Seelen gleichen diesen Gefäßen und wir alle suchen die Erkenntnis Gottes zu erlangen und zu verwirklichen. Gott ist wie dieses Wasser, das die verschiedenen Gefäße füllt, und in jedem Gefäß nimmt die Vision Gottes die Gestalt des Gefäßes an. Aber Gott ist Einer, er ist Gott in jedem Fall.

4. Wir Menschen können Gott nicht erfassen, wie er wirklich ist

Im ersten Teil dieses Aufsatzes standen wir bei jeder neuen naturwissenschaftlichen Erkenntnis vor unzähligen neuen Fragen. Mit unsern Kenntnissen kommen wir an kein Ende. Es wird wohl niemals möglich sein, die Natur so zu erkennen, wie sie wirklich ist. Und wenn das von der Natur gilt, um wieviel mehr dann von Gott, der mit unserm »begrenzten« Verstand erst recht nicht zu fassen und zu verstehen ist. Auch wenn wir daran glauben, dass uns die Propheten – und in besonderer Weise Jesus – Gott geoffenbart haben, so kann diese Offenbarung nur eine »Ahnung« von dem vermitteln, was Gott wirklich ist.

Eine weitere Überlegung ist sehr wichtig: Wir Menschen betrachten die Wahrheit von verschiedenen Standpunkten aus. Wir färben die Wahrheit mit unserm Herzen, messen sie mit unserm Verstand und erfassen sie mit unserm Geist. Wir können nur so viel von der Wahrheit erkennen, wie wir imstande sind aufzunehmen. Aber wir alle nehmen teil an der gleichen großen universalen Wahrheit, die Gott ist.

5. Niemand wird in seinem Glauben verunsichert

Wer sich auf diese Gedanken einlässt, wird weiterhin Anhänger seiner Religion bleiben. Mehr noch: Er kann davon überzeugt sein, dass er – wie die Anhänger anderer Religionen auch – teilhat an der Wahrheit, die wir Gott nennen. Vivekananda geht so weit, dass er von sich behaupten kann:

> Ich bejahe alle Religionen und bete mit ihnen allen. Ich verehre Gott mit jeder von ihnen. (…) Ich werde in die Moschee der Muslime gehen, ich werde die christliche Kirche betreten und vor dem Kruzifix knien. Ich werde in den buddhistischen Tempel eintreten, wo ich Zuflucht zu Buddha und seinem Gesetz nehme. Ich werde in den Wald gehen und mit dem Hindu meditieren, der das Licht sucht, das jedes Herz erleuchtet. (…) Und ich werde mein Herz offen halten für alle, die noch kommen mögen. Ist Gottes Buch geschlossen? Oder ist es noch immer eine dauernde Offenbarung, die sich weiter fortsetzt? Die geistigen Offenbarungen der Welt sind ein wunderbares Buch. Die Bibel, die Veden, der Koran und alle andern heiligen Schriften enthalten so viele Seiten – und unendlich viele Seiten bleiben noch zu offenbaren.

6. Die Begegnung mit anderen Religionen eröffnet neue und interessante Perspektiven.

Vivekananda kannte die Evolutionstheorie noch nicht. Und doch spricht er hier das aus, was für jeden auf der Hand liegt, der sich mit dem modernen Weltbild beschäftigt: Auf allen Gebieten geht die Entwicklung weiter. Soll das nicht auch für den Glauben gelten? Teilhard de Chardin spricht von einer Christogenese und meint damit, dass wir Menschen bei unserm Entwicklungsprozess immer mehr Christus in seiner Haltung und in seinem Handeln ähnlich werden sollen. Leonardo Boff spricht von einer Ecclesiogenese und erwartet von den christlichen Kirchen, dass sie sich mehr an Christus orientieren und dadurch mehr und mehr eine »Kirche der Ausgeschlossenen und nicht der Ausschließenden« werden.

Das ganze Evolutionsgeschehen ist geprägt von der Tatsache, dass immer komplexere Strukturen entstehen, die zu einer größeren, umfassenderen Einheit führen. Gleichzeitig wächst das Bewusstsein, das Selbstbewusstsein, das Zusammengehörigkeits-Empfinden und die Verantwortung. Die Menschheit wird zu einer großen Weltgemeinschaft. Bei aller Problematik, die wir Tag für Tag erleben: Der Ansatz dazu ist durchaus zu erkennen. Es wird aber nur dann gelingen, wenn auch die Religionen ihren Absolutheitsanspruch relativieren und aufeinander zugehen. Was dann geschehen kann, schildert Werner Heisenberg:

> Vielleicht darf man ganz allgemein sagen, daß sich in der Geschichte des menschlichen Denkens oft die fruchtbarsten Entwicklungen dort ergeben haben, wo zwei verschiedene Arten des Denkens sich getroffen haben. Diese verschiedenen Arten des Denkens mögen ihre Wurzeln in verschiedenen Gebieten der menschlichen Kultur haben oder in verschiedenen Zeiten, in verschiedenen kulturellen Umgebungen oder *verschiedenen religiösen Traditionen*. Wenn sie sich nur wirklich treffen, d. h. wenn sie wenigstens so weit zueinander in Beziehung treten, daß eine echte Wechselwirkung stattfindet, dann kann man darauf hoffen, daß neue und interessante Entwicklungen folgen.[15]

Das westliche naturwissenschaftliche Denken und die östliche Meditation dürften ebenso wie die Begegnung der verschiedenen Religionen zu solchen interessanten Entwicklungen führen.

Inzwischen ist vieles geschehen. So hat Ende des Jahres 1994 – 100 Jahre nach dem ersten Treffen des Weltparlamentes der Religionen in Chicago – der Papst eine »Weltkonferenz der Religionen« in den Vatikan eingeladen, nachdem einige Jahre zuvor in Assisi eine Begegnung aller Religionsvertreter stattgefunden hatte, bei dem sie gemeinsam zu ihrem und unser aller Gott gebetet haben. Ein Dialog findet mit dem Ziel statt, einen Beitrag zu einem gerechten Frieden auf der Welt zu leisten.

Ob ein Dialog zwischen den Religionen nicht auch dazu führen kann, dass im gegenseitigen Verstehen einer vom andern lernt, dass wir die »Perlen«, die nach den Aussagen des Zweiten Vatikanischen Konzils in allen Religionen vorhanden sind, besser sehen? So könnte auch der Glaube einen evolutiven Prozess durchlaufen, der uns auf dem Weg zur gemeinsamen Wahrheit weiterführt.

7. Wie die christlichen Kirchen den Heiligen Geist auch in nichtchristlichen Religionen entdecken

In der Schöpfungsgeschichte des Alten Testamentes ist mehrmals die Rede vom Heiligen Geist, der über den Wassern schwebt und das Chaos in Ordnung verwandelt. Unzählige Male kam er über die Könige und Propheten. Auch Jesus selbst berief sich immer wieder auf ihn: »Der Geist des Herrn ruht auf mir!« Seinen Freunden verhieß er den Heiligen Geist, der sie in alle Wahrheit einführen werde. An Pfingsten kam der Geist Gottes unter Sturm und Feuer auf die Apostel und Maria herab. Ohne sein Walten wäre die Apostelgeschichte nicht denkbar.[16] Und die Kirche? In der

---

[15] In: Fritjof Capra, Der kosmische Reigen. München 1978, 6.
[16] Lk 4,18 bzw. Joh 16,13 bzw. Apg 2,1–4,17 bzw. Gen 1,21.

Kirche Roms entfalteten sich immer mehr die Strukturen des Rechts und der Autorität. »Der Heilige Geist fand höchstens seinen Platz als Gehilfe der Hierarchie und des kirchlichen Lehramtes.«[17]

Dann kam das Zweite Vatikanische Konzil, das der Kirche ein neues Pfingsten verhieß. Johannes XXIII. war davon überzeugt, dass ihm der Heilige Geist die Idee dazu eingegeben hatte. In den Konzilsdokumenten ist an 258 Stellen die Rede vom Heiligen Geist. Nach dem Konzil entstanden überall in der Kirche Bewegungen, die sich auf den Heiligen Geist beriefen (z.B. die charismatischen Bewegungen), sodass Paul VI. in »Evangelii nuntiandi« 1975 erklären konnte: »Wir erleben gegenwärtig in der Kirche eine priviligierte Phase des Heiligen Geistes.« (Nr. 75)

Nicht nur in den christlichen Kirchen, auch in den nicht-christlichen Religionen beobachtete man das Wirken des Heiligen Geistes. Immer mehr entdeckte man in den Religionen Afrikas und Asiens Texte und Gebete, in denen ein tiefer Glaube zum Ausdruck kommt. Nicht nur fortschrittliche Theologen sehen darin das Wirken des Heiligen Geistes. Auch Johannes Paul II. betonte mehrfach diese Sichtweise.

Ist so der Gedanke abwegig, dass der Heilige Geist auch durch die »Alten« und »Weisen« der nicht-christlichen Religionen spricht? Dass auch ihre heiligen Bücher vom Geist inspiriert wurden, so wie wir es von den Büchern des Alten und Neuen Testamentes glauben? Nein, dieser Gedanke ist nicht abwegig, aber neu. Er ist das Ergebnis einer Glaubensevolution, die sicherlich auch mit dem Heiligen Geist zu tun hat.

8. Wie die nicht-christlichen Religionen Jesus für sich entdecken

Asien ist wohl der religiöseste Kontinent, wo alle großen Religionen ihren Ursprung haben. Es ist aber auch der Kontinent, in dem nur 1,74% der Bevölkerung christlich, 0,9% katholisch sind. Da überrascht die Tatsache, dass man in sehr vielen Häusern der Nicht-Christen Bilder von Jesus findet, die mit Öllichtern und Blumen geschmückt sind. Es ist die Person Jesu und seine Botschaft, für die sich immer mehr Menschen interessieren, ohne jedoch christlich werden zu wollen. Sehr viele Asiaten lesen das Neue Testament und meditieren darüber. Bühlmann schreibt: »Fast die Hälfte der 12,8 Millionen Exemplare des Neuen Testamentes, die von den Bibelgesellschaften 1989 hergestellt wurden, gingen nach Asien.«

Das stellt uns vor die Frage nach der Stellung Jesu zu den nicht-christlichen Religionen. Gibt es eine Möglichkeit, dass auch die Asiaten Christus in ihren Glauben einbeziehen können? Bühlmann, der die Situation viele Jahre studierte und persönliche Erfahrungen sammeln konnte, berichtet von einem Besuch in Indien. In einem Missionshospital erklärte ihm ein Chefarzt – ein sehr engagierter Hindu:

> Meine persönliche Philosophie ist begründet auf der Universalität aller Religionen. Ich glaube, daß Christus, Krishna, Zoroaster, Buddha, Muhammad die eine und selbe Person waren, die in verschiedenen Zeiten Fleisch angenommen und die eine und gleiche

---

[17] Walbert Bühlmann, Die Wende zu Gottes Weite. Mainz 1991, 40.

Botschaft verkündet hat mit den Unterschieden, die von den verschiedenen Kulturen und Zeiten abhingen. Es mag noch viele andere solche Manifestationen des »Einen Alten« gegeben haben, über die wir nichts Näheres wissen.[18]

Seine Begründung lautet: Gott kann nie durch ein beschränktes menschliches Wesen erfasst werden. Seine Existenz kann auch nie durch einen einzigen Menschen – seien es die Propheten oder sei es auch Jesus, der »wahrer Mensch« war –, verkündet werden. Eine ganze Reihe elitärer Gestalten in den verschiedenen Religionen sind Inkarnationen Gottes.

So denken zahlreiche gebildete nicht-christliche Asiaten. Und so denken auch – wie Bühlmann berichtet – nicht wenige christliche asiatische Theologen der verschiedenen Kirchen.

> Die Fleischwerdung des Logos in Jesus ist der Modellfall aller menschlichen Religiosität. So wie Jesus durch seinen Tod und seine Auferstehung erhöhter Herr, Christus, wurde, so sind alle Menschen zu einer Christuswerdung (...) bestimmt. Alle Menschen sind zur Fülle des Lebens in Gott berufen. Alle müssen wie Christus werden. Diese Christuswerdung wird die wahre Erlösung der Menschen und des Kosmos sein.[19]

Bezeichnet nicht Teilhard de Chardin dasselbe mit Christogenese?

9. Die kosmische Dimension Gottes – die Weite Gottes

Wir Christen bekennen Gott als den »Schöpfer des Himmels und der Erde«. Diese Formulierung umfasst *alle* Menschen, nicht nur die Christen. Auch wenn andere Völker und Stämme *ihren* Gott haben und ihn verehren, dann ist dies ein praktischer Polytheismus, hat aber mit Götzenverehrung nichts zu tun. Denn:

> Wann und wo immer Menschen zu »ihrem« Gott beteten, da beteten sie nicht Götzen an, sondern da hat der eine und einzig existierende Gott dieses Beten gehört und angenommen. Es gibt in der Tat nur eine Transzendenz. Man darf also hinter den tausend Namen Gottes, Mungu, Nzambi, Lesa in Afrika, Allah, Brahman, Kame in Asien, immer den einen und einzigen Gott sehen.[20]

Kein Mensch, keine Kirche und keine Religion kann Gott voll begreifen. Er ist der ganz Andere, auch wenn er sich durch die »Propheten« und »Weisen« der verschiedenen Religionen und durch Christus geoffenbart hat. Diese Offenbarung enthält viel menschliches, kulturelles und zeitgeschichtliches Denken. Israel glaubte, es sei das auserwählte Volk Gottes; die christlichen Kirchen glauben dasselbe von sich. Wenn es nur eine Transzendenz gibt, nur einen Gott, dann sind alle Völker auserwählt. Dann gilt die Liebe Gottes allen Völkern und allen Menschen. Wenn Jesus um die Einheit betet, dann hat er sicherlich diese Einheit gemeint.

Seit dem Zweiten Vatikanischen Konzil findet in der Katholischen Kirche ein Umdenken statt, das sich bisher nur in den Schriften niedergeschlagen hat, aber noch nicht in allen Konsequenzen umgesetzt wurde. Während man früher Kirche mit Reich Gottes identifizierte, wird nun die

---

[18] Walbert Bühlmann, a.a.O., 50.
[19] A. Sequeira, zitiert nach W. Bühlmann a.a.O., 53 f.
[20] Walbert Bühlmann, a.a.O., 66.

Kirche als »Keim, Anfang und Werkzeug für das Reich Gottes« gesehen. Sie ist nicht mehr die Arche Noahs für die wenigen darin Geretteten, sondern das »Zeichen unter den Völkern«. In Dokumenten finden sich Aussagen, dass die Gläubigen anderer Religionen Teil des Reiches Gottes und »Mitpilger« mit uns Christen auf dem Weg zur Fülle des Lebens sind.[21]

Das ist ein wichtiger Schritt hin zu einem ganzheitlichen, göttlichen Denken – ein Schritt, der auch von asiatischen Weisen mitgetragen wird: Es gibt viele Offenbarungen des *einen* Gottes. Jede dieser Offenbarungen ist die Zusage Seiner erlösenden Gegenwart in den unterschiedlichen kulturellen Situationen des Menschen und der Völker.

Epilog

Ein Um–Denken, ein Paradigmenwechsel in den Bereichen der Physik und des Glaubens findet statt. Beide führen sie uns zu der Kernfrage allen menschlichen Denkens, zur Frage nach dem Anfang.

Die Physik erkennt: Am Anfang steht etwas »Immaterielles«, das in Raum und Zeit Gestalt angenommen hat, das alles in einem dynamischen, vernetzten Ganzen zusammenhält. Das Ergebnis ist Vielfalt und Einheit: Die Vielfalt aus der Einheit und die Einheit in der Vielfalt.

Diese Gedanken können die Antwort sein auf das alles verbindende Element der Religionen: Vielfalt in der alles tragenden Einheit der Wahrheit und verbindende Einheit in der Vielfalt der religiösen Erkenntnisse. Oder wie es Sri Sathya Sai Baba in einer Rede formulierte:

> Es gibt nur eine Religion, die Religion der Liebe. Es gibt nur eine Sprache, die Sprache des Herzens. Es gibt nur einen Gott – er ist allgegenwärtig (…) Wenn ich weiß, daß Gott der Strom ist, der all die verschiedenen Glühbirnen erleuchtet, so bin ich den Glühbirnen gegenüber gleichgültig, die man für so wichtig hält. Wenn man die Aufmerksamkeit den Glühbirnen schenkt, entstehen Parteien und werden Sekten geboren. Ihr müßt den Einen anbeten, der als das Viele erscheint, als das zugrundeliegende Göttliche, das alle Birnen erleuchtet …[22]

---

[21] Aus: Lumen gentium 5; Gaudium et spes 42; Unitatis redintegratio 2; vgl. W. Bühlmann, a.a.O., 36.
[22] Aus: Sri Sathya Sai Baba's Reden. Bonn 1986, zitiert nach W. Bühlmann, a.a.O., 73.

Interreligiosität und Toleranz

Ram Adhar Mall

1. Ein Wort zuvor

In diesem Aufsatz geht es weder um eine Begriffsgeschichte der Toleranz noch um einen geschichtlich-politischen und religiösen Werdegang der Idee. Vielmehr steht die Sache der Toleranz im Zentrum, die die Forderung nach dem Dialog zwischen Kulturen, Religionen, Philosophien und politischen Weltanschauungen realisieren hilft. Die Toleranz wird demnach durch eine Haltung definiert, die *erstens* von dem Primat der Fragen vor den Antworten ausgeht und dieses anerkennt, *zweitens* die unterschiedlichen Zugänge zur Lösung als gleichrangig ansieht, *drittens* die kulturelle Sedimentiertheit der Zugänge, einschließlich des eigenen, einsieht und deshalb *viertens* die Gesinnung der Toleranz mit der Anerkennung verbindet. Die Tugend der Toleranz ist nicht sui generis da, sie ist eine abgeleitete Tugend. Sie ergibt sich aus der Einsicht in die Begrenztheit des je eigenen Zugangs. Erkenntnistheoretischer Pluralismus und Bescheidenheit gehen Hand in Hand.

Unter den Verächtern der Toleranzidee nimmt Friedrich Nietzsche eine zentrale Stelle ein. Ihm ist die liberale Gesinnung, die der Tugend der Toleranz eigen ist, verdächtig und verhasst. Dass Nietzsche Toleranz die Tugend der breiten Masse nennt, liegt in der Konsequenz seiner Philosophie des Übermenschen. Was er jedoch kaum bedenkt, ist die Ausweglosigkeit einer Situation, in der es mehrere Instanzen gibt, die den Willen zur Macht beanspruchen. Man kann die Frage stellen: Wie viele Übermenschen kann eine Gesellschaft vertragen? Die Frage nach den Supermächten in der Welt bleibt aktuell. Mehrere Absoluta vertragen sich nicht; sie relativieren sich gegenseitig. Nietzsches Denken vom Übermenschen zu Ende gedacht, lässt entweder den einen Übermenschen übrig oder aber lauter Übermenschen, die friedlich miteinander umgehen. Dies ist zwar nicht unmöglich, aber doch wohl unwahrscheinlich. In einem Punkte ist Nietzsche Recht zu geben: Wenn die Toleranz zu einem Popanz wird und aus lauter Feigheit propagiert und praktiziert wird, dann ist sie abzulehnen. Strukturgleich, aber kontextuell unterschiedlich lehnt auch Mahatma Gandhi Gewaltlosigkeit, geboren aus Feigheit, ab.

Abzulehnen ist eine Toleranz auch als Instrument der Unterdrückung, so wie sie z. B. in der von der Kastenideologie geprägten Hindu-Gesellschaft oder in einer Gesellschaft der Unterdrücker und Unterdrückten in vielerlei Arten praktiziert wird. In seinem Essay »Repressive Toleranz« brandmarkt Marcuse gerade eine solche Perversion. Auch wenn es davon pervertierte Instrumentalisierungen gibt, ist das Ideal der Toleranz nicht bloß Selbstzweck. Es dient der Kommunikation, dem Dialog, dem Polylog.

Die Bewährungsprobe der Idee der Toleranz ist heute größeren Schwierigkeiten ausgesetzt, als es zur Zeit Lessings – dokumentiert in seiner

Parabel der drei Ringe in »Nathan der Weise« – der Fall war. Nicht nur die Zahl der Ringe hat mit der Zeit zugenommen, sondern auch die Natur derselben zeigt heute viele Facetten, große Ähnlichkeiten, aber ebenso erhellende Differenzen, was eine theoretische und praktische Neuorientierung der Idee der Toleranz aus interkultureller und interreligiöser Perspektive notwendig macht.

2. Ein heuristisches Beispiel

Als Musterbeispiel eines interkulturell angelegten Gesprächs möchte ich die in der Weltliteratur bekannt gewordene Diskussion zwischen dem philosophisch interessierten und in der Kunst der Disputation ausgebildeten griechisch-baktrischen König Menandros und dem indischen buddhistischen Mönch und Philosophen Nâgasena (um ca. 120 v. Chr.) kurz erwähnen.
In der Schrift »Die Fragen des Milinda« (Milindapanha) heißt es:

> Der König sprach: »Ehrwürdiger Nâgasena, wirst du noch weiter mit mir diskutieren?«
> »Wenn du, großer König, in der Sprache eines Gelehrten diskutieren wirst, dann werde ich mit dir diskutieren. Wenn du aber in der Sprache des Königs diskutieren wirst, dann werde ich nicht mit dir diskutieren.«
> »Wie, ehrwürdiger Nâgasena, diskutieren denn die Weisen?«
> »Bei einer Diskussion unter Weisen, großer König, findet ein Aufwinden und ein Abwinden statt, ein Überzeugen und ein Zugestehen; eine Unterscheidung und eine Gegenunterscheidung wird gemacht. Und doch geraten die Weisen nicht darüber in Zorn. So, großer König, diskutieren die Weisen miteinander.«
> »Wie aber, Ehrwürdiger, diskutieren die Könige?«
> »Wenn Könige während einer Diskussion eine Behauptung aufstellen und irgendeiner diese Behauptung widerlegt, dann geben sie den Befehl, diesen Menschen mit Strafe zu belegen. Auf diese Weise, großer König, diskutieren Könige.«[1]

In seiner unverwechselbaren, aber doch vergleichbaren Weise beschreibt Nâgasena hier die notwendigen Bedingungen für die Möglichkeit einer »herrschaftsfreien Diskussion« (Habermas), auch wenn er nicht verschweigt, dass herrschaftsfreie Diskussion ein Ideal benennt und folglich sehr rar ist. Er begreift darüber hinaus das philosophische Gespräch auch als eine geistige Übung, die darin besteht, dass die Gesprächspartner Selbstbeherrschung lernen und gute moralische Gewohnheiten entwickeln. Das interreligiöse Gespräch soll also nicht nur eine intellektuelle Tätigkeit sein, sondern auch zu einem Lebensweg führen.

3. Religionen und Theologien gestern und heute

Für lange Zeit behielt die Religion in der Geschichte der Menschheit in

---

[1] J. Mehlig (Hg.), Weisheit des alten Indien. Bd. 2, Leipzig 1987, 347 f. In »Menon« 75c-d erläutert Sokrates Menon die Merkmale einer Diskussion unter Freunden, d.h. unter freundlichen Gesprächspartnern, die redlich sind und nicht auf Sieg aus sind. Der indische Philosoph Caraka spricht von einem ähnlichen Gespräch von miteinander befreundeten Gelehrten (sandhâya sambhâsa). Vgl. Caraka – Samhitâ, ed. by Yadava Sharma, Bombay 1933, 303 ff.

ihren verschiedenen Formen bei der endgültigen Lösung des Rätsels der
Welt, der Schöpfung und des Menschen eine bestimmende Stelle. Aus vielerlei Gründen ist es heute nicht mehr so. Darüber hinaus wird der Religion nahegelegt, sich als eine Erklärungsform neben anderen zu begreifen.
Es geht also nicht nur um die Pluralität von Religionen, sondern um Welt-
erklärungen. Heute kann man religiös sein oder auch nicht, einen theistischen Glauben haben oder gar keinen. In diesem Man-muss-jedoch-nicht
steckt ein Unbehagen des religiösen Gefühls, das stets davon ausging, dass
das Menschsein wesentlich mit dem Religiössein verbunden ist. Dieses
Unbehagen darf man jedoch nicht verwechseln mit den religionspsycho-
logischen, -soziologischen und ähnlichen Erklärungen des Phänomens
Religion. Es ist auch nicht ein Unbehagen, das aus der Angst resultiert,
Religion könnte eines Tages überflüssig gemacht werden. Das Unbehagen,
das die heutige Umbruchsituation der Religionen besonders kennzeichnet, ist ein allmählicher Verlust des religiös-gläubigen Urvertrauens zwischen dem Menschen und Gott.

Das Bedürfnis nach Erklärung, Rechtfertigung, Sinn, Zweck, Verstehen und dgl. scheint der menschlichen Gattung angeboren zu sein. Die
Mythen, Religionen, Philosophien, Ideologien und sogar Wissenschaften
gehören zu den Versuchen, die der menschliche Geist unternimmt, um
dieses Urbedürfnis zu befriedigen.

Die Religionen/Theologien leben heute in einer von den modernen
Wissenschaften und den technologischen Formationen gestalteten Welt;
ihre Normen jedoch rühren noch von dem »Alten Bund« her, der ungebrochen nicht aufrechterhalten werden kann. Hiobs Klage vor dem richtigen Gott und gegen den falschen erscheint heute in unterschiedlichen
modernen Formen.

In seiner allzu menschlichen Kurzatmigkeit und Verblendung hat der
Mensch oft diese Transzendenz mit Namen und Eigenschaften belegt, was
nicht an sich abwegig ist, was aber nicht bedeuten darf, dass diese Transzendenz in ihrem Namen aufgeht. Name ist auch hier, und gerade hier,
Schall und Rauch (Goethe). Und Lao Tzu meint, dass der Name, wenn er
genannt werden kann, nicht der ewige Name ist. Das indische rigvedische
Eine (ekam) mit vielen Namen, die *una religio in rituum varietate* des
Cusanus und die Parabel von den drei Ringen Lessings deuten auf eine
Überlappungsbasis unter den Religionen hin, die weder totale Kommensurabilität noch völlige Inkommensurabilität nach sich zieht. Der negativ-
theologische Ansatz ist eine notwendige Korrektur und eine ständige
Mahnung an den Übermut der Religionen, sich exklusiv zu verabsolutie-
ren. Dass meine Religion für mich absolut wahr ist, heißt lange nicht, dass
sie deswegen auch für alle absolut wahr sein muss.

4. Zur interreligiösen Hermeneutik

Zu einer interreligiösen Hermeneutik gehört wesentlich die Überzeugung:
Verstehen wollen und verstanden werden wollen gehören zusammen und

stellen die beiden Seiten derselben Münze dar. Meine Überlegungen laufen auf die These hinaus, dass eine interreligiöse Hermeneutik weder Einheit noch Differenz überbewertet. Sie sieht vielmehr die verschiedenen Religionen als unterschiedliche, jedoch nicht radikal unterschiedliche Wege, sucht und findet, beschreibt und erweitert die vorhandenen Überlappungen unter ihnen. Die religio perennis ist die Urquelle der Überlappungen unter den Religionen.

Die hermeneutische Methode als Auslegungskunst religiöser Texte, ob im Sinne der Apologie oder als bloße Kritik anderer Religionen, kann nur dann ihren reduktiven Charakter überwinden, wenn sie in der heutigen hermeneutischen Situation dem interreligiösen Verstehen dient und im Namen des Verstehens das zu Verstehende weder gewaltsam einverleibt noch restlos ignoriert. Unser Ansatz geht von einem hermeneutischen Bewusstsein aus, das die in dem Akt des Deutens und Verstehens sinnverleihenden Strukturen als sedimentierte ansieht. Das, was die hermeneutische Reflexion grundsätzlich ermöglicht, verneint nicht die Historizität, Zeitlichkeit und Sprachlichkeit, geht jedoch in ihnen auch nicht ganz auf. Es liegt etwas Metonymisches in dem hermeneutischen Geschäft des gegenseitigen Verstehens, Deutens und Respektierens.

Die Theorie einer offenen religiösen Hermeneutik geht von einem Begriff von Religiosität aus, der das zu Verstehende nicht einverleibt, nicht der eigenen Denkform anpasst. Da dieser alternative Religionsbegriff die Ideologie der Identität durchschaut, wird das Andere in seiner Andersartigkeit geachtet und gedeutet. Verstehen ist nicht unbedingt einverstanden sein; denn dann müsste eine Gemeinsamkeit der Empfindungen angenommen werden. Die Religionen, Kulturen und Lebensformen sind die verschiedenen Reaktionsweisen der Menschen auf gemeinsame Probleme und Bedürfnisse. Nicht so sehr die Gemeinsamkeit der Antworten, sondern die der Bedürfnisse ist das Leitmotiv unserer Hermeneutik.

Um einen Dialog zwischen den Weltreligionen im Geiste der oben erwähnten Hermeneutik in Gang zu bringen, muss der Geist des Dialogs zwar von der absoluten Richtigkeit des eigenen Glaubens (Absolutheit nach innen) getragen werden, ohne jedoch von der absoluten Falschheit des anderen Glaubens auszugehen (Absolutheit nach außen).[2] Eine an diesem Geist des Dialogs orientierte Ökumene der Religionen gibt gern den Anspruch auf die Alleinvertretung Gottes auf und reiht sich in die große Gemeinschaft der Weltreligionen ein.

Die heutige interreligiöse Situation ist über die engen Grenzen einer ausschließenden Auslegung der Botschaft Gottes hinausgewachsen. Dass dies die Offenbarungsreligionen härter trifft, braucht nicht besonders hervorgehoben zu werden. Wer von der Überzeugung ausgeht, dass nur ein Buddhist einen Buddhisten, ein Christ einen Christen usw. verstehen kann, liebäugelt mit einer Identitätshermeneutik, die die Bekehrung dem Verstehen vorausgehen lässt. Eine solche Hermeneutik macht das inter-

---

[2] Vgl. R.A. Mall, Der Absolutheitsanspruch – Eine religionsphilosophische Meditation. In: Loccumer Protokolle, 7 (1991) 39–53.

religiöse Verstehen redundant. Eine Hermeneutik der totalen Differenz dagegen verunmöglicht das interreligiöse Verstehen.

Eine Hermeneutik des einen Wahren mit vielen Namen wird der Tatsache der theologischen Pluralität gerecht; sie trägt nicht einen gattungsmäßigen, sondern einen analogischen Charakter. Eine gattungsmäßige religiöse Hermeneutik beansprucht das eine göttliche Wahre für sich allein und behandelt die anderen Religionen höchstens im Sinne einer revelatio generalis. Die analogische Hermeneutik, für die hier plädiert wird, lässt dagegen die eine religio perennis in vielen Religionen erscheinen. Multireligiosität ohne die Interreligiosität – so könnte man Kant, kontextuell variierend, sagen lassen – ist blind, und Interreligiosität ohne die Multireligiosität leer.

5. Elf Thesen zum Dialog im Geiste der Toleranz

5.1. Wir haben nicht so sehr den heute als lebensnotwendig empfundenen interreligiösen Dialog gesucht; er ist uns widerfahren.

5.2. Dies verdanken wir in erster Linie dem groß angelegten Versuch der christlichen Missionierung im Verbund mit dem europäischen Expansionismus.

5.3. Es ist eine Ironie des expansionistischen Geistes, dass er, auf Einheit angelegt, pluralistisch endet. Weder der religiöse noch der theologische Pluralismus waren gewünscht.

5.4. Das hermeneutische Anliegen ist so alt wie das menschliche Leben selbst. Gerade die Tradition der religiösen Hermeneutik weist ein ehrwürdiges Alter auf. Unsere heutige Rede von der Hermeneutik im Hinblick auf den Dialog der Religionen jedoch hat eine Horizonterweiterung erfahren, die in dem Desiderat der Pluralität von Glaubensformen angelegt ist. Es geht heute nicht nur um eine intra-religiöse, sondern um eine inter-religiöse Hermeneutik.

5.5. Das hermeneutische Geschäft innerhalb der gleichen Religion ist schwierig genug. Heute bedürfen wir aber einer Hermeneutik der Interreligiosität, die offen, schöpferisch, selbstsicher und tolerant genug ist, das Fremde so sein zu lassen, wie es ist, und nicht nur ein Echo meiner selbst.

5.6. Das Weltethos des Religiösen ist niemandes Besitz allein. Es gibt nicht die eine Religion, den einen Glauben, die eine Kultur und die eine Philosophie.

5.7. Die eine religio perennis (Hindus mögen sie sanatana dharma nennen) trägt viele Gewänder, spricht viele Sprachen und zeigt keine ausschließliche Vorliebe für eine bestimmte Kultur. Kein bestimmtes Volk wird von ihr bevorzugt. Auch im interreligiösen Dialog gilt, dass man den Glauben des Anderen verstehen und respektieren lernen kann, ohne ihn sich zu Eigen zu machen. Der Satz: Man versteht nur den Glauben, dem man anhängt, ist genauso wahr, wie er leer ist.

5.8. Der interreligiösen Hermeneutik im Kontext der Weltreligionen heute obliegt die Aufgabe, nicht reduktiv zu sein; denn eine reduktive

Hermeneutik ist eigentlich dadurch gekennzeichnet, dass sie *erstens* eine bestimmte Religion zu der einzig wahren macht und *zweitens* alle anderen Glaubensformen höchstens im Geiste der revelatio generalis akzeptiert. Die revelatio spezialis beansprucht sie für sich selbst.

5.9. Keine Hermeneutik kann Gott selbst sprechen lassen. Wir sind es, die diesen Anspruch in unserer Unkenntnis und Kurzatmigkeit erheben. Je absoluter wir diesen Anspruch geltend machen, desto schwieriger wird es mit dem Dialog der Religionen. Es ist offensichtlich, dass mehrere solcher Ansprüche sich gegenseitig neutralisieren und einen Relativismus oder gar Skeptizismus heraufbeschwören.

5.10. Wer monistisch denkt, kann nicht vermeiden, anstelle zulässiger Differenzierungen unzulässige Diskriminierungen vorzunehmen. In diesem Sinne kann man den Geist des Polytheismus von seinem abwertenden Beigeschmack befreien und für den Dialog der Religionen nutzen. Die verschiedenen theistischen Religionen sind verschiedene Wege zu dem einen wahren Theos, der orthaft und doch ortlos ist.

5.11. Das Studium der Religionen aus interreligiöser Sicht weist auf Gemeinsamkeiten hin, die grundsätzliche Ähnlichkeiten und erhellende Differenzen zeigen. Interreligiosität ist der Name eines alle Religionen verbindenden Ethos. Zu diesem Ethos gehört wesentlich nicht nur der Glaube an die Wahrheit des eigenen Weges, sondern auch die Überzeugung, dass es andere Wege zum Heil geben kann, die zwar fremd, aber an sich nicht falsch sind. Nur ein solches interreligiöses Ethos ist in der Lage, den viel zu engen dogmatisierten hermeneutischen Zirkel zu durchbrechen. Denn es muss wohl möglich sein, dass ein Christ einen Nichtchristen und umgekehrt verstehen kann. Interreligiöse Freundschaften mit tiefem Verstehen sind häufiger als gemeinhin zugegeben wird. Die Übernahme der Religion des Anderen kann nicht zur Bedingung der Möglichkeit des Verstehens der anderen Religion gemacht werden.

6. Zur Hermeneutik des Einen mit vielen Namen

Im Sinne einer gottgewollten Pluralität der Wege schreibt der neohinduistische Dichter und Philosoph Rabindranath Tagore:

> Wenn je eine solche Katastrophe über die Menschheit hereinbrechen sollte, daß eine einzige Religion alles überschwemmte, dann müßte Gott für eine zweite Arche Noah sorgen, um seine Geschöpfe vor seelischer Vernichtung zu retten.[3]

Möge ein solches Schicksal der Menschheit erspart bleiben.

In verwandtem Sinne heißt es bei dem Dichter-Philosophen Goethe im Gespräch zwischen Gretchen und Faust in Marthens Garten:

> Faust: Mein Liebchen, wer darf sagen:
> Ich glaub an Gott!
> Magst Priester oder Weise fragen,

---

[3] Zit. in G. Mensching: Toleranz und Wahrheit in der Religion. 178.

Und ihre Antwort scheint nur Spott
Über den Frager zu sein.
Gretchen: So glaubst du nicht?
Faust: Mißhör mich nicht, du holdes Angesicht!
Wer darf ihn nennen?
(...)
Nenn es dann, wie du willst:
Nenn's Glück! Herz! Liebe! Gott!
Ich habe keinen Namen
Dafür! Gefühl ist alles;
Name ist Schall und Rauch,
(...)
Gretchen: Das ist alles recht schön und gut;
Ungefähr sagt das der Pfarrer auch,
Nur mit ein bißchen andern Worten.
Faust: Es sagen's allerorten
Alle Herzen unter dem himmlischen Tage,
Jedes in seiner Sprache:
Warum nicht in der meinen?[4]

Das hier kurz skizzierte Verständnis der religio perennis hilft uns, die Wirklichkeit als Einheit zu erfahren, was dem Dialog der Religionen dienlich ist. Nicht die religio perennis ist in den Religionen, sondern die Religionen sind in ihr verankert.[5]

Zur Theorie und Praxis der Interreligiosität und der Toleranz möchte ich den bekannten Brief des siamesischen Königs an Ludwig XIV. zitieren. Ludwig sandte durch seine Missionare einen Brief an diesen mit der Aufforderung, sich der einzig wahren Religion, nämlich der katholischen, anzuschließen. Mit weiser Gelassenheit und Humor antwortet der siamesische König:

Ich muß mich darüber wundern, daß mein guter Freund, der König von Frankreich, sich so stark für eine Angelegenheit interessiert, die Gott allein angeht. Denn hätte nicht der allmächtige Herr der Welt, wenn er den Menschen Körper und Seelen von ähnlicher Art gab, ihnen auch die gleichen religiösen Gesetze, Anschauungen und Verehrungsformen gegeben, wenn er gewollt hätte, daß alle Nationen der Erde sich zu demselben Glauben bekennen sollten?[6]

Allein selig machende Anschauungen setzen unmerklich das qualitativ Eine zum numerischen Einen herab. Daher muss die Frage erlaubt sein, ob es vielleicht doch noch religiöse Weltanschauungen gibt, zu deren Wesen auch die Ausschließlichkeit und Intoleranz gehören.[7]

7. Vom Nutzen und Nachteil des Konsensualismus

Der Konsensualismus kann in doppelter Weise ausgelegt werden. In seiner starken Version besagt er, dass er nicht nur die notwendige, sondern

---

[4] J.W. v. Goethe, Faust I. Goethes Werke (Bd. 2), Hg. G. Stenzel, Salzburg 1951, 731f.
[5] Vgl. R.A. Mall, Interkulturalität und Interreligiosität. In: Verantwortlich leben in der Weltgemeinschaft. Hg. J. Rehm, Gütersloh 1994.
[6] Zit. nach: H. v. Glasenapp, Die fünf Weltreligionen. Köln 1967, 7.
[7] Vgl. D. Sölle, Christentum und Intoleranz. In: Toleranz. Hg. U. Schultz, Hamburg 1974, 79–92.

auch die hinreichende Bedingung für eine Kommunikation ist. Eine solche Auslegung des Konsensualismus macht den identitätsphilosophischen Gedanken der Einheit nicht nur zu einem regulativen Ideal (was noch vertretbar wäre), sondern auch zu einer transzendental, apriori festgelegten Sache. Wer Differenz als einen Unwert betrachtet und Identität verabsolutiert, verfährt ideologisch; wer Differenz absolut setzt, verhindert den Diskurs.

Für ein interkulturelles Gespräch reicht eine schwache Version des Konsensualismus aus, die besagt, dass der Konsens ein zu realisierendes Ideal ist, jedoch nicht hypostasiert werden darf.[8] Die Diskursmoral fordert zwar, dass wir die Ansichten der anderen respektieren, aber dies darf nicht nur als ein Appell im Geiste des Fairplay verstanden werden. Interpretieren und interpretieren lassen sind in dem epistemologischen Pluralismus begründet, der von einer erfahrungsmäßigen kognitiven Vielfalt der Erkenntnissubjekte ausgeht. Daher geht der Weg des ethischen Diskurses von der Moral des kognitiven, affektiven und handlungsleitenden Pluralismus zum Konsensus, und nicht umgekehrt. Die These: *Wären die Menschen rational und handelten in diesem Geiste* ist nicht nur blauäugig, sondern sie enthält eine konzeptuelle Zirkularität. Wer die Rationalität der anderen Denkweise auf die eigene reduziert, verfährt aprioristisch und formalistisch und führt Gespräche auf einer idealisierten Ebene mit idealisierten Subjekten.

Der kognitive Pluralismus relativiert nicht die Rationalität, sondern nur ihre exklusivistische Inanspruchnahme von einer bestimmten Perspektive aus. Da die philosophischen Subjekte aus Natur und Kultur unterschiedliche Ansätze haben, soll die geforderte Universalität der Rationalität darin bestehen, dass jeder den Weg der Evidenz beschreibt, der ihn zu der Philosophie führt, die er nun mal besitzt. In diesem Sinne ist die Rationalität kulturunabhängig, aber nicht ohne jeden Bezug zur Kultur.

Im Namen des völligen Konsens haben Theologen, Ethnologen, Philosophen und Politiker viele Kulturen untergraben. Rescher schreibt mit Recht: »No one can doubt that European Civilization has paid and has exacted an enormous price for its canonization of consensus.«[9] Konsens macht den Kompromiss eigentlich redundant. In der Regel besteht das Leben aus Kompromissen. Die Fähigkeit zur Toleranz und die zum Kompromiss bedingen sich gegenseitig.

8. Wider den Absolutheitsanspruch

Mit dem Absolutheitsanspruch hat es seine eigene Bewandtnis. Dieser Anspruch weist drei Grundaspekte auf: derjenige, der diesen Anspruch erhebt, dasjenige, woraufhin der Anspruch erhoben wird und schließlich das Bewusstsein als die Quelle des Anspruchs. Ein Bewusstsein, das

---

[8] Vgl. N. Rescher, Pluralism. Against the Demand of Consensus. Oxford 1993, 195 ff.
[9] Ebd., 193.

diesen Anspruch erhebt und die Wahrheit der eigenen Ansicht mit der notwendigen Falschheit anderer Ansichten zusammendenkt, ist absolutistisch, fanatisch und fundamentalistisch.

Es gibt vielerlei Gründe, warum Konflikte in der Gesellschaft bestehen. Einer davon ist zweifelsohne der exklusivistische Absolutheitsanspruch, der wiederum aus politischen, religiösen oder ideologischen Motiven erhoben und legitimiert wird. Es ist wie eine Ironie dieser Ansprüche (man muss ja wohl den Plural gebrauchen), dass mehrere Absoluta im Raume stehen und sich gegenseitig relativieren. Wer Toleranz und Pluralismus als Werte bejaht, muss auch bereit sein, den erkenntnistheoretischen Relativismus ernst zu nehmen.

Die Menschheitsgeschichte ist von ihren Anfängen her eine Kulturbegegnungsgeschichte gewesen. Die Begegnungsmodelle, deren Ausgänge und Gründe machen eines deutlich: Immer wo und immer wenn Absolutheitsansprüche – ob implizit oder explizit – am Werke gewesen sind, waren friedliche Kulturbegegnungen zum Scheitern verurteilt. Die Ansicht, man könne seine Überzeugung nicht glaubhaft vertreten, ohne diese für absolut wahr halten zu müssen, ist falsch. Ich möchte hier von zwei Formen des Absolutheitsanspruchs sprechen:

       1. Absolutheit nach innen
       2. Absolutheit nach außen.

Der Absolutheitsanspruch nach außen beinhaltet die absolute Wahrheit der eigenen Überzeugung für sich und impliziert die Falschheit der anderen. Der Absolutheitsanspruch nach innen hingegen vertritt zwar die absolute Wahrheit der eigenen Überzeugung, ohne jedoch damit notwendigerweise die Falschheit anderer Überzeugungen zu verbinden. Unser Toleranzmotto lautet daher: Mein Weg ist wahr, ohne dass dein Weg deswegen falsch sein muss. Der Absolutheitsanspruch nach innen ist dem Absolutheitsanspruch nach außen vorzuziehen; denn er erlaubt uns, mit völliger Gewissheit für die eigene Überzeugung einzutreten, ohne die anderen zu negieren. Ein solcher methodologischer Standpunkt bildet den Ausgangspunkt aller unserer interreligiösen und interkulturellen Diskurse und hilft uns, Wahrheit zu vertreten, ohne dabei Konflikte zu provozieren.

Die lange noch andauernde Begegnungsgeschichte spricht jedoch keine eindeutige Sprache; denn es gibt Begegnungen, die ein erträgliches, freilich kein völlig harmonisches Miteinander ermöglichen, andere jedoch nur noch ein spannungsgeladenes Nebeneinander, andere wiederum bloß ein Aus- und Gegeneinander. Die schlechteste und tragisch-traurigste Begegnungsform ist jedoch diejenige, die zur Auslöschung einer oder mehrerer Kulturen führt. Vereine mit den Bezeichnungen wie »Hilfe für bedrohte Völker« machen deutlich, dass es sich keineswegs nur um Vergangenheit handelt.

Auf die Frage, wo die Konflikte herrühren, möchte ich antworten: Nicht die Wahrheit produziert Konflikte, sondern nur unser absolutistischer Anspruch auf sie. Daher ist es eine hausgemachte Angst, wenn behauptet wird, die Absolutheit der Wahrheit ginge verloren, wenn man den absoluten Anspruch auf sie aufgibt. Wer jedoch immer noch so denkt, redet und handelt, verwechselt die Absolutheit der Wahrheit mit der Absolutheit seines Anspruchs auf sie.

9. Wider die Intoleranz

Von der Generalversammlung der Vereinten Nationen ist das Jahr 1995 zum Jahr der Toleranz erklärt worden. Tolerant ist derjenige, der *erstens* seine eigene Position hat und *zweitens* der festen Überzeugung ist, dass es auch andere anzuerkennende, aber nicht unbedingt zu übernehmende Standpunkte gibt. Derjenige ist intolerant, der den zweiten Punkt missachtet. Intoleranz ist m.a.W. die selbstgefällige Überzeugung, die absolute Wahrheit – sei es in der Philosophie, Kultur, Religion oder Politik – allein und ausschließlich zu besitzen. Je nach dem Feld der Überzeugung kann es sich dabei um eine Politisierung der Kultur und Religion oder um eine Theologisierung der Kultur und Politik handeln. Kann man einem Absolutheitsanspruch gegenüber neutral sein? Karl Jaspers verneint diese Frage. Der Absolutheitsanspruch sei aus dem einfachen Grunde abzulehnen, weil er einen Kommunikationsabbruch erzeuge.[10] »Wenn Toleranz nicht an sich selbst scheitern soll, muss sie sich nach zwei Seiten hin absichern: gegen die, die ihr zu enge, und gegen die, die ihr gar keine Grenzen setzen.«[11]

Trotz der eher negativen Konnotation des Toleranzbegriffs verwende ich diesen Ausdruck im positiven Sinne einer reziproken Achtung unter den Religionen. Es ist immer wieder die Frage nach den Grenzen der Toleranz gestellt worden. Kann und soll man im Namen der Toleranz alles dulden? Wenn ja, wird nicht dabei der Begriff verwässert? Wenn nein, was bedeutet er dann? Ist die Toleranz verpflichtet, grenzenlos zu sein und auch das hinzunehmen, wodurch sie selbst gefährdet wird? Ist Toleranz ein Wert, so ist sein Gegenstück, die Intoleranz, ein Unwert. Meine Verpflichtung zur Toleranz beinhaltet unter anderem, dass ich in irgendeiner Form gegen Intoleranz stehe. Die diversen Abwehrformen können, von Jesus über Gandhi und Martin Luther King bis hin zu den gewalttätigen Auseinandersetzungen reichen.

Toleriere die Toleranten! – so könnte die Forderung einer recht verstandenen Toleranz lauten. Dass die Intoleranten meine Toleranz nicht verdienen, liegt weder an ihrer Intoleranz noch in meiner persönlichen Willkür, sie nicht tolerieren zu wollen, sondern wesentlich darin, dass einerseits ein Wert, dem sich meine Toleranz verpflichtet weiß, in Gefahr ist, durch meine eigene Toleranz Schaden zu nehmen, und andererseits derselbe Wert von der Intoleranz zerstört wird. Den Wert einer verbindlichen Pluralität gilt es zu verteidigen. Eine Toleranz, die dies nicht tut, wird sich selbst gegenüber untreu.

---

[10] Vgl. K. Jaspers, Der philosophische Glaube. München 1981, 134.
[11] G. Szczesny, Die Grenzen der Gleichgültigkeit. In: Toleranz, Hg. U. Schultz, Hamburg 1974, 104.

Ist es ein Verdienst, fragt die Intoleranz sehr trickreich, wenn die Toleranz intolerant wird? Ist es nicht ein größeres Verdienst, Feindesliebe zu praktizieren und auch das Intolerante zu tolerieren? Jesus, Gandhi, Buddha u.a werden hier zu Kronzeugen. Was dabei jedoch übersehen wird, ist Folgendes: Nicht, dass diese Personen nicht gegen die Intoleranz protestiert hätten. Die Art und Weise ihres Protestes war anders, sie war friedlich. Für Gandhi galt z. B. bei jedem Protest, die Kunst des Sterbens und nicht die Kunst des Tötens zu praktizieren.

Wer eine heilige Schrift liest und lesen lässt, der gefährdet nicht die tolerante Vielfalt. Wer jedoch die eigene Lesart zu der einzig möglichen und wahren deklariert, ist intolerant und zerstört Kommunikation. Jenseits aller Exklusivitäten und Inklusivitäten, auch jenseits aller synkretistischen Versuche à la Buchbinderkunst und außerhalb aller Lippenbekenntnisse zum religiösen Pluralismus unter dem Druck der de facto Präsenz vieler Religionen, muss heute anerkannt werden, dass die faktische Pluralität der Religionen nicht nur vorhanden ist und immer war, sondern wohl auch gottgewollt ist. Wer im Namen des einen Gottes Absolutheit – nicht nur für sich, sondern für alle – beansprucht, bespiegelt sich selbst und betreibt eine Anthropozentrik fern aller Theozentrik. Das heutige Angesprochensein der Religionen und Kulturen macht deutlich, dass die Zeit der hermeneutischen Monologe, die einige Religionen, Kulturen und politische Ideologien betrieben haben, vorbei ist. Und es ist gut so.

Dass es Grenzen der Toleranz gibt, daran besteht wohl kein Zweifel. Wo diese Grenzen jedoch in einzelnen konkreten Fällen liegen, kann zwar im Prinzip, aber nicht prinzipiell im Voraus entschieden werden. Es ist m.E. eine irrige Ansicht, man müsse im Besitze der absoluten Wahrheit sein, um diese Grenzen festlegen zu können. Fundamentalismus in seiner negativen Prägung liegt z. B. jenseits der Grenze dessen, was tolerierbar ist, weil er die Richtigkeit des eigenen Standpunkts mit der Falschheit aller anderen Standpunkte verwechselt oder gar beide stets zusammendenkt. Wer so denkt und fühlt, selbst wenn er noch nicht so handelt, hat schon den falschen Weg eingeschlagen. Wir möchten dies den theoretischen Fanatismus nennen.

Die Aufgabe aller Kulturwissenschaften ist, zunächst einmal diesen theoretischen Fanatismus theoretisch-argumentativ durch Gespräche und andere pädagogische Maßnahmen zu beseitigen. Denn ist der theoretische Fanatismus praktisch geworden, ist es für die Theorie zu spät.

11. Schlussbemerkung

Interkulturalität als innere Überzeugung zeichnet sich dadurch aus, dass sie die beiden Fiktionen einer totalen Kommensurabilität und einer völligen Inkommensurabilität unter Kulturen und Religionen zurückweist mit der Begründung, dass eine totale Identität ein reziprokes Verständnis fast überflüssig macht, während eine radikale Differenz es verunmöglicht. In beiden Fällen misslingt uns die gerechte Konstruktion des Anderen, weil es entweder völlig einverleibt oder restlos ablehnt. Eine zu große Neigung zum Konsens schadet mehr als sie nützt.

So ist die Interkulturalität durch die ständige Suche nach Überlappungen gekennzeichnet. Ferner geht es um eine Strukturanalogie, die es uns erlaubt, auch das Fremde anzuerkennen. Die Rede von einer multikulturellen Gesellschaft bleibt Gerede, solange es uns nicht gelingt, uns die innere Kultur der Interkulturalität anzueignen.

Toleranz ist keine wertneutrale Kategorie, und sie kann nicht jede beliebige inhaltliche Bestimmung gutheißen. Aus der Selbstverpflichtung der Toleranz resultiert, dass es eine Grenze der Toleranz gibt, und dies umso mehr, wenn es um interkulturelle und interreligiöse Kommunikation geht. Eine recht verstandene Toleranz plädiert für einen verbindlichen Pluralismus. Wer die eigene Tradition durch die Wahrheit und die Wahrheit durch die eigene Tradition definiert, begeht nicht nur den Fehler der petitio principii, sondern öffnet dem Absolutismus, Fundamentalismus und Fanatismus Tür und Tor. Tolerant zu sein ist ein ständiger, zum Teil auch schmerzlicher Prozess.

Toleranz kann nicht erzwungen werden. Sie kann nur resultieren: 1. aus dem verinnerlichten Verzicht auf den Absolutheitsanspruch und 2. aus der bescheidenen Einsicht in die prinzipielle Gleichrangigkeit der Kulturen und Religionen. Deren Vergleiche sollen zwar differenzierend, aber nicht diskriminierend sein. Ohne auf die müßige Frage einzugehen, ob die Menschen von Natur aus tolerante Wesen sind oder nicht, möchten wir meinen: Der Mensch hat wesenhaft die Fähigkeit, zur Toleranz erzogen zu werden.

Frau sein in Japan

Japanische Weiblichkeitsvorstellungen im geschichtlichen Wandel

Susanne Formanek

1. Westliche versus japanische Frauenbilder

Eine Vorstellung vom Fernen Osten hat mich immer verfolgt. Die von den grazilen Frauen, die den Kimono tragen und bereit sind, für die Liebe zu einem der fremden Teufel zu sterben. Diese zarten Gestalten werden geboren und erzogen zu dem einzigen Zweck, vollkommene Frauen zu sein. Sie leben für nichts als ihren Herren und Meister, empfangen ihn in ihrem Haus, werfen sich ihm zu Füßen und waschen ihm diese mit ihrem langen seidigen Haar.[1]

Dies sagt René Gallimard, Held des Romans *M. Butterfly*, als Japanerin verkleidet, bevor er coram publico Selbstmord begeht. Angesichts der grotesken Tatsache, dass er für eine Chinesin sein Land verraten hat, der Gegenstand seiner Liebe aber in Wahrheit ein Mann war, der ihm die Rolle der unterwürfigen, zarten Frau erfolgreich acht Jahre lang vorgaukelte, bleibt ihm kein Ausweg, als selbst in die Rolle der idealisierten Frau zu schlüpfen und sich für seine Liebe zu opfern. Es mag kein besseres Sinnbild geben für das Auseinanderklaffen von Ideal und Wirklichkeit wie auch für die Hartnäckigkeit, mit der sich derlei Bilder von der ostasiatischen und speziell der japanischen Frau als der weiblichsten schlechthin in den Köpfen vieler – vor allem europäischer – Männer bis heute halten konnten. Bezeichnenderweise hatte Gallimard seine »Geliebte« auf Partys kennengelernt, bei denen sie aus Puccinis *Madame Butterfly* vortrug, ein Werk, das in besonderem Maße zur Verbreitung dieses Bildes beitrug.

Unschwer ist zu erkennen, wie dieses Bild der Japanerin, die ihr Glück darin findet, Mann und gegebenenfalls Kinder zu verwöhnen, im Gegensatz zu dem einer fordernden Europäerin stilisiert wird, der es hauptsächlich um Selbstverwirklichung geht. Zudem stammt es aus einer Zeit, als die westlichen Mächte in der zweiten Hälfte des vorigen Jahrhunderts Japan gezwungen hatten, seine selbst gewählte Abschließung aufzugeben und seine Häfen und Märkte für westliche Staatsangehörige und Produkte zu öffnen, und es zeigt die Überheblichkeit der westlichen Industrienationen gegenüber einem damals verhältnismäßig unterentwickelten, armen Land.[2] Lassen wir daher einen japanischen Autor zu Wort kommen:

---

[1] Serge Grünberg, M. Butterfly. München 1993, 182.
[2] Wie leicht die Enttäuschung in Gefühle der Vernachlässigung und Hilflosigkeit umschlagen können, wenn sich moderne japanische Frauen nicht als jene vorbehaltlos liebenden, vollkommenen Geishas entpuppen, ist eindrucksvoll in den Briefen des über 70–jährigen Miller an eine junge japanische Sängerin, die für einige Jahre seine Frau wurde, nachzulesen, vgl. Henry Miller, Liebesbriefe an Hoki. München 1986.

Es gibt ein weit verbreitetes Mißverständnis, was die japanische Frau anbelangt (...) Oft wird sie als ein reizendes Geschöpf mit einer umgänglichen Art und sanftem Charakter dargestellt, sehr folgsam und gehorsam, mit wenig Temperament und keinem eigenen Willen (...) Dies ist aber eine oberflächliche Sicht (...) Denn in Wirklichkeit ist *sie keine frauliche Frau.* Psychisch wie physisch besitzt sie einen bewundernswerten Mut. Ihr äußeres Erscheinungsbild, das sie so scheu und selbstaufopfernd erscheinen läßt, steht in umgekehrtem Verhältnis zu ihrer inneren Stärke.
Betrachten wir die Frau der unteren Mittelschicht. Oft zieht sie mutig sechs oder mehr Kinder groß. Ihr Baby am Rücken tragend, sieht man sie tagein tagaus arbeiten, aber immer lächelnd. Zusätzlich ist sie im allgemeinen verantwortlich für die Haushaltsfinanzen, deren Verwaltung ihr Ehemann ihr immer anvertraut, weil er weiß, daß sie so fähig ist (...) Sie ist die Selbstverleugnung in Person. Sie ist zufrieden mit ihrem Heim, ihrem Ehemann und ihren Kindern (...) mit der Stärke jemandes, der sein Schicksal als ein vom Himmel gesandtes begriffen und entschlossen ist, das beste daraus zu machen ...
Es ist wahr, daß der rechtliche und politische Status der japanischen Frauen heute dem der Männer nicht gleich ist (...) Doch sind sie viel zu klug, oder viel zu stark, um durch rechtliche und politische Nachteile wirklich behindert zu werden.[3]

Die Passage stammt aus einem propagandistischen Werk aus der Zeit eines erstarkenden Nationalismus, der Japan in den Pazifischen Krieg führen sollte. Obwohl vieles überholt klingt und sich in Japan wie anderswo historisch erwiesen hat, wie leicht eine solche Ideologie, die die Kraft der Frauen nur im Dienst an Mann und Kindern wirksam werden lassen will, von autoritären Regimes genutzt werden kann, um die Gattin und Mutter zur Kriegshelferin und Produzentin von Soldaten umzufunktionieren[4], sind wesentliche Punkte der Diskussion um das Frausein in Japan bis zum heutigen Tag erstaunlich unverändert.

2. Die heutige Situation der japanischen Frauen

Frauen in Japan heute[5] sind zumindest rechtlich gesehen mit den Männern auf vielen Gebieten gleichgestellt: Im Zuge des von der amerikanischen Besatzungsmacht eingeleiteten Demokratisierungsprozesses erhielten sie 1945 das aktive wie passive Wahlrecht, und die Wahlbeteiligung der Frauen liegt seither meist sogar über der der Männer. Auch auf dem Gebiet der Schulerziehung herrscht seitdem Chancengleichheit der Geschlechter, und in der japanischen Bildungsgesellschaft besuchen über 90% der Mädchen wie Knaben nach der 9-jährigen Pflichtschulzeit eine höhere Schule. Ebenso gehen Frauen in Japan heute zu einem hohen Prozentsatz außerhäuslicher Erwerbstätigkeit nach – sogar höher als etwa in

---

[3] Akimoto Shunkichi, The Lure of Japan. Tokyo 1934, 259–262.
[4] Diese Logik spricht etwa aus den japanischen Schulbuchtexten der Kriegszeit: »Frauen, deren Väter, Söhne und Ehemänner in den Krieg zogen, sollten die Waffen erzeugen, die diese verwenden. Auch sollten die Frauen ihre Heime und ihr Land vor dem Eindringen des Feindes bewahren. So beginnt die Pflicht einer Frau unseres Reiches mit dem wertvollen Leben als Mutter.« Vgl. etwa Shibukawa Hisako, An Education for Making Good Wives and Wise Mothers. Education in Japan 6 (1971) 47–58, 55.
[5] Vgl. die Beiträge in G. Hielscher (Hg.), Die Frau. Berlin 1980 (=OAG-Reihe Japan modern 1).

Deutschland, vor allem aufgrund der starken Erwerbsbeteiligung von verheirateten Frauen in den mittleren Lebensjahren. Dies ist auch darin begründet, dass sie wie in anderen Industriestaaten nur mehr durchschnittlich ein bis zwei Kinder großziehen und somit die Phase, in der eine intensive Betreuung des Nachwuchses vonnöten ist, drastisch geschrumpft ist. Allerdings scheint das Leben vieler japanischer Frauen weiterhin wesentlich auf Ehe und Familie ausgerichtet, und im öffentlichen Bereich scheinen sie stärker benachteiligt als in vergleichbaren Industrienationen. Bei annähernd gleicher Bildung beider Geschlechter bis zum 18. Lebensjahr machen sich Unterschiede ab Universitätsniveau bemerkbar: Während etwa ein Drittel der Oberschulabsolventen beiderlei Geschlechts eine Universität besucht, wählen, im Gegensatz zur überwältigenden Mehrheit der männlichen Studienanfänger, die sich für einen vierjährigen Studiengang entscheiden, zwei Drittel der Studentinnen zweijährige Kurzstudien. Zumeist belegen sie Fächer wie Sprach- oder Literaturstudien, die weniger auf eine Berufsausübung als auf eine stilvolle Lebensführung vorbereiten, und daher zum Teil eine ähnliche Funktion erfüllen wie die als *hanayome shûgyô*, »Brauttraining«, bezeichneten, von vielen jungen Mädchen besuchten Kurse in traditionellen Künsten wie der Teezeremonie und dem *ikebana*-Blumenarrangement. Sie sollen auf die Ehe nicht nur insofern vorbereiten, als sie den jungen Frauen eine verfeinerte Haushaltsführung ermöglichen, sondern ihnen auch dabei helfen, jene Geduld und Verinnerlichung zu entwickeln, die sie als Hausfrauen benötigen werden. Trotz der starken Teilnahme der Frauen am Erwerbsleben ist weibliche Erwerbstätigkeit in Japan durch eine starke Diskontinuität geprägt. Diese ergibt sich aus dem von den Arbeitgebern im doppelten Sinn des Wortes »erwarteten« Rückzug der Frauen aus dem Erwerbsleben in der kritischen Phase nach der Eheschließung und darauf folgender Kinderbetreuung: Die jungen unverheirateten Frauen gelten als die *shokuba no hana*, die »Blumen am Arbeitsplatz«, zuständig für das Tee-Zubereiten und andere Tätigkeiten, die ein angenehmes Arbeitsklima schaffen, gleichzeitig aber auch von innerbetrieblicher Fortbildung weitgehend ausschließen. Bei der Heirat – noch Mitte der 80er Jahre waren 90% aller Japanerinnen bis spätestens Mitte 30 eine Ehe eingegangen – oder bei der Geburt des ersten Kindes ziehen sich die meisten Frauen vom Arbeitsmarkt zurück. Später, wenn die Kinder größer geworden sind, kehren zwar viele ins Erwerbsleben zurück, wegen der Doppelbelastung aber meist als Teilzeitbeschäftigte in entsprechend unsicheren Arbeitsverhältnissen. In beiden Fällen dient die Beschäftigung nicht der Sicherung eines unabhängigen Lebensunterhalts, eine Situation, die die Lohnschere in Japan in den letzten Jahren noch weiter auseinander getrieben hat. Männer erwarten entsprechend auch von ihren Ehefrauen weniger eine partnerschaftliche Beziehung, als von ihnen mütterlich umsorgt zu werden. *Meshi! Furo! Neru!*, »Essen, Bad, Bett!«, so heißt es ironisch, seien die einzigen drei Wörter, die der stressgeplagte Ehemann am Abend zu seiner Frau sagt und damit seine Erwartungen an die Ehe äußert. Die Frauen selbst scheinen diese nüchterne Rollenteilung und das pragmatische Verständnis von Ehe als Beruf der Frau zu akzeptieren, und vergraulen angeblich rasch jene ohnehin äußerst raren Ehemänner, die sich in ihrem häuslichen Reich nützlich machen wollen, indem sie sie als *gokiburi teishu*, »Kakerlaken-Gatten«, bezeichnen. Als Gegenleistung händigen die Männer ihnen bereitwillig ihre Lohntüten aus. Ebenso ist Kinderbetreuung und -erziehung im wesentlichen die Sache der Frauen. Insbesondere im Kleinkindalter – über 90% der Kinder bis zum Alter von drei Jahren werden in Japan von ihren Müttern betreut – erfordert die Mutterrolle in Japan den Aufbau einer geradezu symbiotischen Beziehung, in der das Kind ständig in der Nähe der Mutter ist, die unmittelbar auf seine Bedürfnisse eingeht und so lebenslange, starke emotionale Bande schafft. Auch Entscheidungen um die schulische Ausbildung werden meist von den Müttern getroffen, und in Gestalt der *kyôiku mama*, der »Erziehungsmutter«, die ihre Söhne zu schulischen Höchstleistungen antreibt, um ihnen eine spätere berufliche Karriere zu eröffnen, konkretisiert sich weiblicher Gestaltungsanspruch. Zudem kennt die Hausfrauenposition in Japan eine öffentliche Verlängerung in Form der zahlreichen und zum Teil recht lautstark auftretenden Konsumentinnen- und Müttervereinigungen, in denen sich viele Frauen in Verbraucher- und Schulfragen engagieren. Mit dem Ende der »elterlichen Phase« eröffnet sich für viele Frauen – sofern sie nicht die Pflege älterer Verwandter übernehmen müssen, eine Aufgabe, die im Zuge der raschen Alterung der japanischen Bevölkerung eine zunehmende Belastung darstellt – eine Periode, die durch verhältnismäßig viel Freizeit gekennzeichnet ist. Eifrig nutzen sie diese mit Freundinnen, weswegen Japan in letzter Zeit für Frauen dieser Altersgruppe als *onna tengoku*, »ein Paradies für Frauen«, bezeichnet wurde. Hier offenbaren sich aber auch die stärksten Einbrüche, deren extremste Formen im Vergleich zu anderen Altersgruppen in verhältnismäßig hohen Scheidungsraten, Alkoholismus und steigenden Selbstmordraten zu erkennen sind.

Sicherlich ist dies ein stark überzeichnetes Bild einer Situation, die tatsächlich wesentlich differenzierter ist.[6] Vor deren Hintergrund steht aber dem Stereotyp der Japanerin, die es bis jetzt verabsäumt hat, sich volle Gleichberechtigung auch und vor allem im öffentlichen Bereich zu erkämpfen, das der nur scheinbar unterwürfigen Frau gegenüber, die trotz oder besser aufgrund einer Fixierung auf »traditionell« weibliche Rollen wie die der Ehefrau und Mutter im Verborgenen »die Fäden zieht«.[7] Beide Positionen berufen sich zumindest unterschwellig auch auf eine historische Entwicklung: Die einen sehen ein Fortwirken einer oftmals gar archaischen Macht der Frauen, die anderen eine durch die Frauenbewegung nicht in ausreichendem Ausmaß überwundene, besonders zähe patriarchale Tradition. Ich möchte in der Folge anhand historischer

---

[6]   Als Korrektiv empfiehlt sich eine Lektüre von Ruth Linhart u. Fleur Wöss (Hg.), Nippons neue Frauen. Reinbek bei Hamburg 1990.

[7]   Vgl. Kitamura Kazuyuki, Japan. Im Land der mächtigen Frauen. München 1985 bzw. Iwao Sumiko, The Japanese Woman: Traditional Image and Changing Reality. New York 1993.

Frauenbilder sowie lebendiger Gegenentwürfe beide Sichtweisen relativieren.[8]

3. Ein historisches Lehrstück zur sozialen Konstruktion von Weiblichkeit vor dem Hintergrund weiblicher Rollen im japanischen Altertum

Mit dem *Torikaebaya monogatari*, das aus dem frühen 12. Jahrhundert stammen dürfte, wartet die japanische Literaturgeschichte mit einem der frühesten Werke der Weltliteratur auf, in dem Weiblichkeits- und Männlichkeitsvorstellungen hinterfragt werden. Die Erzählung handelt von einem Geschwisterpaar, bei dem die jeweils als männlich und weiblich definierten Eigenschaften vertauscht auftreten, sodass das Mädchen und der Knabe für eine gewisse Zeit in die jeweils andersgeschlechtlichen Rollen schlüpfen. Hier die Beschreibung, die von ihnen zu Beginn der Erzählung gegeben wird:

> Während die beiden allmählich größer wurden, legte der Knabe erstaunlicherweise eine arge Schüchternheit an den Tag (…) selbst dem Vater gegenüber fühlte er bloß Scheu und Befangenheit. Dieser ließ ihn nun nach und nach die Schriftzeichen lernen und lehrte ihn andere geziemende Dinge, aber das Kind behielt nichts im Kopf, sondern empfand nur große Verschämtheit. Es (…) malte Bilder und spielte mit Puppen oder mit Muscheln; der Vater fand dies recht jämmerlich (…) Das Mädchen hingegen war von klein auf recht lausbubenhaft; sie war kaum im Hause, sondern tollte stets draußen umher und spielte immer nur mit dem Ball oder dem kleinen Bogen. Wenn der Gästeraum Besucher waren, (…) kam sie herbeigelaufen, und zusammen mit ihnen spielte sie die Koto, blies sogar die Weisen der Flöte ganz hervorragend (…) Was sie vortrug und sang, lobten die anwesenden Würdenträger, verhätschelten sie und lehrten sie auch bisweilen (…) So glaubten alle nicht anders, als daß sie der Knabe sei, fanden Gefallen an ihr und verwöhnten sie.[9]

Die Erzählung spielt im höfischen Milieu der Heian-Zeit (794–1185). In dieser Periode des japanischen Altertums war ein häufig postuliertes ursprüngliches Matriarchat mit einem losen Zusammenschluss verschiedener Clans unter Herrscherinnen wie der in chinesischen Geschichtswerken erwähnten schamanischen Priesterkönigin Himiko noch im 3. Jahrhundert längst von einem zentralisierten Beamtenstaat mit dem – im Allgemeinen männlichen – Tenno an der Spitze abgelöst worden. Die wesentlichen politischen Ämter wurden von männlichen Würdenträgern mit in väterlicher Linie vererbbaren Rängen bekleidet. Dennoch hatte sich Matrilinearität bei der Vererbung etwa von Häusern und Ländereien sowie eine Eheform erhalten, bei der die Schwiegersöhne zumindest im Anfangsstadium der Ehe ihre Frauen im Hause von deren Eltern besuchten, bevor das Paar eventuell in einen neolokalen Wohnsitz überwechselte, beides Umstände, die den Frauen sicherlich ein gewisse Unabhängigkeit

---

8 Für eine allgemeine Einführung vgl. etwa Mary R. Beard, The Force of Women in Japanese History. Washington, DC 1953; Joyce Ackroyd, Women in Feudal Japan. Transactions of the Asiatic Society of Japan Third Series 7 (1959) 31–68; Eiko Saito, Die Frau im alten Japan. Düsseldorf 1990; Chieko Irie Mulhern (ed.), Heroic with Grace. Legendary Women of Japan. Armonk/New York/London 1991.
9 Michael Stein (Übers. u. Bearb.), Das Torikaebaya monogatari. Wiesbaden 1979, 16–17.

sicherten. Auch zählen zu den wesentlichen kulturellen Leistungen dieser Zeit von Frauen verfasste Lyrik und Prosawerke, darunter das weltweit berühmte *Genji monogatari*. Daraus wird bereits deutlich, dass Frauen des Hofadels in dieser Zeit im Allgemeinen eine hohe Bildung genossen und dafür auch angesehen waren, also nicht als Wesen galten, die nichts im Kopf behalten können, wie der mädchenhafte Bub der Erzählung.[10] Die Kultur der Zeit mit ihrer Betonung auf Werten wie Einfühlsamkeit, ästhetischem Empfinden und einem allgemeinen Von-den-Dingen-Angerührtsein wird häufig als höfisch-feminin beschrieben; die Erzählung lehrt uns, dass diese Feminität nur in den Augen der Späteren besteht: Empfindsamkeit und Ästhetik waren Tugenden, die von beiden Geschlechtern gleichermaßen gefordert wurden. Das Mädchen offenbart sich als Knabe, dem eine glänzende Karriere bevorsteht, auch durch sein einfühlsames Flötenspiel. Immerhin waren Frauen von den zentralen Kulturwerten nicht ausgeschlossen. Auch ist die Erzählung, die betont, dass die Geschwister in ihren jeweiligen andersgeschlechtlichen Rollen als besondere Schönheiten galten, nur sinnvoll vor dem Hintergrund eines Schönheitsideals, das für beide Geschlechter sehr nahe beieinander lag. Dennoch werden geschlechtsspezifische Unterschiede stark betont herausgearbeitet: eine große, als weiblich definierte Scheu, ein zurückgezogenes Leben im Gegensatz zu einer als männlich beschriebenen Weltoffenheit, einem Nach-außen-Wirken. Ein deutliches Werturteil lässt Frauen als das zweitrangige Geschlecht erscheinen: Das knabenhafte Mädchen ist in allem sehr gut, während der mädchenhafte Bub unter anderem deshalb so wirkt, weil er mit dem Lernen Schwierigkeiten hat.

Sicherlich wäre es übertrieben zu behaupten, das Werk stelle die Geschlechterrollenzuweisung radikal in Frage. Es zeigt jedoch deutlich das große Unbehagen der vermutlich weiblichen Autorin darüber, dass eine Gesellschaft dem Individuum verwehrt, seine Charaktereigenschaften auszuleben, wenn es in einem Körper steckt, von dessen Geschlecht sie eine andere Haltung erwartet.[11] Denn obwohl der jungen Frau als Knabe eine glänzende Karriere bei Hof gelingt, macht ihr Körper sie verletzlich. Eine ungewollte, unverschuldete Schwangerschaft zwingt sie, sich zu verstecken und so lässt sie sich von dem Mann an einen abgelegenen Ort entführen. Auf diese hintergründige Art in die Rolle der Frau, die sie physiologisch ist, gedrängt, merkt die Heldin, wie sich ihre Gefühle durch den Druck der gesellschaftlichen Zwänge wandeln: Als Frau muss sie nun

---

[10] Zwar bestand eine strenge Trennung zwischen Literatur in klassischem Chinesisch, der offiziellen Amtssprache, und jener in japanischer Kursivschrift, die als weiblich galt, doch bedeutete dies keineswegs, dass die Mädchen des Adels in ihren Familien nicht auch in Chinesisch ausgebildet werden konnten. Berühmt ist die Episode, wonach Murasaki Shikibu, die Autorin des *Genji monogatari*, beim Unterricht durch ihren Vater gerade in diesen Künsten eine wesentlich raschere Auffassungsgabe unter Beweis stellte als ihr Bruder, was ihren Vater zu dem bedauernden Ausruf veranlasste: »Schade, dass nicht sie der Bub ist!«

[11] Vgl. dazu auch Gregory M. Pflugfelder, Strange Fates. Sex, Gender and Sexuality in *Torikaebaya monogatari*. Monumenta Nipponica 47/3 (1992) 347–368.

plötzlich ihre Tage in ihren Gemächern verbringen und auf das Kommen ihres – wie die meisten Männer des Hofadels – polygamen Mannes warten. Dabei entdeckt sie die Eifersucht und das Schicksal, als Frau geboren worden zu sein, als leidvoll. Bewusst erlernt sie nun »weibliches« Verhalten, wie etwa eine scheue Sprache sowie Schwäche. Diese Stilisierung der Frau zur Schwachen läuft allerdings fernab einer Fixierung auf Ehe und Mutterschaft. Trotz ihrer endgültigen Rückwandlung zur Frau verlässt die Heldin den Mann und das Kind, das ihrer Beziehung entstammt. Der Verlassene findet gewissen Trost im Verstehen, dass die Frau, einmal als Höfling Karriere gemacht, nicht den Rest ihres Lebens in Gemächern eingeschlossen zubringen möchte. Natürlich konnten Frauen als Gattinnen und Mütter in einer Gesellschaft, in der auch die von Männern gemachte Politik großenteils Heirats- und Familienpolitik war, durchaus Einfluss ausüben. Ein Beispiel dafür bietet die Familie Fujiwara (in jener Zeit die mächtigste neben dem Kaiserhaus), die sich ihre Position absicherte durch die aus ihren Reihen stammenden Gattinnen der Tennos. Dies war jedoch nur eine von vielen Ausdrucksformen weiblichen Seins. Die intellektuell und musisch begabte Frau, die gern belehrt und dirigiert, kann dabei ebenso bestehen wie die charmant-erotische: *irogonomi*, »Liebeslust«, wurde bei Frauen durchaus geschätzt, was ihnen mitunter auch ermöglichte, Beziehungen zu mehreren Männern zu unterhalten, ohne dafür missachtet zu werden.[12]

4. Weiblichkeitsvorstellungen des japanischen Mittelalters

Seit dem Mittelalter und der Ablösung des Hofadels als kulturtragende Schicht durch den Schwertadel wird die weibliche Sexualität hingegen zunehmend als bedrohlich gesehen. Dies begründet unter anderem eine Tradition, die den ausdrücklichen Ausschluss der Frauen von der politischen Macht damit rechtfertigt, die Missetaten so genannter *akujo*, »schlechter Frauen«, habe dies als ratsam erscheinen lassen.[13] Eine dieser zur *akujo* stilisierten Frauen ist die letzte einer Reihe von weiblichen Tennos des japanischen Altertums, deren Existenz häufig für das Weiterwirken der archaischen Macht der Frauen ins Treffen geführt wird. Während viele ihrer Vorgängerinnen wohl hauptsächlich als »Platzhalterinnen« ernannt

---

12 Die Autorinnen der Zeit ringen in ihren Werken häufig um die Freiheit, ihre Bildung zeigen zu dürfen, ohne als unweiblich zu gelten. Dabei mangelt es nicht an männlichem Chauvinismus vonseiten der Frauen selbst: Murasaki Shikibu, die in ihrem Tagebuch wiederholt beklagt, dass sie als Frau ihre Bildung nicht zu sehr zeigen durfte, wirft ihrer Rivalin Sei Shônagon, der Autorin des berühmten *Kopfkissenbuches*, genau dies immer wieder vor. Diese wiederum scheut sich nicht, zu schreiben: »Wenn ich mir vorstelle, wie es ist, eine jener Frauen zu sein, die zu Hause leben, treu ihrem Gatten dienend – Frauen, die keine einzige erregende Aussicht im Leben haben, sich aber dennoch für vollkommen glücklich halten, so erfüllt mich Verachtung.«

13 Die meisten in dieser Beziehung angeführten Beispiele sind charakteristischerweise solche von Frauen, die ihre Attraktivität nutzten, um ihre hochrangigen Geliebten zu kriegerischen Auseinandersetzungen zu veranlassen.

worden waren, mit deren Hilfe Erbfolgekämpfe vermieden werden sollten, war Kôken/Shôtoku Tennô (718–770) als einzige bereits zu Lebzeiten
ihres Vaters zur Thronfolgerin ernannt worden. Aus dem Rahmen fiel sie
auch dadurch, dass sie einen buddhistischen Priester, Dôkyô, zu ihrem
wichtigsten Minister ernannte. Dies rief Gegner auf den Plan, und sie
starb ohne Nachfolger, während Unruhen das Land erschütterten. Die
mittelalterliche Tradition machte aus ihr eine von ihrer Sexualität be-
herrschten Frau, die an einer übergroßen Vagina krankte, die nur Dôkyô
mit seinem übergroßen Penis befriedigen konnte. Zugezogen soll sie sich
ihren körperlichen Makel dadurch haben, dass sie aus Zorn über den folgenden Vers darin ein buddhistisches Sutra verbrannte:

> In den dreitausend Welten / all die Leidenschaften der Männer / zusammengenommen
> zu einer Person: / das schlechte Karma der Frau. / Die Frau ist die Botin der Hölle, /
> fähig, den Samen Buddhas zu zerstören. / Das Aussehen hat sie eines Boddhisattvas, /
> ihr Herz ist das eines Dämons.

Tatsächlich hatte über den Buddhismus ein stark negativ gefärbtes
Frauenbild Eingang in die japanische Geisteswelt gefunden. Mit ihm wurden auch seine Lehren darüber rezipiert, dass Frauen unter anderem aufgrund der Unreinheit ihres Körpers erst über die vorherige Umgestaltung
zum Mann aus dem Kreislauf der Wiedergeburten erlöst werden könnten.[14] Bald wurde diese Unreinheit der Frauen auf sämtliche biologische
Vorgänge in ihrem Körper ausgedehnt, und mit dem Aufkommen der
amidistischen Reinen Land-Sekten wurden diese Vorstellungen in weiten
Teilen der Bevölkerung verbreitet.[15] Diese Sekten wandten sich besonders
an Frauen, da gerade die besonders sündigen der geeignete Gegenstand
der Erlösung seien. So wird etwa in Mujû Ichiens *Tsuma kagami* aus dem
Jahr 1300 der Standpunkt eines Klerikers verabsolutiert, dem es vor allem
darum geht, die mönchische Enthaltsamkeit zu bewahren[16]:

> Grundsätzlich sind dies die sieben charakterlichen Fehler der Frauen. Allen voran, wie
> die Tausenden und Abertausenden Bächlein in das Meer fließen, kennen sie keine Gren-
> zen darin, die sexuellen Begierden in den Männern zu entfachen. Zweitens, wenn wir

---

[14] Je nach Sutra mussten Frauen, deren Verdienste das durchschnittliche Maß so weit-
      gehend überstiegen, dass sie gerechterweise nicht übersehen werden konnten, entweder
      darauf warten, in ihrem nächsten Leben als Mann wieder geboren zu werden, oder sie
      konnten direkt ihr Geschlecht umwandeln, vgl. Diana Y. Paul, Die Frau im Buddhismus.
      Das Bild des Weiblichen in Geschichten und Legenden. Hamburg 1981; zu den japani-
      schen Wandlungen dieses Themas Fleur Wöss, Die Frau im Amida-Buddhismus. In: Die
      Japanerin in Vergangenheit und Gegenwart. Wien 1981, 27–45.

[15] Unzählige Bilder zeigten die verschiedenen Höllen auf, denen Frauen anheimfallen
      konnten: Die Verunreinigung, die sie durch ihr Menstruations- oder Geburtsblut ver-
      ursachten, verdammte sie zu den Qualen in der so genannten Blutteichhölle; aber auch
      Jungfräulichkeit war in dieser Sicht keine Möglichkeit, der Erlösung näher zu kommen
      – auf Frauen, die keine Kinder geboren hatten, wartete eine andere Hölle, die der Un-
      fruchtbaren, vgl. Susanne Formanek, Etoki. Mittelalterliche religiöse Welten erklärt in
      Bildern. In: Susanne Formanek/Sepp Linhart (Hg.), Buch und Bild als gesellschaftliche
      Kommunikationsmittel in Japan einst und jetzt. Wien 1995, 11–44.

[16] Zu diesem Zweck wurde auch besonders gern über den neunstufigen Verwesungsprozess
      des Körpers einer Frau, die zu Lebzeiten zu den Schönheiten ihrer Zeit gezählt hatte,
      meditiert.

Frauen (…) beobachten, so sehen wir, daß ihr Hang zum Neid niemals ruht (…) Sie denken nicht an andere, sondern kümmern sich nur um ihre eigenen Angelegenheiten. Drittens, aufgrund ihrer Neigung, die sie für Betrug anfällig macht, sprechen sie so, als ob sie von Mitgefühl ergriffen wären, doch im Inneren ihres Herzens sind sie abweisend und nähren Gefühle des Neids (…) Viertens, vernachlässigen sie die religiösen Übungen und konzentrieren sich nur darauf, wie sie sich in die feinsten Stoffe kleiden können, weil sie nur an ihr Äußeres denken (…) Fünftens ist Betrug, was sie leitet, und selten sind aufrichtige Worte ihrerseits (…) Sechstens verbrennen sie sich am Feuer ihrer Leidenschaft und kennen anderen gegenüber keine Scham (…) Siebentens sind ihre Körper auf ewig unrein, mit häufigen blutigen Aussonderungen (…) Die Dummen mögen dies alles anziehend finden, aber die Weisen wenden sich mit Grauen ab.[17]

Dabei stehen die Frauen des Kriegeradels, was ihren Mut betrifft, den Männern nicht nach, kämpfen manchmal sogar Seite an Seite mit ihnen – Shizuka Gozen etwa erregte Bewunderung, als sie vom Feind ihres Geliebten gefangen genommen und zum Tanz gezwungen, mit funkelnden Augen ein Loblied auf den Geliebten vortrug.[18] Sie erscheinen dabei allerdings wesentlich weniger ihren Ehemännern und Kindern verpflichtet als sich selbst bzw. ihren Ursprungsfamilien. Hôjô Masako (1157–1225), die Frau des Begründers der feudalistischen Militärregierung der Kamakura-Zeit, den sie zunächst gegen den Willen ihres Vaters geheiratet hatte, zögerte nicht, einen ihrer Söhne zu entmachten und den anderen einem gewaltsamen Tod auszuliefern, um einen Vasallenrat einzurichten, durch den die Familie Hôjô die faktische Regierungsgewalt bis zum Ende des Kamakura-Bakufu ausübte. Während der darauf folgenden zwei Jahrhunderte blutiger Fehden zwischen den einzelnen Feudalfürsten und mit dem Aufkommen der so genannten »politischen Ehen«, in deren Rahmen verfeindete Gruppen bei Friedensschlüssen Bräute »austauschten«, die dann als Geiseln oder Spione fungierten, fand dies seinen Ausdruck in Redewendungen, die sich auf die Unglaubwürdigkeit der Frauen beziehen: »Auch wenn sie dir sieben Söhne geschenkt hat, trau niemals einer Frau.«

5. Die japanische Neuzeit

Echos der buddhistischen Verunglimpfung der Frauen finden sich noch in der Edo-Zeit (1600–1868), insbesondere in der Erbauungsliteratur für Frauen, überlagert allerdings von neokonfuzianischem Gedankengut, das in dieser Zeit als Grundlage für eine streng hierarchische Gesellschaftsordnung diente. Als ein wichtiger Vertreter dieser Art von Literatur soll hier die berühmt-berüchtigte *Onna daigaku* des Kaibara Ekiken (1630–1714) zu Wort kommen:

---

[17] Robert E. Morrell, Mirror for Women: Mujû Ichien's Tsuma Kagami. Monumenta Nipponica 35/1 (1980) 45–75.

[18] Frauen wie Tomoe Gozen, die als hervorragende Bogenschützin und Schwertkämpferin im ausgehenden 12. Jh. ihrem Geliebten beistand, waren zwar nicht die Regel, aber auch keine Ausnahmeerscheinungen wie etwa Johanna von Orléans.

Die fünf schlimmsten Krankheiten, die den weiblichen Geist befallen, sind: Ungehorsam, Unzufriedenheit, Schimpfsucht, Eifersucht und Dummheit. Eine Frau sollte diese Krankheiten durch Selbstkontrolle und Selbstvorwürfe heilen. Die schlimmste von allen, und die Ursache der anderen vier, ist Dummheit. Da die Frau so im Vergleich zum Mann dumm ist, versteht sie ihre auch noch so offensichtlichsten Pflichten nicht. Sie erkennt nicht, welche ihrer Handlungen ihr zur Schande gereichen, und auch nicht, was ihrem Mann und ihren Kindern schadet. Weder wenn sie unschuldige Personen beschuldigt, noch wenn sie in ihrer Eifersucht nur danach trachtet, sich selbst zu erheben, sieht sie, daß sie selbst ihr größter Feind ist (…) In der Erziehung ihrer Kinder schließlich macht sie Fehler aufgrund ihrer blinden Zuneigung. So groß ist ihre Dummheit, daß sie in allem und jedem sich selbst mißtrauen und ihrem Ehemann gehorchen muß.

Die extreme Misogynie solcher Werke steht natürlich in einem Kontext, in dem Frauen weitgehend des Erb-, Scheidungs- und Besitzrechts verlustig gegangen waren. In der herrschenden Schicht des Schwertadels hatte sich mit der Weiterentwicklung des Feudalsystems männliches Einerbenrecht durchgesetzt. Die matrilokale Ehe war endgültig von der patrilokalen abgelöst, in der die Frau völlig in die Familie einverleibt wurde, in die sie einheiratete; dass sie sich deren Sitten völlig zu unterwerfen hatte, galt als zusätzlicher Grund, warum Frauen von klein auf zum Gehorsam erzogen werden sollten. Die Loslösung der Samurai vom Boden hatte sie zu Gehaltsempfängern ihrer Feudalherren gemacht, deren Autorität bis in ihre Familien hineinreichte. Erotische Anziehungskraft zwischen den Geschlechtern war in einem solchen System ein Störfaktor. So nimmt es nicht wunder, dass die *Onna daigaku* ein nüchtern-züchtiges Weiblichkeitsideal entwirft, bei dem Eigenschaften wie edler Gehorsam, Keuschheit, Mitleid und ein ruhiges Gemüt wichtiger als Schönheit sind.

Erotik, die solchermaßen aus den ehelichen Beziehungen verbannt wurde, suchten und fanden die Männer in den Freudenvierteln, in die die vormals freien Kurtisanen in dieser Zeit als Prostituierte kaserniert worden waren. Eine Aura der Romantik, der wahren Gefühle, die man in Japan sogar bei der käuflichen Liebe finden könne, umgibt das Thema Prostitution in Japan häufig in westlichen Schriften. Genährt wurde sie wohl auch aus der romantisierenden Sicht der japanischen Männer selbst. Bekannt sind etwa die Stücke eines Chikamatsu Monzaemon, in denen ein Freudenmädchen mit ihrem Geliebten Doppelselbstmord begeht, weil es ihnen nicht möglich ist beisammenzubleiben. Die ursprüngliche Bedeutung des Wortes für diese Doppelselbstmorde, *shinjû*, deckt allerdings die wenig romantische Bedeutung auf, die diese für die Freudenmädchen selbst hatte. Häufig von verarmten Eltern an die Freudenhausbesitzer verkauft, konnten diese meist nur »ehrbar« werden, wenn ein Freier sie loskaufte. Zu diesem Zweck mussten sie aber einen davon überzeugen, dass sie unter den zahlreichen Männern, die sie empfangen mussten, ihn und nur ihn aufrichtig liebten und dazu gab es eine Reihe »institutionalisierter« *shinjû*, »Liebesbeweise«, wie etwa das Abrasieren der Haare oder das Abschneiden eines Fingers.[19]

---

[19] Lawrence Rogers, »She Loves Me, She Loves Me Not«. Shinjû and Shikidô Ôkagami. Monumenta Nipponica 49/1 (1994) 31–60. Ein Weiterwirken dieser Aufspaltung der

Erotik war nicht das einzige Gebiet, auf dem sich eine starke Aufspaltung weiblicher Rollen erkennen lässt, die einzelne Frauen auf jeweils eine Funktion reduzierte. Während Kinderlosigkeit zwar ein Scheidungsgrund vonseiten des Mannes war, konnte im Extremfall die vorbildliche Gattin auch losgelöst von Mutterschaft gesehen werden. Die Ehefrau der Oberschicht hatte Haushalt und Dienerschaft umsichtig zu führen, und gleichzeitig die moralische Verpflichtung, für etwaige Konkubinen ihres Gatten zu sorgen, die dann ihrerseits für die Reproduktion zuständig waren. Mütterlichkeit im Sinne einer alles verzeihenden Fürsorge war hier fehl am Platz, Kinder wie Dienerinnen sollte die Frau mit Strenge mahnen können.[20] In den Dramen traten häufig Heldinnen auf, die ihre Kinder etwa zum Schutz des Feudalherren ihres Ehemannes opferten.

Wenngleich andere Schichten davon nicht ganz unberührt blieben, war das Ideal der demütigen, streng-züchtigen Frau im Wesentlichen auf die herrschende Schicht der Samurai beschränkt. Im städtischen Bürgertum, das immer mehr an Bedeutung gewann, galten sicherlich andere Maßstäbe. Hier nahmen Frauen aktiv an der Führung des Unternehmens teil, und sie werden als lebhafte Partner beschrieben, an modischen Neuheiten interessiert, und für die Leichtigkeit und Eleganz ihres Benehmens gerühmt.[21] Auch gibt es eine Reihe wirtschaftlicher Erfolgsstorys von Frauen[22]: Als Ahnherrin des weltweit bekannten Hauses Mitsui gilt Juhô (1590–1676), die als einzige Tochter das von ihrer Familie ererbte Sakegeschäft ausweitete, bis der Grundstock des späteren Generalhandelshauses gelegt war – während ihr Ehemann sich dem Dichten und anderen Künsten widmete. Ôura Kei (1828–1884) wurde den Prokuristen, den sie geheiratet hatte, rasch wieder los, als sich herausstellte, dass er seit ihrer Heirat nicht mehr denselben Fleiß an den Tag legte wie zuvor; und obwohl es von der Regierung noch verboten war, versuchte sie ein Exportgeschäft mit dem Westen aufzubauen, was ihr auch gelang. Die sich immer mehr ausweitende Geldwirtschaft eröffnete den Frauen auch Möglichkeiten einer bezahlten

---

Erwartung der Männer an das weibliche Geschlecht ist es wohl, das sie zu den Bar-Hostessen und *mama-san*s in Bars und anderen Vergnügungseinrichtungen treibt, in denen sie mehr Zeit verbringen als Männer irgendwo anders auf der Welt.

[20] Ein Echo dieses Ideals mag man in der folgenden Beschreibung, die Ishimoto Shizue, Facing Two Ways. New York 1935, von ihrer Mutter gab, erkennen: »Sie ist intelligent, bescheiden, und denkt immer an die anderen Mitglieder der Familie. Sie nimmt die guten Manieren ernst, und beeindruckt jedermann mit ihrer graziösen Würde. Streng zu sich selbst und förmlich, steht sie früher auf und geht später zu Bett als jedermann sonst in der Familie (…) Niemand hat sie jemals entspannt dasitzen sehen (…) Durchhaltevermögen und Zurückhaltung sind ihre größten Ideale.«

[21] Vgl. etwa Margret Neuss-Kaneko, Familie und Gesellschaft in Japan. München 1990.

[22] Ein frühes Beispiel mag Hino Tomiko (1440–1496) darstellen. Sie ging nicht nur in die Geschichte ein, weil sie den Ônin-Erbfolge-Krieg auslöste, um ihren Sohn als Schogun einzusetzen, sondern auch und vor allem darum, weil sie den Feudalherren, die ihre Kriegsausgaben decken mussten, Geld zu hohen Zinsen lieh und dadurch reich wurde. Sie war damit ihrer Zeit voraus, doch blieb ihr der üble Leumund einer unehrenhaften, geldgierigen Person. Auf sie mag ein Sprichwort gemünzt sein: *Onna sakashikute ushiuri sokonau* (»Sogar wenn eine Frau versucht, klug zu handeln, verpasst sie doch die Gelegenheit, den Ochsen zu verkaufen«), das auf mangelnden Weitblick aufgrund einer Orientierung auf den sofortigen Gewinn anspielt.

außerhäuslichen Arbeit, wie etwa Inoue Den (1788–1869), die sich ganz
dem Weben verschrieb und als Erfinderin neuer Techniken auf diesem Gebiet zahlreiche Schülerinnen anzog und eine eigene Firma gründete.

Das Sprichwort *onna sannin yoreba kashimashi*, »wo drei Frauen zusammenkommen, wird es laut«, belegt wohl nicht nur das Stereotyp einer
weiblichen Geschwätzigkeit, sondern auch, dass leises, sanftes Sprechen
Frauen nicht unbedingt kennzeichnete. Die Bäuerinnen, die Ella Lury
Wiswell in einem Dorf in den 30er Jahren unseres Jahrhunderts beobachtete[23], waren ihren Männern zwar untergeordnet, ein unterwürfiges Benehmen legten sie aber keineswegs an den Tag: Als unverzichtbare Partner
bei der Feldarbeit und eingebettet in ein dichtes Netz weiblicher Koope-
rationen beteiligten sie sich lautstark an Gesprächen, liebten zotige Witze
und sprachen bei Festen gern dem Alkohol zu.

6. Alt und Jung

Entlarvend sind auch die Einstellungen zu Frauen an den beiden entgegengesetzten Enden des Lebenslaufes. Dass japanische Männer nicht wesentlich Stärke und Mütterlichkeit als feminin betrachten, beweist der besondere Reiz, der von weiblicher Kindlichkeit ausgeht. Bereits in der
Heian-Zeit heißt es von so mancher zarten Frau, sie sei in ihrer Kindlichkeit so liebreizend gewesen, man hätte gewünscht, sie bleibe für immer ein
Kind. In der Edo-Zeit verdichtet sich in Figuren junger Mädchen wie der
16-jährigen Yaoya Oshichi – sie legte 1682 ein Feuer, um ihren Traum-
mann wiederzusehen und wurde dafür hingerichtet – einerseits die Vorstellung der Gefährdung und Gefährlichkeit der Frauen durch ihre
Dummheit, gleichzeitig aber sind sie rührende Heldinnen einer er-
wachenden romantischen Liebe. Und heutzutage gibt es ein weitver-
zweigtes Vokabular für junge Frauen, die, um dem femininen Ideal des
naiven, unreifen Teenagers potentieller Verehrer zu entsprechen, ihre
»weiblichen Reize« verstecken, sich unwissend geben und insgesamt »kleines Mädchen spielen« (*burikko*). Über weite Strecken ist das weibliche
Schönheitsideal durch ein Herunterspielen der sekundären Geschlechts-
merkmale gekennzeichnet: Fast körperlos stecken viele zerbrechliche
Schönheiten der Heian-Zeit in bis zu acht Schichten farblich aufeinander
abgestimmter Gewänder. Der Kimono späterer Zeiten schnürt die Figur
zu einer geradlinigen Gestalt zusammen, die Einblicke nur auf den zarten
Nacken gewährt, für japanische Männer lange Zeit der Inbegriff ero-
tischer Ausstrahlung. Immerhin erlaubt dies der Trägerin, ihre Schönheit
durch erlesenen Geschmack in der Wahl von Farbe und Muster der Gewänder zu gestalten, fernab körperlicher Vorzüge oder Makel. Allerdings
ist ihre Schönheit von kurzer Dauer und vom Alter bedroht. Sogar in den
Gedichten des *Manyôshû* (um 760), in denen noch eine recht unbelastete
Einstellung zur Weiblichkeit vorherrscht, ist ein Merkmal weiblicher Anziehungskraft ihre drohende Vergänglichkeit:

---

[23] Robert J. Smith und Ella Lury Wiswell, The Women of Suye Mura. Chicago 1982.

Die jungen Mädchen, sich fraulich zu gebärden, einst schlangen sich wohl Perlen ums Handgelenk und reichten den Gleichaltrigen die Hände zum Vergnügen, winkten sich mit weißen Ärmeln zu und zogen rote Schleppen hinter sich her. Doch festhalten konnten sie sie nicht, diese ihre besten Jahre, und wie sie vergangen, eh sie sich's versahen, da fragt sich eine jede, wann denn der Reif sich gelegt auf das vormals glänzend schwarze Haar, woher nur kamen die Falten, die ihr Gesicht überziehen; das immer fröhliche Gesicht mit den fein nachgezogenen Brauen, es vergeht, wie Blumen verwelken.

So ist das weibliche Alter gekennzeichnet durch einen dramatischen Verlust der Feminität[24], und für die sexuell aktive alte Frau fand ein Autor der Heian-Zeit harte, äußerst verhässlichende Worte:

Ihre Haare sind so weiß wie von Morgenfrost; die Runzeln ihres Gesichtes geschichtet wie Wellen in der Abendbrise. Oben und unten fehlen ihr dort und da Zähne, sodaß ihr Gesicht aussieht wie das eines gezähmten Affen. Ihre beiden Brüste hängen schlapp herab wie die erschlafften Hoden der Rinder in der Sommerhitze. Obwohl sie sich immer fein säuberlich zurechtmacht, gibt es doch niemanden, der sich von ihr angezogen fühlt (...) Ihr Gesicht gleicht in seinem Zorn dem drohenden Blick böser Dämonen (...) Sie mußte sich eigentlich ihre schneeweißen Haare scheren lassen und schnell zur Nonne werden, aber da sie weiterhin an diesem vergänglichen Leben hängt, wird sie wohl noch zu Lebzeiten den Körper einer großen Giftschlange annehmen.

Dafür sollte der Rückzug auf religiöse Rollen wie die der Nonne oder auf mütterliche Werte für die Frau im Alter die größten Gewinne bringen. Zahllose erbauliche Werke schildern die tiefe kindliche Pietät, die erwachsene Söhne ihren würdigen alten Müttern entgegenbringen, und als Schwiegermütter konnten alte Frauen in der Edo-Zeit an ihren Schwiegertöchtern, die sie dafür gängig als *oni*, »alter Drache«, bezeichneten, späte Rache für die in ihrer eigenen Zeit als Braut erlittenen Erniedrigungen nehmen. In vielen Theaterstücken traten die alten Mütter auch ihren Söhnen gegenüber »herrisch« und despotisch auf und in einer Reihe von Erzählungen werden alte Frauen – es heißt, sie seien überaus geizig, neideten den Leuten ihr Glück und freuten sich über ihr Unglück – gar zu menschenfressenden Dämonen, deren Unwesen der Sohn Einhalt gebieten muss. Hier offenbart sich ein gerüttelt Maß an gegenseitiger Antipathie zwischen der Gesellschaft und ihren alten Frauen.[25] Bei einer Lebenserwartung, die in Japan wie in den meisten Industriestaaten für Frauen höher liegt als für Männer und mit der zunehmenden Auflösung der Mehrgenerationenfamilie kehren die alten Frauen heutzutage – nachdem sie ihren durch ein Leben in strikter Rollentrennung der Geschlechter oft entfremdeten alten Gatten gepflegt haben – vielfach erst als selbst pflegebedürftige Witwen in den Schoß der Familie zurück. Wie wenig erfreulich ihre Lage oftmals ist, belegt, dass Japan bei den Selbstmorden alter Frauen unangefochten Rang eins in den Statistiken einnimmt.[26]

---

[24] *Otoko ni naru*, »zum Mann werden«, bezeichnet die Menopause, und für Frauen ab 40 fielen tatsächlich viele der Einschränkungen weg, die für jüngere Frauen bestanden.

[25] Susanne Formanek, Views of the Crone in pre-Meiji Japan. In: Susanne Formanek und Sepp Linhart (eds.), Aging. Asian Experiences Past and Present. Wien 1997.

[26] Vgl. Ingrid Getreuer-Kargl, Alt-Sein. In: Linhart und Wöss 1990, a.a.O.

7. Schluss

So scheinen die historischen Frauenbilder der Vorstellung von der harmonischen Komplementarität der Geschlechter, in deren Rahmen die Frauen aus einem Rückzug auf die Rolle der Gattin und Mutter besondere Macht geschöpft hätten, zu widersprechen. Über weite Strecken der japanischen Geschichte wird in einer von Männern dominierten Gesellschaft ein Bild der Frauen als des »Anderen«, das in seine Schranken zu weisen ist, entworfen. Macht und Autorität übten viele gerade dort aus, wo sie sich diesen Rollenzuweisungen entzogen. Paradoxerweise scheint sich das Ideal der Häuslichkeit und Sanftmut für Frauen erst in der Begegnung mit dem Westen in breiteren Schichten durchgesetzt zu haben. Nach der erzwungenen Öffnung des Landes wurde Mädchenerziehung einer der wichtigsten Programmpunkte zur Modernisierung des Landes. Im Rahmen einer zunehmend autoritären Staatsideologie diente sie bald vorwiegend dazu, Frauen entsprechend dem *ryôsai kenbo*-Ideal, dem »Ideal der guten Gattin und weisen Mutter«, zu formen und sie dazu zu befähigen, einen Haushalt rationell zu führen und ihre Kinder angemessen zu erziehen. Dabei wurde aber auch besonderes Gewicht auf gute Umgangsformen gelegt und »weibliches« Verhalten auf breiter Basis eingeübt. Erst die Industrialisierung schuf die Dichotomie zwischen außerhäuslicher Erwerbsarbeit und Konsum im Heim. Der zunehmende Wohlstand nach dem Zweiten Weltkrieg gab den Frauen dann die Muße, sich hingebungsvoll ihren Kindern zu widmen, deren Betreuung vormals vorwiegend von Ammen, Kindermädchen, älteren Geschwistern oder den Großeltern wahrgenommen wurde.

Erschöpft sich die geheime Macht der Frauen, die diese in der eingangs erwähnten Sicht aus dem Rückzug auf die ihrer vermeintlichen Eigenart so gut entsprechenden Rollen der Ehefrau und Mutter angeblich schöpfen, darin, dass sie mit ihrer reproduktiven Arbeit den wirtschaftlichen Erfolg Japans zu einem nicht unbeträchtlichen Teil abstützen? »Als Frau geboren zu sein heißt, sich allem unterordnend sich alles unterzuordnen«, lautet der Leitsatz, den viele der so genannten Neuen Religionen jenen zahlreichen Frauen ans Herz legen, die bei ihnen Hilfe suchen bei der Lösung von Problemen wie Untreue des Ehemannes, Einsamkeit oder Überforderung durch Pflegearbeit, die auch ihnen nicht erspart bleiben.[27] Ironischerweise waren viele dieser Religionen im vorigen Jahrhundert von Frauen als Nachfahrinnen der viel beschworenen Schamaninnen der japanischen Frühzeit gegründet worden: Ihnen hatte sich das Göttliche typischerweise nach einem halben Leben voller Entbehrungen und Erniedrigungen offenbart, aus deren Frustrationen sie schließlich die Kraft schöpften, sehr wohl »aus der Rolle zu fallen«, etwa Männerkleidung zu

---

[27] Für eine Bestandsaufnahme dieser Schwierigkeiten vgl. Margaret Lock, Symptoms of Indolence: The Rhetoric of Middle Age and Menopause in Japan. In Susanne Formanek und Sepp Linhart (ed.), Japanese Biographies: Life Histories, Life Cycles, Life Stages. Wien: Verlag der Österreichischen Akademie der Wissenschaften 1992, 211–240.

tragen oder ihre Ehemänner herumzukommandieren.[28] *Onna no ichinen iwa wo tôsu,* »der Wille einer Frau vermag sogar einen Stein zu durchlöchern«, steht insbesondere für ihre nachtragende Natur, die es versteht, früher oder später ein ihr zugefügtes Unrecht zu rächen.[29] Viele sind zwar mit den engen Rollenzuschreibungen unzufrieden und durchbrechen sie auch – was eine seit einem Jahrhundert aktive japanische Frauenbewegung beweist[30] – doch schenkt man Autorinnen wie Kôno Taeko Glauben, schöpfen sie daraus Vergnügen, gegebene Zwänge als freiwillige Selbstbeschränkung zu verstehen sowie aus der Fähigkeit, sich zahlreiche sinnliche Gratifikationen zu verschaffen.[31] Auch haben sich japanische Frauen, von denen das Eheleben nicht so stark wie in Europa »Arbeit in Liebe« verlangt, zum Teil eine gewisse emotionale Unabhängigkeit bewahrt, die eine sagen ließ: »Mein Mann ist ein guter Mann, aber wenn er in Pension geht, möchte ich mich scheiden lassen. Ich habe mein ganzes Leben lang ihn und die Kinder versorgt und kein eigenes Leben gehabt. Wenn er in den Ruhestand geht, werde ich es auch tun.«

---

[28] Vgl. Ulrike Wöhr, Die Untreue der Männer ist die Schuld der Frauen. Konfliktbewältigung in den Neuen Religionen. In Linhart und Wöss 1990, a.a.O., 192–201.

[29] Ein Thema, das in den Werken von Enchi Fumiko, Die Dichterin und die Masken. Die Wartejahre. Reinbek bei Hamburg 1984 und 1985, eine moderne Abwandlung erfährt.

[30] Vgl. etwa Margret Neuss, Die Seitôsha – Der Ausgangspunkt der japanischen Frauenbewegung. Oriens Extremus 18 (1971).

[31] Vgl. Irmela Hijiya-Kirschnereit, Weibliche Konflikte – Weibliche Lösungen in der zeitgenössischen japanischen Literatur. In: Linhart und Wöss 1990, a.a.O., 226–235.

Das Weltkirche-Werden auf dem II. Vatikanum: Aufbruch zu einer »neuen Katholizität«

Margit Eckholt

Einleitung

In den letzten zehn Jahren erwachte erneut das wissenschaftliche Interesse für das II. Vatikanische Konzil. Giuseppe Alberigo gibt eine mehrbändige Reihe zum Konzil heraus, die ins Deutsche, Englische und Französische übersetzt wird[1], Doktorarbeiten entstehen zu einzelnen Konzilsdokumenten[2], Studien zur Konzilshermeneutik oder zur Rezeption des Konzils in den einzelnen Ortskirchen werden erstellt.[3] Nach dem Tod von Konzilsberatern oder -teilnehmern werden Archive eingerichtet bzw. auch geöffnet, Konzilstagebücher wie die von P. Marie-Dominique Chenu[4] werden veröffentlicht. Deutlich wird an den Studien und Forschungen, dass die Schwelle der Unmittelbarkeit des Erlebens und auch die ersten großen Phasen der Rezeption des Konzils abgeschlossen sind. In der Kirche wächst eine neue Generation nach, für die das Konzil zur Vergangenheit gehört. Das Konzil – nur noch toter Buchstabe?

Wenn aus systematisch-theologischer Perspektive dem »Weltkirche-Werden« auf dem II. Vatikanum nachgegangen wird, so geschieht dies nicht nur aus historischem Interesse: Das Konzil war ein »Ereignis«, das als solches in die Zeit hineinwirkt.[5] Jede Annäherung bleibt an das Verstehen der Welt, in der wir leben, gebunden. Ein solches »Sinnverstehen« kann dann auch – nach den hermeneutischen Überlegungen Paul Ricoeurs – zu einem neuen Verstehen des Kirche-Seins und des Glauben-Erlebens im Zuge der Globalisierungsprozesse unserer Gegenwart führen, deren Ambivalenz gerade in der verschärften Marginalisierung und Ausgrenzung der vielen »Armen« unserer Welt deutlich wird. Ein neues Ringen um den »Humanismus« (Bernhard Welte) wird heute wieder notwendig.

---

[1] Auf deutsch ist erschienen: G. Alberigo (Hg.), Geschichte des Zweiten Vatikanischen Konzils (1959-1965). Bd. I: Die katholische Kirche auf dem Weg in ein neues Zeitalter. Die Ankündigung und Vorbereitung des Zweiten Vatikanischen Konzils (Januar 1959 bis Oktober 1962). Deutsche Ausgabe hg. von K. Wittstadt, Mainz/Leuven 1997.

[2] Th. Gertler, Jesus Christus – Die Antwort der Kirche auf die Frage nach dem Menschsein. Eine Untersuchung zu Funktion und Inhalt der Christologie im ersten Teil der Pastoralkonstitution »Gaudium et spes« des Zweiten Vatikanischen Konzils. Leipzig 1986.

[3] Vgl. z. B. G. Routhier, La réception d´un concile. Paris 1993; vgl. auch die Beiträge in: P. Hünermann (Hg.), Das II. Vatikanum – christlicher Glaube im Horizont globaler Modernisierung. Einleitungsfragen. Paderborn/München/Wien/Zürich 1998.

[4] M.-D. Chenu, Notes quotidiennes au Concile: journal de Vatican II: 1962-1963. Ed. critique et introduction par Alberto Melloni. Paris 1995.

[5] Vgl. P. Hünermann, Das II. Vatikanum als Ereignis und die Frage nach seiner Pragmatik. In: P. Hünermann (Hg.), Das II. Vatikanum, 107-125; G. Alberigo, Criteri ermeneutici per una storia del Concilio Vaticano II. In: W. Weiß (Hg.), Zeugnis und Dialog (FS Klaus Wittstadt). Würzburg 1996, 101-117.

Von daher gewinnt das Weltkirche-Werden noch einmal eine neue Brisanz. Die »Weitsicht« der Konzilsväter und -theologen kann auch noch nach über 30 Jahren überraschen. Bei den folgenden Überlegungen steht nicht eines der neuen Themen des Konzils (wie z. B. die Religionsfreiheit) im Mittelpunkt, sondern die Tiefendimension des Konzils, das wesentlich ein »Konzil der Kirche über die Kirche«[6] war. Auf dem Weg, den die Kirche zu ihrer Selbstvergewisserung einschlägt, nimmt sie dabei zum ersten Mal das »Andere« von Kirche, Welt und Kultur, in ihrem Eigenwert wahr. »In der eigentümlichen Logik einer Gewissenserforschung«, so Marie-Dominique Chenu, »fragt die Kirche bei der Suche nach sich selbst nach der Welt, um sie selbst zu sein.«[7] Weltkirche bedeutet dabei: Die Lebensfelder, in denen der Mensch Welt gestaltet, die Probleme, die damit verbunden sind, und die Fragen, die dem Menschen dabei aufgehen, sind für die Kirche bei der Rückfrage nach sich selbst konstitutiv. Mit dem Konzil bricht so ein neues »weltkirchliches Bewußtsein« auf, das die theologische und ekklesiologische Grundlage für den mit ihm sich ereignenden Epochenwandel in der katholischen Kirche darstellt. Vor allem die Wirkungsgeschichte des Konzils in Lateinamerika, Afrika und Asien zeigt, dass neue Horizonte eröffnet worden sind. Der Prozess vollzieht sich dabei im doppelten Sinn: Die Kirche beginnt sich als Weltkirche zu verstehen, indem sie sich ihrer westlich-abendländischen Wurzeln bewusst wird und auf die Welt in der Vielfalt ihrer Kulturen reagiert.

Diese These wird im Folgenden über eine kurze Einführung in das Weltkirche-Werden auf dem Konzil entfaltet. Die theologische Grunddimension, gesehen auf dem Hintergrund der neuen Ekklesiologie, versteht die Kirche als »Zeichen des Reiches Gottes«, als »Sakrament der Völker«. Einzelne Momente dieses Werdens (auch im Sinne des »Streitens um die Weltkirche«) werden anhand einzelner »Schlaglichter« aus der spannungsreichen Textgeschichte der Pastoralkonstitution »Gaudium et spes« vorgestellt. Die Pastoralkonstitution ist, wie bereits 1965 Lukas Vischer[8] betont hat, von »entscheidendem ekklesiologischen Gewicht«.[9] Das Weltkirche-Werden auf dem Konzil wird dabei als Weg hin zu einer

---

6 Vgl. K. Rahner, Das neue Bild der Kirche. In: GuL 39 (1966) 4-24; O.H. Pesch, Das Zweite Vatikanische Konzil (1962-1965). Vorgeschichte – Verlauf – Ergebnisse – Nachgeschichte. Würzburg ³1994, 91 ff.; F.-X. Kaufmann, Zur Einführung: Probleme und Wege einer historischen Einschätzung des II. Vatikanums. In: F.-X. Kaufmann/A. Zingerle (Hg.), Vatikanum II und Modernisierung: historische, theologische und soziologische Perspektiven. Paderborn/München/Wien/Zürich 1996, 9-34, hier: 27: »Das Zentralthema des Konzils war die Lehre von der Kirche...«

7 M.-D. Chenu, Volk Gottes in der Welt. Paderborn 1968, 13.

8 L. Vischer, Die Bedeutung der Konstitution für die Ökumenische Bewegung. In: G. Baraúna (Hg.), Die Kirche in der Welt von heute. Untersuchungen und Kommentare zur Pastoralkonstitution »Gaudium et spes« des II. Vatikanischen Konzils. Deutsche Bearbeitung von Viktor Schurr, Salzburg 1967, 484-488, hier: 484.

9 In der Aufarbeitung der Ekklesiologie des Konzils ist der wesentliche Zusammenhang von »Lumen gentium« und »Gaudium et spes« oftmals unterbelichtet worden. Die Bedeutung beider Konstitutionen für die Entfaltung eines neuen ekklesiologischen Ansatzes wird von P. Hünermann in seinen ekklesiologischen Studien herausgestellt: Ekklesiologie im Präsens. Perspektiven. Münster 1995.

»neuen Katholizität«, einer der vier Wesenseigenschaften der Kirche, verstanden. Das Zusammenwachsen der Menschheit, die Bezogenheit der
Kirche auf die Welt in ihrer Gesamtheit und die Ökumene in ihren drei-
fachen Kreisen, wie Johannes XXIII. in der Eröffnungsansprache des
Konzils formuliert hat[10], sind Impulse dafür.

Meine Überlegungen sollen zu einem neuen »Sinnverstehen« des Konzils beitragen. Sie beziehen sich vor allem auf die Konzilsinterpretationen
bzw. ekklesiologischen Überlegungen von M.-D. Chenu, Y.-M. Congar
und P. Hünermann, in denen Ekklesiologie und theologische Methodik
aufs Engste miteinander verknüpft sind.[11] Die These des Weltkirche-Werdens wird auch durch jüngere theologische und philosophische Entwicklungen getragen: Theologisches Denken konstituiert sich als Denken
wesentlich vom »Anderen« her – von Gott selbst, der in seiner Men-
schenfreundlichkeit in Jesus Christus zum Erlöser von Mensch und Welt
geworden ist. Es ist ein Denken, das auf der »Anerkennung der Anderen«
steht und in seiner innersten Struktur von dieser geprägt ist.

1. Entfaltung des Themas

1.1 Der ekklesiologische Kontext des Konzils

a) Der christologische Grund der Konzilsaussagen

Der Aufbruch aus neuscholastischer Erstarrung und die neuen Wege, die
die Theologie in der Zwischenkonzilszeit eingeschlagen hat, sind in den
auf dem II. Vatikanischen Konzil verabschiedeten Texten »ratifiziert«
worden. Gerade der Neuaufbruch, den Marie-Dominique Chenu als ein
neues Bewusstwerden der Ursprungsdimension von Theologie charakterisiert hat, hat zu einem entscheidenden Perspektivenwechsel im Verständnis der Kirche von sich selbst geführt. Welt wird, mit Peter Hünermann gesprochen, zu einem »Konstitutivum« des jeweiligen Kirche-Seins.
Die Kirche findet zu ihrem spezifischen Selbstverständnis in der Bewegung zum Anderen hin und vom Anderen zu sich zurück. Dass Kirche
sich vom »Anderen« ihrer selbst neu verstehen lernt, dass Welt und Geschichte, Gesellschaft und Kultur für die Ausgestaltung der Ekklesiologie
von Wichtigkeit werden, ist genau in der wesentlichen christologischen
Dimension der Konzilstexte grundgelegt. Offenbarungs-, Kirchen- und
Pastoralkonstitution bauen, so M.-D. Chenu, auf dem »Realismus der
Inkarnation auf, dass Gott in die Geschichte eingegangen ist«.[12] In Jesus

---

[10] Vgl. die Ansprache Papst Johannes' XXIII. *Gaudet Mater Ecclesia* zur Eröffnung des
Zweiten Vatikanischen Konzils (11. Oktober 1962). In: L. Kaufmann/N. Klein, Johan-
nes XXIII. – Prophetie im Vermächtnis. Freiburg/Schweiz-Brig 1990, 116-150, hier: 143
(Nr. 19).

[11] Es sei hierbei an M.-D. Chenus »nouvelle théologie« »Une école de théologie: Le
Saulchoir« erinnert.

[12] M.-D. Chenu, Une école de théologie: le Saulchoir. Préface de René Rémond. Paris 1985,
Postscriptum, 175/6.

Christus hat sich die Zuwendung Gottes als Heil aller Menschen erwiesen. Gott selbst hat seinen Sohn in Zeit und Geschichte gesandt, um sie mit seinem Leben und seiner Liebe ganz zu durchdringen. Die Auferstehung Jesu Christi und die Sendung des Geistes Gottes in diese Welt bestätigen die durch Kreuz und Tod gegangene Liebe Gottes. Die Bestätigung ist eingebunden in menschliches Zeugnis, das aus dem vom Geist angerührten Glauben an diese Liebe und der je konkreten Geschichtszeit des Menschen erwächst. Das gründende Ereignis des Christentums ist so geschichtliches Ereignis. Es setzt eine Geschichte des Evangeliums frei, die sich aus den vielfältigen Formen des Zeugnisses zusammensetzt. Im Grund aller Konzilsaussagen steht das Christusereignis: Der Menschensohn, Jesus Christus, eint in sich selbst Menschheit und Gottheit ungetrennt und unvermischt. Die Kirche ist die Gemeinschaft derer, die sich als seine »Zeugen« und »Zeuginnen« verstehen.

b) Die Kirche als »Sakrament der Völker«

Jesus bezeugt in seinem Leben Gott; er lebt seine Zeit so, dass sie auf Gott hin geöffnet ist. In ihm bricht das Reich Gottes an, Wirklichkeit wird verwandelt und von Jesus so dargelegt und dargebracht, dass das Reich Gottes sichtbar wird. Jesu Sendung verdichtet sich konkret. Die Situationen seines Lebens sind »Zeichen«, die aus dem Mit-Sein mit Anderen erwachsen. Darin gründet die »Sendung« der Kirche. Sie ist »Zeichen des Reiches Gottes« (H.-J. Pottmeyer) in dieser Welt. Aus diesem Zeugnis, das im Hindurchgang durch die Nacht des Todes den Weg zum Ja geht und sich als Glauben an die in der Auferstehung jede Gebrochenheit überwindende Liebe zeigt, erwächst die Sakramentalität, die die Kirche zu einem Hoffnungszeichen für die Welt werden lässt und für die Ökumenediskussion öffnet. Die Polarisierung von sichtbarer Kirche (Barockkatholizismus) und unsichtbarer Kirche (Reformation) wird in der neuen sakramentalen Wesensdimension der Kirche aufgebrochen.[13] In ihrer Bezogenheit auf den »Anderen« – Gott – ist die für die neue Ekklesiologie ganz wesentliche »Anerkennung der Anderen« grundgelegt.

In »Lumen gentium« legen die Konzilsväter entscheidende theologische Wegmarken für die Ausbildung einer neuen Ekklesiologie aus. Darin steht nicht mehr die hierarchische Verfasstheit der Kirche im Mittelpunkt, sondern die von Jesus Christus gegründete »Heilsanstalt«. Er ist das »Licht der Völker«.[14] Wie in ihm Gottheit und Menschheit auf wundersame Weise geeint sind, so ist auch die Kirche »in Christus gleichsam das Sakrament, das heißt Zeichen und Werkzeug für die innigste Vereinigung mit Gott wie für die Einheit der ganzen Menschheit« (LG 1). So wie alle Menschen zur Einheit mit Christus gerufen sind (LG 3), sind alle

---

[13] Y.-M. Congar, Diversités et communion: dossier historique et conclusion théologique. Paris 1982; ders., Dialogue between Christians. Catholic contributions to ecumenism. London/Dublin 1966.

[14] Vgl. Lumen gentium (LG5) 1.

Menschen zum neuen Gottesvolk gerufen (LG 13). Die Kirche versteht sich demnach als Volk Gottes, das in der Geschichte auf diese verheißene Einheit hin wächst und durch dieses Wachsen als das »wandernde« Volk Gottes in immer dichterer Beziehung zu den anderen Völkern steht (vgl. LG 13-17). Kirche bestimmt sich so von ihren vielfältigen Kommunikationszusammenhängen her. Die Kirche ist »für das ganze Menschengeschlecht die unzerstörbare Keimzelle der Einheit, der Hoffnung und des Heils« (LG 9). Sie lebt in der Geschichte, ist als »Sakrament der Völker« in die verschiedenen Geschichten der Völker »verwickelt«. Dadurch ist sie in den Völkern, für die Völker und damit »mehr« als die Völker.

Im Aufleuchten des Mysteriums Jesu Christi wird der neue Horizont der ekklesiologischen Aussagen deutlich. Der Blick »nach innen« und »nach außen« sind in der Kirche aufeinander bezogen. In Analogie zum Geheimnis des fleischgewordenen Wortes wird in »Lumen gentium« 8 so formuliert: »Die mit hierarchischen Organen ausgestattete Gesellschaft und der geheimnisvolle Leib Christi, die sichtbare Versammlung und die geistliche Gemeinschaft, die irdische Kirche und die mit himmlischen Gaben beschenkte Kirche sind nicht als zwei verschiedene Größen zu betrachten, sondern bilden eine einzige komplexe Wirklichkeit, die aus menschlichem und göttlichem Element zusammenwächst.« Die Sorge für das Heil (Transzendenz) und das Wohl des irdischen Menschen (Gesellschaft und Kultur) sind aufeinander bezogen. Die theologischen und ekklesiologischen Impulse von »Lumen gentium« finden ihre Fortsetzung in der Pastoralkonstitution über die »Kirche in der Welt von heute«, im Dekret über die Mission, in der Erklärung zur Religionsfreiheit.

1.2. Der Horizont von »Gaudium et spes«

Der Prozess des Weltkirche-Werdens ist in entscheidender Weise mit der neuen Haltung der Kirche gegenüber der modernen Freiheitsgeschichte verbunden.[15] Der Antimodernismus der letzten Jahrhundertwende wird auf dem Konzil auf zweifache Weise überwunden: zum einen in der Öffnung für die Moderne und den sie auszeichnenden Freiheitsgedanken, wodurch eine neue Teilnahme der Kirche am öffentlichen Leben (in Wissenschaft, Wirtschaft und Politik) möglich wird und zum anderen in der Bezugnahme der Kirche auf die »eine Menschheit« im Prozess ihres konfliktreichen Zusammenwachsens. Die Konzilsväter können hier an die beiden für die Soziallehre der Kirche entscheidenden Enzykliken »Mater et magistra« und »Pacem in terris« anknüpfen. Johannes XXIII. beobachtete mit Freude und Sorge das Entstehen der Völkergemeinschaft und sah im Dienst am Frieden einen wesentlichen Beitrag der Kirche in der neuen Weltkonstellation. Die Kirche beginnt, sich vom »Anderen«,

---

[15] Vgl. hierzu die Dokumente »Dignitatis humanae« (über die Religionsfreiheit) und »Nostra aetate« (über die nicht-christlichen Religionen).

vom Weltbezug her, zu verstehen. Dabei müssen die Fragen, die aus der Welt kommen, als »Probleme des Menschen und des Glaubens gelebt und gedacht werden. Dies legt uns das Konzil nahe, wenn es die zeitgenössische Erfahrung christlich deutet«.[16] Auf diesem Weg bildet sich ein neues weltkirchliches Bewusstsein, in dem die westlich-abendländische Kirche sich den vielfältigen Inkulturationsprozessen in den Kirchen Lateinamerikas, Afrikas und Asiens öffnet.[17]

Diesbezüglich kommt unter den Konzilstexten, vor allem der Pastoralkonstitution »Gaudium et spes« – dem zuletzt verabschiedeten Text – entscheidende Bedeutung zu. Gerade die bewegte Textgeschichte auf dem Konzil selbst ist Dokument des Ringens um das Werden der Weltkirche. Die Diskussionen um Gestalt und theologische Qualifizierung des Textes haben das ganze Konzil begleitet; in ihnen konkretisiert sich die von Johannes XXIII. und Kardinal Suenens aufgeworfene Frage nach dem Wirken der Kirche »ad extra« und »ad intra«. Zunächst ein Blick auf die Textgeschichte (a), vor allem auf die letzten beiden Konzilsperioden (1964/1965), in denen die Entscheidung für das Schema XIII und den endgültigen Text fiel. Im Anschluss an Impulse Johannes XXIII. in seiner Eröffnungsrede und seiner Enzyklika »Pacem in terris« wird der Begriff der »Zeichen der Zeit« aufgenommen: Auch in der Welt können Zeichen der Gegenwart Gottes sichtbar werden. (b) Weltkirche-Werden bedeutet dann, dass die Kirche »konstitutionell und ihrem Wesen nach in der Welt von heute« (Chenu) ist, und dies, indem sie selbst ein ganz neues Verhältnis zur Welt, zur Moderne und zur modernen Freiheitsgeschichte gewinnt (1.3).[18]

a) Die Textgeschichte von »Gaudium et spes« ist ein Spiegel für das umkämpfte Werden der Weltkirche. In jüngeren Studien wird in akribischer Arbeit anhand von Konzilsakten, veröffentlichter Tagebücher usw. die Geschichte dieses Ringens nachgezeichnet.[19] Der Werdeprozess reibt sich vor allem an der »Qualifizierung« des Textes als Konstitution: 1. Kann einem Text, der auf »kontingente« Fragen von Gesellschafts-,

---

[16] M. de Certeau, De la participation au discernement. In: Christus 13 (1966) 518-537, hier 523.

[17] Vgl. K. Rahner, Theologische Grundinterpretation des II. Vatikanischen Konzils. In: Schriften zur Theologie, Bd. 14, Zürich/Einsiedeln/Köln, 287-302; ders., Die bleibende Bedeutung des II. Vatikanischen Konzils. In: ebd. 303-318.

[18] »La souveraine liberté du chrétien dans le monde ne se fonde pas premièrement sur sa séparation, sur sa transcendance, mais dans la plénitude de son amour et de ses présences, tout comme la souveraine liberté du Créateur n'est pas d'abord l'effet de son absolue transcendance, mais dans le mystère de son Amour, qui s'accomplit par une présence totale à son oeuvre.« (M.-D. Chenu, La Parole de Dieu. Bd. 2: L'Evangile et le temps. Paris 1967, 297/298.)

[19] Vgl. etwa H.-J. Sander, Glauben im Zeichen der Zeit. Die Semiotik von Peirce und die pastorale Konstituierung der Theologie. Habilitationsschrift an der Bayerischen Julius-Maximilians-Universität Würzburg, Würzburg 1996.

Wirtschafts- oder Friedensordnung eingeht, ein lehrmäßiger Charakter
zukommen? 2. In den Vorlagen der ersten und zweiten Konzilsperiode
wird zwischen Text und Adnexa unterschieden. Können Letztgenannte,
die »kontingente« Fragen enthalten, Konzilstext werden?

Mit der Verabschiedung der Pastoralkonstitution am 7. 12. 1965 treffen
die Konzilsväter eine Entscheidung, die für den Aufbruch der Kirche von
großer ekklesiologischer Brisanz ist: Ein Konzilstext wird als »Pastoralkonstitution« deklariert. Das heißt: Zum ersten Mal in der Geschichte der
Kirche wird die Verbindung von Lehre und geschichtlich bedingten Elementen, von Lehre und Pastoral von einem Konzil als verbindlich erklärt.
Die Konzilsväter knüpfen dabei an das Grundanliegen Johannes' XXIII.
der Öffnung zur Welt, an sein »aggiornamento«, an. Genau die darin
deutlich werdende Suche nach neuen Ausdrucksformen christlichen
Glaubens in der Gegenwart kontrastiert scharf mit der ersten Konzilsperiode. Von den 77 Schemata, die hier von der Vorbereitungskommission
eingebracht wurden, weisen sich nur zwei durch soziale Fragestellungen
aus. Zwischen den Prinzipien der Kirche und deren konkreten Anwendungen wird scharf getrennt. Anwendungen hätten, so die Diskussionen,
keinen Ort in den Texten des Konzils selbst, sie könnten auch als »Sozial-
katechismus« nach Abschluss des Konzils veröffentlicht werden. In der
zweiten und vor allem dritten Konzilsperiode wird jedoch – auch auf dem
Hintergrund von »Pacem in terris«, dem Vermächtnis von Johannes
XXIII. – ein Ringen um ein neues Verhältnis der Kirche zur Welt deutlich.
Kardinal Suenens mit seinem programmatischen Entwurf eines Auftrages
der Kirche sowohl »ad extra« als auch »ad intra« und der Gruppe der
»Kirche der Armen«, zu der vor allem Bischöfe aus dem Süden wie Dom
Helder Camara gestoßen sind[20], kommt besondere Bedeutung zu. Auf-
grund eines Vorschlags von Kardinal Suenens wird der erste Züricher Text
vorbereitet, der in das Schema XIII eingeht, das in der 3. Konzilsperiode
diskutiert wird. Im Zuge der Vorbereitung dieses Textes ist z. B. auch die
Hilfestellung wichtig, die Lukas Vischer der Arbeitsgruppe um Bischof
Guano und B. Häring gibt.

Schema XIII »De ecclesia in mundo huius temporis« ist ein Text in 4
Kapiteln: 1. Berufung des Menschen; 2. Kirche als Dienerin Gottes und
der Menschen; 3. Christen in der Welt; 4. Aufgaben der Christen in der
Welt: Menschenwürde, Ehe, Familie, Kultur, Wirtschaft, die Menschenge-
meinschaft. Das Vorwort schlägt das Thema »Zeichen der Zeit« an; zu
»Lumen gentium« knüpft die Formel »Christus als Licht der Welt« den
Bezug. Dem Schema sind 5 Anhangkapitel (»Adnexa«) beigefügt, in denen
konkrete Fragestellungen zur Gesellschafts- und Wirtschaftsordnung abgehandelt werden. Für die dritte Konzilsperiode und die Diskussionen
um Schema XIII werden zwei Unterkommissionen gebildet: eine theolo-

---

[20] Vgl. dazu: M.-D. Chenu, »Kirche der Armen« auf dem Zweiten Vatikanischen Konzil.
In: Conc 13 (1977) 232-235; G. Gutiérrez, Das Konzil und die Kirche in der Welt der
Armut. In: G. Fuchs/A. Lienkamp (Hg.), Visionen des Konzils. 30 Jahre Pastoralkonsti-
tution »Die Kirche in der Welt von heute«. Münster 1997, 159-173.

gische bzw. dogmatische (Philipps als Sekretär; Congar, Rahner als Mitglieder) und eine für »Zeichen der Zeit« (Delhaye, Hourtard als Sekretäre; Lebret, Chenu als Mitglieder). Ebenfalls gibt »Ecclesiam suam«, die Enzyklika von Paul VI. vom 6.8.1964, in der er vom Dialog als Weg der Wahrheitsfindung in der Kirche spricht, für den Verlauf der dritten Sessio wichtige Impulse, sodass am Ende der Sitzungsperiode die Frage des Status des Textes geklärt ist: Es handelt sich um eine »constitutio pastoralis«, die sich an alle Menschen richtet. Damit ist ein entscheidender Weg gebahnt: Es gehört zur Bestimmung der Kirche, sich zu Fragen der Welt zu äußern. Im auf der vierten Sessio bearbeiteten Text heißt es in der Anmerkung zum Titel:

> Die Pastoralkonsitution über die Kirche in der Welt von heute besteht zwar aus zwei Teilen, bildet jedoch ein Ganzes. Sie wird »pastoral« genannt, weil sie, gestützt auf Prinzipien der Lehre, das Verhältnis der Kirche zur Welt und zu den Menschen von heute darzustellen beabsichtigt. So fehlt weder im ersten Teil die pastorale Zielsetzung noch im zweiten Teil die lehrhafte Zielsetzung.

Fragen der »Pastoral« bzw. »Soziallehre« stehen im Kern christlichen Lebens und Lehrens. Sie sind nicht nur »Instruktionen«, die die Kirche der Welt erteilt, sie erwachsen aus dem ständigen Dialog mit der Welt. Die Kirche kann das ihr anvertraute Evangelium nur dadurch in die Zukunft tragen, dass sie – so Johannes XXIII. – die »Zeichen der Zeit«, die vom Wirken des Geistes zeugen, wahrnimmt. Sie muss das Wort Gottes in der Sprache der Zeit auslegen. Johannes XXIII. sprach in »Pacem in terris« u. a. von Fragen, die aus der Arbeiterbewegung herrühren, von der neuen Stellung der Frau in der Gesellschaft, von entwicklungspolitischen Fragestellungen, der Nord-Süd-Problematik.

Dieser Prozess des »aggiornamento« wird in »Gaudium et spes« vollzogen: Die Kirche macht sich zu einer im »Heute« gegen-wärtigen Größe, indem sie sich die Lage der Menschheit vergegenwärtigt. Sie entdeckt die Gegenwart Gottes im Ringen der Menschen um ihre Menschwerdung. Dies ist in Kapitel 1 (12–22) über die »Würde der menschlichen Person« angesprochen. Die Kapitel 2 und 3 über die menschliche Gemeinschaft (23–32) und das menschliche Schaffen in der Welt (33–39) vertiefen diesen Ansatz. »Aggiornamento« heißt so Vergegenwärtigung des Glaubens unter den Menschen dieser Zeit. Das bedeutet, dass die Kirche neue missionarische Wege gehen muss: »In dieser Zeit ist die Stunde gekommen, neue Wege der Kirche zu suchen (...) Damit die Kirche missionarisch ist, muss sie in dem historischen Fortschreiten der Welt selbst existieren.«[21] Dieses neue Verhältnis von Kirche und Welt wird in Kapitel 4 des 1. Hauptteils (40-45) entfaltet: Die Welt erfährt Hilfe von der Kirche und umgekehrt. Art. 40 stellt fest, dass sie Kirche in und für die Welt ist, sie ihrem Ursprung und Wesen nach zwar nicht welthaft ist, aber deshalb nicht weltabgewandt sein darf. Sie geht vielmehr den Weg mit der gesam-

---

[21] Bischof Schmitt (Metz) zu Schema III in: AS III–V,408; zitiert nach Sander, Glauben im Zeichen der Zeit, 275.

ten Menschheitsfamilie und trägt bei zur humaneren Gestaltung der Welt. Dabei wird auch der geschichtliche Charakter der Kirche betont und ihr eigenes Versagen nicht kaschiert: »Die Kirche weiß auch, wie sehr sie selbst in ihrer lebendigen Beziehung zur Welt an der Erfahrung der Geschichte immerfort reifen muss (Art. 43).« Das wechselseitige Geben und Empfangen zwischen Kirche und Welt wird in Art. 44 vertieft: Aufgrund ihrer sichtbaren Struktur hat die Kirche die Möglichkeit, durch die Entwicklung des gesellschaftlichen Lebens bereichert und somit ihrem missionarischen Auftrag besser gerecht zu werden. Im zweiten Hauptteil wird dieser Auftrag an konkreten Fragestellungen von Ehe und Familie, Kultur, Wirtschaft, Gesellschaft und Friedensordnung exemplifiziert. Das Konzil richtet sich an alle Menschen, nicht nur an die Glieder der Kirche.

In »Gaudium et spes« ist also ein entscheidender Perspektivenwechsel vollzogen worden: Die Kirche konstituiert sich auch über das »ad extra«. Wurde diese Außendimension vor allem in den Aufgabenbereich von Pastoral und Soziallehre gestellt, so rückt das, was eher »am Rand« der Theologie verhandelt worden ist, in den »Kern« theologischen Arbeitens.

b) Weltkirche und »Zeichen der Zeit«:
Am Anfang der Einführung (4–10) in die Pastoralkonstitution, in der die »Situation des Menschen in der heutigen Welt« beschrieben wird, und am Beginn des 1. Hauptteiles wird der Begriff »Zeichen der Zeit« eingeführt. Der Kirche obliegt die »Pflicht, nach den Zeichen der Zeit zu forschen und sie im Licht des Evangeliums zu deuten« (4) bzw. das Volk Gottes muss sich bemühen, »in den Ereignissen, Bedürfnissen und Wünschen, die es zusammen mit den übrigen Menschen unserer Zeit teilt, zu unterscheiden, was darin wahre Zeichen der Gegenwart oder der Absicht Gottes sind« (11). Auch im Blick auf ihre eigene Sendung geht es für die Kirche darum, im Verständnis der Welt ihren Auftrag zu bestimmen. Die Veränderungen, die die Menschheit erlebt, betreffen und verändern auch die Kirche. So werden in den einführenden Passagen von »Gaudium et spes« die verschiedenen Probleme der Zeit benannt: Reichtum und Armut, Freiheit und Ideologie, das Zusammenwachsen der Menschheit (5), Solidarität und Spannungen in der Weltgesellschaft (8). Vor allem die wachsende Verflechtung der Menschen untereinander und die damit einhergehende Nord-Süd-Spannung ist eines der entscheidenden »Zeichen der Zeit«, in denen Gottes Ruf in der Geschichte hörbar wird. Die »Zeichen der Zeit« zeigen auf das, was den Menschen in seiner Tiefe, in seiner Menschenwürde betrifft, für ihn Freude oder Leid ist.[22]

---

[22] Chenu, Volk Gottes in der Welt, 62.

1.3 Die »Anerkennung der Anderen«

Im Begriff der »Zeichen der Zeit« verdichtet sich das neue Verhältnis der Kirche zur Welt: Ihr neues Sich-vom-Anderen-her-Verstehen kristallisiert sich vor allem in ihrer neuen Beziehung zur Moderne, wie es sich in der Anerkennung der Menschenrechte im Dekret über die Religionsfreiheit (»Dignitatis humanae«) ausdrückt, oder auch zu den Nicht-Christen (»Unitatis redintegratio«, Ökumene-Dekret) und zu anderen Religionen (»Nostra aetate«). Damit sind entscheidende Konsequenzen für Pastoral und Pädagogik verbunden. Daraus ergibt sich eine neue Präsenz der Kirche in der Völkergemeinschaft (GS 89). Die theologischen Impulse von »Lumen gentium« und »Gaudium et spes« berühren sich. In ihrer Sendung an alle Menschen ist die Kirche Zeichen für eine »weltweite Geschwisterlichkeit« (GS 91; 92). In der zusammenwachsenden Welt besteht ihre Aufgabe darin, Menschen aller Nationen, Rassen und Kulturen in einem Geist zu vereinen. Wenn in ihr selbst die Liebe wirkt, kann sie Verheißung der Einheit und des Friedens für die Welt sein (GS 92; 93; 42). Die sakramentale Dimension der Kirche verdichtet sich. Sie steht im Kontext immer neuen Aufbruchs in der Begegnung mit dem Anderen. Sie will die Welt verstehen, in der sie lebt. Das bedeutet, die Grundbewegung nachvollziehen, die sie hervorgebracht hat. Das Denken der Kirche wird dadurch dynamisch und genetisch. Im Prozess dieses Nachvollzugs entdeckt sie sich neu.[23]

Für die Kirche bedeutet dies vor allem, sich von ihren eigenen Kulturvorstellungen freizumachen. Kardinal Lercaro belegte dies in den Diskussionen über die Kulturthematik in der Pastoralkonstitution »Gaudium et spes« mit dem Gedanken der »Armut« der Kirche im kulturellen Bereich.[24] Die Kirche muss sich von eigenen Kulturvorstellungen lösen, um in einer solchen »Armut« frei zu werden, damit sich je neu der Grund jeder Kulturschöpfung ereignen kann: Jesus Christus. Dieses Arm- und Freiwerden ist dabei von einem Prozess der »Unterscheidung der Geister« begleitet, Jesu Christi Geist in der »Welt«, in der Kultur und ihren unterschiedlichen Gestalten zu erkennen. Mit dieser, in der »Unterscheidung der Geister« angelegten neuen Annäherung an die Kultur sind auch ein neues Missionsverständnis, ein neuer Ökumenismus und ein Hineinwachsen in eine »neue Katholizität« verbunden – ein Aufbruch aus der Bindung der Kirche an die abendländische Form des Christentums.

3. Aufbruch zu einer neuen Katholizität

Das Konzil war ein Ereignis des Geistes. In vielen seiner Dokumente sind Intuitionen eines Weges in die Zukunft erfasst, die der Rezeptionsprozess

---

[23] Certeau, De la participation au discernement, 527, 529/530.
[24] Vgl. den Kommentar von R. Tucci, Zweites Kapitel des zweiten Teils. Einleitung und Kommentar. In: Lexikon für Theologie und Kirche, Ergänzungsband 3, Freiburg/Basel/Wien 1986, 447–485, v.a. 465/466.

bestätigt. Die Wirkungsgeschichte des II. Vatikanums in den Kirchen Lateinamerikas, Afrikas und Asiens und die neuen theologischen Aufbrüche werden angeregt durch das neue Bewusstsein, das in »Gaudium et spes« zum Ausdruck kommt. Aus der Perspektive des »Südens« ist »Gaudium et spes« das entscheidende Konzilsdokument, die »Katholizität« der Kirche – eine ihrer »notae ecclesiae«, ihrer Wesenseigenschaften – neu durchzubuchstabieren. Das Konzil ist, so Karl Rahner, »der erste Akt in der Geschichte«, »in dem die Weltkirche amtlich sich selbst als solche zu vollziehen begann. Im 19. und 20. Jahrhundert ist die Kirche langsam und tastend aus einer potentiellen Weltkirche eine aktuelle Weltkirche geworden, aus einer europäisch-abendländischen Kirche mit europäischen Exporten in alle Welt zu einer Weltkirche, die, wenn auch in sehr verschiedenem Intensitätsgrad, in aller Welt präsent ist, und zwar nicht mehr nur als europäisch-nordamerikanische Exportware.«[25] Eine neue Epoche der Kirchengeschichte beginnt: Potentiell ist die Kirche bereits im Zeitalter der großen Entdeckungen, mit ihrer Ausbreitung in die amerikanischen, afrikanischen und asiatischen Kulturräume im 16. Jahrhundert zur »Weltkirche« geworden. Es ist eine Weltkirche im europäisch-abendländischen Gewand, die auf die römische »Propaganda fidei« bezogen und von einem westlich-abendländischen Kulturverständnis geprägt ist. Das Weltkirche-Werden auf dem Konzil bedeutet somit einen entscheidenden Perspektivenwechsel, es ist verbunden mit dem »Wagnis eines wirklichen Neuanfangs im Bruch mit manchen uns selbstverständlichen Kontinuitäten. Entweder sieht und anerkennt die Kirche diese wesentlichen Unterschiede der anderen Kulturen, in die hinein sie Weltkirche werden soll, und zieht aus dieser Anerkennung die notwendigen Konsequenzen mit einer paulinischen Kühnheit, oder sie bleibt westliche Kirche und verrät so letztlich den Sinn, den das II. Vatikanum gehabt hat«.[26]

Abschließend soll kurz der »neuen Katholizität« nachgegangen werden, wie sie sich bereits in den Texten des Konzils abzeichnet, in die die katholische Kirche in der bis heute andauernden Wirkungsgeschichte des Konzils hineinzuwachsen beginnt als in eine Kirche zwischen Selbstvergewisserung, Infragestellung und Aufbruch.

Die Überlegungen setzen dabei auf dem Grund der Arbeiten von Thils, Journet oder Congar an, die bereits in der Vorkonzilszeit ein bloß quantitatives Verständnis aufgebrochen haben und stattdessen Katholizität stärker »qualitativ« zu denken versuchen.[27]

---

[25] Rahner, Die bleibende Bedeutung des II. Vatikanischen Konzils, 304.
[26] Rahner, Theologische Grundinterpretation des II. Vatikanischen Konzils, 298.
[27] Vgl. zu den »Kennzeichen der Kirche«: P. Steinacker, Die Kennzeichen der Kirche. Eine Studie zu ihrer Einheit, Heiligkeit, Katholizität und Apostolizität. Berlin/New York 1982; G. Thils, L'après-Vatican II – Un nouvel âge de l'Eglise? Louvain-la-Neuve 1985; P. Tihon, Pour une nouvelle »catholicité« ecclésiale. Dans: Recherches de Science Religieuse 86 (1998) 123–142. Zur »traditionellen« Bestimmung der Katholizität: Ch. Journet, Théologie de l'Eglise. Paris 1958/1987, 368. Vgl. auch Y.-M. Congar, Die Wesenseigen-

a) Katholizität als »Hoffnungsdimension«:
Für eine Kirche, die sich als Zeichen des Reiches Gottes versteht und für die der Weg in die Fremde ein Weg zu sich selbst ist, impliziert »katholisch« vor allem eine Hoffungsdimension: Die Kirche ist bleibend auf dem Weg zu ihrer Verheißung: Sie *ist* katholisch in ihrem »Werden«. Die Kirche ist je neu durch »Anderes« herausgefordert, sie selbst zu werden.

b) Katholizität und »Anerkennungsverhältnis«:
Erhält das »Andere« eine wesentliche Bedeutung in der Selbstbestimmung der Kirche, wird allen Abgrenzungsstrategien der Grund entzogen. Kirche muss immer wieder neu aufbrechen, die Botschaft des Heils lebendig werden lassen und dabei die Herausforderungen des fremden Anderen annehmen. »Katholisch« muss »Anerkennung des Anderen« heißen.

c) Katholizität und »Pluralismus«:
Katholisch ist nicht mehr die »Universalkirche«, vielmehr die »Weltkirche«. Das heißt, Katholizität und Pluralismus sind zusammenzudenken. Die Kirche ist katholisch in einer durch die vielfältigsten Pluralisierungs- und Differenzierungsprozesse charakterisierten Welt, die wiederum auf die Kirche selbst zurückwirken. In den verschiedenen, je neuen Inkulturationsprozessen wächst die Kirche in ihre Katholizität hinein.

d) Katholizität und »Einheit«:
Ein solches Verständnis von Katholizität modifiziert die darin implizierte Einheitsvorstellung. Einheit realisiert sich in verschiedensten Kommunikationsprozessen: »communio« der Ortskirchen untereinander, der Ortskirchen mit dem Bischof von Rom, der verschiedenen Charismen usw. in der Kirche; Kommunikation mit den anderen christlichen Kirchen, den nicht-christlichen Religionen, der modernen Welt, Weltökumene.

e) Katholizität und Communio:
Die Kirche ist »katholisch« in der Einheit, die aus der Gemeinschaft der Vielen erwächst. Dieses Miteinander stellt das Geschehen der »Anerkennung des Anderen« dar. Katholizität ist also keine unbestimmte Wesenseigenschaft der Kirche. Sie bedeutet Förderung jedes Einzelnen, sich in seiner je eigenen Freiheit realisieren zu können (Subsidiarität) und Beistand dort, wo der Einzelne ihn braucht (Solidarität).

f) Katholizität und »Versöhnungsarbeit«:
Weil sich die Kirche auf dem Weg in die Welt auf dem Weg zu sich selbst befindet, ist Katholizität zutiefst vom »bleibenden Konfliktcharakter zwischen Glaube und Welt«[28] geprägt. Die Praxis der Nachfolge in einer von Gewalt und Menschenrechtsverletzungen geprägten Welt heißt so, auf das

---

schaften der Kirche. In: Mysterium Salutis, Bd. IV/1, Hg. J. Feiner/M. Löhrer, Einsiedeln/Zürich/Köln 1972, 357-502, vor allem 478–502. Die Qualität der Katholizität bestimmt sich »kraft ihres göttlichen Ursprungs und ihres Herrn Jesus Christus« (487).
[28] J.B. Metz, Zur Theologie der Welt. Mainz ⁵1985, 76.

Kreuz Christi in der Geschichte stoßen und alle Praktiken von Gewalt an-
prangern sowie Wege der Versöhnung suchen.

Auf der anderen Seite bedeutet dieses Weltkirche-Werden für die Kirche auch die Einsicht in das eigene Schuldigwerden. Hier wurde an den
Gedanken der »ecclesia semper reformanda« angeknüpft. »Bis es aber
einen neuen Himmel und eine neue Erde gibt, in denen die Gerechtigkeit
wohnt (vgl. 2 Petr 3,13)«, trägt die pilgernde Kirche in ihren Sakramenten
und Einrichtungen, die noch zu dieser Weltzeit gehören, die Gestalt dieser Welt, die vergeht, und zählt selbst so zu der Schöpfung, die bis jetzt
noch seufzt und in Wehen liegt und die Offenbarung der Kinder Gottes
erwartet (vgl. Röm 8, 19–22).[29]

---

[29] Lumen gentium 48.

Über die Mädchenbeschneidung

Rose Staudt

Wenn man auf andere moralisch einwirken will, muss man damit beginnen, mit der eigenen Moral Ernst zu machen. (Etty Hillesum)

Exkurs: Zahlen und Definitionen

Waren es 1985 nur *74 Millionen verstümmelte Frauen und Mädchen, sind* es inzwischen 130 Millionen. *Und es kommen jährlich* 2 Millionen *kleiner Mädchen hinzu.*[1]

Je nach Quellen unterscheidet man 4 bis 5 Arten der Genitalverstümmelung:

1. *Milde sunna:* Einstechen, Einritzen oder die Entfernung der Vorhaut der Klitoris, was wenig oder nicht schädlich ist. Diese »Beschneidung« soll vom Propheten Mohammed empfohlen sein. Sie ist am wenigsten verbreitet.
2. *Modifizierte sunna:* Teilweise oder vollständige Entfernung der Klitoris.
3. *Clitoridectomie:* Teilweise oder vollständige Entfernung der Klitoris sowie der inneren Schamlippen. Folge dieser Operation ist oft ein großes, die vaginale Öffnung verdeckendes Narbengewebe.
4. *Infibulation oder pharaonische Beschneidung:* Entfernung der Klitoris und der inneren Schamlippen sowie der inneren Schichten der äußeren Schamlippen. Der Rest der äußeren Schamlippen wird entweder mit Katzendarm zusammengenäht oder mit Dornen aneinander befestigt. Ein kleines Holzstück wird in die Vagina eingeführt, um den vollständigen Verschluss der Wunde zu verhindern und so nur eine stecknadelkopfgroße Öffnung für Urin und Menstruationsblut zu lassen.[2]

Medizinische und psychosoziale Folgen

Sudanesische Ärzte haben bestätigt, dass 10 bis 30% der kleinen Mädchen – oft im Alter von nur wenigen Tagen – an den Folgen der Verstümmelung sterben, unter anderem durch Verbluten, Tetanos oder diverse Infektionen. Diese Eingriffe, meistens von traditionellen Hebammen ausgeführt, erfolgen ohne Anästhesie mit Küchenmessern oder Glasscherben. Um nur einige der Folgen für die Gesundheit der Frauen zu nennen: Die Blasenentleerung dauert bis zu einer halben Stunde, die Menstruation ist mit grausamen Schmerzen verbunden, da das Blut kaum abfließen kann, mit der ersten Penetration beginnt oft ein jahrelanges Martyrium und zu jeder Entbindung muss die Frau chirurgisch »geöffnet« werden. Es scheint auch, dass ein erhöhtes Risiko für HIF/Aids besteht. Die seelischen Folgen der Verstümmelung sind kaum erforscht. Ärzte und aufgeklärte Intel-

---

[1] Joni Seager, Der Fischer Frauenatlas. Frankfurt/Main 1998, 52–53.
[2] Hanny Lightfoot-Klein, Das grausame Ritual. Frankfurt/Main 1992, 49–51; auch Efua Dorkenoo and Scilla Elworthy, Female Genital Mutilation. In: Miranda Davies ed., Women and Violence. London 1994, 138.

lektuelle sind sich darüber einig, dass die Genitalverstümmelungen absolut hinderlich für die weibliche Emanzipation sind und den Fortschritt der betroffenen Länder verhindere.

Ursprünge, Begründungen und aktuelle geographische Verbreitung

Die Praxis der Ritualverstümmelungen reicht bis in mythische Vergangenheit zurück. Der Historiker Herodot berichtet von weiblicher Beschneidung im Ägypten des 5. Jahrhunderts v. Chr. Ein griechischer Papyrus im Britischen Museum aus dem Jahre 163 v. Chr. erwähnt Beschneidungen an jungen Mädchen. Auch der griechische Geograph Strabo berichtet 25 v. Chr. von diesem ägyptischen Brauch. Er schlussfolgerte, dass Beschneidungen zuerst an Frauen hoher Kastenzugehörigkeit durchgeführt wurden und dass sie ein wesentlicher vorehelicher Ritus waren. Lightfoot schreibt: »Zu welchem Zeitpunkt diese Praktiken ihre unselige Verschmelzung eingingen mit der besessenen Beschäftigung mit dem Thema Jungfräulichkeit und Keuschheit, die heutzutage immer noch die islamisch-arabischen Kulturen charakterisieren, ist unbekannt ...«[3] Es findet sich der Glaube an eine bisexuelle Seele. Die »männliche Seele« der Frau sitzt in der Klitoris und muss daher entfernt werden. Die weiblichen Genitalien sind unrein, die Beschneidung dient als ritueller Reinigungsakt.

Fest steht, dass die Praxis der Genitalverstümmelungen dem patriarchalen Familiensystem entspricht und seit der Antike den Männern die Macht und die Kontrolle über die weibliche Sexualität – das bedeutet die Geburtenregelung – verleiht und somit der Erhaltung der männlichen Erfolge dient. Infibulation erzwingt die voreheliche Enthaltsamkeit. Lightfoot schreibt: »Beschneidung und Infibulation sind keinesfalls einzigartig für Afrika. (...) Klitorisbeschneidungen wurden in der englischsprachigen Welt des 19. Jahrhunderts recht extensiv durchgeführt.« In Amerika versuchte man durch diese Operationen lesbische Praktiken, Hypersexualität, Hysterie und Nervosität zu heilen.[4] Heute findet man die Genitalverstümmelungen in über zwanzig afrikanischen Ländern sowie in Oman, Süd-Yemen, den Vereinigten arabischen Emiraten, Indonesien und Malaysia u. a. Sie sind aber nicht an eine spezifische Religion gebunden, sondern gleichermaßen »verteilt« unter Moslems, Animisten und koptischen Christen. In Europa, Schweden, Italien und Frankreich werden Migrantentöchter auf Anfrage der Eltern sogar in Kliniken verstümmelt. (Hier ist anzumerken, dass 1998 in Göteborg eine internationale Konferenz gegen Genitalverstümmelungen unter Leitung der Ghanaerin Efua Dorkenoo stattfand. Sie beklagte, dass inzwischen beträchtliche Geldsummen in afrikanische Bildungsprojekte fließen, in Europa aber so gut wie gar nichts dagegen getan wird.[5])

---

[3] Hanny Lightfoot-Klein, a.a.O., 43–45; Séverine Auffret, Des couteaux contre des femmes de l'excision. Paris 1983, 10.

[4] F.P. Hosken, The Hosken Report, Genital and Sexual Mutilation of Females. Lexington 1982 a, 250–255.

[5] Aus der Zeitschrift »Emma« vom Oktober/November 1998.

Gedanken zur Rechtssituation

Artikel 5 der Allgemeinen Erklärung der Menschenrechte vom 10. Dezember 1948 sagt: »Niemand darf der Folter oder grausamer, unmenschlicher oder erniedrigender Behandlung oder Strafe unterworfen werden.« *Artikel 24 (3)* des Übereinkommens über die Rechte des Kindes vom 20. November 1989 sagt: »Die Vertragsstaaten treffen alle wirksamen und geeigneten Maßnahmen, um überlieferte Bräuche, die für die Gesundheit der Kinder schädlich sind, abzuschaffen.« Die meisten Länder in denen Genitalverstümmelungen begangen werden, sind Unterzeichnerstaaten dieser Rechtskonventionen! Im Sudan ist die Infibulation seit 1946 unter Strafe gesetzlich verboten, ebenso in Ägypten und Burkina Faso. In Europa sind in Schweden, Norwegen, Belgien und Frankreich Genitalverstümmelungen unter Strafe verboten sowie in weiten Teilen Amerikas.[6]
Johan Galtung fragt wohl zu Recht: »Ist die Rechtstradition kulturblind?« Und er antwortet: »*Wie es keine universellen Gesetze im wissenschaftlichen Sinne gibt, gibt es auch kein universelles Gesetz im rechtlichen Sinn.* Dies liegt nicht daran, dass die sich in deskriptiven und präskriptiven Gesetzen widerspiegelnden Phänomene zu komplex oder zu verschieden sind, sondern daran, dass ›Gesetz‹ für verschiedene Kulturen ganz verschiedene Dinge bedeutet (…) Die kulturellen Differenzen sind soziale Realitäten.«[7] Obwohl die Praxis der weiblichen Genitalverstümmelung in ursprünglich islamischen Traditionen begründet sei, ist unter Fachleuten umstritten, dass sie im islamischen Recht begründet und verankert ist.[8] Ludwig Hagemann schreibt, dass »das Verhältnis von Staat und Individuum sich in der islamischen Staatsdoktrin aufgrund eigener Prämissen anders darstellt als in der europäischen Geistesgeschichte.«[9] Individuelle Menschenrechte spielen im Islam nicht die Rolle wie in den westlichen Ländern und erweisen sich eher als Pflichtkodex des Einzelnen versus der Allgemeinheit.

Fazit: Die Frage der Gewalt

Die Stimmen der Betroffenen: »Was ist ein Orgasmus?«, fragt *Malika*, die pharaonisch beschnittene, sudanesische Lehrerin, mit einem Arzt verheiratet und Mutter von 4 Kindern …
Nairah erinnert sich: »Als 6-jährige wurde ich pharaonisch beschnitten (…) von 6 Frauen wurde ich festgehalten. Der Schmerz war enorm. Ich wurde fast verrückt vor Angst und Entsetzen …«[10]
Oureye Sall, eine ehemalige kenianische Beschneiderin, sagt: »Wir wollten unsere Kinder nicht verletzen, sondern ihnen gute Lebens-Chancen

---

6 Efua Dorkenoo and Scilla Elworthy, a.a.O., 142.
7 Johann Galtung, Menschenrechte – anders gesehen. Frankfurt/Main 1994, 78–79.
8 Joni Seager, Der Fischer Frauenatlas, a.a.O., 115.
9 Ludwig Hagemann, Individualrechte spielen im Islam kaum eine Rolle. In: Luxemburger Wort (Tageszeitung) vom 3.12.1994.
10 Punkt 1 und 2: frei nach Hanny Lightfoot-Klein.

eröffnen.« Unbeschnittene Mädchen hätten in den betroffenen Dörfern keine Chance, verheiratet oder in der Gemeinschaft akzeptiert zu werden. Nach der Tradition dürfe man nicht einmal essen, was sie kochen.[11]

Die Männer sagen: »Das ist Frauensache …«

1999 war das Jahr gegen die Gewalt an Frauen. Unicef hat am 8. März zum weltweiten Kampf gegen die Female Genital Mutilation aufgerufen.

José Sánchez de Murillo schreibt: »Als Tiefenphänomen gefasst nennt Gewalt eine wesenhafte destruktive Grundbewegung, die auf die Vernichtung des Urrechts eines jeden Seienden abzielt, in der Art des eigenen Daseins aufgehen und weilen zu dürfen. Die Achtung dieser Grundfreiheit ist die Voraussetzung aller anderen (ethnischen, religiösen, politischen usw.) Freiheiten, die das friedliche Zusammenleben ermöglichen. Wo also das Urrecht, sich selbst entsprechen zu dürfen, nicht gedeihen kann, sind empirische Freiheiten grundsätzlich unmöglich. Da nun aber das Urrecht auf diese Grundfreiheit zum Dasein des Menschen gehört, stellt ihre Verneinung eine Verzerrung seines Wesens dar …«[12] Demnach stellt sich die Gewaltfrage als ethische Herausforderung schlechthin und nicht als partikulär feministische Ethik. Die Ablehnung der Genitalverstümmelung ist keine Frage des Rassismus oder der kulturellen Unterschiede, das Vorrecht eines bestimmten Kontinents, auf das freilich stets zu achten ist. Wo aber Frauen aus niedrigsten Gründen derart barbarisch gequält oder entstellt werden, hören alle kulturellen und religiösen Differenzen auf. Denn es werden die Würde des Menschen und der Wert des Lebens an sich infrage gestellt. In *Care and Respect* fordert Robin S. Dillon eine Ethik der Fürsorge, die weiter als Kants kategorischer Imperativ reicht: Menschen, Frauen respektieren, sie vom Standpunkt ihrer selbstdefinierten Spezifizität her verstehen, die Welt mit ihren Augen sehen. Dies enthält mehr als sich nicht einmischen, im Gegenteil, es fordert Fürsorge für die Frauen, um ihnen zu helfen ihren Weg zu gehen und ihre Wünsche zu erfüllen. Wir alle sind für einander verantwortlich.[13]

Auch die westlichen, kirchlichen Würdenträger und Amtsinhaber sind aufgerufen, aus ihrem bisherigen Schweigen zu erwachen. Genitalverstümmelungen an Mädchen und Frauen müssen in den Globalkontext von Unterentwicklung und der Lebensrealität der Ärmsten der Armen gestellt werden. Im Juni 1999 haben die sieben reichsten Länder der Erde für das Jahr 2000 einen Schuldenerlass gewährt. Wir sind dafür verantwortlich, dass Ernährungsprogramme, Bildung und Schulwesen, Gesundheitsfürsorge und Aufklärung stattfinden können und somit der extremen Gewalt durch Genitalverstümmelungen an kleinen Mädchen und Frauen weltweit Einhalt geboten werden kann.

---

[11] Aus: Luxemburger Wort vom 8.3.1999.
[12] José Sanchez de Murillo, Tiefenphänomenologie der menschlichen Gewalt. In: Edith Stein Jahrbuch (1995) 79–80.
[13] Robin S. Dillon, Care and Respect. In: Explorations in feminist ethics. Ed. by Eve Browning Cole and Susan Coultrap-Mc Quin. Bloomington and Indianapolis 1992, 72–78.

V

EDITH-STEIN-FORSCHUNG

Edith Stein –
Von Auschwitz aus gesehen

Manfred Deselaers[1]

Unter dem Kreuz verstand ich das Schicksal des Volkes Gottes, das sich damals anzukündigen begann. (Edith Stein, 1938)

Die meisten Menschen, die ernsthaft über Auschwitz reden, tun das in einer großen Betroffenheit. Weil in Auschwitz jeder in seiner Identität berührt ist, ist die Neigung zur Selbstverteidigung sehr groß. Umso mehr möchte ich versuchen, offen zu sein für Begegnung, für Begegnungen auch mit Menschen, die mich infrage stellen, weil Auschwitz für sie eine andere Bedeutung hat als für mich.

Ich möchte in zwei Schritten vorgehen: 1. Was heißt: *Von Auschwitz aus gesehen*. Wovon erzählt uns der Ort? 2. Was kann uns Edith Stein auf diesem Hintergrund sagen?

I. Von Auschwitz aus gesehen

Oświęcim – Auschwitz – das ist nicht nur ein Symbol, sondern ein konkreter Ort, der Geschichte erzählt. Geschichte aus der Vergangenheit und aus der Gegenwart. Oświęcim ist heute eine Stadt mit ca. 50.000 polnischen Einwohnern. Ich will mich auf die Gedenkstätte Auschwitz-Birkenau beschränken.

Zur Zeit des Nationalsozialismus gehörten zum Lagerkomplex Auschwitz ca. 40 km² »Interessensgebiet« und etwa 40 km² Lager. Als Gedenkstätte erhalten sind heute das sog. *Stammlager*, das erste, in dem die Kommandantur war, und das zweite und größte Lager, *Birkenau*, wo die Fabrikanlagen zur Menschenmassenvernichtung eingerichtet wurden, die seit 1943 in Betrieb waren. Die Vernichtung der Juden im Rahmen der sog. Endlösung begann 1942. Provisorisch wurde in Birkenau zunächst in umgebauten Bauernhäusern vergast. In einem davon, dem sog. weißen Haus, ist vermutlich im August 1942 Edith Stein vergast worden. Anfang der 80er Jahre hatte eine Gruppe polnischer Pfadfinder auf der Wiese hinter den Ruinen des »weißen Hauses« Kreuze und Davidsterne aufgestellt, um deutlich zu machen, dass dieser abgelegene Ort von besonderer Bedeutung ist. Man stellte auch eine Gedenktafel für Edith Stein an ihrem vermutlichen Todesort auf.

[1] Überarbeitete Fassung des Vortrags, gehalten in der Gedenkkirche Maria Regina Martyrum in Berlin am 12. Oktober 1998 anlässlich der Heiligsprechung Edith Steins. Der Autor lebt seit 1990 in Auschwitz und arbeitet dort seit zwei Jahren als deutscher Seelsorger am katholischen Zentrum für Dialog und Gebet, das vor ca. 5 Jahren zusammen mit dem Neubau des Karmelitenklosters entstand.

Dieser Ort, der so konkret mit dem Tod von Edith Stein verbunden ist, erzählt. Immer wieder lesen wir in der Presse von aktuellen Spannungen um den Umgang mit Auschwitz.

1. Die Spannungen der Gegenwart

Am 7. Juli 1997 sagte *Elie Wiesel* bei einer Gedenkfeier aus Anlass des 50. Jahrestages des Pogroms von Kielce:

> Herr Premier [Cimoczewicz], Sie waren so gut, mir zu versprechen, sich persönlich der Dutzend Kreuze anzunehmen, die in Birkenau, auf dem größten unsichtbaren jüdischen Friedhof der Geschichte aufgerichtet wurden, an einem Ort, wo religiöse Symbole nicht hingehören. Birkenau selbst ist ein genügend sprechendes Symbol. Die Kamine, die Krematoriumsruinen. Bei aller gebührenden Achtung für alle Religionen und alle Gläubigen war und bleibt die Anwesenheit von Kreuzen auf der heiligen Erde, die unzählige jüdische Opfer in Birkenau bedeckt, eine Beleidigung. Diese jüdischen Opfer, vor allem aus Ungarn, die dort vergast und verbrannt wurden, waren die Frömmsten unter den Frommen. Unter ihnen war meine Familie: der Großvater, die Großmutter, Onkel, Tanten, Kusinen. Meine kleine Schwester. Es gibt nicht die geringste Rechtfertigung, über ihre Überreste ein Kreuz aufzustellen. Wer immer das getan hat, mag es mit guten Absichten getan haben, aber das Resultat ist katastrophal, ist Gotteslästerung.

Diese Worte wirkten in Polen wie ein Schock. Schon am nächsten Tag veröffentlichte Weihbischof *Gądecki*, Sekretär der Kommission für den Dialog mit dem Judentum der polnischen Bischofskonferenz, eine Erklärung mit den zentralen Sätzen:

> Auf dem Gelände von Auschwitz-Birkenau kamen neben der großen Mehrheit der Juden auch Christen aus vielen Völkern ums Leben. Dieser Ort ist auch ein Friedhof von Christen, für die das Zeichen des Kreuzes die Verkündigung der Auferstehung bedeutet. (...) Es geht nicht darum, irgendwelche religiösen Zeichen und Symbole zu eliminieren, sondern darum, die kommenden Generationen dazu zu erziehen, die Zeichen und Symbole der eigenen und der anderen Bekenntnisse zu achten, damit würdig nebeneinander bestehen kann, was für den einzelnen Menschen den höchsten Wert darstellt.[2]

Im Dezember 1997 wurden die Kreuze, Sterne und die Gedenktafel – für die Öffentlichkeit plötzlich und unvorbereitet, aber nach Absprache zwischen der Gedenkstätte, dem Kultusministerium und dem Ortsbischof – entfernt. Danach eskalierte das Engagement der sog. »Verteidiger des Kreuzes« neben dem Stammlager. In diesen Konflikten spielt eine große Rolle der polnisch-jüdische Konflikt, auf den ich hier nicht näher eingehen will. Nur ganz kurz, um zu verstehen, worum es in den Auseinandersetzungen auch geht: es sind viele tausend christliche Polen in Auschwitz ermordet worden, so die Stimme der Angehörigen. Für sie sollte auf diesem Friedhof wenigstens ein Kreuz stehen dürfen.

Ich möchte nun eingehen auf die jüdischen Sorgen. Auschwitz repräsentiert für viele Juden nicht nur eine Katastrophe der letzten Jahrzehnte, nicht nur die Tat eines verrückten Systems, sondern so etwas wie den Kulminationspunkt der antijüdischen Stimmung im christlichen Europa.

---

[2]   Beide Texte in: MAQOM, Biuletyn Informacyjny Instytutu Dialogu Katolicko-Judaistycznego w Warszawie, nr 2, 1996, 62–66.

Dieses Europa wollte christlich sein. Die Juden waren diejenigen, die Nein sagten zu Christus. Eigentlich wollte das christliche Europa die Juden loswerden, zumindest im religiösen Sinne durch die Taufe. Der Rassismus der Nationalsozialisten war zwar antichristlich, aber wegen dieses tiefer sitzenden Antijudaismus konnte Hitler die Vernichtung des europäischen Judentums gelingen. Deshalb ist dieser Friedhof des Judentums in Europa ein Fanal für das Christentum. E. Wiesel hat gesagt: »Der nachdenkliche Christ weiß, daß in Auschwitz nicht das jüdische Volk gestorben ist, sondern das Christentum.«[3] Die angemessene Rolle der Christen in Bezug auf Auschwitz ist deshalb Schweigen, Umkehr: lernen, die Juden zu ehren und zwar als Juden, und nicht nur, wenn sie zufällig Christen geworden sind. Wenn jetzt für die Christenheit Maximilian Kolbe und Edith Stein die Opfer von Auschwitz repräsentieren, wird dann nicht der Ort der Niederlage des Christentums uminterpretiert in einen Ort des Sieges? Wird dadurch nicht die Erinnerung an Auschwitz fundamental verfälscht? Verschwinden dadurch nicht aus dieser Erinnerung die Juden als Juden, als Nicht-Christen schon wieder aus Europa? Ist das nicht eine Verlängerung des Holocaust mit anderen Mitteln?

Am vermutlichen Todesort Edith Steins stehen jetzt vier Gedenksteine, wie an mehreren Stellen in Birkenau. Auf ihnen steht in Polnisch, Englisch, Hebräisch und Jiddisch:

> Im Gedenken an die Männer, Frauen und Kinder, die Opfer wurden des Nazi-Völkermordes. Hier liegt ihre Asche. Mögen ihre Seelen im Frieden ruhen.

2. Der Schrecken der Geschichte

Wovon erzählt die Ruine des »weißen Hauses«?

Es gibt noch einige Überlebende des sog. Sonderkommandos, die im Krematorium gedient haben. *Gideon Greif*, ein Mitarbeiter der israelischen Gedenkstätte Yad Vashem, hat versucht, sie systematisch zu besuchen, und ein Buch mit Interviews veröffentlicht. Darin berichtet er von *Eliezer Eisenschmidt*, der heute in der Nähe von Tel Aviv wohnt und eigentlich nicht erzählen wollte, sich schließlich nur zu diesem Interview bereit erklärt hat. Von Dezember 1942 bis zur Inbetriebnahme der neuen Krematorien im Mai 1943 arbeitete er an den zu provisorischen Gaskammern umgebauten Bauernhäusern. Das neue Sonderkommando ist gebildet worden, nachdem die Vorgänger ermordet worden waren. Folgendermaßen erzählt er von seinem ersten Tag darin (11.12.1942):

> Wir wurden in zwei Gruppen eingeteilt: Sonderkommando 1 und Sonderkommando 2. In jeder Gruppe waren ca. 150 Leute. Auf unserem Weg nach draußen wurden wir am Tor von SS-Männern mit Hunden umstellt, die uns in den Wald brachten. Dort wurden wir noch einmal aufgeteilt: eine Gruppe wurde für die Arbeit in der Effektenkammer bei der Sortierung der Kleider der Ermordeten eingesetzt. Die zweite Gruppe wurde bei der Leichenverbrennung eingesetzt. Die Deutschen fragten: »Gibt es unter Euch Friseure?« Einige Männer traten hervor und erhielten Scheren. Dann fragten sie: »Wer von Euch ist

---

[3] Zit. nach B. Peterson, Theologie nach Auschwitz? Berlin 1996, 53.

Zahnarzt?« Einige traten hervor und erhielten Zahnarztzangen. Der Rest wurde in Gruppen zu je sechs Leuten aufgeteilt. Zum Beispiel: sechs Leute mußten die Karren mit den Leichen schieben, andere sechs waren die *Schlepper*, die die Leichen zu den Karren bringen mußten. Die Deutschen teilten uns in die Gruppen ein, bevor die Gaskammer geöffnet wurde, so daß wir nicht wußten, um welche *Arbeit* es ging. Ich wußte natürlich nicht, was wir auf die Karren packen sollten, als ich in der Sechsergruppe neben den Karren stand. Ich hatte schon einige Erfahrung in der Arbeit mit Karren – noch aus der Zeit, in der ich im Getto war, als ich in einer Sägerei arbeitete. (…)

Man brachte uns in den Hof, öffnete die Tür des Gebäudes, das als Gaskammer diente – und uns wurde schwarz vor Augen. Wir waren völlig schockiert. So etwas hatten wir selbst in unseren schlimmsten Träumen nicht erwartet. Bis heute habe ich diesen Anblick hinter der geöffneten Tür vor mir. Dort stand die unbekleidete Leiche einer Frau, nach innen gebeugt. Wir erstarrten zu Salzsäulen und wußten nicht, was dort geschah. Wir sahen die Leichen in der Gaskammer.

Als man begann, die Leichen herauszuholen, erkannten wir, wie sie ineinander verknäult waren. Dann erhielten wir neue Anweisungen: »Die Schlepper gehen mit den Gasmasken hinein und holen die Leichen heraus.« – »Die Zahnärzte untersuchen die Leichen auf Goldzähne. Finden sie Goldzähne, so sind den Leichen die Zähne mit der Zange zu ziehen.« – »Die Friseure schneiden den Leichen mit den Scheren die Haare ab.« Die *Schlepper* erhielten die Anweisung, die Leichen auf die Karren zu packen und von den Karren später in die großen Gruben zu werfen. Daneben gab es eine Gruppe, die sie *Feuerkommando* nannten. Diese Gruppe mußte das Feuer kontrollieren, in dem die Leichen verbrannt wurden.

Als wir diese furchtbaren Anweisungen hörten, waren wir völlig entsetzt. Ich war, wie gesagt, zu der Gruppe eingeteilt worden, die die Leichen auf die Karren packen mußte. In den ersten Minuten wagte ich es gar nicht, eine Leiche anzufassen – so etwas war mir in meinem Leben noch nicht geschehen. Ich war natürlich nicht der einzige in der Gruppe, der sich vor einer Berührung mit den Leichen fürchtete. Ich fing erst an zu arbeiten, nachdem ich schwere Stockschläge auf den Rücken erhalten hatte. Da begriff ich, daß ich keinen Ausweg oder keine Rückzugsmöglichkeit hatte. Ich mußte mich mit meiner Situation abfinden. Man darf das nicht falsch verstehen. Wir hatten keine andere Wahl. Das war mein Schicksal. Wenn jemand anderes an meiner Stelle gewesen wäre, hätte er auch so gehandelt.[4]

Ich zitiere das, um zu verdeutlichen, wovon die Rede ist, wenn wir davon sprechen, dass Edith Stein in Auschwitz vergast wurde. – Eigentlich kann man da nur schweigen. Aber – ich lebe seit Jahren dort und denke darüber nach, bete – und es kommen Menschen, die fragen und suchen.

II. Edith Stein und Auschwitz

1. Wusste sie, was auf sie zukam?

Es gibt viele Spuren in der Biographie von Edith Stein, die darauf hindeuten, dass sie zunehmend ahnte, was auf sie zukam.
In ihren Erinnerungen schreibt die Baronin v. Bodmann:

> Als die französische Besatzung nach dem Ersten Weltkrieg aus der Pfalz abzog und am gleichen Abend unsere deutschen Truppen über die Rheinbrücke unter Glockengeläut nach Speyer einzogen, (…) war Fräulein Stein sehr ernst und meinte: »Sie werden sehen, jetzt setzt erst eine Judenverfolgung ein und dann eine Kirchenverfolgung.«[5]

---

[4] In: Gideon Greif, Wir weinten tränenlos … Augenzeugenberichte der jüdischen »Sonderkommandos« in Auschwitz. Köln/Weimar/Wien 1995, 176–178.
[5] Edith Stein Werke, Bde. I–XVII; Freiburg, 1950–1994. Künftig ESW, hier ESW X, 65.

Edith Stein berichtet von einem Gespräch mit einem Mann im Jahr 1933:

[Er] erzählte, was amerikanische Zeitungen von Greueltaten berichteten, die an Juden verübt worden seien. (…) Jetzt ging mir ein Licht auf, daß Gott wieder einmal schwer seine Hand auf sein Volk gelegt habe und daß das Schicksal dieses Volkes auch das meine wäre.[6]

Bekannt ist, dass sie schon sehr früh einen Brief an den Papst schreibt und ihn um eine Enzyklika bittet.

Ich habe später oft gedacht, ob ihm nicht dieser Brief noch manchmal in den Sinn kommen mochte. Es hat sich nämlich in den folgenden Jahren Schritt für Schritt erfüllt, was ich damals für die Zukunft der Katholiken in Deutschland voraussagte.[7]

1941 im Januar sagte sie vor ihrer Schwesterngemeinschaft: »Ein neues Jahr an der Hand des Herrn – ob wir das Ende dieses Jahres erleben, wissen wir nicht.« Ende 1941 äußert sie:

Ich bin mit allem zufrieden. Eine scientia crucis [Kreuzeswissenschaft] kann man nur gewinnen, wenn man das Kreuz gründlich zu spüren bekommt. Davon war ich vom ersten Augenblick an überzeugt und habe von Herzen: *Ave, Crux, spes unica!* [Sei gegrüßt, Kreuz, unsere einzige Hoffnung] gesagt.[8]

1942, schon in Holland, sprach sie vor den Schwestern von ihrer Dankbarkeit für die Aufnahme im Kloster Echt. Aber sie fügte sofort hinzu:

Dabei ist immer in mir lebendig, daß wir hier keine dauernde Statt haben. Ich habe kein anderes Verlangen, als daß an mir und durch mich Gottes Wille geschehe. Bei ihm steht es, wie lange er mich hier läßt und was danach kommt.

Auch wenn sie versuchte, in ein Kloster in der Schweiz zu kommen, sah sie die Wolken, die sich zusammenzogen. Wie aus den Zeugnissen hervorgeht, war sie bereit anzunehmen, was kommen sollte, und »Ja« zu sagen zu ihrem Schicksal. In einem Brief 1939 schrieb sie an ihre Ordensvorgesetzte: »Sie schrieben, liebe würdige Mutter, was man mir zum Trost sagen könnte. Menschlichen Trost gibt es freilich nicht …«[9]

2. Was bedeutete ihr der Glaube in diesem Zusammenhang?

Menschlichen Trost gab es nicht. Was bedeutete Edith Stein in diesem Zusammenhang der Glaube, und welche Rolle spielte dabei das Kreuz? Bei ihr sind beide, Glaube und Kreuz, eng miteinander verbunden.

Berühmt ist eine Szene nach dem 1. Weltkrieg. Edith Stein war noch nicht katholisch. Der Philosophiedozent Adolf Reinach, für den sie während der ersten Studienjahre in Göttingen geschwärmt hatte, war im Krieg gefallen. Sie sollte nun (Nov. 1917) den wissenschaftlichen Nachlass ordnen und fürchtete sich, seine Witwe zu besuchen. Ich vermute, dass das ein Augenblick war, an dem sie nicht nur tief begriff, was ein persönlicher Verlust bedeutet, sondern auch, was die Grausamkeit des Krieges

---

[6] ESW X, 77.
[7] In: T.R. Posselt, Edith Stein. Eine Frau unseres Jahrhunderts. Freiburg ⁹1963, 131.
[8] ESW XI, 150 bzw. ESW IX, 167.
[9] ESW X, 147 bzw. ESW IX, 127.

ist, der so wertvolle Menschen vernichtet. In diesem Zusammenhang war sie dann überrascht, dass die Witwe, Frau Reinach, als religiöse Christin so ruhig war. Und sie erzählte:

> Es war dies meine erste Begegnung mit dem Kreuz und der göttlichen Kraft, die es seinen Trägern mitteilt. Ich sah zum ersten Mal die aus dem Erlöserleiden geborene Kirche in ihrem Sieg über den Stachel des Todes handgreiflich vor mir.[10]

Später schrieb sie einmal einen Dialog zwischen der Mutter des Karmel (in der Karmelgemeinschaft wird die Priorin »Mutter« genannt) und der Königin Esther aus dem Alten Testament. Esther sagt da u. a.:

> Es kam ein Tag, da durch die ganze Schöpfung
> ein Riß ging. Alle Elemente schienen
> im Zustand der Empörung, Nacht umhüllte
> die Welt zur Mittagszeit. Doch mitten in der Nacht
> stand, wie vom Blitz erhellt, ein kahler Berg
> und auf dem Berg ein Kreuz, d'ran einer hing,
> aus tausend Wunden blutend; uns befiel ein Durst,
> aus dieser Wunden Quell uns Heil zu trinken.
> Das Kreuz verschwand in der Nacht, doch uns're Nacht
> durchdrang mit einem mal ein neues Licht,
> wie nie wir es geahnt: ein süßes, sel'ges Licht.
> Es strömte aus den Wunden jenes Mannes,
> der eben erst am Kreuz verschied; nun stand er
> in uns'rer Mitte. Er war selbst das Licht,
> das ew'ge Licht, das wir ersehnt' von alters,
> des Vaters Abglanz und der Völker Heil.
> Er breitete die Arme weit und sprach
> mit einer Stimme voller Himmelsklang:
> Kommt zu mir alle, die ihr treu gedient
> dem Vater und in Hoffnung lebet
> auf den Erlöser; seht, er ist bei Euch,
> er holt Euch heim in seines Vaters Reich.
> Was nun geschah, vermag kein Wort zu sagen.
> Wir alle, die die Seligkeit erharrten,
> wir waren nun am Ziel – in Jesu Herz.

Und wir können hinzufügen: ... in Jesu Herz: beim Vater.

Sie verstand das, was im Dritten Reich geschah, als Kampf zwischen Christus und dem Antichristen. Wahrscheinlich 1934 schrieb sie:

> Noch ist der Kampf zwischen Christus und dem Antichristen nicht ausgefochten. In diesem Kampf haben die Gefolgsleute Christi ihre Stelle. Und ihre Hauptwaffe ist das Kreuz.[11]

1939, am Fest der Kreuzerhöhung, im Karmel das Fest der Gelübde-erneuerung, schrieb sie einen Text für ihre Gemeinschaft:

---

[10] ESW X, 39 bzw. ESW XI, 169.
[11] ESW XI, 122 f. – Es ist eine Tragik besonderer Art, dass die Auseinandersetzungen zwischen Juden und Christen in Auschwitz sich in letzter Zeit um Kreuze drehten. Edith Stein meint hier mit dem »Antichristen« natürlich nicht die Juden, wie das in antijüdischer Literatur zuweilen der Fall ist. Die Nazis sind der Antichrist, und die Juden kann sie sogar in der Rolle Christi sehen. Siehe unten Abschnitt II 4c »Das Kreuz und die Juden«.

Der Gekreuzigte schaut auf uns herab und fragt uns, ob wir noch gewillt sind, ihm zu halten, was wir ihm in einer Gnadenstunde gelobt haben. Er hat wohl Grund, so zu fragen. Mehr denn je ist heute das Kreuz das Zeichen, dem widersprochen wird. Die Anhänger des Antichrist tun ihm weit ärgere Schmach an als einst die Perser, die es geraubt hatten. Sie schänden die Kreuzbilder und machen alle Anstrengungen, das Kreuz aus dem Herzen der Christen zu reißen. Nur allzuoft ist es ihnen gelungen, auch bei denen, die wie wir, einst gelobt hatten, Christus das Kreuz nachzutragen. Darum blickt uns der Heiland heute ernst und prüfend an und fragt jede einzelne von uns: Willst Du dem Gekreuzigten die Treue halten? Überlege es wohl! Die Welt steht in Flammen, der Kampf zwischen Christus und dem Antichrist ist offen ausgebrochen. Wenn Du Dich für Christus entscheidest, so kann es Dein Leben kosten. (...) Die Arme des Gekreuzigten sind ausgespannt, um dich an sein Herz zu ziehen. Er will dein Leben, um dir das seine zu schenken. *Ave Crux, Spes unica!*
(...) Die Welt steht in Flammen. Drängt es Dich, sie zu löschen? Schau auf zum Kreuz. (...) An allen Fronten, an allen Stätten des Jammers kannst Du sein in der Kraft des Kreuzes, überallhin trägt dich seine erbarmende Liebe, die Liebe aus dem göttlichen Herzen, überallhin sprengt sie sein kostbares Blut – lindernd, heilend, erlösend.[12]

Hier begegnet uns der Stellvertreter-Gedanke. Für Edith Stein ist das Leben im Karmel eine Weise, Liebe in die Wunden der Welt zu schicken.

3. Die dunkle Nacht

In der *Kreuzeswissenschaft* stehen die Sätze:

Wir wissen (...) daß ein Zeitpunkt kommt, in dem die Seele (...) völlig in Dunkelheit und Leere versetzt wird. Es bleibt ihr gar nichts anderes mehr, woran sie sich halten könnte, als der Glaube. Der Glaube stellt ihr Christus vor Augen: den Armen, Erniedrigten, Gekreuzigten, am Kreuz selbst vom göttlichen Vater Verlassenen. In seiner Armut und Verlassenheit findet sie die ihre wieder.[13]

Wir wissen nicht, ob der Glaube Edith Stein auch in der Hölle von Birkenau geholfen hat. Wir wissen nicht einmal, ob sie wirklich in Auschwitz angekommen ist. Es sind Vermutungen. Wir schließen nur aus allem, was sie vorher gelebt hat, dass sie mit ihrem Glauben gelassen in den Tod gegangen ist. Aber das ist für uns nur eine Hoffnung, wir wissen es nicht. Und freilich ist auch das Schweigen von Edith Stein in Auschwitz beredt. Ich möchte noch einmal die Blickrichtung wechseln. *Elie Wiesel* hat gesagt, Jesus habe zu kurz gelitten, sei zu schnell gestorben ... Wer in Auschwitz *leben* musste, konnte kein Heiliger bleiben.[14] Elie Wiesel schreibt auch über die Gottesferne im Lager. Die vielleicht berühmteste Stelle ist die folgende:

Nie werde ich diese Nacht vergessen, die erste Nacht im Lager, die aus meinem Leben eine siebenmal verriegelte lange Nacht gemacht hat. Nie werde ich diesen Rauch vergessen. Nie werde ich die kleinen Gesichter der Kinder vergessen, deren Körper vor meinen Augen als Spiralen zum blauen Himmel aufstiegen. Nie werde ich die Flammen vergessen, die meinen Glauben für immer aufzehrten. Nie werde ich das nächtliche Schweigen vergessen, das mich in alle Ewigkeit um die Lust am Leben gebracht hat. Nie

---

[12] ESW XI, 124 ff.
[13] ESW I, 107.
[14] Vgl. Michael Berenboim, The Vision of the Void. Theological reflections on the works of Elie Wiesel. Weselayan University Press, Middletown, Connecticut, pb 1982, 33.

werde ich die Augenblicke vergessen, die meinen Gott und meine Seele mordeten, und meine Träume, die das Antlitz der Wüste annahmen. Nie werde ich das vergessen, und wenn ich dazu verurteilt wäre, so lange wie Gott zu leben. Nie.[15]

Glaube angesichts von Auschwitz ist immer Glaube in der dunklen Nacht. In Frage gestellter Glaube. Wenn ich jetzt weiter ein paar Texte von Edith Stein zitiere, dann weil es Texte sind, die mir helfen, wie Spuren, auf denen ich meinen eigenen Glauben wagen kann, wie eine Verheißung, aber ohne Sicherheit. Edith schrieb:

> Die Welt, die wir mit den Sinnen wahrnehmen, ist ja natürlicherweise der feste Grund, der uns trägt, das Haus, in dem wir uns heimisch fühlen, das uns nährt und mit allem Nötigen versorgt, Quelle unserer Freuden und Genüsse. Wird sie uns genommen oder werden wir genötigt, uns aus ihr zurückzuziehen, so ist es wahrlich, als wäre uns der Boden unter den Füßen weggezogen und als würde es Nacht rings um uns her; als müßten wir selbst versinken und vergehen. Aber dem ist nicht so. In der Tat werden wir auf einen sicheren Weg gestellt, allerdings auf einen dunklen Weg, einen in Nacht gehüllten: den Weg des Glaubens. Es ist ein Weg, denn er führt zum Ziel der Vereinigung. Aber es ist ein nächtlicher Weg, denn im Vergleich mit der klaren Einsicht des natürlichen Verstandes ist der Glaube eine dunkle Erkenntnis: er macht uns mit etwas bekannt, aber wir bekommen es nicht zu sehen.
> Der Glaube ist ein »dunkles Licht«. Er gibt uns etwas zu verstehen, aber nur, um uns auf etwas hinzuweisen, was für uns unfaßlich bleibt. Weil der letzte Grund alles Seienden ein unergründlicher ist, drum rückt alles, was von ihm her gesehen wird, in das »dunkle Licht« des Glaubens und des Geheimnisses.[16]
> Wenn die Seele erkennt, daß Christus in der äußersten Erniedrigung und Vernichtung am Kreuz das Größte gewirkt hat, die Versöhnung und Vereinigung der Menschheit mit Gott, dann erwacht in ihr das Verständnis dafür, daß auch für sie das Vernichtetwerden, der »Kreuzestod bei lebendigem Leibe, im Sinnlichen wie im Geistigen«, zur Vereinigung mit Gott führt. Wie Jesus in seiner Todesverlassenheit sich in die Hände des unsichtbaren und unbegreiflichen Gottes übergab, so wird sie sich hingeben in das mitternächtliche Dunkel des Glaubens, der der einzige Weg zu dem unbegreiflichen Gott ist. So wird ihr die mystische Beschauung zuteil, der »Strahl der Finsternis«, die geheimnisvolle Gottesweisheit, die dunkle und allgemeine Erkenntnis: sie allein entspricht dem unfaßlichen Gott, der den Verstand blendet und ihm als Finsternis erscheint. Sie strömt in die Seele ein und kann es um so lauterer, je freier die Seele von allen Eindrücken ist. Sie ist etwas viel Reineres, Zarteres, Geistigeres und Innerlicheres als alles, was der Erkenntnis aus dem natürlichen Geistesleben bekannt ist, auch hinausgehoben über die Zeitlichkeit, ein wahrer Anfang des ewigen Lebens in uns. Es ist kein bloßes Annehmen der gehörten Glaubensbotschaft, kein bloßes Sichzuwenden zu Gott, den man nur vom Hörensagen kennt, sondern ein inneres Berührtwerden und ein Erfahren Gottes, das die Kraft hat, von allen geschaffenen Dingen loszulösen und emporzuheben und zugleich in eine Liebe zu versenken, die ihren Gegenstand nicht kennt.

Und in einem Brief schreibt sie, dass sie hofft, endlich einmal, in der Ewigkeit, alles klar sehen und verstehen zu können, was für sie jetzt nur unbegreifliches Geheimnis ist.

> Meine große Freude ist die Hoffnung auf künftige Klarheit. Der Glaube an die geheime Geschichte muß uns auch immer stärken, wenn das, was wir äußerlich zu sehen bekommen (an uns selbst und an den anderen), uns den Mut nehmen möchte.[17]

---

[15] Elie Wiesel, Die Nacht zu begraben, Elischa. Frankfurt/M; Berlin ⁴1992, 56.
[16] ESW I, 39 bzw. ESW I, 25.
[17] ESW I, 107 bzw. ESW IX, 157.

Ich habe das nicht zitiert, um Edith Stein gegen Elie Wiesel auszuspielen, sondern um das Feld zu beschreiben, in dem ich suche. Auch Elie Wiesel ist nicht einfach Atheist; der letzte Satz des Abschnittes lautete: »Nie werde ich das vergessen, und wenn ich dazu verurteilt wäre, solange wie Gott zu leben ...« Also lebt Gott. Das ist getarntes Glaubensbekenntnis. Und Wiesel sagt, man kann Auschwitz nicht mit Gott verstehen, und man kann es nicht ohne Gott verstehen.[18]

4. Wie sah sie ihr Verhältnis zum jüdischen Volk?

Sie liebte ihr Volk. Sie war manchmal sehr verärgert, wenn in ihrem Umfeld antijüdische Bemerkungen fielen. Sie schrieb die autobiographische Geschichte ihrer Familie, um besonders der katholischen Jugend zu zeigen, wie jüdisches Leben in Wirklichkeit aussieht, entgegen aller Propaganda. Sie hat sich sehr gefreut und tiefstinnerlich glücklich gefühlt, dass Jesus ihres Blutes war. Trotzdem schrieb sie in ihrem Testament:

> Schon jetzt nehme ich den Tod, den Gott mir zugedacht hat, in vollkommener Unterwerfung unter seinen heiligsten Willen mit Freude entgegen. Ich bitte den Herrn, daß er mein Leben und Sterben annehmen möchte zu seiner Ehre und Verherrlichung, für alle Anliegen des Heiligen Herzens Jesu und Mariae und der Heiligen Kirche, insbesondere für die Erhaltung, Heiligung und Vollendung unseres heiligen Ordens, namentlich des Kölner und Echter Karmels, zur Sühne für den Unglauben des jüdischen Volkes und damit der Herr von den Seinen aufgenommen werde und sein Reich komme in Herrlichkeit, für die Rettung Deutschlands und den Frieden der Welt, schließlich für meine Angehörigen, lebende und tote, und alle, die mir Gott gegeben hat: daß keiner von ihnen verloren gehe.[19]

Was bedeutet das, dass sie ihr Leben aufopfern will »zur Sühne für den Unglauben des jüdischen Volkes«? Meistens wird der Text in den modernen Darstellungen über Edith Stein nicht vollständig zitiert. Man schreibt drei Punkte, oder es wird mit anderen Worten anders gesagt: Für ihr Volk, für die Deutschen, für den Frieden ... Und das ist vielleicht auch gut so, um Missverständnisse zu vermeiden. Aber wenn wir ehrlich sein wollen, müssen wir Rechenschaft geben darüber, was wir mit der Heiligsprechung von Edith Stein meinen. Was bedeutet das: Sie sühnt für den Unglauben des jüdischen Volkes? Ist das nicht das tödliche, alte, antijüdische Klischee, das hier durchschlägt? Deshalb möchte ich genau darauf eingehen und fragen: Wie hat Edith das gemeint? Natürlich hat sie vor dem II. Vaticanum gelebt, und heute würde sie vielleicht anders formulieren. Aber die Sätze stehen da. Sie hat sie so gemeint, wie sie dastehen, aber wie?

a) »Unglaube«

Zuerst das Wort *Unglauben. Das* Beispiel für jüdischen Unglauben ist in der Biographie Ediths der Glaube ihrer jüdischen Mutter.

Für die Mutter war es ein tiefer Verrat, dass ihre Lieblingstochter katholisch wurde und dann in den Karmel ging. Edith schrieb darüber:

---

[18] Vgl. B. Petersen, a.a.O., 42.
[19] ESW X, 148f.

Die letzten Wochen zuhause und der Abschied waren natürlich sehr schwer. Meiner Mutter etwas verständlich zu machen, war ganz unmöglich. Es bleibt in seiner ganzen Härte und Unfaßlichkeit stehen und ich konnte nur gehen in dem festen Vertrauen auf Gottes Gnade und die Kraft unseres Gebetes. Daß meine Mutter selbst gläubig ist, schließlich ihre auch immer noch so starke Natur machen es etwas leichter.[20]

Immer wenn Edith nach Hause kam oder wenn die Mutter Briefe schrieb, war es spannungsreich, diese Frage zu besprechen. Die Mutter attackierte sie, auch gegenüber den Geschwistern.[21] Einmal – Edith geht noch mit in die Synagoge, wenn sie zu Hause ist – geht die Mutter extra den langen Weg zu Fuß zurück, um Zeit zu haben, mit Edith zu sprechen. Sie fragt Edith: »Man kann also auch jüdisch fromm sein?« Edith antwortet: »Gewiss, wenn man nichts anderes kennengelernt hat.« »Warum«, fragt die Mutter, »warum hast du ihn kennengelernt?« – Und dann aber: »Ich will nichts gegen ihn sagen. Er mag ein guter Mensch gewesen sein. Aber warum hat er sich zu Gott gemacht?«[22]

Das ist das – religiöse – Schlüsselproblem zwischen Juden und Christen. Warum hat er sich zu Gott gemacht?![23] Es ist wichtig, dass wir das begreifen: die Ablehnung des Christentums durch die Mutter und durch viele fromme Juden erwächst aus ihrer Treue zu Gott, so wie sie sie verstehen. Edith schrieb:

> Darum habe ich meiner Mutter weder die Konversion noch den Eintritt in den Orden je verständlich machen können. […] Ich kann nur darauf bauen, daß sie ihr Leben lang ein kindliches Gottvertrauen hatte und daß es ein Opferleben war.[24]
> Das »Scimus, quoniam diligentibus Deum …« [Wir wissen, daß denen, die Gott lieben, alles zum Besten gereicht, Röm. 8,28] wird gewiß auch meiner lieben Mutter zugute kommen, denn sie hat »ihren« lieben Gott (wie sie oft mit Nachdruck sagte) wirklich lieb gehabt und im Vertrauen auf ihn viel Schweres getragen und viel Gutes getan. Es hat mir immer sehr fern gelegen zu denken, daß Gottes Barmherzigkeit sich an die Grenzen der sichtbaren Kirche binde.[25]

Der Schlüsseltext für mich stammt vom Fest Kreuzerhöhung im Jahr 1937, dem Jahr, als ihre Mutter starb. »Als ich an der Reihe war, meine Gelübde zu erneuern, empfand ich, dass meine Mutter bei mir war. Ich habe ihre Nähe deutlich erfahren.« Ein Telegramm aus Breslau bestätigte, dass ihre Mutter genau in diesem Augenblick gestorben war. Das war für Teresa Benedikta ein großer Trost. Danach waren Gerüchte aufgekommen, die Mutter hätte sich vor ihrem Tod bekehrt. Edith Stein dazu:

> Die Nachricht von ihrer Konversion war ein völlig unbegründetes Gerücht. Wer es aufgebracht haben mag, weiß ich nicht. Meine Mutter hat bis zuletzt an ihrem Glauben fest-

---

[20] Brief v. 31.10.1933.
[21] Vgl. z.B. ESW IX, 10.
[22] ESW X, 80.
[23] Es ist die Frage, ob sich Jesus (ein Jude!) selbst zu Gott gemacht hat oder ob er (vielleicht von Nicht-Juden) dazu gemacht wurde. Obwohl es sich dabei um eine historische Frage handelt, könnte deren Klärung das Gespräch zwischen Juden und Christen vielleicht erleichtern. (Anm. der Redaktion)
[24] ESW IX, 60.
[25] ESW IX, 64 bzw. ESW IX, 102.

gehalten. Aber weil ihr Glaube und das feste Vertrauen auf ihren Gott von der frühesten Kindheit bis in ihr 87. Jahr standgehalten hat und das Letzte war, was noch in ihrem schweren Todeskampf in ihr lebendig blieb, darum habe ich die Zuversicht, daß sie einen sehr gnädigen Richter gefunden hat und jetzt *meine treueste Helferin ist, damit auch ich ans Ziel komme.*[26]

Das ist im Grunde ein ungeheurer Satz. Die Mutter, die (in Bezug auf Jesus) »ungläubige« Jüdin, ist jetzt bei Gott Fürsprecherin für ihre Tochter. Edith hat ihren Weg als Christin immer als Weg zu ihrem gemeinsamen Gott verstanden.

Wenn Edith Stein vom Unglauben der Juden schreibt, dann wünscht sie, dass diese erkennen – wie sie selbst – wie sehr Gott sie in Jesus Christus liebt.[27] Es ist kein Schuldvorwurf.

b) *»Sühne«*

Und jetzt das zweite Wort: »Sühne«. Was meint Edith Stein mit »Sühne für den Unglauben«? Sie schreibt:

Meine Mutter war das starke Band, das die Familie zusammenhielt, jetzt schon vier Generationen. Jetzt hält noch die Sorge um sie alle gefesselt (…) Was dann kommt, wird für die Zurückbleibenden schwerer sein. Ich werde mein ganzes Leben hindurch für sie einstehen müssen.[28]

Sie sieht, dass sie in ihrer Familie die Rolle ihrer Mutter übernimmt. Sühne ist hier ein anderes Wort für Mutterliebe. Die Mutter hat die Familie zusammengehalten. Es war eine sehr lebendige und schwierige Familie. Die Mutter hat ihr Leben aus der Kraft ihres Glaubens dafür aufgeopfert. Und da, wo sie nicht mehr konkret helfen konnte, hat sie zu Gott gebetet und ist vor Gott für ihre Kinder eingestanden. Und sie hat Ihn – so verstehe ich das – angefleht: »Meine Kinder gehen so viele verschiedene Wege. Wenn sie schuldig sind, rechne ihnen ihre Schuld nicht an, rechne sie mir an.« – Das ist ein Urbedürfnis für eine Mutter, so zu flehen.

Dieses Eintreten vor Gott für ihre Kinder versteht Edith jetzt als ihre Rolle in Bezug auf ihre konkrete Familie und ihr ganzes Volk. Und sie ist auch überzeugt, dass ihre Mutter im Himmel für ihre Kinder weiter einsteht.

An Allerseelen werden wir beide [mit Bruder Arno] unserer Mutter gedenken. Dieses Gedenken ist für mich immer sehr trostvoll. Ich habe das feste Vertrauen, daß meine Mutter jetzt Macht hat, ihren Kindern in der großen Bedrängnis zu helfen.[29]

Vor Gott da sein für die anderen, das ist jetzt ihre Aufgabe.

Ich vertraue, daß die Mutter aus der Ewigkeit für sie [meine Schwester Rosa] sorgt. Und darauf, daß der Herr mein Leben für alle angenommen hat. Ich muß immer wieder an die Königin Esther denken, die gerade darum aus ihrem Volk genommen wurde, um für das Volk vor dem König einzustehen. Ich bin eine sehr arme und ohnmächtige kleine Esther, aber der König, der mich erwählt hat, ist unendlich groß und barmherzig.[30]

---

[26] ESW X, 116 f. Vgl. ESW IX, 68.
[27] Am deutlichsten wird das in dem Text »Nächtliche Zwiesprache«. ESW XI, 165 ff.
[28] ESW IX, 64.
[29] ESW IX, 120.
[30] ESW IX, 121.

Sie versteht den Sinn des Karmel in diesem Einstehen vor Gott. Der Prophet Elija auf dem Berg Karmel stand vor Jahwe für das Volk.

> »So wahr der Herr, der Gott Israels, lebt, vor dessen Angesicht ich stehe ...« (3 Kön. 17,1). Vor dem Angesicht des lebendigen Gottes stehen – das ist unser Beruf.
> Die Ordenslegende berichtet, daß die Gottesmutter gern bei den Einsiedlerbrüdern auf dem Berge Karmel [in Israel] geweilt habe. Wir verstehen wohl, daß sie sich an den Ort hingezogen fühlte, wo ihr von alters her Verehrung gezollt wurde und wo der heilige Prophet [Elia] in dem selben Geist gelebt hatte, den auch sie erfüllte, seit sie auf der Erde weilte: losgelöst von allem Irdischen anbetend vor Gott zu stehen, ihn aus ganzem Herzen zu lieben, seine Gnade auf das sündige Volk herabzuflehen und genugtuend für dieses Volk einzustehen, als Magd des Herrn seines Winkes gewärtig zu sein – das war ihr Leben.[31]

So sieht sie die Rolle des Karmel und ihre eigene Rolle im Karmel.

> Es ist ein Grundgedanke alles Ordenslebens, vor allem aber des Karmellebens, durch freiwilliges und freudiges Leiden für die Sünder einzutreten und an der Erlösung der Menschheit mitzuarbeiten.[32]

c) Das Kreuz und die Juden

Wie versteht Edith das Kreuz in diesem Zusammenhang? Für sie ist klar, dass das Kreuz in ihrem Leben das Schicksal des jüdischen Volkes in dieser Zeit der Verfolgung ist. Zu Besuch im Karmel Köln-Lindenthal bei einer Gebetsstunde in der Fastenzeit 1933:

> Ich sprach mit dem Heiland und sagte ihm, ich wüßte, daß es sein Kreuz sei, das jetzt auf das jüdische Volk gelegt werde. Die meisten verständen es nicht; aber die es verständen, die müßten es im Namen aller bereitwillig auf sich nehmen. Ich wollte das tun. Er solle mir nur zeigen, wie. Als die Andacht zu Ende war, hatte ich die innere Gewißheit, daß ich erhört sei. Aber worin das Kreuztragen bestehen sollte, das wußte ich noch nicht.

Und später sagt sie, dass sie genau in diesem Hinblick ihren Ordensnamen gewählt habe.

> Ich muß Ihnen sagen, daß ich meinen Ordensnamen schon als Postulantin mit ins Haus brachte [1933]. Ich erhielt ihn genauso, wie ich ihn erbat. Unter dem Kreuz verstand ich das Schicksal des Volkes Gottes, das sich damals anzukündigen begann. Ich dachte, die es verstünden, müßten es im Namen aller auf sich nehmen. Gewiß weiß ich heute [1938] mehr davon, was es heißt, dem Herrn im Zeichen des Kreuzes vermählt zu sein. Begreifen wird man freilich niemals, weil es ein Geheimnis ist.[33]

Schluss

Edith ist für mich Wegweiserin wegen ihrer Wahrhaftigkeit, wegen ihrer eindeutigen Liebe zu ihrem Volk, wegen ihrer inneren Bereitschaft, diesen Weg zu gehen, wegen der Klarheit ihres christlichen Glaubens. Diese Einheit von christlichem Glauben und Liebe zum Volk der Juden in Auschwitz verkörpert sie für mich.

---

[31] ESW XI, 2 bzw. 4.
[32] ESW VIII, 125.
[33] ESW X, 78 bzw. ESW IX, 124.

Edith Stein ist *ein* Aspekt in Auschwitz. Es gibt viele Aspekte. Im Verhältnis von Christen und Juden brauchen wir eine *erneuerte Theologie* und ein tieferes Verständnis dessen, was dieses Verhältnis ist. Dafür muss sich etwas ändern nicht nur in den Köpfen, sondern auch in unseren Herzen.

Bei meinen Führungen durch die Gedenkstätte erschüttert mich jedes Mal der Glaskasten mit den vielen Haaren. Ich muss davon erzählen, dass Menschen nur noch Material waren. Haare wurden zu Stoffen, Goldzähne zu Goldbarren, aus Asche wurde Dünger für die Felder. Keine Spur von Ehrung der Toten. Es gab nicht mehr die Spur von Ehrung der Lebenden. Was ist damals mit dem Menschen geschehen? Wie sehen wir heute den Menschen? Edith hat die letzten Jahre als Lehrerin intensiv an der Frage nach dem Menschenbild, an einer *Anthropologie* gearbeitet.[34] Wir brauchen dieses Ringen um die Würde des Menschen!

Wichtig ist die Frage: Wie bekennen wir heute, nach Auschwitz, unseren Glauben? Wie bekennen wir ihn so, dass er nicht bedrohend ist für andere, die ihn nicht nachvollziehen können? Oft müssen wir schweigen, doch auch Antwort geben können, wenn uns jemand fragt: Was ist dein Glaube? Was bedeutet das, was du wirklich denkst, für mich? Diese Antwort auf die Aufforderung: »Gib Rechenschaft!« muss so formuliert sein, dass der Andere als der Andere, dem die Antwort gegeben wird, grundsätzlich und fundamental ernst genommen wird. Mein *Glaubensbekenntnis* selbst muss im Dialog Ausdruck des Respektes vor dem Anderen sein. Diese beiden Aspekte: eine eigene Identität haben und den Anderen als Anderen achten, ist eine Grundvoraussetzung für jeden Dialog.

Und hier verstehe ich Edith Stein als Hilfe. Denn gleichzeitig mit ihrem christlichen Glaubensbekenntnis leitet sie uns als Christen nach Auschwitz, wo sie als Jüdin ermordet wurde. Sie lenkt unseren Blick auf das Schicksal der Juden als *Juden*. Die Verehrung von Edith Stein wird erst dann gut sein, wenn sie dazu führt, in einem vorurteilsfreien Dialog Juden als Juden ernst zu nehmen. Die Aufgabe ist zu lieben. Das gilt für alle Religionen.

---

[34] Vgl. Der Aufbau der menschlichen Person. ESW XVI u. Was ist der Mensch? ESW XVII.

Die Vorträge Edith Steins aus den Jahren 1926–1930

Maria Amata Neyer

Im Edith Stein Jahrbuch 1999 wurden unter der Rubrik »Edith-Stein-For-schung« die Vorträge vorgestellt, die Edith Stein 1931, im Jubiläumsjahr der hl. Elisabeth von Thüringen, zu Ehren dieser Heiligen gehalten hat. Aber Edith Stein hat nicht nur über Elisabeth gesprochen. Es gelangten noch eine ganze Reihe weiterer Vorträge zu unserer Kenntnis. Im vorliegenden Jahrbuch möchte ich versuchen, einige dieser Reden zu dokumentieren. Der zur Verfügung stehende Raum erlaubte nur, die Vorträge bis einschließlich 1930 darzustellen; die weiteren müssen einer späteren Arbeit vorbehalten bleiben. Ich werde dabei chronologisch vorgehen, soweit die vorhandenen Informationen dazu ausreichen.[1]

Am 12. Februar 1928 schrieb Edith Stein aus Speyer an Sr. M. Agnella Stadtmüller, eine auswärts studierende junge Dominikanerin:

> … Sie werden verstehen, daß ich es nicht gelten lassen kann, wenn Sie sagen, ich sei etwas »geworden«. Es hat den Anschein, als ob der Umkreis meines Tagewerkes weiter werden sollte. Das ändert aber, denke ich, an mir nichts. Man hat es von mir verlangt, und so habe ich es übernommen, obwohl mir noch dunkel ist, was es einschließt und welches die praktischen Wege sein werden.

Es drängt sich die Frage auf, welche Ausweitung ihres Tagewerkes Edith Stein zu dieser Zeit vor sich gesehen hat. Seit Ostern 1923 war sie Lehrerin am katholischen Lehrerinnenbildungsseminar der Pfalz, das den Dominikanerinnen von St. Magdalena in Speyer übertragen war. Außer diesem Seminar umfasste die Anstalt noch mehrere weitere Schulen, darunter ein Lyzeum für Mädchen. An diesen beiden Einrichtungen unterrichtete Edith Stein, und zwar fast ausschließlich Deutsch. Gemessen an ihrer philosophischen Ausbildung und ihrer ungewöhnlichen Begabung war es ein bescheidener Posten, den sie jedoch sehr ernst nahm. Sie war sich bewusst, dass ihr junge Frauen anvertraut waren, die ihrerseits Erziehung und Ausbildung vieler Kinder übernehmen würden.

Die meisten der Schülerinnen lebten im Internat der Dominikanerinnen. Dort hatte auch Edith Stein ihre Wohnung, ein ebenfalls sehr bescheidenes Zimmer; ihre Mahlzeiten nahm sie in den Pfortenräumen ein. Tatsächlich lebte Edith Stein in einem recht begrenzten Lebensraum.

Nun aber – so schließen wir aus jenem Brief – scheinen ihr neue Aufgaben zuzuwachsen; neue Verpflichtungen lassen ihr Tätigkeitsfeld in eine weitere Lebenswelt ausgreifen. Es ist nicht leicht zu rekonstruieren, welche neuen Aufgaben zu dieser Zeit schon an sie herangetreten waren. Sicher ist, dass in diesem Jahr (1928) ihre Übersetzung »John Henry Kardinal Newman, Briefe und Tagebücher bis zum Übertritt zur Kirche«

---

[1] Die in diesem Aufsatz angeführten Persönlichkeiten können in den Registern des neu bearbeiteten Briefbandes Teil I, Band VIII der Werkausgabe, gefunden werden.

im Theatiner Verlag München erschien. Der Husserlschüler Dietrich von Hildebrand, Begründer jenes Verlages, hatte Edith Stein als Übersetzerin vorgeschlagen. Die Arbeit war schon längere Zeit abgeschlossen; durch die Schwierigkeiten der Inflationsjahre hatte der Verlag den Druck hinausschieben müssen. Drei Jahre zuvor, im November 1925, hatte Edith Stein an ihren Freund und ehemaligen Kommilitonen Fritz Kaufmann über ihre Tätigkeiten geschrieben. Da heißt es:

> ... die Möglichkeit zu wissenschaftlicher Arbeit [ist] immer noch ein Problem. In den ersten beiden Jahren habe ich nur etwas übersetzt neben der Schule, dazu reichte es. Nun wollte ich mich an etwas Größeres heranwagen, nämlich an eine Auseinandersetzung mit dem hl. Thomas. (...) Ich muß abwarten, wie es damit wird ...

In diesem Jahr hatte die nunmehr fast abgeschlossene Newman-Übersetzung nähere Kontakte mit dem Herausgeber Erich Przywara SJ erforderlich gemacht. Im Hause des Speyerer Generalvikars, Prälaten Josef Schwind, hatte sich Edith Stein mit ihm getroffen. Bei dieser Gelegenheit hatte ihr Przywara nahegelegt, sich mit Thomas von Aquin zu befassen. Der Jesuit war ein sehr guter Kenner der modernen Philosophie, und im vorhergehenden Briefwechsel hatte sich schon gezeigt, dass er und Edith Stein »dasselbe Desiderat als gegenwärtig dringende Aufgabe betrachte[te]n: nämlich eine Auseinandersetzung zwischen der traditionellen katholischen und der modernen Philosophie, wobei ihm auch die Phänomenologie das Wichtigste« war; so schreibt Edith Stein an Roman Ingarden.

Durch die Newman-Übersetzung war der Name Edith Steins sicherlich in interessierten Kreisen bekannt geworden; die Arbeit selbst jedoch hatte sich in aller Stille am Arbeitstischchen ihres Zimmers abgespielt. Und so blieb es auch bei der neuen wissenschaftlichen Arbeit, zu der sie sich auf Anraten Przywaras entschlossen hatte: eine erstmalige Übertragung ins Deutsche der *Quaestiones disputatae de veritate* (Untersuchungen über die Wahrheit) des Thomas von Aquin. In ihren Briefen, zumal an den polnischen Philosophen Roman Ingarden, werden nun Bemerkungen über bedrängenden Zeitmangel häufig. Die Ferien werden ihr zur besten Gelegenheit für wissenschaftliches Arbeiten und auch jede gesparte Stunde während der Schulzeit, wenn Durchsicht und Korrektur der »Aufsatzberge« bewältigt sind. Schon hat sich also der Umkreis ihres Tagewerkes beträchtlich geweitet. Aber es sollten noch Aufgaben ganz anderer Art an sie herantreten, »Außendienste«, die sie aus der bisherigen Stille ihres fast klösterlichen Lebens herausführten.

Für den April des Jahres 1928 wurde Edith Stein zu einem Vortrag für den Verein katholischer bayerischer Lehrerinnen nach Ludwigshafen aufgefordert. Bis vor kurzem hatte man angenommen – auch ich habe diese Ansicht wiederholt geäußert – dieser Vortrag sei ihr erstes öffentliches Erscheinen gewesen. Mittlerweile lässt sich beweisen, dass sie auch vorher schon zu Vorträgen gebeten wurde. In der Zeitschrift »Volksschularbeit« ist ein Text abgedruckt, der mit »Dr. Edith Stein, Speyer« unterzeichnet ist.[2]

---

[2] Volksschularbeit. Monatsschrift für aufbauende Erziehung und Bildung. Hg. Georg Albrechtskirchinger, 7. Band, Heft 11, 1926, 321–328.

Albrechtskirchinger war damals Vorsitzender des Vereins katholischer Lehrer Bayerns, und man kann annehmen, dass die Einladung von ihm ausging. Die Rheinpfalz gehörte damals zu Bayern, und Edith Stein wurde bald Mitglied des Vereins katholischer bayerischer Lehrerinnen. Die beiden genannten Gremien arbeiteten – damals noch – zusammen. Für die katholischen Lehrer und Lehrerinnen der Pfalz gab es jedes Jahr Fortbildungstagungen mit einem Leitgedanken für die theoretische Pädagogik und für die Schulpraxis. Er lautete 1926 »Wahrheit und Klarheit im Unterricht und in der Erziehung«. Edith Stein wurde gebeten, das Hauptreferat zu übernehmen. Das Schreibmaschinen-Manuskript dieses Vortrags befindet sich in ihrem Nachlass. Die Handschrift ist nicht erhalten. Veröffentlicht ist der Text in der o. g. Monatsschrift; er wurde auch übernommen in den 12. Band der Werkausgabe *Ganzheitliches Leben* (1990, 39–46). In der »Einleitung der Herausgeber« liest man im Abschnitt »Zur Authentizität der Beiträge«, das Maschinen-Manuskript weise zwar Bleistiftzeichen des Setzers auf, sei jedoch »ohne Bemerkungen von Edith Steins Hand«. Diese Bemerkung ist seltsam, denn es finden sich nicht nur auf jeder Seite der Abschrift Korrekturen und/oder kleine Einfügungen, die zweifellos Edith Steins Handschrift aufweisen, sondern auf der freien Rückseite des letzten Blattes ist außerdem zu lesen: »Vortrag (…), gehalten auf der pädag[ogischen] Tagung Speyer 11.IX, Kaiserslautern 12.IX. Das Ms. wird zurückerbeten.« Jeder, der die Handschrift Edith Steins kennt, würde diese Worte sofort als von ihr stammend bestätigen. Nicht nur die Handschrift, auch die Art der Korrekturen beweist es. So ist z. B. bei den Worten »… nach der klassischen Definition« von Edith Stein mit Bleistift eingefügt worden: »der Scholastik« – eine Einfügung, die nicht von einem Setzer stammen kann.

Kurz: Das Manuskript des Vortrags ist vorhanden. Leider hat Edith Stein versäumt, zu den Daten die Jahreszahl anzugeben. Er erschien jedoch 1926 in der genannten Monatsschrift und so kann dieses Jahr für den Vortrag angenommen werden. Adele Maria Herrmann OP, die in ihrem informativen Buch *Die Speyerer Jahre von Edith Stein* (Speyer 1990) diesen Vortrag erwähnt, fügt hinzu: »Der mündlichen Überlieferung zufolge – und zwar von Schwestern aus St. Magdalena und ehemaligen Schülerinnen – hat Edith Stein den Vortrag in Kaiserslautern wiederholt.« Das stimmt überein mit Edith Steins eigenhändiger Notiz. Der 11. und 12. September 1926 waren ein Samstag und ein Sonntag, Tage, die häufig für solche Fortbildungsmaßnahmen gewählt wurden. Leider wissen wir bis heute nichts Näheres über Uhrzeit und Versammlungsstätten; in Speyer fanden Vorträge oft in der Aula des Marienheims statt, aber ein Beleg für den Stein'schen Vortrag von 1926 wurde bisher nicht entdeckt.

Für das Jahr 1927 lässt sich kein Vortrag Edith Steins nachweisen. Aber gut unterrichtet sind wir über den oben erwähnten Vortrag im Lehrerinnenverein 1928. Im Mitgliederverzeichnis des Vereins kath[olischer] bayer[ischer] Lehrerinnen vom Mai 1927 ist als Mitglied Nr. 230 verzeichnet: »Dr. Stein, Edith, St[udien]R[ätin], Speyer a. Rh., Kloster St. Magdalena.« Gewiss wurde Edith Stein, Husserlschülerin und Philosophin, als prominentes Mitglied angesehen. Sonst hätte man sie wohl nicht im ersten Jahr ihrer Mitgliedschaft als Hauptreferentin zu der Jahresversammlung zugezogen. Das zuständige Organ des Vereins katholischer bayerischer Lehrerinnen *Zeit und Schule*, Erscheinungsort München, handelte in drei Ausgaben über diese Lehrerinnenversammlung; zusätzlich berichtete noch die Jugendnummer der Zeitschrift über den Vortrag.

Die erste Einladung zu der Veranstaltung lautete: »Hauptversammlung des Vereins kath. bayer. Lehrerinnnen in Ludwigshafen vom 11.–14. April 1928. Hauptthema: Frauenbildung und Gegenwartsaufgaben.« Das Besondere an dieser Tagung war zunächst, dass sie in Ludwigshafen stattfand, in der Pfalz also. Groß war dort die Begeisterung. Auf der Titelseite des Blattes heißt es:

> Hohe Ehre und Freude ist unserem Kreisvereine zugedacht. Die Hauptversammlung des Vereins kath. bayer. Lehrerinnen wird in den nächsten Ostertagen (...) in Ludwigshafen a. Rh. stattfinden. »Bayern und Pfalz – Gott erhalt's!« Dieser Gedanke möge recht viele unser lieben Kolleginnnen (...) in die Rheinpfalz führen.[3]

Die Tagung begann am Vormittag des 11. April – das war der Mittwoch in der Osterwoche – mit einer »geschlossenen«, d.h. nur für Vereinsmitglieder zugänglichen Versammlung im Städtischen Gesellschaftshaus, Bismarckstraße 46. Sie brachte die üblichen Formalien: Jahresbericht, Rechnungsprüfung und Entlastung des Vorstandes, Beratung über eine Satzungsänderung und über eingereichte Anträge, Neuwahl des Vorstandes, Beschlussfassung über die nächste Hauptversammlung usw. Der Jahresbericht brachte Interessantes aus den letzten zwei Jahren: »Die neue Landeslehrordnung kam zur Durchführung, die Reform der Lehrerbildung wurde auch in Bayern in Angriff genommen, das konfessionelle Lesebuch (...) kam zur Einführung.« Auf dem Hintergrund dieser neuen Verordnungen für Unterricht und Ausbildung sind manche der Vorträge zu sehen, die wir noch kennen lernen werden. Schließlich wurde an diesem Morgen über Ort und Zeit der nächsten Hauptversammlung beschlossen: Die Osterwoche 1930 wurde in Nürnberg anvisiert. Nach dieser strapaziösen Vormittagsversammlung war für den Mittag eine Filmvorführung anberaumt. Es wurden Filme über das Wachstum der Pflanzen und über die (damals neuen) Indanthrenfarben der I.G. Farben gezeigt. Die große Veranstaltung des Donnerstags sollte nämlich im Vereinshaus der I.G. Farbenindustrie, Rupprechtstraße 47, stattfinden. Wahrscheinlich wird sich Edith Stein Bilder über Pflanzenleben mit besonderem Interesse angesehen haben, hatte sich doch ihre Freundin, die Phänomenologin Hedwig Conrad-Martius, in ihren seinsmorphologischen Studien besonders mit dem Leben von Pflanzen befasst. Entgegen dem ursprünglichen Plan fand die Vorführung schon nach dem Mittag-

---

[3] 4. Nr. des 25. Jahrgangs, Ausgabe vom 16. Februar 1928. Das Blatt bringt noch einen Überblick über das Geplante. Eine ausführliche Tagungsordnung über diese 15. Hauptversammlung brachte die Nr. 6 vom 16. März. Inhaltliches war auch nachzulesen in der Ausgabe Nr. 9 vom 1. Mai.

essen statt, und zwar im Union-Theater an der Ludwigstraße 16. Aber der
Nachmittag stand dann den Teilnehmerinnen zur freien Verfügung. Nur
die Mitglieder des Landesausschusses trafen sich zu weiteren Besprechun-
gen im Lehrerinnenheim, das der Verein in Ludwigshafen, Parkstraße 36,
besaß.

Der Haupttag dieser Ostertagung war wohl der Donnerstag, 12. April.
Er begann mit einem Festgottesdienst in der Dreifaltigkeitskirche um
8 Uhr, zelebriert von Prälat Krämer, der den in Rom weilenden Diöze-
sanbischof von Speyer, Dr. Ludwig Sebastian, vertrat. Die Versammlung
war öffentlich; zahlreiche Gäste aus Kirche und Gesellschaft waren erschienen. So nahmen denn auch die offiziellen Begrüßungen breiten Raum
ein; eine ganze Reihe von Telegrammen wurden verlesen. Besonders »der
Heilige Vater hat die kindliche Huldigung der katholischen bayerischen
Lehrerinnen entgegengenommen (…) und freut sich über ihre heiligen
Ziele, ihre Kräfte und ihre Arbeit dem Dienst der heiligen Religion in
großherziger Weise zu weihen«. Obschon die Pfalz im besetzten Gebiet
lag und zur Einreise ein Pass benötigt wurde, hatten sich mehr als 400 katholische Lehrerinnen eingefunden und bekräftigten mit Freuden ihren
Wahlspruch: »Gott das Herz, die Kraft der Jugend, die Treue dem Vaterland!« Dabei war man keinesfalls auf den Kreis des eigenen Vereins einge-
schränkt. Es lassen sich die Gruppierungen kaum aufzählen, die ihre Vertreter zur Begrüßung der Versammlung oder zu diesem Zweck Depeschen
geschickt hatten; einige seien herausgegriffen: die Pfälzer Kreisregierung
und die Stadtschulbehörde Ludwigshafens, der Katholische deutsche
Frauenbund, der Landesverband der bayerischen Staatsbeamten, die
Vereine katholischer Lehrerinnen von Württemberg, Österreich und
Ungarn und natürlich die Kollegen vom Lehrerverband, der Verband
katholischer Handlungsgehilfinnen, die Reichsgemeinschaft katholischer
Jugendleiterinnen, Kindergärtnerinnen und Hortnerinnen, die katholische Schulorganisation in Bayern, der Reichsverband für Frauenturnen.

Wir wundern uns nicht, wenn Edith Stein mit gemischten Gefühlen in
dieser Versammlung das Wort ergriff. In der Einleitung zu ihrem Vortrag
hatte sie zunächst im Konzept geschrieben, dann aber wieder durchgestri-
chen:

… Ist ein Mensch, der in der Abgeschiedenheit des Klosters lebt und die Brandung des
Weltlebens nur wie aus weiter Ferne hört, wohl berufen, etwas über die Bedeutung der
Frau im Leben der Gegenwart zu sagen? Und wenn ich gar an die stille Insel des Frie-
dens denke, wo ich die Kar- und Ostertage verbrachte, und mich nun in dieser großen
Versammlung sehe, so scheint der Gegensatz fast unüberbrückbar …

Edith Steins Thema lautete: »Der Eigenwert der Frau in seiner Bedeutung
für das Leben des Volkes.« Die Rednerin hatte soeben ihren ersten Besuch
in der Abtei Beuron gemacht und war noch ganz erfüllt von dieser Begegnung. Statt des gestrichenen Passus' begann sie ihren Vortrag so:

Hochverehrte Gäste, liebe Kolleginnen, gestatten Sie mir, mit einer kleinen persönlichen
Bemerkung zu beginnen. Vor zwei Tagen fuhr ich von Beuron, wo ich die Karwoche und
die Ostertage verleben durfte, hierher nach Ludwigshafen, mitten in die Vorbereitungen

zu dieser Tagung hinein. Man kann sich kaum einen größeren Gegensatz denken: dort das stille Tal des Friedens, wo unbekümmert um alles, was draußen in der Welt geschieht, Tag für Tag und Jahr um Jahr das Lob des Herrn gesungen wird – a custodia matutina usque ad noctem – und diese Versammlung, die sich zusammengefunden hat, um brennende Gegenwartsfragen zu besprechen. Das war fast ein Sturz vom Himmel zur Erde …

Ob die Mönche von Beuron durch diese Einleitung sich in ihrem Selbstverständnis geschildert sahen, darf man bezweifeln. Und erst recht, ob zwischen ihrem psalmodierenden Chor und der Schar tiefreligiöser, ihren Glauben im täglichen Berufsdienst zu Tat und Leben erweckenden Lehrerinnen ein solch »fast unüberbrückbarer« Abgrund auszumachen war, wie Edith Stein ihn wahrzunehmen meinte. Ich habe schon an anderer Stelle auszuführen versucht, wie sehr diese Gedanken von der Lebenssituation der Referentin geprägt waren, von der inneren Situation einer fast klausuriert lebenden Konvertitin, und wie sehr am Ende ihres Lebens, als sie wirklich in die dunkelsten Tiefen ihres Erdenschicksals hinabgestoßen war, ihr Glaubensleben und ihre Verbundenheit mit dem Herrn gereift und vertieft waren.

Aber noch befindet sich Edith Stein am Beginn ihres öffentlichen Auftretens. Ruhig und gesammelt steht sie in Ludwigshafen am Rednerpult. »Zeit und Schule« fasst zusammen: »Frl. Dr. Stein sprach schlicht und klar, hatte ihre Ausführungen streng logisch aufgebaut und fand deshalb ungeteilte Aufmerksamkeit.« Mitreißende Lebendigkeit im Vortrag lagen ihr nicht. Der »streng logische Aufbau« des Referates ist in derselben Nummer der Zeitschrift abgedruckt. Dieser Text findet sich auch in ihrem Nachlass. Er ist in Maschinenschrift abgefasst und mit Dr. Edith Stein gezeichnet. Offenbar hatte man sie gebeten, eine solche Zusammenfassung für die Zeitschrift zu liefern. Von den beiden oben zitierten Einleitungen ist keine aufgenommen. Außer diesem Konzentrat ist jedoch auch der ganze Vortrag erhalten geblieben. Er ist von ihrer Hand mit Tinte, beidseitig auf linierten, außerhalb der heutigen Norm liegenden großen Bogen geschrieben, mehrfach korrigiert, mit angeklebten Zetteln versehen. Die in der Zusammenfassung kurz und logisch gestaltete Einteilung ist in der Handschrift nur andeutungsweise zu finden. Die Jugendgruppe des Lehrerinnenvereins hat das wohl nicht befriedigt: Die Jugendnummer der Zeitschrift, vom 1. Juli 1928, brachte den vollen Wortlaut der Rede, wie er in der Handschrift steht.

Der dem Vortrag folgende Tag, Freitag 13. April, begann um 8 Uhr mit einer hl. Messe für alle verstorbenen Vereinsmitglieder in der Ludwigskirche. Amtierender Pfarrer dort war Ludwig Husse, mit dem Edith Stein noch von den Niederlanden her in brieflicher Verbindung stand. Für den Nachmittag war um 3 Uhr eine eigene Versammlung der Junglehrerinnen eingeplant. Sie war sicherlich dabei. Das lässt sich deshalb vermuten, weil sie in Speyer für die aus dem Seminar entlassenen, an ihrer Anfangsstelle erste pädagogische Erfahrungen sammelnden Junglehrerinnen 14-tägige Fortbildungen an Samstagnachmittagen in ihrem beengten Zimmerchen eingerichtet hatte. Und auch deshalb, weil das Referat eine Münchner

Lehrerin hielt, Käthi Schreier, die noch nach Jahren mit Edith Stein in schriftlicher Verbindung stand. Ihr Thema lautete: »Laßt uns reifen zu echtem Frauentum!«[4]

Die Ludwigshafener Tagung, die durch ihr dichtgefülltes Programm wohl alle Teilnehmerinnen strapazierte, brachte auch Erholendes: Der Freitagabend bot Gelegenheit zu einem Theaterbesuch in Mannheim, am Samstag zum Besuch eines »Pfälzer-Abends« im Lehrerinnenheim. Am Sonntag wurde zu einer Führung durch Mannheim und Heidelberg eingeladen, auch zu einer Dampferfahrt durch die Hafenanlagen von Ludwigshafen-Mannheim mit Weiterfahrt nach Worms. Die Tagung endete am Montag, 16. April, mit einer ausgiebigen Autofahrt durch die Vorderpfalz, »die sich bis dahin wohl anschickt, ihr Frühlingskleid anzulegen« (so ließ die Einladung hoffen). Die Fahrt sollte den Teilnehmerinnen nicht nur die Pfälzer Landschaft nahebringen, sondern auch ihre reiche Geschichte. Da Speyer mit seinem Kaiserdom und die alte Bergfeste Trifels besucht wurden, ist die Vermutung erlaubt, dass sich Edith Stein dort als kenntnisreiche Führerin für ihre Kolleginnen betätigt hat.

Für das Jahr 1929 wissen wir von zwei öffentlichen Tätigkeiten Edith Steins. Über die erste sind uns wenige Informationen erhalten. Es ist wieder die Jugendnummer von »Zeit und Schule«, Nr. 2, 16. Februar 1929, die uns einigen Aufschluss gibt. Dort findet sich ein Text »Die Typen der Psychologie und ihre Bedeutung für die Pädagogik. Dr. E. Stein, Speyer a. Rh.« Der Beitrag lässt erkennen, dass es sich um ein Thema des Fortbildungsprogramms für 1929 handelte und dass der Text dort vorgetragen wurde. Ein hand- oder maschinenschriftliches Manuskript blieb nicht erhalten. Das Abgedruckte, das später auch in die Werkausgabe aufgenommen wurde (Bd. 12, 47–51) gleicht im streng-sachlichen Aufbau und in der Trockenheit des Stils, dem sog. Syllabus des Vortrags von Ludwigshafen, war also wahrscheinlich eine von Edith Stein für die Zeitschrift zusammengestellte Kurzfassung.

Besser unterrichtet sind wir über einen Vortrag in München, Ende August 1929. In einem Brief an Roman Ingarden vom 11. VII. 1929 schreibt Edith Stein:

> … am 15. VII. beginnen meine Ferien. Ich habe die Absicht, noch am selben Tag nach Würzburg zu fahren, wo zwei unserer Schwestern studieren, und von dort weiter nach Breslau. Vom 18. VII. bis etwa 25. VIII. werde ich dort sein, dann einige Tage in München (da habe ich einen Vortrag zu halten), [am] 1. X. sicher wieder hier [in Speyer].

Im Nachlass Edith Steins finden sich zwei Manuskripte zu einem Vortrag, der lange Zeit nicht einzuordnen war. Die von Hand beschriebenen 40 Blätter – einseitig beschrieben, etwa DIN A5-Größe – tragen die Überschrift: »Die Mitwirkung der klösterlichen Bildungsanstalten an der religiösen Bildung der Jugend.« Beim Maschinen-Manuskript, ein Durchschlag von 13 langen Blättern, ist das Wort »Bildungsanstalten« gekürzt in

---

[4] Der Vortrag Edith Steins ist in der Werkausgabe, Bd. V, 205–217 abgedruckt; die Kurzfassung, von den Herausgebern als »Syllabus« bezeichnet, findet sich innerhalb des Vorworts (XXXIII–XXXVII).

»Anstalten«, vermutlich ein Eingriff des Schriftsetzers, der die Wiederholung vermeiden wollte. Auch sind dort die ersten Sätze ganz getilgt. Sie lauteten: »… Man hat mich gebeten, über ›Die Mitwirkung an der religiösen Bildung der Jugend‹ zu sprechen. Ich fand das Thema ergänzungsbedürftig. Es ist zu fragen: Mitwirkung *mit wem* und *wessen?*« Eine Frage hat Edith Stein schon selbst beantwortet durch die Erweiterung des Themas: »… die Mitwirkung der klösterlichen Bildungsanstalten«. Die Feststellung, wo und in welchem Zusammenhang der Vortrag gehalten wurde, verdanke ich der Archivarin der Abtei Seligenthal, Irene Schneider OCist. Sie fand nämlich im Archiv ihres Klosters einen Sonderdruck aus »Klerusblatt, Organ der Diözesan-Priestervereine Bayerns und seines Wirtschaftlichen Verbandes, Jahrgang 1929, Nr. 48 und 49«. Dann folgte die oben genannte Überschrift und darunter »Von Dr. Edith Stein in Speyer«. An den Rand hatte Edith Stein geschrieben »Gloria in excelsis!« Edith Stein war befreundet mit der in München studierenden Cistercienserin Callista Brenzing und hatte ihr den Separatdruck wohl zu Weihnachten geschenkt. Frau Irene forschte weiter und stieß im Archiv des Klosters Seligenthal auf folgenden Chronikeintrag für 1929: »Ende August wurde die von H[ochwürdigem] H[errn] Domkapitular Stahler (Würzburg) 1916 gegründete klösterliche Arbeitsgemeinschaft (…) nach München berufen zu einer wissenschaftlichen (erziehlich-unterrichtlichen) Konferenz.«

Eine 1916 gegründete klösterliche Arbeitsgemeinschaft? Unser Interesse war geweckt. Die Forschungen ergaben Folgendes: Es bestand in Bayern ein »Landesverband der katholischen geistlichen Schulvorstände«, dessen 1. Vorsitzender 1916 der für Bildungsfragen besonders aufgeschlossene Domkapitular Thaddäus Stahler war. Klug vorausblickend erkannte er, dass sich nach dem Krieg sozial- und bildungspolitisch im Deutschen Reich so vieles ändern würde, dass es notwendig sei, auch die Ordensschulen – deren Zahl in Bayern außerordentlich groß war – rechtzeitig auf diese Veränderungen vorzubereiten. Stahler war auch geistlicher Direktor der Schwesternkongregation »Dienerinnen der hl. Kindheit Jesu OSF III« zu Würzburg-Oberzell, und so entschloss er sich, dorthin eine »Konferenz über Mädchenerziehung für Klostervorsteherinnen und klösterliche Schulleiterinnen« einzuberufen. Es muss daran erinnert werden, dass in Bayern – im Gegensatz etwa zu Preußen – auch viele Volksschulen von Ordensfrauen geleitet wurden. Die Konferenz tagte vom 25.–28. April 1916, und so bot in diesen Tagen »das trautstille ehemalige Prämonstratenserkloster Norbertusheim in Zell a.M. einen seltenen Anblick. 170 Klosterfrauen wandelten in freiem und offenem Austausch zwischen den grünenden und blühenden Anlagen, und ihre mannigfaltigen Ordenstrachten belebten das farbige Frühlingsbild«. Wenn man bedenkt, wie streng damals selbst in nichtkontemplativen Orden die Klausur gehandhabt wurde, muss man die Einsicht der kirchlichen und klösterlichen Oberen bewundern, die dieses Treffen ermöglichten. Auf dieser Konferenz wurde als bleibender Ausschuss die schon genannte Arbeitsgemeinschaft gegründet, die in Zukunft Fragen der Mädchenerziehung »teils in schriftlichem Verkehr, teils in gemeinsamen Sitzungen beraten« sollte. Die

Zeitschrift »Die christliche Schule« unter der Leitung von Hochschulpro-
fessor Dr. Matthias Ehrenfried, der 1924 zum Bischof geweiht wurde,
berichtete ausführlich über die Konferenz. Sie spendete dabei auch den
Ordensfrauen hohes Lob: »… ohne spontane und begeisterte Vor- und
Mitarbeit der Klosterfrauen wäre das Ziel nicht erreicht worden, und sie
zeigten sich hier ganz auf der Höhe der Zeit.«[5] Ehrenfried hatte die Versammlung nicht ohne Zustimmung des bayerischen Episkopates und auch
nicht ohne Wissen der Regierung einberufen. So fehlte es denn auch nicht
an den üblichen telegraphischen Adressen, die gewechselt wurden. Ich
möchte daraus nur eine anführen, weil sie für 1916 besonders charakteristisch ist. Die Konferenzleitung richtete an Ihre Majestät, die Königin
Maria Theresia von Bayern, folgendes Telegramm:

> Bei gemeinsamen Beratungen der Vertreterinnen der bayerischen Frauenklöster über
> ihren Anteil an der Erziehung der weiblichen Jugend während und nach dem Kriege
> gedenken 170 Klosterfrauen in kindlicher Verehrung und Dankbarkeit ihrer erhabenen
> Landesmutter und hohen Gönnerin. Sie beten zu Gott, er möge Eure Majestät und den
> König, unseren allgeliebten Landesvater, auch fernerhin schützen und segnen zum
> Troste aller Untertanen in der großen Heimsuchung des Krieges.

Unterzeichnet war die Adresse von Prälat Stahler (nicht etwa von einer
der Äbtissinnen), dem Ihre Majestät antwortete: »Sehr erfreut, daß die in
ernster Zeit zu einer Beratung versammelten Klosterfrauen meiner gedachten, sage ich Eurer Hochwürden und den Vertreterinnen bayerischer
Frauenklöster herzlichen Dank …« Auch die Antworten der Bischöfe und
des Kultusministers (von Knilling) gingen an den Prälaten Stahler.
   Kehren wir nun wieder in das Jahr 1929 zurück. Der Abstecher in die
Zeit des Ersten Weltkrieges war notwendig. Bei Edith Steins Gründlich-
keit ist es höchst unwahrscheinlich, dass sie einen Vortrag hielt, ohne sich
vorher über die Auftraggeber, die Institution, in der sie zu sprechen hatte,
die Intentionen der Gründer und deren bisherige Initiativen zu informieren. Was sie dabei über die Besorgnisse und Zukunftsgedanken der
Frauenorden in der Kriegszeit erfuhr, muss sie an ihre eigenen Erlebnisse
in den Jahren 1914–19 erinnert haben, und gewiss fand sie sich in vielem
bestätigt. Ihr Vortrag erschien im Klerusblatt, dem Organ der Priester-
vereine und ihres wirtschaftlichen Verbandes. So kann angenommen werden, dass sie Thaddäus Stahler kennen lernte. Das muss zunächst überraschen. Es waren nämlich nur wenige Herren aus dem Klerus Bayerns als
Gäste geladen, und Wirtschaftsfragen wurden schon gar nicht erörtert.
Stahler war aber nicht nur Vorsitzender im Verband der Schulorden, sondern auch im Bayerischen Klerusverband, und so hatte er sich sogleich
den Vortrag Edith Steins für seine Zeitschrift gesichert.
   Dass Thaddäus Stahler sich an Edith Stein gewandt hatte, ist leicht
nachzuvollziehen. Sie hatte bis 1929 immerhin einige Jahre lang klösterliche Erfahrung gesammelt und verband diese mit einer philosophischen
und philologischen Ausbildung, die sich damals unter Ordensfrauen sel-

---

5   Die christliche Schule. Pädagogische Studien und Mitteilungen. Eichstätt 1916, 7. Jg., 340.

ten fand. Dass sie selbst kein Ordensmitglied war, empfahl sie möglicherweise zusätzlich als Referentin. Denn eine gewisse Distanz fördert die Objektivität. Ihr Vortrag beweist das. Er war – wie immer – streng logisch aufgebaut, das Religiöse darin zeugte – auch dies wie immer – von atemberaubender Frömmigkeit. Außerdem aber brachte das Referat unverkennbare Kritik an klösterlicher Praxis, wo diese Edith Stein fragwürdig schien. Zunächst stellt sie beglückt fest, dass die klösterliche Anstalt allen andern Einrichtungen gegenüber einen »unermeßlichen Vorzug hat rein dadurch, daß sie den Heiland im Hause hat. (…) Wer einen lebendigen Glauben an diese Wahrheit hat, den muß es ja mit aller Gewalt hinziehen zum Besuch des Allerheiligsten, zum Meßopfer, zur Kommunion«. Um dies den Kindern nahe zu bringen, muss die Erzieherin nicht nur selbst Glaubensfreude in sich tragen, sondern auch über dogmatische Durchbildung verfügen. Edith Stein, die den Zeitmangel klösterlicher Lehrerinnen kennt, schlägt vor, im Notfall lieber bei der täglichen Betrachtung statt der »üblichen Erbauungsbücher zeitweise Schriften der genannten Art – die großen Kirchenväter und -lehrer, die klassischen theologischen Werke der neueren Zeit zu verwenden (…) Es steht ja das ganze Leben zur Verfügung«. Hinzutreten muss aber das eigene eucharistische Leben der Erziehenden. Da wird Edith Stein rigoros.

> Wenn ich Schulleiterin wäre, würde ich nie einen Ausflug so einrichten, daß die hl. Messe und Kommunion dadurch ausfallen. Die Freude und Erholung der Kinder braucht darum nicht zu kurz zu kommen. Steht nur ein Tag zur Verfügung, so läßt man gar keinen Gedanken an weit entfernte Ziele aufkommen, sondern wählt etwas Schönes in der Nähe. Trifft man aber einmal auf den Wunsch nach einer weiteren Fahrt, so fände ich es angemessen, sie auf zwei oder mehrere Tage auszudehnen, statt das Höchste dafür aufzugeben.

Edith Stein sieht aber auch, dass es falsche, ja sehr bedenkliche Mittel geben kann, um vermeintlich das Gute zu erreichen, nämlich die mancherorts übliche »Kontrolle und Überwachung des Kirchenbesuches und Sakramentenempfangs«. Die sachliche, ruhige Edith Stein wird hier fast leidenschaftlich:

> Ich kann es verstehen, daß die Kinder diese Aufsicht als einen Polizeidienst empfinden, der dem Heiligsten und Zartesten gegenüber peinlich und aufreizend wirkt und die Aufsichtführenden in ihren Augen herabsetzt. Ich bin überzeugt, daß gerade in fein empfindenden Kinderseelen manche Keime inneren Lebens durch solche Reglementierung getötet werden.

Selbstverständlich kommt Edith Stein auch auf ihr liebstes Thema, das mit obigen Ausführungen schon angerissen war, ausgiebig zu sprechen: auf die Liturgie. Sie gibt zwar zu, dass es für manche Gläubigen zu manchen Zeiten auch fruchtbar sein kann, eigene Gebetsformen zu wählen. Diese gehören jedoch eher in den stillen Kirchenbesuch außerhalb der hl. Messe. Es sollte angestrebt werden, dass alle »mit geöffnetem Geist und Herzen die Worte der Meßliturgie mitbeten« – wenn immer möglich auch in Latein. Weil aber »das Wort seiner vollen Natur nach nicht geschriebenes oder gedrucktes, auch nicht still gedachtes, sondern tönendes und klingendes Wort« ist, darum empfiehlt sie feurig den gregorianischen

Choral. Alles andere kann auch gut sein, aber die fruchtbarste Weise, die
hl. Handlungen zu feiern, ist die, bei der alle Anwesenden den Choral im
Wechsel mit dem Zelebranten gemeinsam singen. Einmal hatte Edith Stein
– in einem Brief – gesagt, in der Bergzaberner Pfarrkirche hätten alle
Schulkinder den Choral gesungen und sie hätte von dort her, schon vor
ihrer Konversion, nur diese Art eucharistischer Feier gekannt.

Zur Liturgie gehört das Breviergebet. Fast alle klösterlichen Lehranstalten haben Chorgebet im Haus. Welche Gelegenheit, den Segen der
Morgenstunde mit hl. Messe und Kommunion weiterströmen zu lassen in
das Tagewerk! Aber, fragt Edith Stein, »macht man davon ausreichenden
Gebrauch?« Es scheint ihr, dass man die Bedeutung des Chorgebets für
die religiöse Bildung nicht genügend erfasst hat. Sie bedauert es, dass in
vielen Frauenklöstern der Bau der Kirche keinen Einblick in das Non-
nenchor gestattet; man betrachtet, so fürchtet sie, das Chorgebet als eine
innere Angelegenheit des klösterlichen Lebens, für die man sich in die
Klausur zurückzieht. Was aber für die stille Meditation richtig ist, das wi-
derstrebt dem Charakter der Liturgie. Wenigstens müsste den Kindern,
die es wünschen, Gelegenheit zum guten Zuhören gegeben sein, und dies
Zuhören könnte ihnen die hl. Freude und Begeisterung mitteilen, die den
Schwesternchor beseelen müssten. »Dann würden die Kinder für ihr
ganzes Leben etwas mitnehmen.« Dem widerspricht es aber, wenn das
Klosterleben – auch außerhalb der verpflichtenden Klausurvorschriften –
behandelt wird »als etwas Geheimnisvolles, das die Neugier reizt. Das
entspricht nicht seiner Würde und Heiligkeit und beraubt es seiner wer-
benden Kraft«.

Über diesen Vortrag hat sich Edith Stein in einem Brief vom Januar
1930 noch einmal geäußert. Sie schreibt an Adelgundis Jaegerschmid OSB,
eine Historikerin:

> Ihre Kritik meines Vortrags möchte ich nicht nur unterschreiben – ich möchte sagen: die
> Kirchengeschichte ist nicht mager, sondern überhaupt nicht behandelt, sondern es ist
> nur darauf hingewiesen, daß sie zu behandeln wäre (...) Der Vortrag war ohnehin
> schon reichlich lang im Rahmen der Tagung (...) Eine Unterschätzung der Kirchenge-
> schichte liegt mir durchaus fern. Ich habe seit Jahren den lebhaften Wunsch, mich damit
> zu beschäftigen ...

In der Lehrerinnenversammlung 1928 in Ludwigshafen muss ihr Vortrag
auf positive Resonanz gestoßen sein, denn für die nächste Hauptversammlung des Vereins katholischer bayerischer Lehrerinnen – 1930 –
wurde Edith Stein wieder als Referentin gebeten. Am 12. April, dem
Samstag vor Palmsonntag, reiste sie zunächst erneut nach Beuron. Am
Ostersonntag schreibt sie in einem Brief : »... Am Mittwoch muß ich nun
fort. Für den Donnerstag erbitte ich mir (...) kräftige Gebetshilfe für meinen Vortrag.« Das Thema dieses Vortrags war: »Theoretische Grundlagen
der sozialen Bildungsarbeit«.[6] Wenn Edith Stein am Mittwoch – das war

---

6   Kenntnis darüber haben wir durch das Organ des bayerischen Lehrerinnen(zweig)ver-
    eins »Zeit und Schule« vom 16. März 1930, Nr. 6 des 27. Jahrgangs und durch die »Wo-
    chenschrift« des Vereins der deutschen katholischen Lehrerinnen vom 8. Juni 1930,
    Nr. 21.

der 23. April – von Beuron abreiste, dann wird sie zur Tagung erst zum Begrüßungsabend um 20 Uhr eingetroffen sein. Am Vormittag war ausschließlich Geschäftliches geplant und am Mittag eine Sitzung des Landesausschusses, zu dem sie nicht gehörte. Der Donnerstag, der Haupttag der Veranstaltung, begann mit einem Pontifikalamt des Bamberger Diözesanbischofs Jakobus von Hauck in der Frauenkirche am Hauptmarkt. Siebzig Jahre später steht an einem der Pfeiler des Chorumgangs Edith Steins überlebensgroße Plastik als Karmelitin von Prof. Wilhelm Uhlig.

In der »Wochenschrift« hat Elisabeth Mleinek, Geschäftsführerin des Deutschen Vereins in Berlin, die als Gast in Vertretung der Vereinsleitung zugegen war, einen zusammenfassenden Bericht über die Tagung veröffentlicht.[7] Im Nachlass Edith Steins befindet sich kein Manuskript, weder von Hand noch von Maschine geschrieben. Solche Vorträge wurden damals häufig von Hörerinnen mitstenografiert. Elisabeth Mleinek sagt zwar in einem Brief vom März 1975, Edith Stein habe, an einem Tischchen neben dem Podium stehend, »fast zwei Stunden lang völlig frei und fließend« gesprochen, aber es ist kaum glaubhaft, dass sie keinerlei Notizen hatte. Vielleicht hat sie später das Manuskript verschenkt, wie Sie es öfter tat.[8]

Dem Vortrag Edith Steins folgten am Nachmittag noch Versammlungen der Berufsschullehrerinnen und der Junglehrerinnen. Die Versammlungen waren gleichzeitig. Da Edith Stein unseres Wissens nach mit Berufsschulen kaum, wenn überhaupt, befasst war, ist anzunehmen, dass sie die Versammlung der Berufsanfängerinnen besuchte, lagen ihr doch die Junglehrerinnnen besonders am Herzen. Auch die Lehrerinnen, die sich 14-tägig zu Arbeitsgemeinschaften in ihrem Speyerer Zimmer trafen, gehörten einer Gruppe des Vereins katholischer Lehrerinnen an. – Der Abend dieses Tages bot Gelegenheit zum Besuch des Nürnberger Stadttheaters. Ob Edith Stein davon Gebrauch machte oder den Abend anderweitig nutzte, muss offen bleiben. Tatsache aber ist, dass sie in Speyer die ihr anvertrauten jungen Frauen des Internats wiederholt zum Theaterbesuch ermunterte und ihnen die erforderliche Erlaubnis der Vorgesetzten dazu besorgte.

Am Freitag wurde die gemeinschaftliche hl. Messe in der St. Elisabethkirche an der Ludwigstraße gefeiert. In der geschlossenen Mitgliederversammlung am Nachmittag referierte Elisabeth Mleinek über das neue Reichslichtspielgesetz, und anschließend erläuterte die Berliner Reichstagsabgeordnete Thusnelda Lang-Brumann den Entwurf zum Berufsausbildungsgesetz. Beides wird auf das Interesse Edith Steins gestoßen sein, auch der um 20 Uhr noch folgende Elternabend. Dieser fand statt im großen Saal des Kulturvereins, Frauentorgraben/Ecke Zeltnerstraße. Er brachte nochmals ein Referat, und zwar eines, das ihre Theorie zur sozialen Bildungsarbeit praktisch ergänzte: »Der Anteil der katholischen Leh-

---

[7] Der Vortrag ist abgedruckt in »Zeit und Schule«, 1.6.1930, 81–85 u. 16.6.1930, 90–93.
[8] Der Text des Vortrags ist nachzulesen in der Werkausgabe, Bd. 12, 52–72.

rerin an der sozialen Bildungsarbeit« von der Nürnberger Oberlehrerin
Fanny Riedl. Außer zum Elternabend traf man sich zu allen Veranstaltungen im Festsaal des Hotels »Deutscher Hof«, Frauentorgraben 29.

An Roman Ingarden schrieb Edith Stein am 28. April 1930, dass sie
einige Tage in Nürnberg war, »wo ich bei einer großen Lehrerinnen-
versammlung einen Vortrag zu halten hatte über ›Die theoretischen
Grundlagen der sozialen Bildungsarbeit‹«, und dass sie am 27. April über
Würzburg zurück nach Speyer kam. Demnach hat sie auf die beiden
Autofahrten am Sonntag und Montag, am 27. und 28. April, durch die
Fränkische Schweiz und nach Rothenburg o. d. Tauber verzichtet. In
Würzburg hat sie höchstwahrscheinlich die dort studierenden jungen
Dominikanerinnen besucht. In Speyer wartete schon manche Arbeit auf
sie. Zwar war das Thomas-Manuskript abgeschlossen, doch ehe der Ver-
lag begann, die Korrektur-Bogen zu senden, wollte sie sich in »freien«
Stunden der Durchsicht der großen Arbeit ihres polnischen Freundes In-
garden widmen, dessen Werk »Das literarische Kunstwerk« in druckreifes
Deutsch gebracht werden musste. Es war gut, dass Edith Stein zu jener
Zeit noch nichts von den Vorträgen ahnte, die das Jahr 1930 ihr abfordern
würde.

Die Bitte zu dem ersten Referat kam einigermaßen unerwartet. Das Bis-
tum Speyer feierte im Sommer 1930 den 900. Jahrestag der Grundstein-
legung seines Domes; für die Hauptfesttage war die Zeit vom 6. bis 15. Juli
im Programm angegeben. Man erwartete großen Andrang in Speyer, und
Edith Stein hatte schon am 3. Mai an Ingarden geschrieben: »… vielleicht
werde ich gelegentlich auch mein Zimmer einem Gast räumen.« Am
4. Mai begannen schon Vorbereitungsveranstaltungen. Sonntag (4.5.) und
Montag (5.5.) tagte in Speyer der Bayerische Landesverband des Katholischen Frauenbundes. Ende Mai trafen sich die Pfarrcäcilienvereine der
Diözese, wobei 3000 Sänger ihre »Huldigung vor dem Hochwürdigsten
Herrn Diözesan-Bischof« darbrachten, nachdem der Speyrer Domchor
am Morgen eine achtstimmige Messe (von Rheinberger) gesungen und der
»Massenchor Pfälzischer Cäcilienvereine« die Messe »Die Himmel rüh-
men« von Karl Maupai vorgetragen hatte. Drei Wochen später versammelten sich die Diözesanverbände der katholischen Arbeiter- und
Arbeiterinnenvereine. Auch ihr Tag begann mit einem Pontifikalamt,
anschließend fand wiederum die offenbar obligate Huldigung vor dem Bischof statt und nach dem Mittagessen eine große Kundgebung im Domgarten, auf der Bundeskanzler a. D. Dr. Ignaz Seipel aus Wien eine Fest-
rede hielt, bereits die dritte an diesem Tage, denn auch für 10 Uhr und
14 Uhr waren Predigten angesagt. Da Fernsehen noch unbekannt war und
kaum jemand beim Hörfunk saß, ist für uns die rege Teilnahme an diesem
dichten Programm erklärbar. Edith Stein wusste von ihrem Vortrag noch
immer nichts. In der folgenden Woche waren Jugendtage geplant, getrennt
für die Volksschulen und die höheren Lehranstalten. Sie erhielten einen
eigenen Akzent mit einer »vaterländischen Feier« und dem Singen des
Deutschlandliedes.

Am 6. Juli begann das eigentliche Jubiläum mit der feierlichen Wiedereröffnung der Speyerer Marienwallfahrt. Das alte Gnadenbild war den Wirren der Franzosenzeit zum Opfer gefallen. Nun hatte Papst Pius XI. dem Speyerer Dom eine neue Madonnenstatue gestiftet. Man hatte sie im rechtsrheinischen Ort Waghäusel zunächst deponiert, um sie von dort im hochfeierlichen Festzug, auf geschmücktem, von sechs Schimmeln gezogenen und von Scharen weißgekleideter Kinder begleiteten Wagen über die Schiffsbrücke und in den Dom zu geleiten. Zum Abschluss weihte Bischof Dr. Sebastian feierlich seine Diözese der »Schutzfrau des Domes«.

Den Mittelpunkt des Domfestes bildete ein »Eucharistischer Kongreß der Länder deutscher Zunge«. Dem »allerhöchsten Herrn des Domes« sollte Lob und Dank dargebracht werden. Am Nachmittag des Samstags (des 12. Juli) wurde der Päpstliche Legat – dazu war Kardinal Faulhaber, Erzbischof von München und Freising, ernannt worden – feierlich empfangen und danach mit Anton Bruckners Te Deum im Dom das Allerheiligste ausgesetzt. Alle Glocken der Diözese Speyer läuteten, als eine »eucharistische Lichterprozession« – die des strömenden Regens wegen sich leider nicht im Domgarten entfalten konnte, sondern auf das Dominnere ausweichen musste – den Tagesabschluss bildete. In der Nacht wurde die Anbetung in den Klosterkirchen der Stadt fortgesetzt. Man geht wohl nicht fehl in der Vermutung, dass Edith Stein ihren Stammplatz in St. Magdalena, hinter dem linken Chorpfeiler den Blicken der Kirchenbesucher entzogen, für viele Stunden innehatte.

Zur Vorbereitung auf den Kongress hatte man »eucharistische Sektionen« gebildet: eine Sektion für Priester, eine für (andere) Männer, eine weitere für Frauen. Die Sektionen wurden am Montag, den 14. Juli, zu eigenen Konferenzen geladen, die Geistlichen in die geschmückte Turnhalle der Dominikanerinnen, die übrigen Männer in das Katholische Vereinshaus, die Frauen in den Festsaal des Marthaheims. Für die Zusammenkunft der Frauensektion hatte man Dr. Maria Maresch aus Wien für einen Vortrag gewonnen (oder zu gewinnen gehofft), eine damals bekannte katholische Autorin, die sich besonders um die Erforschung der Vita Elisabeths von Thüringen verdient gemacht hatte. Ohne den Grund dafür zu erfahren – dass nämlich Dr. Maresch abgesagt hatte – erhielt Edith Stein am 23. Juni durch den Prälaten Franz Joseph Gebhardt die schriftliche (?) Bitte, den Vortrag für den 14. Juli zu übernehmen. Edith Stein war sich bewusst und deutete das in ihrer Antwort auch an, dass man sie als Verlegenheitslösung betrachtete. Es muss offen bleiben, ob man zuvor Anfragen an andere Referentinnen gestellt hatte; der Verein katholischer Lehrerinnen und der Katholische Frauenbund hätten zweifellos genügend geeignete Persönlichkeiten vorschlagen können. Vielleicht war man nur des Termindrucks wegen auf Edith Stein, die in Speyer jedermann kannte, ausgewichen; jedenfalls sind in der übrigen Rednerliste zum Domjubiläum nur Prominente von auswärts zu finden: aus Augsburg, Bamberg, Heidelberg, Köln, München, Münster, Passau, Saarbrücken, Wien, um nur einige Orte zu nennen.

Edith Stein sprach – wie alle Redner in den Sektionen – über das Thema

»Eucharistische Erziehung«.[9] Der Haupttenor war: Eucharistisch erziehen kann nur, wer selbst eucharistisch lebt. Dazu sind auch, meint Edith Stein, dogmatische Kenntnisse vonnöten, diese aber verlangen umgesetzt zu werden in Tat und Leben. Edith plädiert stark für die frühe Kommunion der Kinder, den häufigen, wenn möglich täglichen Kommunionempfang aller Gläubigen, ganz besonders aber der Frauen, denn zumal in ihren Händen liegt die eucharistische Erziehung. Und diese hat ihre Frucht getragen, wenn Christi Leben unser Leben geworden ist.

Das Domjubiläum hatte noch einen Abschluss, der Edith Stein wahrscheinlich viel bedeutet hat: ein Gedächtnistag für die im Dom bestatteten Toten. Das waren die in der Kaisergruft zur letzten Ruhe gebetteten drei Kaiserinnen und acht Kaiser. »Wo sonst noch in Deutschland ist man so nahe großem Menschenschicksal, das in das Reichsschicksal hineinwirkte?«, hat später Theodor Heuss gefragt. Wo sonst, könnte man weiter fragen, wird deutsche, wird europäische Geschichte so dicht erlebt? Vom Speyerer Dom brach Heinrich IV. zu seinem Gang nach Canossa auf. Hier predigte Bernhard von Clairvaux seinen Aufruf zum zweiten Kreuzzug. Die Mehrzahl der deutschen Reichstage bis 1570 fanden in der Freien Reichsstadt Speyer statt. Auch viel Bitteres hatte der Dom gesehen: Den Reichtstag der sog. Protestation 1529 zum Beispiel, der die abendländische Glaubensspaltung festschrieb. Dies alles und noch viel mehr an europäischem Geschehen war Edith Stein ganz und gar geläufig. Ehe sie sich als Studentin für die Philosophie entschied, hatte sie an Geschichte als Hauptfach gedacht. Ein Kunst- und Geisteswerk wie der Kaiserdom zu Speyer musste ihrem europäisch fühlenden Herzen viel bedeutet haben. Nach dem Requiem für die Toten, das man im Hohen Dom sang, bewegte sich der Zug der Teilnehmer in die Kaisergruft, unter ihnen als Vertreter des österreichischen Kaiserhauses der Erzherzog Eugen, der (ehemalige) Kronprinz Rupprecht und deren Gefolge. Ob Edith Stein zur Festakademie im Stadtsaal geladen war, wissen wir nicht. Am Abend dieses Tages reisten die meisten der Festgäste ab. Eine Frage bleibt, ob und bei welcher Gelegenheit Edith Stein Erzabt Raphael Walzer traf oder ihn sprechen konnte. Schon seit Ostern hatte sie damit gerechnet, den Abt in Speyer zu treffen. Sie schreibt aus Beuron an Adelgundis Jaegerschmid: »... Der Hochwürdigste Herr hat für den Sommer einige Reisepläne: 12./13. Juli – hören und staunen Sie – nach Speyer zu den Hauptfesttagen des 900-j. Domjubiläums ...« Tatsächlich bestätigt die »Chronik von Beuron«, zweites Halbjahr 1930, 2: »Vater Erzabt weilte an diesem Tag [am 13. Juli] nicht in unserer Mitte, sondern in Speyer, wo er beim großen Domjubiläum eine Festpredigt zu halten hatte.« Wann der Abt am 13. Juli nun wirklich predigte, muss offen bleiben. Laut Programm (das keine Namen angibt) gibt es drei Möglichkeiten: Um 8 Uhr war eine hl. Messe mit Pre-

---

[9]   Abgedruckt im Speyerer Bistumsblatt »Der christliche Pilger« in Nr. 30 v. 27. Juli 1930, 699–700; auch in: ESW Bd. 12, 123–125, beides wahrscheinlich eine Kurzfassung. Sie entspricht genau der Handschrift des Manuskripts, das Edith Stein Sr. Agnella Stadtmüller OP schenkte und das sich heute im Klosterarchiv der Dominikanerinnen von St. Magdalena befindet.

digt im Domgarten, bei der die bekannt gewordene Festmesse von Josef
Haas gesungen wurde, um 9.45 Uhr fand die »eucharistische Predigt« vor
(!) dem Pontifikalamt des Päpstlichen Legaten statt und zur gleichen Zeit
gab es eine Predigt im Jugendgottesdienst auf dem Festplatz.

Das Jahr 1930 bildet in Edith Steins Vortragstätigkeit sozusagen eine
Zäsur. Es brachte nämlich ihren Salzburger Vortrag über »Das Ethos der
Frauenberufe«, der wohl ihren Ruf in der katholischen Öffentlichkeit begründete, wenn auch nur für wenige Jahre (bis zum Beginn des Dritten
Reiches). Von da an beschäftigte sie wohl auch der Gedanke, den Schul-
dienst wieder aufzugeben, um sich stärker wissenschaftlicher Arbeit zu
widmen. Im Advent 1930 entschuldigt sie sich bei den Benediktinerinnen
Adelgundis Jaegerschmid und Placida Laubhardt in einem Brief, dass ihr
die Zeit zum Schreiben fehle:

> … Warum, das könnt Ihr Euch wohl denken. Salzburg hat erstaunliche Kreise gezogen.
> Ich muß bald da, bald dort als Rednerin auftreten. Dazwischen immer die Aufsatzberge.
> Voraussichtlich werde ich Ostern die Schule an den Nagel hängen (…) Was dann kommt,
> weiß ich noch nicht (…) Aber nun muß es in Beuron gründlich bedacht werden …

Sie hatte die Absicht, das Weihnachtsfest in Beuron zu verbringen und
dabei mit Erzabt Raphael Walzer ihre Zukunftsmöglichkeiten zu besprechen.

In Salzburg traf sich 1930 vom 30. August bis zum 3. September der Katholische Akademikerverband zu seiner Herbsttagung. Auf dieser Tagung
wurden die späteren Salzburger Hochschulwochen beschlossen, die im
nächsten Jahr erstmals stattfanden. Aber auch 1930 war eine Vortragsreihe
vorgesehen, die unter dem Gesamtthema stand: »Christus und das Be-
rufsleben des modernen Menschen.« Das Einführungsthema »Christliches
Berufsethos« hatte der Husserlschüler Dietrich von Hildebrand übernommen. Ursprünglich war es Edith Stein zugedacht gewesen, aber dann,
so schreibt sie: »… wurde von den Salzburgern [den Veranstaltern] ein eigenes Frauenthema als unerläßlich bezeichnet, und so habe ich mich dar-
ein ergeben.« Glücklicherweise, so möchte man sagen, ergab sie sich; denn
sie war und blieb die einzige Frau unter den Referenten. Das waren viele.
Es ist nicht uninteressant, die Namen und die Themen kennenzulernen;
veilleicht kann die Aufzählung künftigen Studierenden behilflich sein, die
sich des Themas hoffentlich einmal gekonnter annehmen werden, als es
hier möglich ist. Die Katholische Kirchenzeitung des Erzbistums Salzburg vom 4. September 1930 (Nr. 35) zählt sie – der zeitlichen Reihenfolge
nach von Montag bis Mittwoch – folgendermaßen auf: Alois Mager OSB:
Der Forscher; Heinrich Bleienstein SJ: Der Erzieher; Ignaz Seipel: Der
Staatsmann; Karl Eschweiler: Der Politiker; Waldemar Gurian: Der
Publizist; Hermann Marx: Der Richter; Hans Eibl: Der Künstler; Rudolf
Allers: Der Arzt; Franz Landmesser: Der Unternehmer und der Arbeiter;
Georg Siemens: Der Techniker; Engelbert Krebs: Der Priester.

Die meisten der Vorträge hat Edith Stein nicht hören können. Sie
schreibt an eine Bekannte: »Ich werde erst am 2.IX. in Speyer eintreffen,
da ich ja noch nach Salzburg muß. Für den 1.IX. bitte ich Sie um ein besonderes Memento.« Sie war nach Salzburg gefahren von Breslau aus,

über Prag oder über Wien. Sie schreibt nämlich am 26. Juli aus Breslau an
Callista Brenzing OCist: »Erst hier zu Hause fand ich einen Augenblick
Zeit, um auf die Karte zu schauen und festzustellen, daß man von hier
nach Salzburg viel näher über Wien oder Prag fährt als über München. So
werde ich nur auf der Rückreise über München fahren, am 1.IX., und
dann wohl nur abends von 8–10 Uhr Aufenthalt haben. Hoffentlich können wir uns dann sehen.« Für die Reise von Breslau nach Salzburg ist ein
köstliches Dokument erhalten, das unseren Leser/innen nicht vorenthalten werden soll:

> Breslau X, Michaelisstr. 38, 3.VIII.30
> An die Polizeidirektion Speyer a.Rh.
> Für eine Reise nach Salzburg, die ich in diesem Monat von hier aus machen muß, bitte
> ich um Ausstellung eines Passes. Mein Wohnort ist Speyer, hier bin ich nur vorüber-
> gehend zu Besuch und könnte den Paß hier nur auf Grund eines Unbedenklichkeits-
> scheines der Speyerer Polizeibehörde bekommen. Es wurde mir daher auf dem hiesigen
> zuständigen Polizeiamt geraten, den Paß lieber in Speyer ausstellen und hier an die Paß-
> stelle schicken zu lassen. Ich bitte daher, daß Sie die Güte haben möchten, dies zu tun.
> Ein Paßbild und die nötigen Personalangaben füge ich bei:

> | | |
> |---|---|
> | Größe: mittel | Beruf: Lehrerin |
> | Haare: braun | Staatsangehörigkeit: Preußen |
> | Augen: grau | Geburtsort: Breslau |
> | Gesichtsform: oval | Geburtsdatum: 12. X. 1891 |
> | Zuname: Stein | Wohnort: Speyer |
> | Vorname: Edith | Wohnung: Kloster St. Magdalena |

> Mit bestem Dank hochachtungsvoll ergebenst
> Dr. Edith Stein, z.Zt. Breslau X, Michaelisstr. 38 (Polizeiamt 11, Bartschstr.)

Es ist anzunehmen, dass Edith Stein am Samstag, den 30. August, in Salzburg eintraf. Es musste ihr daran gelegen sein, die Eröffnung der Tagung
mitzumachen, um sich in der ihr fremden Umgebung zu orientieren.
Nach der Erinnerung von Thomas Michels OSB hatte man ihr ein Gast-
zimmer im Kolleg St. Benedikt besorgt. Der Sonntag, 31. August, begann
mit der Missa recitata in der Kollegienkirche; es wird ausdrücklich im
Programm vermerkt, dass es eine »Kommunionmesse« sei. In den späten
Messen wurde damals die hl. Kommunion nicht ausgeteilt. Paulus Gordan
OSB schreibt in der Festschrift 1981: »Jeder Tag begann [um 7 Uhr] mit
der als liturgische Kühnheit erachteten Missa recitata, bei der wir uns fast
wie ›Verschwörer‹ fühlten – mit ›Rom‹ im Konflikt, mit der Zukunft im
Bunde.« Balduin Schwarz fügt hinzu: »Mit der allabendlichen Komplet
wurde der Versuch gemacht, die Zuhörerschaft zu einer lebendigen Ge-
betsgemeinschaft zu formen, was etwas völlig Neues war.« Dass dies möglich wurde, hängt damit zusammen, dass die Salzburger Veranstaltungen
nicht ohne die theologische Fakultät der Benediktiner von St. Peter zu
denken sind. Die führenden Männer der Hochschulwochen, Professoren
der genannten Fakultät, waren Mönche aus den »Hochburgen« der litur-
gischen Erneuerung jener Jahre; Alois Mager kam aus der Erzabtei
St. Martin in Beuron, Thomas Michels aus der Abtei Maria Laach. Man
darf vermuten: In dieser Atmosphäre fühlte Edith Stein sich wohl.

An dem genannten Sonntag begann das offizielle Programm um 10 Uhr
mit einem Pontifikalamt mit Fürsterzbischof Dr. Ignatius Rieder. Die

Festpredigt war – für heutiges Empfinden seltsam – vor dem Hochamt, um 9.30 Uhr, gehalten von dem Berliner Akademikerseelsorger Dr. Johannes Pinsk; sein Thema: »Christus, das Heil der Welt«. Gegen 11.30 Uhr eröffnete der Vortrag von Abt Dr. Ildefons Herwegen aus Maria Laach, der den verhinderten Reichskanzler Dr. Heinrich Brüning vertrat, im Mozarteum die Reihe der Referate, denen man durchweg die geistige Höhe von Universitätsvorlesungen bescheinigte, mit dem Thema: »Die Formung des Geistes durch den Geist Christi«. »In bilderreicher, oft in den Hochflug der Mystik gleitende Sprache, entwickelte der illustre Redner seine Gedanken …«, sagte dazu die Wiener »Reichspost« vom 2.9. Der Nachmittag war für die ca. 600 Teilnehmer und Teilnehmerinnen frei; sie sollten Gelegenheit haben, Salzburg und seine Kunstschätze und sonstigen Sehenswürdigkeiten kennen zu lernen. Edith Stein könnte diese Stunden – darüber wissen wir nichts – zu Begegnungen und Gesprächen mit den zahlreich anwesenden Gelehrten genutzt haben.

Edith Steins Vortrag »Das Ethos der Frauenberufe« war der zweite des Montags, des 1. September, nach dem Referat von Dietrich von Hildebrand, das in das Gesamtthema einführen sollte: »Das Berufsethos des Christen«. Ihr Vortrag begann um 10 Uhr in der Aula des Kollegiengebäudes. Thomas Michels OSB schrieb uns darüber:

> … daß ich vor dem Vortrag von Frau Edith Stein im Kolleg St. Benedikt mit ihr frühstückte und sie dann zur Stiftskirche von St. Peter begleitete, wo sie nach ihren eigenen Worten sich eine Stunde meditierend auf ihren Vortrag vorbereiten wollte. Sie hielt dann diesen Vortrag völlig frei mit einer Souveränität, wie ich sie kaum je bei einer Frau erlebt habe. Ihr ganzes Wesen offenbarte eine Sammlung in Gott, die Klarheit ihres Geistes und ihre hohe wissenschaftliche Begabung, die diese seltene und edle Frau auszeichnete. Wir alle erwarteten damals, daß sie Benediktinerin werden würde …

Die Tagung des Akademikerverbandes und seine Vorträge wurden von etlichen deutschen und österreichischen Zeitungen und Zeitschriften wiedergegeben. In unserem Archiv liegen vor: die Wiener »Reichspost«, »Das kleine Volksblatt«, die »Salzburger Chronik« und das »Kirchenblatt« des Erzbistums Salzburg, ferner die »Augsburger Postzeitung«, die »Rhein-Mainische-Volkszeitung«, der »Heidelberger Bote« und mehrere Zeitschriften, so z.B. die »Benediktinische Monatschrift«, »Der katholische Gedanke« u.a. Die meisten erwähnten ausdrücklich den Vortrag Edith Steins. Freilich muss man sich im Klaren darüber sein, dass sie auch besonders auffiel, nämlich als einzige Frau unter den Vortragenden. Walter Dirks, auch er nicht ohne Lob, vermisste dennoch einiges in ihren Ausführungen, dass sie nämlich »an der möglichen Problematik, Tragik, Krise des Berufes vorübergingen. (…) Ein Wort von der Versklavung der Frau, die in tausend Formen heute Tatsache ist, hätten die (…) Ausführungen (…) gut und notwendig ergänzt«.[10]

Eines der Hauptthemen der Tagung war das Problem der etwaigen

---

[10] Edith Steins Vortrag ist als Büchlein, als 2. Band der vom Katholischen Akademikerverband hg. »Bücherei des Katholischen Gedankens« gedruckt bei Haas und Grabherr, Augsburg 1931, erschienen; seit 1959 auch in: ESW Bd. 5, XX–XXIV und 1–15.

Gründung einer freien katholischen Universität Salzburg. Der Salzburger Universitätsverein unter dem Vorsitz von Fürsterzbischof Dr. Rieder, hatte zu Ehren der Katholischen Akademikerversammlung am 3. September zu einem Festakt »in die golddurchwirkte Aula des Mozarteums« eingeladen. Die Formung des Geistes durch den Geist Christi, wie sie Abt Ildefons OSB zu Beginn der Tagung gefordert hatte, sah Prof. Peter Wust – damals noch Köln – durch eine katholische Universität ermöglicht. Sein Vortrag »Die Idee einer katholischen Universität für das deutsche Volkstum« fand große Beachtung. Es wurden auch erste Gedanken zur Verwirklichung einer solchen Hochschule ausgetauscht, jedoch war Edith Stein nicht mehr anwesend. Vermutlich nach dem Abendessen – alle Mahlzeiten wurden in der Erzabtei St. Peter eingenommen – fuhr sie von Salzburg ab; wir hörten schon, dass sie am Abend in München eintreffen wollte. Nach dem Aufenthalt dort nahm sie den Nachtzug und erteilte baldigst wieder ihren Unterricht in Speyer. Peter Wust, der zum Wintersemester 1931 einem Ruf nach Münster folgte, erhielt am 31. Oktober eine Grußkarte von Edith Stein, die ihre Situation erkennen lässt: »… Bei der Abreise von Salzburg fühlte ich mich etwas in ihrer Schuld, weil es nicht zu dem Gespräch kam, das Sie wünschten. Ich bin froh, daß Sie offenbar Verständnis für meine Situation hatten (…) Es sammelt sich bei mir chronisch mehr, als ich bewältigen kann.«

Zu den von Edith Steins Vortrag beeindruckten Hörern gehörte der Heidelberger Studiendirektor Emil Vierneisel, der Edith Stein schon durch Vermittlung von Erich Pzywara SJ kannte. Jetzt beeilte er sich, sie nach Heidelberg einzuladen, und wollte sie zu diesem Zweck in Speyer aufsuchen. Sie fragt zurück: »Könnten Sie Ihren Besuch bis nach dem 19.X. verschieben? Am 18. habe ich einen großen Vortrag für Lehrer und Lehrerinnen zu halten, der guter Vorbereitung bedarf und noch gar nicht vorbereitet ist. Und für den 19. ist schon lange anderer auswärtiger Besuch angemeldet.«

Vierneisel war Vorsitzender in der Heidelberger Ortsgruppe der Katholischen Akademiker; er hatte für die Zwecke regelmäßiger Zusammenkünfte eine »Dienstags-Gesellschaft« ins Leben gerufen, die auch auf seinen Briefköpfen auftaucht. Edith Stein bezieht sich darauf, als sie ihm ihre Termine vorschlug: »Wenn der Vortrag an einem Nachmittag möglich wäre (…), ginge es am Dienstag, also etwa am 9.XII.« Man entschied sich dann aber für den 2. Dezember. Der Vortrag war in der Universität Heidelberg, im Hörsaal 13, damals der größte. Im Anschluss daran lud die Familie Vierneisel die Referentin in ihr Haus in der Rohrbacher Straße 38 ein. Dieses gehörte der Witwe des Hofrates Lossen, dessen Sohn, Studienrat Richard Lossen, Edith Stein bei dieser Gelegenheit kennenlernte; sie erinnerte sich auch im Karmel noch, dass ihr die drei ältesten der Kinder Vierneisels, Birgitta, Norbert und Klaus, in ihren Bettchen schlafend vorgestellt wurden. Edith Stein hatte daran gedacht, bei dem Aufenthalt in Heidelberg auch die Soziale Frauenschule, gegründet und geleitet von Maria Gräfin Graimberg, zu besuchen. Emil Vierneisel und Richard Lossen gaben beide an dieser Fachschule Unterricht, Vierneisel war Historiker, Lossen Theologe. Wenn man die Korrespondenz verfolgt, muss man annehmen, dass es zu dem gewünschten Besuch in der Frauenschule nicht reichte. Edith Stein wäre gern so rechtzeitig nach Heidelberg gekommen, dass sie die Vesper im Benediktinerstift Neuburg hätte mitfeiern können und ihr möglicherweise noch Zeit zum Meditieren verblieben wäre; es scheint, dass beides nicht gelungen ist. Sie nahm aber ihre Kollegin von St. Magdalena, Uta von Bodman, mit nach Heidelberg, und Emil Vierneisel ließ beide am Abend mit seinem Wagen nach Hause bringen. »Wir sind sehr fröhlich heimgefahren« berichtet Edith Stein ihm ein paar Tage später, »und schon nach 1/2 Stunde vor der Klosterpforte abgeladen worden. Herzlichen Dank, auch Ihrer lieben Frau Gemahlin, für alle Güte und Fürsorge«. Der Anfangssatz dieses Schreibens bedarf einer Erklärung. Er lautet nämlich: »Es freut mich sehr, daß der hl. Thomas bei Ihnen so viel Freude erweckt hat.« Diesen Satz kommentierten die Herausgeber der 1. Auflage des Briefbandes so, als sei damit Edith Steins Thomasübertragung *Untersuchungen über die Wahrheit* gemeint gewesen. Das ist kaum möglich, denn dieses Werk war noch im Druck und erschien erst im folgenden Jahr. Viel eher war es eine Anspielung auf das Thema des Vortrags: »Der Intellekt und die Intellektuellen«. Das Thema hatte Edith Stein in einem Brief an Vierneisel folgendermaßen angekündigt: »Das würde von Thomas herkommen und dann sehr praktisch werden. Ich nenne es Ihnen aber nur ganz unverbindlich, denn bis Mitte November habe ich bestimmt keine Zeit, darüber nachzudenken und zu merken, ob ich darüber sprechen kann.«[11]

Mit diesem Heidelberger Vortrag haben wir nun zeitlich schon vorgegriffen. Zwischen Salzburg und Heidelberg lagen indessen noch zwei andere Vorträge, der erste am 18. September in Speyer, der zweite am 8. November 1930 in Bendorf a.Rh., wo der Katholische deutsche Frauenbund eine Tagungsstätte, Hedwig-Dransfeld-Haus, besaß. Den Oktobervortrag hatte Edith Stein, wie schon gesagt wurde, im Brief an Emil Vierneisel erwähnt. Er fand im Rahmen des Fortbildunsgprogramms statt, sein Thema lautete: »Zur Idee der Bildung«. In Edith Steins Korrespondenz fand sich bis jetzt kein weiterer Hinweis auf diesen Vortrag. Auch ein Manuskript blieb anscheinend nicht erhalten. Der Text wurde jedoch vollständig wiedergegeben in der Zeitschrift »Zeit und Schule«.[12]

Mehr Einzelheiten wissen wir über den Vortrag in Bendorf. Sein Thema lautete: »Grundlagen der Frauenbildung«.[13] Der Vortrag ist u. a. deswegen

---

[11] Der Vortrag ist bis jetzt noch nicht in der Werkausgabe Edith Steins. Er wurde aber abgedruckt in der Zeitschrift »Das Heilige Feuer. Religiös-kulturelle Monatschrift«. Schriftleitung Pfarrer Bernard Michael Steinmetz, Verlag der Jungfermannschen Buchhandlung Paderborn, gegr. 1913, und zwar 18. Jahrgang, Mai/Juni 1931, 193–198 und Juli/August, 267–272. Ein Manuskript Edith Steins ist in ihrem Nachlass nicht erhalten.

[12] 27. Jahrg., Nr. 22, München 16. Nov. 1930, 159–167; auch in: ESW Bd. 12, 25–38.

[13] Die Handschrift Edith Steins findet sich in ihrem Nachlass, ebenso ein Sonderdruck aus der Zeitschrift »Stimmen der Zeit. Monatschrift für das Geistesleben der Gegenwart«. Freiburg März 1931, Band 120, Heft 6, 414–424. Der Text findet sich auch in: ESW Bd. 5, 73–91.

von besonderem Interesse, weil er – soweit feststellbar – der einzige ist,
der ihr erheblichen Widerspruch eintrug. Er wurde gehalten vor dem Bildungsausschuss des Katholischen deutschen Frauenbundes, der sich am
Samstag/Sonntag, den 8./9. November 1930, in Bendorf traf. Der Vortrag
selbst fand am Samstag statt; der Sonntag brachte die Aussprache darüber.
Diese Diskussion verlief so, dass sich die Vorsitzende des Frauenbundes,
Dr. Gerta Krabbel/Aachen, bewogen fühlte, am 24. November ein Rundschreiben »An die Teilnehmerinnen der Tagung ...« zu versenden. Es
wurde darin angeboten, das Protokoll des Vortrags und der Aussprache,
das nach einem Stenogramm der Sekretärin Emmy Schweitzer angefertigt
worden war, anzufordern. Das Protokoll war zu »ganz vertraulicher Behandlung« gedacht, um einen weiteren Gedankenaustausch und eine
etwaige weitere Zusammenkunft der besonders Interessierten anzuregen.
Es fand sich bisher leider kein Hinweis darauf, ob diese erneute Aussprache zustande kam; auch der Frauenbund, der uns hochherzig die genannten Dokumente überließ, besitzt darüber keine Unterlagen mehr.

Zunächst stellt Gerta Krabbel in ihrem Rundschreiben fest, dass Edith
Steins Vortrag eine sehr verschiedenartige Beurteilung gefunden hat. Trotz
redlicher Bemühungen von beiden Seiten kam es nicht zu einer Verständigung. Darum wünsche sie einen Fortgang der Aussprache

> vor allem, um die uns heute so brennend erregende Frage nach den Grundlagen der
> katholischen Frauenbildung wirklich aus der Tiefe und Klarheit des christlichen Gedan-
> kens zu beantworten. Diese Aufgabe ist (...) deshalb so überaus dringlich, weil wir
> einmal an einem schwierigen und sehr bedeutsamen Punkte der Entwicklung der Frau
> angelangt sind, und dann, weil man bei einer Überschau der geistigen Situation in
> Deutschland durchaus das Gefühl hat, daß bei den tiefgehenden, überaus schweren
> geistigen Kämpfen um das Christentum und die christliche Kultur, der Westen – das
> Rheinland und ein Teil Westfalens – den stärksten Anteil an dieser Auseinandersetzung,
> die wohl für die Zukunft entscheidend ist, haben muß. Aus dieser Verantwortung her-
> aus (...) sollten diese Fragen weiter bearbeitet werden ...

Sehen wir jetzt zunächst, wie Edith Stein selbst über die Situation in Bendorf dachte. Wir erfahren das aus einem Antwortbrief, den sie an eine der
beteiligten Studienrätinnen richtete:

> Auf Widerstände in Bendorf war ich gefaßt. Ich hätte nur gewünscht, daß sie klarer
> zum Ausdruck gekommen wären. Es hat ja niemand ein Wort davon gesagt, daß es »zu
> fromm« war, d.h. daß man sich an der radikalen Orientierung am Übernatürlichen stieß.
> Und wahrscheinlich stand das doch bei so manchen im Hintergrund, obwohl die Dis-
> kussion um ganz andere Dinge geführt wurde. Meinen Sie das nicht auch? Ich habe übri-
> gens auch recht warme und herzliche Zustimmung gefunden, privatim. Daß die Ab-
> lehnung doch stärker war, nahm ich erst nach dem vollkommenen Schweigen in den
> Wochen seither an ...

Eine Bemerkung im Rundschreiben Gerta Krabbels scheint mir hier wichtig: »... Es stand ein Bild der heutigen Schule im Hintergrund, das mit der
Schule, an der die meisten der Anwesenden tätig sind, gar nicht überein-
stimmt. Das war eine große Erschwernis, auch bei der Aussprache.«

Wir erinnern uns: Edith Stein unterrichtete an einer Klosterschule in
der Pfalz, die zu Bayern gehörte. Wenige Jahre später führte ihr Berufsweg
nach Münster, nach Westfalen also. Schon bald schrieb sie an eine ehe-

malige Schulkollegin in Speyer, die Gefahr sei groß, dass die Schülerinnen sich sagten:

> … die Schwestern haben keine Ahnung von der Welt, sie haben uns auf die Fragen, die wir jetzt zu lösen haben, nicht vorbereiten können. Und daß dann alles als unbrauchbar über Bord geworfen wird. Ich habe den Eindruck, daß die rheinisch-westfälischen Klöster darin viel weiter sind, überhaupt ist ja das Schulwesen hier dem bayerischen um Jahrzehnte voraus. (…) Es täte Ihnen vielleicht sehr gut, wenn Sie mal in so eine ganz modern arbeitende Ursulinenschule gucken könnten, wie es im Rheinland und in West-falen doch eine ganze Reihe gibt (…) Die Würdige Mutter in Dorsten würde sie gewiß mit Freuden mal als Gast aufnehmen.

Edith Stein erinnert sich bei Gelegenheit eines erneuten Treffens mit dem Bildungsausschuss des katholischen Frauenbundes, diesmal in Aachen, selbst an den Bendorfer Vortrag. Sie schreibt:

> … von den führenden Frauen des Rheinlandes, die da waren, sind mir viele nun schon von früheren Veranstaltungen bekannt und einige, ohne nähere persönliche Beziehun-gen, rein durch die Gemeinsamkeit der Einstellung, innerlich stark verbunden (…) Zu manchen, bei denen ich damals in Bendorf auf eine starke Opposition stieß, hat sich nun auch ein freundliches Verhältnis hergestellt. Es sind doch alles Menschen von einem sehr ernsten Wollen, die ihre ganze Persönlichkeit an ihrem Posten einsetzen, und davor muß man Achtung haben. Außerdem verstehe ich jetzt so gut, daß ich auf Menschen, die mit-ten im Leben stehen, damals sehr befremdend wirken mußte. Denn ich merke erst jetzt, wo ich selbst draußen stehe (…) welche Mühe es mich kostet, den Anschluß wieder zu finden.

Zwischen dieser Bemerkung und dem Bendorfer Vortrag lagen fast zwei Jahre. Wir müssen zeitlich zurückschauen, um unsererseits den Anschluss an Edith Steins Lebensgang wieder zu finden.

Der Vortrag in Heidelberg war schon in den Advent 1930 gefallen. Das Weihnachtsfest verbrachte Edith Stein in Beuron. Es ist als sicher anzu-nehmen, dass sie mit Erzabt Raphael Walzer ihre Zukunftspläne besprach. Am 6. Januar 1931 schreibt sie von Speyer aus an Professor Heinrich Finke in Freiburg, der damals Vorsitzender der Görresgesellschaft war, über ihre Berufswünsche. Am liebsten möchte sie

> für das frei [werden], was doch meine eigentliche Aufgabe zu sein scheint: die Ausein-andersetzung zwischen scholastischer und moderner Philosophie. Und ich habe jetzt Schritte getan, mir die Hände frei zu machen. Von Ostern ab werde ich nur noch die Hälfte des Unterrichtes hier geben. Wenn [aber] die Universitätslaufbahn möglich wäre, so würde ich sie entschieden vorziehen.

Und etwas später:

> … für die Zeit nach Ostern habe ich bereits eine Reihe von Verpflichtungen angenom-men: Vorträge (…) weil ich infolge der stark verminderten Schultätigkeit etwas Neben-verdienst brauchen werde …

Und so werden wir demnächst Edith Stein noch ein weiteres Jahr durch ihre Vortragtätigkeit begleiten dürfen.

Zur Heiligsprechung von Edith Stein

Simeón Tomás Fernández[1]

Im Folgenden sollen die bedeutendsten Stationen auf dem Weg zur Heiligsprechung von Edith Stein skizziert werden.

1. Vorbereitungen

1962 wurden die ersten Schritte für den Seligsprechungsprozess unternommen. Das Einleitungsverfahren (Voruntersuchung oder Diözesaninformation) fand nicht in Krakau statt, in dessen Erzdiözese Auschwitz, der Todesort Edith Steins, liegt, sondern am Sitz des Erzbischofs von Köln. Mit der päpstlichen Dispens von 1958 wurde ein arbeitsintensiver Prozess eröffnet, der von 1962 bis 1972 dauerte. Es musste nach Menschen gesucht werden, die Edith Stein noch persönlich gekannt hatten. 109 Zeugen wurden in 105 Sitzungen vernommen. Da viele weit entfernt wohnten, erfolgten 22 Befragungen in verschiedenen Diözesen Deutschlands, Englands, Hollands, Österreichs, der Schweiz und in den USA.

Am 18. September 1972 wurden die Akten über das Leben und den Ruf der Heiligkeit, über die Schriften und den »Non cultu«[2] von Teresia Benedicta vom Kreuz, die der neue Erzbischof von Köln, Kardinal Höffner, überbrachte, in der Kongregation für die Heiligsprechungen in Rom juristisch geprüft. Am folgenden Tag erhielt die Causa das »Nihil obstat«[3] der Glaubenskongregation für den weiteren Ablauf des Verfahrens.

2. Die erste Etappe des römischen Prozesses

Am 10. März 1978 wurde das Dekret über die Schriften Edith Steins erlassen, da kein Hindernis für die Weiterverfolgung der Causa bestand. Die beiden Theologen, die mit dem Studium und der Zensur dieser Schriften beauftragt waren, bleiben offiziell anonym; uns ist aber bekannt, dass es zwei Fachleute für die Philosophie der Gegenwart und für das Leben und Werk Edith Steins waren. Das Dekret der Kongregation bezog sich nur auf die Schriften, die sie nach ihrer Taufe verfasste (»scripta Servae Dei post susceptum baptisma exarata«).

Am 20. Mai 1983 erteilte die Kongregation die notwendige Dispens, da kirchenrechtlich bei einer künftigen Heiligen 50 Jahre vom Zeitpunkt des Todes an vergangen sein müssen.

---

[1] Der Autor war Generalpostulator des Teresianischen Karmel von 1973 bis 1997 und als solcher für die Vorarbeiten für das Selig- und Heiligsprechungsverfahren Edith Steins zuständig. Der italienische Originaltext des vorliegenden Artikels wurde von Eljas M. Haas ins Deutsche übertragen und von Renate M. Romor für die Veröffentlichung überarbeitet.

[2] »Keine Verehrung«. Eine Verehrung vor der offiziellen Selig- bzw. Heiligsprechung durch den Papst können ein wichtiges Hindernis im Verfahren bedeuten. (Anm. der Redaktion)

[3] Keine Einwände.

3. Ein großer Schritt der »Causa«

Am 10. Januar 1996 begründete ich in einem Brief an den Heiligen Vater Johannes Paul II., »... warum der Ansatz für die anstehende Diskussion der Causa Teresia Benedicta vom Kreuz (Edith Stein) nicht – oder zumindest nicht ausschließlich – ihr überdurchschnittlich tugendhaftes Leben (›super virtutibus heroicis‹), sondern ihr gewaltsamer Tod (›super Martyrio‹) sein sollte.« Drei Jahre zuvor, im März 1983, hatten nämlich schon die beiden Bischofskonferenzen von Deutschland und Polen den Papst gebeten, ihr den Titel »Märtyrerin« zu verleihen. Bis zu meiner Anfrage blieb dies jedoch von der Bürokratie der Causa unbeachtet.

4. Die »heroischen Tugenden« und das Martyrium

Am 17. Januar 1986 entsprach die Heiligsprechungskongregation der Bitte mit den Worten: »Nihil obstare, dummodo compleantur Acta circa martyrium.« Das bedeutete, dass kein Einwand gegen ein auf das Martyrium gestütztes Verfahren bestand. Der Prozess verlief folgendermaßen:

Am 8. März 1986 unterzeichnet der Relator[4] P. Ambrosius Esser, ein deutscher Dominikaner, die Vorlage der »Positio super Martyrio et super Virtutibus« (Ergebnisse der Untersuchungen über die Tugenden und das Martyrium). Sie wird wenige Wochen später gedruckt und offiziell dem Sekretariat der Kongregation zum Studium und zur Diskussion vorgelegt. Am 9. März wird der Kardinal Mario Luigi Ciappi OP zum Sprecher der Causa (Ponente der Causa) ernannt. Am 8. Oktober findet der Sonderkongress (Congresso peculiare) der Theologen über die Tugenden und das Martyrium und am 13. Januar 1987 die reguläre Sitzung (Congregazione ordinaria) der Kardinäle statt. In beiden Versammlungen werden die Ergebnisse einhellig bestätigt. Am 26. Januar verkündigt Papst Johannes Paul II. per Dekret der Kongregation für die Heiligsprechung feierlich den heroischen Tugendgrad und das Martyrium Edith Steins mit folgenden Worten: »Es steht fest, dass Teresia Benedicta a Cruce (Edith Stein), Mitglied des Orden der Unbeschuhten Karmelitinnen, die theologischen Tugenden Glaube, Hoffnung und Liebe zu Gott und den Mitmenschen sowie die Kardinaltugenden Klugheit, Gerechtigkeit, Mäßigkeit und Tapferkeit in überdurchschnittlicher Weise gelebt und das Martyrium erlitten hat.«[5]

5. Die Seligsprechung

Die Seligsprechung von Schwester Teresia Benedicta vom Kreuz, Edith Stein, fand während einer Pastoralreise von Papst Johannes Paul II. in

---

[4] Eine Art päpstlicher Ermittlungsrichter.

[5] »Constare tum de virtutibus theologalibus Fide, Spe et Caritate in Deum et in proximum, necnon de cardinalibus Prudentia. Iustitia, Temperantia et Fortitudine, eisque adnexis, in gradu heroico, tum de martyrio et eius causa Servae Die Teresiae Benedictae a Cruce (in saeculo: Edith Stein), monialis professae Ordinis Carmelitarum Discalceatorum, in casu et ad effectum de quo agitur.«

Deutschland am 1. Mai 1987 in Köln statt. Im Apostolischen Brief
(»Breve«) der Seligsprechung vom gleichen Datum fügt der Papst der Formel in deutscher Sprache noch eine Erläuterung in Latein an, die seine
persönliche Verehrung zu Edith Stein ausdrückt: »Im Gebet erwuchs Uns
der Wunsch, die hohe Lebensqualität dieser außergewöhnlichen Frau
hervorzuheben und ihre Tugenden sowohl im Hinblick auf die äußere
Wirkung wie auch auf ihre Zurückgezogenheit auszuzeichnen, wobei ihre
Erhabenheit im Handeln und Leiden für Christus und seine Kirche sowie
für ihr von so vielen und großen Ungerechtigkeiten heimgesuchtes Volk
besonders hervorzuheben sind.«[6]

6. Das Wunder für die Heiligsprechung

Für eine Seligsprechung bedarf es zweier Nachweise: des heroischen Tu-
gendgrades und eines »Wunders«. Dieses Wunder muss einer Erhörung
zugeschrieben werden und von der Kirche als solches anerkannt sein. Es
darf nicht mit den derzeitigen wissenschaftlichen Erkenntnissen erklärt
werden. Bei einem von der Kirche anerkannten Martyrium kann indes auf
ein Wunder verzichtet werden. Für die Heiligsprechung ist jedoch ein
Wunder notwendig.

7. Eine wunderbare Heilung

Das von unserer Postulation vorgeschlagene Wunder für die Heiligspre-
chung Edith Steins war die außergewöhnliche und wissenschaftlich nicht
erklärbare Heilung der noch nicht ganz 3-jährigen Teresa Benedicta
McCarthy. Sie schwebte in Lebensgefahr, nachdem sie sich mit einer
Überdosis Grippemedikamenten vergiftet hatte. Hier die Fakten: Teresa
Benedicta McCarthy ist die zwölfte und jüngste Tochter des katholischen
Priesters melkitischen Ritus' Emmanuele Charles McCarthy und seiner
Ehefrau, der Hausfrau Mary Margaret Buman. Sie wurde geboren am
8. August 1984 in Brockton, einer Vorstadt von Boston/USA und getauft
auf den Namen Teresia Benedicta, zu Ehren Edith Steins. In der Familie
wurde sie Benedicta gerufen. Am Abend des 19. März 1987 erbrach sie
sich ständig und litt unter Kräfteverlust und Störungen der Sinnesorgane.
Die Beschwerden nahmen derart zu, dass sie am folgenden Tag, dem
20. März, um 16.00 Uhr von ihren älteren Schwestern in das »Cardinal
Cushing Hospital« von Brockton gebracht wurde, da die Eltern noch
nicht von ihren einwöchigen Exerzitien aus Rom zurückgekehrt waren.
Im Krankenhaus stellten die Ärzte eine Vergiftung fest, verursacht von
dem Medikament Tylenol (Acetaminofen oder Paracetamol). Mit diesem
Medikament hatten sich einige ältere, an Grippe erkrankte Brüder behandelt und die kleine Schwester hatte heimlich eine Überdosis davon ge-

---

[6] »Oratione dein Nostra placuit valde qualitatem eximiae huius mulieris eferre virtutesque
vitae tam exterioris quam umbratilis proponere at animi potissimum excelsitatem
extollere eius patiendoque pro Christo et Ecclesia necnon pro gente propria tot tantisque
affecta iniuriis.«

schluckt. Am gleichen Abend noch wurde Benedicta in die Intensivstation des »Massachusetts General Hospital« zu Boston verlegt. Ein schweres Leberversagen ließ die behandelnden Ärzte an eine Leberverpflanzung denken, die aber nicht durchgeführt werden musste, da sich das klinische Bild bis zum 24. März besserte. Am 26. wurde das Kind in die Station der Inneren Medizin verlegt, am 28. auf die Normalstation und am 5. April 1987 als völlig geheilt entlassen. Im November 1992, also fünf Jahre danach, bestätigten zwei beauftragte Sachverständige nach eingehenden Untersuchungen den hervorragenden Gesundheitszustand Benedictas und das Fehlen jeglicher Spätfolgen einer fortschreitenden Vergiftung.

Der Vater meint dazu: »Medizinische Wunder kann ich nicht beurteilen, aber ich glaube, das Kind steht seit seiner Geburt unter dem besonderen Schutz seiner Patronin Edith Stein. Nicht nur wegen der Namenswahl, sondern auch – wie mir im Krankenhaus einfiel – weil Datum und Uhrzeit ihrer Geburt, 8. August 8.45 Uhr abends in den USA, dem 9. August 2.45 Uhr morgens von Auschwitz entspricht. Von diesem Moment an war uns die Verbindung mit Edith Stein bewusst. Für mich ist das, was mit Benedicta geschah, ein Wunder.«

8. Das Wunder wird approbiert

Es wurden dennoch von einigen Seiten (namentlich seitens des Facharztes des Verfahrens) Bedenken über den wunderbaren Charakter dieser Heilung erhoben. Ich reiste nach Boston, um mit Dr. Ronald E. Kleinman, einem jüdischen Arzt, der das Kind behandelt hatte, zu sprechen. Dieser konnte auch den Facharzt der Kommission, Dr. McDonough, vom wissenschaftlich unerklärbaren Charakter der Heilung überzeugen. Dadurch wurde diese Hürde – eine der größten in meiner Erfahrung als Postulator – überwunden und die Anerkennung des Wunders erreicht. Am 22. November 1996 gab die Heiligsprechungskongregation die Erlaubnis zu einer erneuten medizinischen Beratung, die am 16. Januar 1997 zu einem einheitlichen Ergebnis kam. Ihre Abschlusserklärung über die Heilung lautete: »Diagnose: Schweres Leberversagen durch Einnahme von Paracetamol und Beeinträchtigung verschiedener Organe. Prognose: Mit starken Vorbehalten *quoad vitam.* Therapie: Angemessen doch verspätet, nur teilweise wirksam. Art und Weise der Heilung: Schnell, vollständig und andauernd. Einstimmig als Wunder angenommen.«

Am 25. Februar und am 18. März 1997 fand der »Congresso peculiare«, die ordentliche, theologische Versammlung der Kardinäle und Bischöfe wegen des Heilungswunders an dem Kind Benedicta McCarthy statt. Mit großer Freude stellten sie das Übernatürliche und die wissenschaftliche Unerklärbarkeit fest. Am 8. April 1997 wird in Gegenwart des Heiligen Vaters das Dekret über das Wunder verkündet: »Der Heilige Vater erklärt, dass durch die Einwirkung der Karmelitin Sr. Benedicta a Cruce, Edith Stein, ein von Gott vollbrachtes Wunder vorliegt, nämlich die schnelle, vollständige und andauernde Heilung des Kindes Teresa Benedicta McCarthy, das sich durch eine schwere Vergiftung aufgrund der Einnahme einer Überdosis von Paracetamol lebensgefährliche Schäden an der Leber und an anderen Organen zugezogen hatte.«[7]

9. Die Heiligsprechung

Im öffentlichen Konsistorium am 22. Mai 1997 erklärte Papst Johannes Paul II. nach der Anhörung der anwesenden Kardinäle und Bischöfe öffentlich seinen Entschluss, die selige Teresia Benedicta vom Kreuz (Edith Stein), Unbeschuhte Karmelitin, Märtyrerin, zu einem rechtzeitig bekannt zu gebenden Zeitpunkt heilig zu sprechen.

Dieser Zeitpunkt wurde auf Sonntag den 11. Oktober 1998 festgelegt.

---

[7] »Beatissimus Pater declaravit: Constare de miraculo a Deo patrato, intercedente Beata Teresia Benedicta a Cruce (in saec.: Edith Stein), Moniali professa Ordinis Carmelitarum Discalceatorum, videlicet de celeri, completa et stabili sanatione Teresiae Benedictae McCarthy a ›*grave insufficienza epatica acuta da ingestione di paracetamolo e compromissione di vari organi*‹.«

Englischsprachige Bibliographie von und über Edith Stein

John Sullivan[1]

Kurzer geschichtlicher Überblick

Für die englischsprachige Literatur über Edith Stein ist die Übersetzung ihrer Werke bzw. die noch ausstehende Übersetzung der Hindernisfaktor schlechthin. Die englische Übersetzung von *Aus dem Leben einer jüdischen Familie* erschien erst 1986. (Es war die weltweit erste vollständige, ungekürzte Übersetzung der deutschen Ausgabe, und sie wurde mit dem Preis der Catholic Press Association of North America für das »beste geistliche Buch des Jahres 1986« ausgezeichnet.) Dies war der erste Band der kontinuierlich fortgesetzten wissenschaftlichen Ausgabe der Werke Edith Steins in der Reihe »The Collected Works of Edith Stein«. Zu dem Zeitpunkt, als diese Bibliographie abgeschlossen wurde, hatte der kleine Verlag des Institute of Carmelite Studies, ICS Publications, der sich auf die Herausgabe der Klassiker der Karmelspiritualität spezialisiert hat, bereits fünf Bände veröffentlicht (siehe unten).

Vorher waren nur einige wenige Schriften von Edith Stein in Englisch erhältlich. Hilda Graef aus Oxford übersetzte 1956 eine (unter den Themenbereichen »geistliche Schriften«, »mystische Theologie«, »pädagogische Schriften« und »philosophische Schriften« geordnete) Textauswahl und 1960 die *Kreuzeswissenschaft*. Eine Großnichte Edith Steins, Dr. Waltraut Stein, brachte 1964 eine Übersetzung von *Zum Problem der Einfühlung* heraus. Die Folge war, dass sich viele Studien über Edith Stein darauf beschränkten, die Einsichten und Informationen der Lebensbeschreibung von Teresia Renata Posselt zu wiederholen; diese war nur ein einziges Mal ins Englische übersetzt worden, nämlich 1952 durch Hastings/Nicholl unter der Überschrift »Edith Stein«.

Die vorliegende Bibliographie möchte die Arbeiten präsentieren, die über das Niveau der vereinzelt erschienenen kurzen Erbauungsschriften über das Leben oder das Erbe Edith Steins hinausgehen. Als Terminus ad quem galt die Zeit kurz vor der Heiligsprechung am 11. Oktober 1998, die eine Reihe von Veröffentlichungen ausgelöst hat und nach wie vor auslöst.

Gegenwärtige Lage und Zukunftsperspektiven

Der Verlag ICS Publications ist der offiziell beauftragte Kanal für die Herausgabe der weiteren Werk-Übersetzungen. Der Inhaber der Urheberrechte, das Archivum Carmelitanum Edith Stein (Niederlande) hat ICS Publications die Rechte für alle künftigen Übersetzungen ins Engli-

---

[1] Übersetzung aus dem Englischen von Elisabeth Peeters.

sche übertragen. In nächster Zukunft will der Verlag sich auf die philosophischen Werke von Edith Stein konzentrieren, schon alleine als konstruktive Antwort auf die Kritik, dass bislang die spirituellen Schriften überbetont wurden. Für die folgenden bis dato nicht ins Englische übertragenen Werke sind bereits Übersetzer beauftragt: *Endliches und Ewiges Sein, Beiträge zur philosophischen Begründung der Psychologie und der Geisteswissenschaften* und *Erkenntnis und Glaube, Der Staat* und *Ganzheitliches Leben.*

Erwähnenswert ist ferner die Herausgabe durch ICS Publications einiger weiterer in Deutschland erschienener Studien von Edith-Stein-Spezialisten wie Waltraud Herbstrith, *Erinnere dich – vergiss es nicht* (im Englischen: *Never Forget: Christian and Jewish Perspectives on Edith Stein.* September 1998, mit einigen neuen Beiträgen aus dem amerikanischen Kontext) und M. Amata Neyer, *Edith Stein. Ihr Leben in Dokumenten und Bildern* (im Englischen: *Edith Stein: Her Life in Photos and Documents.* Februar 1999). Durch die Veröffentlichung solcher Studien wird oftmals das Erscheinen Stein'scher Originaltexte verzögert.

Hilfreich sind weitere Monographien wie die kürzlich erschienenen Werke von Susanne Batzdorff, *Aunt Edith: The Jewish Heritage of a Catholic Saint* (Templegate, 1998); Mary C. Baseheart, *Person in the World: Introduction to the Philosophy of Edith Stein* (Kluwer, 1997) und Marianne Sawicki, *Body, Text and Science: The Literacy of Investigative Practices and the Phenomenology of Edith Stein* (Kluwer, 1997) – und das Publikum, das sich in die Gedankenwelt und die Lehre Edith Steins vertiefen möchte, wird sie sicher begeistert aufgreifen.

Englische Übersetzung der Stein'schen Werke

Essays on Woman, tr. of Die Frau by Freda Mary Oben. Collected Works of Edith Stein, 2. Washington, DC: ICS Publications, 1987; revised edition 1997.

The Hidden Life, Essays, Meditations, Spiritual Texts, tr. of Verborgenes Leben by Waltraut Stein. Collected Works of Edith Stein, 4. Washington, DC: ICS Publications, 1992.

Life in a Jewish Family, tr. of Aus dem Leben einer jüdischen Familie by Josephine Koeppel. Collected Works of Edith Stein, 1. Washington, DC: ICS Publications 1986.

The Mystery of Christmas, tr. of Das Weihnachtsmysterium by Josephine Rucker. Darlington, England: Carmelite Press, 1985.

On the Problem of Empathy, tr. of Zum Problem der Einfühlung by Waltraut Stein. The Hague Martinus Nijhoff, 2nd ed., 1970. Revised ed.: Collected Works of Edith Stein, 3. Washington, DC: ICS Publications, 1989.

The Science of the Cross, tr. of Kreuzeswissenschaft by Hilda C. Graef. Chicago: Regnery, 1960. [Out of print; new trans. from ICS Publications near completion in 1999.]

Self-Portrait in Letters, tr. of Selbstbildnis in Briefen by Josephine Koeppel. Collected Works of Edith Stein, 5. Washington, DC: ICS Publications, 1993.

»Ways to Know God«, tr. of Wege der Gotteserkenntnis by Rudolf Allers, The Thomist 9 (1946) 379–420. Reprinted as an Edith Stein Guild Publication, New York, 1981.

Writings of Edith Stein, selected, translated, and introduced by Hilda C.Graef. Westminster, MD: The Newman Press, 1956.

»How I came to the Cologne Carmel« etc. in Edith Stein: Selected Writings: with Comments, Reminiscences and Translations of her Prayers and Poems by her Niece, tr. by Susanne M. Batzdorff. Springfield, IL: Templegate Publishers, 1990.

Bücher und Artikel über Edith Steins Leben und Werk

Allen, Prudence, »Sex and Gender Differentiation in Hildegard of Bingen and Edith Stein«, Communio 20 (1993) 389–414.

Allers, Rudolf, Review of Endliches und Ewiges Sein by Edith Stein in New Scholasticism 26 (1952) 480–485.

Ancilla, Sr., »Recollections of Edith Stein by her Sisters«, Carmelite Digest 3 (1988) 21–29.

Anselm, M., »Philosophy and the Religious Woman: Edith Stein«, in Philosophy in a Technological Culture, ed. George F. McLean. Washington, DC: C.U.A. Press, 1964, pp. 391–400.

Baade[n], James, »Witness to the Cross«, The Tablet [London], April 14 (1984) 355–357.

– »A Question of Martyrdom«, The Tablet [London], 241 (Jan. 31, 1987) 107–08.

– »Jewish Scholar Allowed Input for Stein Beatification«, National Catholic Reporter 23 (May 8, 1987), 7.

Baird, Mary J., »Edith Stein and the Mother of God«, Marian Reprint 59. Dayton, OH: Marian Library, 1956.

Banki, Judith, The Beatification of Edith Stein: the Ramifications for Catholic-Jewish Relations. New York: American Jewish Committee, 1987.

Baseheart, Sr. Mary Catherine, »The Encounter of Husserl's Phenomenology and the Philosophy of Thomas Aquinas in Selected Writings of Edith Stein«, Ph.D. thesis, University of Notre Dame, 1960. Ann Arbor, MI: University Microfilms.

– »Edith Stein's Phenomenology of the State«, in Reinterpreting the Political: Continental Philosophy and Political Theory, eds. Lenore Langsdorf and Stephen H. Watson with Karen A. Smith, NY: S.U.N.Y Press, 1998, pp. 1–63. »Selected Studies in Phenomenology and Existential Philosophy«, 20.

– »Edith Stein's Philosophy of Community«, The Personalist Forum 8 (1993) Supplement, 163–173. Paper presented at the International Conference on Persons at Oxford University, England, Sept. 11–14, 1991.

– »Edith Stein's Philosophy of Person«, Carmelite Studies 4 (1987) 34–49. Paper presented at a symposium on »The Life and Thought of Edith Stein«, at the Catholic University of America in September 1984.
– »Edith Stein's Philosophy of Woman and Women's Education«, Hypatia, 4 (1989) 120–131.
– »On Educating Women: The Relevance of Stein«, Continuum 4 (1966) 197–207.
– »Infinity in Edith Stein's Endliches und Ewiges Sein«, in Proceedings of The American Catholic Philosophical Association 4 (1981) 126–134.
– Person in the World: Introduction to the Philosophy of Edith Stein. Dordrecht, Boston, London: Kluwer Academ. Publishers, 1997. »Contributions to Phenomenology«, 27.
– Review of Stein's Die Frau in New Scholasticism 37 (1963) 94–97.
– »The Manner is Contemporary«, America 109 (August 31, 1963) 94–97.
Baseheart, Sr. Mary Catherine, L. Lopez McAlister and W. Stein, »Edith Stein (1891–1942)«, A History of Women Philosophers, 4, ed. Mary Ellen Waithe. Boston: Kluwer Academ. Publishers, 1995, pp. 157–187.
Batzdorff, Susanne M., Aunt Edith: The Jewish Heritage of a Catholic Saint. Springfield, IL: Templegate Publishers, 1998.
– »Catholics and Jews: Can We Bridge the Abyss?«, America 160 (March 11, 1989) 223–224, 230.
– »A Martyr of Auschwitz«, The New York Times (Sunday Magazine, April 12, 1987) 52–55, 70.
– »Watching Tante Edith Become Teresa, Blessed Martyr of the Church«, Moment 12 (September 1987) 46–53.
– »Tracing Edith Stein's Past«, America 173 (November 25, 1995) 12–15, 18.
Baumstein, Paschal, »Edith Stein and Saint Benedict«, Spiritual Life 32 (1986) 202–208.
– »Edith Stein's Concept of Vocation«, Spiritual Life 28 (1982) 77–86.
Black, Robert Neal, Edith Stein: A Ceremony of Remembrance. Boston, MA: Baker's Plays, 1998 [=stage play].
Bonowitz, Bernard, Review of Edith Stein: Scholar, Feminist, Saint by Freda Mary Oben, Spiritual Life 34 (1988) 242–247.
Bordeaux, Henry, Edith Stein: Thoughts on Her Life and Times, tr. Idella and Donald Gallagher, Milwaukee: Bruce Publishing, 1959.
Bouyer, Louis, ch. 7 »Edith Stein«, Women Mystics, tr. Anne E. Nash. San Francisco: Ignatius Press, 1993, pp. 173–189.
Brand, David, »Saintly Passions: Jews Protest a Beatification«, Time Magazine 129 (May 4, 1987) 82–83.
Braybrooke, Neville, »The Called and the Chosen: A Comparative Study of Edith Stein and Simone Weil«, Religion and Life 28 (1958–59) 93–103.
– »Edith Stein and Simone Weil: A Study in Belief«, Spiritual Life 14 (1968) 241–47.
– »Two Spiritual Heroes of Our Century: Edith Stein and Simone Weil«, Studies 59 (1970) 149–154.

Brenner, Rachel F., Writing as Resistance: Four Women Confronting the Holocaust – Edith Stein, Simone Weil, Anne Frank, Etty Hillesum. College Station: Penn State University Press, 1997.

– »Edith Stein: A Reading of Her Feminist Thought«, Studies in Religion/Sciences religieuses 23 (1994, 1) 43–56.

– »Edith Stein, the Jew and the Christian: An Impossible Synthesis?«, What Have We Learned: Telling the Story and Teaching the Lessons of the Holocaust, eds. A. Berger, F. Littel, H. Locke. Lewiston, NY: Edwin Mellen Press, 1993, pp. 323–335.

Calcagno, Antonio, »Persona Politica: Unity and Difference in Edith Stein's Political Philosophy«, International Philsophical Quarterly 37 (1997, 2) 500–509.

Candish, F., »Edith Stein (1891–1942)«, The Furrow 4 (1953) 500–509.

Cargas, Harry James, ed., The Unnecessary Problem of Edith Stein. »Studies in the Shoah«, 1. Lanham, NY, London: University Press of America, 1994.

Casimir, John, »Edith Stein and the Modern Woman«, Spiritual Life 8 (1962) 127–131.

Callithara, G., »A Spirituality of 'The Science of the Cross'« The Living Word 93 (1987) 363–374.

Coles, Robert, »Edith Stein's Cross«, New Oxford Review 50 (1983) 16–18.

– »Edith Stein's Youth«, Spiritual Life 32 (1986) 195–197.

Collins, James, »Edith Stein and the Advance of Phenomenology«, Thought 17 (1942) 685–708.

– »Edith Stein as a Phenomenologist«, in Three Paths in Philosophy. Chicago: Henry Regnery Co., 1962, pp. 85–105. Later Gateway edition, 1969, entitled Crossroads in Philosophy.

– »The Fate of Edith Stein«, Thought 18 (1943) 384.

– Review of Stein's Endliches und Ewiges Sein in Modern Schoolman, 29 (1952) 139–145.

Conn, Joann Wolski, »Edith Stein and Authentic Feminism«, Cross Currents 28 (1988) 223–226.

Cross, Nancy M., »A Higher Middle Ground: Blessed Edith Stein's Feminism«, Review for Religious, 48 (1989) 86–94.

Delaney, John and James E. Tobin, »Edith Stein«, Dictionary of Catholic Biography. New York: Doubleday, 1961, p. 1079.

Donohue, John W., »Edith Stein's Early Years«, America 156 (January 3–10, 1987) 7–9, 19.

– »Edith Stein: A Self-Portrait«, America 171 (December 10, 1994) 23–26.

– »Edith Stein, Saint«, America 176 (June 21, 1997) 8–9.

– »Time for Edith Stein«, America 148 (February 26, 1983) 145–149.

Dougherty, Jude P., »Edith Stein's Conversion: How a Jewish Philosopher Became a Catholic Saint«, Crisis 10 (1992) 39–43.

Drahos, Mary, »Eternal Sabbath: A Biographical Drama in Three Acts«. Privately printed typescript. Presented at Blackfriars Theater, New York, October 1953.

»Edith Stein«, The New Encyclopaedia Britannica: Micropaedia 9 (1974) 547.

»Edith Stein«, The Oxford Dictionary of the Christian Church, 2nd ed. by F.L.Cross and E.A. Livingstone. NY: Oxford Univ. Press, 1974, p. 1307.

Egan, M.J., The Story of Edith Stein. Dublin: Catholic Truth Society of Ireland, 1957.

Eszer, Ambrose, »Edith Stein, Jewish Catholic Martyr«, Carmelite Studies 4 (1987) 310–327.

Fabrègues, Jean de, Edith Stein: Philosopher, Carmelite, Holocaust Martyr, tr. Donald M. Antoine. Staten Island, NY: Alba House, 1965.

Fisher, Eugene, »A Response to Daniel Polish«, Ecumenical Trends 17 (February 1988) 24–26.

– »Advisory on the Implications for Catholic-Jewish Relations of the Beatification of Edith Stein«, April 24, 1987. Washington: Secretariat for Catholic-Jewish Relations, Bishops' Committee for Ecumenical and Interreligious Affairs, NCCB, 1987, 1 p.

Fuchs-Kreimer, Nancy, »Sister Edith Stein: A Rabbi Reacts«, Lilith 16 (1991, 1) 6–7, 28. (Reprinted in Never Forget: Catholic and Jewish Perspectives on Edith Stein, pp. 159–163.)

Garber, Zev, »Edith Stein: Jewish Perspectives on Her Martyrdom«, chap. 5 of The Paradigmatic Genocide: Essays in Exegesis and Eisegesis. Lanham, New York, London: University Press of America, 1994, pp. 79–95. »Studies in the Shoah«, 8.

Garcia, Laura, »The Primacy of Persons: Edith Stein and Pope John Paul II«, Logos: A Journal of Catholic Thought and Culture 1 (1997, 2) 90–99.

Gilman, Richard, »Edith Stein«, Jubilee 3 (1955) 39–45.

Giron, Arthur, Arthur Giron's »Edith Stein«: A Dramaturgical Sourcebook, ed. Donald Marinelli. Pittsburgh: Carnegie Mellon University Press, 1994 [includes text of play entitled »Edith Stein«].

Gooch, Augusta Spiegelman, »Metaphysical Ordination: Reflections on Edith Stein's Endliches und Ewiges Sein«. Ph.D. thesis, University of Dallas, 1982. Ann Arbor, Mich.: University Microfilms.

Graef, Hilda, »Edith Stein Contemplates the Woman of Perfection«, The Marianist 43 (1957) 14–19.

– »Edith Stein«, New Catholic Encyclopedia 13 (1967) 686–687.

– »Edith Stein, a Carmelite Philosopher«, The Priest 9 (1953) 861–868.

– »Edith Stein, Philosopher and Carmelite«, Cross and Crown [Later Spirituality Today] 4 (1957) 14–19.

– »Edith Stein's Vocation«, American Benedictine Review 3 (1952) 348–353.

– The Scholar and the Cross, Westminister, MD: The Newman Press, 1956.

Grant, Cicely, Edith Stein. London: Catholic Truth Society, 1957.

Hampl, Patricia, »Edith Stein-Poland, 1942: A Book Sealed with Seven Seals«, Martyrs: Contemporary Writers on Modern Lives of Faith, ed. Susan Bergman. San Francisco: Harper, 1996, pp. 197–216.

Haney, Kathleen, »Edith Stein«, Encyclopaedia of Phenomenology, ed. L. Embree, E. Behnke, D. Carr, et al. Dordrecht, Boston, London: Kluwer Academic Publishers, 1997, pp. 679–683.

Hanley, Boniface, »The Slaughter of an Innocent«, The Anthonian 53 (1979) 1–32.

Healy, John, »Empathy with the Cross: A Phenomenological Approach to the ›Dark Night‹« Essays in Honor of Joseph P. Brennan, ed. R. McNamara. Rochester, NY: The Seminary, 1976 & 1977, pp. 21–35.

Hebbelwaithe, Peter, »Curia Raps Scholar on Martyr's Fate: Debate Asks if Stein Died for Being Jew or Christian«, Nat. Cath. Reporter 23 (March 20, 1987) 1.

– »Pope Cites Stein's Jewish Roots«, Nat. Cath. Reporter 23 (May 15, 1987), 1.

Helen Marie, Sr., »A Phenomenology of Vocation: Personal Relevance«, Spiritual Life 12 (1966, 3) 176–183.

Herbstrith, Sr. Waltraud, ed., Never Forget: Christian and Jewish Perspectives on Edith Stein, tr. Susanne M. Batzdorff. Washington, DC: ICS Publications, 1998. »Carmelite Studies«, 7.

– [Teresa of the Mother of God]. »Edith Stein: Searcher after the Truth«, Spiritual Life 10 (1964) 138–143.

– Edith Stein, tr. Bernard Bonowitz. New York: Harper & Row, 1985.

Hill, Mary Lea, Viewer's Guide to »The Seventh Chamber of Edith Stein: An Interpreted Life« [video of film by Marta Meszaros]. Boston, MA: Pauline Books and Media, 1996.

Hughes, John, »Edith Stein's Doctoral Thesis on Empathy and the Philosophical Climate from which It Emerged«, Ephemerides Carmeliticae [=Teresianum] 36 (1985, 2) 455–484.

Ingarden, Roman, »Edith Stein on her Activity as an Assistant of Edmund Husserl«, tr. Janina Makota in Philosophy and Phenomenological Recherch 23 (1962) 155–175.

Jessey, Cornelia, »Profile in Hope: The Transactional Analysis of Edith Stein, Professor of Philosophy, Carmelite Nun, Twentieth-Century Mystic«, in Way [San Francisco] 32 (1976) 4–17.

Karadunnel, George, »A Philosophical Journey to Faith«, Living Word 93 (1987) 339–352.

Kaufmann, Fritz, Review of Endliches und Ewiges Sein in Philosophy and Phenomenological Research 12 (1952) 572–577.

Kavunguvalappil, Anthony. Theology of Suffering and Cross in the Life and Works of Blessed Edith Stein. Theology Dr. thesis, Würzburg University, Germany. Frankfurt: Peter Lang, 1998.

Klubertanz, George P., Review of Stein's Die Frau in Modern Schoolman 39 (1961–1962) 420.

– Review of Kreuzeswissenschaft in Modern Schoolman 28 (1950–1951) 308.

Koeppel, Sr. Josephine, Edith Stein: Philosopher and Mystic. A Michael Glazier Book. Collegeville, Minn.: The Liturgical Press, 1990. »The Way of the Christian Mystics«, 12.

- »Edith Stein«, The Modern Catholic Encyclopedia. Collegeville, Minn.: The Liturgical Press, 1994, pp. 833–834.

Lindblad, Ulricka M., »Rereading Edith Stein: What Happened?«, Theology 99 (1996) 269–276.

Lipski, Alexander, »Edith Stein and the Church in Heaven«, Mount Carmel 36 (1988) 202–216.

- »Living the Truth of the Cross: Edith Stein and John of the Cross«, Carmelite Digest 2 (1987) 43–47.

Madden, Sr. Anselm Mary, »Edith Stein and the Education of Women: Augustinian Themes«. Ph.D. thesis, St. Louis University, 1962. Ann Arbor, MI: University Microfilms.

McAlister, Linda Lopez, »Essential Differences«, Philosophy Today 37 (1993) 70–77.

- »Feminist Saint? Edith Stein's Feminism«, Florida International University Occasional Papers in Women's Studies (1989).

McInerny, Ralph, »Edith Stein and Thomism«, in Carmelite Studies 4 (1987) 74–87.

- »Edith Stein and the Pernnial Philosophy«, in Blessed by the Cross: Five Portraits of Edith Stein. New Rochelle, NY: C.U.F., 1990.

Meier, Lynn A. »From Conflict to Christ: Edith Stein and the Surrender of the Intellect«, Spiritual Life 43 (1997) 145–153.

Monahan, Felim, »The Spiritual Message of Edith Stein«, Carmel (1987) 74–87.

Neyer, Sr. Maria Amata, Edith Stein: A Saint for our Times, tr. Lucia Wiedenhover. Darlington, England: Darlington Press, n.d.

Nicholl, Donald, »Edith Stein, Philosopher, Carmelite, and Martyr«, Life of the Spirit 3 (1949) 499–505.

- »The Spiritual Writings of Edith Stein«, Life of the Spirit 6 (1951) 195–200.

Nota, Jan N., »Edith Stein and Martin Heidegger«, Carmelite Studies 4 (1987) 50–73.

- »Edith Stein: Woman of the Church«, Communio 14 (1987) 451–462.

- »Misunderstanding and Insight about Edith Stein's Philosophy«, Human Studies 10 (1987) 205–212.

Oben, Freda Mary. »An Annotated Edition of Edith Stein's Papers on Woman«. Ph.D. thesis, The Catholic University of America, 1979. Ann Arbor, MI: University Microfilms.

- Edith Stein: Scholar, Feminist, Saint. Staten Island, NY: Alba House, 1988.

- »Edith Stein as Educator«, Thought 65 (1990) 113–126.

- »Edith Stein: Holiness in the Twentieth Century«, Spirituality Today 35 (1983) 141–154.

- »Edith Stein the Woman«, Carmelite Studies 4 (1987) 3–33.

- »In the Presence of God: Message from Edith Stein«, Mount Carmel 39 (1991) 133–141.

- »Two Religious Giants of the Twentieth Century: Edith Stein, Gertrud von le Fort, and their Ontology of Women«, Spiritual Life 27 (1981) 227–235.

O'Brien, Edward, Jr., »Sister Teresa Benedicta: True Christian Martyr«, Homeletic and Pastoral Review 88 (1988, 6) 60–63.

Oesterreicher, John M., »Edith Stein on Womanhood«, Integrity 7 (1953) 21–28.

– chap. 7 »Edith Stein, Witness of Love«, Walls are Crumbling: Seven Jewish Philosophers Discover Christ. New York: Devin Adair, 1952, pp. 135–98.

Osterman, R., »Edith Stein, Witness to Paradox«, Catholic World 180 (1955) 447–451.

Paul, Leon, »Martyr for the Jews«, Homiletic and Pastoral Review 55 (1955) 577–583.

Payne, Steven, »Edith Stein: A Fragmented Life«, America 179 (Oct. 10, 1998) 11–14.

Polish, Daniel, »Editorial: A Paniful Legacy, Jews and Catholics Struggle to Understand Edith Stein and Auschwitz«, Ecumenical Trends 16 (Oct. 1987) 153–155.

– »Reply to Eugene Fisher«, Ecumenical Trends 17 (February 1988) 27–28.

Popkin, Richard H. »Edith Stein«, Encyclopaedia Judaica 15 (1971) 350–351.

Posselt, Sr. Teresia Renata de Spiritu Sancto, Edith Stein, tr. From first German ed. by Cecily Hastings & Donald Nicholl. London, New York: Sheed & Ward, 1952.

Puthampurackal, John, »The Irreconcilability of Thomism and Phenomenology: Thinking Beyond Edith Stein«, Living Word 93 (1987) 253–274.

Sawicki, Marianne, Body, Heart, and Science: The Literacy of Investigative Practices and the Phenomenology of Edith Stein. Dordrecht, Boston, London: Kluwer Academ. Publishers, 1997. »Phaenomenologica«, 144.

– »Empathy Before and After Husserl«, Philosophy Today 22 (1997) 123–127.

Scharper, Philip J., »Edith Stein«, Saints are Now: Eight Portraits of Modern Sanctity, ed. John J. Delaney. New York: Doubleday, 1981, pp. 115–135.

Schlafke, Jakob, Edith Stein, Documents concerning her Life and Death, tr. Susanne M. Batzdorff. New York: Edith Stein Guild, 1984.

Secretan, Philibert, »Edith Stein on the ›Order and Chain of Being‹«, Analecta Husserliana 10 (1981) 113–123.

– »The Self and the Other in the Thought of Edith Stein«, Analecta Husserliana 6 (1977) 87–98.

Spiegelberg, Herbert, »Edith Stein« in The Phenomenological Movement: A Historical Introduction, 2nd ed. The Hague: Martinus Nijhof, 1965, vol. 1., pp. 223–224. »Phaenomenologica«, 5.

Stanislaus, M., »Edith Stein: Contribution to a Culture of Life«, Life and Learning VI, ed. Joseph Koterski. Washington, DC: Univ. Faculty for Life, 1997, pp. 267–282.

Stein, Waltraut J., »Edith Stein, Twenty-five Years Later«, Spiritual Life 13 (1967) 244–251.

– »Politics and Mystery: The Integration of Judaism and Christianity in Edith Stein«, Spiritual Life 39 (1993) 104–110.

– »Reflections on Edith Stein's Secret«, Spiritual Life 34 (1988) 131–135.

Stern, Karl, »Of Rare Stature«, review of The Writings of Edith Stein, tr. Hilda Graef in Commonweal 65 (1956) 293–294.

Sullivan, John, »Cepeda and Stein, Two Saintly Teresas«, Carmelite Digest 12 (1997) 44–47.

– »Daily Strength for Edith Stein«, Spiritual Life 43 (1997) 8–17.

– »Edith Stein's Humor and Compassion«, Spirituality Today 43 (1991) 142–160.

– »Edith Stein Searches the Signs of the Times«, Mount Carmel 46 (1998, 3) 4–10.

– »Liturgical Creativity from Edith Stein«, Teresianum 49 (1998, 1) 165–185.

– »Newly Refound Transfer Document of Edith Stein«, Catholic Historical Review 81 (1995) 395–402.

– »A Structure for Eternity«, Spiritual Life 34 (1988) 136–138.

Tomlin, E.W.F., »Edith Stein«, Blackfriars 36 (1955) 216–222.

Traflett, Dianne, »The Theme of Physical and Spiritual Motherhood in Edith Stein's Life and Work«. S.T.D. thesis, Pontifical University of St. Thomas Aquinas, Rome, 1997.

Verbillion, June M., »A Critical Analysis of the Educational Theories of Edith Stein«. Ed.D. thesis, Loyola University, 1960.

Von Hildebrand, Alice, »Edith Stein: Did She Betray Her People?«, Fidelity 8 (1989) 18–20.

Waters, Kevin and Ferlita, Ernest, »Edith Stein: A Modern Opera«, Company: A Magazine of the American Jesuits 1 (1984, 4) 6–7.

Waugh, Evelyn, »Edith Stein«, in A Little Order: A Selection from His Journalism, ed. Donat Gallagher. Boston/Toronto: Little, Brown and Co., 1977, pp. 188–192 [=review of Posselt's Edith Stein].

Wojtyla, Karol (Pope John Paul II), »Remarks of the Pope [in Germany] about Edith Stein«, Carmelite Studies 4 (1987) 295–309 [including homily given at the beatification ceremony].

Woodward, Kenneth L., chap. 4 »The Witness of Martyrs«, in Making Saints. New York: Simon & Schuster, Touchstone Book ed. 1996, pp. 135–144 and passim.

Glossar

I. Sanskrit-Glossar[1]

Advaita Vedānta: Aus den heiligen Schriften des → Hinduismus erwachsene Lehre von der Nicht-Zweiheit; → Vedānta.

Arjuna: Schüler von → Kṛṣṇa, dem göttlichen Lehrer in der → Bhagavad-Gītā.

Ārya: Heiliger.

ātman: Selbst, Geist; Aspekt von → Brahman b) im Menschen.

avidyā: Unwissenheit, Nichtwissen.

Bhagavad-Gītā: Wörtl.: Gesang des Erhabenen; Teil des → Mahābhārata-Epos und grundlegende Lehrschrift der Religion und Philosophie des → Hinduismus.

Bhagavān: Der Erhabene, der Heilige.

Bhāgavata-Purāṇa: Jüngste Schrift der Purāṇa's, alter Göttererzählungen Indiens.

Bhakta: Anhänger des Bhakti-Yoga, des → Yoga der Hingabe, Gottverehrung und Frömmigkeit.

bhāva: Seiendes, Gewordenes.

Brahman: a) Brahmā (m.), eine der drei Hauptgottheiten des → Hinduismus, verkörpernd den Schöpfer; b) Brahman (n.) das eigenschaftslose, ewige, unendliche Absolute.

Brahmanismus: Bezeichnung für den → Hinduismus.

Buddha (ca. 560–480): Stifter des → Buddhismus. Wörtlich: der Erwachte; → Śākyamuni.

Buddhismus: Von → Buddha gestiftete Heilslehre.

citta: Geist, Gemüt.

darśana, ṣaḍ-darśana: Die sechs orthodoxen Philosophie- oder Weltanschauungssysteme des → Hinduismus.

dhyāna: Kontemplation; siebte Stufe des achtstufigen → Yoga von → Patañjali.

dṛṣṭi: Anschauung, Dogma.

dvandva: Gegensatzpaar sich gegenseitig definierender Begriffe.

guṇa: Eigenschaft, Qualität; innerhalb der → Sāṃkhya- und → Yoga-Lehre gibt es drei Grundkomponenten (triguṇa) der Natur (→ prakṛti), diese sind → tamas, → rajas, → sattva/guṇa.

Hīnayāna: Ursprüngliche Form des Buddhismus (→ Pāli-Kanon), aus dem das → Mahāyāna erwuchs; wörtl. Kleines Fahrzeug.

Hinduismus: Stifterlose (orthodoxe) Religions- und Gesellschaftsform Indiens.

jñāna: Weisheit, Erkenntnis, Gnosis.

---

[1] Zusammengestellt von Rüdiger Haas und Hans Peter Sturm.

kaivalya: Abgeschiedenheit, Absolutheit, Isolation.

Karma: Kosmisches Gesetz der Vergeltung jeder geistigen oder körper-lichen Handlung nach dem Ursache-Wirkungs-Schema; wörtl. Tat.

Kṛṣṇa: Verkörperung des Gottes → Viṣṇu; in der → Bhagavad-Gītā Leh-rer von → Arjuna.

Madhyamaka: Von → Nāgārjuna gegründete Mittelwegschule des → Mahāyāna (Großes Fahrzeug), einer der beiden Hauptrichtungen des → Buddhismus.

Mahābhārata: Umfangreichstes Heldenepos der indischen Literatur und neben dem → Rāmāyana eines der bedeutendsten der Weltliteratur; einen Teil davon bildet die → Bhagavad-Gītā.

Mahāyāna: Wörtl. Großes Fahrzeug; zweite Hauptrichtung des → Bud-dhismus, die aus dem → Hīnayāna vor der Zeitenwende entstand.

Nāgārjuna (ca. 2. Jh.): Bedeutendster Dialektiker des Buddhismus; Be-gründer der Mittelwegschule (→ Madhyamaka).

niḥsvabhāvatā: Nicht-an-sich-selbst-Sein, Wesenlosigkeit; → śūnyatā.

nirodha: Stillstellung, Stilllegung, Beruhigung, Unterbindung.

nirvāṇa: wörtl. Windstille, d.h. innere Ruhe; Heilsziel im → Hinduismus, besonders aber im → Buddhismus.

Pāli-Kanon: Kanonische Urschriften des Theravāda (Lehre der Ältesten) genannten → Buddhismus; → Hīnayāna.

Patañjali (vermutl. 2. Jh. v. Chr.): Begründer des → Yoga a); Verfasser des → Yoga-Sūtra.

prakṛti: Natur; Gegenbegriff: → puruṣa.

prapañca: Entfaltung, Vielheit (im → Buddhismus insbes. von Begriffen, Vorstellungen und Vorstellungsgehalten).

prasādana: reinigend, klärend, erheiternd, beruhigend, besänftigend.

Prāsaṅgika: Anhänger einer der beiden Schulrichtungen des → Madhya-maka; wörtl. Konsequenzenzieher, da nur die absurden Konsequenzen von Meinungen der Gegner gezogen und keine eigenen Letztbegrün-dungsthesen vertreten werden.

pratītya-samutpāda: Bedingtes Entstehen; Zentralbegriff des Buddhismus, im → Madhyamaka mit → śūnyatā (Leerheit) gleichgesetzt.

puruṣa: (Göttliches) Ursubjekt; Urmensch; absolute, innere Person; Ge-genbegriff → prakṛti.

rajas: Einer der drei → guṇa's, repräsentierend das Aktive, Treibende.

Rāmāyana: Nach dem → Mahābhārata zweitgrößtes Epos der indischen Literatur.

Śākyamuni: Beinahme von → Siddhārtha Gautama, dem → Buddha; wörtl. der Schweiger/Weise aus dem Śākya-Geschlecht.

samādhi: Sammlung, Versenkung, wörtl. Synthese; achte und höchste Stufe des achtstufigen → Yoga von → Patañjali.

Sāmkhya: Ontologisch dualistisches, gnoseologisch auf einen Monismus hinauslaufendes orthodox-hinduistisches Philosophiesystem (→ darśana); steht im Zwillingsverhältnis zum → Yoga a).

Śaṅkara (8. Jh.): Bedeutendster hinduistischer Denker, Vertreter des → Advaita Vedānta.

sattva: Einer der drei → guṇa's, repräsentierend das Ausgeglichene, Geistige, Gute, Tugendhafte.

Siddhārta Gautama → Buddha, → Śākyamuni.

Śrī Aurobindo Goshe (1872–1950): Freiheitskämpfer, Dichter, Philosoph und als Heiliger verehrter → Yogi des modernen Indien.

śūnyatā: Leerheit, Leere; Zentralkategorie des → Madhyamaka.

Śūnyavāda: Lehre von der Leerheit; Bezeichnung für das → Madhyamaka.

svabhāva: An-sich-Seiendes, Wesenhaftes.

tamas: Einer der drei → guṇa's, repräsentierend das Träge, Dumpfe, Dunkle, die Verblendung.

Upaniṣad: Schlussteil der vedischen Offenbarungsschriften und Grundlage des → Vedānta.

upalambha: Ergreifen, Begreifen, Erfassen.

upaśama: Beruhigung, Ruhigstellung, Befriedung.

Vāsudeva: In der → Bhagavad-Gītā ein Name für → Kṛṣṇa.

Veda: Die aus vier Teilen bestehenden ältesten heiligen Offenbarungsschriften Indiens; wörtl. Wissen.

Vedānta: Schlussbetrachtungen der Veden, enthalten in den → Upaniṣads; wörtl. Ende der Veden oder Ende/Vollendung des Wissens; später zu einem der sechs orthodoxen Philosophiesysteme (→ darśana) weiterentwickelt.

Viṣṇu: Eine der drei Hauptgottheiten des → Hinduismus, verkörpernd den Erhalter.

vṛtti: Funktion, Vorgang, Zustand, wörtl. Wirbel.

Yoga: Wörtl. Anjochen, Anschirren, Zügelung, Vereinigung; a) Eines der sechs orthodox-hinduistischen Philosophiesysteme (→ darśana); steht im Zwillingsverhältnis zum → Sāṃkhya; b) Übungstechnik, durch Zügelung der Geist- und Gemütsregungen, die Vereinigung mit dem → puruṣa oder → ātman zu erlangen.

Yoga-Sūtra: Grundschrift des → Yoga, wörtl. Leitfaden des Yoga, verfasst von → Patañjali.

Yogi: Einer, der den → Yoga als Disziplin ausübt oder Yoga als Vereinigung mit dem göttlichen Selbst erlangt hat.

Kleine Anleitung zur Aussprache des Sanskrit[2]

Sanskrit, die klassisch gewordene Form des Altindischen (bis 1000 n. Chr. reine Literatursprache), wird bis heute gepflegt als Gelehrtensprache und als heilige Sprache der Brahmanen.

Die langen Vokale – *ā, ī, ū* – werden ausgesprochen wie h*a*ben, B*i*bel, H*u*t, der Vokal – *ṛ* – wie *ri* in *ri*nnen; – *ṃ* – als reiner Nasallaut wie das *n* in franz.: bo*n*. – *ḥ* – wird wie ein deutsches *ch* ausgesprochen, – *aḥ* – wie *ach*, – *iḥ* – wie *ich*.

---

2 Zusammengestellt mit Hilfe von Hans P. Sturm.

Die gutturalen Konsonanten – *k, kh, g, gh, n* – werden ähnlich wie die deutschen Kehllaute gebildet: – *k* – wie in *k*ann, – *kh* – wie in E*ck*hart, – *g* – wie in *g*eben, – *gh* – wie in we*gh*olen, – *ṅ* – wie in si*n*gen. Die Gaumenlaute (Palatale) – *c, ch, j, jh, ñ* – werden ausgesprochen: – *c* – wie *tsch* (deu*tsch*), – *ch* – wie engl.: staun*ch*-*h*eart, – *j* – wie *dsch* (*Dsch*ungel), – *jh* – wie engl.: he*dge*-*h*og und *ñ* wie in Ca*n*on. Die Cerebrale – *ṭ, ṭh, ḍ, ḍh, ṇ* – spricht man wie Dentale mit zurückgebogener Zungenspitze in *t*önen, Sanf*th*eit, *d*ann, Süd*h*älfte, *N*uss. Bei den dentalen Konsonanten – *t, th, d, dh, n* – stößt die Zungenspitze an die Zähne. Die Konsonanten – *p, ph b, bh, m* – werden mit den Lippen gebildet: *p* wie in *p*ressen, – *ph* – wie engl.: u*ph*ill, – *b* – wie in *B*utter, – *bh* – wie in Gro*bh*eit und – *m* – wie in *M*utter. Die Halbvokale – *y, r, l, v* – werden ausgesprochen wie in *y*oga, *r*eden, *l*ieben, *V*ene.

Die Zischlaute: – *ś* – (palatal) ist *sch* mit gesenkter Zungenspitze wie in *sch*warz und *sch*ön, – *ṣ* – (cerebral) ist *sch* mit zurückgebogener Zungenspitze, fast wie nach gerolltem *r*, wie in Mar*sch*, – *s* – (dental) wie scharfes *s* in da*ss*.

Der Buchstabe – *h* – wird ausgesprochen wie in *h*elfen.

II. Islam-Glossar[2]

Die Fünf Säulen (Gebote) des Islam:

1. Die Glaubensbezeugung (aš-šahāda):

lā ilāha illā 'llāh   Es gibt keinen Gott außer Dem Gott
muḥammad rasūlu'llāh   Muḥammad ist der Gesandte Gottes.

لا اله الا الله

محمد رسول الله

2. Das Gebet (aṣ-ṣalāt) ist täglich fünfmal gen Mekka gewendet zu verrichten, an dem Ort, an dem man sich gerade befindet, möglichst auf einem Gebetsteppich, ebenso das Freitagsgebet der Gemeinschaft (*ṣalātu'l-ǧum'a*);

3. Almosen (az-zakāt) ist die vom Gemeinwesen erhobene Almosensteuer (Sozialsteuer);

4. Einhalten der Fastenzeit ist im Monat Ramaḍān (*aṣ-ṣaum*) während der Zeit zwischen Sonnenaufgang und Sonnenuntergang geboten;

5. Die Mekka-Pilgerfahrt (al-ḥaǧǧ, al-ḥiǧǧa) ist nach bestimmten Riten im 12. Monat des islam. Mondkalenders (»Monat der Pilgerfahrt«) auszuführen.

Allāhu akbar: »Gott ist unermesslich groß« (eigentlich: »Gott ist größer«). Was auch immer gedacht und getan wird: Gott ist größer.

---

[2] Zusammengestellt von Thomas Ogger.

Bismi'llāhi'r-raḥmāni'r-raḥīm: »Im Namen Gottes des Allerbarmers, des Allbarmherzigen« ist das Eröffnungswort der ersten Koransure. Es steht traditionell über jedem Schriftstück und wird jeder Rede vorangestellt.

Die Gelehrten (al-'ulamā') und Islamisches Recht (Šarī'a): Die Gelehrten der islamischen Schriften sind nicht mit der christlichen Geistlichkeit zu vergleichen; sie üben nicht deren rituelle Funktionen aus. Ein Schriftengelehrter kennt nicht nur den Koran, sondern das gesamte Schrifttum, das später niedergeschriebene Worte des Propheten Muḥammad sowie Rechtssprüche, die sowohl die Gemeinde als Ganzes als auch die Einzelperson betreffen, umfasst. Die Gelehrten beraten die Regierenden, überprüfen die Übereinstimmung der vom Parlament verabschiedeten Gesetze mit der islamischen Lehre. Außerdem bringen sie diese in Einklang mit dem jeweiligen Zeitgeschehen. Ranghohe Gelehrte können selbstständig grundlegende Rechtsfragen entscheiden und Rechtsgutachten (*al-fatwā*) erstellen, die unumkehrbare Gültigkeit besitzen (vgl. *ex cathedra*). Dieses Rechtssystem heißt *aš-šarī'a*. Aufgrund der Anzahl ranghoher Gelehrter sowie mehrerer Rechtsschulen und entsprechender Rechtsauffassungen existieren durchaus unterschiedliche, manchmal sogar widersprüchlich erscheinende Rechtsgutachten.

Der »Heilige Krieg« (al-ğihād), leitet sich aus »sich (im Sinne der Religion) befleißigen« ab. Damit wird der Kampf gegen das Übel der äußeren wie der inneren Welt (Sündhaftigkeit) bezeichnet.

Islam (al-islām), Zustand des Heils (Unterwerfung unter den Willen Gottes): der erste *Muslim* (»der sich im Zustand des Heils Befindende«) war Adam, und so sind alle Menschen, denen Gottes Offenbarung zuteil wurde (Israeliten, Christen, Zarathustrier) Muslime, da sie Leute Gottes (*ahlu'l-kitāb*: Leute des Buches) sind.

Das Jenseits (Paradies, Hölle): Das Jenseits besteht aus den achtfachen Gärten (*al-ğannāt*) der Glückseligkeit, darin Milch und Honig fließen und der Gläubige ewig verwöhnt wird, sowie aus der siebenteiligen Hölle (*al-ğahannam* oder *an-nār*: das Feuer), die der gottgefällige Gläubige auf einem haardünnen Steg überschreitet, um ins Paradies zu gelangen.

Jerusalem (ūršalīm al-quds), Jerusalem das (die) Heilige: War zunächst die heiligste Stadt des Islam, bis nach einer Offenbarung Gottes Mekka diese Rolle übernahm. Nach Medina ist Jerusalem nun die drittheiligste Stadt des Islam. Am Ort der *al-aqsā*-Moschee (entfernteste Moschee) auf dem Tempelberg stieg der Prophet Muḥammad in einer Nacht durch die Himmel auf zu Gott.

Jesus von Nazareth ('īsā bin miryam), Jesus der Sohn Mariae, auch *al-masīḥ,* der Messias: Größter Prophet vor Muḥammad und diesem ebenbürtig, außerdem mit besonderen Fähigkeiten ausgestattet. Bis auf die Gottessohnschaft Jesu stimmt der Koran im Wesentlichen mit dem Neuen Testament überein. Die christologischen Auseinandersetzungen der spätrömischen Zeit hatten zusätzlich starken Einfluss auf das islamische Jesus-Bild. Es gibt nichtkoranische Überlieferungen, nach denen der *Masīḥ* dereinst wiederkehren wird.

Kalif (al-ḫalīfa) und Imām: Nachfolger, Stellvertreter des Propheten
Muḥammad als politischer Führer der Gemeinde der Gläubigen wird
oft mit dem religiösen Führer der Gemeinde, dem *Imām*, gleichgesetzt.
Historisch war der *Kalif* jedoch der politische Führer der gesamten
muslimischen Gemeinschaft (Abschaffung des Kalifats durch Atatürk
1924). Demgegenüber hat der Begriff *Imām* unterschiedliche Bedeutung: Leiter/Führer des gemeinschaftlichen Gebets (Sunniten), hoher
religiöser Gelehrter oder Gründer einer Rechtsschule, Führer (politisch
wie religiös) der Gemeinschaft (Schiiten).

Der Koran (al-qur'ān) bedeutet »der zu Deklamierende«, genauer: »Wort
Gottes« *(qaulu'llāh)*. Er gilt als endgültige Verkündigung Gottes und
schließt alle vorherigen göttlichen Verkündigungen (Altes und Neues
Testament der Juden und Christen) ein, versehen mit vielen Zusätzen,
zeitgemäßen Neuerungen und Neuinterpretationen sowie Anweisungen, die sich teilweise auch auf die christologischen Streitigkeiten zur
Zeit Muḥammads beziehen. Die Koransprache ist in ihrer hochpoetischen Form ein Abbild der Schönheit Gottes und somit nicht in andere
Sprachen übertragbar. Seine Kapitel (Suren) werden im Verlauf ihrer
Anordnung gleichmäßig kürzer. Die *Suren* sind wiederum in Verse
(āya=Wunderzeichen) unterteilt.

Mekka und Medina, die Ka'ba: Mekka war schon zu vorislamischer Zeit
das Hauptheiligtum der Araber. Die *Ka'ba* (Würfel) geht auf Abraham,
seinen Sohn Ismael (Stammvater der Araber) und dessen Mutter Hagar
zurück. Nach der Überlieferung kam Abraham auf Gottes Befehl von
Syrien zu diesem Ort, wo Ismael aus der Hand des Erzengels Gabriel
den schwarzen Stein erhielt, der Eckstein des Gebäudes werden sollte.
In der Folge wurde die *Ka'ba* zum Zentralheiligtum aller arabischen
Stämme.

Der Mekkaner Muḥammad machte den Kubus zum Zentrum seiner
neuen Religion, zum Haus Gottes. Der Druck der heidnischen Bevölkerung Mekkas wurde schließlich so stark, dass er 622 nach Yaṯrib aus-
wandern musste. Diese »Auswanderung« *(al-hiǧra)* gilt als Beginn der
islamischen Zeitrechnung. In Yaṯrib, seither *madīnatu'n-nabī* (Stadt des
Propheten) genannt, formte er den islamischen Staat und baute die erste
Moschee. Schließlich konnte er 630 als Verkünder der neuen Religion
friedlich in Mekka einziehen. Muḥammad starb 632 in Medina. Mekka
und Medina sind die beiden heiligsten Städte des Islam.

Minarett (al-minār/al-mināra), Leuchtturm: Traditioneller Name für den
Turm, auf dem der Muezzin zum Gebet ruft.

Moschee (al-masǧid), Ort des Niederwerfens: An diesem Ort wirft sich
die Gemeinde der Gläubigen am Freitag, dem Tag der Gemeinschaft
(al-ǧum'a), vor Gott zum Gebet nieder.

Muezzin (al-mu'aḏḏin), der Gebetsrufer: Er ruft die Gemeinde fünfmal
täglich zum Gebet *(aṣ-ṣalāt)*. Der Gebetsruf *(al-aḏān)* beginnt mit dem
Ruf »allāhu akbar« (s. o.) und der anschließenden Glaubensbezeugung.

Muḥammad, der Gepriesene: Als Gesandter Gottes ist er der Verkünder
des Wortes Gottes in Form des Korans. Er ist das »Siegel der Prophe-

ten«, d.h. der Vollender der Reihe aller vorausgegangenen Propheten, nach dem es keinen weiteren mehr geben wird.

Die Schiiten (aš-šiyaʿīyūn): Als Anhänger der *šīʿa ʿalī*, der Partei ʿAlīs, schieden sie sich wenige Jahre nach dem Tode Muḥammads von den Sunniten wegen des Nachfolgestreits. Nach der Überlieferung der Parteigänger ʿAlīs waren die ersten drei Kalifen unrechtmäßig, da der Prophet seinen Lieblingsvetter ʿAlī, den Gatten seiner Tochter Fāṭima, als Nachfolger bestimmt hatte. Demnach steht die Leitung der Gemeinde (Imāmat) dem Geschlecht des Propheten zu. Durch die Kette seiner Nachkommen wird auch das göttliche Licht der Erkenntnis, das muḥammadanische Licht, an die nachfolgenden Generationen esoterisch weitergegeben.

Die »Zwölfer-Schīʿa« (vorherrschend in Persien, Irak, Bahrein, Libanon) erkennt zwölf Imāme an, deren letzter, Muḥammad al-Mahdī (873 entrückt), dereinst wiederkehren wird. In dieser Schīʿa spielt das Märtyrertum (Ermordung des dritten Imāms Ḥusain 680 durch den omayyadischen Kalifen Yazīd) und ein damit verbundener Blutkult (»Blut der Märtyrer«) nach frühchristlichem Vorbild eine bedeutende Rolle.

Die »Siebener-Schīʿa« (Ismaeliten, heute hauptsächlich in Indien) zählt sieben Imāme bis Ismael (Ismāʿīl, gest. 760). Seine Nachkommen wirkten im Verborgenen, bis sie im 10. Jh. als Fāṭimiden-Dynastie (Nachkommen der Fāṭima) in die Öffentlichkeit zurückkehrten. Nach dem Ende der Fāṭimiden-Dynastie bildete sich um einen Abkömmling dieses Hauses die esoterische Sekte der *Bāṭinīya* (»Esoteriker«), die unter dem Namen »Assassinen« (*al-ḥaššāšūn*, Haschischleute, weil sie angeblich im Haschischrausch ihre Feinde ermordeten) in Orient wie Okzident berüchtigt war (franz.: assassiner, meuchelmorden). Der derzeitige Imām ist der Aga Khan.

Die »Fünfer-Schīʿa« (Zaiditen, im Jemen vorherrschend) erkennt nur fünf Imāme an. Die Imāme der 1962 gestürzten jemenitischen Dynastie führten sich auf jenen fünften Imām Zaid (gest. 740) zurück.

Der Sufismus (at-taṣawwuf): Dieser Begriff leitet sich entweder von *ṣūf* (Wolle), von *ṣafāʾ* (Klarheit, Heiterkeit) oder vom Griech. *sophía* (arab.: *ṣūfīya*, göttl. Weisheit) ab. Er bezeichnet die in wollene Gewänder gehüllten Angehörigen spirituell-mystischer Bruderschaften. Der *Ṣūfī* wird auch *darwīš* (auf der Türschwelle Stehender), *faqīr* (Armer) oder *qalandar* (wandernder Derwisch) genannt. Es gibt viele Orden, von denen im Abendland der *Maulawīya*-Orden (»Orden der tanzenden Derwische«) des Ǧalālu'd-Dīn-i Rūmī aus Konya der bekannteste ist. Das *Ṣūfī*-»Kloster« (*ḫānqāh*) beherbergt den Versammlungssaal, in dem die Zeremonie des Gottgedenkens (*dikr/zikr*) stattfindet. Ein *Ṣūfī* sollte Familie haben und einem Beruf nachgehen.

Die Sunniten (as-sunnīyūn, ahl as-sunna): Die Eigenbezeichnung »Sunniten« (Anhänger der Tradition) bezieht sich auf die Überlieferung des Korantextes, die dem Propheten Muḥammad zugeschriebenen Aussagen und Taten (*al-ḥadīṯ*) sowie auf spätere Auslegungen und Rechtssprüche. Die Sunniten bilden etwa 80% aller Muslime. Im Gegensatz zu den Schiiten erkennen sie die ersten vier Nachfolger des Propheten (»die rechtgeleiteten Kalifen« Abū, Bakr, ʿUmar, ʿUṯmān, ʿAlī) an.

Die Vernunft (al-ʿaql, lat.: ratio) und der freie Wille (al-irāda) zeichnen den Gläubigen (*al-muʾmin*: der sich im Zustand der Sicherheit Befindende) aus. Mit seiner Vernunft trachtet er danach, die Schöpfung Gottes zu verstehen; seinem Willen obliegt es danach, sich Gott zu unterwerfen.

Die Vernunft spielte im Islam eine grundsätzliche Rolle. Sie bildete die theologische Grundlage für die Wissenschaften (Erlangung von Wissen). Die islam. Lehre vom Wort *(kalām)* und die Vernunft fanden schließlich Eingang ins Abendland und prägten die Scholastik und den Rationalismus.

Kleine Anleitung zur Aussprache der arabischen Umschrift[3]

– ʾ – Stimmabsatz, auch vor Konsonanten in der Wortmitte auszusprechen, wie in beʾachten; – ʿ – gepresster, in der Kehle gebildeter Reibelaut; – ḍ – dumpfes *d*; – ḏ – stimmhaftes engl. *th* wie in *th*at; – ǧ – *dsch* wie in *Dsch*ungel; – ġ – Gaumen-*r*; – ḥ – scharfes, in der Kehle gepresstes *h*; – ḫ – *ch* wie in la*ch*en; – s – *ß* wie in Mu*ß*e; – ṣ – dumpfes stimmloses s; – š – *sch* in schön; – ṭ – dumpfes *t*; – ṯ – stimmloses *th* wie in *th*ick; – z – stimmhaftes *s* wie franz. z (z. B. Cézanne); – ẓ – stimmhaftes dumpfes *s*; – w – engl. *w* wie in *w*hat; – y – *j* wie in *j*ung; – ā, ī, ū – lange Vokale. Alle anderen Laute entsprechen der deutschen Aussprache.

---

[3] Zusammengestellt von Thomas Ogger.

III. Glossar der chinesischen Begriffe[4]

ai (Liebe)　愛
ch'eng (Wahrhaftigkeit) 誠
ch'eng i (wahrhaftig machen des Willens)　誠意
ch'in (Liebe)　親
ch'in min (Liebe zu den Menschen)　親民
ching (Leitfaden; Kanon)　經
chih (erreichen; erfahren; erweitern)　致
chih chih (erfahren des Wissens; erweitern des Wissens)　致知
chih chih shan (im Höchsten Guten zum Stehen kommen)　止至善
ching (Achtung)　敬
chung (Hingabe)　忠; setzt sich aus den Zeichen für Mitte 中 und für Herz 心 zusammen
Chung yung (Mitte und Maß)　中庸
hsiao hsüeh (Philologie)　小學
hsin yin (geistiges Siegel)　心印
i (Wille)　意
i t'i (ein einziger Körper)　一體
jen (Menschlichkeit)　仁
ko (berichtigen; erfahren)　格
ko wu (die Dinge berichtigen; die Dinge erfassen)　格物
ko wu ch'iung li (im Herangehen an die Dinge ihre innewohnende Ordnung zu verstehen)　格物窮理
liang chih (ursprüngliches Wissen)　良知
min (Volk)　民
ming (hell, licht)　明
ming ming te (Erhellen der lichten Tugend)　明明德
pen t'i (eigentliches Wesen)　本體
shu (Wohlwollen)　恕
t'i (Potential; Wesen; Körper)　體
ta hsüeh (große Lehre, moralische Lehre)　大學
Ta hsüeh (Die Große Lehre)　大學
Ta-hsüeh ku-pen hsü (Vorwort zu der alten Fassung der Großen Lehre)　大學古本序
tao (Weg)　道
wu (Ding)　物
yung (Manifestation)　用

---

[4]　Zusammengestellt von Dennis Schilling.

Mitteilungen

Gesellschaften

▧ Edith-Stein-Gesellschaft Deutschland e.V.
– Nächste Mitgliederversammlung mit Neuwahl des Vorstandes: 28.–30. April 2000 im Kloster Himmelspforten in Würzburg.
▧ Folgende Veranstaltungen finden unter Beteiligung der Edith-Stein-Gesellschaft statt:
– vom 31. Mai – 4. Juni 2000 Katholikentag in Hamburg
– am 9. August 2000 eine Wallfahrt nach Westerbork
– am 3. Oktober 2000 ein Tag der christlich-jüdischen Begegnung
Anmeldung bei Mgr. Wolfram Krusenotto, dem derzeitigen Vorsitzenden des Beirates der Edith-Stein-Gesellschaft (Tel. 02 21 / 7 90 48 56)

Geschäftsstelle:	Postadresse:
Edith-Stein-Gesellschaft Deutschland e.V.	Postfach 1649
Kleine Pfaffengasse 16	67326 Speyer
67346 Speyer	Tel.: 0 62 32 / 10 22 81
	Fax: 0 62 32 / 10 23 01

Veröffentlichung zur Heiligsprechung Edith Steins:
▧ »Wandle den Weg dem Glanze zu«. Dokumentation zur Heiligsprechung von Edith Stein. Hg. Edith-Stein-Gesellschaft e.V., Speyer 1999, 96 S., 19.80 DM.
– Der Band beinhaltet neben der Homilie Papst Johannes Paul II. bei der Heiligsprechungsfeier am 11. Oktober letzten Jahres in Rom u. a. verschiedene wissenschaftliche Abhandlungen, die Edith Steins philosophische und religiöse Gedankenwelt in vielerlei Facetten widerspiegeln.

Kongresse, Tagungen, Symposien

▧ Vom 27.–30. September 2000 findet der Kongress der Deutschen Gesellschaft für phänomenologische Forschung in der Katholischen Akademie zu Freiburg statt.

Information:	Philosophisches Institut
	Ruhr-Universität Bochum
	Universitätsstr. 150
	D-447780 Bochum
	Tel. 02 34 / 3 22 55 43, Frau Stipp

■ Folgende Veranstaltungen finden in Beuron statt:
- Vom 16.–18. Juni 2000 die 11. Beuroner Tage für Spiritualität und Mystik
Thema: Wettstreit der Liebe.
Jesus Christus und Gautama Buddha: Leben und Lehre
- Vom 27.-30. Juli 2000 die 12. Beuroner Tage für Spiritualität und Mystik
Thema: Frauen im frühen Mönchtum

■ In der 2. Oktoberhälfte 2000 findet die »Internationale Jakob-Böhme-Ehrung der Europastadt Görlitz/Zgorzelec und der Region Oberlausitz/Niederschlesien 1999/2000« in Form eines Symposiums statt. Todestag und Geburtstag des 1. deutschen Philosophen (Hegel) sind der Anlass zu dieser Ehrung.

Adresse: Kulturamt der Stadtverwaltung Görlitz
Handwerk 20/Postfach 30 01 31
Telefon: 0 35 81 / 67 14 00
Telefax: 0 35 81 / 67 14 40

■ Zentrum für Dialog und Gebet in Auschwitz:
- Das »Zentrum für Dialog und Gebet in Auschwitz« entstand im Jahr 1992. Es ist eine Einrichtung der katholischen Kirche, die der Krakauer Erzbischof Kardinal Franciszek Macharski mit Unterstützung anderer Bischöfe aus ganz Europa in Absprache mit Vertretern jüdischer Organisationen errichtet hat. Anliegen des Zentrums ist es, für alle Menschen, die nach Auschwitz kommen und betroffen sind von dem, was dort geschehen ist, unabhängig von ihrer religiösen Orientierung einen Ort zu schaffen, der zu Begegnung und Besinnung einlädt. Das Zentrum soll helfen, die Opfer zu ehren und eine Welt des gegenseitigen Respektes, der Versöhnung und des Friedens zu gestalten.

Information: Piotr Wrona (polnisch)
Dr. Manfred Deselaers (deutsch)
Adresse: ul. M. Kolbego 1
PL 32-602 Oświęcim
tel.: 0048/33/8431000
fax: 0048/33/8431001

Bücher

Grabner, Sigrid:
- **Christine von Schweden, Rebellin auf dem Thron.** Historischer Roman. Piper Taschenbuch, München 1999, 416 Seiten.
■ Christina (1626–1689), Tochter Gustavs II. Adolf, dankte nach erfolgreicher Regierung der Großmacht Schweden 1654 freiwillig ab, konvertierte zum Katholizismus und lebte fortan in Rom. Sie schützte verfolgte Katholiken vor den Protestanten, verurteilte scharf die »Dragonaden« Ludwigs XIV. gegen die Hugenotten und verteidigte die Juden gegen

beide christliche Konfessionen. Als Förderin der Wissenschaften und Künste erwarb sie sich europaweit Anerkennung.

Greschat, Hans-Jürgen:
– **Die Religion der Buddhisten**. Ernst Reinhardt, München/Basel 1980, 230 S.
■ Es geht um die Buddhisten, die einer der verschiedenen buddhistischen Schulen angehören mit allen gemeinsamen und auch voneinander abweichenden Lehren und Praktiken. Zur Sprache kommt auch ihr Verhalten angesichts von Staat und Wirtschaft, Synkretismen, Säkularismus u. a.

– **Was ist Religionswissenschaft?** Kohlhammer, Stuttgart/Berlin/Köln/ Mainz 1988, 141 S.
■ In diesem Buch wird der Leser an die Sache Religion und an die wissenschaftliche Beschäftigung mit ihr herangeführt, an die Arbeit mit religionsgeschichtlichen Quellen, Texten, Bildern, Menschen und ihrer Religiosität. Die systematische Verarbeitung des religionsgeschichtlichen Materials – von Theorien, Vergleichen, Phänomenen – ist ein weiteres Thema.

Haas, Rüdiger:
– **Philosophie leben und Philosophie lehren nach Plato**. Pfeil, München 1993. 125 Seiten.
■ In jeder Epoche liegt der Schlüssel zur ursprünglichen Philosophie auf dem Weg der Selbsterkenntnis. Echte Selbstverwirklichung unterscheidet sich von einer scheinbaren dadurch, dass sie konsequent daran arbeitet, das Ich des Menschen in den Hintergrund treten zu lassen. Auf diesem Weg erfährt der Mensch einen Wandel, der ihm höhere Möglichkeiten des Wachseins öffnet. Der Verfasser zeigt am Beispiel Platos, dass die antike Weise der Selbsterkenntnis auch heute noch praktische Gültigkeit besitzt.

Khoury, Adel Theodor:
– **Der Koran**. Übersetzung und wissenschaftlicher Kommentar, Band 10, Gütersloher Verlagshaus, Gütersloh 1999, 613 S.
■ Der Autor will die wichtigste Quelle der islamischen Religion erschließen, und damit zu einem besseren Verständnis des Islams beitragen sowie den Dialog zwischen Christen und Muslime fördern. Der erste Band dieses wissenschaftlichen Koran-Kommentars erschien 1990.

Khoury, Adel Theodor/Girschek, Georg:
– **Das religiöse Wissen der Menschheit**. Bd. 1, Herder, Freiburg 1999, 360 S.
■ Was die Relgionen an Wissen und Weisheit über die verschiedenen Bereiche des Lebens enthalten, wird hier in seinen Hauptstrukturen um zentrale Themen zusammengefasst. Im ersten Band werden die Schöpfungsmythen und die allgemeine Offenbarung des Wirkens Gottes in der Welt behandelt. Im Band 2 sollen dann prophetische Offenbarung und Heilige

Schriften, Heilsvorstellungen und Heilswege, sowie Kult und Kulthandlungen dargelegt werden.

Klauck, Hans-Josef
– Magie und Heidentum in der Apostelgeschichte des Lukas (SBS 167), Stuttgart 1996, 147 S.

■ Es werden Momentaufnahmen herausgestellt, die zeigen, wie die christliche Botschaft von Anfang an auf religiöse Phänomene traf, die in den Bereich von Magie und Heidentum verweisen. Was Lukas in seiner Apostelgeschichte dazu schreibt, wird in Anknüpfung und Widerspruch zu einem Lehrstück für die Vermittlung der christlichen Botschaft.

– Vom Zauber des Anfangs. Biblische Besinnungen (Franziskanische Impulse 3), Werl 1999, 167 Seiten; *Durchkreuzte Lebenspläne.* Biblische Wegweisung (Franziskanische Impulse 4), Werl 1999, 122 Seiten.

■ Warum kommt Kaiser Augustus in der Erzählung von Jesu Geburt vor? Hat Jesus überhaupt eine Kirche gründen wollen? Kennt der Apostel Paulus ein priesterliches Amt in der Kirche? Treffen wir bei ihm schon das Konzept des »Unbewussten« an? Solche und ähnliche Fragen werden in diesen Bänden auf verständliche Weise behandelt. Dabei wird immer wieder an menschlichen Erfahrungen angeknüpft, auch an solchen, die in Literatur, Musik und Kunst festgehalten worden sind.

– The Religious Context of Early Christianity. A Guide to Graeco-Roman Religions (Studies of the New Testament and Its World), Edinburgh 1999, XXVI u. 525 Seiten.

■ Das umfangreiche Werk stellt die aktualisierte, englischsprachige Ausgabe eines erfolgreichen Lehrbuchs dar, das in deutscher Sprache 1995/96 in zwei Bänden erschienen ist: »Die religiöse Umwelt des Urchristentums. Bd. I: Stadt- und Hausreligion, Mysterienkulte, Volksglaube; Bd. II: Herrscher- und Kaiserkult, Philosophie, Gnosis«. Darin wird das ganze religiöse Panorama der antiken Welt zur Zeit des entstehenden Christentums abgeschritten.

Maier, Hans:
– Welt ohne Christentum – was wäre anders? Herder/Spektrum, Freiburg 1999, 191 Seiten.

■ Das Christentum hat die Gesellschaft des Abendlands geprägt. Welche Rolle wird es in Zukunft spielen? Was wäre anders in unserem Bild vom Menschen, im Recht, in der Politik, in der Gesellschaft, in unserem Verhältnis zur Natur, unserer Einschätzung der Arbeit, wenn es das Christentum nicht gäbe? Das Buch stellt einen wegweisenden Beitrag auch über unsere künftige Identität dar.

– Cäcilia unter den Deutschen. Essays zur Musik. Insel Verlag, Frankfurt a. M./Leipzig 1998, 129 Seiten.

■ Die enge Verbindung von Musik und Literatur, wie sie bei Thieck und

Wackenroder, Jean Paul und E.T.A. Hoffmann, in der Philosophie Schopenhauers und Nietzsches oder, beispielhaft, im Werk Thomas Manns hervortrat, ist Gegenstand der hier gesammelten Essays. Der Autor spricht als Literaturbetrachter und Historiker, auch als ausübender Organist, vor allem als exzellenter Kenner der Musik- und Literaturgeschichte.

Mall, Ram Adhar:
– **Philosophie im Vergleich der Kulturen. Interkulturelle Philosophie – eine neue Orientierung.** Primus Verlag, Darmstadt 1995, 194 Seiten.
▨ Im ersten Teil des Buches geht es um eine theoretische Grundlegung der interkulturellen Philosophie. Im zweiten Teil geschieht eine Anwendung der Einsichten und Ansichten des ersten Teiles, d.h. es handelt sich um Philosophie im Vergleich der Kulturen an Beispielen der chinesischen, indischen, europäischen, afrikanischen und lateinamerikanischen Philosophie. Der Autor weist den Gedanken von der einen reinen Kultur, Philosophie und Religion zurück und plädiert für einen verbindlichen Relativismus. Interkulturalität der Philosophie und Philosophie der Interkulturalität bedingen sich gegenseitig, was ein Studium der Philosophie im Vergleich der Kulturen notwendig macht.

– **Der Hinduismus.** Seine Stellung in der Vielfalt der Religionen. Primus Verlag, Darmstadt 1997, 169 Seiten.
▨ Der Hinduismus ist eine der ältesten Weltreligionen. Der Autor – mit der indischen und der westlichen Kultur zugleich vertraut – macht den Leser mit den großen geistigen Linien des Hinduismus bekannt. Dabei wird die verwirrende Vielfalt des Hinduismus entzerrt, Wesentliches von Unwesentlichem getrennt. Dem Buch liegt eine interreligiöse Einstellung zugrunde, es zielt auf den Dialog der Religionen in gegenseitigem Respekt und im Geiste einer pluralistischen Theologie der Religionen.

Meier, Erhard:
– **Buddhismus kurz gefasst.** Knecht, Frankfurt 1998, 159 Seiten.
▨ Die Lehre des Buddha in ihren Grundzügen, einige geschichtliche Fakten zur Ausbreitung des Buddhismus, die verschiedenen Schulrichtungen und zentrale Aspekte des Mahayana und des Vajrayana kommen zur Betrachtung. Es wird versucht, die verschiedenen Auffassungen und Lehren in ihren kernhaften Gedanken aufzuspüren und sie für den Nicht-Buddhisten verständlich zu beschreiben.

– **Struktur und Wesen der Negation in den mystischen Schriften des Johannes vom Kreuz.** CIS, Altenberge 1982, 188 Seiten.
▨ Das Mysterium negationis, den Gedanken und vor allem die Erfahrung des existenziellen Nichts führt den Mystiker und Kirchenlehrer (»Lehrer der Mystik«) zu einer ekstatischen Liebes-Begegnung mit Gott. JvK ist insofern ein kompromissloser Aufklärer, als er alle vordergründige Glaubenswahrheit und menschengemachte Wahrheit unerbittlich bezweifelt und hinterfragt. Das Buch erläutert die Dialektik des Nichts und der

Fülle, die der Schöpfung wesenhaft innewohnt, und die zur höchsten, seligen Gott-Vereinigung führt, und die hinausweist auf die Frage des Stellenwertes der nichtchristlichen Religionen in diesem Zusammenhang.

Neyer, Maria Amata/ Müller, Andreas-Uwe:
- **Edith Stein. Das Leben einer ungewöhnlichen Frau.** Benziger, Düsseldorf/Zürich 1998. 285 Seiten.
▣ Die Autoren zeichnen ein Lebensbild Edith Steins, das die innere Einheit ihrer spannungsreichen Biographie neu beleuchtet und bislang unbekanntes Archivmaterial heranzieht.

Sánchez de Murillo, José:
- **Der Geist der deutschen Romantik.** Der Übergang vom logischen zum dichterischen Denken und der Hervorgang der Tiefenphänomenologie. Verlag Dr. Friedrich Pfeil, München, 380 Seiten.
▣ Aus dem Nachvollzug des Grundanliegens des Deutschen Idealismus, der Deutschen Romantik und der modernen Phänomenologie und mit gezieltem Rückgriff auf »den ersten deutschen Philosophen« (Hegel) Jakob Böhme geht eine Grundform des Philosophierens hervor, die ungeahnte Horizonte öffnet: die weibliche. Das Denken kehrt um und erreicht seinen dichterischen Ursprung. Hier wird die *Neue Vorsokratik* für das dritte Jahrtausend initiiert.

- **Dein Name ist Liebe.** Lübbe, Bergisch-Gladbach 1998. 175 Seiten.
▣ Die Vollendung des Denkens als reine Dichtung (...) Sánchez' Gesang ist *Das Hohelied*, gesungen an der Schwelle des 3. Jahrtausends. Er nimmt voraus, was werden soll und muss. (Luise Rinser im Vorwort)

- **Jakob Böhme. Das Fünklein Mensch.** Herausgegeben und meditativ erschlossen von José Sánchez de Murillo. Kösel, München 1997. 219 Seiten.
▣ Das Buch entwickelt wichtige Impulse zur Überwindung des Monismus der Moderne und der Beliebigkeit der Postmoderne. In der Mystikforschung werden die Fäden dichter gezogen (Rudi Ott). Es leistet in der altehrwürdigen Form der philosophisch-dichterischen Meditation die Grundlegung zu einer Mythologie der Liebe. Das ist reine Tiefenphänomenologie: Die neue Vorsokratik für das 3. Jahrtausend.

Schimmel, Annemarie:
- **Meine Seele ist eine Frau.** Das Weibliche im Islam. Kösel, München 1995, 207 Seiten.
▣ Die weltbekannte Autorin präsentiert bisher wenig bekannte Themen anhand der Texte aus der islamischen Mystik. In diesem Buch verdeutlicht sie die Tatsache, dass entgegen der geläufigen Meinungen das Weibliche im Islam von Anfang an eine wichtige Rolle spielt.

– Jesus und Maria in der islamischen Mystik. Kösel, München 1996, 192 S.

■ Die Autorin legt in diesem Buch offen, dass Jesus als der Heilige schlechthin und Maria als die Jungfrau eine herausragende Bedeutung in der islamischen Mystik haben und einen hohen Stellenwert im Islam erreichen.

– Gesang und Exstase. Sufi-Texte des indischen Islams. Ausgewählt, übersetzt und eingeleitet von Annemarie Schimmel. Kösel, München 1999, 213 S.

■ Hier präsentiert die Autorin die wunderbaren Texte aus der indischen Sufimystik – Inspiration für den modernen Dialog der Religionen.

Seubert, Harald:
– Zwischen erstem und anderem Anfang. Heideggers Auseinandersetzung mit Nietzsche und die Sache seines Denkens. Böhlau Verlag, Weimar 1999, 213 S. (Reihe Collegium hermeneuticum Band 3).

■ Das vorliegende Buch fragt Heideggers »Auseinandersetzung« mit Nietzsche nach und weist ihre Genesis von den Anfängen vor »Sein und Zeit« her auf. In der Sache geht es darum, die grundlegende Bedeutung jenes Streitfalls für Heideggers Bahnung der Seins- und Wahrheitsfrage auf dem Denkweg der »Kehre« einsichtig zu machen. Dass und in welcher Weise ein gegenwärtiges hermeneutisches und spekulatives Denken seine Methode und Sache wesentlich aus dem Verhältnis von Heidegger und Nietzsche gewinnen kann, wird in der Studie Schritt für Schritt in philosophiehistorischer und systematischer Perspektive dargelegt.

Stüttgen, Albert:
– Die Botschaft der Dinge. Ansätze neuer ganzheitlicher Welterfahrung. Verlag Dr. Friedrich Pfeil, München 1993, 128 Seiten.

■ Angesichts allgemeiner Orientierungslosigkeit und der Vielfalt von Weltanschauungen und Ideologien verweist dieses Buch auf den verschütteten Reichtum unmittelbarer Welterfahrung. Es handelt von einer ursprünglichen Entdeckung der uns umgebenden Natur jenseits wissenschaftlicher Kategorien und lässt ein tieferes Geschehen in den Blick treten, dem wir innerlich zugehören. In diesem Sinne geht es darum, die Qualität von Innenwelt und Außenwelt aufzuheben und damit eine Wirklichkeit hervortreten zu lassen, in der der Mensch beheimatet ist.

– Lass los, damit du leben kannst. Neue Lebensräume erschließen. Don Bosco, München 1999, 127 Seiten.

■ Jenseits vermeintlicher Sicherheit, die sich heute überall als brüchig erweist, wird ein im inneren Um- und Aufbruch erfülltes Leben sichtbar gemacht als immer neues lebendiges Geschehen. Der Autor, emeritierter Philosophieprofessor, findet nach bewusstem Abschiednehmen von einer lange ausgeübten Tätigkeit und von aller philosophisch oder glaubensmäßig vorgegebenen Wahrheit in nahe liegenden gegebenen Lebensumständen einen Weg zu neuartiger Gotteserfahrung und in einfachen Tätigkeiten und menschlichen Begegnungen sich schenkendes, unverfügbar erscheinendes Glück.

Weier, Winfried:
– **Sinnerfahrung menschlicher Existenz.** Neue Wege der Gotteserkenntnis. Frankfurt/Berlin/Bern/New York/Paris/Wien 1999, 272 S. Schriften zur Triadik und Ontodynamik. Hg. H. Beck/E. Schadel. Bd. 15.
▨ Die Sinnfrage enthält eine Fülle von Gehalten, ohne die sich, wie wir annehmen, das Leben nicht lohnt. Es gilt nun zu bedenken, ob diese Sinnforderung nicht selbst schon Ausdruck von Sinn ist, anders sie das Zentrum des Menschseins, die Existenz, gar nicht in der Weise bestimmen könnte, wie sie es nachweislich tut. Daraus ergibt sich das Thema: die existenzielle Erfahrung als Sinn– und Gotteszeugnis und damit eine phänomenologische Analyse derselben als die geeignetste Methode zu ihrer Freilegung. Lässt sich also die existenzielle Sinnstruktur auf ihren Urgrund zurückverfolgen, der den Ausblick auf Gott als absolute Urexistenz eröffnet? Ist aber so nicht ein neuer Weg gefunden zur Erschließung dieser Thematik: Reichen sich dann nicht Autonomismus und Transzendenzphilosophie, Subjektivismus und eine neu zu ergründende Objektivität von Sinn und Wahrheit die Hand? Ist dann nicht das Zeitalter beendet, das unter diesen nur Gegensätze sah?

Wolz-Gottwald, Eckard:
– **Transformation der Phänomenologie.** Zur Mystik bei Husserl und Heidegger. Reihe: Philosophische Theologie. Studien zu spekulativer Philosophie und Theologie. Hg. Peter Loslowski. Passagen Verlag, Wien 1999, 398 Seiten.
▨ Aus der Perspektive der philosophischen Mystik unternimmt der Autor eine Neuinterpretation der phänomenologischen Ansätze Husserls und Heideggers. Die kritische und konstruktive Aufarbeitung der transformativ-mystischen Aspekte der modernen Phänomenologie stellt so die Möglichkeit dar, Philosophie nicht nur als akademisch-theoretische Disziplin zu begreifen, sondern auch als transformativen Weg zu einem bewussteren Leben und einer tiefer verstandenen Existenz.

– **Meister Eckhart oder Der Weg zur Gottesgeburt im Menschen.** Eine Hinführung. Verlag Hinder u. Deelmann, Gladenbach 1995 (2. Aufl.), 108 S.
▨ Die auch die praktischen Aspekte berücksichtigende Interpretation will für das Lesen der Texte Meister Eckharts selbst vorbereiten. Von Beginn an wird jedoch schon deutlich, wie auch die Schriften des großen Meisters des Mittelalters überflüssig werden sollen, wenn nicht die Lehre das Ziel sein kann, sondern ihr Verwirklichung, d.h. die lebendige Erfahrung der Geburt Gottes in jedem einzelnen Menschen.

EDITH STEIN JAHRBUCH
Jahreszeitschrift für Philosophie, Theologie, Pädagogik, andere Wissenschaften, Literatur und Kunst

Herausgeber im Auftrag des Teresianischen Karmel in Deutschland Prof. Dr. Dr. José Sánchez de Murillo, Echter Verlag, Würzburg.

Band 1: Die menschliche Gewalt, 1995, 368 Seiten.
Band 2: Das Weibliche, 1996, 415 Seiten.
Band 3: Das Judentum, 1997, 414 Seiten.
Band 4: Das Christentum: Teil I, 1998, 587 Seiten.
Band 5: Das Christentum: Teil II, 1999, 449 Seiten.
Band 6: Die Weltreligionen: Teil I, 2000, 466 Seiten.
Band 7: Die Weltreligionen: Teil II, 2001 in Vorbereitung.

Bestellungen bei der Redaktion, bei jeder Buchhandlung, beim Verlag. Adresse der Redaktion: Edith Stein Jahrbuch, Dom-Pedro-Str. 39 D-80637 München. Tel.: 0 89 / 1 57 59 40, Fax: 0 89 / 12 15 52 17 und 1 29 83 45.

Johannes vom Kreuz.
Klassiker der spanischen Mystik des Abendlandes.
Neu übersetzt von Ulrich Dobhan OCD, Elisabeth Hense, Elisabeth Peeters OCD, Herder Spektrum, Freiburg/i.Br.:
– **Die dunkle Nacht.** 1995, 223 Seiten.
▪ Scheinbar Wichtiges verblasst und die eigentliche Wirklichkeit tritt hervor. Diese Erfahrung schrieb der Mystiker in einem Zug nieder:
– **Worte von Licht und Liebe.** 1996, 237 Seiten.
▪ Die persönlichsten Texte des Johannes vom Kreuz. Mit diesem Buch liegt eine vollständig neue Übersetzung aller seiner bis heute bekannten Briefe sowie die erste deutsche Ausgabe seiner Leitsätze vor.
– **Der geistliche Gesang.** 1997, 265 Seiten.
▪ Ein Hauptwerk des Johannes vom Kreuz. Beeinflusst vor allem vom Hohenlied der Liebe des Alten Testaments besingt der mystische Dichter die Liebesbeziehung mit Gott als höchstes Glück, zu dem der Mensch fähig ist.

Gründung eines
EDITH STEIN INSTITUTS[1]
in München

Mit seinem 5. Band (»Das Christentum. II. Teil« 1999) hat das Edith Stein Jahrbuch seine erste Phase abgeschlossen. Die zweite Phase beginnt mit dem vorliegenden Band 6 »Die Weltreligionen. I. Teil« im laufenden Millenniumsjahr 2000.

---

[1] Aktenzeichen 399 80 478.1 / 16.

1. Das Institut: In dieser zweiten Phase wird das Jahrbuch sein jährliches Erscheinen fortsetzen und darüber hinaus das wissenschaftliche, interkulturelle und interdisziplinäre Gespräch in Forschung und Lehre fördern. Zu diesem Zwecke ist, von Anfang an geplant, ein

EDITH STEIN INSTITUT

gegründet worden. Es wird die Grundphänomene des *Lebens*, die philosophischen Voraussetzungen des *Werkes* und die geschichtliche Bedeutung der Gestalt (das Tiefenphänomen) Edith Steins erforschen und im Rahmen von Lehrveranstaltungen (Vorlesungen und Seminaren) und internationalen Tagungen zu Studium und Diskussion vorstellen.

Das Judentum, die Phänomenologie und das Christentum (hierin insbesondere die karmelitanische Mystik) sind Hauptmomente, die das Leben und das Denken der Philosophin geprägt haben. Neben dem Namen »Edith Stein Institut« wird es folglich die wissenschaftliche Bezeichnung tragen:

Institut für Phänomenologie, jüdische und christliche Philosophie.

Da Edith Stein – wird sie tiefenphänomenologisch als epochale und menschheitsgeschichtlich relevante Gestalt genommen – einen absoluten Neubeginn für das Selbstverständnis des Menschen und eine entsprechend radikale (ex radice) Erneuerung philosophischen und theologischen Denkens bedeutet, wird das Institut besonderes Gewicht legen auf Forschung und Lehre der **Ursprünge des abendländischen Denkens.**

2. Der Geist des Instituts: Wie das Edith Stein Jahrbuch, so soll auch das damit zusammenhängende Edith Stein Institut Offenheit, Versöhnung und gegenseitige Anerkennung nicht nur lehren, sondern in erster Linie – und zwar auf dem geforderten wissenschaftlichen, philosophischen, theologischen und pädagogischen Niveau – sie *verwirklichen* und *geschehen lassen. Insofern geht die Sache, für die sich das Institut einsetzt, jeden Menschen an.* In diesem Sinne ist das Edith Stein Institut Forschern, Studierenden und Interessenten jeder Konfession oder ohne Konfession, jeder Kultur und Nationalität, jeden Alters offen, die sich ernsthaft dem Studium der Verschiedenheit religiöser Erfahrung und der Grundbedingungen individueller Selbstentfaltung und menschlichen Zusammenlebens widmen wollen.

3. Das Lehrangebot des Instituts: In Vorlesungen, Seminaren, Arbeitsgruppen und internationalen Tagungen wird
a) auf die Ursprünge des abendländischen Denkens zurückgegriffen, insofern sie für das Verständnis der geschichtlichen Wirkung des Judentums und des Christentums unerlässlich sind,
b) auf die philosophischen und phänomenologischen Grundvoraussetzungen eingegangen, deren Nachvollzug für das Verständnis und die Weiterführung des Werkes von Edith Stein notwendig sind,

c) auf das wissenschaftliche und philosophische Geschehen der Gegenwart Bezug genommen, wie es sich insbesondere in der Entwicklung der Naturwissenschaften, in Philosophie, Theologie, Psychologie, Pädagogik und Soziologie kundtut und das von den gerade erwähnten Voraussetzungen her fruchtbare Korrektur und neuen Antrieb erhalten kann.

In den ersten drei Jahren (Gründungsphase) wird ein Einführungsprogramm angeboten, das folgende Grundthemen behandeln wird (Änderungen vorbehalten):

I. Einführung in die phänomenologische Philosophie (Grundzüge der Phänomenologie Husserls, Edith Stein als Phänomenologin, weitere Entwicklungen der Phänomenologie)

II. Einführung in das Judentum (Grundzüge jüdischen Denkens, Phänomenologische Einführung in die biblische Denkform)

III. Einführung in die griechische Philosophie (Hauptgestalten der Vorsokratik, Die platonische Denkweise, Grundzüge der aristotelischen Philosophie

IV. Einführung in die christliche Philosophie (Die augustinische Denkart, Hauptgestalten der mittelalterlichen Philosophie, Christliche Philosophie der Neuzeit [z.B. Franz von Baader, Søren Kierkegaard, Neuscholastiker, Gabriel Marcel, Edith Stein])

V. Einführung in die Mystik (Phänomenologie der mystischen Erfahrung, Lektüre und Interpretation mystischer Texte [insbesondere Meister Eckharts, Jakob Böhmes, Johannes' vom Kreuz, Teresas von Avila, Edith Steins])

Weitere Informationen erteilt:
Renate M. Romor
Edith Stein Jahrbuch
Dom-Pedro-Str. 39
80637 München
Tel. u. Fax: 089/1575940

Danksagung

Zu Dank verpflichtet ist das Edith Stein Institut all denjenigen, die zur Verwirklichung der Idee mit Rat und Tat beigetragen haben. Ein besonderes Wort des Dankes ergeht an den Lehrstuhl für Christliche Philosophie der Universität München, der in der Notsituation der christlichen Philosophie in der Weltstadt München (dieser Lehrstuhl sowie der berühmte Guardini-Lehrstuhl sind von der Schließung bedroht) dieses Projekt besonders begrüßt. Eine Verankerung der christlichen Philosophie in München durch eine unabhängige, d.h. außerfakultätische Institution, die das universitäre Lehrangebot ersetzt bzw. sinnvoll ergänzt, ist notwendig geworden. Dass dies nun in Verbindung mit der Philosophie geschieht, entspricht einer sich langsam, aber immer deutlicher zeigenden Eigenart des Zeitgeistes, worauf das Edith Stein Jahrbuch seinerzeit hinwies. Vgl. Band 2, 1996, Das Weibliche.